5-7, rue de l'Ecole-Polytechnique, 75005 Paris

www.editions-harmattan.fr

ISBN : 978-2-14-028237-9
EAN : 9782140282379

La doctrine administrative de la commande publique

Logiques Juridiques

Fondée par Gérard Marcou

Dirigée par Jean-Claude Némery et Thomas Perroud

Le droit n'est pas seulement un savoir, il est d'abord un ensemble de rapports et pratiques que l'on rencontre dans presque toutes les formes de sociétés. C'est pourquoi il a toujours donné lieu à la fois à une littérature de juristes professionnels, produisant le savoir juridique, et à une littérature sur le droit, produite par des philosophes, des sociologues ou des économistes notamment.

Parce que le domaine du droit s'étend sans cesse et rend de plus en plus souvent nécessaire le recours au savoir juridique spécialisé, même dans des matières où il n'avait jadis qu'une importance secondaire, les ouvrages juridiques à caractère professionnel ou pédagogique dominent l'édition, et ils tendent à réduire la recherche en droit à sa seule dimension positive. À l'inverse de cette tendance, la collection « Logiques juridiques » des éditions L'Harmattan est ouverte à toutes les approches du droit. Tout en publiant aussi des ouvrages à vocation professionnelle ou pédagogique, elle se fixe avant tout pour but de contribuer à la publication et à la diffusion des recherches en droit, ainsi qu'au dialogue scientifique sur le droit. Comme son nom l'indique, elle se veut plurielle.

Dernières parutions

Roger K. KOUDÉ, *La justice pénale internationale : un instrument idoine pour raisonner la raison d'Etat ?*, 2023

Cătălin-Silviu SĂRARU, *Le droit administratif en Roumanie*, 2022.

Robert VINCENT, *Les fédérations sportives françaises. Analyse par la gouvernance*, 2022.

Wiyao KAO, *Le contrat portant sur une chose future. Essai d'une théorie générale*, 2022.

Clemmy FRIEDRICH, *Les contrats de l'administration mis en discours, Une histoire doctrinale du droit administratif (1800-1960)*, Tome 2.

Clemmy FRIEDRICH, *Les contrats de l'administration mis en discours, Une histoire doctrinale du droit administratif (1800-1960)*, Tome 1.

Eric GILARDEAU, *L'empire du matérialisme juridique sur le contrat. La réforme du contrat dans les codes civils allemand et français*, 2022.

Ivanne-Mara KOUM DISSAKE, *Le financement des actifs de la propriété intellectuelle en Afrique (espace OAPI)*, 2022.

Léa MORTELETTE, *Les élections municipales de 2020 à l'épreuve de la crise sanitaire*, 2022.

Xavier CABANNES (dir.), *Livres et manuscrits anciens. Approche juridique, Volume 2*, 2022.

Athoumani YHOULAM, *Le contentieux administratif en droit de l'Union des Comores*, 2022.

Dimitri DI FRANCESCO

La doctrine administrative de la commande publique

Préface de Benoît DELAUNAY

L'Harmattan

A mon grand-père

REMERCIEMENTS

Le présent ouvrage constitue la version actualisée au 1er juin 2022 d'une thèse de doctorat en droit soutenue le 25 juin 2018 à l'Université Panthéon-Assas, sous la direction de Monsieur le professeur Benoît Delaunay.

Je souhaite exprimer ma plus profonde gratitude au professeur Delaunay pour avoir accepté d'encadrer mon travail, pour sa patience au cours des recherches et de la rédaction, pour les conseils qu'il a pu me prodiguer ainsi que pour son suivi et sa disponibilité tout au long de ces années.

Je tiens ensuite à exprimer l'honneur qui m'a été fait par Madame le professeur Hoepffner, Messieurs les professeurs Stéphane Braconnier et Charles Vautrot-Schwarz ainsi que Monsieur le Président Nicolas Boulouis d'avoir accepté d'être les membres de ce jury de thèse, de lire et juger ce travail. Pour cela, je leur adresse mes plus vifs remerciements.

Sans un soutien de tous les jours, cet exercice de recherche et d'écriture n'aurait pu voir le jour. Je remercie pour cela mes parents, ma grand-mère, ainsi que mes amis pour leur présence, notamment Alexandre et Raphaël. J'adresse également mes remerciements à mon épouse, Lise, pour son soutien dans la réalisation de cet ouvrage.

Mon amitié et ma gratitude vont tout spécialement à Madame Chantal Dechavanne qui a accepté de relire l'ensemble de ce travail.

Par ailleurs, la thèse vient d'une idée qui germe pendant des mois, voire des années et qui se concrétise au contact de certaines personnes. J'adresse mes plus vifs remerciements à Madame Huguette Pillant-Gomez et au professeur Truchet qui ont su me prodiguer des conseils avisés avant que je ne débute ce travail.

Mes travaux n'auraient enfin pu disposer de la vision pratique nécessaire à l'étude de la doctrine administrative sans le concours de personnalités extérieures qui ont nourri ce travail. Je remercie chaleureusement Messieurs Jean-François Vaquieri et Jean-Baptiste Morel pour la société Enedis, Messieurs Stéphane Faucher et Didier Chavernoz pour la société Spie Batignolles, Maître Raphaël Crespelle du cabinet FTPA.

J'adresse également mes remerciements aux membres du service des affaires juridiques du ministère chargé de l'agriculture pour m'avoir offert l'occasion de nourrir mes recherches d'une vision pratique et concrète de la vie d'une administration centrale. En effet, en tant que rédacteur ou commissaire du Gouvernement pour des projets d'ordonnance ou de décret relatif notamment à la domanialité publique, mes deux premières années d'expérience professionnelle me permirent de mettre à profit une vision administrative de la doctrine éponyme.

PRÉFACE

Grâces doivent être rendues aux travaux pionniers. Il en va de ceux qui s'établissent sur des terres à défricher, qui dessinent des voies nouvelles ou se livrent à des entreprises inédites, qui démêlent avec des vues larges l'écheveau d'une matière encore embrouillée. La thèse de M. Dimitri Di Francesco relève assurément de cette veine doctrinale que le désert bibliographique qui s'attache à l'étude d'une notion encore famélique n'impressionne guère, voire stimule.

On l'aura compris : en procédant à l'examen de la doctrine administrative de la commande publique, l'auteur de la thèse qu'enferme le présent ouvrage, ne s'est pas complu dans la commodité d'un sujet abondamment labouré ou dans le confort des notions bien nées. Il a beaucoup cherché comme le commande l'exercice doctoral et souvent trouvé ainsi qu'y conduisent labeur et opiniâtreté.

La doctrine administrative – considérée en première approximation comme la masse des circulaires, instructions, documentations administratives, réponses ministérielles qui font connaître l'interprétation des textes de la commande publique par l'administration – si elle est bien connue du droit fiscal et même du droit administratif, manque pour le moins d'oblativité en droit de la commande publique. Elle ne se laisse en effet que très difficilement connaître, n'étaient quelques lignes dans certains ouvrages, tel le Précis du président Braconnier.

Il s'agit pourtant là d'une source essentielle de ce droit, ce que l'auteur s'efforce de mettre en évidence, d'un instrumentum précieux par laquelle l'administration offre une interprétation de ce droit empreint d'une grande technicité et, somme toute, d'une clef d'entrée pour comprendre une matière que tout complique hormis la codification.

Fondateur, l'ouvrage l'est donc assurément tant il met au jour une matière souterraine qui, d'ordinaire, ne se donne qu'imparfaitement à voir et a pu, en l'espèce, s'enrichir de l'éclairage de plusieurs praticiens. De manière classique, l'auteur procède d'abord à l'identification de la doctrine administrative de la commande publique en en recherchant les interprètes et les instruments. S'emparant d'une brassée de textes appartenant à la doctrine administrative, il en met ensuite en lumière l'utilisation par l'administration comme par ses destinataires. Chemin faisant, il offre au lecteur un parcours au pays des questions classiques de l'équilibre des relations entre administration et administrés ou de la compétence réglementaire en matière de marchés publics. On notera qu'il milite aussi pour une refonte du régime contentieux des actes de doctrine administrative.

Il est parfois incommode tout à la fois de voir large et de regarder de près ; examinant le sujet larga manu, l'auteur savait que son travail nourrirait le débat. Par étymologie, le pionnier est celui qui avance à pied : sans doute lui arrive-t-il à l'occasion de perdre son chemin. Ainsi, le jury, chaleureusement remercié ici, qui réunissait le président Stéphane Braconnier, les professeurs Hélène Hoepffner et Charles Vautrot-Schwarz ainsi que Nicolas Boulouis, Conseiller d'Etat, a salué la pierre apportée à la construction d'un édifice important et n'a pas éludé les inévitables réserves qu'appellent un tel travail. Tel est le destin des travaux qui se situent aux avant-postes de sujets encore naissants : ils ouvrent des sentiers que d'autres, après eux, emprunteront.

La thèse que Dimitri Di Francesco remet aujourd'hui entre les mains de ses lecteurs a été soutenue à l'été 2018 après quatre années de préparation menées parallèlement – il importe de le relever – à une activité professionnelle soutenue et à des enseignements dispensés à la satisfaction de tous. Mis à jour, cet ouvrage constitue un outil très précieux. Puisse l'auteur en être, comme de juste, remercié et félicité.

Benoit Delaunay,
Professeur agrégé des facultés de droit,
Ancien recteur des académies de Clermont-Ferrand et Toulouse

Paris, le 17 juin 2022

LISTE DES PRINCIPALES ABRÉVIATION

AFDA	Association française pour la recherche en droit administratif
aff.	affaire
AJDA	Actualité Juridique Droit Administratif
AJDI	Actualité Juridique Droit Immobilier
AJFP	Actualité Juridique Fonctions Publiques
al.	alinéa
AN	Assemblée nationale
art.	article
Ass.	Assemblée du contentieux
Ass. plén.	Assemblée plénière de la Cour de cassation
BDCF	Bulletin des conclusions fiscales
BJCP	Bulletin juridique des contrats publics
BJDU	Bulletin de jurisprudence de droit de l'urbanisme
Bull.	Bulletin des arrêts de la Cour de cassation
Bull. civ.	Bulletin des arrêts des chambres civiles de la Cour de cassation
Bull. crim.	Bulletin des arrêts de la chambre criminelle de la Cour de cassation
CA	Cour d'appel
CAA	Cour administrative d'appel
Cass.	Cour de cassation
CE	Conseil d'Etat
CEDH	Cour européenne des droits de l'Homme
CESEDA	Code de l'entrée et du séjour des étrangers et du droit d'asile
Cf.	*Confer*
CGCT	Code Général des Collectivités Territoriales
chron.	chronique
civ.	Chambre civile de la Cour de cassation
CJA	Code de justice administrative
CJCE	Cour de justice des communautés européennes
CJUE	Cour de justice de l'Union européenne
CMP	Contrats et Marchés publics
coll.	collection

com.	Chambre commerciale de la Cour de cassation
concl.	conclusions
Cons. const.	Conseil constitutionnel
CPC	Code de procédure civile
CPP	Code de procédure pénale
crim.	Chambre criminelle de la Cour de cassation
D.	Recueil Dalloz
DA	Droit administratif
DF	Droit fiscal
dir.	sous la direction de
éd.	édition, édité par
EDCE	Etudes et documents du Conseil d'Etat
fasc.	fascicule
GACA	Grands arrêts du contentieux administratif
GAJA	Grands arrêts de la jurisprudence administrative
GP	Gazette du Palais
Ibid.	Ibidem. même ouvrage ou même article à la même page
Id.	Idem. Même ouvrage ou même article
Infra	ci-après
JCl. Administratif	JurisClasseur Administratif
JCl. Justice administrative	JurisClasseur Justice administrative
JCP A	JurisClasseur Périodique / La semaine juridique – Édition Administrations et Collectivités territoriales
JCP E	JurisClasseur Périodique / La semaine juridique – Édition Entreprise
JCP G	JurisClasseur Périodique / La semaine juridique – Édition générale
JDA	Journal du droit administratif
JORF	Journal officiel de la République française
JOUE	Journal officiel de l'Union européenne
LGDJ	Librairie générale de droit et de jurisprudence
LPA	Les Petites Affiches
LPF	Livre des procédures fiscales
n°	numéro
op. cit.	œuvre précitée
ord.	ordonnance
p.	page
préc.	précité
PUAM	Presses universitaires d'Aix-Marseille
PUF	Presses universitaires de France

PUG	Presses universitaires de Grenoble
PULIM	Presses universitaires de Limoges
PUPS	Presses de l'université Paris-Sorbonne
PUR	Presses universitaires de Rennes
PUS	Presses universitaires de Strasbourg
PUT	Presses universitaires de Toulouse
QPC	Question prioritaire de constitutionalité
RA	Revue administrative
RDA	Revue de droit d'Assas
RDI	Revue de droit immobilier
RDP	Revue du droit public et de la science politique en France et à l'étranger
RDT	Revue de droit du travail
Rec.	Recueil des décisions du Conseil d'État statuant au contentieux, dit Recueil Lebon
Rec. Cons. const.	Recueil des décisions du Conseil constitutionnel
Rec. T.	Tables du Recueil Lebon
rééd.	réédition, réédité par
RFAP	Revue française d'administration publique
RFDA	Revue française de droit administratif
RFDC	Revue française de droit constitutionnel
RFFP	Revue française des finances publiques
RHFD	Revue d'histoire des facultés de droit et de la science juridique / depuis 2008 : Revue d'histoire des facultés de droit et de la culture juridique, du monde des juristes et du livre juridique
RJEP	Revue juridique de l'économie publique
RJF	Revue de jurisprudence fiscale
RPDA	Revue pratique de droit administratif
RTDCiv.	Revue trimestrielle de Droit Civil
RTDCom.	Revue trimestrielle de Droit Commercial
RTDH	Revue trimestrielle des Droits de l'Homme
RRJ	Revue de recherche juridique. Droit prospectif
S.	Sirey
Sect.	Section du contentieux
soc.	Chambre sociale de la Cour de cassation
supra	ci-dessus
TA	Tribunal administratif
TC	Tribunal des conflits
trad.	traduction
V.	voir

SOMMAIRE

INTRODUCTION

> « Le pouvoir administratif a cela de commun avec la puissance législative que les actes qui émanent de l'administration portent, comme les lois elles-mêmes l'empreinte de l'autorité publique et commandent ainsi l'obéissance »
>
> *Macarel (L-M-A.), Cours de droit administratif (1842-1846), Paris, Thorel, 1848, t.1, p.13.*

Par cette célèbre formule, Macarel fait œuvre prédictive, en ce sens qu'il assimile la portée des actes législatifs et des positions adoptées par l'administration. Tant la loi que les actes de nature réglementaire, voire tous les actes adoptés par l'administration entendue au sens large, ont une portée similaire au motif qu'ils sont imprégnés de l'autorité publique. Dès lors, peu importe pour Macarel l'auteur organique de l'acte, ce qui incombe est la substance de celui-ci et s'il revêt ou non l'autorité publique. Ainsi, au regard du sujet de la présente étude, les actes législatifs et les actes de doctrine administrative qui les interprètent ont la même valeur au motif que, d'une part, l'autorité administrative fait corps avec le pouvoir législatif et, d'autre part, qu'ils revêtent tous deux l'autorité publique[1].

L'administration constitue donc le point névralgique de l'action publique. En effet, elle est à même de répondre aux besoins d'intérêt général de la société au travers des politiques publiques et de leur mise en œuvre par ses agents. De plus, elle dispose d'un lien privilégié avec le pouvoir législatif, notamment au travers de la double personnalité du ministre.

D'une part, le rôle central de l'administration au sein de l'Etat doit être mis en perspective à l'aune de la double personnalité du ministre. En effet, le ministre, en sa personne, constituerait l'interface, l'organe vital de liaison entre ces deux pouvoirs distincts mais reliés, le pouvoir législatif et le pouvoir réglementaire. D'ailleurs, nul ne saurait ignorer que le Gouvernement est une entité essentielle

---

[1] Cette position peut faire l'objet d'un rapprochement avec la jurisprudence de la Cour de justice de l'Union européenne qui juge que dans le cadre d'un renvoi préjudiciel, la Cour peut se prononcer en interprétation de sa propre jurisprudence au motif que l'interprétation jurisprudentielle fait corps avec la norme interprétée. Voir en ce sens, CJCE, 12 octobre 1999, *Pharmacia & Upjohn SA c/ Paranova A/S*, n° C-379/97.

pour l'action du pouvoir législatif en France. Cette essentialité trouve sa caractérisation majeure dans le recours quasi-exclusif au projet de loi plutôt qu'aux propositions de loi d'origine parlementaire. D'ailleurs, pour confirmer l'omniprésence du Gouvernement dans le processus législatif, des propositions de loi peuvent également avoir une origine gouvernementale, en ce sens que la substance de ce texte serait plus facile à porter par un parlementaire que par le Gouvernement. Cette prégnance des projets de loi, sous la cinquième République, renforce ainsi ce sentiment de rôle central de l'administration au sein des institutions de l'État au motif que le Gouvernement constitue la bouche de l'administration dans la procédure législative.

Dès lors, la personne du ministre constitue l'interface entre les deux pouvoirs (législatifs et réglementaires) mais permet également la transformation d'un langage politique en langue juridique. En effet, la fonction normative des ministres implique nécessairement le passage du politique au juridique par la transformation de la volonté politique en expression juridique de la puissance d'Etat[2].

Ce pouvoir de transformation du politique en juridique est mis en œuvre, non pas par le ministre en tant que tel mais par l'administration qu'il dirige[3]. *In concreto*, les agents de l'administration se trouvent soumis à la volonté du ministre en tant que supérieur hiérarchique et autorité politique. En effet, contrairement à l'homme politique, « le fonctionnaire n'est investi ni de légitimité, ni de responsabilité directe devant l'électeur »[4], ce qui le place en tant qu'exécutant de la volonté politique du ministre. Dès lors, la mise à disposition de l'administration par la Constitution traduit la volonté exposée par Burdeau d'une transformation de la volonté politique en réalité juridique par le biais de cet organe.

D'autre part, en tirant les conséquences d'une vision englobante de la citation de Macarel, l'administration devient le corps à même de répondre aux besoins d'intérêt général de la société ; corps irrigué à la fois par le pouvoir législatif et par le pouvoir réglementaire. Le rôle essentiel de l'administration se traduit par ce que l'on peut qualifier de bonne marche de l'Etat pour laquelle les agents s'engagent « activement pour la réussite des services publics »[5]. Ainsi, cette mission se traduit essentiellement par l'exécution des lois et règlements et dans le bon fonctionnement des services publics.

La fonction de l'administration a ainsi comme finalité l'édiction de règles, juridiques ou doctrinales, visant à mettre en application les lois et règlements, ce

---

[2] Sur ce point, le professeur Burdeau précisait que « c'*est en la personne des gouvernants que s'opère la mutation du politique en juridique puisque c'est par eux que la volonté politique du souverain se transforme en expression juridique de la puissance d'État* » in Burdeau (G.), L'État, éd. du Seuil, coll. « Points », 1970, p.68.

[3] Il s'agit de l'application de l'alinéa 2 de l'article 20 de la Constitution.

[4] Cette citation de Max Weber fut reprise par Raphaël Hadas-Lebel sous la définition « *administration* » in : Hadas-Lebel (R.), *Les 101 mots de la démocratie française,* éd. Odile Jacob, Coll. « *Histoire et Document* », 2002, p.55.

[5] Gérard (P.), *L'administration de l'État,* éd. Lexis Nexis, Coll. « *Manuel* », 2ème édition, novembre 2016, p.1.

qui conduit à placer la pratique administrative[6] au centre de l'action de l'Etat, en ce sens qu'elle a une incidence discrète mais néanmoins primordiale sur l'élaboration de dispositions législatives et réglementaires. D'ailleurs, la pratique administrative est essentielle dans l'action publique, notamment dans la procédure législative, à tel point que le professeur Gaudemet utilisa l'expression de « loi administrative »[7]. Cette formulation traduit ainsi l'origine de cette loi, à savoir le Gouvernement, et partant son administration, mais aussi dans le sens où « elle n'utilise plus le langage du droit mais celui de l'administration ».

Cette fonction de l'administration est notamment mise en exergue lors de l'application du droit de la commande publique. En effet, en tant que politique publique à fort enjeu économique, les contrats de la commande publique se trouvent au centre de l'action publique. D'ailleurs, le foisonnement – législatif, réglementaire, jurisprudentiel et doctrinal – sur cette matière confirme son essentialité. De plus, les ministres ont pris la mesure du caractère central de ce pan du droit public des affaires en rédigeant de nombreux actes de doctrine administrative sur lesquels la présente étude entend revenir.

**
*

Tirant les conséquences des éléments susmentionnés combinés avec le fait majoritaire établi sous la cinquième République, la doctrine administrative, entendue comme la parole de l'administration sur les projets qu'elle adopte ou fait adopter, tend ainsi à prendre un caractère particulier, en ce sens qu'elle apparaît comme capitale et centrale. Le rôle de l'administration est essentiel dans la vie de l'État au motif qu'elle seule permet la transformation du langage politique en langue administrative et juridique et traduit la mise en œuvre de politiques publiques spécifiques. Ce pouvoir de transformation du politique en juridique est d'autant plus essentiel dans un domaine comme celui de la commande publique marqué par la célérité de l'action et de la vie économique du pays.

I. Objet de l'étude

La présente étude a pour objet de présenter et de systématiser la relation qu'entretient la pratique administrative avec le droit de la commande publique. Cette systématisation présente un caractère novateur au regard de l'absence d'écrits doctrinaux, mis à part les ouvrages du professeur

[6] En ce sens, Bienvenu (J-J), *L'interprétation juridictionnelle des actes administratifs et des lois : sa nature et sa fonction dans l'élaboration du droit administratif*, Thèse Paris II, 1979 ou encore Avril (P.), « *L'intégration des pratiques budgétaires dans la loi organique du 1er août 2001* », RFFP n°86, avril 2004, p. 183-191.

[7] Gaudemet (Y.), « *La loi administrative* », RDP n°1, 2006, p.66.

Braconnier[8], sur cet *instrumentum* d'interprétation du droit de la commande publique.

De prime abord, cette recherche peut étonner au regard de la différence d'impératifs entre ces deux matières. En effet, l'administration dispose d'une temporalité qui lui est propre et qui pourrait entrer en opposition avec les impératifs de la vie économique caractérisés notamment par la célérité et le besoin de sécurité juridique.

Pour autant, ces deux visions sont complémentaires au motif que l'administration entend prévenir les risques liés au droit de la commande publique en rédigeant de nombreux outils ayant pour effet d'expliquer ce droit et ainsi de garantir un pan de l'action économique de l'Etat. De cette garantie en amont de la passation des contrats de la commande publique par l'explicitation des règles du jeu, l'administration prévient les risques liés à l'exécution du contrat et de ce fait, réduit le risque contentieux à l'avenir.

Afin de mieux comprendre les tenants et aboutissants de la présente étude, il est nécessaire de procéder à l'encadrement des termes du sujet.

A. La notion de commande publique

La nécessité d'une définition de la commande publique *a priori* provient essentiellement du caractère polysémique de la notion. En effet, le législateur[9], le pouvoir réglementaire[10], la jurisprudence[11] ou la doctrine[12] s'accordent pour utiliser ce terme mais l'appréhendent sous couvert d'interprétations diverses.

Par analogie à l'article 1er du code des marchés publics, les contrats de la commande publique doivent s'entendre comme l'ensemble des contrats conclus à titre onéreux, par un pouvoir adjudicateur ou une entité adjudicatrice avec un ou plusieurs opérateurs économiques, ayant trait à la satisfaction de ses besoins ou de celui des usagers et qui trouvent sa

---

[8] Braconnier (S.), *Précis du droit des marchés publics*, Le Moniteur, Coll. « *Essentiels Experts/ Contrats publics locaux* », 4ème édition, 8 août 2012, p.22 ; Braconnier (S.), *Précis du droit de la commande publique : Marchés publics – concessions*, Le Moniteur, coll. « *Guides juridiques* », 5ème édition, 12 avril 2017, p. 51.

[9] Ordonnance n° 2009-515 du 7 mai 2009 relative aux procédures de recours applicables aux contrats de la commande publique, JORF n° 0107 du 8 mai 2009, p. 7796, texte n° 10.

[10] Décrets n°64-729 du 17 juillet 1964 *portant codification des textes réglementaires relatifs aux marchés publics*, JORF du 21 juillet 1964, p.6438 (marchés de l'État) et n°66-887 du 28 novembre 1966 *complétant le décret 64-729 du 17 juillet 1964 par un livre III (marchés passés au nom des collectivités locales et de leurs établissements*, JORF du 2 décembre 1966, p.10534 (marchés des collectivités territoriales).

[11] Conseil constitutionnel, décision n° 2003-473 DC du 26 juin 2003, *Loi habilitant le Gouvernement à simplifier le droit* : Rec. Cons. Const. 2003, p. 382 ; Fatôme (E.) et Richer (L.), AJDA 2003, p. 2348 ; Linditch (F.), Contrats et marchés publics, 2003, n° 18.

[12] Voir notamment, Delacour (E.), « *Les fondements et les orientations de la réforme de la commande publique : du marché public à l'achat public* », Contrats et marchés publics, 2005, étude 6 ; Delvolvé (P.), « *Les contrats de la commande publique* », in *Les nouvelles dispositions sur les contrats de la commande publique*, RFDA 2016, p. 200.

conclusion contrainte par des procédures, notamment de mise en concurrence préalable.

Ainsi, le contrat de la commande publique doit répondre à plusieurs exigences pour être qualifié comme tel.

Quant au critère organique, ce contrat est conclu d'une part, entre un pouvoir adjudicateur ou une entité adjudicatrice entendus au sens des marchés publics[13]. D'autre part, ce contrat peut être conclu avec un opérateur privé ou public selon les choix opérés par le pouvoir adjudicateur ou l'entité adjudicatrice.

La finalité de ce contrat doit être recherchée dans l'objectif qu'entend satisfaire le pouvoir adjudicateur ou l'entité adjudicatrice. En effet, contrairement à une vision restrictive du contrat de la commande publique qui implique que ces contrats ne peuvent être utilisés que pour l'achat public, nous retiendrons plutôt la conception extensive de cette notion, en ce sens que la commande publique englobe les contrats de concession et les contrats conclus par les pouvoirs et entités adjudicateurs de droit privé.

Quant à la procédure retenue pour que le contrat de la commande publique soit valide, il apparaît nécessaire que ce contrat ne puisse être conclu qu'après une procédure réglementée de mise en concurrence.

La notion de commande publique entend donc regrouper l'ensemble des contrats de marchés publics[14], les contrats de concession[15], les conventions d'occupation du domaine public[16] ; contrats qui peuvent être conclus soit entre deux personnes publiques, soit entre une personne publique et une personne privée, voire entre deux personnes privées.

B. La notion de doctrine en droit public

Une fois circonscrite la notion retenue quant au champ de la matière, il est nécessaire de s'interroger, comme l'a fait le professeur Truchet, sur : « Que faut-il entendre par « Doctrine » ? »[17].

Cette notion de doctrine administrative présente également des difficultés de définition et d'appréhension au regard de son caractère polysémique. Ainsi, en tant que concept juridique, la doctrine administrative se doit d'être

---

[13] Articles L.1210-1 à L. 1212-4 du code de la commande publique.

[14] Ordonnance n° 2015-899 du 23 juillet 2015 relative aux marchés publics, JORF n° 0169 du 24 juillet 2015.

[15] Ordonnance n° 2016-65 du 29 janvier 2016 relative aux contrats de concession, JORF n° 0025 du 30 janvier 2016.

[16] Ordonnance n° 2006-460 du 21 avril 2006 relative à la partie législative du code général de la propriété des personnes publiques, JORF n° 95 du 22 avril 2006, p. 6024, texte n° 21.

[17] Truchet (D.), « *Quelques remarques sur la doctrine en droit administratif* », in *Mélanges en l'honneur du professeur Amselek*, Bruylant, 2005, p. 769. A cette question, le professeur Truchet répond d'ailleurs que la doctrine constitue « *essentiellement une opinion personnelle, ou une somme d'opinions personnelles convergentes* ».

définie au regard de son objet. D'ailleurs, la doctrine et l'administration sont deux notions qui ne se laissent pas facilement approcher.

1. Le caractère polysémique de la doctrine

D'une part, la doctrine est une notion polysémique et de cette polysémie ressort sa difficulté d'appréhension. En effet, pour les juristes, le terme « doctrine » peut relever de cinq sens.

Tout d'abord, dans son sens le plus large, la doctrine peut être simplement envisagée comme un ensemble d'opinions, de positions prises quant au droit, compris dans son édiction, sa rédaction, son application. Cette vision semble trop imprécise au motif qu'elle peut comprendre l'ensemble des opinions adoptées par rapport à la matière juridique. Dès lors, une opinion journalistique relative à une loi peut être considérée comme un acte de doctrine. Cette conception ne saurait être retenue au motif qu'elle étend le champ de la recherche à des domaines extérieurs à la stricte matière juridique et fait ainsi intervenir des acteurs qui ne disposent que d'une connaissance sectorielle du domaine de la commande publique.

Ensuite, afin de restreindre le champ de la doctrine, il peut être opportun de limiter organiquement les personnes habilitées à adopter un ensemble d'opinions sur le droit. Ainsi, la doctrine peut se définir à l'aune de son contenu (une interprétation et une opinion sur le droit) mais aussi par un critère organique à savoir le corps à même de se prononcer sur le droit. Dès lors, cette définition de la doctrine est constituée de l'ensemble des opinions autorisées sur un sujet juridique.

Reprenant sa racine latine (*docere*), la doctrine peut également être comprise comme l'activité d'enseignement. Dans cette acception, elle doit être entendue comme le corps spécifique proposant des interprétations et des opinions sur le droit, c'est-à-dire celui des membres de la doctrine universitaire. « Sans doute parce que c'est là sa fonction et sa justification : tenir un discours sur le droit, dans sa double activité de savoir (recherche) et de transmission du savoir (enseignement)»[18]. Au regard de l'objet de cette recherche, cette définition se veut restrictive et ne saurait répondre au qualificatif apposé à la doctrine, à savoir la notion d'administration.

De plus, la doctrine peut être comprise non pas comme l'œuvre créatrice d'interprétation et d'opinion sur le droit mais comme le support de ces opinions. En effet, la doctrine, dépassant l'approche abstraite de sa notion, se traduit comme les textes prenant comme objet la matière juridique, quelle que soit la forme retenue. D'ailleurs, cette définition permet d'englober la majeure partie de la doctrine quand bien même elle est imprécise dans ses critères. Dans cette hypothèse, dès lors qu'une interprétation du droit se trouve contenue dans un support, celle-ci devient une doctrine sans rapport

---

[18] Millard (E.), « Ce que « *doctrine veut dire* », in AFDA, *La doctrine en droit administratif*, LexisNexis, Coll. « *Colloques et débats* », janvier 2010, p.7.

avec sa finalité, sa pertinence et sa cohérence au regard des dispositions qu'elle est censée interpréter. Cette définition est donc écartée pour la présente étude.

Enfin, pour cette dernière acception, il convient de retenir la définition du professeur Millard qui précise que la doctrine peut être « un sous-ensemble des opinions sur le droit correspondant à une fonction spécifique de l'exposition du droit »[19].

Pour autant, de cette multiplicité de sens, on n'accède qu'à une vision biaisée de la réalité, cette approche qui se veut systémique révèle plutôt une impossibilité de définition de la doctrine.

D'ailleurs, la notion même de doctrine a un effet évolutif en fonction des périodes. Jusqu'à la fin du XVIIIème, « la conception pan-judiciaire du pouvoir constitue le dénominateur commun de la culture administrative européenne »[20].

Faisant suite à cette conception pan-judiciaire, les États vont développer une culture mettant l'administration au centre de la vie de l'État. Ainsi, M. Jousse écrivait « l'administration veille, avertit, ordonne, défend, se fait obéir par la seule autorité des règlements qu'elle présente, et auxquels on ne fait pas difficulté d'obéir [écrit, pour tous, un juriste français vers la fin de l'Ancien Régime]. La juridiction au contraire juge et contraint.»[21]. De cette vision nouvelle de l'État, le professeur Mannori rappelle qu'à la suite de l'Ancien Régime, « les administrations, plurielles et multiformes, propres de la vieille organisation corporative, cèdent la place à une Administration unique, à une « administration générale de l'État », qui n'a plus pour but de coordonner, diriger et de « policer » l'activité d'autres corps, mais celui de satisfaire directement, en première personne, à tous les besoins généraux d'une grande nation d'individus »[22].

Dans la période récente, les auteurs de droit public se sont intéressés à la notion de doctrine, alors que ce pan ne disposait pas d'une grande renommée jusqu'alors. Ainsi, Jean Rivero distinguait la doctrine écrite, la doctrine jurisprudentielle et la doctrine enseignante[23]. Par la suite, le professeur Bienvenu fera naître la distinction entre doctrine universitaire et doctrine organique[24]. La doctrine universitaire s'entend des membres des facultés de droit à même de se prononcer sur le droit ; la doctrine organique étant celle

---

[19] Millard (E.), « Ce que « *doctrine veut dire* », in AFDA, *La doctrine en droit administratif*, LexisNexis, Coll. « *Colloques et débats* », janvier 2010, p.7.

[20] Mannori (L.), « *Une histoire de la doctrine en droit administratif* », in AFDA, *La doctrine en droit administratif*, LexisNexis, Coll. « *Colloques et débats* », janvier 2010, p.15.

[21] Jousse (D.), *Traité de la juridiction des Trésoriers de France*, Paris, 1777, vol.1, p.214-215.

[22] Mannori (L.), « *Une histoire de la doctrine en droit administratif* », in AFDA, *La doctrine en droit administratif*, LexisNexis, Coll. « *Colloques et débats* », janvier 2010, p.16.

[23] Rivero (J.), *« Jurisprudence et doctrine dans l'élaboration du droit administratif »*, EDCE 1955, p.27.

[24] Bienvenu (J-J), « *Remarques sur quelques tendances de la doctrine contemporaine en droit administratif* », Droits, 1985, p.153.

de la juridiction administrative, des juges « qui écrivent et enseignent comme le font les universitaires »[25]. Cette opposition sera reprise par le professeur Chevallier qui estime que ces deux doctrines coexistent et que la doctrine organique « fait une concurrence sévère » à la seconde[26]. Ainsi que le définit le professeur Millard, « la doctrine, en quelque sens que ce soit, essaie de parler du droit, prétend en rendre compte, vise à le faire connaître et se légitime par le fait de faire tout ou partie de cela, mais rien d'autre ; ou au moins par le fait de prétendre faire tout ou partie de cela, et rien d'autre »[27].

De ce contexte conceptuel marquant la polysémie du terme « doctrine », celle-ci doit s'entendre de l'œuvre mais aussi de l'artisan[28].

2. La notion de doctrine administrative en droit public

Reprenant la définition conceptuelle de la notion de doctrine, la précision des fonctions de la doctrine administrative est essentielle pour circonscrire le champ de la présente étude. En effet, au-delà de ces oppositions doctrinales autour de la doctrine, la doctrine administrative dispose de quatre fonctions : « interpréter, systématiser, établir de nouvelles représentations, participer à l'élaboration de la norme »[29].

D'ailleurs, un pan du droit public a testé la systématisation de la doctrine administrative, à savoir le droit fiscal[30]. Pour ce droit, la doctrine administrative s'entend de « l'ensemble des documents : circulaires, instructions, documentations administratives, réponses ministérielles par lesquels l'administration (fiscale) fait connaître son interprétation des textes en particulier fiscaux »[31]. En l'espèce, la doctrine fiscale est donc le fruit des actes susmentionnés mais également de son auteur, à savoir l'administration fiscale.

De plus, cette doctrine administrative spéciale présente une spécificité, à savoir qu'un régime juridique particulier lui est adossé. La doctrine fiscale va au-delà de la simple édiction de règles au travers de l'*instrumentum* qu'est la doctrine administrative. En effet, le législateur, au travers de l'article L. 80 A du livre des procédures fiscales a créé un régime juridique

---

[25] Deguergue (M.), « *Doctrine universitaire et doctrine organique* », in AFDA, *La doctrine en droit administratif,* LexisNexis, Coll. « *Colloques et débats* », janvier 2010, p.42.

[26] Chevallier (J.), « *Changement politique et droit administratif* », in CURRAP, *Les usages sociaux du droit*, PUF, 1989, p.293.

[27] Millard (E.), « *Ce que « doctrine veut dire* », in AFDA, La doctrine en droit administratif, LexisNexis, Coll. « *Colloques et débats* », janvier 2010, p.3.

[28] Deguergue (M.), « *Les commissaires du Gouvernement et sa doctrine* », Droits, 1994, n°20, p.125.

[29] Rolin (F.), « *Doctrine et pratique* », in AFDA, La doctrine en droit administratif, LexisNexis, Coll. « *Colloques et débats* », janvier 2010, p.69.

[30] En ce sens, notamment : Vapaille (L.), *La doctrine administrative fiscale*, Thèse, Paris L'harmattan, Coll. « *Finances publiques* », 1999.

[31] Barilari (A.) et Drapé (R.), *Lexique fiscal,* Dalloz, 2ème édition, 1992, p.69.

propre à cette matière. Ainsi, afin d'assurer la sécurité juridique et fiscale de la procédure d'imposition, l'article L. 80 A du livre des procédures fiscales tel qu'interprété par la jurisprudence administrative, prévoit l'opposabilité de la doctrine fiscale.

Ainsi, un contribuable peut solliciter l'administration d'une demande sur sa situation fiscale ou sur une question précise et peut se prévaloir de la position adoptée par l'administration dans le cadre d'un contentieux futur. Cette procédure offre un large pouvoir à l'administration fiscale qui se trouve contrebalancée par le mécanisme de garantie établi par le législateur au profit du contribuable.

Dès lors, la doctrine administrative peut s'entendre de l'œuvre, à savoir les actes d'interprétation et de création du droit public, de l'auteur par le biais de l'administration mais aussi du régime juridique qui peut lui être accolé.

Cependant, cette vision extensive de la doctrine administrative ne saurait constituer le fondement de la présente étude. En effet, la notion de doctrine administrative doit faire l'objet d'une circonscription, en ce sens qu'elle ne saurait englober l'ensemble des sources doctrinales entendu au sens large.

D'une part, cette doctrine doit se voir comprise dans la doctrine de l'administration. Elle s'entend comme « l'ensemble des interprétations des lois ou règlements formulées par l'administration pour leur application ou lors des réponses adressées aux demandes émanant des administrés et des parlementaires »[1]. Ainsi, la doctrine de l'administration prend un sens plus large que la notion de doctrine administrative ; cette dernière « tout en facilitant l'action administrative, [a pour but] de présenter une vue d'ensemble des pratiques et de leurs rapports avec le droit et, surtout, de produire une représentation cohérente de l'activité administrative »[2]. La doctrine administrative constitue donc un sous-ensemble de la doctrine de l'administration.

D'autre part, la doctrine administrative s'oppose à la doctrine administrativiste qui se veut celle des seuls professeurs et maîtres de conférences de droit public. Ainsi, la doctrine administrative se situe au milieu de la doctrine administrativiste et de la doctrine de l'administration.

La présente étude s'intéresse donc à la production interprétative et créative de l'administration quant aux contrats de la commande publique. Cette matière se fondant sur une pratique étendue doit permettre de répondre par la présente étude à l'aspiration du professeur Rolin qui souhaite le rapprochement de la doctrine et de la pratique[3]. « Il faut d'ailleurs ne pas craindre ce débat, mais au contraire espérer qu'il saura se déployer au sein de

---

[1] Tamzini (W.), *Recherches sur la doctrine de l'administration*, L'harmattan, Coll. « *Logiques* « *Logiques juridiques* », mars 2015, p.42.

[2] Koubi (G.), « *Les circulaires administratives* », Paris, Economica, Corpus Essai, 2003, p.44. p.44.

[3] Rolin (F.), « *Doctrine et pratique* », in AFDA, *La doctrine en droit administratif*, LexisNexis, Coll. « *Colloques et débats* », janvier 2010, p.69.

l'université, sans quoi il y a fort à craindre qu'il ne restera dans l'histoire de la doctrine juridique pas plus de traces des administrativistes français du XIX siècle qu'il n'en existe des post-glossateurs du XVI siècle, balayés qu'ils furent par les nouveaux enjeux et les nouvelles méthodes utilisées par les juristes humanistes tels que Cujas, Bodin ou Budé »[1]. Dès lors, la présente recherche se veut une source de rapprochement de cette pratique mise en œuvre par la doctrine administrative avec un écrit universitaire.

**
*

La présente étude a donc pour objet de s'intéresser à la production normative, interprétative et créatrice de l'administration visant à expliciter le droit de la commande publique entendu comme l'ensemble des contrats conclus à titre onéreux, par un pouvoir adjudicateur ou une entité adjudicatrice avec un ou plusieurs opérateurs économiques (publics ou privés), ayant trait à la satisfaction de ses besoins ou de celui des usagers et qui trouvent sa conclusion contrainte par des procédures, notamment de mise en concurrence préalable. La doctrine administrative de la commande publique doit donc être entendue, peu importe l'acte en lui-même, comme l'ensemble des interprétations des lois ou règlements formulées par les administrations pour leur application ou lors de réponses adressées aux demandes émanant des administrés, des parlementaires ou d'autres administrations. Elle traduit *de facto* la compétence historique du pouvoir réglementaire et l'avènement récent d'une rationalisation du langage administratif repris par le pouvoir législatif. Par ailleurs, elle est centrale pour l'édiction et l'application de ce droit.

II. Cadre de l'étude

Une fois l'objet de la présente étude posé, il nous faut revenir sur le pouvoir de l'administration, notamment son éclosion dans le domaine de la commande publique. Cette compréhension de la genèse du pouvoir réglementaire en tant que créateur du droit de la commande publique conduira à comprendre la pertinence de cette recherche. En effet, le droit la commande publique, dont le pan le plus caractéristique reste celui des marchés publics, trouve son origine dans le pouvoir réglementaire et cela au regard d'une histoire débutant sous l'Ancien Régime (a). Par ailleurs, de cette histoire se dégage une prégnance du pouvoir réglementaire en matière de contrats de la commande publique traduisant une certaine place dans la

[1] Rolin (F.), « *Doctrine et pratique* », in AFDA, *La doctrine en droit administratif*, LexisNexis, Coll. « *Colloques et débats* », janvier 2010, p.81.

hiérarchie des normes (b) – hiérarchie telle que théorisée par Kelsen[1]. Enfin, il nous appartiendra de revenir sur les enjeux de ce sujet, notamment au regard du développement de la doctrine administrative de la commande publique et de l'absence de systématisation doctrinale de ce champ du droit public des affaires.

A. Histoire des contrats de la commande publique, une compétence réglementaire : l'exemple des marchés publics de travaux

Au cours de l'histoire de France, le pouvoir réglementaire a toujours été au centre de l'adoption des normes relatives aux contrats de la commande publique mais aussi dans la mise en œuvre de ce droit.

1. Le système décisionnel sous l'Ancien Régime, des prémices de décentralisation

Sous l'Ancien Régime, le système décisionnel, en matière de travaux publics, marque des premières caractéristiques de décentralisation.

Au niveau étatique, lorsque les travaux sont d'une certaine importance, ces derniers doivent être décidés par un arrêt du Conseil du roi qui pouvait être revêtu de lettre patente. Pour autant, cette obligation de recourir à un arrêt du Conseil du roi doit être relativisée. En effet, bien des arrêts du Conseil relatifs aux travaux publics ne sont pas pris en formation de Conseil mais sont des décisions ministérielles prises sous la forme d'un arrêt du Conseil. La prise de telles décisions est une œuvre de la bureaucratie ministérielle au sommet de laquelle se trouve le contrôleur général des finances[2]. D'ailleurs, pour exemple, les travaux des ponts et chaussées, sous le règne de Louis XV, sont de la responsabilité de Trudaine[3] et ont donné lieu à des décisions du Conseil du roi sans que le contrôleur général des finances ne soit avisé. En matière de bâtiments du roi, le chef de l'administration de ces bâtiments jouit d'une grande autonomie et dispose du pouvoir de décider des travaux avec l'accord du contrôleur général des finances. Dans le cadre des travaux de fortification, la prise de décision est, pendant une large période, interne au service des fortifications. Lorsque ce service disparaît[4], la prise de décisions ressort du ministre de la guerre et de celui de la marine.

---

[1] Cette théorie fut exposée dans : Kelsen (H.), *Théorie pure du droit*, éd. LGDJ, coll. « *La pensée juridique* », 1999.

[2] Pour autant, le contrôleur général des finances n'est pas toujours au courant de ces décisions au motif qu'elles peuvent être prises par l'intendant des finances ayant le détail des ponts et chaussées.

[3] À cette époque, Trudaine (D-C) est un intendant des finances français, choisi en 1743 par le contrôleur général Orry afin de diriger le service des ponts et chaussées.

[4] La disparition du service des fortifications est actée en 1743, à la mort de Claude François Bidal d'Asfeld plus connu sous le nom de « *chevalier d'Asfeld* », par le transfert de cette compétence au secrétaire d'État à la guerre.

Ainsi, pour les travaux établis au niveau étatique, l'administration du roi se trouve au centre du processus décisionnel. Ce centrisme décisionnel, déjà à l'époque, conduit à donner une place centrale à l'autorité administrative.

Au-delà du cadre étatique, les travaux publics des villes sont le fruit des délibérations de ses organes.

D'une part, pour les grandes opérations de travaux publics, les villes font appel à une décision royale. Pour ce faire, la commune adopte une délibération prévoyant ces travaux. Cette délibération est envoyée au pouvoir royal accompagnée des plans d'architecte, du mode de financement ainsi que d'un projet d'arrêt du Conseil. Le Gouvernement, recevant cette délibération, l'adresse à l'intendant pour avis et si ce dernier se prononce positivement, l'arrêt du Conseil est adopté. Ainsi, l'intendant est la clef de voûte du système des travaux publics des villes. D'ailleurs, sous le règne de Louis XV, des travaux sont entrepris par l'intendant ; ce dernier recevant les mérites de ces travaux dans les villes[1]. Dès lors, pour les travaux publics, la ville, l'intendant, le contrôleur général des finances, voire l'intendant général des finances ayant le détail des ponts et chaussées sont les acteurs de cette procédure, ce qui marque le pouvoir central de l'administration.

Par ailleurs, à l'époque, les travaux des pays d'État présentent une large autonomie pour ces derniers. Pour exemple, le Languedoc est le pays qui dispose de la plus large autonomie, en ce sens que les membres de l'administration de ce pays d'Etat disposent d'une marge d'appréciation exorbitante quant à la décision à adopter et quant au financement des routes et des grands ouvrages d'art. Pour autant, cette liberté décisionnelle, dont dispose le Languedoc ne peut être étendue à tous les pays d'État, en ce sens qu'en matière notamment de création de canaux, cette autonomie est restreinte par l'obligation d'obtenir une décision royale[2].

À l'instar des permis de construire tels qu'ils existent aujourd'hui, les travaux publics des particuliers, sous l'Ancien Régime, font généralement l'objet d'une décision royale. D'ailleurs, dans de nombreuses villes, les quartiers, les rues ou les îles font l'objet d'une décision d'urbanisme pour les particuliers. Par exemple, à Nantes, l'île Feydeau est le fruit de ce type d'urbanisation, au même titre que l'île Saint-Louis à Paris. Pour autant, dans ce dernier exemple, la croissance de Paris, sous l'Ancien Régime, n'était pas planifiée, ce qui a conduit, conformément à la décision royale de 1724[3], à ce que l'administration s'efforce de faire en sorte qu'un maillage cohérent se forme.

---

[1] En ce sens, il convient de citer les travaux de Louis-Urbain Aubert de Tourny, marquis de Tourny, intendant de Guyenne, dans la commune de Bordeaux ou de Jean Le Nain, Baron d'Asfeld, intendant du Languedoc, dans la ville de Nîmes.

[2] Par exemple, les grands travaux des villes de Montpellier et de Toulouse sont adoptés par une décision royale.

[3] Déclaration royale, adoptée par Louis XV, du 18 juillet 1724 interdisant l'ouverture des rues de Paris.

De cette brève histoire de l'Ancien Régime, on peut constater que l'administration dispose d'un pouvoir majeur en matière de travaux publics. D'ailleurs, il a été constaté que le système des marchés sur adjudication « avait été complètement organisé sous l'ancienne Monarchie française »[1], ce qui démontre la pérennité du rôle central de l'administration.

2. *Les XVIIIème et XIXème siècles, deux siècles consacrant la tendance réglementaire des marchés publics de travaux*

La fin de l'Ancien Régime va marquer une nouvelle étape pour les marchés publics, quand bien même elle ne fut pas perceptible à cette époque[2]. En effet, l'adoption de la déclaration des droits de l'Homme et du Citoyen du 26 août 1789 trouvera une appréciation concrète dans son application au travers de la jurisprudence postérieure du Conseil constitutionnel[3], en ce sens que les décisions du Conseil ont apporté un contenu concret aux exigences constitutionnelles contenues dans ce texte.

D'une part, l'article 6 de la déclaration des droits de l'Homme et du Citoyen, en tant qu'il prévoit que la loi est l'expression de la volonté générale, inspire le principe d'égal accès à la commande publique. D'autre part, au titre de la nécessité et de l'emploi fait de l'impôt[4], les marchés publics sont influencés par la vision de l'égal accès mais aussi par ce qui caractérise ce pan du droit, à savoir l'exigence de transparence et de démocratie.

Malheureusement, ces dispositions révolutionnaires ne sont pas appliquées à l'époque aux marchés publics. En effet, la postérité de ces dispositions n'est que très récente, par l'avènement de la Cinquième République et la jurisprudence du Conseil constitutionnel. De cette expérience révolutionnaire, par un décret du 10 brumaire an XIV, l'adjudication est prévue, au profit du pouvoir réglementaire, pour les travaux des hospices mais aussi des établissements de charité et cette compétence est étendue aux communes par le décret du 17 juillet 1806. A nouveau, le pouvoir réglementaire est placé au centre de l'adoption de règles relatives aux adjudications.

La monarchie de juillet[5] renforce cette tendance réglementaire du droit des marchés publics. En effet, par tradition, le pouvoir réglementaire se voit

---

[1] Christophle (A.) et Auger (P.), *Traité théorique et pratique des travaux publics, 1889-1890*, n°329, in Richer (L.), *Droit des contrats administratifs*, LGDJ, Coll. « Manuel », 8ème édition, août 2012, p. 374.

[2] Il faudra attendre l'avènement du Conseil constitutionnel et sa jurisprudence.

[3] Conseil constitutionnel, décision n°71-44DC du 16 juillet 1971, *Loi complétant les dispositions des articles 5 et 7 de la loi du 1er juillet 1901 relative au contrat d'association*, JORF, 18 juillet 1971, p.7114.

[4] Article 16 de la Déclaration des Droits de l'Homme et du Citoyen du 26 août 1789.

[5] Régime s'établissant entre l'instauration du régime monarchique constitutionnel (juillet 1830) et la révolution de février 1848.

autorisé par le législateur[1] à fixer les ordonnances portant règles applicables aux marchés de l'État. Cette disposition législative dispose d'un double dessein. D'une part, la législation permet de lutter contre la corruption par le biais des mesures de publicité mises en œuvre. D'autre part, cette procédure de concurrence a pour but de provoquer des économies du fait de la multiplicité des offres. D'ailleurs, « la publicité suffira presque toujours pour mettre fin à ces marchés que le public a flétri du nom de marchés passés sous le manteau de la cheminée, manteau qui n'a que trop souvent recouvert de honteuses friponneries »[2]. Dès lors et en application de ces dispositions législatives, le pouvoir réglementaire adopte une cascade d'ordonnances : l'ordonnance du 4 décembre 1836 relative à la passation des marchés de l'État[3] ; étendue aux communes par l'ordonnance du 14 novembre 1837[4].

3. *Le XXème siècle, la codification des marchés publics par le pouvoir réglementaire*

L'avènement de la Cinquième République va développer la tendance réglementaire du droit des marchés publics. En effet, un mouvement de codification est entrepris par la Commission centrale des marchés, adossée aux ministères économiques et financiers, ce qui a conduit à l'adoption du code des marchés publics par le décret du 17 juillet 1964[5].

Cependant, des révisions éparses vont rendre ce code difficile d'accès. Afin de faire face à ce foisonnement textuel et à sa complexité, la Commission centrale des marchés entreprend, en 1995, la refonte du code des marchés publics, et plus largement de la commande publique. Ainsi, le parlementaire M. Trassy-Paillorgues est chargé par le Gouvernement de préparer ce texte relatif à la commande publique et rend son rapport en mars 1997. Sur le fondement de ce rapport, un projet de loi est déposé sur le bureau de l'Assemblée nationale[6]. Pour autant, ce projet de loi ne connaît aucune consécration concrète dans un texte et est suppléé par une proposition de loi portant réforme du code des marchés publics en décembre 1997, proposition qui connaîtra le même sort que le projet de loi

---

[1] Article 12 de la loi du 31 janvier 1833 *portant règlement du budget de 1929.*

[2] Dubois-Aymé à la Chambre des députés le 22 novembre 1831, Archives parlementaires, p.753 et ACCP, 2001 n°5, p.74, in Richer (L.), *Droit des contrats administratifs*, LGDJ, Coll. « Manuel », 8ème édition, août 2012, p. 374.

[3] Par cette ordonnance, l'article 1er prévoit que « *tous les marchés au nom de l'État seront faits avec concurrence et publication* ».

[4] Cette ordonnance se fonde sur la loi municipale du 18 juillet 1837.

[5] Décrets n°64-729 du 17 juillet 1964 *portant codification des textes réglementaires relatifs aux marchés publics*, JORF du 21 juillet 1964, p.6438 (marchés de l'État) et n°66-887 du 28 novembre 1966 *complétant le décret 64-729 du 17 juillet 1964 par un livre III (marchés passés au nom des collectivités locales et de leurs établissements*, JORF du 2 décembre 1966, p.10534 (marchés des collectivités territoriales).

[6] Projet de loi dit « *Arthuis-Galland* », Document Assemblée nationale n°3462 ; B. Fabre, « *Les dix points clés d'une réforme* », *Mon.TP,* 14 mars 1997, p.14.

précédemment évoqué. La voie parlementaire ne semble donc pas opportune pour l'adoption des règles relatives aux marchés publics.

Face à ces difficultés d'adoption du code des marchés publics et au nouvel échec d'avril 1999[1], le pouvoir réglementaire va de nouveau se saisir de sa compétence pour proposer un décret relatif aux marchés publics. Pour ce faire et dans le cadre d'un objectif de rationalisation de l'achat public et de mise en conformité au regard des directives communautaires, les ministères économiques et financiers proposent un projet de décret adopté[2] après avis du Conseil de la concurrence[3] et du Conseil d'État, et publié au Journal officiel de la République française du 8 mars 2001. D'ailleurs, par la suite, le Conseil d'État se prononça sur la légalité de certaines dispositions du décret et il annula l'article excluant les contrats de mandat du champ d'application du code des marchés publics[4] ainsi que d'autres dispositions réglementaires[5].

4. Le XXIème siècle, un nouveau souffle pour les marchés publics sous l'influence du droit de l'Union européenne

Le code issu du décret du 7 mars 2001 précité n'a connu qu'une période restreinte d'application. En effet, à la suite des critiques établies par la Commission européenne[6], « les pouvoirs publics engagent alors une nouvelle réforme du code des marchés publics, portée par la triple volonté d'approfondir l'œuvre de simplification engagée par le code de 2001, d'anticiper la transposition des nouvelles directives unifiées et, surtout, de libéraliser et simplifier l'achat public »[7]. Sous l'influence communautaire[8], le décret du 7 janvier 2004[9] est adopté[1] et a permis un mouvement de

---

1 En effet, en avril 1999, le ministère de l'économie, des finances et de l'industrie avait pour ambition d'aboutir à un projet de loi à la suite d'une consultation. Pour autant, la concertation semblait en voie d'échouer et ainsi fut l'objet de ce qui sera exposé plus après.

2 Décret n°2001-210 du 7 mars 2001 *portant code des marchés publics,* JORF n°57 du 8 mars 2001, p.37003, texte n°6.

3 Conseil de la concurrence, avis n°2000-A-25 du 30 novembre 2000, *Mon. TP,* 23 février 2001, suppl. TO, p.452.

4 CE, Ass, 5 mars 2003, *Union nationale des services publics industriels et commerciaux (UNSPIC)*, n°233372, Lebon, p. 107, Concl. Piveteau, JCP 2003. adm. coll. terr. 1321, note F. Linditch et concl. D. Piveteau, AJDA 2003.413, note F. Aubert, et 722, chron. F. Donnat et D. Casas, Europe 2003, no 130, comm. P. Cassia, Dr. adm. 2003, no 107, note A. Ménéménis, RFD adm. 2003.620.

5 CE, 28 avril 2003, *Fédération française des courtiers d'assurance, Gras Savoye, Gras Savoye Sega et Verspiren,* n° 233343, Lebon, Concl. Piveteau, RTD eur. 2003. 661, chron. D. Ritleng ; BJDCP 2003. 286, concl. D. Piveteau.

6 Commission européenne, Avis motivé du 17 octobre 2002, *Contrats et Marchés publics,* 2002, Comm. 244.

7 Braconnier (S.), *Précis du droit des marchés publics*, Le Moniteur, Coll. « *Essentiels Experts/ Contrats publics locaux* », 4ème édition, 8 août 2012, p.22.

8 Européenne aujourd'hui.

9 Décret n°2004-15 du 7 janvier 2004 *portant code des marchés publics,* JORF n°6 du 8 janvier 2004, p.703, texte n°19.

responsabilisation et de professionnalisation des acheteurs publics[2]. D'ailleurs, le professeur Braconnier, sur ce texte, estime que « longtemps enserré dans une dynamique purement formaliste, tournée vers le respect de procédures souvent complexes, censées limiter le risque juridique et servir la transparence de l'achat public, le droit des marchés publics s'inscrit désormais dans une logique de rationalité économique, corroborée par des règles qui, à l'analyse, relèvent davantage d'une fonction régulatrice que d'une fonction de réglementation »[3]. Le Conseil d'État, saisi par l'Association pour la transparence et la moralité des marchés publics, d'un recours en excès de pouvoir contre le décret du 7 janvier 2004 valide le contenu du code, dans la majorité[4]. Pour autant, le Conseil d'État annule des dispositions relatives à la mise en concurrence ou l'exclusion incluse dans le code des marchés publics.

Anticipant la transposition des directives n°2004/17/CE et 2004/18/CE du 31 mars 2004 portant coordination des procédures de passation des marchés[5], les pouvoirs publics français adoptent le décret du 7 janvier 2004 mais cette adoption ne permet cependant pas la mise en conformité du droit des marchés publics au regard des exigences européennes. Ainsi, au regard de cette mauvaise transposition, les pouvoirs publics se sont trouvés contraints d'adopter un nouveau code des marchés publics, ce que la France a effectué au travers du décret du 1er août 2006[6]. Ces dispositions réglementaires sont confirmées par le Conseil d'État qui rejette tous les recours en annulation à l'encontre de ces dernières[7]. Cette confirmation traduit la validation des échanges entre le Conseil d'État et la direction des

---

1 Cette adoption a fait l'objet d'une critique de la part de la Commission européenne qui a considéré que les violations du droit communautaire étaient maintenues et qui a déposé un recours en manquement devant la Cour de justice de la Communauté européenne en février 2004.

2 Dreyfus (J-D.), « *Une réforme axée sur la responsabilité de l'acheteur* », AJDA, 2004, p.362.

3 Braconnier (S.), *Précis du droit des marchés publics*, Le Moniteur, Coll. « *Essentiels Experts/ Contrats publics locaux* », 4ème édition, 8 août 2012, p.23.

4 CE, 23 janvier 2005, *Association pour la transparence et la moralité des marchés publics*, n°264712, Lebon, Concl. Casas, AJDA, 2005, p.688, note J-D Dreyfus ; RFDA 2005, p.483 Concl.

5 Directive n°2004/18/CE du Parlement européen et du Conseil du 31 mars 2004 *relative à la coordination des procédures de passation des marchés publics de travaux, de fournitures et de services,* Journal officiel n° L134 du 30 avril 2004, p.0114-0240 et Directive 2004/17/CE du Parlement européen et du Conseil du 31 mars 2004 *portant coordination des procédures de passation des marchés dans les secteurs de l'eau, de l'énergie, des transports et des services postaux*, Journal officiel n° L134 du 30 avril 2004, p.0001-0113.

6 Décret n°2006-975 du 1er août 2006 *portant code des marchés publics,* JORF n°179 du 4 août 2006, p.11627, texte n°20.

7 CE, Sect., 9 juillet 2007, *Syndicat Entreprises Générales de France – Bâtiment Travaux Publics,* n°297711 – 297870 – 297829 – 297919 – 297955 – 298087 – 300171 – 301238, Lebon, Concl. Boulois ; AJDA 2007, p.1593, note J-D. Dreyfus ; Contrats et Marchés publics, août 2007, comm. 240, obs. W. Zimmer ; JCP Adm. 2007, p.2213, comm. F. Linditch.

affaires juridiques des ministères économiques et financiers ; éléments de tractation qui avaient ralenti la publication de ce texte réglementaire.

A la faveur de la crise débutée à l'été 2007 et du plan de relance de l'économie, de nombreux décrets[1] sont adoptés afin de réformer le code des marchés publics, ce qui a conduit à une rénovation dans sa philosophie[2]. Par le décret du 25 août 2011[3], le code des marchés publics, outre une réduction de son volume, est modifié dans ses dispositions et a créé la notion de « contrats globaux sur performance » qui traduit la nouvelle vision de l'État dans ce domaine. D'ailleurs, ce décret est commenté par une circulaire du 14 février 2012 qui institue un Guide de bonnes pratiques qui « est un véritable petit traité de droit des marchés publics »[4].

Par la suite, le Parlement européen et le Conseil adoptent une directive n° 2014/24/UE du 26 février 2014 sur la passation des marchés publics[5]. Une lecture combinée de cette directive avec celles du 31 mars 2004 sus-évoquées[6] permet de comprendre l'objectif poursuivi par les autorités

---

[1] Décrets :

- n°2008-1334 du 17 décembre 2008 *modifiant diverses dispositions régissant les marchés soumis au code des marchés publics et aux décrets pris pour l'application de l'ordonnance n°2005-649 du 6 juin 2005 relative aux marchés passés par certaines personnes publiques et privées non soumises au code des marchés publics*, JORF n°0294 du 18 décembre 2008, p. 19367, texte n°15,
- n°2008-1355 du 19 décembre 2008 *de mise en œuvre du plan de relance économique dans les marchés publics,* JORF n°0296 du 20 décembre 2008, p.19544, texte n°12,
- n°2008-1356 du 19 décembre 2008 *relatif au relèvement de certains seuils du code des marchés publics,* JORF n°0296 du 20 décembre 2008, p.19548, texte n°13,
- n°2008-1550 du 31 décembre 2008 *modifiant le décret n°2002-232 du 21 février 2002 relatif à la mise en œuvre du délai maximum de paiement dans les marchés publics,* JORF n°0001 du 1er janvier 2009, p.52, texte n°32.

Circulaire du 19 décembre 2008 *relative au plan de relance de l'économie française - augmentation des avances de l'État sur les marchés publics en 2009,* JORF n° 296 du 20 décembre 2008, p. 19542, texte n° 3.

[2] Braconnier (S.), « *Droit des marchés publics : l'âge de la maturité* », Contrats et Marchés publics, 2009, étude n°2.

[3] Décret n°2011-1000 du 25 août 2011 *modifiant certaines dispositions applicables aux marchés et contrats relevant de la commande publique*, JORF n°0197 du 26 août 2011, p. 14453, texte n°17.

[4] Richer (L.), *Droit des contrats administratifs*, LGDJ, Coll. « *Manuel* », 8ème édition, août 2012, p. 389.

[5] Directive 2014/24/UE du Parlement européen et du Conseil du 26 février 2014 sur la passation des marchés publics et abrogeant la directive 2004/18/CE, JOUE L. 94/65 du 28 mars 2014.

[6] Directive n°2004/18/CE du Parlement européen et du Conseil du 31 mars 2004 *relative à la coordination des procédures de passation des marchés publics de travaux, de fournitures et de services,* Journal officiel n° L134 du 30 avril 2004, p.0114-0240 et Directive 2004/17/CE du Parlement européen et du Conseil du 31 mars 2004 *portant coordination des procédures de passation des marchés dans les secteurs de l'eau, de l'énergie, des transports et des services postaux*, Journal officiel n° L134 du 30 avril 2004, p.0001-0113.

européennes, à savoir la création d'un « programme de modernisation de la commande publique »[1].

Transposant ces directives, les autorités françaises adoptent deux ordonnances, l'une relative aux marchés publics[2] et l'autre relative aux contrats de concession[3]. Ces ordonnances, fixant les grands principes applicables au droit de la commande publique entendu au sens large, ont nécessité de la part du pouvoir réglementaire, l'adoption de décret d'application afin de les clarifier. Pour ce faire, ont été adoptés le décret n° 2016-360 du 25 mars 2016 relatif aux marchés publics[4] et le décret n° 2016-86 du 1er février 2016 relatif aux contrats de concession[5].

En interprétation de ces textes, la direction des affaires juridiques des ministères économiques et financiers a pu proposer une actualisation des fiches techniques au regard des dispositions contenues dans ces deux décrets. D'ailleurs, l'interprète exclusif a pu le faire dans sa fiche technique la plus généraliste, intitulée « marchés publics et autres contrats », permettant ainsi de clarifier la notion de marchés publics[6]. En effet, l'adoption des nouvelles ordonnances et des décrets les appliquant est venue modifier les conditions essentielles du droit de la commande publique, notamment quant à la définition des contrats publics.

Dès lors, quant à l'interprétation formulée, la direction des affaires juridiques des ministères économiques et financiers est dans l'obligation de s'interroger sur la pertinence de l'établissement de nouvelles fiches techniques afin de permettre aux acteurs de la commande publique de prendre en considération les nombreuses évolutions, notamment de définition des contrats. De plus, au-delà de l'interprétation des dispositions relatives au cadre général de la commande publique, les règles précisant les éléments « de la vie du contrat » – la procédure de formation des contrats de la commande publique[7] à leur exécution[1] – doivent faire l'objet d'une

---

[1] Hoepffner (H.), *Droit des contrats administratifs*, Dalloz, Coll. Cours, novembre 2016, p. 31.

[2] Ordonnance n° 2015-899 du 23 juillet 2015 relative aux marchés publics, JORF n° 0169 du 24 juillet 2015.

[3] Ordonnance n° 2016-65 du 29 janvier 2016 relative aux contrats de concession, JORF n° 0025 du 30 janvier 2016.

[4] Décret n° 2016-360 du 25 mars 2016 relatif aux marchés publics, JORF n° 0074 du 27 mars 2016, texte n° 28.

[5] Décret n° 2016-86 du 1er février 2016 relatif aux contrats de concession, JORF n° 0027 du 2 février 2016, texte n° 20.

[6] Direction des affaires juridiques des ministères économiques et financiers, Fiche technique relative aux Marchés publics et autres contrats, 22 août 2016.

[7] Voir en ce sens notamment, direction des affaires juridiques des ministères économiques et financiers, Fiche technique relative à l'examen des offres, 9 décembre 2016 ou Direction des affaires juridiques des ministères économiques et financiers, Fiche technique relative à l'allotissement et contrats globaux, 21 novembre 2016.

révision. La direction des affaires juridiques des ministères économiques et financiers s'est ainsi prononcée, par le biais d'une interprétation, sur la mise en œuvre de l'ordonnance éclairée de son décret d'application. En tant qu'auteur de ces deux textes, l'interprète exclusif n'a éprouvé aucune difficulté à proposer une interprétation conforme à l'esprit du texte afin de garantir une stabilité de l'interprétation, sous couvert de l'office du juge administratif. Par ailleurs, le Conseil d'Etat, dans son guide de l'action économique des personnes publiques, a mis à jour l'ensemble des fiches relatives aux contrats de la commande publique afin de tenir compte de ces évolutions textuelles.

Pour autant, ces nouvelles interprétations liées à l'adoption des ordonnances et de leurs décrets d'application ont été formulées de manière sporadique. En effet, la direction des affaires juridiques des ministères économiques et financiers n'a pas conclu à la nécessité d'adopter un nouveau « guide des marchés publics et des concessions ». Cette absence de nécessité peut être comprise au motif que les ministères économiques et financiers ont posé les jalons d'un véritable code de la commande publique[2]. Ce code doit constituer l'avènement d'une nouvelle conception des contrats conclus par les pouvoirs et entités adjudicateurs. Les deux ordonnances précitées doivent en effet former la partie législative du futur code tandis que les décrets auront pour finalité d'abonder la partie réglementaire du code[3]. Dès lors, à la suite de l'adoption de ces nouvelles dispositions codifiées, la direction des affaires juridiques des ministères économiques et financiers se saisira de l'occasion afin de rédiger une œuvre interprétative du nouveau droit de la commande publique, en s'inspirant d'une part, de ses actes rédigés à la suite de l'adoption des ordonnances et de leur décret d'application et d'autre part, de l'interprétation formulée par le Conseil d'Etat dans son rôle d'interprète, à savoir dans son guide de l'action économique des personnes publiques et dans la décision rendue sur les ordonnances précitées.

Ce bref aperçu historique démontre la puissance du pouvoir réglementaire sur le droit des marchés publics et partant sur le droit de la commande publique. En effet, ce pan du droit public des affaires s'est

---

[1] Voir en ce sens, direction des affaires juridiques des ministères économiques et financiers, Fiche technique relative aux modalités de modification des contrats en cours d'exécution, 21 février 2017.

[2] Sur ce point, voir notamment, Braconnier (S.), *Précis du droit de la commande publique : Marchés publics – concessions*, Le Moniteur, coll. « *Guides juridiques* », 5ème édition, 12 avril 2017, p. 43 et suivantes ; Tiberghien (F.), « *Il faut un code de la commande publique pour assurer sa sécurité juridique* », AJDA, 2008, p. 1128 ; Llorens (F.) et Soler-Couteaux (P.), « *Pour un code de la commande publique* », Contrats et marchés publics, n° 2, février 2006, repère 2 ; Maïa (J), « *Les nouvelles dispositions sur les contrats de la commande publique* », RFDA, 2016, p. 197.

[3] Cette codification à droit constat a permis l'avènement du code de la commande publique entré en vigueur le 1er avril 2019.

affirmé comme celui de l'exécutif et de l'administration. D'ailleurs, ce caractère réglementaire du droit des marchés publics a connu une large postérité, notamment via l'avènement de la Cinquième République. En effet, ce maintien du caractère réglementaire traduit le mouvement de contractualisation de l'action publique[1]. Ce recours à la méthode contractuelle implique un renouvellement du rôle de l'État et de son administration au travers d'une nouvelle gouvernance financière publique[2]. D'ailleurs, ce mouvement de contractualisation ou du « tout contractuel »[3] a permis l'imprégnation en droit français de nombreux mécanismes tels que les partenariats public-privé ou le développement de certaines méthodes contractuelles mais n'a jamais remis en cause la prégnance du pouvoir réglementaire en matière de droit des marchés publics[4].

B. Le droit de la commande publique et la hiérarchie des normes

L'avènement de la cinquième République, par une lecture combinée des dispositions constitutionnelles, aurait dû entrainer un changement de paradigme au caractère central du pouvoir réglementaire. Cependant, ce ne fut pas le cas et le pouvoir réglementaire a conservé un rôle central dans l'adoption des règles relatives au droit de la commande publique. Pour autant, les dernières réformes doivent nous permettre de nous interroger sur cet état de fait.

1. Le caractère réglementaire de la commande publique, un fait historiquement pertinent

Cette tradition du pouvoir réglementaire omniprésent pour les contrats de la commande publique aurait dû céder face à l'avènement de la Cinquième République, notamment du fait de l'instauration des articles 34 et 37 de la Constitution mais aussi de l'article 72 de la Constitution. En effet, d'une part, l'article 34 de la Constitution offre au pouvoir législatif, la compétence pour déterminer « les principes fondamentaux [...] des obligations civiles et

---

[1] Chevallier (J.), *Loi et contrat dans l'action publique,* Cahiers du Conseil constitutionnel n°17 (dossier : Loi et contrat), mars 2005.

[2] En ce sens :

- Bouvier (M.), Esclassan (M-C) et Lassale (J-P.), *Finances publiques,* LGDJ, Coll. « *manuel* », 13ème édition, septembre 2014, p. 44 et suivantes ;
- Bouvier (M.), « *Inventer une nouvelle gouvernance financière publique : fonder l'État du XXIe siècle* », RFFP n°100, *Nouvelle gouvernance financière publique : Grands enjeux de demain,* Novembre 2007;
- Chevallier (J.), « *La gouvernance et le droit* », Mélanges Amselek, Bruylant 2005.

[3] Richer (L.), « *La contractualisation comme technique de gestion des affaires publiques* », AJDA n°19, 2003, p.973.

[4] Cette position fut celle du professeur Gaudemet dans son article : Gaudemet (Y.), « *Le contrat administratif, un contrat hors la loi* », Cahiers du Conseil constitutionnel n°17 (dossier : Loi et contrat), mars 2005.

commerciales »[1]. Dès lors, l'instauration de cette disposition aurait dû permettre au droit de la commande publique de se voir basculer dans les compétences du législateur.

Pour autant, la jurisprudence, qu'elle soit constitutionnelle[2] ou administrative[3] ne s'engage pas sur ce chemin. En effet, le Conseil constitutionnel et le Conseil d'État estiment que « ni l'article 34 de la Constitution ni aucune autre règle de valeur constitutionnelle n'exige que les conditions de passation des marchés et contrats passés par l'État soient définies par la loi ». Ainsi, par ces jurisprudences, le Conseil constitutionnel et le Conseil d'État marquent un recul quant au rapprochement entre le droit privé et le droit public des contrats[4]. En effet, ces jurisprudences doivent s'interpréter comme un refus de la compétence du législateur. Quand bien même ces décisions ne semblent pas soutenables en droit, elles semblent l'être en fait au regard notamment de la complexité des contrats publics et de l'absence de spécialistes au sein du Parlement sur ces questions contrairement aux différents services et inspections appartenant à l'administration[5].

D'autre part, l'article 72 de la Constitution, qui pose le principe de libre administration des collectivités locales – partant de la liberté contractuelle – s'oppose à cette vision réglementaire de l'élaboration des contrats de la commande publique locaux. En effet, au regard de cette disposition constitutionnelle, il aurait semblé que l'autonomie des collectivités locales, leur libre administration – ayant une valeur constitutionnelle[6] - et la liberté contractuelle – ayant valeur constitutionnelle[7] et législative via la découverte

[1] Article 34 de la Constitution du 4 octobre 1958.

[2] Conseil constitutionnel, décision n°2002-460 du 22 août 2002, *Loi d'orientation et de programmation sur la sécurité intérieure*, JORF du 30 août 2002, p.14411.

[3] CE, Ass, 5 mars 2003, *Ordre des avocats à la Cour de Paris*, n° 238039, Lebon, Concl. Piveteau, AJDA 2003. 718, chron. F. Donnat et D. Casas ; AJDA 2003. 697, tribune L. Richer ; D. 2003. 865 ; RDI 2003. 269, obs. M. Degoffe et J.-D. Dreyfus ; RTD eur. 2003. 661, chron. D. Ritleng.

[4] Voir sur cette question, Llorens (F.) et Soler-Couteaux (P.), *« Les contrats de la commande publique à l'épreuve de la distinction entre contrats administratifs et contrats de droit privé »*, Contrats et marchés publics, n° 2, février 2018, repère n° 2 ou Delvolvé (P.), *« Les nouvelles dispositions du code civil et le droit administratif »*, RFDA 2016, p. 613.

[5] En ce sens, la direction des affaires juridiques des ministères économiques et financiers est l'une de ces directions.

[6] Conseil constitutionnel, décision n°2011-146 QPC du 08 juillet 2011, *Département des Landes [Aides publiques en matière d'eau potable ou d'assainissement]*, JORF du 9 juillet 2011, p.11978.

[7] Conseil constitutionnel, décision n°93-316 DC du 20 janvier 1993, *Loi relative à la prévention de la corruption et à la transparence de la vie économique et des procédures publiques*, JORF du 22 janvier 1993, p.1118

d'un principe général du droit[1] - s'opposent à l'érection du pouvoir réglementaire dans ce domaine de compétence du Parlement.

Ainsi, le pouvoir réglementaire n'aurait pu voir sa compétence érigée que par une décision d'habilitation législative. Pourtant, à cet état du droit écrit, le Conseil d'État apporta sa pierre à l'édifice afin de protéger la compétence du pouvoir réglementaire et la nature réglementaire du droit de la commande publique. Dans des « conditions pour le moins périlleuses »[2], les juges du palais royal ont adopté une position marquant la suprématie du pouvoir réglementaire en ce domaine. En effet, dans sa décision Ordre des architectes[3], le Conseil d'État va confirmer la compétence du pouvoir réglementaire concernant les marchés publics locaux et cela au visa du bénéfice de deux habilitations, à savoir le décret-loi du 12 novembre 1938, pris sur le fondement de la loi d'habilitation du 5 octobre 1938, ainsi que de la loi du 7 août 1957. Par cette décision d'opportunité[4], le Conseil d'État confirme sa jurisprudence et maintient dans l'escarcelle du pouvoir réglementaire, la matière des marchés publics.

Pour autant, il ne faudrait pas déduire de ces jurisprudences, la mise à l'écart complète du droit constitutionnel et des exigences posées par ce texte suprême. En effet, le droit de la commande publique tend à voir s'appliquer les principes constitutionnels issus du préambule de la Constitution de la Cinquième République, notamment de la Déclaration des droits de l'Homme et du Citoyen. En effet, depuis le début des années 2000, le Conseil constitutionnel, par sa jurisprudence[5], a participé à l'érection d'un droit constitutionnel de la commande publique. Dès lors, les principes – d'égalité devant la loi, de bonne utilisation des deniers publics, d'égal accès à la commande publique, de libre administration des collectivités locales ou de liberté contractuelle des collectivités territoriales – participent à cet essor de la constitutionnalisation du droit de la commande publique. Par ailleurs,

---

[1] CE, Sect., 28 janvier 1998, *Société Borg Warner*, n° 138650, Lebon, p. 26, Concl. Bergeal AJDA 1998. 287 ; D. 1998. 56 ; RDI 1998. 246, obs. F. Llorens et Ph. Terneyre.

[2] Braconnier (S.), *Précis du droit des marchés publics*, Le Moniteur, Coll. « *Essentiels Experts/ Contrats publics locaux* », 4ème édition, 8 août 2012, p.17.

[3] CE, Ass., 29 avril 1981, *Ordre des architectes*, n°12851, Lebon, p. 198, Concl. Théry, AJDA 1981, p. 429, note Genevois (B.).

[4] Éviter les contestations de tous les marchés publics locaux et garantir la sécurité juridique de toutes ces conventions.

[5] En ce sens,

- Conseil constitutionnel, décision n°2001-452DC du 6 décembre 2001, *Loi portant mesures urgentes de réformes à caractère économique et financier*, JORF du 12 décembre 2001, p. 18712 ;
- Conseil constitutionnel, décision n°2002-460 du 22 août 2002, *Loi d'orientation et de programmation sur la sécurité intérieure*, JORF du 30 août 2002, p.14411.
- Conseil constitutionnel, décision n°2002-461DC du 29 août 2002, *Loi d'orientation et de programmation pour la justice*, JORF du 10 septembre 2002, p.14953 ;
- Conseil constitutionnel, décision n°2003-473DC du 26 juin 2003, *Loi habilitant le Gouvernement à simplifier le droit*, JORF du 03 juillet 2003, p.11205.

l'avènement d'un droit constitutionnel économique se traduit par la jurisprudence du Conseil constitutionnel d'une part mais aussi d'autre part, par de nombreuses thèses en préparation dans ce domaine. Ainsi, les juges de la rue de Montpensier favorisent le développement d'exigences constitutionnelles dans le droit de la commande publique. Pour autant, ce mouvement récent de constitutionnalisation du droit des marchés publics[1], partant du droit de la commande publique, n'a pas remis en cause la prégnance du pouvoir réglementaire mais a permis le développement d'exigences constitutionnelles spécifiques à l'achat public.

De cette compétence historique du pouvoir réglementaire, le droit de la commande publique se voit donc réglementer par le Gouvernement et par les membres de son administration.

2. Les réformes récentes du droit de la commande publique, une infidélité au pouvoir réglementaire ?

Le mouvement de constitutionnalisation du droit de la commande publique, opéré ces dernières années[2], au-delà des exigences constitutionnelles spécifiques à l'achat public, semble avoir remis en cause les jurisprudences constitutionnelles et administratives relatives à la compétence législative en droit de la commande publique. En effet, l'exclusivité de compétence au profit du pouvoir réglementaire a pu être battue en brèche par les récentes réformes du droit de la commande publique.

Le pouvoir réglementaire a limité son pouvoir quant au droit de la commande publique au motif qu'il a sollicité du pouvoir législatif, l'adoption d'une loi l'habilitant à réformer le droit de marchés publics et des contrats de concessions. En effet, en application de l'article 38 de la Constitution, la procédure d'habilitation du Gouvernement pour adopter des mesures intervenant dans le domaine législatif laisse à penser que la messe serait dite et que nous assistions à une modification du paradigme au sein du droit de la commande publique. Ainsi, un acteur étranger à ce droit se trouve aujourd'hui au centre au motif qu'il est celui qui habilite le pouvoir réglementaire pour adopter de telles mesures. D'ailleurs, cette modification de paradigme se confirme au motif que le pouvoir législatif admet être à l'origine de ce droit ; il attire ainsi vers lui ce champ de compétence et semble ainsi décharger le pouvoir réglementaire de ce pan du droit.

En l'espèce, l'article 42 de la loi relative à la simplification de la vie des entreprises et portant diverses dispositions de simplification et de

---

[1] Sur cette tendance et ses conséquences, Delvolvé (P.), « *Constitution et contrats publics* » in *Mouvement du droit public,* Mélanges en l'honneur du professeur Moderne, Dalloz, 2004, p.499.

[2] Sur cette tendance et ses conséquences, Delvolvé (P.), « *Constitution et contrats publics* » in *Mouvement du droit public,* Mélanges en l'honneur du professeur Moderne, Dalloz, 2004, p.499.

clarification du droit et des procédures administratives[1] et l'article 209 de la loi pour la croissance, l'activité et l'égalité des chances économiques[2] ont respectivement permis de réformer le droit des marchés publics[3] et des concessions[4], ce qui a permis par la suite l'avènement du code de la commande publique. Dès lors, un transfert de compétence du pouvoir réglementaire au profit du législateur semble avoir été effectué afin d'une part, d'apporter une assise juridique plus forte à ces dispositions et d'autre part, de consolider ce droit en prévision d'un code de la commande publique.

Cependant, ce changement de paradigme est à notre sens une erreur d'interprétation de l'action administrative.

D'une part, l'élaboration du droit administratif, notamment dans cette matière technique, doit toujours connaître l'influence de la pratique administrative[5] et des mécanismes par lesquels l'autorité administrative entend mettre en œuvre ce droit de la commande publique. En effet, en tant qu'autorité garante des principes fondamentaux de la commande publique, l'administration se doit d'être au centre de l'élaboration de ces règles. Ainsi, l'adoption des dernières ordonnances relatives aux marchés publics et aux contrats de concessions caractérisent bien la notion de « loi administrative » développée par le professeur Gaudemet, en ce sens que ces ordonnances trouvent leur origine dans la compétence du Gouvernement et utilisent le langage de l'administration[6]. Le rôle de l'administration reste donc central au motif qu'elle permet la transformation d'un langage administratif dans la langue du droit.

D'autre part, la procédure d'adoption des lois d'habilitation et de ratification ne doit pas nous faire oublier leur origine. En effet, dans le cadre des ordonnances relatives aux marchés publics[7] et aux contrats de concession[8], les deux lois d'habilitation ont pour origine un projet de loi. Ainsi, le Gouvernement entend se faire habiliter pour rédiger le nouvel état du droit de la commande publique, tout en lui donnant la valeur législative. En l'espèce, ce nouveau

---

[1] Loi n° 2014-1545 du 20 décembre 2014 relative à la simplification de la vie des entreprises et portant diverses dispositions de simplification et de clarification du droit et de procédures administratives (1), JORF n° 0295 du 21 décembre 2014, p. 21467, texte n° 1.

[2] Loi n° 2015-990 du 6 août 2015 pour la croissance, l'activité et l'égalité des chances économiques, JORF n° 0181 du 7 août 2015, p. 13537, texte n° 1.

[3] Ordonnance n° 2015-899 du 23 juillet 2015 relative aux marchés publics, JORF n° 0169 du 24 juillet 2015.

[4] Ordonnance n° 2016-65 du 29 janvier 2016 relative aux contrats de concession, JORF n° 0025 du 30 janvier 2016.

[5] En ce sens, Bienvenu (J-J), *L'interprétation juridictionnelle des actes administratifs et des lois : sa nature et sa fonction dans l'élaboration du droit administratif*, Thèse Paris II, 1979 ou encore Avril (P.), « *l'intégration des pratiques budgétaires dans la loi organique du 1er août 2001* », RFFP n°86, avril 2004, p. 183-191.

[6] Gaudemet (Y.), « *La loi administrative* », RDP n°1, 2006, p.66.

[7] Ordonnance n° 2015-899 du 23 juillet 2015 relative aux marchés publics, JORF n° 0169 du 24 juillet 2015.

[8] Ordonnance n° 2016-65 du 29 janvier 2016 relative aux contrats de concession, JORF n° 0025 du 30 janvier 2016.

mouvement ne constitue pas un changement de paradigme mais à notre sens une légitimation du langage administratif de la commande publique.

Enfin, cette modification de compétence entre le pouvoir réglementaire et le pouvoir législatif trouve son explication la plus plausible dans la volonté des autorités publiques d'adopter un code de la commande publique dont les jalons seraient posés classiquement entre d'un côté, des dispositions législatives et de l'autre des dispositions réglementaires. Ce code devant constituer l'avènement d'une nouvelle conception des contrats conclus par les pouvoirs et entités adjudicateurs et au regard du caractère central du droit de la commande publique pour l'action économique des personnes publiques, les pouvoirs législatif et réglementaire se sont retrouvés pour opérer une rationalisation des compétences entre les acteurs.

Ainsi, la modification de la compétence entre le pouvoir législatif et le pouvoir réglementaire constitue une légitimation du langage administratif de la commande publique, une rationalisation des compétences mais surtout les prémisses du futur code de la commande publique dont l'interprétation se fera au travers de la doctrine administrative.

De ce contexte marqué par une forte prégnance du pouvoir réglementaire, la doctrine administrative intervient comme le bras armé de l'administration en matière de commande publique. En effet, la doctrine constitue la bouche de l'administration, tout comme « le juge (est) la bouche de la loi » selon l'expression consacrée mais abrégée de Montesquieu[1].

Dans un domaine où le pouvoir réglementaire est au centre de l'édiction de ce droit, l'administration, par son interprétation, dispose d'un pouvoir et d'une marge d'appréciation importante marquée par l'objet et la finalité de celui-ci. En effet, la finalité économique de la commande publique ne saurait être éludée et constitue même l'élément central de ce droit. Dès lors, le rôle d'influence sur la compréhension des règles relatives à ce droit constitue la clé de voûte du pouvoir de l'administration au regard des implications concrètes de ces interprétations.

De plus, l'administration constitue le point névralgique de l'action publique relative à la commande publique, en ce sens qu'elle est à l'origine de l'édiction et de l'adoption des textes relatifs à ce domaine très technique de notre droit mais aussi de son interprétation. Cette essentialité de l'administration se traduit, ainsi qu'il a été évoqué précédemment, par la double personnalité du ministre, en tant que supérieur hiérarchique et autorité politique.

**
*

[1] Montesquieu, *De l'esprit des lois,* Flammarion, Coll. « *Garnier Flammarion / Philosophie* », 2013.

La doctrine administrative de la commande publique constitue l'interface entre le discours politique du ministre et le pouvoir hiérarchique de ce dernier. Ainsi, l'administration devient l'interprète des mesures édictées par le pouvoir réglementaire, ce qui conduit à ce que l'administration interprète des textes pour lesquels elle est l'auteure.

Dès lors, dans le domaine de la commande publique, le lien établi entre le pouvoir réglementaire et la doctrine administrative garantit une interprétation pertinente de la volonté du ministre et l'administration en constitue le bras armé.

C. La doctrine administrative de la commande publique et la théorie du droit

En tant qu'outil interprétatif des lois et règlements, la doctrine administrative de la commande publique est marquée, d'une part, par une grande unilatéralité de l'administration et d'autre part, par une volonté de modeler le comportement des acteurs du droit de la commande publique qu'ils appartiennent à l'administration ou à ses cocontractants. La doctrine administrative, à l'aune de la volonté d'adhésion des destinataires, s'impose par sa force commandatoire ou de persuasion[1] et peut être utilement qualifiée de règle ternaire au sens de la conception Hartienne « destinées à assurer la connaissance et la compréhension des règles primaires et secondaires »[2].

Au regard de ces éléments de définition, la doctrine administrative de la commande publique revêt les traits saillants suivants : absence d'obligatoriété et de caractère contraignant, défaut de sanction, production formalisée mêlant les rédacteurs à leurs destinataires ainsi qu'un caractère *sui generis* de l'acte. Cette qualification doit nous permettre de nous interroger sur la valeur normative de la doctrine administrative de la commande publique, sur son caractère de source de droit mais aussi sur son intégration en tant qu'acte de droit souple au sens de la jurisprudence récente du Conseil d'Etat.

1. La doctrine administrative de la commande publique, un acte de droit souple

A l'aune de la définition proposée, la première interrogation à laquelle nous devons faire face est de savoir si la doctrine administrative de la commande publique doit être qualifiée en tant qu'acte de droit souple.

Pour ce faire, le Conseil d'Etat, dans son rapport de 2013[3], a fixé trois conditions cumulatives pour qu'un acte administratif revête la qualification d'acte de droit souple. Tout d'abord, au regard de leur contenu et de leur mode

---

1 Thibierge (C.), « Rapport de synthèse », in *Le droit souple*, Journées nationales de l'Association Henri Capitant, tome XIII, Dalloz, Thèmes & commentaires, 2009, p. 153.

2 Hart (H.), *Le concept de droit,* traduit de l'anglais par M. Van De Kerchove, avec la collaboration de J. Van Drooghenbroeck et R. Celis, Publications des Facultés universitaires de Saint-Louis, Bruxelles, 1976, p. 119 et s., § 92 à 96

3 Conseil d'État, Étude annuelle 2013 – *Le droit souple,* La documentation française, Études et documents du Conseil d'État, mai 2013.

d'élaboration, ces actes présentent « un degré de formalisation et de structuration qui les apparente aux règles de droit ». En d'autres termes, ces actes disposent de traits similaires aux règles de droit. Ensuite, ces actes ont pour finalité de modifier ou d'orienter les comportements de leurs destinataires en suscitant, dans la mesure du possible, leur adhésion. Enfin, il ne crée pas de droits ou d'obligations par lui-même pour leurs destinataires.

Ce traits caractéristiques seront repris au contentieux dans les arrêts *Fairvesta et Numéricâble* rendus le 21 mars 2016[1] et plus encore dans le dernier état de la jurisprudence du Conseil d'Etat. En effet, par un arrêt en date du 12 juin 2020[2], la Section du contentieux du Conseil d'Etat va renouveler sa définition des actes de droit souple afin de disposer d'une approche globale de cette dernière. A cet effet, il a jugé que le droit souple devait s'entendre comme tous les « documents de portée générale émanant d'autorités publiques, matérialisés ou non, tels que les circulaires, instructions, recommandations, notes, présentations ou interprétations du droit positif (...) lorsqu'ils sont susceptibles d'avoir des effets notables sur les droits ou la situation d'autres personnes que les agents chargés, le cas échéant de les mettre en œuvre ».

A l'aune de cet arrêt, plusieurs critères peuvent être dégagés pour caractériser un acte de droit souple. En premier lieu, il doit s'agir d'un document de portée générale, ce qui exclut les documents ayant un caractère individuel, soit en s'adressant à un individu en particulier, soit à un groupe particulier. La doctrine administrative de la commande publique ne s'adressant pas nommément à un individu ou à un groupe d'individu, sous réserve des réponses apportées aux questions particulières, ce critère est rempli. Ensuite, la doctrine administrative doit être établie par une autorité publique, ce qui exclut les personnes privées, mêmes celles chargées d'une mission de service public. En la matière, que ce soient la DAJ des ministères économiques et financiers, les administrations centrales, les autorités administratives indépendantes, ces entités relèvent de la

---

[1] CE, Ass, 21 mars 2016, *Société NC Numéricable*, n°390023, Lebon, Concl. Daumas ; GAJA n° 117, AJ 2016.717, chr. Dutheillet de Lamothe et Odinet ; DA 2016. comm. 10, Von Coester et Daumas ; D. 2016.715, obs. Montecler ; Gaz. Pal. 2016 n ° 22, p. 31, note Seiller ; JCP 2016.623, note Perroud et 671, note Aguila et Froger ; LPA 2016 n ° 185, p. 11, note Chaltiel ; RFDA 2016.679, art. Melleray ; RTD Civ. 2016.571, note Deumier ; RTD Com. 2016.298, obs. Rontchevsky, et 711, obs. Lombard ; RD Publ. 2017.482, comm. Pauliat ; CE, Ass, 21 mars 2016, *Sociétés Fairvesta International GmbH, Fairvesta Europe AG, Fairvesta Europe AG II et Fairvesta Vermögensverwaltung International AG,* n°368082, Concl. Von Coester ; GAJA n° 117, AJ 2016.717, chr. Dutheillet de Lamothe et Odinet ; DA 2016. comm. 10, Von Coester et Daumas ; D. 2016.715, obs. Montecler ; Gaz. Pal. 2016 n ° 22, p. 31, note Seiller ; JCP 2016.623, note Perroud et 671, note Aguila et Froger ; LPA 2016 n ° 185, p. 11, note Chaltiel ; RFDA 2016.679, art. Melleray ; RTD Civ. 2016.571, note Deumier ; RTD Com. 2016.298, obs. Rontchevsky, et 711, obs. Lombard ; RD Publ. 2017.482, comm. Pauliat

[2] CE Sect., 12 juin 2020, *GISTI*, n° 418142, Lebon p. 192 ; AJDA 2020. 1196 ; ibid. 1407, chron. C. Malverti et C. Beaufils ; AJ fam. 2020. 426, obs. C. Bruggiamosca ; AJCT 2020. 523, Arrêt du mois S. Renard et E. Pechillon ; RFDA 2020. 785, concl. G. Odinet ; ibid. 801, note F. Melleray

qualification d'autorité publique. Quant au support de l'acte, le Conseil d'Etat rappelle que peu importe l'*intrumentum*, seul le *negotium* présente un intérêt. Au regard de la diversité des actes de doctrine administrative de la commande publique, ces dernier peuvent s'inclure dans cette liste non exhaustive de support. Enfin, le Conseil d'Etat précise que ces actes doivent avoir des effets notables sur les droits ou la situation des personnes tiers aux agents en charge de l'application de ce droit. Critère subjectif d'appréciation pour le Conseil d'Etat, les effets notables doivent s'entendre de ceux qui ont une incidence réelle sur la situation des personnes autres que ceux qui doivent l'appliquer. Ce critère se trouve rempli en matière de doctrine administrative de la commande publique. En effet, cette dernière, marquée par une « schizophrénie administrative », a une incidence notable sur les agents publics autres que ceux qui adoptent ces actes (services centraux des autres ministères, collectivités territoriales, établissements publics de l'Etat et des collectivités territoriales, etc.) mais aussi sur les entreprises concourant à la passation de contrats de la commande publique et leurs conseils. En effet, en tant qu'elle constitue l'interprétation du droit de la commande publique par son interprète exclusif, elle influence les comportements des personnes ayant à appliquer ce droit technique. D'ailleurs, à l'aune de sa précision et de la source d'informations qu'elle constitue, cette doctrine joue un rôle majeur pour les acteurs intervenant dans ce secteur.

Au regard de la jurisprudence récente du Conseil d'Etat, aucun doute n'est permis quant à la qualification de la doctrine administrative de la commande publique en tant qu'acte de droit souple.

2. *La doctrine administrative de la commande publique, une norme*

Au regard de la définition proposée ci-avant, le questionnement autour de la valeur de norme, entendue au sens large du terme, non exclusivement juridique, prend une place centrale. Dans la continuité des théories jusnaturalistes et par le perfectionnement de la théorie austienn[1], Hans Kelsen définit la norme comme « un commandement, un ordre, une prescription ». Il poursuit en précisant que « commander n'est pas cependant l'unique fonction d'une norme ; habiliter, permettre, abroger sont aussi des fonctions de la norme »[2]. En tant qu'acte de volonté, la norme « peut aussi habiliter un certain comportement, et finalement elle peut supprimer la validité d'une autre norme, c'est-à-dire abroger une autre norme. Mais permettre est également à considérer comme une fonction normative »[3]. Il ressort de ces éléments qu'au-delà du strict cadre de la norme juridique – norme qui peut être sociologique, religieuse ou morale par exemple – celle-ci est un acte de volonté réunissant les trois fonctions précitées.

La norme implique donc des énoncés prescriptifs mais aussi une auto-référentialité de celle-ci. Quant aux énoncés prescriptifs, une référence aux

[1] Austin (J.), *Lectures on Jurisprudence*, Londres, 5ème édition, 1929.

[2] Kelsen (H.), *Théorie générale des normes*, t. par Beaud (O.) et Malkani (F.), Pari 1996, chap 25, p. 126.

[3] Id.

travaux kelsenien est opportune, en ce sens que ces énoncés doivent répondre aux trois fonctions précitées. En matière de doctrine administrative de la commande publique, cette dernière n'imposant pas de comportement ou ne contraignant pas ses destinataires, elle pourrait n'être pas considérée comme de la norme. Toutefois, elle suggère un comportement à adopter pour les agents en charge de l'appliquer. Cet élément prescriptif se retrouve d'une part dans la jurisprudence du Conseil d'Etat. En effet, par sa décision du 12 juin 2020[1], le Conseil d'Etat juge que les actes de droit souple, auxquels appartient la doctrine administrative de la commande publique, « peuvent être déférés au juge de l'excès de pouvoir lorsqu'ils sont susceptibles de produire des effets notables sur les droits ou la situation d'autres personnes que les agents chargés, le cas échéant, de les mettre en œuvre ». En conséquence, ces actes portent un énoncé prescriptif en ce qu'ils ont une influence notable sur les agents en charge d'appliquer les énoncés fixés mais aussi sur leurs destinataires. En la matière, que ce soient les guides de la DAJ, les circulaires ou les réponses formulées par cette direction, ils ont une incidence directe sur leur destinataire – administration ou cocontractant – dans l'application de ce droit technique. D'autre part, « En Administration (…) on obéit d'abord à la circulaire, puis à la décision ministérielle, puis au règlement, puis à l'arrêté ou décret et enfin à la loi. Il est reconnu que de la circulaire à la loi il n'y a pas toujours rapport exact, et il y a même quelquefois contradiction. En cas de doute, la circulaire doit avoir raison, parce que c'est la nation qui fait la loi et que c'est le chef de bureau qui fait la circulaire »[2].

La doctrine administrative, en tant qu'elle a une incidence notable sur les agents de l'administration et ses cocontractants, répond au premier critère de la norme.

Quant à l'auto-référentialité de la norme, c'est-à-dire le fait que la normativité d'un énoncé prescriptif relève d'une référence faite par une autre norme, le professeur Xavier Magnon propose trois situations pour que la référence à la norme soit garantie[3]. Seule la troisième situation nous intéresse eu égard à la présence étude ; il s'agit « des actes adoptés par des organes habilités à produire du droit qui le sont en dehors des catégories normatives qu'ils sont habilités à produire ». Cette situation concerne « un acte adopté par un organe habilité, en général, à produire du droit, mais qui n'entre pas dans les catégories

---

[1] CE Sect., 12 juin 2020, *GISTI*, n° 418142, Lebon p. 192 ; AJDA 2020. 1196 ; ibid. 1407, chron. C. Malverti et C. Beaufils ; AJ fam. 2020. 426, obs. C. Bruggiamosca ; AJCT 2020. 523, Arrêt du mois S. Renard et E. Pechillon ; RFDA 2020. 785, concl. G. Odinet ; ibid. 801, note F. Melleray

[2] Cités par G. Thuillier, Pour une histoire de la bureaucratie en France, Comité pour une histoire administrative et financière de la France, coll. « Animation de la Recherche », Paris, 1999, et repris par V. Azimi, « La circulaire : « Maladie organique » de l'administration. Un regard historique sur un acte amphibie », in G. Koubi (dir.), La littérature grise de l'administration, Berger-Levrault, coll. « Au fil du débat », 2015.

[3] Magnon (X.), « *L'ontologie du droit : droit souple c. droit dur* », in Revue française de droit constitutionnel 2019/4 (N° 120), pages 949 à 966.

normatives qu'il est compétent pour produire en vertu des règles du système ». Une unité d'auteur ou d'entités appartenant au même pouvoir est donc nécessaire ainsi qu'une habilitation par la norme supérieure. En matière de doctrine administrative de la commande publique, les auteurs sont multiples. Pourtant, ils relèvent tous d'entités relevant de l'administration au sens large du terme. En effet, que ce soient la DAJ des ministères économiques et financiers, les administrations centrales, les autorités administratives indépendantes, voire la Commission européenne, chacune de ces entités relèvent des administrations publiques et disposent de compétences en matière de commande publique. L'unité d'entités est donc caractérisée. L'habilitation, en matière de commande publique, a d'ores-et-déjà été démontrée.

Il ressort donc de l'ensemble de ces éléments que la doctrine administrative de la commande publique revêt la qualification de norme au sens large.

3. La doctrine administrative de la commande publique, une norme juridique et une source de droit

Après avoir qualifié la doctrine administrative en tant que norme, celle-ci présente des éléments de juridicité permettant de la qualifier en tant que norme juridique. En effet, cette juridicité de la norme se retrouve eu égard à la sanction à l'encontre de cet acte mais aussi son efficacité, c'est-à-dire sa faculté à modeler le comportement des individus qui en sont les destinataires[1].

D'une part, concernant la sanction, celle-ci se caractérise au travers du contrôle juridictionnel opéré de ces actes. En effet, à l'aune de la jurisprudence récente et précitée du Conseil d'Etat, aucun doute ne saurait subsister quant à la mise en place d'un contrôle juridictionnel. En effet, dès lors que l'acte peut avoir des effets notables sur les droits ou la situation d'autres personnes que les agents chargés, le cas échéant, de les mettre en œuvre, il peut être déféré au juge de l'excès de pouvoir. Cette ouverture du prétoire par le juge administratif aura permis un accroissement des recours à l'encontre de ces actes. Le contrôle juridictionnel, même s'il présente des limites liées notamment aux moyens invocables, permet de remplir le critère de la sanction.

D'autre part, quant à l'efficacité de la norme, ce critère pourrait apparaître plus discutable. Sans revenir sur les notions d'être et de devoir-être ainsi que sur la règle de l'imputation[2] qui ne peut trouver à s'appliquer en l'espèce, nous souscrivons plutôt à la thèse du professeur Magnon sur la notion d'efficacité[3]. Ce dernier la définit comme la « condition devant être respectée globalement au sein d'un ordre normatif ». Cette condition est remplie, à nouveau, à l'aune de la jurisprudence récente du Conseil d'Etat. En effet, en se fondant sur les effets que

---

[1] Richard (J.), « *Et si le droit souple était l'avenir du droit dur ?* », Petites affiches, 5 novembre 2013, n° 221, p. 4.

[2] En ce sens, Kelsen (H.), *Théorie générale des normes*, t. par Beaud (O.) et Malkani (F.), Pari 1996 ; Pufendorf (S.), *Droit de la Nature et des Gens*, 1672, I, 6.

[3] Magnon (X.), « *L'ontologie du droit : droit souple c. droit dur* », in Revue française de droit constitutionnel 2019/4 (N° 120), pages 949 à 966.

ces actes ont sur leurs destinataires, le Conseil d'Etat met au cœur de la justiciabilité de ces actes, leurs effets sur le comportement des individus qui auront à appliquer ce droit. Elle a donc une réelle incidence sur leur comportement. D'ailleurs, comme cité précédemment, la circulaire – et partant la doctrine administrative – constitue l'outil essentiel pour l'agent en charge d'appliquer ce droit ; elle modifie donc son comportement et l'influence dans la manière dont il l'applique. Au surplus, le vocable utilisé, à savoir « guide », « question/réponse », « circulaire » démontrent ce pouvoir d'influence de la doctrine administrative.

Ainsi, la doctrine administrative, en ayant une incidence sur les agents publics acheteurs ou sur les cocontractants de l'administration, constitue une norme juridique sanctionnable par le juge administratif, ce qui la place au cœur des sources du droit de la commande publique[1].

4. La doctrine administrative de la commande publique et sa fonction interprétative

L'utilisation de la doctrine administrative nous impose de nous interroger sur la fonction de cette interprétation. En effet, quelle est la valeur de la doctrine administrative ainsi que sa fonction concrète sur l'application du droit de la commande publique ? En fonction de sa réception par les différentes parties aux contrats de la commande publique, la doctrine administrative peut revêtir différents degrés de priorité et de respect. C'est ainsi que les acteurs privés du droit de la commande publique réceptionne, de manière très lointaine, les interprétations formulées par la doctrine administrative, contrairement aux administrations qui considèrent ces interprétations comme un guide qui ne saurait faire l'objet d'une défiance.

L'utilisation de la doctrine administrative de la commande publique permet ainsi de constater que celle-ci est un instrument au service de l'administration. En effet, cette doctrine entend servir les intérêts de l'administration entendue au sens large au motif d'une part, qu'elle s'intègre dans un cadre abstrait et renouvelé de la réforme de l'Etat et d'autre part, qu'elle constitue une interprétation produite par l'administration au profit de ses consœurs.

A cet égard, la doctrine administrative entend utiliser l'ensemble des méthodes d'interprétation des actes qui lui sont supérieurs.

Tout d'abord, le pouvoir confié aux auteurs de la doctrine administrative se limite à une mission d'interprétation et de commentaire du droit des marchés publics et concessions, par des propositions, avis et recommandations aux différents ministères intéressés, par la rédaction des différentes réponses aux questions des parlementaires ainsi que par divers notes, lettres, guides, fiches techniques ou études. Ainsi, la doctrine administrative est essentiellement une production ayant pour effet de proposer une information en reprenant les

---

[1] En ce sens, Testard (C.). "*Le droit souple, une "petite" source canalisée*", AJDA, Dalloz, 2019, n° 16, pp. 934-940.

dispositions législatives ou réglementaires applicables en l'espèce. Pour exemple, les réponses ministérielles ou les différents guides rédigés par la DAJ présentent une structure similaire, à savoir la reprise des dispositions textuelles, une interprétation conforme à la loi ou au règlement - qu'elle soit téléologique, constructive, neutralisante – et enfin proposer une solution au cas d'espèce qui lui est soumis. Ainsi, majoritairement, les actes de la doctrine administrative proposent une interprétation conforme au texte interprété.

Ensuite, la doctrine administrative peut conduire, sous couvert d'interprétation des textes législatifs ou réglementaires, à l'ajout de dispositions qui tendent à compléter les ordonnances ou les décrets relatifs aux contrats de la commande publique. Cependant, à notre sens, ces ajouts sont effectués en application des différentes consultations publiques effectuées pour la prise de ces textes ainsi qu'au travers des avis formulés, notamment par le Conseil d'Etat. En effet, au regard du principe de sécurité juridique qui semble être au centre de l'activité des ministères, le pouvoir interprétatif ne saurait aller au-delà d'une interprétation admise par les interprètes authentiques. Pour exemple, en matière de dialogue compétitif, les pouvoirs adjudicateurs peuvent l'utiliser « lorsque le besoin ne peut être satisfait sans adapter des solutions immédiatement disponibles », cette procédure ne peut cependant pas être utilisée pour des achats standardisés[1]. Cette position constitue une interprétation des articles 26 et 29 de la directive n° 2014/24/UE du 26 février 2014 sur la passation des marchés publics.

De plus, des interprétations peuvent avoir pour objet de combler des vides juridiques en procédant par analogie. Ainsi, tant que les pouvoirs législatif ou réglementaire ou le juge n'ont pas procédé au comblement de ce vide juridique, la doctrine administrative peut procéder par analogie afin de faire appliquer une règle existant dans l'ordre juridique national. Pour exemple, monsieur le Sénateur Jean-Louis Masson a interrogé le ministre de l'intérieur sur les documents qui doivent être transmis au contrôle de légalité en matière de délégation de service public. En effet, l'article L. 1411-9 du code général des collectivités territoriales précise, pour les contrats de délégation de service public, que la transmission de la convention est assortie d'un ensemble de pièces dont la liste doit être fixée par décret en Conseil d'Etat. Cependant, aucun décret n'est intervenu pour ce faire. En l'absence de décret spécifique, le ministre de l'intérieur précise que l'article R. 2131-5 du CGCT relatif aux pièces à fournir dans le cadre de la passation des marchés publics trouve à s'appliquer par analogie. Cette analyse est d'autant plus fondée qu'elle repose *in fine* sur la compétence du juge administratif qui contrôle que le préfet a été empêché ou non d'effectuer son contrôle de légalité[2].

---

[1] Réponse ministérielle du 9 juillet 2015, n° 15484 ; repris DAJ, Fiche technique « La procédure concurrentielle avec négociation ».

[2] CE, 9 mai 2012, *Syndicat départemental des ordures ménagères de l'Aude*, n° 355665

De même, en matière de modification unilatérale du contrat, la direction des affaires juridiques a retenu l'hypothèse selon laquelle l'administration dispose de ce pouvoir en application de la théorie générale des contrats administratifs afin de satisfaire un motif d'intérêt général[1].

Enfin, les auteurs de doctrine administrative peuvent avoir une vision extensive d'un texte ou d'une jurisprudence. Dès lors, au regard de cette vision dont la validité juridique ne saurait être contestée, il ne saurait être fait grief aux différents auteurs. Pour exemple, Monsieur Laurent Garcia a interrogé le ministre de la cohésion des territoires sur les conséquences de l'ordonnance du 23 juillet 2015 relative aux marchés publics qui a supprimé la possibilité pour les communes et les PME de recourir aux baux emphytéotiques administratifs pour l'exécution de leurs travaux. Par une réponse publiée au Journal Officiel de l'Assemblée Nationale le 5 juin 2018 (p. 4816), le ministre a répondu en considérant ceci : « Dans son arrêt du 10 juin 1994, Commune de Cabourg (n° 141633), le Conseil d'Etat avait notamment posé comme principe qu'un BEA adossé à un contrat de la commande publique (marché public, délégation de service public notamment) devait faire l'objet d'une publicité et d'une mise en concurrence préalables ». Cependant, quand bien même l'interprétation de cet arrêt ne saurait être considérée comme erronée, elle relève en effet d'une interprétation extensive de la jurisprudence de la part du ministère en charge des territoires. Ainsi, la doctrine administrative peut, sous couvert d'une interprétation extensive du droit de la commande publique, procéder à une appréciation et une interprétation à la limite de la légalité. Elle conserve cependant son caractère légal.

Pour autant, au-delà de cette interprétation à la limite de la légalité, la doctrine administrative a pu s'aventurer dans des interprétations contra legem. Ces interprétations *contra legem* sont toutefois minoritaires au sein de la doctrine administrative de la commande publique. Sur ce point, nous pouvons notamment mentionner l'ancien article 28 du code des marchés publics, qui prévoyait la possibilité de négociation des contrats par la personne publique dès lors qu'ils sont passés selon une procédure adaptée et l'interprétation formulée par la direction des affaires juridiques, dans son guide des bonnes pratiques, qui avait refusé cette faculté. Cependant, ces interprétations *contra legem* demeurent exceptionnelles.

III. Champ de l'étude

A. L'approche globalisante de l'étude

Au regard de l'objet de la présente étude qui se veut être une pierre à l'édifice de systématisation de la doctrine administrative de la commande publique, il est essentiel d'en circonscrire son champ. En effet, la production

[1] Application de CE, 17 février 1978, *Société Cie françaises d'entreprise*, n° 99193, Lebon ; DAJ, Fiche technique « Les modalités de modification des contrats en cours d'exécution.

normative, interprétative et créatrice de l'administration ayant pour finalité d'expliciter le droit de la commande publique relève de champs juridiques très différents, ce qui conduit à ce qu'il soit nécessaire d'en préciser l'étendue afin de rationaliser les propos développés ci-après.

A l'aune de l'histoire de la compétence réglementaire exposée ci-avant, une précision doit être apportée quant au champ temporel de la présente étude. En effet, une étude historique exhaustive de la compétence réglementaire dans l'édiction du droit de la commande publique aurait pu être envisagée[1]. Cependant, elle semble correspondre à une étude d'histoire du droit plutôt qu'à une étude systématisant la compétence actuelle des administrations dans ce champ complexe et en complexification qu'est le droit de la commande publique. Dès lors, temporellement, la présente étude a pour objet de s'intéresser au comportement du pouvoir réglementaire sous la cinquième République quand bien même plusieurs développements pourront permettre de se plonger dans des périodes plus anciennes.

D'ailleurs, l'utilisation d'une temporalité plus large est justifiée par la prise en considération de la jurisprudence du Conseil d'Etat qui peut être au fondement de la présente étude. En effet, l'influence de la jurisprudence administrative sur le pouvoir réglementaire et partant sur la doctrine administrative de la commande publique ne saurait être contestée. Dès lors, pour la présente étude, une date doit être retenue à savoir 1872. Le 24 mai 1872[2] « est la date pérenne (après la parenthèse de la Seconde République) traitant du Conseil d'Etat rendant la justice au nom du peuple français et qui parle dans plusieurs des articles de la loi du Tribunal des Conflits »[3]. Cette date marquant les prémisses de la justice déléguée, elle sera retenue comme le marqueur temporel de la présente étude dans les liens qu'elle tient avec le contentieux administratif, notamment quant à l'établissement d'un régime juridique autonome pour la doctrine administrative de la commande publique.

De plus, au-delà d'une étude purement contentieuse de cette production de la part de l'administration, la présente étude propose une systématisation reprenant l'ensemble des champs théoriques du droit public français. D'une part, les développements seront marqués par la théorie du droit qui doit nous permettre de constater la normativité relative de la doctrine administrative de la commande publique et d'étudier sa place dans l'univers normatif de la République française. D'autre part, l'apport de la science administrative ne saurait être écarté

---

[1] Sur cette histoire, voir notamment, Bezançon (X.), *Essai sur les contrats de travaux et de services publics – Contribution à l'histoire administrative de la délégation de mission publique*, Thèse, LGDJ, Coll. « *Bibliothèque de droit public, Tome 206* », 1999.

[2] Cette date est marquée par l'adoption d'une loi majeure quant au contentieux administratif, à savoir la loi du 24 mai 1872 portant réorganisation du Conseil d'Etat (JORF du 31 mai 1872, p. 3625).

[3] Darcy (G.), *« Le théoricien et le rêveur (réflexions sur les revirements de jurisprudence) »* in *L'architecture du droit, Mélanges en l'honneur de Michel Troper*, Paris Economica, 2006, p. 334.

au motif qu'elle constitue une clé d'entrée et de compréhension de la doctrine éponyme. Pour autant, la présente étude ne saurait se départir de domaines juridiques ayant fait l'objet d'une utilisation en profondeur de la doctrine administrative, à savoir le droit fiscal[1]. En effet, en tant qu'élément de comparaison et de prospection, le droit fiscal constitue une source de réflexion afin de systématiser la doctrine administrative de la commande publique.

B. L'exclusion de certaines matières, une limite à l'approche globalisante

Cette œuvre de systématisation doit pour autant être circonscrite au motif que de nombreux pans du droit public, et plus largement du droit en général, auraient pu servir de fondement à la présente étude ou apporter des éléments de comparaison ou de contradiction.

Tout d'abord, de par son objet même, la présente recherche ne peut s'interroger sur la doctrine administrative édictée spécifiquement par les autorités de régulation au motif que l'œuvre créatrice de ces autorités est substantielle et doit conduire à une étude approfondie à part entière. Pour exemple, la Commission européenne procède par la voie du droit souple à une interprétation du droit de la commande publique. Cependant, la présente étude ne saurait répondre à une systématisation du droit souple européen au regard de l'étendue des écrits de la Commission européenne. En effet, cette dernière se prononce par des actes de doctrine administrative, sous la forme de communication[2], de livre vert[1] qui mériteraient une étude à part entière.

---

[1] Sur la notion de doctrine fiscale, voir notamment : Collet (M.), *Droit fiscal,* PUF, Coll. « *Thémis* », 6ème édition, janvier 2017 ; Vapaille (L.), *La doctrine administrative fiscale,* Thèse, Paris L'harmattan, Coll. « *Finances publiques* », 1999 ; Barilari (A.), *« La doctrine administrative : interprétation ou réorchestration ? »*, in RFFP n°75 – *La doctrine administrative en droit fiscal*, LGDJ, septembre 2001, p.43 ; Barque (F.), « *La doctrine fiscale, la sécurité juridique et le principe de légalité – Réflexions sur un équilibre inédit et pragmatique – A propos d'un avis du Conseil d'État (CE, Sect, 8 mars 2013, requête n° 353782, Mme Monzani)* », RDLF 2013, chron. N°20 ; Bienvenu (J-J), « Naissance *de la doctrine administrative* », in RFFP n°75 – *La doctrine administrative en droit fiscal*, LGDJ, septembre 2001, p.11 ; Bouvier (M.), « *La doctrine administrative en droit fiscal : entre droit et politique* », in RFFP n°75 – *La doctrine administrative en droit fiscal*, LGDJ, septembre 2001, p.83 ; Cozian (M.), « *La doctrine administrative après l'affaire des fonds-turbo* », in RFFP n°75 – *La doctrine administrative en droit fiscal, LGDJ*, septembre 2001 p.51 ; Darrieutort (J-P.), *« Le juge et la doctrine administrative »*, in RFFP n°75 – *La doctrine administrative en droit fiscal,* LGDJ, septembre 2001, p.21 ; De la Mardière (C.), « *L'interprétation de la doctrine administrative* », in RFFP n°75 – *La doctrine administrative en droit fiscal*, LGDJ, septembre 2001, p.31 ; Vapaille (L.), « *La doctrine administrative et l'imposition sur la fortune* », in RFFP n°75 – La doctrine administrative en droit fiscal, LGDJ, septembre 2001, p.61 ; Di Francesco (D.), « *La doctrine fiscale, un système de garantie exemplaire au profit du contribuable* », Hebdo Lexbase Edition fiscale n° 892 du 27 janvier 2022, Procédures fiscales

[2] Communication interprétative sur les concessions en droit communautaire du 8 février 2000 ; communication interprétative concernant l'application du droit communautaire des marchés publics et des concessions aux partenariats public-privé institutionnalisés du 5 février 2008, n° C/2007/661

Ensuite, la présente étude ne saurait répondre aux exigences d'une étude comparée entre les systèmes juridiques quant à l'adoption et l'utilisation de la doctrine administrative de la commande publique. En effet, d'une part, quand bien même la définition de la commande publique tend à s'harmoniser dans les Etats de l'Union européenne, la doctrine administrative semble être une notion répondant moins à un consensualisme. Dès lors, quand bien même des exemples peuvent être cherchés dans le droit d'autres Etats, cette recherche ne se veut en aucun cas être une étude de droit comparé.

Enfin, au regard de son objet et de ses finalités, il apparait nécessaire de souligner dès à présent, le rôle marginal de la Cour de cassation dans l'utilisation de la doctrine administrative de la commande publique. En effet, au regard de l'absence de prise en compte de cette doctrine afin de juger les dossiers qui lui sont soumis[2], la jurisprudence de la Cour de cassation est écartée au motif qu'elle ne se prononce pas sur le fondement de la doctrine administrative en matière de commande publique et que les textes de cette doctrine ne reprennent que sporadiquement cette jurisprudence, hormis pour le droit pénal des affaires publiques.

IV.Les enjeux du sujet

Partant de ces constatations, la détermination de la place et de l'intérêt de la doctrine administrative dans une matière aussi complexe et source d'imbroglio juridique[3] que ne l'est le droit de la commande publique peut être surprenante. En effet, la compétence du pouvoir réglementaire semblait pouvoir être écartée en première analyse au profit du pouvoir législatif dans le domaine contractuel. Dès lors, l'interprétation administrative d'actes législatifs aurait pu sembler saugrenue. Cependant, le poids de la tradition a conduit au maintien de la compétence réglementaire en matière de droit de la commande publique.

Par ailleurs, l'absence d'écrits doctrinaux sous quelque forme que ce soit (thèse, articles, études spécifiques) –hormis les incises dans les ouvrages du professeur Braconnier[4] - ainsi que l'intérêt pratique d'une telle recherche rendent opportuns cette démarche de systématisation et d'explicitation de la doctrine administrative de la commande publique. Tout comme la doctrine administrative interprète et irradie le droit de la commande publique, cette étude

---

[1] Livre vert sur les partenariats public-privé, Com. 2004/03 27 final du 30 avril 2004.

[2] Voir sur ce point, notamment : Olivier (J-M.), *Les sources administratives du droit privé,* Thèse Paris, 1981 ; Blumann (C.), *L'application des circulaires administratives par le juge judiciaire*, AJDA, 1972, p. 263 et suivantes ; *Oppetit (B.), « Les réponses ministérielles aux questions écrites des parlementaires et l'interprétation des lois »,* D. 1974, Chron. p. 107 et suivantes.

[3] Apsokardou (E.), *Le domaine de la loi et du règlement dans le droit des contrats administratifs*, Thèse soutenue le 2 février 2012, Université Paris II Panthéon-Assas, p. 19.

[4] Braconnier (S.), *Précis du droit des marchés publics*, Le Moniteur, Coll. « *Essentiels Experts/ Contrats publics locaux* », 4ème édition, 8 août 2012, p.22 ; Braconnier (S.), *Précis du droit de la commande publique : Marchés publics – concessions*, Le Moniteur, coll. « *Guides juridiques* », 5ème édition, 12 avril 2017, p. 51.

se veut être une pierre à l'édifice de compréhension des enjeux de création et d'utilisation de cette doctrine. En effet, à l'instar du pouvoir réglementaire interprétant ce droit, cette recherche a pour objet de proposer une clarification et une mise en abîme de la doctrine administrative de la commande publique au motif qu'elle revêt un grande importance pratique, notamment pour les professionnels, et qu'elle n'est qu'aux prémices de la systématisation de son régime contentieux.

Le caractère original de cette étude est qu'elle entend proposer un regard actuel sur une pratique ancienne mais développée par les nouvelles technologies de l'information et de la communication et par l'utilisation pratique faite par les professionnels du secteur de la commande publique. Pour autant, quand bien même la pertinence d'une telle recherche semble établie, la systématisation de celle-ci n'a jamais été effectuée et la qualification juridique de sa nature contentieuse n'est que peu étudiée. Au surplus, l'évolution jurisprudentielle liée au droit souple conduit à mettre en exergue la carence d'étude doctrinale sur ce thème et démontre ainsi l'intérêt de la présente étude.

V. Problématique

Partant de l'absence d'étude systématisant ce pan du droit public des affaires, la présente recherche entend partir d'une page blanche sur laquelle tout est à questionner. En effet, au regard de la place de la doctrine administrative dans la vie de la commande publique et de l'intérêt de cette source du droit pour les différents acteurs participant à l'application de ce droit, la problématique de la présente étude se doit d'être la plus exhaustive.

A l'aune de la croissance exponentielle des actes de doctrine administrative, l'étude de son origine passe par une mise en perspective des fondements juridiques de son élaboration. La création d'une doctrine *ex nihilo* ne saurait être envisagée sans que la compétence du pouvoir réglementaire ne soit contestée.

En effet, ainsi qu'il a été évoqué précédemment, le législateur n'a, pendant une longue période, pas présenté un intérêt pour le droit de la commande publique. D'ailleurs, cette absence du pouvoir législatif a conduit le pouvoir réglementaire à prendre une place prédominante voire exclusive sur ce droit. Partant, l'administration s'est trouvée au centre de l'édiction de ce droit et de son interprétation. Ce placement de l'administration nous impose donc de nous interroger sur les fondements de l'élaboration de la doctrine administrative de la commande publique et de son appropriation par une entité que les dispositions constitutionnelles avaient écartées du domaine contractuel. L'absence de construction de ce droit par le législateur et le rôle de l'administration et du pouvoir réglementaire rendent nécessaires l'interrogation sur les fondements juridiques de la doctrine administrative de la commande publique.

La justification de la compétence du pouvoir réglementaire pour le droit de la commande publique et de celle de l'administration pour son interprétation constitue la clé d'entrée sur une étude complète de la doctrine administrative de la commande publique. En effet, les prémisses dégagées, son identification peut se faire au travers de deux interrogations.

D'une part, qui sont les auteurs de la doctrine administrative de la commande publique ? A l'aune du terme « administratif », il pourrait sembler que seules les administrations disposent de la faculté d'édicter de tels actes. Cependant, cette vision restrictive sera écartée au profit d'une vision large de ses auteurs. En effet, les auteurs d'une doctrine administrative de la commande publique recouvrent à la fois les administrations centrales des ministères mais aussi les juridictions administratives (Conseil d'Etat, Cour des comptes notamment) qui se proposent d'interpréter ce pan du droit public des affaires.

D'autre part, au regard du critère matériel, quels sont les actes vecteurs de l'interprétation du droit de la commande publique ? A l'instar de la pluralité d'auteurs, la doctrine administrative ne saurait recouvrir une unique forme. L'interprétation de ce droit (le contenu) s'insère dans une pluralité de contenants mis à la disposition des auteurs. Ainsi, la doctrine administrative de la commande publique peut prendre des formes aussi diverses que des guides, des circulaires, des réponses ministérielles, etc. La pluralité des actes vecteurs d'interprétations doit conduire à nous interroger sur leur présence, leur intérêt et sur les conséquences que cela emportent notamment dans l'hypothèse d'une interprétation divergente d'une même disposition du droit de la commande publique.

Une fois l'approche ontologique de la doctrine administrative de la commande publique établie, il convient d'étudier l'utilisation faite de cette dernière au travers de son régime juridique.

Tout d'abord, l'utilisation de la doctrine administrative nous impose de nous interroger sur la fonction de cette interprétation. En effet, quelle est la valeur de la doctrine administrative ainsi que sa fonction concrète sur l'application du droit de la commande publique ? En fonction de sa réception par les différentes parties aux contrats de la commande publique, la doctrine administrative peut revêtir différents degrés de priorité et de respect. C'est ainsi que les acteurs privés du droit de la commande publique réceptionne, de manière très lointaine, les interprétations formulées par la doctrine administrative, contrairement aux administrations qui considèrent ces interprétations comme un guide qui ne saurait faire l'objet d'une défiance.

Son utilisation conduit également à étudier l'incidence de la doctrine administrative sur le droit de la commande publique. Elle constitue un révélateur de la position adoptée par le pouvoir réglementaire et l'administration sur ce droit technique. Dès lors, il apparaît essentiel de s'interroger sur ce que cette doctrine révèle du droit de la commande publique. En effet, la doctrine administrative de la commande publique prend une place importante dans le renouveau de la conception de l'Etat au motif qu'elle constitue un révélateur de la vision retenue sur ce droit dont la finalité économique ne saurait être négligée. Les actes d'interprétation du droit de la commande publique s'inscrivent ainsi dans la conception d'un Etat régulateur au regard de l'utilisation faite de cette doctrine et de la volonté de transmission d'une interprétation et non de l'inscription d'une obligation pour les réceptionnaires de ces actes.

De plus, la position retenue par l'administration sur le droit de la commande publique impose de s'interroger sur la vision de l'Etat que souhaite développer ses auteurs. Au-delà de la mise en œuvre d'une conception de l'Etat régulateur, au travers de cet *instrumentum*, l'administration entend prendre des positions, notamment quant aux politiques publiques à finalité économique. En effet, le droit de la commande publique revêt ce caractère, ce qui implique que l'interprétation formulée par l'administration de ce droit se doit d'être compatible avec une utilisation efficiente de ses règles. Cependant, ainsi que nous le verrons, l'interprétation formulée par les différentes administrations est stricte, ce qui a comme conséquence de mettre en retrait les avantages économiques qui pourraient être dégagés d'une politique plus volontariste.

Ensuite, le régime juridique mis en œuvre concernant la doctrine administrative de la commande publique nous conduit à nous interroger *in fine* sur les incidences de l'application d'une telle doctrine sur les derniers publics, sur l'efficacité de ces contrats ainsi que sur les principes classiques de la commande publique (égalité de traitement, liberté d'accès et transparence) et de sécurité juridique. En effet, la doctrine administrative a des conséquences sur l'action publique entendue au sens large mais aussi plus particulièrement sur les principes applicables à ce droit. Ainsi, pour exemple, la rédaction d'un guide relatif aux marchés publics doit conduire à une efficience d'application de ce droit et ainsi garantir la sécurité contractuelle, les principes des contrats publics et une gestion efficace des deniers publics ; le tout en prévenant le risque contentieux. En effet, une interprétation pertinente d'une disposition de ce droit conduit à une application effective de cette disposition et à un recul des contestations liées aux contrats, notamment lors de leur exécution.

Enfin, la doctrine administrative de la commande publique est caractérisée par un régime contentieux marqué par une non-opposabilité et une non-invocabilité en application de la jurisprudence constante du Conseil d'Etat et de la Cour de cassation, même si cela a pu évoluer récemment. Il convient dès lors de s'interroger sur les implications de ces règles contentieuses sur le régime juridique de ces actes interprétatifs, notamment quant à leur réception. En effet, en l'absence d'invocabilité et d'opposabilité par les parties aux contrats de la commande publique, les actes de doctrine administrative constituent une source secondaire de ce droit.

Par ailleurs, au regard de la réception et de l'utilisation faites de la doctrine administrative par les différentes parties aux contrats de la commande publique (entités et pouvoirs adjudicateurs, entreprises soumissionnaires), le rééquilibrage des relations entre l'administration et les administrés est nécessaire et passe par le renouvellement du régime contentieux. Ce renouvellement doit également être questionné et doit envisager des mécanismes de dépassement de cette situation contentieuse qui n'est pas satisfaisante pour les parties aux contrats de la commande publique.

VI.Plan

La présente étude a pour objectif de s'interroger sur les éléments fondamentaux de la doctrine administrative de la commande publique et d'étudier son régime juridique. D'une part, la doctrine administrative de la commande publique dispose d'une vision fonctionnelle (seconde partie). D'autre part, une recherche relative à la doctrine administrative de la commande publique doit être le fruit d'une approche ontologique (première partie).

Partie I. L'identification de la doctrine administrative de la commande publique.
Partie II. L'utilisation de la doctrine administrative de la commande publique.

PREMIÈRE PARTIE :
L'IDENTIFICATION DE LA DOCTRINE ADMINISTRATIVE DE LA COMMANDE PUBLIQUE

Partant du constat de l'existence empirique de la doctrine administrative de la commande publique, une approche systématisante de celle-ci doit avoir pour objectif de répondre aux questions essentielles d'une telle découverte. En effet, à l'instar de la recherche scientifique, le constat de l'existence d'une matière non encore systématisée conduit à en définir les origines, c'est-à-dire, en l'espèce, ses auteurs. Les auteurs de la doctrine administrative constituent les interprètes du droit de la commande publique qui entendent proposer une vision pratique et praticable de ce droit très technique (chapitre 1).

Une fois ce constat effectué et ses origines précisées, le vecteur de transmission de l'interprétation de ce droit doit être mis en exergue. En effet, une fois la substance, à savoir l'interprétation, créée, les auteurs de la doctrine administrative doivent communiquer afin de faire connaître leur position relative au droit de la commande publique. Cet *instrumentum*, véhicule de l'interprétation formulée par les administrations, constitue le vecteur de transmission de la doctrine administrative de la commande publique (chapitre 2).

Chapitre 1 : Les interprètes de la doctrine administrative de la commande publique

Les auteurs de la doctrine administrative de la commande publique ne sauraient être ramenés organiquement à une forme unique. En effet, dans le cadre de l'action publique, tant les administrations actives que les juridictions peuvent utiliser la doctrine administrative afin de proposer une interprétation du droit de la commande publique. Ce chapitre entend donc proposer une lecture de la doctrine administrative de la commande publique à l'aune de ses auteurs et d'étudier les relations qu'ils peuvent entretenir entre eux.

D'une part, l'administration dite « active » est au centre de la création de la doctrine administrative, en ce sens qu'elle propose spontanément ou sur demande l'interprétation à retenir des textes relatifs à la commande publique. Ainsi, au regard de contraintes qui leurs sont propres, les différents ministères peuvent proposer une interprétation de la commande publique. Cependant, la direction des affaires juridiques des ministères économiques et financiers se veut être l'interprète « exclusif » du droit de la commande publique quand bien même elle apparaît concurrencée voire contredite par les autres départements ministériels (section 1).

D'autre part, les juridictions administratives ont un rôle central dans la construction de la doctrine administrative. En effet, à l'instar du dialogue des juges entre les différents ordres de juridiction, un dialogue s'est instauré entre les juridictions en tant qu'interprète authentique et l'administration, notamment la direction des affaires juridiques des ministères économiques et financiers (section 2).

Section 1 : La doctrine administrative de la commande publique, un auteur exclusif et des contradicteurs

En matière de commande publique, la doctrine administrative ne saurait avoir une unique source d'interprétation. En effet, quand bien même la direction des affaires juridiques des ministères économiques et financiers est, par le fruit d'une construction historique, l'interprète « exclusif » du droit de la commande publique (I), cet interprète se trouve concurrencé par les autres départements ministériels qui, pour couvrir leur champ sectoriel, proposent des interprétations divergentes pour lesquelles un arbitrage interministériel peut s'avérer nécessaire (II).

I. La DAJ, l'interprète « exclusif » du droit de la commande publique

Quand bien même les juridictions administratives ont un fort pouvoir de propositions, la direction des affaires juridiques des ministères économiques et financiers est le représentant de l'administration quant à l'interprétation du droit de la commande publique. Ainsi, comme le précise le doyen Brisson, « la direction des affaires juridiques constitue une sorte d'expert juridique dont les interprétations font autorité, tant qu'elles n'ont pas été démenties par le juge »[1]. De plus, au-delà de son rôle d'expert juridique, la direction est une institution centrale de l'interprétation du droit de la commande publique ; elle est un interprète « exclusif »[2] de ce droit.

A. La DAJ, un interprète ancré dans une construction historique

Evolution historique – La direction des affaires juridiques est issue de la transformation d'un organe institué, par un décret du 7 janvier 1959[3], sous la forme de la Commission centrale des marchés qui était l'organe central d'interprétation et de mise en application du droit des marchés publics. Les missions de la Commission centrale des marchés se divisaient en quatre sous-ensembles.

Tout d'abord, la Commission avait pour objet l'amélioration des marchés publics au travers notamment de l'édiction des cahiers types des clauses administratives générales[4]. Au surplus de cette œuvre clarificatrice en matière de marchés publics, la Commission était saisie pour avis sur les projets de marchés présentant des difficultés relatives aux prix (réglementation sur les prix, prix anormalement élevés)[5]. Ensuite, elle disposait de l'obligation de proposer des mesures d'amélioration des marchés au regard d'une part, des répercussions sur l'économie nationale et d'autre part, sur la mise en œuvre de programmes d'achat et de centralisation de ces derniers[6]. Enfin, la Commission faisait œuvre en matière de rationalisation de l'achat public au travers de l'uniformisation des spécifications techniques et des types de matériels commandés par l'Etat ainsi

---

[1] Brisson (J-F), *Les fondements juridiques du droit des marchés publics,* Le Moniteur, Coll. « *Essentiels Experts/ Contrats publics locaux* », 1er juin 2004, p. 202.

[2] La notion d'interprète *« exclusif »* est utilisée en contradiction avec celle d'interprète « *authentique* » qui est réservée aux juridictions.

[3] Article 28 (Titre IV) du décret n° 59-167 du 7 janvier 1959 *modifiant et complétant les décrets n° 53-405 du 11 mai 1953, n° 54-596 du 11 juin 1954, n° 56-253 du 13 mars 1956 et n° 57-1015 du 26 août 1957 relatif aux marchés de l'État*, JORF du 10 janvier 1959, p. 725 dispose que *« il est institué une commission centrale des marchés placée auprès du ministre des finances et des affaires économiques ».*

[4] Article 29 (Titre IV) du décret n° 59-167 du 7 janvier *1959 modifiant et complétant les décrets n° 53-405 du 11 mai 1953, n° 54-596 du 11 juin 1954, n° 56-253 du 13 mars 1956 et n° 57-1015 du 26 août 1957 relatif aux marchés de l'État,* JORF du 10 janvier 1959, p. 725.

5 Article 29 (Titre IV) du décret n° 59-167 du 7 janvier 1959 *modifiant et complétant les décrets n° 53-405 du 11 mai 1953, n° 54-596 du 11 juin 1954, n° 56-253 du 13 mars 1956 et n° 57-1015 du 26 août 1957 relatif aux marchés de l'État*, JORF du 10 janvier 1959, p. 725.

[6] *Ibid.*

que des documents administratifs et techniques des marchés[7]. Par ailleurs, la Commission jouait le rôle de coordinatrice de l'action des commissions consultatives et des groupes spécialisés[8]. La Commission était donc un expert technique lui permettant ainsi de contrôler et d'interpréter le droit des marchés publics.

Au-delà des missions d'expertise dont disposait la Commission centrale des marchés, le décret n° 59-167 du 7 janvier 1959 a prévu, en son article 30, des missions consultatives. D'une part, la Commission pouvait être saisie, de manière facultative, de toute question ayant trait aux marchés de l'Etat. D'autre part, cette Commission devait être obligatoirement saisie « pour la création et la suppression des commissions consultatives ministérielles, et s'il y a lieu, la création de groupes spécialisés dans l'examen des marchés concernant certaines catégories de travaux ou de fournitures » et « pour la fixation des limites au-delà desquelles les marchés passés par les administrations de l'État doivent obligatoirement être soumis à l'avis des commissions consultatives des marchés fonctionnant auprès de certains départements ministériels, des commissions communes ou des groupes spécialisés ».

Ainsi, la mission consultative de la Commission centrale des marchés s'exerçait de manière facultative sur les questions d'ordre général mais se révélait obligatoire pour la création de sous-entités en son sein mais aussi pour les demandes d'avis sur les marchés les plus complexes. Du fait de cette complexité et de la technicité de ces marchés, la Commission centrale des marchés, au regard de ses compétences, était la seule à pouvoir les analyser et à se prononcer sur les conditions de mise en œuvre de ces contrats.

La composition de la commission des marchés est décrite dans les articles 31 à 40 du décret et est marquée par la présence de magistrats administratifs – qu'ils soient membres du Conseil d'État ou de la Cour des comptes – mais aussi de spécialistes dans les différents domaines relatifs aux marchés publics (le directeur du budget, le directeur de la comptabilité publique ou les représentants des membres de professions traitant habituellement avec les administrations publiques). Sa composition polyvalente lui permettait d'apporter cette expertise dans ce champ complexe du droit public économique. Elle était ainsi composée de Commissions spécialisées des marchés – ayant une compétence d'assistance auprès des acheteurs et de veille quant à la réglementation de la commande publique – de Groupes permanents d'études des marchés – traduisant la réglementation technique dans la pratique de ces marchés – d'une Mission d'enquête interministérielle et d'un Comité consultatif national de règlement amiable des litiges.

Ainsi, au regard de ses missions et de sa composition, la Commission centrale des marchés disposait d'un rôle central dans l'édiction du droit des marchés publics, dans son application, son contrôle et son interprétation. Cette

[7] *Ibid.*
[8] *Ibid.*

commission disposait de missions très diverses en participant à l'examen des marchés publics de l'État et proposait les mesures tendant à la mise en œuvre ou à la modification de la réglementation des marchés publics.

D'ailleurs, cette institution, à vocation interministérielle, fut la clé de voûte de la codification de 1964 en un code des marchés publics adopté par le décret du 14 juillet 1964[9]. Ainsi, la Commission centrale des marchés traduisait une vision polyvalente et interministérielle des marchés publics et participait à la mise en œuvre d'un rôle d'interprète « exclusif » de ce droit. Les missions dévolues à cette Commission furent absorbées par la direction des affaires juridiques des ministères économiques et financiers ; direction créée par le décret du 2 novembre 1998[10] dont l'article premier du décret marque bien cette volonté d'absorption par le transfert des fonctions de Secrétaire général de la Commission centrale des marchés au profit du directeur des affaires juridiques[11]. Cette direction reprendra les attributions de la Commission centrale des marchés et traduira les orientations politiques en matière de marchés publics et plus largement de contrats de la commande publique.

La direction des affaires juridiques des ministères économiques et financiers, une direction centrale pour le droit de la commande publique – Instituée par le décret du 2 novembre 1998 précité, la direction des affaires juridiques des ministères économiques et financiers constitue une administration classique en France. En effet, elle est placée sous l'autorité conjointe des ministres chargés des finances et de l'économie. Ainsi, la direction des affaires juridiques s'inscrit classiquement dans le Secrétariat général des ministères économiques et financiers, ce qui crée une obligation pour le directeur des affaires juridiques, celle d'être l'agent judiciaire de l'État dans les matières relevant de la compétence de ces ministères.

La composition de la direction des affaires juridiques des ministères économiques et financiers reprend celle d'une direction d'une administration centrale classique. En effet, elle répond à la ventilation entre sous-directions et bureau[12].

Au regard du sujet de la présente étude, seules les deux sous-directions dites spécialisées de la direction des affaires juridiques des ministères économiques et

---

[9] Décret n° 64-729 du 17 juillet 1964 *portant codification des textes réglementaires relatifs aux marchés publics*, JORF du 21 juillet 1964, p.6438.

[10] Décret n°98-975 du 2 novembre 1998 *portant création d'une direction des affaires juridiques au Ministère de l'économie, des finances et de l'industrie,* JORF n°0255 du 3 novembre 1998, p. 16573.

[11] Article 1er du décret n°98-975 du 2 novembre 1998 *portant création d'une direction des affaires juridiques au Ministère de l'économie, des finances et de l'industrie : « Le directeur des affaires juridiques est agent judiciaire du Trésor et exerce les fonctions de secrétaire général de la Commission centrale des marchés »*.

[12] Arrêté du 21 avril 2009 *portant organisation de la direction des affaires juridiques du ministère de l'économie, de l'industrie et de l'emploi et du ministère du budget, des comptes publics et de la fonction publique,* NOR : ECEP0908387A, JORF n° 0104 du 5 mai 2009, texte n° 7.

financiers présentent un intérêt. D'une part, la première sous-direction, dénommée « Droit de la commande publique », dispose d'une compétence élargie au regard du droit de la commande publique[13]. En effet, relèvent de sa compétence, l'édiction des règles relatives au droit de la commande publique – que ce soit au niveau national, européen et international –, la proposition des réformes et le conseil des différentes administrations et des acheteurs publics au regard des questions que ces derniers peuvent avoir sur l'interprétation à donner de ces textes. D'autre part, la seconde sous-direction « Droit des régulations économiques » « exerce des missions d'expertise, de conseil et d'assistance opérationnelle et légistique dans les domaines du droit financier, du droit des entreprises et du droit de l'industrie »[14]. Cette sous-direction dispose donc de compétences dans le domaine du droit des affaires et du droit des entreprises.

Au-delà de la répartition organique des missions entre les différentes entités composant la direction des affaires juridiques, ses missions sont explicitées à l'article 2 du décret du 2 novembre 1998[15] qui dispose qu'« outre les attributions qui découlent pour elle de celles qui sont conférées à son directeur par l'article 1er16, la direction des affaires juridiques exerce une fonction de conseil, d'expertise et d'assistance auprès des directions du ministère de l'économie, des finances et de l'industrie ou à la demande des autres administrations de l'État et de ses établissements publics ». Par ailleurs, la direction des affaires juridiques des ministères économiques et financiers est une direction centrale pour le droit de la commande publique. En effet, elle apporte son expertise en amont par son pouvoir de propositions de réformes et d'assistant à l'élaboration des textes, qu'ils soient de nature législative ou réglementaire. Au regard de l'objet de la présente étude, le dernier alinéa de l'article 2 apporte une précision majeure en indiquant que cette direction « analyse et élabore la réglementation relative à la commande publique ».

De ce rôle de coordinateur, d'élaborateur et d'analyste de la réglementation relative à la commande publique, la direction des affaires juridiques des ministères économiques et financiers tire sa compétence d'interprète exclusif de ce droit. En effet, au travers de cette disposition textuelle et du lien développé par cette direction avec les autres ministères et établissements publics, celle-ci

---

[13] En ce sens, article 2 de l'arrêté du 21 avril 2009 *portant organisation de la direction des affaires juridiques du ministère de l'économie, de l'industrie et de l'emploi et du ministère du budget, des comptes publics et de la fonction publique,* NOR : ECEP0908387A, JORF n° 0104 du 5 mai 2009, texte n° 7.

[14] *Article 5 de l'arrêté du 21 avril 2009 portant organisation de la direction des affaires juridiques du ministère de l'économie, de l'industrie et de l'emploi et du ministère du budget, des comptes publics et de la fonction publique,* NOR : ECEP0908387A, JORF n° 0104 du 5 mai 2009, texte n° 7.

[15] Décret n°98-975 du 2 novembre 1998 *portant création d'une direction des affaires juridiques au Ministère de l'économie, des finances et de l'industrie,* JORF n°0255 du 3 novembre 1998, p. 16573.

[16] L'article 1er du décret précise la mission d'agent judiciaire de l'État au profit du directeur des affaires juridiques des ministères économiques et financiers.

joue organiquement un rôle prépondérant dans l'interprétation du droit de la commande publique. Ainsi, aucun texte ayant un lien même ténu avec le droit de la commande publique ne saurait passer outre le contrôle de cet organe qui pourra opposer une fin de non-recevoir aux ministères ou établissements publics sollicitant une modification de dispositions quand bien même cela serait nécessaire d'un point de vue sectoriel. Afin de garantir la pertinence et la cohérence de ce droit, l'unicité d'interlocuteur est une nécessité. D'ailleurs, la création de la sous-direction « Droit de la commande publique » confirme cette analyse.

B. La DAJ, un « expert juridique dont les interprétations font autorité »[17]

La direction des affaires juridiques des ministères économiques et financiers dispose d'un rôle prépondérant dans la production de la doctrine administrative en matière de la commande publique. D'une part, du fait de son rôle d'expert juridique de la commande publique, la direction des affaires juridiques est au centre de la création de ce droit. En effet, l'élaboration de cette réglementation entre dans son domaine de compétence au regard de ses missions en général. D'autre part, la direction des affaires juridiques dispose d'une compétence consultative et interprétative de ce droit.

Les activités exercées par la direction des affaires juridiques reposent essentiellement, en matière de commande publique, sur la transposition des directives européennes, la création d'un code de la commande publique et sur l'évolution des législations relatives au secteur économique et financier[18]. De ces missions, la direction des affaires juridiques aura une influence majeure au regard de la commande publique.

1. La mise en place de la réglementation dans le domaine de la commande publique

La direction des affaires juridiques des ministères économiques et financiers assure, selon ses dires, « une réglementation simple et efficace »[19]. Elle participe ainsi à de nombreux chantiers législatifs et réglementaires au sein des ministères économiques et financiers, comme à l'échelle interministérielle.

D'une part, la direction des affaires juridiques des ministères économiques et financiers dispose d'une place centrale dans l'édiction des normes législatives ayant pour effet d'intégrer la commande publique dans un cadre juridique plus large. En l'espèce, elle joue un double rôle. D'un côté, elle participe à la

---

[17] Brisson (J-F), *Les fondements juridiques du droit des marchés publics,* Le Moniteur, Coll. « *Essentiels Experts/ Contrats publics locaux* », 1er juin 2004, p. 202.

[18] Voir ses points, Direction des affaires juridiques, *Rapport d'activité 2014*, p.3 http://www.economie.gouv.fr/files/files/directions_services/daj/publications/rapports-activite-daj/rapport-activite-2014.pdf

[19] Direction des affaires juridiques, *Rapport d'activité 2014*, p.7 http://www.economie.gouv.fr/files/files/directions_services/daj/publications/rapports-activite-daj/rapport-activite-2014.pdf

modernisation de dispositions législatives. Cette œuvre de modernisation peut se traduire notamment par l'adoption de nouvelles lois ayant trait au droit de la commande publique. Topique de cette situation, les ordonnances « marchés »[20] et « concessions »[21] qui ont eu pour objectif de prendre en considération les évolutions du droit européen et de moderniser le droit des marchés publics et des concessions en prévision de la constitution d'un code de la commande publique. D'un autre côté, cette direction a été sollicitée pour l'édiction de nombreux textes législatifs[22] ayant un lien plus ou moins ténu avec le droit de la commande publique. Elle a donc une double compétence quant aux législations, en ce sens

---

[20] Ordonnance n° 2015-899 du 23 juillet 2015 *relative aux marchés publics*, JORF n° 0169 du 24 juillet 2015.

[21] Ordonnance n° 2016-65 du 29 janvier 2016 *relative aux contrats de concession*, JORF n° 0025 du 30 janvier 2016.

[22] Voir notamment,

- Loi n° 75-1334 du 31 décembre 1975 *relative à la sous-traitance*, JORF du 3 janvier 1976, p. 148 ;
- Loi n° 85-704 du 12 juillet 1985 *relative à la maîtrise d'ouvrage publique et à ses rapports avec la maîtrise d'œuvre privée*, JORF du 13 juillet 1985, p. 7914.
- Loi n° 88-227 du 11 mars 1988 *relative à la transparence financière de la vie politique*, JORF du 12 mars 1988, p. 3290.
- Loi n° 93-122 du 29 janvier 1993 *relative à la prévention de la corruption et à la transparence de la vie économique et des procédures publiques*, JORF n° 25 du 30 janvier 1993, p. 1588.
- Loi n° 94-679 du 8 août 1994 *portant diverses dispositions d'ordre économique et financier*, JORF n° 184 du 10 août 1994, p. 11668.
- Loi n° 95-127 du 8 février 1995 *relative aux marchés publics et délégations de service public*, JORF n° 34 du 9 février 1995, p. 2186.
- Loi n° 2001-1168 du 11 décembre 2001 *portant mesures urgentes de réformes à caractère économique et financier*, JORF n° 288 du 12 décembre 2001, p. 19703.
- Loi n° 2004-575 du 21 juin 2004 *pour la confiance dans l'économie numérique*, JORF n° 0143 du 22 juin 2004, p. 11168.
- Loi n° 2003-591 du 2 juillet 2003 *habilitant le Gouvernement à simplifier le droit*, JORF n° 152 du 3 juillet 2003, p. 11192.
- Loi n° 2008-735 du 28 juillet 2008 *relative aux contrats de partenariat*, JORF n° 0175 du 29 juillet 2008, p. 12144.
- Loi n° 2009-526 du 12 mai 2009 *de simplification et de clarification du droit et d'allègement des procédures*, JORF n° 0110 du 13 mai 2009, p. 7920.
- Loi n° 2009-179 du 17 février 2009 *pour l'accélération des programmes de construction et d'investissement publics et privés*, JORF n° 0041 du 18 février 2009, p. 2841.
- Loi n° 2010-559 du 28 mai 2010 *pour le développement des sociétés publiques locales*, JORF n° 0122 du 29 mai 2010, p. 9697.
- Loi n° 2011-12 du 5 janvier 2011 *portant diverses dispositions d'adaptation de la législation au droit de l'Union européenne*, JORF n° 0004 du 6 janvier 2011, p. 369.
- Loi n° 2011-525 du 17 mai 2011 *de simplification et d'amélioration de la qualité du droit*, JORF n° 0115 du 18 mai 2011, p. 8537.
- Loi n° 2013-100 du 28 janvier 2013 *portant diverses dispositions d'adaptation de la législation au droit de l'Union européenne en matière économique et financière*, JORF n° 0024 du 29 janvier 2013, p. 1721.
- Loi n°2014-856 du 31 juillet 2014 *relative à l'économie sociale et solidaire*, JORF n°0176 du 1er août 2014, p. 12666, texte n°2.

qu'elle participe, d'une part, à la modernisation de dispositions législatives et d'autre part, à l'édiction de législations nouvelles. Ces textes de nature législative peuvent avoir un objet autre que le droit de la commande publique mais il apparaît cependant nécessaire de les intégrer dans un cadre plus large, à savoir celui du droit public des affaires.

Ainsi, au regard des missions dévolues à la direction des affaires juridiques par l'article 2 du décret du 2 novembre 1998[23], cette dernière a l'obligation de faire œuvre clarificatrice de la réglementation. Cette mise en cohérence de dispositions éparses doit avoir pour effet de garantir l'intelligibilité de ce droit. Cependant, la combinaison de dispositions et leur interprétation peut conduire à des divergences d'interprétations que le juge pourrait sanctionner *a posteriori*. En tant qu'institution ayant à replacer ces dispositions au sein de la politique économique et sociale de l'Etat, sur laquelle nous reviendrons ultérieurement, la direction des affaires juridiques participe aux mutations de l'État par le biais de la commande publique.

D'autre part, dans le cadre de l'utilisation de leur pouvoir réglementaire, les ministères économiques et financiers contribuent à l'adoption de nombreuses dispositions éponymes pour lesquelles la direction des affaires juridiques est sollicitée. Ce pouvoir peut se traduire dans les décrets d'application des dispositions législatives précitées. Ainsi, pour la mise en œuvre de la loi sur la maîtrise d'ouvrage publique et à ses rapports avec la maîtrise d'œuvre privée, ont dû être adoptés trois décrets et un arrêté[24] pour lesquels la direction des affaires juridiques tenait la plume.

Par ailleurs, la direction des affaires juridiques est sollicitée pour son rôle d'expert juridique pour l'adoption des textes réglementaires ayant une incidence indirecte sur le droit de la commande publique[25]. Cette sollicitation de la

---

[23] Décret n°98-975 du 2 novembre 1998 *portant création d'une direction des affaires juridiques au Ministère de l'économie, des finances et de l'industrie,* JORF n°0255 du 3 novembre 1998, p. 16573.

[24] Pour exemple, pour la mise en application de la loi n° 85-704 du 12 juillet 1985 *relative à la maîtrise d'ouvrage publique et à ses rapports avec la maîtrise d'œuvre privée*, JORF du 13 juillet 1985, p. 7914, on retrouve trois décrets et un arrêté pour lesquels la direction des affaires juridiques a été consultée :

- Décret n° 86-520 du 14 mars 1986 *pris pour l'application de l'article 1er de la loi n° 85-704 du 12 juillet 1985 relative à la maîtrise d'ouvrage public et à ses rapports avec la maîtrise d'œuvre privée*, JORF du 16 mars 1986, p. 4395 ;
- Décret n° 93-1268 du 29 novembre 1993 *relatif aux missions de maîtrise d'œuvre confiées par les maîtres d'ouvrage publics à des prestataires de droit privé*, JORF du 1er décembre 1993, p. 16603 ;
- Arrêté du 21 décembre 1993 *précisant les modalités techniques d'exécution des éléments de mission de maîtrise d'œuvre confiés par des maîtres d'ouvrage publics à des prestataires de droit privé*, NOR : EQUU9301426A , JORF n° 10 du 13 janvier 1994, p. 713.

[25] Pour exemple :

- Décret n° 97-638 du 31 mai 1997 *pris pour l'application de la loi n° 97-210 du 11 mars 1997 relative au renforcement de la lutte contre le travail illégal*, NOR : TASL9710761, JORF n° 126 du 1er juin 1997, p. 8653 ;

direction des affaires juridiques trouve son fondement dans les missions dévolues à cette dernière par l'article 2 du décret du 2 novembre 1998 précité. D'ailleurs, la combinaison de cette disposition avec le caractère transversal offert à la direction des affaires juridiques conduit à ce que cette dernière soit impliquée durant toutes les étapes de la production normative pour des normes ayant des liens mêmes ténus avec la commande publique. Le droit de la commande publique s'inscrit dans un domaine plus large que la simple technique juridique de ces contrats, notamment au regard des obligations européennes, voire internationale. Dès lors, la direction des affaires juridiques peut être sollicitée sur des textes transposant des actes de droit européen ou sur des textes modifiant le droit positif à l'aune d'une décision juridictionnelle européenne.

Cependant, quand bien même cette compétence de la direction des affaires juridiques des ministères économiques et financiers semble justifiée par des objectifs de cohérence et d'uniformisation des dispositions et de l'esprit du droit de la commande publique, cette compétence présente une limite majeure. En effet, cette omniprésence de la direction des affaires juridiques démontre une grande prégnance de sa position sur celle des autres ministères, autorités ou établissements publics. Dès lors, cette absence de contradiction et de prise en compte de l'ensemble des données formulées par les autres parties peut être considérée comme un élément marquant la mainmise de la direction des affaires juridiques sur ce domaine. Cette direction semble ainsi concentrer entre ses mains les différents pouvoirs ou à tout le moins tente de les influencer. En effet, d'une part, par l'implication de ses services dans la procédure législative, cette direction peut modifier les dispositions législatives au motif d'une meilleure cohérence du droit de la commande publique. Cependant, cet argument pourrait également être utilisé pour refuser une position qui ne correspondrait pas à la doctrine de cette direction. D'autre part, la prégnance de la direction des affaires juridiques des ministères économiques et financiers dans ses rapports avec les autres ministères est d'autant plus marquée que c'est le texte même de l'article 2 du décret du 2 novembre 1998 précité qui prévoit cela.

De plus, la direction des affaires juridiques participe à une œuvre d'information[26], notamment au travers de rapports rédigés par les membres des assemblées parlementaires. En l'espèce, elle agit comme une mission d'appui à la rédaction pour des tiers aux ministères économiques et financiers. Au regard des missions qui lui sont dévolues et de sa qualification en tant qu'expert du droit de la commande publique, la direction des affaires juridiques pourrait promouvoir auprès des parlementaires, une vision de ce droit afin d'orienter

- Décret n° 2015-8815 du 3 juillet 2015 *relatif à la procédure d'attribution des contrats de revitalisation artisanale et commerciale*, JORF n° 0154 du 5 juillet 2015, p. 11343, texte n° 16.

[26] En ce sens, la direction a participé à l'élaboration du rapport Thévenoud (Rapport de Thomas Thévenoud : *Un taxi pour l'avenir, des emplois pour la France,* Bibliothèque des rapports publics – La Documentation française.fr)

l'adoption postérieure de textes législatifs. Quand bien même aucun exemple concret ne peut être constaté à ce jour, un parallèle peut être fait entre l'aide apportée par la direction des affaires juridiques au député Thomas Thévenoud et les propositions formulées par M. Laurent Grand-Guillaume quant à l'avenir de la profession de taxi. Ainsi, des mesures expertisées par la direction des affaires juridiques ont été reprises dans la loi du 29 décembre 2016 relative à la régulation, à la responsabilité et à la simplification dans le secteur du transport public particulier de personnes[27]. La direction des affaires juridiques des ministères économiques et financiers a ainsi promu sa vision auprès de parlementaires afin que ces derniers reprennent dans leurs conclusions et propositions ses dispositions. Ainsi, dans le droit de la commande publique, une telle pratique pourrait être envisagée afin que les parlementaires reprennent à leur compte des propositions faites initialement par les services des ministères économiques et financiers. Cette force de proposition marque également l'omniprésence de la direction des affaires juridiques dans le domaine de la commande publique comme il a pu être exposé précédemment.

Par ailleurs, la direction des affaires juridiques consent à donner une traduction technique à la simplification qui fait l'objet de développements sans précédents ces dernières années[28]. A ce titre, cette direction a piloté l'élaboration de l'ordonnance « rescrit »[29], a mis en œuvre la seconde échéance du principe du silence valant accord[30]. Cette mission passe par le rôle de pilotage et de coordination des travaux mais aussi par la mutualisation des fonctions afin de limiter les coûts et accélérer l'action du pouvoir réglementaire. Par ailleurs, cette mutualisation des fonctions peut également avoir pour conséquence de rendre la position de la direction des affaires juridiques omniprésente dès qu'il s'agit du domaine de la commande publique.

---

[27] Loi n° 2016-1920 du 29 décembre 2016 *relative à la régulation, à la responsabilisation et à la simplification dans le secteur du transport public particulier de personnes (1)*, JORF n° 303 du 30 décembre 2016, texte n° 4.

[28] Cette politique de simplification touche tout le droit public, pas uniquement le droit de la commande publique. Cette politique est mise en œuvre actuellement par le Secrétariat d'État à la réforme de l'État et à la simplification.

[29] Ordonnance n° 2015-1628 du 10 décembre 2015 *relative aux garanties consistant en une prise de position formelle, opposable à l'administration, sur l'application d'une norme à la situation de fait ou au projet du demandeur*, JORF n° 0287 du 11 décembre 2015, p. 22852, texte n° 48.

[30] Loi n° 2013-1005 du 12 novembre 2013 *habilitant le Gouvernement à simplifier les relations entre l'administration et les citoyens*, JORF n° 0263 du 13 novembre 2013, p. 18407, texte n° 1.
Les différents actes adoptés par les ministères économiques et financiers pour l'application du principe du silence valant accord peuvent se retrouver à l'adresse suivante : https://www.service-public.fr/demarches-silence-vaut-accord.

2. La DAJ, clé de voûte de la mise en œuvre du droit de la commande publique

La direction des affaires juridiques des ministères économiques et financiers se trouve être également l'entité centrale de la vie des règles de la commande publique, que ce soit au niveau national, par l'adoption de nouvelles législations ou règlements, ou européen par la négociation des directives relatives aux marchés publics et aux concessions. Dans le cadre de ces missions, elle doit mettre en œuvre le principe de sécurité juridique par une uniformisation du droit de la commande publique sur le territoire – mise en œuvre sur laquelle nous reviendrons ultérieurement – et doit garantir une limitation de la dépense des deniers publics. De plus, l'avènement de l'open data a permis une généralisation de la procédure de dématérialisation et une meilleure diffusion des actes de la direction des affaires juridiques[1].

Sur le fondement de l'article 2 du décret du 2 novembre 1998[2], la direction des affaires juridiques des ministères économiques et financiers constitue la clé de voûte de l'adoption à la mise en application des textes relatifs aux contrats de la commande publique. D'ailleurs, cette mission se retrouve dans l'adoption des réformes des marchés publics[3] ou du droit des concessions[4] mais aussi au travers travers de l'édiction des actes réglementaires tendant à leur mise en œuvre[5] et à leur interprétation[6]. Au-delà des actes de nature décrétale, la direction des affaires juridiques participe à l'édiction de nombreux actes tels que les avis[7] ou

---

[1] Nous reviendrons sur la procédure de dématérialisation ultérieurement (Partie II, Chapitre 1).

[2] Décret n°98-975 du 2 novembre 1998 *portant création d'une direction des affaires juridiques au Ministère de l'économie, des finances et de l'industrie,* JORF n°0255 du 3 novembre 1998, p. 16573.

[3] Ordonnance n° 2015-899 du 23 juillet 2015 *relative aux marchés publics,* JORF n° 0169 du 24 juillet 2015, p. 12602, texte n° 38.

[4] Ordonnance n° 2016-65 du 29 janvier 2016 *relative aux contrats de concession,* JORF n° 0025 du 30 janvier 2016, texte n° 66.

[5] En ce sens,

- Pour le droit des marchés publics, décret n° 2016-360 du 25 mars 2016 *relatif aux marchés publics*, JORF n° 0074 du 27 mars 2016, texte n° 28 et décret n° 2016-361 du 25 mars 2016 *relatif aux marchés publics de défense ou de sécurité*, JORF n° 0074 du 27 mars 2016, texte n° 29 ;
- Pour les concessions, décret n° 2016-86 du 1er février 2016 *relatif aux contrats de concession*, JORF n° 0027 du 2 février 2016, texte n° 20.

[6] Circulaire du 14 février 2012 *relative au Guide de bonnes pratiques en matière de marchés publics*, JORF n°0039 du 15 février 2012, p. 2600, texte n°16.

[7] Pour exemple, Avis *relatif à la liste des activités qui sont des travaux en droit de la commande publique* JORF n° 0074 du 27 mars 2016, texte n° 63 ; avis *relatif à la nature et au contenu des spécifications techniques dans les marchés publics,* JORF n° 0074 du 27 mars 2016, texte n° 65 ou avis *relatif aux seuils de procédure et à la liste des autorités publiques centrales en droit de la commande publique*, JORF n° 0074 du 27 mars 2016, texte n° 62.

les arrêtés[1] permettant une application efficiente du droit de la commande publique. Pour exemple, au travers de ses avis techniques comme celui relatif à la nature et au contenu des spécifications techniques dans les marchés publics, elle entend proposer des définitions opérationnelles afin de préciser la définition de la « spécification technique » dans l'ensemble des marchés. Ainsi, en application et en interprétation de dispositions de nature législative ou réglementaire, la direction des affaires juridiques des ministères économiques et financiers guide les acteurs de la commande publique dans le sens qu'elle souhaite pour une application qu'elle considère comme efficiente. Ces actes essaient ainsi d'éliminer toute incertitude quant à l'application des dispositions relatives au droit de la commande publique. En effet, par la rédaction de définitions et d'interprétations des textes, la direction des affaires juridiques entend rendre impossible la capacité d'interprétation des personnes participant aux contrats de la commande publique, qu'elles soient pouvoirs ou entités adjudicateurs ou personnes soumissionnant aux contrats. Ainsi, au travers de ces actes, cette direction oriente voire contraint les acteurs de la commande publique sous couvert de l'interprétation du juge du contrat.

Par ailleurs, la direction des affaires juridiques édicte des actes ayant un rapport direct avec le droit de la commande publique. D'une part, elle produit en direction des acheteurs publics, les cahiers des clauses administratives générales (CCAG) et techniques (CCTG). Pour ce faire, sont rédigés différents cahiers des clauses afin de pouvoir répondre à tous les types de marchés. Pour exemple, il existe un cahier des clauses administratives générales applicables aux marchés de fournitures courantes et de services mais aussi un CCAG applicables aux marchés publics de prestations intellectuelles, un CCAG applicables aux marchés publics de travaux, un CCAG applicables aux marchés publics industriels et un CCAG applicables aux marchés publics de technologie de l'information et la communication ; l'ensemble de ces cahiers des clauses administratives générales ayant été approuvé par la voie d'un arrêté. Concernant les cahiers des clauses techniques générales, il n'existe que le CCTG – Travaux de génie civil qui fut approuvé par l'arrêté du 30 mai 2012[2] et la spécification technique générale relative aux marchés publics d'articles confectionnés. La direction des affaires juridiques des ministères économiques et financiers n'entend donc pas réglementer les cadres techniques spécifiques au regard notamment de l'absence de compétences techniques. En effet, la direction est un

---

[1] Pour exemple, arrêté du 14 décembre 2009 *relatif à la dématérialisation des procédures de passation des marchés publics,* JORF n° 0295 du 20 décembre 2009, p. 22028, texte n° 15 ; arrêté du 21 mars 2016 *fixant le modèle d'avis pour la passation des contrats de concession,* JORF n° 0071 du 24 mars 2016, texte n° 48 ou arrêté du 29 mars 2016 *fixant la liste des renseignements et des documents pouvant être demandé aux candidats aux marchés publics,* JORF n° 0076 du 31 mars 2016, texte n° 103.

[2] Arrêté du 30 mai 2012 *relatif à la composition du cahier des clauses techniques générales applicables aux marchés de travaux de génie civil,* JORF n° 0132 du 8 juin 2012, p. 9649, texte n°3.

conseiller juridique au service des acheteurs. Dès lors, les CCAG peuvent être fournis par elle mais les spécifications techniques doivent relever d'entités ayant des compétences spécifiques.

D'autre part, la direction des affaires juridiques participe à la production d'actes traitant d'une modalité de mise en œuvre du droit de la commande publique[1]. En effet, le droit de la commande publique ne saurait régir l'ensemble des situations le concernant au motif notamment de son inclusion dans un cadre juridique plus large. Dès lors, une nécessité peut faire jour, celle d'adapter le droit de la commande publique aux évolutions juridiques mises en œuvre par d'autres dispositions législatives ou réglementaires. Ainsi, l'application des dispositions relatives au droit de la commande publique peut être influencée par des considérations liées à l'environnement. C'est en ce sens que le décret du 5 mai 2011[2] a pris en compte les incidences énergétiques et environnementales dans le cadre des achats publics de véhicule à moteur. Dès lors, au regard de la mission de la direction des affaires juridiques, cette dernière doit inclure la production normative dans un cadre plus large que la simple application du droit de la commande publique *stricto sensu*. Ces interprétations et définitions ont l'obligation de s'inscrire dans un cadre juridique étendu *a minima* au droit public de l'économie et a maxima à l'ensemble des sources du droit. Ainsi, la direction des affaires juridiques dispose, en vertu de l'article 2 du décret du 2 novembre 1998[3], d'une compétence élargie et étendue à l'ensemble du droit public et privé ayant une incidence sur les contrats de la commande publique.

---

[1] En ce sens,

- Décret n° 85-801 du 30 juillet 1985 *relatif au statut et au fonctionnement de l'Union des groupements d'achats publics,* JORF du 31 juillet 1985, p. 8681 ;
- Décret n° 2009-193 du 18 février 2009 *relatif aux modalités d'application de l'article 26 de la loi n° 2008-776 du 4 août 2008 de modernisation de l'économie pour la passation des marchés publics de haute technologie avec des petites et moyennes entreprises innovantes,* JORF n° 0043 du 20 février 2009, p. 2955, texte n°14 et les deux arrêtés pris pour son application (arrêtés des 26 février et 16 mars 2009) ;
- Décret n° 2011-493 du 5 mai 2011 *relatif à la prise en compte des incidences énergétiques et environnementales des véhicules à moteur dans les procédures de commande publique,* JORF n° 0105 du 6 mai 2011 et l'arrêté du 5 mai 2011 pris pour son application ;
- Décret n° 2013-269 du 29 mars 2013 *relatif à la lutte contre les retards de paiement dans les contrats de la commande publique,* JORF n° 0077 du 31 mars 2013, p. 5497, texte n° 8 ;
- Décret n° 2015-90 du 28 janvier 2015 *fixant le montant prévu à l'article 13 de la loi n° 2014-856 du 31 juillet 2014 relative à l'économie sociale et solidaire,* JORF n° 0026 du 31 janvier 2015, p. 1493, texte n° 55 ;
- Décret n° 2016-247 du 3 mars 2016 *créant la direction des achats de l'État et relatif à la gouvernance des achats de l'État,* JORF n° 0054 du 4 mars 2016, texte n° 18.

[2] Décret n° 2011-493 du 5 mai 2011 *relatif à la prise en compte des incidences énergétiques et environnementales des véhicules à moteur dans les procédures de commande publique,* JORF n° 0105 du 6 mai 2011 et l'arrêté du 5 mai 2011 pris pour son application.

[3] Décret n°98-975 du 2 novembre 1998 *portant création d'une direction des affaires juridiques au Ministère de l'économie, des finances et de l'industrie,* JORF n°0255 du 3 novembre 1998, p. 16573.

Dès lors, à l'aune de cette compétence élargie sur le fondement du décret du 2 novembre 1998 précité, la direction des affaires juridiques contribue à l'élaboration du droit de la commande publique et est donc à même d'être la clé de voûte de son interprétation. Au regard des différents actes qu'elle édicte en collaboration avec le pouvoir législatif ou au profit du pouvoir réglementaire, la direction des affaires juridiques adopte de nombreux actes de doctrine administrative pris sur le fondement des textes sus-évoqués. D'ailleurs, ces avis peuvent prendre plusieurs formes[1] comme les circulaires[2], la lettre de la direction des affaires juridiques[3], un *vade-mecum* des marchés publics[4], les guides et recommandations des Groupes d'études des marchés[5], la lettre de l'observatoire économique de l'achat public[6] et le rapport d'activité de la direction des affaires juridiques[7].

Afin de procéder à une systématisation des actes de doctrine administrative adoptés par la direction des affaires juridiques des ministères économiques et financiers quant à la commande publique, deux types d'actes peuvent être envisagés.

D'une part, cette direction produit des actes à caractère général ayant trait à la commande publique dans son sens le plus large. En effet, au travers de son guide de bonnes pratiques en matière de marchés publics[8] ou de son *Vade-mecum* des marchés publics[9], elle entend proposer aux pouvoirs et entités adjudicateurs sa vision de l'application des textes relatifs au droit des marchés publics. Cette volonté de proposer une interprétation unique doit garantir une cohérence et une uniformisation du droit de la commande publique sur l'ensemble du territoire. Pour autant, son interprétation doit être reçue sous couvert de l'interprétation du juge du contrat. En effet, et nous y reviendrons

---

[1] Les différents actes de la doctrine administrative feront l'objet de développements ultérieurs (Partie I, Chapitre 2).

[2] Circulaire du 14 février 2012 *relative au Guide de bonnes pratiques en matière de marchés publics*, JORF n°0039 du 15 février 2012, p. 2600, texte n°16.

[3] La lettre de la DAJ, Lettre d'actualité juridique des ministères économiques et financiers, n°185, 9 avril 2015.
http://www.economie.gouv.fr/files/files/directions_services/daj/publications/lettre-daj/2015/lettre185/Editorial.html

[4] Ministère de l'économie, des finances, de l'industrie, *Vade-mecum des marchés publics,* La Documentation française, édition 2013, 15 mai 2013.

[5] http://www.economie.gouv.fr/daj/oeap-liste-des-guides-gem

[6] Observatoire économique de l'achat public, DAJ, *Lettre de l'OEAP*, Juillet 2014, n°31
http://www.economie.gouv.fr/files/files/directions_services/daj/marches_publics/oeap/publications/lettre/2014/lettre31.pdf

[7] Direction des affaires juridiques, *Rapport d'activité 2014*.
http://www.economie.gouv.fr/files/files/directions_services/daj/publications/rapports-activite-daj/rapport-activite-2014.pdf

[8] Circulaire du 14 février 2012 *relative au Guide de bonnes pratiques en matière de marchés publics*, JORF n°0039 du 15 février 2012, p. 2600, texte n°16.

[9] Ministère de l'économie, des finances, de l'industrie, *Vade-mecum des marchés publics,* La Documentation française, édition 2013, 15 mai 2013.

ultérieurement quant à la faculté pour les acheteurs de négocier pour les contrats passés selon la procédure adaptée[1], la doctrine administrative de la commande publique peut être empreinte d'une rigidité et d'un certain conservatisme juridique de la part de son auteur.

D'autre part, la direction des affaires juridiques va produire des actes de doctrine administrative à visée technique. Dans le cadre de ces actes à vocation technique, cette direction peut se prononcer sur les marchés conclus par un secteur particulier. Ainsi, une fiche technique a pu être rédigée concernant les marchés publics de défense et de sécurité[2]. Cette fiche technique a pour objet d'interpréter le décret du 25 mars 2016 relatif aux marchés publics de défense ou de sécurité[3], pris en application de la nouvelle ordonnance relative aux marchés publics[4]. Dès lors, la direction des affaires juridiques peut rédiger des fiches à vocation technique au regard du critère organique de ce contrat. Par ailleurs, dans le cadre des fiches à vocation technique, cette direction peut s'intéresser à une finalité à retenir pour les achats publics. C'est ainsi que fut rédigée la fiche technique relative au schéma de promotion des achats publics socialement et écologiquement responsables[5]. En proposant une interprétation de l'article 13 de la loi du 31 juillet 2014 relative à l'économie sociale et solidaire[6], la direction des affaires juridiques a entendu préciser les modalités de mise en œuvre de cette nouvelle obligation légale dans la procédure des marchés publics. En prenant une approche finaliste, la direction des affaires juridiques a rédigé cette fiche technique permettant aux différents acheteurs publics d'intégrer cette notion dans la définition des besoins.

Par tous ces actes, la direction des affaires juridiques se prononce sur l'interprétation à donner des dispositions législatives ou réglementaires en

---

[1] CE, 18 septembre 2015, *Société Axcess*, n° 380821, mentionné dans les tables du recueil Lebon, concl. Pelissier (G.), JCPG Semaine juridique (édition générale), 5 octobre 2015, n° 41, p. 1814, chron. Erstein (L.) ; Le moniteur- contrats publics, 1er novembre 2015, n° 159, p. 10, note Jouguelet (J-P.) ; Contrats et Marchés publics, 1er novembre 2015, n° 11, p. 20, note Devillers (P.) ; Le moniteur- contrats publics, 1er janvier 2016, n° 161, p. 58, chron. Serr (F.) ; JCP A (Administrations et collectivités territoriales), 29 février 2016, n° 8, p 27, comm. Deligiannis (S.) ; RJDA, 1er mai 2016, n° 5, p. 366, note ; Contrats et marchés publics, 1er juillet 2016, n° 7, p. 7, chron. Olivier (F.) et Liet-Veaux (C.).

[2] Ministères économiques et financiers, *Les marchés publics de défense et de sécurité,* 15 février 2017.

[3] Décret n° 2016-361 du 25 mars 2016 *relatif aux marchés publics de défense et de sécurité*, JORF n° 74 du 27 mars 2016, texte n° 29.

[4] Ordonnance n° 2015-899 du 23 juillet 2015 *relative aux marchés publics,* JORF n° 169 du 24 juillet 2015, p. 12602, texte n° 38.

[5] Ministères économiques et financiers, *Le schéma de promotion des achats publics socialement et écologiquement responsables*, 26 août 2016.

[6] Article 13 de la loi n° 2014-856 du 31 juillet *2014 relative à l'économie sociale et solidaire*, JORF n° 176 du 1er août 2014, p. 12666, texte n° 2, modifié par l'article 76 de la loi n° 2015-992 du 17 août 2015 *relative à la transition énergétique pour la croissance verte*, JORF n° 189 du 18 août 2015, p. 14263, texte n° 1.

matière de commande publique afin d'uniformiser l'interprétation et de rendre plus efficiente son application.

La direction des affaires juridiques des ministères économiques et financiers est l'interprète « exclusif » de la commande publique et se veut être une force de propositions au regard notamment de sa mission d'assistance. Dans ce dernier cadre, elle peut être le rédacteur de projet de loi en ce domaine, à la suite par exemple de la publication d'une ordonnance[1], ou participer à la rédaction de rapport au profit du pouvoir réglementaire[2]. De plus, son rôle de commissaire du Gouvernement et ses liens avec le Conseil d'État[3] participent de cette mission d'assistance et de diffusion de sa doctrine administrative de la commande publique. Par ailleurs, comme nous le verrons ci-après, la direction des affaires juridiques des ministères économiques et financiers dispose d'un rôle consultatif, en ce sens qu'elle peut être saisie par toute administration centrale, tout opérateur ou agence ou par toute collectivité territoriale sur une question relative à son domaine de compétence.

Au vu de ces missions, la direction des affaires juridiques présente un bilan qui semble positif. En effet, cette dernière est un organe majeur du droit de la commande publique. D'ailleurs, comme l'a dit le doyen Brisson, « la direction des affaires juridiques est un expert juridique dont les interprétations font autorité »[4]. Pourtant, la tentation est forte de croire à une vision monopolistique de la DAJ sur l'interprétation du droit de la commande publique. Pour autant, il n'en est rien et l'on peut s'interroger sur une possible concurrence de doctrine administrative entre les administrations centrales des différents ministères.

II. La DAJ, une autorité concurrencée ?

La direction des affaires juridiques des ministères économiques et financiers peut apparaître comme l'interprète « exclusif » du droit de la commande publique. Pourtant, cette dernière connaît une concurrence dans ses interprétations au regard, d'une part, d'institutions internes aux ministères économiques et financiers et d'autre part, des administrations centrales des autres ministères.

En effet, le droit de la commande publique est une matière transversale du droit public, et plus précisément du droit public des affaires.

---

[1] A la suite de l'adoption de l'ordonnance n°2014-811 du 17 juillet 2014 *relative à la procédure intégrée pour l'immobilier d'entreprise* (JORF n° 0164 du 18 juillet 2014, p. 12030, texte n°36), la direction des affaires juridiques s'est chargée de rédiger le projet de loi de ratification qui sera soumis, dans un premier temps au Conseil d'État, puis au Parlement.

[2] En ce sens, Rapport de Thomas Thévenoud : *Un taxi pour l'avenir, des emplois pour la France,* Bibliothèque des rapports publics – La Documentation française.fr

[3] Le lien est fort avec le Conseil d'État du fait de la présence d'un Conseiller d'État au poste de directeur des affaires juridiques.

[4] Brisson (J-F), *Les fondements juridiques du droit des marchés publics*, Le Moniteur, Coll. « *Essentiels Experts/ Contrats publics locaux* », 1er juin 2004, p. 202.

Pour s'en convaincre, un report au code des marchés publics est nécessaire. Dans sa version 2015, ce code intègre des dispositions de différents codes. Ainsi, sont sollicités le code de l'aviation civile[1], le code civil[2], le code de la construction et de l'habitation[3], le code général des collectivités territoriales[4], le code général de la propriété des personnes publiques[5], le code des juridictions financières[6], le code de justice administrative[7], le code monétaire et financier[8], le code de l'organisation judiciaire[9], le code pénal[10], le code des ports maritimes[11], le code de procédure civile[12], le code rural et de la pêche maritime[13], le code de la santé publique[14], le code de la sécurité sociale[15], le code du travail[16] et le code de l'urbanisme[17].

Par ailleurs, les ordonnances portant réforme du droit de la commande publique retiennent la transversalité de ce droit par l'insertion de nombreux codes dans les visas. D'ailleurs, ainsi que le précise le guide de légistique, « Les projets d'ordonnance, de décret et d'arrêté comportent des visas aux fins notamment de : (…) mettre en évidence les textes dont le projet fait application ou qu'il doit transposer ainsi que ceux qu'il modifie (…) »[18].

Ainsi, la présence de nombreux codes dans les visas des ordonnances portant réforme du droit de la commande publique démontre la transversalité de la

---

1 Articles R 223-2 et R223-5 à R 223-7 du code de l'aviation civile.

2 Articles 1601-1 à 1601-4 du code civil.

3 Articles L 433-1, L 433-2, R 433-1, R 433-4 à 433-6, R 433-10, R 433-18, R 433-20 à R 433-23 du code de la construction et de l'habitation.

4 Articles L 1311-2 à L 1311-4-1, L 1411-1 à L 1411-19, L 1414-1 à L 1414-16, L 1415-1 à L 1415-9, L 1615-12, L 2122-22, L2131-1 à L 2131-2, L 2131-6, L 2313-1, L 3131-1 et L 3131-2, L 3221-11, L 4141-1 et L 4141-2, L 4231-8, R 1311-1 et R 1311-2, R 1411-1 à R 1411-2-2, R 1411-6 à R 1411-8, R 1415-1 à R 1415-10, D 1411-3 à D 1411-5, D 1414-1 à D 1414-9 du code général des collectivités territoriales.

5 Articles L 2122-15, L 2122-20, L 2341-1, R 2122-28 à R 2122-49 du code général de la propriété des personnes publiques.

6 Articles L 111-4, L 141-6 et L 211-8 du code des juridictions financières.

7 Articles L 311-6, L 551-1 à L 551-24, L 554-2, R 312-11, R 551-1 à R 551-10 du code de justice administrative.

8 Article L 313-29-1 du code monétaire et financier.

9 Articles L 211-13 et L 211-14, D 211-10-2 du code de l'organisation judiciaire.

10 Article 432-14 du code pénal.

11 Articles R 122-7 à R 122-10 du code des ports maritimes.

12 Articles 1441-1 à 1441-3 du code de procédure civile.

13 Articles L 451-1 à L 451-10 du code rural et de la pêche maritime.

14 Articles L 6143-1, L 6145-5, L 6148-1 à L 6148-8, R 6148-1 à R 6148-3 du code de la santé publique.

15 Articles L 124-4 et L 224-12 du code de la sécurité sociale.

16 Articles L 8222-1, L 8222-5 et L 8222-6, D 8222-5 du code du travail.

17 Articles L 300-1 à L 300-6, R 300-4 à R 300-11-7 et R 300-12 à R 300-14 du code de l'urbanisme.

18 Guide de légistique, *point 3.1.5,* version du site : www.legifrance.gouv.fr, version du 3 mai 2013.

matière au regard de dispositions codifiées dont les ordonnances font application[1].

D'une part, l'ordonnance relative aux marchés publics[2] inclut, dans les visas, les codes suivants : le code de l'action sociale et des familles, le code général des collectivités territoriales, le code de commerce, le code de la construction et de l'habitation, le code de la défense, le code général des impôts, le code monétaire et financier, le code pénal, le code des postes et des communications électroniques, le code de procédure civile, le code de procédure pénale, le code général de la propriété des personnes publiques, le code de la route, le code de la santé publique, le code de la sécurité intérieure, le code de la sécurité sociale, le code du travail, dont celui applicable spécifiquement à Mayotte.

D'autre part, l'ordonnance relative aux contrats de concession[3] intègre dans ses visas de nombreux codes, à savoir le code de l'action sociale et des familles, le code général des collectivités territoriales, le code de commerce, le code de la défense, le code de l'énergie, le code général des impôts, le code de justice administrative, le code monétaire et financier, le code pénal, le code des postes et des communications électroniques, le code de procédure pénale, le code général de la propriété des personnes publiques, le code de la santé publique, le code de la sécurité intérieure, le code du tourisme, le code des transports, le code du travail, dont celui applicable spécifiquement à Mayotte, le code de l'urbanisme et le code de la voirie routière.

À cette pluralité de dispositions codifiées, viennent s'ajouter les législations[4], les directives européennes[5], et les textes réglementaires[6] régissant des pans du droit de la commande publique. D'une part, le principe de primauté applicable au droit européen ajoute un degré de complexité à l'interprétation du droit de la

---

[1] Ces références éparses se retrouvent aujourd'hui dans le code de la commande publique.

[2] Ordonnance n° 2015-899 du 23 juillet 2015 *relative aux marchés publics*, JORF n° 0169 du 24 juillet 2015, p. 12602, texte n° 38.

[3] Ordonnance n° 2016-65 du 29 janvier 2016 *relative aux contrats de concessions*, JORF n° 0025 du 30 janvier 2016, texte n° 66.

[4] En ce sens, notamment, la loi n°2001-1168 du 11 décembre 2001 *portant mesures urgentes de réformes à caractère économique et financier (MURCEF)*, JORF n°288 du 12 décembre 2001, p.19703, texte n°1 ou la loi n°2005-102 du 11 février 2005 *pour l'égalité des droits et des chances, la participation et la citoyenneté des personnes handicapées,* JORF n°36 du 12 février 2005, p.2353, texte n°1 ou la loi n°2012-387 du 22 mars 2012 *relative à la simplification du droit et l'allègement des démarches administratives*, JORF n°0071 du 23 mars 2012, p.4226, texte n°1.

[5] En ce sens, notamment, Directive 2004/17 *portant coordination des procédures de passation des marchés dans les secteurs de l'eau, de l'énergie, des transports et des services postaux,* Directive n°2004/18 *relative à la coordination des procédures de passation des marchés publics de travaux, de fournitures et de services* et Directive 2007/66 du 11 décembre 2007.

[6] En ce sens, notamment, Décret n°2006-1071 du 28 août 2006 *relatif au recensement des marchés publics,* Décret n°2011-493 du 5 mai 2011 *relatif à la prise en compte des incidence énergétiques et environnementales des véhicules à moteur dans les procédures de la commande publique* ou les arrêtés du 28 août 2006 *relatifs à la dématérialisation, aux documents pouvant être demandés aux candidats, aux certificats de cessibilité, aux spécifications techniques, etc.*

commande publique et à la multiplicité d'interprètes. D'autre part, les règles du droit de la concurrence et des aides d'État sont un autre facteur de concurrence dans l'interprétation du droit de la commande publique. En effet, à l'aune de ces règles spécifiques aux matières économiques, l'intégration de ces contraintes dans les contrats de la commande publique est nécessaire mais peut être interprétée par différentes autorités publiques. De cette transversalité de ce droit, une multitude d'interprètes peut être identifiée.

A. Une concurrence interne aux ministères économiques et financiers

Au sein des ministères économiques et financiers, la concurrence de la direction des affaires juridiques se fait à l'aune des missions dévolues à l'observatoire économique de la commande publique et aux groupes d'études des marchés.

Pour autant, il convient de préciser, à titre liminaire, qu'au-delà de ces deux entités, la Commission centrale des marchés publics de l'État pouvait fournir à l'État « une assistance pour l'élaboration et la passation des marchés publics ». Ainsi, la Commission avait un rôle pour les étapes antérieures à la signature des marchés publics. Pour autant, cette Commission administrative à caractère consultatif a été supprimée par le décret du 23 mai 2013[1] et absorbée par la direction des affaires juridiques des ministères économiques et financiers.

1. L'observatoire économique de la commande publique

La doctrine administrative peut provenir des ministères économiques et financiers par le biais de l'observatoire économique de l'achat public[2] devenu l'observatoire économique de la commande publique[3].

Cet observatoire est un acteur de la doctrine administrative institué par les articles 130 à 132 du code des marchés publics[4]. L'article 130 du code dispose à cet effet qu'« Un observatoire économique de l'achat public placé auprès du ministre chargé de l'économie rassemble et analyse les données relatives aux aspects économiques et techniques de la commande publique. Il constitue également une instance permanente de concertation et d'échanges d'informations avec les opérateurs économiques. Les missions, la composition, l'organisation et les modalités de fonctionnement de l'observatoire sont fixées par arrêté du ministre chargé de l'économie »[5]. Cette mission est complétée par le

[1] Décret n°2013-420 du 23 mai 2013 *portant suppression des commissions administratives à caractère consultatif et modifiant le décret n° 2006-672 du 8 juin 200- relatif à la création, à la composition et au fonctionnement de commissions administratives à caractère consultatif*, JORF n°0118 du 24 mai 2013, p.8554, texte n°1.

[2] Antérieurement, un second organe pouvait donner lieu à une interprétation à savoir la Commission centrale des marchés publics.

[3] Article 141 du décret n° 2016-360 du 25 mars 2016 *relatif aux marchés publics*, JORF n° 0074 du 27 mars 2016, texte n° 28 – Article R. 2196-2 du code de la commande publique.

[4] Articles R. 2196-2 et suivants du code de la commande publique.

[5] Article 130 du code des marchés publics, Décret n°2006-975 du 1er août 2006 *portant code des marchés publics*, JORF n°179 du 4 août 2006, p.11627, texte n°20.

« recensement économique des marchés publics et des accords-cadres »[1]. Elle permet à l'observatoire d'analyser finement l'évolution économique des marchés et par la suite, de proposer des évolutions juridiques afin d'affiner le cadre juridique relatif aux contrats de la commande publique.

A cet observatoire économique de l'achat public a succédé l'observatoire économique de la commande publique. L'article 141 du décret du 25 mars 2016 relatif aux marchés publics[2] reprend, au profit de l'observatoire économique de la commande publique, les missions dévolues à l'observatoire économique de l'achat public en lui ajoutant deux missions : une contribution à la diffusion des bonnes pratiques et un recensement économique des contrats de la commande publique. Ainsi, l'observatoire économique de la commande publique dispose d'un champ plus large, ce qui montre la volonté à court terme des ministères économiques et financiers d'uniformiser le droit des achats publics autour d'un code de la commande publique valable pour l'ensemble des contrats conclus par les pouvoirs adjudicateurs ou les entités adjudicatrices. Pour autant, la jeunesse de ce nouvel organe nous empêche, en l'état de l'étude, de nous prononcer plus avant sur le fonctionnement et les missions spécifiques de l'observatoire et de la façon dont il les exercera.

2. *Les groupes d'étude des marchés, une concurrence dans des domaines techniques*

Du fait de la transversalité et de la technicité du droit des contrats de la commande publique, ont été créés des groupes d'étude des marchés ayant pour mission de proposer des recommandations techniques aux acheteurs publics et aux entités et pouvoirs adjudicateurs.

L'article 132 du code des marchés publics offrait la faculté à l'observatoire économique de l'achat public de « créer des groupes d'étude des marchés chargés d'élaborer, en particulier, des recommandations techniques, des cahiers des clauses techniques ou des guides techniques destinés à faciliter la passation et l'exécution des marchés publics »[3]. Ainsi, pouvait être créés auprès de l'observatoire économique de l'achat public, des groupes d'étude des marchés. Ces derniers revêtaient une dimension technique certaine dans la mesure où leurs missions relevaient d'un domaine spécifique. Les douze groupes d'étude des marchés[4] disposaient d'un champ d'application technique permettant de

---

[1] Article 131 du code des marchés publics, Décret n°2006-975 du 1er août 2006 *portant code des marchés publics,* JORF n°179 du 4 août 2006, p.11627, texte n°20.

[2] Article 141 du décret n° 2016-360 du 25 mars 2016 *relatif aux marchés publics*, JORF n° 0074 du 27 mars 2016, texte n° 28 – Article R. 2196-2 du code de la commande publique

[3] Article 132 du code des marchés publics, Décret n°2006-975 du 1er août 2006 *portant code des marchés publics,* JORF n°179 du 4 août 2006, p.11627, texte n°20.

[4] Ces groupes sont actuellement au nombre de 12 :

-GEM Produits
-GEM Produits de santé (GEM-PS)
-GEM Restauration collective et Nutrition (GEM-RCN)

faciliter la passation et l'exécution des marchés pour les acheteurs publics. Ces organismes consultatifs démontrent la complexité du droit des marchés publics et de la commande publique. En effet, au-delà du strict cadre juridique du droit de la commande publique, des domaines spécifiques doivent disposer d'éléments permettant d'assurer la passation et l'exécution des contrats au regard de leur spécificité.

La force de proposition et de consultation des groupes d'étude des marchés se fait par la publication de documents techniques qui peuvent prendre la forme de recommandations[1], de guides[2], de spécifications techniques[3], de notices d'informations[4] ou encore de fascicules[5]. Ainsi, ces différents actes de la

---

-GEM Ouvrages, Travaux et Maîtrise d'œuvre (GEM-OTM)
-GEM Développement durable (GEM-DD)
-GEM Informatique et Communications électroniques (GEM-ICE)
-GEM Équipement de bureau, enseignement et formation (GEM-EF)
-GEM Chimie et Para-chimie (GEM-CP)
-GEM Habillement et textile (GEM-HT)
-GEM Dématérialisation des marchés publics (GEM Démat)
-GEM Aménagements et équipements durables dans le bâtiment
-GEM Prestations et supports de communication (GEM-COM)
-GEM Archéologie préventive (GEM-AP)

[1] Pour exemple, Groupe d'étude des marchés Ouvrages, Travaux et Maîtrise d'œuvre, Ministère de l'économie et des finances, *Recommandation n° T1-95 aux maîtres d'ouvrage publics relative à l'utilisation de l'Eurocode 2 (partie 1.1), de l'Eurocode 3 (partie 1.1), de l'Eurocode 4 (partie 1.1) et de l'Eurocode (partie 1.1) dans les ouvrages publics de bâtiment,* octobre 1995 ; Groupe d'étude des marchés équipement de bureau, enseignement, formation, Ministère de l'économie et des finances, *Recommandation et cahier des charges fonctionnel concernant les couchettes pour enfants de moins de six ans,* octobre 2011, ou encore Groupe d'étude des marchés Informatique et communications électroniques, Ministère de l'économie et des finances, *recommandation sur l'accessibilité des sites WEB publics*, juillet 2012.

[2] Pour exemple, Groupe d'étude des marchés équipement de bureau, enseignement, formation, Ministère de l'économie et des finances, *Guide de l'achat public – Couchettes pour enfants de moins de six ans,* février 2008 ; Groupe d'étude des marchés Développement durable, Ministère de l'économie et des finances, *Guide d'achat relatif aux produits et prestations d'entretien des espaces verts,* octobre 2011 ou encore, Atelier de réflexion sur les aspects sociaux de la commande publique, Ministère des finances et des comptes publics et Ministère de l'économie, de l'industrie et du numérique, *Guides et recommandations – Commande publique et accès à l'emploi des personnes qui en sont éloignées*, version 2.1, octobre 2015.

[3] Pour exemple, Groupe d'étude des marchés, Restauration collective et nutrition, Ministère de l'économie et des finances, Spécification technique n° B1-14-05 du 31 mars 2005 applicable aux viandes de veau en muscles ou piécées ; Groupe d'étude des marchés Habillement et textile, Ministère de l'économie et des finances, *Spécification technique applicable aux supports textiles revêtus*, version2.0, février 2015 ou encore Groupe d'étude des marchés, Restauration collective et nutrition, Ministère de l'économie et des finances *Spécification technique applicable aux œufs et aux ovoproduits*, version1.0, décembre 2015.

[4] Pour exemple, Groupe d'étude des marchés Développement durable, Ministère de l'économie et des finances, *Notice d'information relatif aux achats publics socio-responsables,* juillet 2009.

[5] Pour exemple, Groupe d'étude des marchés Ouvrages, Travaux et Maîtrise d'œuvre, Ministère de l'économie et des finances, *Fascicule du CCTG de Travaux de génie civil : accès à l'ensemble des fascicules publiés au bulletin officiel du ministère chargé du développement*

doctrine administrative permettent aux groupes d'étude des marchés de proposer spécifiquement des éléments tendant à la passation et l'exécution de marchés publics spécifiques dans les meilleures conditions au regard de cette spécificité.

Pour autant, au regard du renouvellement récent du droit de la commande publique, l'article 141 du décret du 25 mars 2016[1] ne mentionne pas les missions dévolues à des groupes d'études des marchés publics, voire une évolution vers des groupes d'étude de la commande publique. Dès lors, l'on peut s'interroger sur le maintien de ces groupes auprès du nouvel observatoire économique de la commande publique.

Ainsi, le mouvement d'adaptabilité du droit des marchés publics – et partant du droit de la commande publique – au regard de l'analyse économique permet à cet observatoire de se poser en interprète de ce droit et en force de propositions pour son évolution. Dès lors, au sein des ministères économiques et financiers, deux interprètes peuvent être en opposition avec la direction des affaires juridiques quant à l'établissement de la doctrine administrative. D'ailleurs, le rôle de l'observatoire tend à se développer et « occupe une place de plus en plus importante en droit des marchés publics »[2].

3. *La mission d'appui à la réalisation des contrats de partenariat public-privé*[3]

Au regard de la spécificité des contrats de partenariat public-privé et de la complexité de ces derniers, les ministères économiques et financiers prirent la décision d'instituer une mission d'appui à la réalisation des contrats de partenariat par un décret du 19 octobre 2004[4]. Les missions de cet organe

---

durable, mai 2012 ; Groupe d'étude des marchés Ouvrages, Travaux et Maîtrise d'œuvre, Ministère de l'économie et des finances, *Fascicule 66 du Cahier des clauses techniques générales applicables aux marchés publics de travaux de génie civil – Exécution des ouvrages de génie civil à ossature en acier,* mai 2012 ou encore Groupe d'étude des marchés Ouvrages, Travaux et Maîtrise d'œuvre, Ministère de l'économie et des finances, *Fascicule 69 du Cahier des clauses techniques générales applicables aux marchés publics de travaux de génie civil – Travaux en souterrain,* mai 2012.

[1] Article 141 du décret n° 2016-360 du 25 mars 2016 *relatif aux marchés publics,* JORF n° 0074 du 27 mars 2016, texte n° 28 – Article R. 2196-2 du code de la commande publique.

[2] Braconnier (S.), *Précis du droit des marchés publics,* Le Moniteur, Coll. « *Essentiels Experts/ Contrats publics locaux* », 4ème édition, 8 août 2012, p.41.

[3] Cette mission a été reprise au sein de la mission d'appui au financement des infrastructures (décret n° 2016-522 du 27 avril 2016).

[4] Décret n° 2004-1119 du 19 octobre 2004 *portant création de la mission d'appui à la réalisation des contrats de partenariat,* JORF n° 246 du 21 octobre 2004, p. 17821, texte n° 19.

Sur ce décret, voir notamment, Sartorio (F.), « *Contrats de partenariats : un premier décret qui suscite des interrogations* », La Gazette du Palais, 27 octobre 2004, n° 301, p. 2-6 ; Tessier (A.), « *Les décrets d'application de l'ordonnance du 17 juin 2004 sur les contrats de partenariat : précisions et nouvelles interrogations* », BJCP, 1er janvier 2005, n° 38, p. 2-4 ; Eckert (G.), « *Mission d'appui à la réalisation des contrats de partenariat et libertés économiques* », Contrats et marchés publics, 1er juillet 2006, n° 7, p. 12-14 ; de Saint-Pulgent (N.), « *La mission d'appui à la réalisation des contrats de partenariat : une institution au*

administratif relèvent du champ d'application de l'ordonnance portant sur les contrats de partenariat[1].

Sur le fondement de l'article 2, cette mission constitue un organisme expert à compétence facultative pour l'« appui dans la préparation, la négociation et le suivi des contrats de partenariat ». En réponse aux sollicitations des personnes publiques, la mission d'appui agit soit comme un conseil de la personne publique en ce sens qu'il contrôle uniquement l'économie générale du projet de contrat, soit comme un assistant de la personne publique dès la phase d'élaboration du projet, ce qui peut la conduire à assister à la négociation des contrats. Par ailleurs, la mission d'appui a un rôle de veille, en ce sens qu'elle rédige tout document permettant la prise en compte des différentes expériences des personnes publiques quant à ces contrats. Enfin, elle est force de proposition au motif qu'elle peut solliciter le ministre chargé de l'économie et des finances de propositions de modification des textes régissant ces contrats. De plus, l'article 3 du décret précise que la mission d'appui à la réalisation des contrats de partenariat « donne également un avis sur les projets de contrats complexes et ceux comportant un financement innovant dont le saisit le ministre chargé de l'économie et des finances ».

Dès lors, cette mission d'appui se veut être l'interprète exclusif du droit spécifique des contrats de partenariat. Cet organisme expert dispose d'un rôle essentiel dans la préparation, l'attribution, la négociation des contrats de partenariat mais aussi dans le cadre du contrôle de ces contrats dont elle assure le suivi. Dans la phase d'attribution et de négociation des contrats, « elle développe à cet effet des recommandations et des fiches explicatives, en particulier le guide pratique publié par le Ministère de l'Économie « Les contrats de partenariat – Guide méthodologique » qui propose une doctrine d'emploi assortie de lignes directrices pour la passation des contrats »[2]. Quand bien même sa compétence a pu être l'objet de critique ou d'interrogation[3], notamment à

---

service de l'innovation », BJCP, 1er septembre 2006, n° 47, p. 234-235 ; Casas (D.), « *Assistance des services de l'Etat et concurrence : le rôle de la Mission d'appui à la réalisation des contrats de partenariats* », RFDA, 1er septembre 2006, n° 5, 1048-1055 ; Exbrayat (A-J.), « *Validant les attributions d'assistance et de conseil aux personnes publiques reconnues par le décret du 19 octobre 2004 à la mission d'appui à la réalisation des contrats de partenariat, le Conseil d'État précise le champ des activités de l'État "qui n'emportent pas intervention sur un marché »* », Courrier juridique des finances et de l'industrie (CJFI), 1er septembre 2006, n° 41, p. 6-14 ; Dreyfus (J-D.), « *Aucune des attributions confiées à la mission d'appui à la réalisation des contrats de partenariat n'emporte intervention sur le marché* », Revue de droit immobilier, 1er novembre 2006, n° 6, P. 480-482.

[1] Ordonnance n° 2004-559 du 17 juin 2004 *sur les contrats de partenariat*, JORF n° 141 du 19 juin 2004, p. 10994, texte n° 2.

[2] Site internet du ministère de l'économie et des finances, http://www.economie.gouv.fr/ppp/v/mission-dappui.

[3] CE, Ass., 31 mai 2006, *Ordre des avocats au barreau de Paris*, n° 275531, publié au recueil Lebon, AJDA 2006. 1592, chron. C. Landais et F. Lenica ; ibid. 2008. 911, étude J.-J. Israël ; RDI 2006. 480, obs. J.-D. Dreyfus ; RFDA 2006. 1048, concl. D. Casas ; RTD com. 2006. 774, obs. G. Orsoni.

l'aune du droit de la concurrence, la mission d'appui participe à l'édiction d'une doctrine administrative de la commande publique dans le cadre de contrats spécifiques que sont les contrats de partenariat. En effet, par les retours issus de sa propre expérience, la mission en tant que collaboratrice aux contrats de partenariat semble être l'organe idoine pour rédiger les actes de doctrine administrative relative à ces derniers. Dès lors, la mission d'appui, tout comme la direction des finances qui publie le bulletin officiel des finances publiques – impôts, propose sa doctrine administrative sous forme de guide et de lignes directrices. De plus, la publicité des avis rendus dans le cadre de mission d'expertise spécifique permet à l'ensemble des acheteurs publics, pouvoirs adjudicateurs ou entités adjudicatrices de fonder leur propre analyse juridique sur des situations déjà validées ou dont les risques ont déjà été analysés.

Par ailleurs, la mission d'appui à la réalisation des contrats de partenariat collabore avec l'European PPP expertise center afin de proposer une doctrine administrative unifiée sur l'ensemble du territoire de l'Union européenne en matière de partenariat public-privé. Cette imprégnation du droit européen se traduit dans le « Guide EPEC des PPP – Manuel de bonnes pratiques ». Ainsi, la mission d'appui aux partenariats public-privé participe à la mise en œuvre d'un guide à vocation européenne. D'ailleurs, dans la préface de ce guide, le directeur de la mission d'appui rappelle les objectifs fixés par l'édiction de ce guide. Il considère que « ce Guide constitue une introduction très complète à la pratique des PPP, qui peut, bien sûr, être approfondie et complétée par les divers sources d'information qui y sont mentionnées. Nous avons apporté un soin particulier à recenser et résumer dans les grandes lignes la littérature existant en français sur ce sujet de façon à permettre au lecteur francophone désireux d'aller plus loin de pouvoir le faire en allant aux meilleures sources »[1]. Ce guide se veut à la fois un recensement de l'ensemble des normes applicables à ces contrats mais aussi, une source bibliographique étendue d'une part, aux textes internationaux, et d'autre part à la doctrine universitaire ou professionnelle.

Par ailleurs, dans le cadre de ses missions, cet organisme expert dispose d'une compétence consultative qui peut être obligatoire ou facultative. En effet, pour tous les projets de contrats de partenariat au profit de l'État ou de ses établissements publics, la mission est obligatoirement saisie et doit valider le principe du recours à un tel contrat. Ainsi, le pouvoir adjudicateur propose un projet de contrat de partenariat ainsi qu'une évaluation préalable de ce projet. Sur cette base, la mission va se prononcer par un avis motivé qui ne lie pourtant pas la compétence de l'autorité adjudicatrice. Par ailleurs, la mission est également saisie une fois le contrat attribué afin « d'apprécier pour le compte du ministre chargé de l'Économie, et en liaison avec les services de la Direction du Budget, l'impact sur les finances publiques et la soutenabilité budgétaire du contrat avant signature ».

---

[1] Mission d'appui aux partenariats public-privé et EPEC, *Guide EPEC des PPP, Manuel de bonnes pratiques,* avril 2012.

Ainsi, la mission dispose d'une double compétence consultative concernant les contrats de partenariat de l'État et de ses établissements publics : une compétence *a priori* pour étudier le projet de contrat et une compétence *a posteriori* une fois le candidat attributaire choisi.

De plus, dans le cadre de cette mission consultative, la mission peut être saisie, de manière facultative, par les collectivités territoriales. La mission participe ainsi à la mise en œuvre de ces contrats de partenariat et cela au profit de toutes les personnes publiques souhaitant contractualiser par cette voie. Par ailleurs, la publication de ses avis, sur le site internet de la mission, participe à la volonté du ministère de l'économie et des finances de proposer une large publicité aux différentes doctrines administratives et de permettre à l'ensemble des acheteurs de disposer d'une information circonstanciée par le cas spécifique de recours à ce type de contrats.

Enfin, la mission d'appui aux partenariats assure le suivi des contrats de partenariat par le biais de la transmission des annexes signées dans le cadre de la réalisation du contrat. Ainsi, au regard de cette mission, les acheteurs publics se voient mettre à disposition une information la plus précise possible, issue du retour d'expérience effectué par la mission d'appui. En effet, par la transmission de documents relatifs à l'exécution du contrat de partenariat, la mission d'appui dispose d'un retour d'expérience lui permettant de proposer aux acheteurs publics une doctrine administrative la plus à même de répondre aux exigences de ces contrats de partenariat. Ainsi, la mise en ligne de la liste des contrats de partenariat attribués et d'un clausier général type participe à la volonté de la mission d'appui de proposer une vision sécurisée des contrats de partenariat. La sécurisation juridique et économique de ces contrats répond aux exigences du droit de la commande publique, à savoir la transparence des procédures, la liberté d'accès et l'égalité de traitement des candidats mais aussi à l'efficacité de la commande publique et la bonne utilisation des deniers publics. Dès lors, la mission d'appui aux partenariats public-privé est un acteur de l'édiction d'une doctrine administrative pour ces contrats spécifiques et cela par le biais du contrôle de la passation, de la négociation et de l'exécution de ces contrats au regard des exigences du droit de la commande publique.

Pour autant, la mission d'appui aux partenariats public-privé a été modifiée par la création de la « mission d'appui au financement des infrastructures »[1]. L'article 2 du décret précise le cadre général des missions de cet organisme expert. Concernant cette mission d'appui au financement des infrastructures, le professeur Clamour précise qu' « Organisme expert de la structuration juridique et financière des projets d'investissement dans les infrastructures (...), la MAFI est chargée de contrôler l'évaluation préalable de tous les projets de marchés de

[1] Décret n° 2016-522 du 27 avril 2016 *relatif à la mission d'appui au financement des infrastructures*, JORF n° 0101 du 29 avril 2016, texte n° 18 ; Clamour (G.), « *La MAPPP devient la Mission d'appui au financement des infrastructures* », Contrats et marchés publics n° 6, juin 2016, comm. 144 ; Pastor (J-M.), « *La mission d'appui aux partenariats public-privé a muté* », AJDA 2016, p. 877.

partenariat, y compris ceux des collectivités territoriales et des établissements publics locaux. Obligatoires ou facultatifs selon les hypothèses (D. n° 2016-522, art. 4), ses avis doivent préalablement être soumis à l'examen d'un comité consultatif (D. n° 2016-522, art. 8) pour les projets de l'État ou de ses établissements publics (D. n° 2016-522, art. 5, II) ». Il poursuit en précisant que « la Mission se voit confier une fonction de conseil auprès des porteurs de projets, y compris auprès des collectivités territoriales et de leurs établissements publics. (D. n° 2016-522, art. 6 et 7) »[1].

La mission d'appui au financement des infrastructures permet l'application des nouveaux textes relatifs au droit de la commande publique[2]. D'ailleurs, l'article 5 de ce décret prévoit que la mission d'appui, dans le cadre de ses avis, « évalue la structuration juridique et financière du projet ainsi que la répartition et les modalités de maîtrise de ses principaux risques, au regard notamment de l'optimisation du coût global de l'opération ». Ainsi, la mission d'appui au financement des infrastructures dispose d'une double casquette à savoir d'une part, l'évaluation *a priori* des projets de marchés de partenariat et d'autre part, le conseil et l'expertise lors de l'ensemble des phases du contrat de marchés de partenariat (réflexion préalable, passation, exécution). Ainsi, la nouvelle mission d'appui reprend les compétences de la mission d'appui aux contrats de partenariat mais dispose d'une fonction consultative plus approfondie, en ce sens que son avis est obligatoire pour l'ensemble des projets de l'État, de ses établissements publics et des collectivités territoriales.

Pour autant, au-delà de cette concurrence intra-ministérielle, peut se développer une concurrence interministérielle.

B. Une concurrence interministérielle du fait de la transversalité du droit de la commande publique

Au regard de la transversalité du droit de la commande publique et d'une application de différents codes, une concurrence entre les différents ministères peut naître pour l'interprétation de ce droit. En effet, chaque département ministériel se voit imposer des contraintes sectorielles qui lui imposent une interprétation du droit de la commande publique plus souple ou plus stricte afin de garantir l'activité économique de ce secteur.

---

[1] Clamour (G.), « *La MAPPP devient la Mission d'appui au financement des infrastructures* », Contrats et marchés publics n° 6, juin 2016, comm. 144.

[2] Ordonnance n° 2015-899 du 23 juillet 2015 *relative aux marchés publics*, JORF n° 0169 du 24 juillet 2015, p. 12602, texte n° 38 ; Ordonnance n° 2016-65 du 29 janvier 2016 *relative aux contrats de concession*, JORF n° 0025 du 30 janvier 2016, texte n° 66 ; Décret n° 2016-360 du 25 mars 2016 *relatif aux marchés publics*, JORF n° 0074 du 27 mars 2016, texte n° 28 ; Décret n° 2016-86 du 1er février 2016 *relatif aux contrats de concession*, JORF n° 0027 du 2 février 2016, texte n° 20.

1. Le secrétariat général du Gouvernement, un acteur rédigeant sa propre doctrine

Institué par la loi de finances du 24 décembre 1934[1], le secrétariat général du Gouvernement est placé auprès du Premier ministre afin de jouer un rôle tant politique qu'administratif au niveau national. En effet, « en tant qu'organe coordinateur de l'action gouvernementale en liaison permanente avec les services de la présidence de la République, des ministères et des assemblées parlementaires, il est par excellence l'organe de la coordination et de la continuité gouvernementales »[2]. Les missions qui lui sont dévolues garantissent la bonne marche de l'Etat, en ce sens qu'il prépare les conseils des ministres ainsi que toutes les rencontres interministérielles. Au surplus, cet organe « intervient tout au long du processus de décision, assure la publication des décisions prises au Journal officiel et veille à la cohérence des mesures d'application qui doivent suivre »[3].

Ainsi, le rôle du secrétariat général du Gouvernement est d'assurer la cohérence des mesures prises en application de dispositions législatives ou réglementaires. Ce rôle est d'autant plus prégnant que le droit de la commande publique est transversal. En effet, le secrétariat général dispose d'une compétence d'unification et d'uniformisation du droit de la commande publique. La transversalité de ce droit permet aux différents ministères, sous couvert de l'interprétation d'une disposition, codifiée ou non, du droit de la commande publique, de proposer une interprétation de ce droit. En effet, le droit de la commande publique connaît une application par l'ensemble des services des différents ministères ; services qui peuvent proposer une interprétation contradictoire de celui-ci.

Cette contradiction de visions dans l'application du droit de la commande publique peut être réglée par l'intervention du secrétariat général du Gouvernement. Ce fut le cas des dispositions prévoyant la durée de conservation des dossiers présentés par les entreprises soumissionnaires à un marché et qui n'ont pas été retenues. Par une circulaire du 11 août 1993[4], les ministres de la culture et de l'intérieur prévoyaient une prescription de trois ans pour ces dossiers. Dans le même temps, une réponse ministérielle du ministre de la justice imposait un délai de conservation de 10 ans[5]. Ainsi, une divergence de doctrine administrative a pu naître opposant les ministères concernés dans

---

[1] Article 23 de la loi du 24 décembre 1934, *Budget général de 1935*, JORF du 25 décembre 1935, p. 12695 et décret du 31 janvier 1935 *portant organisation des services administratifs de la présidence du Conseil*, JORF du 2 février 1935, p. 1330.

[2] Chapus (R.), *Droit administratif général,* Tome 1, Montchrestien, 15ème édition, septembre 2005, p. 224.

[3] Ibid.

[4] Ministres de l'intérieur et de la culture, Circulaire du 11 août 1993 *relative aux documents produits par les mairies,* NOR : INTB9300190C.

[5] Réponse ministérielle du ministre de la justice à la question de M. Michel Noir du 14 juin 1993, question n°2149, JO AN, 9 août 1993, p. 2475.

l'application de la même disposition codifiée. Dès lors, à la suite d'une préconisation de la Cour des comptes, la doctrine administrative a été harmonisée par le biais de la circulaire sus-évoquée avec un délai de 5 ans à compter de la notification du marché à l'entreprise retenue[1]. Ainsi, la circulaire du 30 décembre 1998, adoptée par le Secrétariat général du Gouvernement, est venue harmoniser les règles relatives à la durée de conservation des dossiers présentés par les entreprises soumissionnaires qui n'ont pas été retenues.

Au-delà de ce rôle et dans une logique de coordination de l'application du droit de la commande publique par l'ensemble des ministres, le secrétariat général du Gouvernement peut être amené à adopter des actes de doctrine administrative ayant une portée générale. C'est ainsi que le secrétariat général du Gouvernement a précisé « la référence aux normes dans les marchés publics et les contrats soumis à certaines procédures communautaires » par une circulaire du 5 juillet 1994[2]. Par cette circulaire, le secrétariat général du Gouvernement rappelle que « l'objectif principal de ces modifications est d'adapter la disposition de référence mise en place en 1984 aux nouvelles obligations communautaires, l'ensemble visant à doter notre pays d'un système de normes complet, de haut niveau et harmonisé au niveau communautaire, permettant d'accroître la cohésion de notre tissu industriel et de renforcer l'image de qualité de nos produits ». Ainsi, par le biais d'une circulaire, le secrétariat général du Gouvernement propose une mise en œuvre des règles de référence aux normes dans un cadre transversal. De même, par une circulaire du 25 août 2006[3], le secrétariat général du Gouvernement a tenu à préciser les règles applicables dans le cadre de la délégation de compétence pour la signature des marchés publics de l'État, en rappelant le cadre général de la compétence de signature du ministre et des modalités de délégation de cette dernière.

Dès lors, le secrétariat général du Gouvernement, par sa position en liaison constante avec l'ensemble des ministères, dispose d'une compétence transversale lui permettant de proposer une interprétation uniforme et harmonisée au niveau national. Ainsi, le secrétariat général du Gouvernement, quand bien même il

---

[1] Premier Ministre, Circulaire n°4662/SG du 30 décembre 1998 *relative à la procédure de passation des marchés publics : la durée de conservation des dossiers présentés par les entreprises soumissionnaires qui n'ont pas été retenues*, NOR : PRMG9930003C, BOC, 1999, p.831 ; repris :

- Contrôle général des armées, Circulaire du 30 décembre 1998 *relative à la procédure de passation des marchés publics : la durée de conservation des dossiers présentés par les entreprises soumissionnaires qui n'ont pas été retenues*, BOEM 430.1.1.1 ;
- Ministère de l'emploi et de la solidarité, Circulaire n°DH/AF3/99/212 du 9 avril 1999 *relative à la procédure de passation des marchés publics : la durée de conservation des dossiers par les établissements publics de santé*, NOR : MESH9930181C.

[2] Circulaire n° PRMX9400134C du secrétariat général du Gouvernement du 5 juillet 1994 *relative à la référence aux normes dans les marchés publics et les contrats soumis à certaines procédures communautaires*, JORF du 26 août 1994, p. 12391.

[3] Circulaire n° 55167/SG du 25 août 2006 du secrétariat général du Gouvernement relative aux *délégations de compétence pour la signature des marchés publics de l'État.*

dispose d'un rôle d'unificateur de la doctrine administrative, peut se trouver en opposition par rapport aux autres ministères, notamment aux ministères économiques et financiers.

2. *Des interprétations ministérielles pouvant faire fi de la position de la DAJ*

L'interprétation du droit de la commande publique, proposée par les services des ministères économiques et financiers tend à donner un cadre général d'application à ce droit. Pour autant, les directions ou services des affaires juridiques des autres ministères se voient questionner, par leurs directions déconcentrées ou par les autres services du ministère pour se prononcer sur le droit de la commande publique. Dès lors, quand bien même la direction des affaires juridiques des ministères économiques et financiers est l'interprète « exclusif » du droit de la commande publique, ce droit connaît une multitude d'interprétation par les différents ministères.

Les collectivités territoriales semblent s'inspirer de la doctrine administrative fournie par la direction des affaires juridiques des ministères économiques et financiers. Pour autant, le ministère de l'intérieur reste l'interlocuteur exclusif pour ces dernières. En effet, la direction générale des collectivités locales, placée sous la responsabilité du ministère de l'intérieur, est l'auteur de la doctrine administrative permettant l'application du droit de la commande publique pour les collectivités territoriales.

Par exemple, une circulaire a permis de donner une interprétation de la directive du 18 juin 1992[1] à « la suite de difficultés, dont plusieurs (collectivités locales) ont fait part »[2] au ministre de l'intérieur. Au regard des problématiques spécifiques des collectivités territoriales, ces dernières se tournent vers le ministère de l'intérieur pour obtenir des réponses à leurs questionnements en matière de commande publique. Pour autant, cette possibilité devrait être contrecarrée par la faculté dont dispose les collectivités territoriales de saisir directement la direction des affaires juridiques des ministères économiques et financiers des questionnements spécifiques au droit de la commande publique. Dans le cadre de ses missions, le ministère de l'intérieur pourrait proposer une interprétation contraire à celle proposée par la direction des affaires juridiques des ministères économiques et financiers. Pour autant, il semblerait, pour les collectivités territoriales, que la doctrine administrative suivie soit celle de la direction des affaires juridiques des ministères économiques et financiers.

Par ailleurs, la direction générale des collectivités locales a pu proposer son interprétation des textes relatifs à la commande publique, en proposant la portée des dispositions et leur champ d'application au regard des compétences

---

[1] Directive n°92-50 du 18 juin 1992 *portant coordination des procédures de passation des marchés publics de services.*

[2] Ministère de l'intérieur, Direction générale des collectivités locales, Circulaire du 6 septembre 1999 *relative à la passation des marchés publics de services bancaires et d'investissement,* NOR : INTB9900195C.

spécifiques des collectivités locales. C'est ainsi que par une circulaire du 30 septembre 2005[1], la direction générale des collectivités locales a proposé la portée de l'ordonnance n° 2005-645 du 6 juin 2005 relative aux procédures de passation des marchés publics des collectivités territoriales. Par sa connaissance étendue du droit des collectivités territoriales, le ministère de l'intérieur peut proposer une appréciation du droit de la commande publique en adéquation avec les contraintes que connaissent ces collectivités. Pour autant, cette interprétation peut être en contradiction avec celle proposée par la direction des affaires juridiques des ministères économiques et financiers.

Le ministère de la santé et de la protection sociale propose également son interprétation du droit de la commande publique. En effet, au regard de la spécificité des missions dévolues aux établissements de santé et de la nécessité de disposer de matériels à la technologie renouvelée, le ministère de la santé dispose d'une compétence pour appliquer le droit de la commande publique à ce secteur de l'action publique.

C'est ainsi que le ministère de la santé s'est prononcé sur l'application du droit de la commande publique à la suite de la réforme de l'hôpital. En effet, la mise en œuvre de la loi n° 2009-879 du 21 juillet 2009 portant réforme de l'hôpital et relative aux patients, à la santé et aux territoires[2] a obligé le ministère de la santé à préciser les conséquences de la suppression du contrôle de légalité sur les marchés, baux emphytéotiques et contrats de partenariat passés par les établissements publics de santé ainsi qu'aux procédures de recours applicables aux contrats de commande publique par la voie d'une circulaire du 25 septembre 2009[3]. D'ailleurs, dans la notice explicative de la circulaire, la direction de l'hospitalisation et de l'organisation des soins du ministère de la santé et de la protection sociale précise que cette circulaire a pour but de proposer l'« interprétation à retenir, sous réserve de l'appréciation souveraine du juge, lorsque l'analyse de la portée juridique des textes législatifs ou réglementaires soulève une difficulté particulière ». Ainsi, le ministère de la santé s'estime compétent pour interpréter le droit de la commande publique au motif qu'il propose une interprétation uniquement par ricochet de ce droit. En effet, l'application de la loi nouvelle, en matière de santé publique, impose au ministère de la santé de proposer son interprétation du droit de la commande publique ayant subi l'incidence de ces nouvelles dispositions. Dès lors, cette

---

[1] Circulaire n° MCTB0510018C en date du 30 septembre 2005 du Ministère de l'intérieur (direction générale des collectivités locales) *relative à l'ordonnance n° 2005-645 du 6 juin 2005 relative aux procédures de passation des marchés publics des collectivités territoriales.*

[2] Loi n° 2009-879 du 21 juillet 2009 *portant réforme de l'hôpital et relative aux patients, à la santé et aux territoires*, JORF n° 0167 du 22 juillet 2009, p. 12184, texte n° 1.

[3] Circulaire n° DHOS/F4/2009/300 du 25 septembre 2009 *relative à la suppression du contrôle de légalité sur les marchés, baux emphytéotiques et contrats de partenariat passés par les établissements publics de santé ainsi qu'aux procédures de recours applicables aux contrats de la commande publique.*

interprétation pourrait être contraire à celle des ministères économiques et financiers sauf à ce qu'une interprétation authentique du juge, par le biais de son appréciation souveraine, ait clarifié *a priori* la situation.

Ainsi, les directions ou services des affaires juridiques des différents ministères peuvent se voir interroger sur l'application du droit de la commande publique par les services déconcentrés ou les établissements publics sous tutelles. Chacun de ces services peut se prononcer sur une interprétation du droit de la commande publique, sans se référer à la position de la direction des affaires juridiques des ministères économiques et financiers. Dès lors, hormis l'interprétation souveraine du juge administratif, une interprétation du droit de la commande publique pourrait être contraire à celle des ministères économiques et financiers.

3. *La coopération interministérielle au profit de l'unité de la doctrine administrative*

Pour contrer cette pluralité de doctrine, les membres du Gouvernement peuvent recourir aux actes interministériels. En effet, la possibilité d'acter une position par le biais d'une circulaire interministérielle peut être une possibilité d'évitement de la concurrence au sein de la doctrine administrative. Ainsi, pour la transposition de directives européennes, plusieurs ministères peuvent être impactés par celle-ci et cela pourrait avoir comme conséquence de proposer une multitude de doctrines administratives sur le même texte.

De plus, cette pluralité d'interprétations pourrait avoir une conséquence néfaste pour les établissements publics ayant une pluralité de tutelles. Pour exemple, l'agence nationale de sécurité sanitaire de l'alimentation, de l'environnement et du travail (Anses) est un établissement public à caractère administratif placé sous la tutelle des ministères chargés de la santé, de l'agriculture, de l'environnement, du travail et de la consommation. Dès lors l'Anses pourrait être destinatrice de cinq doctrines administratives n'ayant pas nécessairement la même position sur une question relative aux contrats de la commande publique. De même, cette tendance peut être observée pour certains services déconcentrés de l'État. Pour exemple, les directions régionales de l'environnement, de l'aménagement et du logement (DREAL) sont des services déconcentrés des ministères chargés de l'environnement et du logement. Dès lors, les directions ou services des affaires juridiques de ces ministères pourraient proposer des interprétations différentes d'une même disposition du droit de la commande publique.

À titre liminaire, il convient de préciser qu'une mission interministérielle avait été instituée afin de contrôler le droit des marchés publics. En effet, la loi du 3 janvier 1991[1] avait créé une mission interministérielle d'enquête sur les marchés. L'article premier, inclus dans le titre relatif à la « Transparence et

[1] Loi n° 91-3 du 3 janvier 1991 *relative à la transparence et à la régularité des procédures des marchés et soumettant la passation de certains contrats à des règles de publicité et de mise en concurrence*, JORF n° 4 du 5 janvier 1991, p. 236.

régularité des procédures », dispose qu'« il est créé une mission interministérielle d'enquête sur les marchés, chargée de procéder à des enquêtes portant sur les conditions de régularité et d'impartialité dans lesquelles sont préparés, passés ou exécutés les marchés de l'État des établissements publics autres que ceux qui ont le caractère industriel et commercial, des collectivités territoriales et de leurs établissements publics, et des sociétés d'économie mixte locales ». Cette mission interministérielle d'enquête sur les marchés et les conventions de délégation de service public disposait d'une compétence de contrôle, à tous les stades de ces contrats, de la légalité de ces derniers et des procédures de passation mises en œuvre. Cette mission d'enquête a été supprimée par la loi du 22 mars 2012[1] et ses missions ont été reprises par la direction des affaires juridiques des ministères économiques et financiers, la Commission consultative des marchés publics, les services de police et de gendarmerie et le service central de prévention de la corruption. Ainsi, les compétences unifiées au sein de cette mission furent, par sa disparition, éclatées entre différents services. D'où, dans une période de rationalisation de l'action publique, une interrogation quant à la pertinence de cet éclatement.

Au regard de la complexité et de la transversalité du droit de la commande publique, les différents ministères peuvent être les rédacteurs d'une doctrine administrative d'application de ce droit à des situations spécifiques.

D'une part, cette uniformisation de la doctrine administrative peut être le fruit d'une modification du cadre normatif national et de la prise en compte de cette modification au regard des exigences du droit de la commande publique. Ainsi, l'intégration d'une disposition législative ou réglementaire peut venir modifier le droit de la commande publique par ricochet. Pour exemple, la mise en œuvre de la procédure de normalisation par les pouvoirs publics français, par le biais du décret n° 84-74 du 26 janvier 1984[2], a eu un impact sur le droit des marchés publics. En effet, l'article premier de ce décret dispose que : « La normalisation a pour objet de fournir des documents de référence comportant des solutions à des problèmes techniques et commerciaux concernant les produits, biens et services qui se posent de façon répétée dans des relations entre partenaires économiques, scientifiques, techniques et sociaux ». Ainsi, la normalisation va avoir une incidence directe sur le droit des marchés publics, en ce sens qu'il va modifier la vision de la commande publique adoptée par les membres des administrations. Dès lors, le ministre de l'économie, des finances et de la privatisation et le ministre de l'industrie, des P et T et du tourisme se sont accordés pour transposer la procédure de normalisation au domaine des marchés publics, par une

---

[1] Loi n° 2012-387 du 22 mars 2012 *relative à la simplification du droit et à l'allègement des démarches administratives (1),* JORF n° 0071 du 23 mars 2012, p. 5226, texte n° 1.

[2] Décret n° 84-74 du 26 janvier 1984 *fixant le statut de la normalisation*, JORF du 1er février 1984, p. 490.

circulaire interministérielle du 4 juillet 1986[1]. Ainsi qu'il est précisé, à titre liminaire, « deux ans après la réforme sur la normalisation, il apparaît nécessaire de rappeler les directives principes concernant les normes, de préciser le mode d'élaboration des spécifications techniques et de fournir certaines nouvelles orientations pour les contrôles et vérifications à la charge des acheteurs publics ». Dès lors, les ministres s'entendent pour proposer un rappel du droit applicable aux normes dans le cadre des marchés publics, précisent le mode d'élaboration de la doctrine administrative et imposent de nouvelles orientations. Cette circulaire fait donc état de la position de ces ministres quant au passé, quant à l'application aux situations présentes du droit des marchés publics et à la mise en œuvre de ce droit pour le futur. Cet acte de doctrine administrative démontre l'intérêt des actes interministériels, en ce sens qu'ils permettent de s'interroger sur le passé, sur l'application des normes et sur les évolutions à proposer aux différents services ayant à appliquer ce droit ; tout cela en prenant l'expérience de plusieurs ministères, dont l'application de ce droit a pu ne pas être uniforme.

D'autre part, l'harmonisation de la doctrine administrative de la commande publique peut être la conséquence de l'adoption d'une disposition de droit international, notamment de droit européen. Ainsi, l'intégration en droit national, de dispositions externes peut avoir une incidence sur le droit de la commande publique et ainsi nécessiter une interprétation de ce droit à l'aune du droit international et européen. Pour exemple, lors de la transposition de la directive n° 92/50 CEE du Conseil du 18 juin 1992[2], le ministre de l'intérieur, le ministre de l'économie, des finances et de l'industrie, le ministre de l'équipement, des transports et du logement et la ministre de la culture et de la communication ont précisé, dans le domaine de la maîtrise d'œuvre, la règle de l'anonymat dans le cadre des consultations opérées par le maître d'ouvrage, sous la forme de concours[3]. Ainsi, les ministres se sont entendus sur une position commune afin d'éviter qu'une interprétation contraire soit fournie par les différents ministères. Cette unité d'interprétation au regard d'une question transversale permet une clarification du droit de la commande publique mais aussi une harmonisation et

---

[1] Ministre de l'économie, des finances et de la privatisation et Ministre de l'industrie, des P et T et du tourisme, Circulaire interministérielle du 4 juillet 1986, *relative aux normes et spécifications techniques dans les marchés publics.*

[2] Directive n° 92/50/CEE du Conseil du 18 juin 1992 *portant coordination des procédures de passation des marchés publics de service,* JOCE N° L 209 du 24 juillet 1992, p. 1.

[3] En ce sens, Ministère de l'économie, des finances et de l'industrie, le ministre de l'intérieur, le ministre de l'équipement, des transports et du logement, le ministre de la culture et de la communication, Circulaire interministérielle du 20 décembre 1999 *relative à la transposition de la directive n°92/50CEE du Conseil du 18 juin 1992 portant coordination des procédures de passation des marchés publics de services, organisation des concours de maîtrise d'œuvre prévus aux articles 108 ter et 314 ter du code des marchés publics, lorsque le montant estimé du marché est supérieur aux seuils prévus à l'article 378 du code des marchés publics*, NOR : ECO9902039C, JORF du 29 décembre 1999, p. 19621, BOC, 2000, p.284.

une unification de ce droit au regard des différentes exigences, notamment européenne.

Section 2 : le Conseil d'Etat et la Cour des comptes, des conseillers de la doctrine administrative

En tant qu'interprète authentique du droit de la commande publique, les juridictions administratives développent une « pratique juridique » et des « guides de bonnes pratiques » au travers notamment de leur jurisprudence. En effet, les prises de position adoptées par les juridictions administratives sont au cœur de la procédure de création par l'interprète « exclusif » et ses contradicteurs, des actes de la doctrine administrative.

D'une part, la Cour des comptes est une juridiction ayant un fort pouvoir de proposition. En effet, que ce soit dans ses missions juridictionnelles ou dans son rôle d'assistance aux pouvoirs publics, la haute juridiction financière propose de nombreuses interprétations du droit de la commande publique qui ont une incidence sur les actes de doctrine administrative adoptés par la suite par les autorités administratives (I).

D'autre part, le Conseil d'Etat constitue le conseiller privilégié du Gouvernement. Cette mission de conseil de la haute juridiction administrative se traduit selon le tryptique suivant : les avis des sections consultatives, les rapports de la section des rapports et des études et l'influence intellectuelle du Conseil d'Etat par la présence de ses membres à des postes sensibles pour l'interprétation administrative, notamment à la direction des affaires juridiques des ministères économiques et financiers (II).

I. La Cour des comptes, un fort pouvoir de propositions

Lors de la création de la Cour des comptes en 1807[1], Napoléon 1er lui confie la mission de garant de l'utilisation adéquate des deniers publics. Cependant, depuis sa création en 1807, la Cour des comptes a connu une extension de ses activités, tant juridictionnelles que non-juridictionnelles. En effet, à son origine, le rôle de la Cour était celui d'un assistant au profit exclusivement de l'exécutif, notamment au regard de ses rapports produits au profit de l'autorité impériale puis royale.

Le Parlement fut, par la suite, l'un des pourvoyeurs de l'information développée par la Cour des comptes. D'ailleurs, par la loi de finances du

---

[1] La date de création de la Cour des comptes telle que nous la connaissons est 1807 mais les missions de la Cour existaient depuis le Moyen-Age, sous la forme de la chambre des comptes de Paris.
Pour une étude plus approfondie de l'histoire de la Cour des comptes antérieurement à 1807, Descheemaeker (C.), *La Cour des comptes*, La documentation française, 3e éd., 2005, 205p. Et Morin (D.), « *Bienvenue à la Cour ?* », Revue internationale des sciences administratives, I/2010 (vol.76), p. 27-50.

21 avril 1832[1], le Parlement se voit remettre le rapport annuel de la Cour et l'application du décret-loi du 2 mai 1938[2] impose, à la Cour, de publier son rapport sur l'exécution du budget[3] au Journal Officiel de la République française.

A. *La mission d'assistance de la Cour des comptes à l'aune de l'article 47-2 de la Constitution*

La mission d'assistance de la Cour des comptes au Parlement et au Gouvernement est une des missions centrales de l'activité non juridictionnelle de la Cour. Inscrite dans un environnement plus large de renforcement de l'information du Parlement et du Gouvernement en matière budgétaire et des domaines connexes, quand bien même elle doit rester à équidistance des deux institutions précitées[4], la Cour des comptes est devenue un acteur majeur du développement de cette tendance.

En matière de commande publique, la mission essentielle de la Cour des comptes est celle de se prononcer sur l'évaluation des politiques publiques. La haute juridiction financière pourrait se voir interrogée par le Gouvernement ou le Parlement sur l'évaluation d'une politique publique au travers de la commande publique. En effet, l'instauration de cette nouvelle mission permet à la Cour de renforcer son rôle de proposition dans des domaines transversaux. Cette tendance pourrait également permettre au Gouvernement de se voir confirmé ses orientations politiques dans ce domaine à fort potentiel économique et dont il peut sembler qu'il garantisse un fort degré de démocratie.

---

[1] Loi de Louis Philippe 1er du 21 avril 1832 *portant fixation du budget des dépenses de l'exercice 1832* (IX, Bull. LXXVI, n° 168.

[2] Décret-loi du 2 mai 1938 *relatif au budget*, JORF du 3 mai 1938, p. 4947.

[3] Cette obligation ressort aujourd'hui de l'article L. 143-6 du code des juridictions financières, tel que modifié par l'article 44 de la loi n° 2011-1862 du 13 décembre 2011 qui dispose que : « *La Cour des comptes adresse au Président de la République et présente au Parlement un rapport public annuel et des rapports publics thématiques, dans lesquels elle expose ses observations et dégage les enseignements qui peuvent en être tirés* »

[4] Conseil constitutionnel, décision n° 2001-448 DC du 25 juillet 2001, *Loi organique relative aux lois de finances*, JORF du 2 août 2001, p.12490, considérant n° 107 ; Gicquel (J.), Gicquel (J-E.), *Droit constitutionnel et institutions politiques*, Montchrestien, Coll. « *Domat droit public* », 26ème édition, 2012, p.682.

Sur la volonté de maintien de la Cour des comptes à équidistance du Parlement, voir le discours du Premier Président de la Cour des comptes, lors de la séance solennelle de rentrée le 22 janvier 2007, dans lequel il indiquait que « *Je me souviens avoir plaidé dans une autre vie, sur une autre rive, pour que la Cour se rapproche du Parlement, tout en restant à son niveau : le contrôle de la Cour n'est pas celui du Parlement. Le premier, contrôle financier et technique est au service du second, contrôle politique et démocratique. Ils sont solidaires mais différents et gagent tous deux à le rester. C'est dans cet esprit que la Cour renforce sa mission d'assistance et apporte au Parlement l'expertise impartiale dont il souhaite disposer. Mettre la Cour à la disposition du Parlement est donc inutile : elle l'est déjà. Reste, de manière pragmatique, à faire en sorte que sa contribution soit la plus fructueuse possible* » in Morin (D.), « *Bienvenue à la Cour ?* », Revue internationale des sciences administratives, I/2010 (vol.76), p. 34.

Dans son rôle d'évaluateur des politiques publiques, l'article L. 132-5 du code des juridictions financières prévoit la saisine de la Cour des comptes par le Président de l'Assemblée nationale ou du Sénat, de leur propre initiative ou sur proposition d'une commission permanente dans son domaine de compétence ou de toute instance permanente créée au sein d'une des deux assemblées parlementaires pour procéder à l'évaluation de politiques publiques dont le champ dépasse le domaine de compétence d'une seule commission permanente[1]. Ainsi, un certain principe de subsidiarité peut être évoqué entre ces différentes institutions. En effet, le champ de compétence de la commission parlementaire doit être dépassé pour que la Cour des comptes agisse en tant qu'évaluateur d'une politique publique. Dès lors, dans ce nouveau rôle, la haute juridiction financière est amenée à se prononcer sur des domaines transversaux, dépassant le domaine de compétence d'une commission parlementaire, là où la commande publique tend à y trouver son écho.

Dans ce contexte, la commission des finances de l'Assemblée nationale a saisi le 1er décembre 2010, la Cour des comptes d'une demande relative aux partenariats public-privé pénitentiaire. Dans sa saisine, « Le Parlement demande que la Cour vérifie la qualité de la conception du cahier des charges « PPP », s'il a été respecté et qu'elle en mesure le bilan coûts – avantages ainsi que ses conséquences financières sur l'État, y compris en terme de rigidité budgétaire des moyens de la justice »[2]. Cette demande fut l'objet d'une communication de la Cour des comptes à la Commission en octobre 2011[3] dans laquelle la Cour va prononcer cinq recommandations. La haute juridiction financière va notamment considérer que l'administration doit améliorer le pilotage des contrats de partenariat, maîtriser les coûts de ces contrats et évaluer leur soutenabilité budgétaire. Ainsi, la Cour a proposé une évaluation globale des partenariats public-privé dans le domaine de la justice. Faisant suite à la communication de la Cour des comptes, le sénateur Jean-Jacques Mirassou a interrogé la Ministère de la justice sur le « devenir des partenariats public-privé dans la gestion des prisons en France »[4]. Ainsi, la Cour des comptes, par son expertise, va donner une information indépendante et contradictoire, sur la situation spécifique de ces marchés afin que le Parlement participe à un contrôle plus efficient de l'action du Gouvernement.

---

[1] En ce sens, Comité d'évaluation et de contrôle (CEC), organe parlementaire ad hoc crée à l'Assemblée nationale dont les évaluations dépassent le champ d'une seule commission permanente. Cette création s'est faite en application de l'article 146-3 du règlement de l'Assemblée nationale.

[2] Cour des comptes, *Communication à la Commission des finances de l'assemblée nationale : Les partenariats public-privé pénitentiaires*, octobre 2011, p. 4.

[3] Cour des comptes, *Communication à la Commission des finances de l'assemblée nationale : Les partenariats public-privé pénitentiaires*, octobre 2011.

[4] Mirassou (J-J), *Devenir des partenariats public-privé dans la gestion des prisons en France,* Question orale sans débat n° 0042S, 14ème législature, JO Sénat du 19 juillet 2012, p. 1601.

Ainsi, par la révision constitutionnelle du 23 juillet 2008[1], la Cour des comptes a vu ses missions inscrites dans une volonté de renforcement de la démocratie par le biais de l'évaluation des politiques publiques mais aussi par la mise à disposition de la Cour des comptes auprès du Gouvernement afin que cette dernière soit une force de propositions.

B. L'influence doctrinale de la Cour des comptes

Au-delà de cette mission d'assistance au titre de l'article 47-2 de la Constitution, la haute juridiction financière dispose d'une mission d'assistance par le biais de ses rapports.

Depuis 1807[2], la Cour des comptes remet chaque année, son rapport, initialement au chef de l'État ; il n'est public que depuis 1832[3] et annuel depuis les années 1960. Ce rapport public annuel comprend trois parties dont la première formule des observations et des recommandations de la Cour des comptes et des chambres régionales et territoriales des comptes ; la seconde partie présente l'organisation, les missions et les résultats de leurs actions ; la troisième partie traite des suites données aux observations et recommandations formulées par la Cour et les chambres régionales dans les exercices antérieurs. Les propositions et les observations, émises par la Cour des comptes et les chambres régionales et territoriales des comptes doivent permettre au Gouvernement d'adopter des décisions grâce à une expertise et une étude approfondie sur des questions pointues.

Du fait de cette mission, les actes de la Cour des comptes ont été repris et visés dans des actes de doctrine administrative. En effet, des circulaires rappellent cette fonction de la Cour des comptes au travers de la formule suivante : « La Cour des comptes a appelé l'attention du Gouvernement sur le problème (…)[4]. Ainsi, dans le cadre de ses recommandations, la Cour des comptes a pu attirer l'attention du Gouvernement sur une disposition ou sur la mise en œuvre de dispositions relatives au droit de la commande publique. Cette adoption de nouveaux actes de doctrine administrative revêt le sceau de la Cour des comptes qui, du fait de son analyse précise, donne les clés d'une application efficiente de la commande publique.

---

[1] Loi constitutionnelle n° 2008-724 du 23 juillet 2008 *de modernisation des institutions de la Vème République*, JORF n° 0171 du 24 juillet 2008 p. 11890.

[2] Cette remise du rapport ressort de la loi du 16 septembre 1807 et du décret impérial du 28 septembre 1807 relatifs à l'organisation de la Cour des comptes.

[3] Loi de Louis Philippe 1er du 21 avril 1832 *portant fixation du budget des dépenses de l'exercice 1832* (IX, Bull. LXXVI, n° 168.

[4] En ce sens, circulaire n°4662/SG du 30 décembre 1998 *relative à la procédure de passation des marchés publics : durée de conservation des dossiers présentés par les entreprises soumissionnaires qui n'ont pas été retenues* ; circulaire n°DH/AF3/99/212 du 9 avril 1999 *relative à la passation des marchés publics : durée de conservation des dossiers par les établissements publics de santé* ; circulaire du 30 décembre 1998 *relative à la procédure de passation des marchés publics : durée de conservation des dossiers présentés par les entreprises soumissionnaires qui n'ont pas été retenues.*

De plus, l'œuvre de la Cour des comptes peut être reprise à son compte par la direction des affaires juridiques des ministères économiques et financiers. A l'instar du dialogue des juges qui peut naître quant à l'interprétation de dispositions entre les juridictions appartenant à des ordres juridiques distincts, les autorités administratives ayant à interpréter le droit de la commande publique instaurent un dialogue avec le juge des comptes.

D'ailleurs, l'interprétation proposée par la Cour des comptes dans le cadre de ses rapports peut faire l'objet d'une appropriation par la doctrine administrative, en ce sens qu'elle est l'interprétation d'un texte fourni par un interprète authentique. Cette interprétation peut conduire à confirmer l'interprétation formulée par l'interprète exclusif, à la faire évoluer, voire à lui permettre de justifier des mises à l'écart du droit de la commande publique pour des dispositions spécifiques. Dans son rapport pour 2009[1], la Cour des comptes s'est ainsi prononcée sur les politiques d'emprunt des collectivités territoriales et de leurs établissements publics. Au-delà de l'étude de la dette des collectivités territoriales et de la constatation d'apparition de nouvelles formes d'emprunt local, la Cour des comptes s'est interrogée sur la nature juridique des contrats d'emprunt conclus par les collectivités territoriales avec les organismes de crédit et sur les conséquences de cette qualification. Ainsi, la Cour, en application de l'article 3-5° du code des marchés publics, précise que les emprunts des collectivités territoriales sont exclus de l'application des règles relatives aux marchés publics et ne doivent pas respecter les règles fondamentales du droit de la commande publique au motif qu'ils constituent des contrats de droit privé. D'ailleurs, elle s'appuie sur une interprétation concrète de cette disposition en précisant les raisons qui ont gouverné à cette absence de contraintes pour ces contrats. Ainsi, la Cour expose que « cette situation est généralement expliquée par la spécificité du marché des prêts aux collectivités et établissements publics locaux, où il est jugé nécessaire de prendre rapidement des décisions qui ne peuvent être entravées par une excessive formalisation des procédures »[2]. Par ailleurs, quand bien même cette position devait être partagée par la direction des affaires juridiques des ministères et financiers, cette dernière ne pouvait exposer ces raisons sans contribuer à une opacité des procédures de recours à l'emprunt par les collectivités territoriales. En effet, en l'absence de mise en concurrence et du fait de l'*intuitu personae*, une telle interprétation de la direction des affaires juridiques aurait pu conduire à une utilisation abusive de cette procédure pour éviter les contraintes liées aux contrats de la commande publique. Dans son *vade-mecum* relatif aux marchés publics, la direction des affaires juridiques des ministères économiques et financiers s'est appropriée le rapport de la Cour des comptes de 2009 pour justifier la mise à l'écart des règles du code des marchés

---

[1] Rapport de la Cour des comptes de 2009 (première partie) *sur les risques pris par les collectivités territoriales et les établissements publics locaux en matière d'emprunt.*

[2] Rapport de la Cour des comptes de 2009 (première partie) *sur les risques pris par les collectivités territoriales et les établissements publics locaux en matière d'emprunt* (p. 275).

publics pour les marchés financiers. Ainsi, le point 2.3 de la fiche n° 4 du *vade-mecum* des marchés publics reprend la formulée précitée pour justifier la mise à l'écart du code des marchés publics[1]. Ainsi, le dialogue entre le juge des comptes et la direction des affaires juridiques des ministères économiques et financiers peut conduire à une appropriation par la doctrine administrative d'une position développée dans le cadre du contrôle de gestion que la Cour des comptes opère. Cette appropriation se veut être une interprétation par l'interprète « exclusif » à l'aune de l'interprétation faite par l'interprète authentique.

Par ailleurs, les rapports de la Cour des comptes peuvent se prononcer sur la gestion de l'État, de ses établissements et de ses opérateurs, notamment dans le tome I, volume 2 intitulé « La gestion publique ». C'est ainsi, que dans son rapport annuel pour 2013, la Cour des comptes s'est interrogée sur les marchés liés aux dépenses de communication de la SNCF[2] mais aussi sur les concessions de distribution d'électricité[3]. De même, dans son rapport annuel pour 2014, la juridiction financière, reprenant les conclusions de la chambre régionale et territoriale des comptes d'Île-de-France, s'est prononcée sur les partenariats public-privé du plan Hôpital 2007 en constatant une mauvaise maîtrise de la procédure[4]. De plus, dans le rapport annuel pour 2015, la Cour s'est à nouveau prononcée sur des partenariats public-privé mais en limitant le champ à ceux des collectivités territoriales[5].

D'ailleurs, dans ce cadre, les ministres compétents sur ce domaine, ont la possibilité de répondre aux observations de la Cour afin d'intégrer les missions de la Cour dans une nouvelle organisation de l'État. Dans le cadre des contrats de partenariats public-privé des collectivités territoriales, à la suite des observations de la Cour des comptes, plusieurs ministres ont répondu : les ministres chargés du budget et des finances, le ministre de l'intérieur mais aussi de nombreux élus locaux[6]. Dès lors, le débat contradictoire s'installe et permet à la société dans son ensemble de disposer d'une information la plus étendue possible sur le sujet, notamment au regard de la bonne gestion et utilisation des deniers publics.

De même, dans le rapport public annuel pour 2015, la Cour des comptes, dans un chapitre intitulé « Modes de gestion », outre les partenariats public-privé des collectivités territoriales, s'est interrogé sur la gestion directe des services

---

[1] Ministère de l'économie, des finances, de l'industrie, *Vade-mecum des marchés publics,* La Documentation française, édition 2015, 30 avril 2015, p. 159.

[2] Cour des comptes, Rapport public annuel 2013, Tome I – *Les observations* – Volume I-2 – *La gestion publique,* p. 403 et suivantes

[3] Cour des comptes, Rapport public annuel 2013, Tome I – *Les observations* – Volume I-2 – *La gestion publique,* p. 105 et suivantes.

[4] Cour des comptes, Rapport public annuel 2014, Tome I – *Les observations* – Volume I-2 – *La gestion publique*, p. 369 et suivantes.

[5] Cour des comptes, Rapport public annuel 2015, Tome I – *Les observations* – Volume I-2 – *La gestion publique*, p. 147 et suivantes.

[6] Cour des comptes, Rapport public annuel 2015, Tome I – *Les observations* – Volume I-2 – *La gestion publique*, p. 179 et suivantes.

d'eau et d'assainissement[1] ainsi que sur la gestion par la France des fonds structurels européens[2]. Ainsi, un constat peut être fait : la Cour des comptes s'interroge sur les marchés de différentes entités publiques en les incluant dans le contrôle de gestion qu'elle opère. En effet, la Cour intègre la logique de la commande publique dans un cadre plus large qui est celui de la bonne utilisation des deniers publics et de la bonne gestion publique.

Dès lors, la juridiction financière, par les contrôles de gestion opérés par ses services ou par les chambres régionales et territoriales des comptes, peut se prononcer sur les règles de la commande publique, notamment quant à la procédure de passation, d'exécution et de contrôle de ces contrats. Ce contrôle de gestion permet ainsi aux différents auteurs de la doctrine administrative d'en prendre acte et de proposer de nouveaux textes permettant d'éviter que les erreurs se voient reproduites à une plus grande échelle. Par ailleurs, ce rôle de contrôleur de gestion de la Cour des comptes démontre le rôle d'assistant de la Cour à la conception de la doctrine administrative par le biais d'une création par la pratique.

Ainsi, la juridiction financière dispose d'un large pouvoir d'appréciation, de propositions au profit du Gouvernement qui pourra s'appuyer sur son expertise afin d'adopter de nouveaux actes, qu'ils soient de portée législative, réglementaire ou de doctrine administrative. Cette appréciation de la Cour des comptes va avoir une influence sur la position du Gouvernement quant à l'adoption de nouveaux textes et même dans sa position pour la conclusion des contrats de la commande publique.

D'ailleurs, en tant que spécialiste des finances publiques et de la gestion publique, la Cour des comptes est légitime pour se prononcer sur la doctrine à adopter en matière de contrats de la commande publique. En effet, par ce pouvoir de propositions, les juges de la rue de Cambon ont la possibilité d'instituer des pratiques gestionnaires dans le cadre de contrats de la commande publique, que ce soit dans les règles de passation ou d'exécution de tels contrats. Par ailleurs, cette fonction est encore plus prégnante dans la procédure de passation du fait du caractère économique et de la tendance actuelle de réduction des coûts des contrats publics afin de participer au rétablissement des comptes publics. Ainsi, les différentes missions de la Cour des comptes sont mises à profit afin d'adapter les règles de la commande publique à la bonne utilisation des deniers publics et aux objectifs fixés dans les lois de finances mais surtout dans les lois pluriannuelles de programmation de finances publiques.

D'ailleurs, cette mission est légitime au regard de l'article 1-II du Code des marchés publics[3]. Cet article dispose que « Les marchés publics et les accords-cadres soumis au présent code respectent les principes de liberté d'accès à la

---

[1] Cour des comptes, Rapport public annuel 2015, Tome I – *Les observations* – Volume I-2 – *La gestion publique*, p. 219 et suivantes.

[2] Cour des comptes, Rapport public annuel 2015, Tome I – *Les observations* – Volume I-2 – *La gestion publique*, p. 289 et suivantes.

[3] Cette disposition est reprise à l'article L. 3 du code de la commande publique.

commande publique, d'égalité de traitement des candidats et de transparence des procédures. **Ces principes permettent d'assurer l'efficacité de la commande publique et la bonne utilisation des deniers publics**. Ces obligations sont mises en œuvre conformément aux règles fixées par le présent code ». Ainsi, la haute juridiction financière, au regard de ses missions historiques et naturelles, est l'interprète authentique de la bonne utilisation des deniers publics. Dès lors, cette dernière pourrait se prononcer sur le droit de la commande publique et ainsi proposer de nouvelles réformes à portée financière dans ce domaine.

De plus, dans le cadre de ses rapports thématiques, la Cour des comptes pourrait être amenée à se prononcer spécifiquement sur les contrats de la commande publique. En effet, depuis 1991, la Cour des comptes a commencé à développer une pratique de rapport public thématique ou particulier. Cette procédure n'est pas inscrite dans le code des juridictions financières[1] ni dans la loi de 1807[2]. Néanmoins, la Cour des comptes, confrontée à l'importance de certaines enquêtes qu'elle a pu mener, a estimé qu'une insertion dans le rapport public annuel était insuffisante[3]. Ainsi, dans le cadre de cette mission, la Cour des comptes pourrait se prononcer sur l'économie et les règles relatives aux contrats de la commande publique. En effet, la dimension thématique de cette mission laisse à la Cour des comptes, un large pouvoir d'appréciation quant aux études à mener. Dès lors, il ne semble pas impossible que cette dernière se prononce sur ce domaine spécifique du droit public des affaires.

Au-delà de la mission dévolue à la Cour des comptes, les rapports produits par les chambres régionales et territoriales des comptes peuvent permettre de clarifier et de sécuriser les contrats de la commande publique conclus par les collectivités territoriales. En effet, dans les rapports de gestion sur la situation des collectivités, les chambres régionales et territoriales des comptes s'interrogent sur la gestion financière. Dès lors, à l'aune des investissements importants faits par les collectivités territoriales, ces dernières se trouvent dans l'obligation de conclure des contrats de la commande publique. Ainsi, les chambres régionales et territoriales des comptes vont vérifier les conditions de passation, d'exécution des contrats de la commande publique mais aussi le respect des règles relatives à ces contrats, notamment les principes pénaux de la commande publique[4] tels que le délit de favoritisme. Pour exemple, dans un rapport en date du 9 juillet 2014, la chambre régionale et territoriale des comptes

---

[1] Le code des juridictions financières ressort de trois lois :

- Loi n°94-1040 du 2 décembre 1994 *relative à la partie Législative des livres 1er et II du code des juridictions financières*, JORF n°282 du 6 décembre 1994, p. 17222 ;
- Loi organique n°94-1132 du 27 décembre 1994 *relative à certaines dispositions législatives des livres 1er et II du code des juridictions financières* ;
- Loi n°95-851 du 24 juillet 1995 *relative à la partie Législative du livre III du code des juridictions financières*, JORF n°0172 du 26 juillet 1995, p. 11095.

[2] Loi du 16 septembre 1807 *relative à l'organisation de la Cour des comptes*.

[3] La Cour des comptes a estimé cela nécessaire au regard de l'affaire du Crédit Lyonnais.

[4] Pour une étude approfondie, Prebissy-Schnall (C.), *La pénalisation du droit des marchés public*, Thèse Paris, LGDJ, Coll. « *Bibliothèque de droit public* », tome 223.

Île-de-France a procédé à l'examen du contrat de partenariat public-privé conclu par le département des Hauts-de-Seine pour la construction du collège George Pompidou à Courbevoie[1].

Ainsi, la Cour des comptes et les chambres régionales et territoriales des comptes participent à l'élaboration de la doctrine administrative en permettant l'étude des contrats de la commande publique et en mettant à disposition de tous les acteurs une connaissance essentielle des contrats publics par le biais du contrôle de leur pratique.

C. L'office du juge des comptes

Dans le cadre de sa mission juridictionnelle, la Cour des comptes peut influencer les différents actes adoptés par la doctrine administrative. En effet, le contrôle de gestion opéré par les chambres régionales et territoriales des comptes, en première instance, et par la Cour des comptes en appel peut avoir une incidence sur le droit de la commande publique et son interprétation.

Le renforcement juridique de la doctrine administrative au travers des jurisprudences de la Cour des comptes – La doctrine administrative a pu s'inspirer de jurisprudences de la Cour des comptes ou de chambres régionales et territoriales des comptes afin d'apporter une force juridique renforcée au fondement de leur interprétation. Dans le domaine de la commande publique, la pénalisation du droit des marchés publics est topique de cette situation. En effet, ce secteur a permis la production d'une doctrine administrative, en ce sens que le contrôle opéré par le juge financier permet de juger les actes adoptés par les collectivités locales qui ont pour objet ou pour effet de « contourner les contraintes de la réglementation au préjudice des finances publiques »[2]. Ainsi, l'activité juridictionnelle de la Cour des comptes permet de constater les violations aux règles comptables, de passation et d'exécution des contrats de la commande publique et a pour conséquence de sanctionner les comptables publics et/ou les ordonnateurs. La juridiction financière peut ainsi être amenée à constater la mise en jeu de la responsabilité pécuniaire du comptable ou de l'ordonnateur de fait.

Dès lors, la jurisprudence de la Cour des comptes et des chambres régionales et territoriales des comptes doit faire l'objet d'une appréciation au sein des administrations centrales afin d'éviter que les comptables d'une part et les ordonnateurs d'autre part ne puissent être condamnés du fait de la mise en œuvre du droit de la commande publique. Cette interprétation de la jurisprudence financière a conduit les ministères, notamment le ministère de la justice à produire un document intitulé « Marchés publics et politique criminelle »[3] dans

---

[1] CRC Île-de-France, 9 juillet 2014, *Département des Hauts-de-Seine – Commande publique et contrat de partenariat du collège Georges Pompidou à Courbevoie*.

[2] Cour des comptes, *Rapport annuel 1986*, p.146.

[3] Circulaire du Ministère de la justice n° 96.1/G du 14 février 1996 *sur la politique criminelle en matière de marchés publics, NOR : JUSD963001C ;* Ministère de la justice, Direction des affaires criminelles et des grâces, « Marchés publics et politique criminelle », février 1996.

lequel il recense les décisions adoptées en matière « pénale » par le juge financier. Ainsi, les acheteurs publics peuvent prévenir les risques pénaux dans la mesure où la jurisprudence des juridictions financières leur est explicitée. Dès lors, le contrôle de gestion des collectivités locales par les chambres régionales et territoriales des comptes a pour conséquence d'expliciter le droit des marchés publics applicable à ces collectivités et de proposer des solutions permettant le respect des principes liés à la commande publique. Au niveau national, dans l'appréciation de la gestion des organismes à vocation nationale, la Cour des comptes opère un contrôle complet des actions mises en œuvre par ces derniers et contrôle ainsi le respect des règles de la commande publique pour une utilisation efficiente des deniers publics.

La jurisprudence de la Cour des comptes, un gage de sécurité juridique de la doctrine administrative – La reprise des décisions de la Cour des comptes agit comme un élément de sécurisation juridique, en ce sens que l'interprétation authentique du juge est un fondement juridiquement fort pour que l'acte de doctrine administrative ne puisse être ensuite contesté.

D'une part, les ministères économiques et financiers ont pu reprendre la jurisprudence élaborée par la Cour des comptes pour s'assurer des éléments de doctrine fournis aux différents acteurs publics[1]. Par le biais de ces instructions, la direction générale de la comptabilité publique reprend la jurisprudence fournie de la Cour des comptes afin de se prononcer et de donner son interprétation du droit de la commande publique.

Par ailleurs, la Cour des comptes, dans ses arrêts de mise en débet des comptables publics, peut constater une mauvaise gestion des deniers publics dans l'exécution des marchés publics. Cette mise en débet sera l'occasion pour le ministre chargé des finances et de la comptabilité publique de proposer, en application de l'interprétation du juge, une appréciation de la disposition sur le fondement de laquelle a été prononcé cet arrêt. Par ailleurs, au regard de la multiplicité des contrats conclus par les collectivités locales, la direction générale des collectivités locales du ministère de l'intérieur peut se prononcer, par la voie de circulaires ou de notes de service, sur la mise en application d'une décision de la Cour des comptes et sur les modalités de gestion des contrats publics des acteurs locaux.

D'autre part, le ministère de la justice a repris les interprétations fournies par le juge financier dans le cadre de contentieux pénaux, notamment au regard du délit de favoritisme dans le domaine des marchés publics. C'est ainsi que le ministère de la justice édicta un manuel intitulé « Marchés publics et politique

---

[1] En ce sens, Instruction n°03-029-M9 du 5 mai 2003 de la direction générale de la comptabilité publique *relative à l'abandon du contrôle du seuil de passation des marchés publics avec formalités préalables par les agents comptables des établissements publics* ou Instruction N°00-024-M9 du 15 mars 2000 de la Direction générale de la direction de la comptabilité publique *relative aux tempêtes du 26 au 29 décembre 1999 et marchés publics.*

criminelle »[1] dans lequel il exposait les différentes positions des juridictions administratives et les définitions données par ces dernières pour une application concertée du droit de la commande publique. Pour exemple, dans le cadre de l'absence d'autonomie de l'association dite transparente par rapport à la collectivité locale, peut constituer un délit répréhensible par le code pénal, le fait pour une association de passer des marchés publics sans respecter le code des marchés publics au regard de l'assimilation entre les services de la collectivité et l'association en cause.

De plus, dans le cadre de son œuvre créatrice de doctrine administrative, le ministère de la justice proposait aux membres de la magistrature judiciaire, une circulaire dans laquelle elle faisait le bilan du délit de favoritisme dans les marchés publics et les délégations de service public[2] et faisait une synthèse des jurisprudences administratives en matière de droit des marchés publics[3]. Cette reprise de la jurisprudence administrative, notamment du Conseil d'État, ne doit pas occulter le rôle de la Cour des comptes qui est le juge d'appel des jugements rendus par les chambres régionales et territoriales des comptes et dont la cassation est opérée par le Conseil d'État.

Ainsi, des interprétations fournies par la Cour des comptes dans le cadre de ses missions juridictionnelles peuvent trouver leur place dans ces circulaires. D'ailleurs, le contrôle opéré par la Cour des comptes et les chambres régionales et territoriales des comptes sur des aspects pénaux des contrats de la commande publique se traduit par la mise en jeu de la responsabilité pécuniaire du comptable public ou par l'examen de gestion opéré par les chambres régionales et territoriales des comptes[4].

L'interprétation du juge pénal financier, un outil de clarification pour la doctrine administrative dans un domaine technique – Outre ce rôle dévolu aux juridictions financières de droit commun, le juge pénal financier qu'est la Cour de discipline budgétaire et financière, dans le cadre de ses arrêts, peut proposer une interprétation authentique relativement aux différents délits commis en matière de marchés publics. Quand bien même son nombre d'arrêts reste relativement faible, la Cour de discipline budgétaire et financière a un rôle dans le cadre de l'évaluation des politiques pénales en matière de commande publique. Cette juridiction a été instituée en tant que juridiction administrative

---

[1] Circulaire du Ministère de la justice n° 96.1/G du 14 février 1996 *sur la politique criminelle en matière de marchés publics*, NOR : JUSD963001C ; Ministère de la justice, Direction des affaires criminelles et des grâces, « *Marchés publics et politique criminelle* », février 1996.

[2] Circulaire du Ministère de la justice n° CRIM-98.4/G3 du 2 juillet 1998, *Premier bilan d'application du délit de favoritisme dans les marchés publics et les délégations de service public*, NOR : JUSD9830085C.

[3] Circulaire du Ministère de la justice n° CRIM-98.4/G3 du 2 juillet 1998, *Premier bilan d'application du délit de favoritisme dans les marchés publics et les délégations de service public*, NOR : JUSD9830085C.

[4] Pour une étude approfondie, Prebissy-Schnall (C.), *La pénalisation du droit des marchés public*, Thèse Paris, LGDJ, Coll. « *Bibliothèque de droit public* », tome 223, p. 384 et suivantes.

spécialisée chargé de réprimer les infractions commises en matière de finances publiques, par une loi du 25 septembre 1948 « tendant à sanctionner les fautes de gestion commises à l'égard de l'État et des diverses collectivités et portant création d'une Cour de discipline budgétaire »[1].

En application de l'article L. 313-4 du code des juridictions financières relatif aux violations des règles relatives à l'exécution des recettes et des dépenses, de l'article L. 313-6 du même code visant l'octroi d'un avantage injustifié[2] à autrui et de l'article L. 313-7-1 relatif à la faute de gestion commise par un dirigeant d'entreprise publique, la Cour de discipline budgétaire et financière contrôle et sanctionne ces infractions[3]. Dès lors, en application de ces dispositions législatives, la Cour va contrôler, en vue de sanctions, les délits précités aux stades de la passation et de l'exécution des contrats de la commande publique. Ainsi, la Cour de discipline budgétaire et financière a un rôle dans la qualification juridique des faits et permet une application effective de ce droit pénal de la commande publique. Son influence se retrouve dans la doctrine administrative qui doit permettre de sécuriser les contrats publics mais aussi d'éviter aux ordonnateurs une condamnation à caractère pénal du fait de la mauvaise application des dispositions relatives à la commande publique. Pour autant, l'intégration des décisions de la Cour de discipline budgétaire et financière ne semble pas actuellement trouver une place prépondérante au sein de la doctrine administrative de la commande publique.

Reprenant l'interprétation authentique du juge financier, les membres de la doctrine administrative proposent leur interprétation du droit de la commande publique, notamment du droit des marchés publics. Cette interprétation doit permettre de sécuriser juridiquement et financièrement les contrats. D'ailleurs, cette sécurisation se traduit également par le rôle de conseiller du Gouvernement et du Parlement qu'est le Conseil d'État.

---

[1] Loi n° 48-1484 du 25 septembre 1948 *tendant à sanctionner les fautes de gestion commises à l'égard de l'État et de diverses collectivités et portant création d'une Cour de discipline budgétaire et financière*, JORF n° 0229 du 26 septembre 1948, p. 9461.

[2] Pour une application récente de la notion de délit de favoritisme par le juge pénal de droit privé : Cass. Crim. 17 février 2016, pourvoi n° 15-85.363, *M. X et Société Bygmalion.* Dans cet arrêt, la Cour de cassation estime que l'article 432-14 du code pénal qui incrimine le délit de favoritisme s'applique à l'ensemble des marchés publics, donc à ceux soumis au code des marchés publics mais aussi à ceux régis par l'ordonnance n° 2005-649 du 6 juin 2005. Dès lors, quand bien même il ne s'agit pas d'un arrêt de la CDBF, il convient de remarquer que le juge pénal peut se prononcer sur les dispositions pénales applicables en matière de marchés publics notamment quant aux champs d'application de ces dispositions. Pour une proposition d'harmonisation de la jurisprudence pénale et de la jurisprudence de la CDBF, Prebissy-Schnall (C.), *La pénalisation du droit des marchés public,* Thèse Paris, LGDJ, Coll. « *Bibliothèque de droit public* », tome 223, p. 414.

[3] En ce sens, Prebissy-Schnall (C.), *La pénalisation du droit des marchés public,* Thèse Paris, LGDJ, Coll. « *Bibliothèque de droit public* », tome 223, p. 405 et suivantes ; Savoye (J.), « *De la répression du délit de favoritisme et autres infractions en matière de marchés publics* », Recueil Dalloz, 1999, p. 169.

II. Le Conseil d'Etat, un interprète de la commande publique et un auteur de sa doctrine administrative au profit du Gouvernement

Napoléon Ier, en créant le Conseil d'État dans sa forme moderne, confie à la haute juridiction administrative, la mission de coopérer « aux desseins qu' (il) forme pour la prospérité des peuples »[1]. Pour autant, « Traiter du Conseil d'État est une entreprise difficile. En apparence pourtant, l'affaire est simple : d'une part, le Conseil est un juge, placé au sommet de l'ordre juridictionnel administratif ; d'autre part, c'est aussi le conseiller du Gouvernement, doté à ce titre d'attributions consultatives »[2]. Par ces mots, le professeur Chevallier nous rappelle les deux fonctions de la haute juridiction administrative. D'ailleurs, cette formulation reprend celle de l'article 52 de la Constitution de l'an VIII, en ce que cet article dispose qu' : « Un Conseil d'État est chargé de rédiger les projets de loi et les règlements d'administration publique et de résoudre les difficultés qui s'élèvent en matière administrative »[3]. Ainsi, la double fonction du Conseil d'État est reconnue et constitutionnalisée par Napoléon Ier lors de la création de cette institution sous sa forme moderne.

Pour autant, nous ne reviendrons pas sur la fonction juridictionnelle du Conseil d'État. En effet, il est indéniable que le Conseil d'État a une incidence par sa jurisprudence sur l'adoption de la doctrine administrative. L'interprétation authentique des différents textes par le Conseil d'État provoque, au sein de la doctrine administrative, une évolution de cette dernière. Les différents guides adoptés par la direction des affaires juridiques des ministères économiques et financiers et interprétant le droit de la commande publique connaissent une évolution périodique intégrant les évolutions jurisprudentielles du Conseil d'État et des autres juridictions, notamment européennes. Ainsi, quand bien même la jurisprudence du Conseil d'État a un rôle d'interprète authentique du droit de la commande publique, la liaison entre un nouveau texte et la doctrine administrative l'interprétant ne peut être établie précisément.

De même, il est impossible, au regard de l'absence de prise en compte dans les visas des décisions, de créer un lien entre la doctrine administrative et l'interprétation que pourra faire *a posteriori* la haute juridiction. En effet, comme le dit le doyen Brisson, « la direction des affaires juridiques constitue une sorte d'expert juridique dont les interprétations font autorité, tant qu'elles n'ont pas été démenties par le juge »[4]. Dès lors, le Conseil d'État dispose d'un rôle d'interprète authentique du droit de la commande publique mais l'on ne peut se prononcer sur l'exacte interprétation de la doctrine administrative tant que la haute juridiction n'a pas eu à en connaître.

---

1 Bas-relief de la salle du Tombeau de Napoléon à l'hôtel des Invalides.

2 Chevallier (J.), « *Le Conseil d'État, au cœur de l'État* », in *Le Conseil d'État,* Pouvoirs, n°123, p.5.

3 Article 52 de la Constitution du 22 frimaire an VIII (13 décembre 1799).

4 Brisson (J-F), *Les fondements juridiques du droit des marchés publics*, Le Moniteur, Coll. « *Essentiels Experts/ Contrats publics locaux* », 1er juin 2004, p. 202.

Ainsi, le Conseil d'État, par sa jurisprudence, dispose d'un pouvoir d'influence au fil de l'eau de la doctrine administrative de la commande publique mais la réciproque ne semble pas pouvoir être démontrée sans une exacte reprise de la doctrine par la haute juridiction administrative.

A. Les avis du Conseil d'Etat, une influence pour la création de la doctrine administrative de la commande publique

La fonction consultative du Conseil d'État, par le biais de ses avis, traduit la volonté de conseil privilégié du Gouvernement. « Autorité morale, l'institution est un acteur majeur du processus de décision gouvernementale »[1]. Ainsi exposée, la vocation du Conseil d'État est d'être le conseiller du Gouvernement, en ce sens que par ses avis, il a une incidence sur l'action du pouvoir réglementaire et de l'administration et au-delà agit comme un élément d'incarnation de la continuité de l'État. D'ailleurs, le champ d'application de la consultation du Conseil d'État est extensif, en ce sens que les différentes réformes constitutionnelles ont entendu soumettre à la sagesse du Conseil d'État de nombreux actes ayant une influence certaine sur la bonne administration.

D'une part, la fonction consultative du Conseil d'État, en matière législative[2], présente un intérêt majeur. En effet, en matière de commande publique, le Conseil d'État a été amené à se prononcer sur deux types de dispositions. D'une part, les juges du palais royal se sont prononcés récemment, en vertu de l'article 38 alinéa 2 de la Constitution, sur l'ordonnance portant réforme du droit des marchés publics[3] et sur celle portant réforme du droit des concessions[4]. Par ailleurs, antérieurement à ces deux ordonnances, la haute juridiction avait déjà proposé au Gouvernement son avis sur de nombreuses ordonnances relatives au droit de la commande publique[5] ou à des secteurs ayant une incidence directe sur ce droit[6]. Le recueil de l'avis du Conseil d'État sur ces textes se trouve

---

[1] Belloubet-Frier (N.), *« Conseiller l'État »*, in *Le Conseil d'État,* Pouvoirs, n°123, p.35.

[2] Bouvier (L-A.), *Le Conseil d'État et la confection de la loi*, LGDJ, coll. « *Systèmes* », 2015.

[3] Ordonnance n° 2015-899 du 23 juillet 2015 *relative aux marchés publics,* JORF n° 0169 du 24 juillet 2015, p. 12602, texte n° 38.

[4] Ordonnance n° 2016-65 du 29 janvier 2016 *relative aux contrats de concession*, JORF n° 0025 du 30 janvier 2016, texte n° 66.

[5] Pour exemple, le Conseil d'État s'est prononcé sur les ordonnances suivantes :

- Ordonnance n° 2004-559 du 17 juin 2004 *sur les contrats de partenariat*, JORF n° 141 du 19 juin 2004, p. 10994.
- Ordonnance n° 2005-645 du 6 juin 2005 *relative aux procédures de passation des marchés publics des collectivités territoriales*, JORF n° 131 du 7 juin 2005, p. 9999.
- Ordonnance n° 2005-649 du 6 juin 2005 *relative aux marchés passés par certaines personnes publiques ou privées non soumises au code des marchés publics*, JORF n° 131 du 7 juin 2005, p. 10014.
- Ordonnance n° 2009-864 du 15 juillet 2009 *relative aux contrats de concession de travaux publics,* JORF n° 0162 du 16 juillet 2009, p. 11853.

[6] Pour exemple, le Conseil d'État s'est prononcé sur les ordonnances suivantes :

- Ordonnance n° 86-1243 du 1er décembre 1986 *relative à la liberté des prix et de la concurrence*, JORF du 9 décembre 1986, p. 14773.

confirmé par la formule « Le Conseil d'État entendu » présente au sein des visas du texte. D'autre part, dans des matières ayant une incidence directe[1] ou indirecte[2] sur le droit de la commande publique, la haute juridiction administrative a eu à se prononcer sur de nombreux textes en vertu de l'article 39 alinéa 2. Le Conseil d'État vérifie donc l'adéquation des ordonnances et des lois au regard de l'ordre juridique national et international, notamment européen, dans le domaine du droit public des affaires. Pour autant, l'absence de publicité de ces avis ne permet pas d'en faire une œuvre systématique.

D'autre part, en matière réglementaire, le Conseil d'État peut se voir soumettre les projets de décret qu'ils soient pris en application d'une loi ou qu'il soit des projets de décret issu du pouvoir réglementaire autonome détenu par le Premier ministre. Le Premier ministre peut ainsi saisir le Conseil d'État afin que

---

- Ordonnance n° 2009-515 du 7 mai 2009 *relative aux procédures de recours applicables aux contrats de la commande publique*, JORF n° 0107 du 8 mai 2009, p. 7796.

[1] En ce sens, le Conseil d'État s'est prononcé sur les textes suivants :

- Loi n° 75-1334 du 31 décembre 1975 *relative à la sous-traitance*, JORF du 3 janvier 1976, p. 148 ;
- Loi n° 85-704 du 12 juillet 1985 *relative à la maîtrise d'ouvrage publique et à ses rapports avec la maîtrise d'œuvre privée*, JORF du 13 juillet 1985, p. 7914.
- Loi n° 95-127 du 8 février 1995 *relative aux marchés publics et délégations de service public*, JORF n° 34 du 9 février 1995, p. 2186.
- Loi n° 2008-735 du 28 juillet 2008 *relative aux contrats de partenariat*, JORF n° 0175 du 29 juillet 2008, p. 12144.

[2] En ce sens, le Conseil d'État s'est prononcé sur les textes suivants :

- Loi n° 88-227 du 11 mars 1988 *relative à la transparence financière de la vie politique*, JORF du 12 mars 1988, p. 3290.
- Loi n° 93-122 du 29 janvier 1993 *relative à la prévention de la corruption et à la transparence de la vie économique et des procédures publiques*, JORF n° 25 du 30 janvier 1993, p. 1588.
- Loi n° 94-679 du 8 août 1994 *portant diverses dispositions d'ordre économique et financier*, JORF n° 184 du 10 août 1994, p. 11668.
- Loi n° 2001-1168 du 11 décembre 2001 *portant mesures urgentes de réformes à caractère économique et financier*, JORF n° 288 du 12 décembre 2001, p. 19703.
- Loi n° 2004-575 du 21 juin 2004 *pour la confiance dans l'économie numérique*, JORF n° 0143 du 22 juin 2004, p. 11168.
- Loi n° 2003-591 du 2 juillet 2003 *habilitant le Gouvernement à simplifier le droit*, JORF n° 152 du 3 juillet 2003, p. 11192.
- Loi n° 2009-526 du 12 mai 2009 *de simplification et de clarification du droit et d'allègement des procédures*, JORF n° 0110 du 13 mai 2009, p. 7920.
- Loi n° 2009-179 du 17 février 2009 *pour l'accélération des programmes de construction et d'investissement publics et privés*, JORF n° 0041 du 18 février 2009, p. 2841.
- Loi n° 2010-559 du 28 mai 2010 *pour le développement des sociétés publiques locales*, JORF n° 0122 du 29 mai 2010, p. 9697.
- Loi n° 2011-12 du 5 janvier 2011 *portant diverses dispositions d'adaptation de la législation au droit de l'Union européenne*, JORF n° 0004 du 6 janvier 2011, p. 369.
- Loi n° 2011-525 du 17 mai 2011 *de simplification et d'amélioration de la qualité du droit*, JORF n° 0115 du 18 mai 2011, p. 8537.
- Loi n° 2013-100 du 28 janvier 2013 *portant diverses dispositions d'adaptation de la législation au droit de l'Union européenne en matière économique et financière*, JORF n° 0024 du 29 janvier 2013, p. 1721.

ce dernier se prononce sur l'interprétation de dispositions anciennes ou nouvelles[1], arbitre une question issue de l'opinion publique[2] ou au sein des pouvoirs publics[3]. Ainsi, les membres du Gouvernement disposent du Conseil d'État et de son expertise juridique afin de renforcer la juridicité des actes adoptés. Dès lors, un ministre qui douterait de la légalité, de l'exactitude juridique des dispositions qu'il souhaite mettre en œuvre, pourrait saisir la haute juridiction administrative pour avis afin qu'elle exprime son opinion.

Ainsi, en matière de contrats de la commande publique, les ministres chargés de l'économie et des finances pourraient saisir la section de l'administration[4] du Conseil d'État, à l'aune de l'article L. 112- 2 du code de justice administrative[5], afin de régler toutes les difficultés relatives à l'adoption d'une nouvelle norme ; ces difficultés peuvent relever de moyens de légalité interne ou externe à la nouvelle norme. D'ailleurs, dans la circulaire du 7 septembre 2009[6], il est fait référence à l'avis du Conseil d'État du 21 janvier 1997[7].

Par ailleurs, le Conseil d'Etat peut être amené à se prononcer sur l'interprétation de dispositions nationales et de leur inscription dans un cadre plus large. En l'espèce, s'instaure un véritable dialogue entre l'administration saisissante et le Conseil d'Etat. En effet, le ministre en interrogeant le Conseil d'Etat lui demande de se prononcer sur une question précise en l'incluant dans une situation concrète. Pour exemple, le Premier ministre a saisi le Conseil d'Etat d'une demande d'avis relative à l'application de l'article L. 572-10 du code de l'environnement relatif au pouvoir de substitution des préfets départementaux dans l'hypothèse où ce pouvoir devrait être exercé en matière de réalisation des cartes de bruit et des plans de prévention du bruit dans l'environnement[8]. Ainsi, les autorités administratives peuvent saisir à tout moment la haute juridiction d'une demande d'avis relatif à l'application concrète du droit de la commande publique. Cette mission s'inscrit donc dans le cadre plus large de conseil juridique auprès des administrations. Dès lors, les administrations centrales, sur le fondement de cet avis, vont engager des

---

[1] En ce sens, CE, avis 22 mars 2005

[2] En ce sens, CE, Avis, Ass, 27 novembre 1989.

[3] En ce sens, CE, Avis 6 septembre 2005 dans lequel le gouvernement souhaite bénéficier de l'expertise juridique de la haute juridique ou CE, Avis, 30 novembre 2006 permettant d'arbitrer un litige entre deux ministres à savoir celui des anciens combattants et des finances.

[4] Article 5 de l'arrêté du 4 juillet 2008 *portant répartition des affaires entre les sections administratives du Conseil d'État.*

[5] Article L. 112-2 du code de justice administrative : « *Le Conseil d'État peut être consulté par le Premier ministre ou les ministres sur les difficultés qui s'élèvent en matière administrative* ».

[6] Circulaire du 7 septembre 2009 *relative au recours à la transaction pour la prévention et le règlement des litiges portant sur l'exécution des contrats de la commande publique*, JORF n°0216 du 18 septembre 2009 p.15230, texte n°27.

[7] CE, Section des travaux publics, avis n°359996 *sur la liberté de transaction des collectivités territoriales*, 21 janvier 1997, EDCE 1998, p.184.

[8] CE (Section de l'intérieur), avis n° 387971 du 22 octobre 2013.

réflexions afin d'envisager l'adoption de nouveaux textes ou le maintien du *statu quo* de l'ordre juridique national.

Dès lors, les avis du Conseil d'État peuvent avoir une incidence sur la doctrine qui se positionnera dans son interprétation en fonction de ces avis ; l'interprète exclusif soumettra son interprétation à celle de l'interprète authentique du droit de la commande publique. En cette matière, le guide des bonnes pratiques rédigé par la direction des affaires juridiques des ministères économiques et financiers reprend des avis rendus par le Conseil d'Etat afin de fixer sa propre interprétation. Pour exemple, pour justifier le respect des règles relatives au droit de la concurrence et la garantie du respect des principes du droit de la commande publique, le guide précise, en se fondant sur l'avis Société MAJ blanchisserie de Pantin[1], que « le juge administratif veille au respect de ces principes généraux du droit des marchés publics »[2]. Dès lors, sous couvert d'un contrôle juridictionnel postérieur, la direction des affaires juridiques impose le respect des règles de concurrence. Dans ces différents avis à la demande des membres du Gouvernement, le Conseil d'Etat entend préciser les conditions d'application des règles relatives aux contrats de la commande publique afin d'une part, de sécuriser juridiquement les procédures mais aussi de proposer une interprétation qui pourra être reprise par l'interprète « exclusif ». Au motif que ces avis reposent sur des questions précises sur des domaines spécifiques, ces derniers peuvent devenir la base du raisonnement de la direction des affaires juridiques des ministères économiques et financiers. En effet, cette interrogation peut conduire à une réforme du droit de la commande publique dans le sens d'une application des principes posés par le Conseil d'Etat. Au surplus, ces avis permettent de combler des lacunes textuelles et conduisent à préciser une interprétation à retenir par les autorités administratives.

Au-delà du seul cadre national d'interprétation, en application de l'article L. 112-2 du code de justice administrative, le Conseil d'État peut être saisi d'une demande d'avis facultatif relatif à une question juridique particulière, notamment d'application du droit européen. Dans ce domaine, la haute juridiction a eu à se prononcer sur la notion de partenariat public-privé institutionnalisé. Faisant suite à la communication de la Commission européenne du 5 février 2008[3], à l'arrêt

---

[1] CE, avis, 29 juillet 2002, *Sté MAJ Blanchisserie de Pantin*, n° 246921.

[2] Circulaire du 14 février 2012 *relative au Guide de bonnes pratiques en matière de marchés publics*, JORF n°0039 du 15 février 2012, p. 2600, texte n°16, p. 39.
D'ailleurs, dans ce guide, la direction des affaires juridiques se réfèrera uniquement à deux autres avis rendus par le Conseil d'Etat : CE, avis, 8 novembre 2000, *Sté Jean-Louis Bernard consultants*, n° 222208 et CE, avis, 10 juin 1996, *Préfet de la Côte d'Or*, n° 176873, 176874 et 176875.

[3] Communication interprétative de la Commission *concernant l'application du droit communautaire des marchés publics et des concessions aux partenariats public-privé institutionnalisé (PPPI),* Doc. COM (2007) 6661, 5 février 2008 – Llorens (F.) et Soler-Couteaux (P.), *Les nouvelles perspectives du partenariat public-privé institutionnalisé. À propos de la communication de la Commission européenne du 5 février 2008 :* Contrats et marchés publics, 2008, repère n° 3.

de la Cour de justice des communautés européennes[1] et au dépôt d'une proposition de loi[2], le ministre de l'économie, de l'industrie et de l'emploi et le ministre de l'intérieur, de l'outre-mer et des collectivités territoriales ont saisi le Conseil d'État d'une demande d'avis sur les conséquences à tirer des évolutions précédemment évoquées et de la possibilité d'introduire en droit français une formule de « partenariat public-privé institutionnalisé ». Le Conseil d'État s'est prononcé sur cette question juridique dans le cadre de son avis n° 383264 du 1er décembre 2009[3] dans lequel la haute juridiction va imposer un cadre juridique strict, ce qui a fait dire au professeur Hoepffner qu' « il est peu probable que les partenariats public-privé institutionnalisés contribuent à encombrer le paysage contractuel français »[4]. Ainsi, le Conseil d'État peut se trouver face à une saisine d'une question juridique complexe pour laquelle le Gouvernement, ou certains de ses membres, ont besoin de son expertise. En tant que conseiller du Gouvernement, la haute juridiction administrative doit se prononcer, par le biais d'un avis, sur des questions relatives à la vie des administrations publiques. En effet, le Conseil d'État peut se prononcer sur les conséquences à tirer d'une décision de droit international, de droit européen ou de droit du Conseil de l'Europe.

De plus, l'appui du Conseil d'État, par son avis, assure une applicabilité renforcée de ce texte, en ce sens que l'avis donné, même s'il ne dispose pas d'une valeur normative, traduit la position de la juridiction administrative qui, en cas de recours contentieux postérieur, pourra se prononcer de la même façon. En

---

[1] CJCE, 15 octobre 2009, aff. C-196/08, *Acoset SpA c/ Conférenza sindaci et Presidenza Prov. Reg. ATO Idrico Ragusta :* Contrats et Marchés publics, 2010, comm. 35, note Zimmer (W.) ; Europe 2009, comm. 455, note Simon (D.) ; AJDA 2009, p. 2276, chron. Aubert (M.), Broussy (E.), Donnat (F.) ; AJDA 2010, p. 105, note Dreyfus (J-D) et Peltier (M.) ; Dr. Adm. 2010, alerte 8 ; RDI 2010, p. 153, note Noguellou (R.), JCP A 2009, 2299, note Devès (C.) ; Sermier (R.), Epaud (D.), *Nouvelle règle pour le in house : mettre fin au contrat en cas d'ouverture du capital de l'entreprise exécutant le marché,* AJDA 2009, p. 2229.

[2] Dupont (J-L.) *Proposition de loi « tendant à créer des sociétés locales de partenariat »* déposée et enregistrée à la présidence du Sénat le 27 juillet 2009, doc. n° 594 – Llorens (F.) et Soler-Couteaux (P.), *Partenariat public-privé institutionnel et économie mixte locale : à propos d'une proposition de loi,* Contrats et marchés publics, 2009, repère 8. Cette proposition avait pour objectif de « *réformer le régime des sociétés d'économie mixte dont le capital ne serait plus majoritairement public* » (Hoepffner (H.), *L'avenir compromis des partenariats public-privé institutionnalisés – A propos de l'avis de la section de l'administration du Conseil d'État n° 383264 du 1er décembre 2009,* Contrats et marchés publics n°12, décembre 2010, étude 11).

[3] Conseil d'État (Section de l'administration), avis n° 383264 du 1er décembre 2009, Rapport public 2010 (Rapport d'activités) ; EDCE 2010, n° 61, p. 353 et suiv ; Rapport public 2010 (Rapport d'activités) ; EDCE 2010, n° 61, p. 353 et suiv. Contrats et marchés publics 2010, repère 9, Llorens et Soler-Couteaux ; Contrats et marchés publics 2010, alerte 49, Linditch (F.) ; Dr. Adm. 2010, alerte 54, Noguellou (R.) ; Concurrences 2010, n° 3, p. 179, Brèves de du Marais (B.).

[4] Hoepffner (H.), *L'avenir compromis des partenariats public-privé institutionnalisés – A propos de l'avis de la section de l'administration du Conseil d'État n° 383264 du 1er décembre 2009,* Contrats et marchés publics n°12, décembre 2010, étude 11.

effet, la position donnée par la haute juridiction n'est pas nécessairement suivie par le ministre. Dès lors, en cas de contestation de cet acte, si ce dernier s'en est écarté, lors d'un recours contentieux, le justiciable aura une plus grande chance de succès du fait de cette mise à l'écart. Ainsi, comme le démontre Jean Massot, « trois facteurs interviennent pour (…) inciter fortement le Gouvernement à écouter les objections de la Haute Assemblée »[1]. Tout d'abord, si les objections relèvent de la légalité et non de l'opportunité, « le Gouvernement prend le risque, s'il ne suit pas cet avis, de se voir censurer par une décision juridictionnelle, cette fois entièrement impérative ». En effet, quand bien même le pouvoir réglementaire dispose d'une large compétence pour définir les modalités de l'action publique, cette compétence s'inscrit dans le cadre fixé par la position développée par le Conseil d'Etat. Ainsi, un texte entrant en contrariété avec les remarques formulées par l'avis du Conseil d'Etat encourra la censure de ce dernier statuant au contentieux. Ensuite, sur le fondement de l'arrêt du 22 janvier 1926[2], le Gouvernement doit adopter soit le texte issu de l'avis du Conseil d'État ou le texte initial sans possibilité de combinaison. A la suite de la saisine du Conseil d'Etat pour avis, le Gouvernement voit son pouvoir discrétionnaire limité. En effet, dans le cadre de son interprétation, le pouvoir réglementaire ne saurait s'écarter de l'avis du Conseil d'Etat que dans l'hypothèse où il souhaite revenir au texte initial et faire fi de la position de la haute juridiction. Enfin, trouvant son origine dans l'arrêt du 23 janvier 1953[3], le Conseil d'État estime que la règle sus-évoquée est une règle de compétence, en ce sens que si elle venait à être enfreinte, le juge devrait la soulever d'office par le biais d'un moyen d'ordre public. Par une lecture combinée des deux arrêts précités, la compétence dévolue au Gouvernement tend à être limitée au motif que ce dernier ne saurait aller à l'encontre de l'avis du Conseil d'Etat et que s'il souhaite le faire, l'acte à adopter ne peut être que celui qu'il a soumis à l'avis du Conseil d'Etat. Cependant, au regard de l'absence de publicité de ces avis, il apparaît difficile en pratique de contester la légalité d'un acte réglementaire sur le fondement de son inadéquation avec le texte soumis aux sections consultatives du Conseil d'Etat. D'ailleurs, les saisines rectificatives faites par le Gouvernement au cours de l'examen peuvent garantir une certaine opacité et conduire à un rejet de ce moyen.

Au regard de ces avis, le Conseil d'État dispose d'un pouvoir normatif du fait de sa mission de conseil du Gouvernement et d'influence sur la doctrine administrative. D'ailleurs, le professeur Gaudemet estime que « dans l'ordre normatif, le Conseil d'État est une institution majeure de pouvoir, davantage peut-être même aujourd'hui par ses avis sous leurs formes multiples que sa

---

[1] Massot (J.), *« La fonction consultative du Conseil d'État »*, La revue administrative, 53ème année, n°3, numéro spéciale : *L'élaboration du droit : le contrôle de l'administration*, 2000, p.24.

[2] CE, 22 janvier 1926, *Lacoste*, Rec. p.74.

[3] CE, 23 janvier 1953, *Courajoux*, Rec. p. 31.

jurisprudence »[1]. Pour autant, cette fonction, quand bien même elle est la plus importante, ne saurait éludée ses autres attributions.

B. L'influence des conseillers d'Etat « hors-les-murs »[2]

La faculté de détachement de membres du Conseil d'État au sein de l'administration active permet à cette institution d'avoir une incidence directe sur la doctrine administrative. En effet, la mobilité des membres de la haute juridiction[3] est également un facteur d'influence du Conseil d'État sur la doctrine administrative, en ce sens que les postes dédiés à ses membres sont d'une grande influence au sein de l'administration.

Dans le cadre de l'élaboration des normes, les conseillers d'État peuvent relayer l'action de leur juridiction d'origine dans sa fonction consultative. En effet, au sein de l'administration de l'État, de nombreux postes clés se trouvent sous l'influence de la haute juridiction. Les services ou directions des affaires juridiques ont pour la plupart, un conseiller d'État à leur tête. Ainsi, la haute juridiction administrative dispose d'un rôle prépondérant dans l'édiction d'une doctrine administrative au regard des différents avis validés par ces directions, dans le cadre de la commande publique.

De plus, la présence de conseillers d'État, au sein des services de l'administration centrale, peut traduire une position déjà soumise au Conseil d'État. En effet, un conseiller d'État peut, dans le cadre de son expérience au sein de section de l'administration, avoir eu à examiner un projet de loi ou d'acte réglementaire. De cette expérience et de la position retenue par la section de l'administration, le conseiller d'État passé dans l'administration active peut avoir une incidence sur la production de la doctrine administrative relative à ce texte. Ainsi, la haute juridiction dispose d'un pouvoir d'influence de la doctrine administrative par le biais de ces membres ayant appartenu à la section de l'administration.

Par ailleurs, les conseillers d'État, en détachement en administration centrale, sont en contact permanent avec les membres de la haute juridiction. Dès lors, dans le cadre de la production de la doctrine administrative, les conseillers d'État « hors-les-murs » peuvent saisir, de manière informelle, leurs collègues du Conseil d'État afin que ces derniers leur proposent une position sur la question. Cette saisine informelle permet aux administrations centrales de disposer d'une position ferme approuvée par la haute juridiction ; cette position permettant par la suite d'éviter des risques contentieux, notamment au regard de la qualification juridique de certains contrats ou de certaines normes. Ainsi, la

---

[1] Gaudemet (Y.), Stirn (B.), Dal Farra (T.), Rolin (F.), *Les grands avis du Conseil d'État*, Dalloz, 2002, p.45.

[2] Pour une étude du Conseil d'Etat hors du pur champ juridique, Latour (B.), *La fabrique du droit – Une ethnographie du Conseil d'Etat*, La découverte, coll. « *Poche* », novembre 2004.

[3] En ce sens, Latour (B.), *La fabrique du droit – Une ethnographie du Conseil d'État*, La découverte, coll. « *Poche* », novembre 2004, p. 134 et suivantes.

haute juridiction infuse une position sur la doctrine administrative par le biais de ces contacts informels.

Au-delà des organes de production de droit de l'administration centrale, le Conseil d'État exerce son influence au sein d'un organe majeur dans l'État, à savoir le secrétariat général du Gouvernement[1]. Cette influence intellectuelle, issue du rôle de garant de l'identité étatique du Conseil d'État, traduit la volonté de ce dernier d'inculquer sa vision de l'État au sein des autres administrations. D'ailleurs, le secrétariat général du Gouvernement est un poste d'aiguillage pour les différents textes. En effet, le guide de légistique[2] précise que le recueil des signatures et contreseing des différents textes (ordonnance, décrets de promulgation des lois, décret simple) ressort de la compétence du secrétariat général du Gouvernement. Ce dernier se voit ainsi saisi de tous les textes et participe à l'établissement d'un lien entre les différents ministères, les services du Premier ministre et le Conseil d'État. Dès lors, le secrétariat général du Gouvernement influence la doctrine mise en œuvre par les différents ministères.

De plus, l'influence du Conseil d'État, dans le cadre de la commande publique, se traduit par le poste de directeur des affaires juridiques des ministères économiques et financiers, proposé à un de ses membres[3]. Ainsi que le précise le professeur Chevallier, « l'exercice des fonctions de conseil juridique auprès de certains ministères et le fait que bon nombre de directions juridiques soient occupées par des membres du Conseil garantit un contrôle, non seulement au niveau de l'application des textes, mais encore dès la préparation des projets »[4].

D'ailleurs, dans le cadre de sa mission de contrôle, le directeur des affaires juridiques des ministères économiques et financiers dispose d'un rôle prépondérant dans la création de cette doctrine administrative. Tout d'abord, ce dernier dispose d'un rôle de contrôle de la position de son administration. En effet, par le biais du lien hiérarchique, le directeur des affaires juridiques opère un contrôle de tous les actes édictés par sa direction, notamment les actes de la doctrine administrative proposant l'interprétation de son ministère. Ensuite, dans le cadre de la procédure de légistique qui permet à un texte de devenir un projet de loi ou de décret, le directeur des affaires juridiques est celui qui en tant que commissaire du Gouvernement, va défendre les projets devant le Conseil d'État. C'est ainsi que le directeur des affaires juridiques des ministères économiques et financiers se voit entendu lors des travaux du Conseil d'État relatif aux projets

---

[1] Au moment de la soutenance de la thèse, le secrétaire général du gouvernement est Monsieur Marc Guillaume, Conseiller d'État. En juin 2022, Madame Claire Landais, conseillère d'Etat, occupe ce poste-clé.

[2] Secrétariat général du Gouvernement et Conseil d'État, Guide de légistique, point. 2.1.7 *Procédures de recueil des signatures et contreseings,* version du 12 juin 2015.

[3] L'actuelle directrice des affaires juridiques des ministères économiques et financiers est Laure Bédier, Conseillère d'Etat qui a pris la suite de Jean Maïa, lui-même Conseiller d'Etat.

[4] Chevallier (J.), « *Le Conseil d'État, au cœur de l'État* », in *Le Conseil d'État,* Pouvoirs, n°123, p.11.

de textes (loi, ordonnance, décret) ayant une incidence sur le droit de la commande publique. Dès lors, son influence quant à la défense du texte proposé par le ministère chargé des finances est importante. Enfin, le directeur des affaires juridiques agit comme le contrôleur de la cohérence de la doctrine administrative, au regard notamment de la position de la juridiction administrative (jurisprudence ou avis) mais aussi des textes européens et internationaux. En effet, au sein de son administration, le directeur doit être celui qui impulse le mouvement de création ; il peut aussi être une force de propositions et il est celui qui revêtira la responsabilité du texte présenté. Ainsi, quand bien même la doctrine administrative ne dispose pas d'une opposabilité ou d'une invocabilité, si cette situation venait à changer, il serait celui sur qui repose la responsabilité de l'adoption de ce texte.

La doctrine administrative de la commande publique se trouve imprégnée d'un « esprit issu du Conseil d'État » ; ce dernier dispose d'une prégnance, en ce domaine, de la préparation des actes à leur contrôle par le juge en passant par leur application. Le détachement des membres du Conseil d'État, au sein de « l'administration active », traduit une position centrale de la haute juridiction administrative dans le cadre de la production normative en matière de commande publique ; son influence s'étendant certes sur les actes réglementaires mais également sur la doctrine administrative qui permet la mise en œuvre de ce droit.

À titre subsidiaire, il convient de mentionner le rôle d'influence du Conseil d'État sur les différentes autorités administratives indépendantes, notamment dans les autorités de régulation qui relèvent du contrôle de la haute juridiction administrative au contentieux. Ainsi, les conclusions proposées pour l'influence du Conseil d'État, sur les administrations centrales, peuvent être étendues à l'ensemble des autorités de régulation.

Le rôle du Conseil d'État « hors-les-murs » est marqué par cette influence des conseillers d'État sur l'établissement des textes, sur leur défense devant le Conseil d'État et sur l'interprétation de ceux-ci au regard des évolutions nationales et européennes, qu'elles soient textuelles ou jurisprudentielles. Dès lors, la doctrine administrative de la commande publique se voit influencer par ce rôle du Conseil d'État, notamment quant à l'interprétation offerte par ce dernier lors des séances de travail et dans les avis de la haute juridiction.

C. La section des rapports et des études, un « laboratoire à idées »[1]

Au-delà du rôle actif du Conseil d'État – par le biais de ces avis ou du détachement de ses membres–, ce dernier va agir d'une manière plus passive à la production des normes en matière de contrats de la commande publique. En effet, par la section des rapports et des études, la haute juridiction dispose d'un nouveau point d'influence sur la doctrine administrative, en ce sens que par

[1] Vigouroux (C.), (dir.), « *La section du rapport et des études : quel laboratoire d'idées ?* », RFDA 2015, p. 242.

l'adoption de rapports relatifs à des questions précises, ce dernier se prononcera sur tous les éléments de la chaîne de décisions en l'incluant dans un cadre plus large et proposera sa vision aux différents membres de l'administration – ces derniers ne voulant s'en départir afin d'éviter la censure juridictionnelle future.

Crée en 1963, la commission du rapport fut instituée afin de proposer une vision nouvelle de l'État, hors les fonctions consultative et juridictionnelle du Conseil d'État. En 1985, la Commission du rapport deviendra la section du rapport et des études qui proposera, outre son rapport annuel, des rapports thématiques. En effet, dans le cadre de son rapport annuel, cette section reprend, d'une part, le bilan d'activités du Conseil et d'autre part, propose une analyse sur une question précise. D'ailleurs, concernant les contrats publics, le rapport public 2008 traite du contrat en tant que mode d'action publique et de production des normes[1].

De plus, dans le cadre de ses rapports thématiques, la Haute Assemblée traduit son influence relative à des questions ciblées. Au titre de la doctrine administrative, le Conseil d'État a produit un rapport sur le droit souple[2]. Dans ce dernier rapport, les membres du palais royal insistent à la fois, sur la production de ce droit mais également sur leur influence dans le cadre de la jurisprudence du Conseil d'État. De plus, lors de son étude annuelle 2015, le Conseil d'État s'est intéressé à l'action économique des personnes publiques[3]. Dans cette étude, la haute juridiction estime qu' « un constat s'impose : l'importance de l'action économique des personnes publiques et des choix qui la sous-tendent reste méconnue des personnes publiques elles-mêmes, de même d'ailleurs que le périmètre exact de cette action, les marges de manœuvre dont elles disposent et les méthodes qui permettent de conforter leurs décisions »[4].

Par ailleurs, la haute assemblée, ces dernières années, a commencé à rédiger ce qu'elle qualifie de dossiers thématiques. Par ces dossiers, la Conseil d'État entend rappeler sa position sur une question juridique précise mais aussi donner toutes les clés de compréhension de sa jurisprudence à l'ensemble des personnes intéressées du secteur. Dans le cadre d'un dossier thématique publié le 3 juin 2014, la haute juridiction a proposé sa vision de la relation existant entre

---

[1] Conseil d'État, Rapport public 2008 : jurisprudence et avis de 2007 – *Le contrat, mode d'action publique et de production des normes,* La documentation française, Études et documents du Conseil d'État, juin 2008.

[2] Conseil d'État, *Étude annuelle 2013 – Le droit souple*, La documentation française, Études et documents du Conseil d'État, mai 2013.

[3] Conseil d'État, *Étude annuelle 2015 – L'action économique des personnes publiques,* La documentation française, Études et documents du Conseil d'État, septembre 2015 ; Touboul (C.), « *Juger l'action économique, c'est encore agir sur l'économie* », RFDA 2016, p. 83 ; Karpenschif (M.), « *Que reste-t-il du Colbertisme ? À propos de l'étude annuelle 2015 du Conseil d'État sur L'action économique des personnes publiques* », JCP A, 12 octobre 2015, p. 49-54 ; Pauliat (H.), « *L'action économique des personnes publiques. Une capacité d'agir sous-estimée et mal connue* », Dr. Adm. 1er novembre 2015, étude 13 p. 9-13.

[4] Conseil d'État, *Étude annuelle 2015 – L'action économique des personnes publiques,* La documentation française, Études et documents du Conseil d'État, septembre 2015, p. 24.

le juge administratif et la commande publique. Ainsi, dans ce rapport succinct, les juges du palais royal ont pointé des jurisprudences nécessaires à la compréhension de la position du juge du contrat administratif et de son office. Dans ce rapport, le Conseil d'État opère le commentaire d'arrêts célèbres que sont les deux arrêts Commune de Béziers[1], l'arrêt Département de Tarn-et-Garonne[2], la jurisprudence « SMIRGEOMES »[3] mais aussi précise les modalités d'application des procédures d'urgence. Ainsi, par ce rapport, le Conseil d'État va influencer la position adoptée par les juridictions administratives, de première instance ou d'appel, d'une part et d'autre part par les personnes souhaitant déposer une requête relative à un contrat de la commande publique (partie au contrat, tiers à celui-ci, etc.).

Ces rapports de la section des rapports et des études traduisent une volonté de production normative du Conseil d'État et son influence dans le domaine de la science administrative. D'ailleurs, ces rapports peuvent aboutir à des réformes. Comme le dit le professeur Chevallier, « à travers ces études, le Conseil ne se présente plus seulement comme « juriste d'État » mais comme un « intellectuel collectif », chargé de penser au nom de l'État et d'orienter les choix collectifs »[4]. En effet, le Conseil d'État n'est pas uniquement une juridiction administrative mais participe à la création des différentes dispositions incluses dans les réformes de l'État. Le Conseil d'État s'écarte ainsi de ses missions juridictionnelles et de conseil pour intégrer une vision doctrinale au profit de l'État, notamment en influençant les réformes mises en œuvre par ce dernier.

---

[1] CE, Ass, 28 déc. 2009, *Commune de Béziers,* n° 304802, Lebon, Concl. Glaser, AJDA 2010.142, chron. S.-J. Liéber et D. Botteghi ; D. 2011. 472, obs. S. Amrani Mekki et B. Fauvarque-Cosson ; RDI 2010. 265, obs. R. Noguellou ; AJCT 2010, p114, Pratique O. Didriche ; RFDA 2010, p.506, concl. E. Glaser ; ibid p.519, note D. Pouyaud ; RTD com. 2010 p.548, obs. G. Orsoni, AJDA 2011.665, chr. Lallet et Domino ; CMP mars 2010.38, note Rees ; Gaz. Pal. 16 mars 2010, p. 13, note Seiller ; JCP Adm. 2010.2072, note Linditch ; RD publ. 2010.553, note Pauliat ; RJEP juin 2010.19, note Gourdou et Terneyre ; GACA n ° 8 ; Mélanges Richer 2013.641, art. Glaser ; CE, Sect., 21 mars 2011, *Commune de Béziers*, n°304806, Lebon, Concl. Cortot-Boucher ; AJDA 2011, p.670, chron. A. Lallet ; D. 2011. 954, obs. M-C. de Monteclerc ; RDI 2011. 270, obs. S. Braconnier ; AJCT 2011. 291, obs. J-D Dreyfus, RFDA 2011.507, concl. 518, ACCP mai 2011, p. 64, note Le Chatelier ; CMP mai 2011, no 150, note Pietri ; DA 2011, no 46, note Brenet et Melleray ; JCP Adm. 2011.2171, note Linditch ; JCP 2011.658, note Ubaud- Bergeron ; RJEP oct. 2011.26, note Cossalter, févr. 2013.11, note Gourdou ; GACA n ° 8.

[2] CE, Ass., 4 avril 2014, *Département de Tarn-et-Garonne,* n°358994, Lebon, Concl. Dacosta ; AJCA 2014. 80, obs. J-D Dreyfus ; au Lebon ; AJDA 2014. 764 ; ibid 1035, Tribune S. Braconnier, chron. A. Bretonneau et J. Lessi ; D.2014. 1179, obs. M-C de Montecler, note M. Gaudemet et Angélique Dizier ; RDI 2014. 244, obs. S. Braconnier.

[3] CE, Sect, 3 octobre 2008, *Syndicat mixte intercommunal de réalisation et de gestion pour l'élimination des ordures ménagères du secteur est de la Sarthe (SMIRGEOMES),* n° 305420, Lebon p. 324 ; AJDA 2008, p. 1855 ; AJDA 2008, p. 2161, chron. Geffray (E.) et Liéber (S-J) ; AJDA 2008, p. 2374, étude Cassia (P.) ; RDI 2008, p. 499, obs. Braconnier (S.) ; RFDA 2008, p. 1128, concl. Dacosta (B.) ; RFDA 2008, p. 1139, note Delvolvé (P.).

[4] Chevallier (J.), « *Le Conseil d'État, au cœur de l'État* », in *Le Conseil d'État,* Pouvoirs, n°123, p.14.

D'ailleurs, ce « laboratoire d'idées »[1] qu'est la section du rapport et des études semble adopter une nouvelle position, en intervenant en tant que producteur de doctrine administrative de la commande publique. En effet, ainsi que le précise l'étude annuelle pour 2015, cette dernière « comporte une cinquantaine de propositions pour progresser sur ces différents points. Le Conseil d'État a cru pouvoir mettre en œuvre lui-même celles qui tendent à faire mieux connaître aux personnes publiques les outils à leur disposition pour agir sur l'économie. C'est l'objet **du Guide des outils d'action économique des personnes publiques**[2] élaboré dans le cadre de l'étude et qui a vocation à être enrichi et actualisé au fil du temps »[3]. Par ce guide, la section des rapports et des études entend proposer une meilleure compréhension des leviers économiques offerts aux personnes publiques. D'ailleurs, l'interprétation formulée par le Conseil d'Etat s'inscrit dans un cadre jurisprudentiel établi ainsi que dans un champ plus large que les seules règles relatives à la commande publique. En effet, ce guide a vocation à être un outil pour les personnes publiques afin de leur permettre d'agir de manière efficace et efficiente dans le secteur économique. De plus, au-delà de ce guide, le Conseil d'Etat entend aller au bout de la logique de production d'une doctrine administrative de la commande publique. En effet, cette production doctrinale fait l'objet de mise à jour au regard des évolutions textuelles ou jurisprudentielles. Dès lors, bien plus qu'un simple outil au profit des personnes publiques, ce guide entend concurrencer les différents actes de doctrine administrative produits par les différents ministères.

Ainsi, le Conseil d'État, par son aura, sa vocation et ses missions, fait aujourd'hui œuvre créatrice en matière de doctrine administrative de la commande publique. Cette précision est importante car le Conseil d'Etat se pose comme un concurrent de la direction des affaires juridiques des ministères économiques et financiers et au surplus, cette concurrence semble institutionnalisée par la direction des affaires juridiques des ministères économiques et financiers du fait qu'elle renvoie sur son site internet aux fiches du Conseil d'Etat.

En cette matière, le Conseil d'Etat prend les apparences d'une autorité administrative, en ce sens que l'actualisation de la production doctrinale peut s'effectuer en fonction d'une part, de l'activité législative et réglementaire et d'autre part, des évolutions jurisprudentielles qu'elles soient européenne ou nationale. En l'espèce, le Conseil d'Etat, en tant que conseiller du Gouvernement, s'inspire de la jurisprudence du Conseil d'Etat en tant que juge suprême de l'ordre administratif. Ce caractère bicéphale de l'activité du Conseil d'Etat conduit à brouiller la frontière existante entre ses missions juridictionnelles et de conseil. Au surplus, dans ce guide de l'action économique

---

[1] Vigouroux (C.), (dir.), « *La section du rapport et des études : quel laboratoire d'idées ?* », RFDA 2015, p. 242.
[2] Nous soulignons.
[3] Conseil d'État, *Étude annuelle 2015 – L'action économique des personnes publiques,* La documentation française, Études et documents du Conseil d'État, septembre 2015, p. 24.

des personnes publiques, la section des rapports et des études formule des propositions et prend ainsi position sur les évolutions à venir du droit de la commande publique.

Par ailleurs, au-delà de la prise en considération des positions du juge administratif, ce guide se trouve imprégné par les avis rendus par les sections consultatives. En effet, quand bien même ce guide ne cite pas les avis et que la comparaison est rendue impossible du fait de l'absence de publicité de ceux-ci, la section des rapports et des études doit s'inspirer des avis rendus par les sections consultatives afin de proposer une interprétation unique et unifiée au sein de cette institution. D'ailleurs, en faisant le commentaire des dispositions législatives ou réglementaires relatives au droit de la commande publique, la section des rapports et des études ne saurait aller *a contrario* de l'esprit du texte tel que l'a dégagé le Conseil d'Etat dans ses formations consultatives.

La haute juridiction définit ainsi une vision synthétique au regard des questions traitées mais propose également l'interprétation des textes de la commande publique par l'interprète authentique. La position du Conseil d'État va donc influencer la doctrine administrative mise en place par les administrations centrales des ministères et va entrer en concurrence avec cette dernière. Il est trop tôt pour connaître l'impact de ces fiches synthétiques sur l'établissement de la doctrine administrative de la commande publique ainsi que sur les réceptionnaires de celle-ci. Pourtant, il reste évident que cette dernière prévaudra sur la doctrine administrative ministérielle au regard du caractère authentique de ces interprétations et de la force quasi-normative dégagée par les prises de position du Conseil d'État.

Conclusion du chapitre 1

De ce contexte juridique éclaté, la direction des affaires juridiques tend à devenir l'interprète « exclusif » du droit de la commande publique[1] sous le regard de l'interprète authentique que représente le juge administratif. D'ailleurs, cette unité d'interprétation est nécessaire au regard de la complexité de la matière, de son fort potentiel économique, de la sécurité juridique des opérations de commande publique et de la simplification du droit. Dans un contexte de globalisation de celui-ci, la direction des affaires juridiques des ministères économiques et financiers doit s'arroger les compétences d'un interprète « exclusif » et unique du droit de la commande publique avec ses opérateurs (observatoire économique de la commande publique) afin de préserver ce pan du droit.

De plus, une unification de l'ensemble de la doctrine administrative pourrait permettre une meilleure compréhension de ce droit par le biais de l'intelligibilité et de l'accessibilité du droit à l'ensemble des citoyens, et partant, des entreprises soumissionnaires. À l'instar de la position arrêtée dans le cadre du Bulletin officiel des finances publiques (BOFIP), l'interprétation administrative du droit de la commande publique devrait faire transparaître une position unique, gage de sécurité juridique et de stabilité des relations contractuelles.

Pour autant, au-delà de cette compétence exclusive de la direction des affaires juridiques des ministères économiques et financiers, le nouveau rôle du Conseil d'Etat en tant que rédacteur de doctrine administrative conduit à ce qu'il participe à l'évolution de ce droit et marque le passage d'un Etat providence à un Etat régulateur. Cependant, cette nouvelle compétence du Conseil d'Etat marque également un éclatement de la compétence interprétative du droit de la commande publique qui constitue une nouvelle opposition entre la haute juridiction administrative et la direction des affaires juridiques des ministères économiques et qui conduit à questionner la pertinence d'une doctrine ministérielle intervenant dans le même champ que celle du Conseil d'Etat. En effet, il n'apparaît pas opportun pour la direction des affaires juridiques des ministères économiques et financiers de se prononcer dans un sens différent de celui retenu par le Conseil d'Etat.

[1] Cette position a été renforcée par la crise sanitaire liée à l'épidémie de Covid-19. Sur ce point, voir notamment Di Francesco (D.), « *Le renouveau de la doctrine administrative des contrats publics à l'épreuve du Covid-19* », Hebdo Lexbase édition publique n°611 du 14 janvier 2021

Chapitre 2 : Les instruments de la doctrine administrative de la commande publique

La doctrine administrative de la commande publique ne saurait être ramenée matériellement à une forme unique d'acte juridique. En effet, dans le cadre de son action, l'administration peut utiliser plusieurs vecteurs comme contenant de ses interprétations. Ce chapitre entend donc proposer une lecture de la doctrine administrative de la commande publique à l'aune de ce contenant et de la période à laquelle elle est adoptée.

D'une part, à la suite de l'adoption de nouveaux textes, les autorités porteuses du projet peuvent se prononcer spontanément sur l'interprétation à retenir des textes relatifs à la commande publique. Afin de garantir une interprétation uniforme et de sécuriser les contrats pris en application de ces dispositions, les différentes autorités administratives, notamment la direction des affaires juridiques des ministères économiques et financiers, se prononcent par la voie d'une doctrine administrative, notamment en la forme de circulaires (section 1).

D'autre part, à côté de cette position adoptée spontanément par les autorités administratives, une seconde source de la doctrine administrative peut être dégagée. En effet, les acteurs de la commande publique peuvent provoquer une prise de position de la part des autorités administratives afin que l'interprétation des textes s'inscrive à la fois dans un contexte textuel et conceptuel renouvelé mais aussi que cette sollicitation de l'administration réponde à des interrogations précises et conduise à l'interprétation des textes ou à la mise en œuvre de nouveaux dispositifs relatifs au droit de la commande publique (section 2).

Section 1 : La doctrine administrative spontanée de la commande publique

L'interprétation des textes par les ministères économiques et financiers repose sur deux principes essentiels. D'une part, la direction des affaires juridiques peut proposer *ex nihilo* sa position sur les textes qu'elle entend mettre en œuvre dans le domaine de la commande publique (I). Pour autant, cet aspect ne semble recouvrir que ce qu'il conviendrait de nommer « le droit originaire de la commande publique » et son interprétation. Cependant, la direction des affaires juridiques ne peut figer sa position dans le temps et ne pas proposer de réinterprétation des textes en vigueur au regard notamment d'évolutions législatives, réglementaires ou jurisprudentielles (II). Dès lors, le pouvoir interprétatif des autorités administratives repose sur une temporalité qui reste toujours en mouvement.

I. La doctrine administrative de la naissance du droit de la commande publique

Lors de l'adoption de nouvelles dispositions, codifiées ou non, relatives aux contrats de la commande publique, la personne publique, notamment la direction des affaires juridiques des ministères économiques et financiers propose une interprétation du texte qu'elle a elle-même porté. Cette interprétation se trouve dès lors empreinte des positions adoptées lors des consultations publiques (A) mais également de l'intégration de cette nouvelle norme dans un cadre juridique établi (B.).

A. Les consultations publiques, le pouvoir d'influence sur la doctrine administrative de la commande publique

Conçu comme un des points essentiels d'une bonne réglementation, l'objectif de transparence implique, outre une obligation d'accès au droit par une information mise à la disposition des administrés, « l'association du public aux décisions prises par l'administration »[2]. Cette transparence par la consultation du public garantit une confiance des administrés dans leur système juridique au motif que cet échange sur une future réglementation la rende plus accessible en répondant à ses attentes. D'ailleurs, cette consultation du public met en œuvre la Smart Régulation ou réglementation intelligente qui tend vers un double objectif : l'amélioration des réglementations et une rationalisation de ces dernières[3].

---

[2] Bon (P.), « *L'association du public aux décisions prises par l'administration* », RFDA 2016, p. 27. Voir également : Conseil d'État, *Consulter autrement, participer effectivement*, La documentation française, Études et documents du Conseil d'État, 2011.

[3] Mockle (D.), « *La réglementation intelligente : réglementer mieux ou réglementer moins ?* », RFDA 2015, p. 1225.

Dès lors, la mise en œuvre de ce principe par les consultations publiques, a un impact majeur sur la teneur de la réglementation mais aussi, par ricochet, sur son interprétation par le biais de la doctrine administrative ; le droit de la commande publique n'échappant pas à ce mouvement de fonds de l'action administrative.

La procédure mise en œuvre par la direction des affaires juridiques des ministères économiques et financiers se déroule succinctement comme suit : un appel à contribution fixant un délai de réponse à la consultation, la réception et l'analyse par la direction des affaires juridiques des demandes, la formalisation du texte proposé et sa publication, la rédaction d'une analyse synthétique ayant pour finalité de reprendre les éléments de contexte, le projet soumis à la consultation publique, les résultats statistiques et les avis exprimés.

1. Des consultations mettant aux prises une diversité de personnes aux intérêts contraires

En tant que domaine économique de l'action publique, le droit de la commande publique suscite l'intervention de nombreux acteurs ayant des statuts aussi bien publics que privés. De cette diversité des acteurs découlent des comportements antagonistes au regard d'un même texte proposé par la direction des affaires juridiques des ministères économiques et financiers.

Acteurs privés et consultations publiques – En matière de commande publique, les acteurs privés peuvent participer aux consultations publiques afin de permettre une évolution des dispositions dans un sens propre à leurs intérêts.

D'une part, les professeurs des universités peuvent être associés à la rédaction des textes et aux consultations publiques y afférentes en tant que spécialiste de la matière en cause. L'intégration de la doctrine administrativiste à ces consultations voire à l'élaboration des textes a pour finalité de proposer des solutions novatrices issues d'expérience(s) étrangère(s) ou de rapprochement entre les différentes sources du droit, notamment le droit civil. Ainsi, en tant que chercheurs, les professeurs des universités se doivent d'être interrogés afin de proposer des évolutions du droit en vigueur et garantir une meilleure sécurisation juridique quant aux développements à venir. Par ailleurs, cette consultation garantit un fort degré d'impartialité au motif que les professeurs d'université ne répondent à aucune logique économique, notamment en retenant des intérêts favorables à un acteur particulier. En ce sens, les professeurs sont interrogés afin de proposer une évolution textuelle et conceptuelle avec pour objectif de sécuriser la nouvelle procédure à mettre en œuvre et de garantir son inclusion dans un cadre juridique plus large, notamment européen.

D'autre part, les personnes privées agissant dans le domaine de la commande publique ont intérêt à intervenir dans les consultations publiques. Que ce soit des cabinets d'avocats au profit de leurs clients[4], des fédérations au profit de leurs

[4] Pour exemple, le cabinet d'avocats Bird & Bird était intervenu dans le cadre de l'adoption de l'ordonnance n° 2015-899 du 23 juillet 2015 *relative aux marchés publics*, JORF n° 0169 du 24 juillet 2015, p. 12602, texte n° 38.

adhérents[5] ou des entreprises privées directement[6], les acteurs du secteur privé vont intervenir lors de ces consultations publiques afin de préserver leurs intérêts propres. Au travers de la mise à disposition d'exemples concrets, cette position se traduit soit par le soutien au texte proposé par la direction des affaires juridiques, soit par une hostilité à l'encontre de ce texte. Pour exemple, lors de la consultation sur les arrêtés du 14 avril 2017 relatifs d'une part, aux fonctionnaires et exigences minimales des profils d'acheteur[7] et d'autre part, aux données essentielles[8], les entreprises privées n'ont pas émis de réels désaccords avec la direction des affaires juridiques des ministères économiques et financiers, pensant ainsi que le texte répondait aux obligations et contraintes de leurs secteurs. *A contrario*, lors de la réforme du cahier des clauses administratives générales relatif aux marchés publics de travaux en 2009[9], une consultation avait été ouverte et la fédération nationale des travaux publics avait notamment produit des éléments d'améliorations du texte qui ne furent cependant pas repris dans le texte final. En la matière, les acteurs privés font actes de lobbying auprès de la direction des affaires juridiques des ministères économiques et financiers. Pour autant, ce lobbying, comme nous le verrons ci-après, ne présente qu'un intérêt relatif sur le fond des textes soumis à la consultation.

Acteurs publics et consultations publiques – Les acteurs institutionnels peuvent proposer de participer à ces consultations. Il s'agit plus précisément des autres ministères, des collectivités territoriales, des autorités administratives ou publiques indépendantes, ainsi que des établissements publics de l'État ou des collectivités territoriales. En effet, au regard de leurs missions spécifiques et du principe de spécialité applicable aux établissements publics, ces acteurs institutionnels peuvent rencontrer des difficultés d'application de certaines dispositions, voire peuvent développer des conflits entre l'application de ces nouvelles dispositions et d'autres dispositions qui leur seraient applicables par ailleurs. De plus, au regard de leurs missions spécifiques, ces acteurs peuvent proposer des adjonctions aux dispositions à venir prenant en compte leur statut

5 Pour exemple, la fédération nationale des travaux publics est intervenue dans la consultation publique relatif à l'arrêté du 3 mars 2014 *modifiant l'arrêté du 8 septembre 2009 portant approbation du cahier des clauses administratives générales applicables aux marchés publics de travaux*, JORF n° 0227 du 1er octobre 2009, p. 15907, texte n° 16.

6 Pour exemple, la direction juridique de la société Spie Batignoles est également intervenue lors la consultation publique relatif à l'arrêté du 3 mars *2014 modifiant l'arrêté du 8 septembre 2009 portant approbation du cahier des clauses administratives générales applicables aux marchés publics de travaux*, JORF n° 0227 du 1er octobre 2009, p. 15907, texte n° 16.

7 Arrêté du 14 avril 2017 *relatif aux fonctionnalités et exigences minimales des profils d'acheteurs*, JORF n° 0099 du 27 avril 2017, texte n° 24.

8 Arrêté du 14 avril 2017 *relatif aux données essentielles dans la commande publique*, JORF n° 0099 du 27 avril 2017, texte n° 25.

9 Arrêté du 8 septembre 2009 *portant approbation du cahier des clauses administratives générales applicables aux marchés de travaux*, JORF n°0227 du 1er octobre 2009, p 15907, texte n° 16.

particulier. En d'autres termes, à l'aune de questionnements spécifiques, des ministères ou des établissements publics pourraient proposer aux ministères économiques et financiers, des aménagements du texte afin de prendre en compte cette spécificité[10]. Pour exemple, la mise en œuvre pratique des mesures de publicité et de mise en concurrence peut être plus lourde d'un point de vue quantitatif pour les collectivités territoriales par rapport aux autres acteurs du secteur[11]. Lors des consultations publiques sur le projet d'ordonnance relative à la propriété des personnes publiques, le ministère de l'intérieur et celui de l'aménagement du territoire ont porté la voix des collectivités locales au regard des coûts que les modalités de publicité et de mise en concurrence allaient engendrer dans la procédure de délivrance des autorisations d'occupation domaniale.

Face aux développements de ces consultations qui se veulent être des moyens essentiels de dialogue entre la puissance publique et les acteurs du secteur concerné, les résultats attendus en matière de transparence restent plutôt dans un clair-obscur.

2. Une procédure aux conséquences en clair-obscur[12]

L'approche ternaire des conséquences des consultations publiques – Le développement des consultations publiques permet de dégager une approche ternaire quant à leurs conséquences sur les textes adoptés.

D'une part, la direction des affaires juridiques des ministères économiques et financiers peut accepter la proposition de modification faite par les différents acteurs. Cette modification marque donc un dialogue issu de l'association du public.

D'autre part, la direction des affaires juridiques des ministères économiques et financiers peut refuser d'inclure une proposition de modification au regard de son incompatibilité avec le droit positif ou d'une expertise marquant un défaut de pertinence avec l'ensemble du texte. Cela peut être le cas dans l'hypothèse où un acteur, qu'il soit public ou privé, propose des modifications du texte dans un sens conservateur pour l'état du droit commun ou à l'encontre de l'esprit du texte. Ce conservatisme a déjà été évoqué lors de l'adoption de l'ordonnance n° 2017-562 du 19 avril 2017 précitée, notamment dans la position retenue par les représentants des collectivités locales.

Par ailleurs, au-delà d'une acceptation ou d'un refus pur et simple de l'intégration dans le corps du texte, la direction des affaires juridiques des ministères économiques et financiers peut proposer une interprétation du texte,

---

[10] Sur ce point, il est possible d'envisager notamment les difficultés liées au secret défense, aux intérêts de la Nation, au domaine sanitaire.

[11] Voir en ce sens, les consultations publiques relatives à l'ordonnance n° 2017- 562 du 19 avril 2017 *relative à la propriété des personnes publiques,* JORF n° 0093 du 20 avril 2017, texte n° 8.

[12] Di Francesco (D.) « *La consultation publique, un instrument en demi-teinte pour les décisions administratives* », Hebdo Lexbase édition publique n° 637 du 9 septembre 2021.

au sein de sa doctrine administrative, dans le sens voulu par les acteurs ayant participé à la consultation publique. Cette interprétation peut être le fruit d'une expertise, faite par les services des ministères économiques et financiers, des différents éléments transmis par les acteurs. En effet, la direction des affaires juridiques propose que, dans le cadre de ces consultations, lui soient fournis des éléments permettant d'expertiser la faisabilité du mécanisme demandé. Ainsi, au regard d'une expertise conduite dans un secteur particulier, la direction des affaires juridiques des ministères économiques et financiers peut, par le biais d'une fiche technique, indiquer que la demande faite par les différents acteurs, doit être reprise non dans le corps du texte mais dans un acte de doctrine administrative. Ainsi, la direction des affaires juridiques des ministères économiques et financiers fait droit à la demande par le biais de sa doctrine administrative, sans un ajout trop particulier au sein d'un texte ayant valeur législative ou réglementaire.

Les ministères économiques et financiers se laissent donc une marge de manœuvre en proposant cette interprétation dans une source de droit souple plutôt que de l'inclure dans une disposition législative ou réglementaire. Cette possibilité est pertinente au regard de la finalité de la doctrine administrative qui se veut être une interprétation des textes au sein du droit en vigueur plutôt qu'un acte de création de dispositions impératives.

L'intérêt en clair-obscur de la consultation publique – Au-delà de cette approche ternaire des conséquences de ces consultations publiques, l'intérêt de ces dernières semble être remis en cause et c'est d'ailleurs en cela que la procédure de consultation agit comme un clair-obscur.

D'une part, les consultations publiques démontrent une situation fortement différenciée selon les textes en cause. Une consultation publique peut avoir uniquement pour effet de répondre à une obligation réglementaire voulue par les textes ou pour que la direction des affaires juridiques puisse insuffler un mouvement de compréhension et d'adhésion au texte proposé. Ainsi, les arrêtés précités du 14 avril 2017 relatifs d'une part, aux fonctionnaires et exigences minimales des profils d'acheteur et d'autre part, aux données essentielles ont fait l'objet d'une consultation publique commune et aux finalités similaires. En effet, quand bien même les contributions ont pu être réunies, les projets d'arrêtés n'ont connu que de rares évolutions légistiques mais aucune sur le fond du texte lui-même. En effet, les évolutions des projets d'arrêté relèvent d'un mouvement de simplification, en ce sens que des dispositions issues du projet d'arrêté trouvaient leur fondement dans des codes, notamment le code des relations entre le public et l'administration. Dès lors, dans cette hypothèse, la direction des affaires juridiques a entendu proposer le texte aux différents acteurs afin que ces derniers disposent du temps nécessaire à la mise en œuvre des nouvelles obligations contenues dans ces textes.

A contrario, la direction des affaires juridiques des ministères économiques peut procéder à une prise en compte partielle des demandes formulées par les différents acteurs participant à la consultation publique. Pour exemple, la direction des affaires juridiques a fait évoluer son projet de décret portant diverses dispositions en matière de commande publique[13].

Ces deux exemples démontrent la volonté d'instauration d'un véritable dialogue de la part de la direction des affaires juridiques des ministères économiques et financiers. D'ailleurs, les fiches de synthèse démontrent les conséquences du lobbying fait par les entreprises privées et les réussites qu'elles peuvent atteindre.

Dès lors, selon l'importance du texte pour la direction des affaires juridiques des ministères économiques et financiers, les consultations publiques auront uniquement pour finalité la volonté d'adhésion des différents acteurs au nouveau texte, sans volonté de modifications de celui-ci ou la mise en œuvre d'un véritable dialogue dès lors que les ministères économiques et financiers n'ont pas de doctrine établie sur le sujet. Plus le texte disposera d'une assise importante pour la direction des affaires juridiques, que ce soit quant aux conséquences politiques, économiques ou sociales, moins ce texte subira de modifications sur le fond. Cette intégration différenciée repose à la fois sur la hiérarchie des normes mais aussi sur une vision centralisatrice de l'Etat qui ne saurait se voir imposer une vision au cours de l'élaboration du texte.

D'autre part, au regard de la diversité des acteurs proposant des réponses aux consultations publiques, la fiche de synthèse n'opère aucune ventilation entre les soumissionnaires. En effet, afin de conserver ce qui nous semble relever de la confidentialité des avis formulés, la direction des affaires juridiques ne propose pas une vision complète des contributions. Cette dernière ne rappelle que les demandes ayant été prises en compte. Pour autant, le développement de l'intérêt des consultations publiques pourrait passer par une meilleure connaissance de l'ensemble des solutions proposées à la direction des affaires juridiques et les motifs des éventuels refus.

**
*

Ces consultations publiques sont donc l'occasion pour la direction des affaires juridiques des ministères économiques et financiers d'ouvrir une interface de dialogue entre ses services et les acteurs de la commande publique afin d'une part, d'avoir une influence sur le texte lui-même et d'autre part, de proposer des interprétations, par sa doctrine administrative, dans un sens conforme aux volontés de ces différents acteurs. Ainsi, la consultation publique constitue un moyen d'influencer les prises de position de la doctrine administrative dans le cadre de la naissance du droit de la commande publique. Cette position et cette interprétation pourront être reprises dans le cadre de la vie de la commande publique selon les mêmes modalités, au regard des évolutions

[13] Décret n° 2017-516 du 10 avril 2017 *portant diverses dispositions en matière de commande publique*, JORF n° 0087 du 12 avril 2017, texte n° 9.

parallèles des différents droits pouvant avoir un impact sur la commande publique. D'ailleurs, une interprétation, qui pourrait être considérée comme non pertinente au moment de l'édiction de l'acte en question, pourrait se révéler, du fait de l'adoption de dispositions européennes, législatives, réglementaires ou jurisprudentielles, être en adéquation avec le droit positif nouvellement établi.

B. Les droits interne et européen, sources de l'interprétation doctrinale

Au-delà de la possibilité pour les acteurs de la commande publique d'exercer une influence sur la prise de position de la doctrine administrative de la naissance de la commande publique, la direction des affaires juridiques des ministères économiques et financiers se trouve dans l'obligation de produire des actes de doctrine administrative prenant en considération l'ensemble du droit positif applicable à la situation en cause. En effet, l'application du droit de la commande publique – à la suite de sa création, sa refondation, sa codification – intègre un cadre juridique préexistant qui fixe autant de limites et de contraintes à l'application *sui generis* de ce droit.

La période d'adoption et de mise en place d'un nouveau code des marchés publics, et *a fortiori* d'un code de la commande publique, est propice à l'œuvre interprétative et créatrice de l'administration. En effet, l'édiction d'une doctrine administrative tendant à l'application du nouveau code est nécessaire à la compréhension et à l'utilisation efficiente des règles juridiques nouvellement instaurées[14]. En matière de droit de la commande publique, la compétence réglementaire trouve ses fondements dans l'histoire française[15]. Dès lors, en tant qu'autorité rédactrice des textes relatifs à la commande publique, l'autorité administrative est également la plus à même d'en produire l'interprétation. D'ailleurs, concomitamment à l'édiction d'un nouveau code, les ministères économiques et financiers adoptent des actes de doctrine administrative tendant à fournir une interprétation des dispositions nouvellement effectives.

1. De l' (in)utilité d'une interprétation concomitante à l'adoption des textes

Le texte codifié doit tout d'abord répondre à des exigences minimales, notamment quant au respect des principes d'intelligibilité et d'accessibilité du droit. Cependant, à l'aune du respect de ces principes, il semble nécessaire de s'interroger sur la nécessité, à la suite de son édiction, de l'interprétation, de la clarification d'un texte codifié. Tous ces actes de doctrine administrative adoptés concomitamment à l'adoption d'un code des marchés publics semblent inutiles, voire redondants à moins de ne considérer ces actes uniquement comme des règles de management public.

---

[14] D'ailleurs, cette œuvre créatrice de la doctrine se poursuit lors de la « vie » du code ; en ce sens, voir le paragraphe suivant de la présente étude.

[15] Voir en ce sens, les développements produits dans l'introduction.

Pour autant, les ministères économiques et financiers semblent retenir une autre position. En effet, leur adossement au décret portant code des marchés publics semble impliquer une certaine normativité de cette doctrine et de l'interprétation qu'elle contient. Ces actes participeraient ainsi à l'efficacité d'application des règles du droit de la commande publique et permettraient de répondre aux exigences liées l'efficience de la gestion publique. Dans ce cadre, la doctrine administrative n'ajoute rien au texte en vigueur, ne fait que reprendre les dispositions existantes dans le texte codifié et la pertinence de cet outil peut donc être discutée.

Cependant, dans l'hypothèse où la doctrine administrative agirait comme un vecteur d'ajout de règles juridiques, l'administration agirait par le biais d'une interprétation non opposable, en pure opportunité. De plus, au regard de la jurisprudence Jamart[16], cette interprétation donnerait un pouvoir réglementaire au ministre par le biais de cette doctrine, ce qui semble inconcevable dans le cadre juridique et constitutionnel actuel.

Dès lors, quand bien même l'utilité de la doctrine administrative lors de l'édiction du code des marchés publics ne semble pas établie, les ministères économiques et financiers en font un élément essentiel de sa production normative. En effet, de l'édiction à l'adoption du code par la suite de sa primo-interprétation, ce ministère prend part – et une part importante – à la vie de ce texte.

D'ailleurs, la doctrine administrative permet une simplification du droit par le biais des différentes questions auxquelles elle doit répondre, notamment afin de procéder à l'intégration et l'explication de la transposition des règles européennes[17].

2. *Une interprétation incluse dans un cadre juridique existant*

L'interprétation du droit de la commande publique concomitamment à son adoption permet aux ministères économiques et financiers de justifier l'adoption de dispositions nouvelles et d'une nouvelle doctrine administrative au regard de l'environnement économique, national et international.

a. *La doctrine administrative de la commande publique, une intégration dans un cadre interne et européen*

Le droit de la commande publique s'inscrit dans le cadre plus large du droit public interne et européen. En effet, l'interprétation de ce droit ne saurait se limiter à l'étude exclusive des qualifications et de la mise en œuvre de ces contrats.

---

[16] CE, Sect, 7 février 1936, *Jamart,* n°43321, Lebon, Concl. Josse ; S. 1937.3.113, note Rivero, GAJA n° 45.

[17] Voir notamment sur la question, De la Rosa (S.), *Droit européen de la commande publique,* édition Bruylant, mars 2017.

Droit de la concurrence et doctrine administrative de la commande publique. – Le droit de la commande publique est tout d'abord régi par l'application des dispositions relatives au droit public de la concurrence. Ainsi que le prévoit l'article 1er de l'ordonnance du 23 juillet 2015 relative aux marchés publics[18] qui fixe les principes applicables à la commande publique, ce droit doit permettre l'application de l'égalité de traitement entre les candidats. D'ailleurs, en application des règles de concurrence européenne, la direction des affaires juridiques des ministères économiques et financiers a entendu préciser les modalités d'exclusion du champ d'application des directives « marchés ».

Pour ce faire, l'interprète exclusif va reprendre les textes du droit européen et la jurisprudence de la Cour de justice de l'Union européenne. Dès lors, sur le fondement d'une interprétation constructive du droit de la commande publique, la direction des affaires juridiques se retrouve dans l'obligation de l'inclure dans le droit public de la concurrence. En effet, afin d'assurer une plus grande cohérence sur l'applicabilité des dispositions relatives au droit de la concurrence, la direction des affaires juridiques des ministères économiques et financiers se doit d'y conformer le droit de la commande publique.

Pour autant, la direction des affaires juridiques semble encore aujourd'hui réticente à une inclusion des règles relatives en matière de marchés publics avec les dispositions sur les aides d'Etat. Cette réticence se démontre par l'absence de fusion entre le *vadémécum* des aides d'État[19] et le *vadémécum* en matière des marchés publics[20]. Pour autant, cette absence de rapprochement entre les deux outils de transmission de la doctrine administrative marque une volonté pour les ministères économiques et financiers de cloisonner ces deux matières alors qu'au contraire, elles s'influencent mutuellement. Ce cloisonnement marque donc un certain scepticisme à l'application du droit européen de la concurrence dans le champ de la commande publique par la direction des affaires juridiques des ministères économiques et financiers, voire plus largement des autorités françaises. Dès lors, la primauté des règles nationales relatives aux contrats de la commande publique conduit les pouvoirs et entités adjudicateurs à promouvoir cette primauté et à exclure certaines dispositions supranationales dans le cadre de l'application du droit de la commande publique. Cette situation, quand bien même elle ne présente qu'un risque limité au regard du droit national, semble plus à même à faire naître un contentieux devant les juridictions européennes. Il apparaît nécessaire pour la direction des affaires juridiques des ministères économiques et financiers de fusionner les deux *vadémécums* ayant pour finalité de garantir une pleine compatibilité des interprétations données des dispositions

---

[18] Ordonnance n° 2015- 899 du 23 juillet 2015 *relative aux marchés publics*, JORF n° 0169 du 24 juillet 2015, p. 12602, texte n° 38. Principe repris à l'article L. 3 du code de la commande publique.

[19] Direction des affaires juridiques des ministères économiques et financiers, *Vade-mecum des aides d'Etat*, La Documentation française, 2016.

[20] Direction des affaires juridiques des ministères économiques et financiers, *Vade-mecum des marchés publics*, La Documentation française, 2015.

relatives aux marchés publics avec le droit de la concurrence, notamment dans son pan européen.

Décentralisation et déconcentration à l'aune de la doctrine administrative de la commande publique – Le droit de la commande publique, et partant sa doctrine administrative, ne sauraient faire fi de la tradition française de déconcentration et de décentralisation de l'Etat.

D'une part, la direction des affaires juridiques des ministères économiques et financiers se doit d'inclure son interprétation dans le droit des collectivités territoriales afin de prendre en considération l'ensemble de ce droit dérogatoire du droit commun au regard du principe de libre administration des collectivités locales. En ce sens, ont été créés des tableaux de publicité, de procédure et de délai applicables aux collectivités territoriales et aux établissements publics locaux. Ainsi, l'interprétation donnée par l'interprète exclusif démontre une volonté de ce dernier de prévoir l'ensemble des situations qui peuvent se présenter aux personnes publiques, notamment au regard du droit des collectivités locales.

D'autre part, la direction des affaires juridiques des ministères économiques et financiers prévoit les modalités de mise en œuvre spécifique du droit de la commande publique aux entités adjudicatrices et aux établissements publics de santé. La direction des affaires juridiques a donc produit des tableaux de publicité, de procédure et de délais applicables à certaines entités adjudicatrices et aux établissements de santé[21]. Par ailleurs, les spécificités de ces deux acteurs se traduisent également par la production de fiches sectorielles[22].

La combinaison de dispositions éparses, une conciliation opérée par la direction des affaires juridiques des ministères économiques et financiers – Les modalités de mise en œuvre du pouvoir d'interprétation au profit de l'autorité administrative impliquent que l'interprète exclusif se trouve dans l'obligation de respecter les définitions proposées par l'ensemble des normes auxquels le droit de la commande publique est soumis.

Quant à la qualification juridique et aux différentes modalités d'application du droit de la commande publique, la qualification des pouvoirs adjudicateurs dans le *Vadémécum* des marchés publics[23] est topique.

Dans un premier temps, la direction des affaires juridiques des ministères économiques et financiers va reprendre les différentes notions centrales du droit européen pour qualifier les pouvoirs adjudicateurs. Par une lecture combinée de

---

[21] Voir en ce sens, les différents tableaux établis par la direction des affaires juridiques des ministères économiques et financiers au profit des entités adjudicatrices centralisés à l'adresse suivante :
https://www.economie.gouv.fr/daj/conseil-acheteurs-tableaux

[22] Voir en ce sens, la fiche « *Vos questions – Nos réponses* » relatives à l'obligation pour les établissements publics de santé de réunir une commission d'appel d'offres dans le cadre de leurs marchés publics.

[23] Direction des affaires juridiques des ministères économiques et financiers, *Vade-mecum des marchés publics*, La Documentation française, 2015, p. 127 et suivantes.

la directive 2004/18/CE du Parlement européen et du Conseil du 31 mars 2004 relative à la coordination des procédures de passation des marchés publics de travaux, de fournitures et de services[24] et de l'article 2 de la directive 2014/24/UE du Parlement européen et du Conseil du 26 février 2014 sur la passation des marchés publics[25], la direction des affaires juridiques pose le cadre juridique européen nécessaire à la compréhension du droit des marchés publics et à leur application en droit national. D'ailleurs, la qualification extensive des pouvoirs adjudicateurs à l'aune de la notion européenne d'acheteur public va permettre à l'interprète exclusif de préciser l'ensemble des critères retenus tant par les textes européens que par la jurisprudence de la Cour de justice de l'Union européenne.

A la suite d'une reprise des définitions issues du droit de l'Union européenne, la direction des affaires juridiques des ministères économiques et financiers va étudier « l'impact de la définition européenne » sur le droit national des marchés publics, en ce sens que le droit français retient une acception plus restrictive de la notion de pouvoir adjudicateur contrairement à la notion d'acheteur public. Dès lors, vont être expliquées les contraintes juridiques qui ont conduit les autorités françaises à retenir une position restrictive de la notion de pouvoir adjudicateur. En effet, la direction des affaires juridiques explique la contrainte issue de la détermination de l'autorité publique compétente pour édicter les règles, entre le domaine législatif et le domaine réglementaire. Ainsi, l'interprète exclusif se prononce, non pas uniquement en droit, mais aussi en opportunité. Par l'explication des contraintes juridiques, la direction des affaires juridiques des ministères économiques et financiers propose une interprétation qui traduit sa position, en opportunité, sur la question qui lui est posée.

D'une part, pour qualifier le cocontractant de la personne publique, il est retenu la notion d'« opérateur économique ». La qualification d'opérateur économique revêt, en droit européen, une double caractérisation, par les textes d'un côté et par la jurisprudence de l'autre. En l'espèce, sera retenue la définition posée par le 8° de l'article 1er de la directive n° 2004/18/CE du Parlement européen et du Conseil du 31 mars 2004 relative à la coordination des procédures de passation des marchés publics de travaux, de fournitures et de services[26]. Par la suite, reprenant la jurisprudence Höfner[27], le Guide de bonnes pratiques en matière de marchés publics précise que l'opérateur économique doit

[24] Directive 2004/18/CE du 31 mars 2004 du Parlement européen et du Conseil *relative à la coordination des procédures de passation des marchés publics de travaux, de fournitures et de services.*

[25] Directive 2014/24/UE du Parlement européen et du Conseil du 26 février 2014 *sur la passation des marchés publics et abrogeant la directive 2004/18/CE*, JOUE L. 94/65 du 28 mars 2014.

[26] Directive 2004/18/CE du 31 mars 2004 du Parlement européen et du Conseil *relative à la coordination des procédures de passation des marchés publics de travaux, de fournitures et de services.*

[27] CJCE, 23 avril 1991, *Höfner et Elser*, aff. C-41/90, Rec. p. I- 2010.

s'entendre comme « une entité, quels que soient son statut juridique et son mode de financement, qui exerce une activité économique ».

Afin de parvenir à une position définitive, la direction des affaires juridiques des ministères économiques et financiers va reprendre la définition posée par la jurisprudence du Conseil d'État[28] reprenant ainsi les critères du droit européen pour mettre à l'écart l'application des règles des marchés publics en l'absence d'un opérateur sur un marché concurrentiel. Ainsi, l'interprète exclusif va produire son interprétation par la combinaison et la conciliation de dispositions éparses qui peuvent avoir des implications, notamment juridiques, diverses. D'ailleurs, cette conciliation participe à l'interprétation en opportunité de la direction des affaires juridiques des ministères économiques et financiers.

La production d'éléments de doctrine administrative quant aux qualifications juridiques du droit de la commande publique, par l'interprète exclusif, repose sur un cadre juridique stabilisé sur lequel il peut proposer son analyse. D'ailleurs, ce cadre juridique se fonde à la fois sur des textes (directive, règlement européen, loi, décret) mais aussi sur la jurisprudence tant nationale qu'européenne. Par contre, cette volonté d'interprétation trouve une première limite dans la circonscription du champ du droit à interpréter. En effet, dans le cadre de sa doctrine administrative, les ministères économiques et financiers ont pu limiter leur interprétation à un pan du droit, sans retenir une lecture combinée ou constructive de ces dispositions[29]. De plus, l'interprétation formulée par la direction des affaires juridiques des ministères économiques et financiers peut aller à l'encontre de la position retenue dans le texte même. Ainsi, en pure opportunité, la direction des affaires juridiques peut retenir une interprétation *contra legem* des dispositions[30]. Dès lors, l'interprète exclusif procède plus à une conciliation entre les dispositions juridiques applicables au droit de la commande publique, qu'elles soient nationales, européennes ou internationales, qu'à une opposition entre les différentes sources du droit.

---

[28] CE Sect., 6 avril 2007, *Commune d'Aix-en-Provence,* n° 284736; JCP A 2007, 2111, note Karpenchif ; JCP A 2007, 2125, note Linditch, JCP A 2007, 2128, comm. Pontier ; CMP 2007, comm. 191, obs. Eckert ; BJCP 2007 p. 283, concl. Éner ; AJDA 2007 p. 1020, chron. Lenica et Boucher.

[29] Voir notamment, l'interprétation formulée par la direction des affaires juridiques dans le cadre de la qualification des pouvoirs adjudicateurs en matière de commande publique.

[30] Voir en ce sens, CE, 18 septembre 2015, *Société Axcess,* n° 380821, mentionné dans les tables du recueil Lebon, concl. Pelissier (G.), JCPG Semaine juridique (édition générale), 5 octobre 2015, n° 41, p. 1814, chron. Erstein (L.) ; Le moniteur- contrats publics, 1er novembre 2015, n° 159, p. 10, note Jouguelet (J-P.) ; Contrats et Marchés publics, 1er novembre 2015, n° 11, p. 20, note Devillers (P.) ; Le moniteur- contrats publics, 1er janvier 2016, n° 161, p. 58, chron. Serr (F.) ; JCP A (Administrations et collectivités territoriales), 29 février 2016, n° 8, p 27, comm. Deligiannis (S.) ; RJDA, 1er mai 2016, n° 5, p. 366, note ; Contrats et marchés publics, 1er juillet 2016, n° 7, p. 7, chron. Olivier (F.) et Liet-Veaux (C.).

b. De rédacteur à interprète, le pouvoir de la DAJ

En tant que rédacteur des textes relatifs à la commande publique, la direction des affaires juridiques des ministères économiques et financiers est la plus à même de les interpréter.

Interprétation administrative et consultations publiques – Dans le cadre de la consultation publique sur un texte, la direction des affaires juridiques peut avoir recueilli de nombreux souhaits et demandes quant à l'application des règles posés par le nouveau texte. Dès lors, quand bien même ils n'ont pas souhaité pour des raisons d'opportunité ou des considérations d'ordre juridique intégrer cette position dans le texte, les ministères économiques et financiers peuvent s'être engagés auprès des personnes consultées sur une certaine interprétation à retenir des nouvelles dispositions. En effet, la consultation du public doit permettre à la direction des affaires juridiques de recueillir, d'une part, la contribution des personnes participant à la vie du droit de la commande publique et d'autre part, de leur assurer la prise en compte de leurs contributions par le biais d'une interprétation qui leur sera favorable. Afin de participer à une réelle application des dispositions relatives au droit de la commande publique, l'interprète exclusif peut souhaiter donner son interprétation du texte en prenant en considération les demandes des futurs soumissionnaires, des pouvoirs adjudicateurs ou des entités adjudicatrices. En effet, l'assentiment de ces derniers donné au texte mais aussi à son interprétation doit permettre une application cohérente à la volonté des ministères économiques et financiers et permettre une utilisation raisonnée de la doctrine administrative.

De plus, à l'instar des réponses ministérielles par lesquelles le Gouvernement peut s'engager sur une interprétation à donner à un texte, la direction des affaires juridiques des ministères économiques et financiers peut agir, de manière similaire, dans le but de proposer une interprétation cohérente du droit de la commande publique et ainsi éviter toute possibilité de blocage de la part des futurs soumissionnaires ou des pouvoirs et entités adjudicateurs.

Cette possibilité peut aussi s'étendre à l'ensemble des ministères appelés à se prononcer sur le texte. En effet, il est de bonne administration de soumettre aux autres ministères, pour avis, l'ensemble des textes pouvant donner lieu à une application par tous les champs ministériels. Ainsi, pour le droit de la commande publique, qui doit être respecté par l'ensemble des départements ministériels, la consultation de tous les membres du Gouvernement et de leur ministère semble nécessaire et cohérent. Dès lors, dans le cadre de réunions de travail ou d'échanges entre les cabinets des ministres, pour l'application du droit de la commande publique, les ministères économiques et financiers peuvent solliciter l'avis des autres ministères et en cas d'impossibilité d'intégration des propositions de modifications, inscrire dans les actes de doctrine administrative, les interprétations ou les réserves formulées par les autres ministères.

Par ailleurs, les membres de la direction des affaires juridiques des ministères économiques et financiers sont désignés en tant que commissaire du

Gouvernement devant le Conseil d'État pour les projets de textes réglementaires relatifs à la commande publique. Ainsi qu'il a été précisé ci-avant, le droit de la commande publique relevant quasi-exclusivement du domaine réglementaire, la direction des affaires juridiques des ministères économiques et financiers est donc celle qui défendra le projet de texte devant le Conseil d'État saisi dans le cadre de ses missions consultatives. Au cours des réunions de travail, les membres du Conseil d'État peuvent soumettre des modifications de rédaction mais aussi des modalités d'interprétation pour assurer la bonne cohérence du droit de la commande publique au droit positif. Dès lors, quand bien même une disposition ne serait pas censurée par le Conseil d'État, la section consultée peut proposer une interprétation à la direction des affaires juridiques des ministères économiques et financiers. Ainsi, l'interprète exclusif reprendra à son compte l'interprétation, donnée par l'interprète authentique, du futur texte. Le dialogue entre le Conseil d'État, dans ses fonctions consultatives, et l'administration active permet donc de garantir une cohérence juridique dans les textes réglementaires mais aussi dans leur interprétation par le biais de la doctrine administrative.

Interprétation administrative et compétence de l'autorité administrative – La direction des affaires juridiques des ministères économiques et financiers jouit d'une expérience dans le domaine de la commande publique lui permettant d'interpréter les textes dans le sens le plus protecteur des intérêts de l'État, des procédures de publicité et de mise en concurrence ainsi que de la bonne utilisation des deniers publics. En effet, toutes les évolutions textuelles du droit de la commande publique font l'objet d'une étude approfondie par les services des ministères économiques et financiers et permettent ainsi d'adopter de nouveaux dispositifs afin d'améliorer le système existant ou de transposer des obligations supranationales. Ainsi, en tant qu'instigatrice et pilote sur les évolutions à donner au droit de la commande publique, la direction des affaires juridiques des ministères économiques et financiers se propose d'interpréter les textes dans le sens d'une application conforme à sa vision et ayant trait à une politique à caractère économique à mettre en œuvre.

**
*

Ainsi, que ce soit par le biais de la consultation publique qui peut avoir pour effet d'orienter l'interprétation à donner des textes de la naissance de la commande publique ou que ce soit le fruit d'une interprétation *in abstracto* des dispositions qui vont entrer en vigueur, la direction des affaires juridiques est un acteur central de l'interprétation faite du droit de la commande publique. Cette interprétation peut être marquée de différentes colorations : celle de la direction des affaires juridiques, des différents ministères, du Conseil d'État mais aussi d'organes supranationaux qui par leur interprétation propre des textes[31] peuvent

[31] Pour exemple, communication interprétative sur les concessions en droit communautaire du 8 février 2000 ; communication interprétative concernant l'application du droit

avoir une influence certaine sur la position des ministères économiques et financiers.

Pour autant, le droit de la commande publique ne s'arrête pas de vivre une fois une législation adoptée ou un code présenté. Le travail de la direction des affaires juridiques des ministères économiques et financiers est permanent afin de permettre une actualisation, « en temps réel », de l'interprétation à donner des textes au regard des évolutions juridiques, qu'elles soient supranationales, législatives, réglementaires ou jurisprudentielles.

II. Une doctrine administrative de la commande publique, objet de multiples réinterprétations

Au-delà de l'édiction d'une doctrine administrative lors de l'adoption du code des marchés publics, cette dernière trouve un écho dans la vie du code. À l'instar du corps humain, l'administration est un organisme vivant, inséré dans un environnement fluctuant[32]. Dès lors, des évolutions sont nécessaires afin de répondre à ces fluctuations. En effet, l'adoption du code est un événement marqué temporellement ainsi que par son environnement politique, économique et juridique. Révélatrice de la puissance de l'administration, cette doctrine s'inscrit dans une temporalité qui lui est propre. Pour autant, celle-ci doit connaître des développements du fait des évolutions contextuelles tant au niveau national qu'international. Ainsi, la doctrine administrative va spontanément faire évoluer sa gestion des marchés publics et devient le vecteur de cette gestion économique et juridique de l'État.

A. Une évolution marquée par des dispositions supranationales

Le droit international et le droit européen – droit de l'Union européenne et droit du Conseil de l'Europe – peuvent avoir une influence majeure sur l'évolution de la position adoptée par les différents acteurs de la commande publique, notamment au travers de la doctrine administrative. Les degrés d'influence peuvent varier, en ce sens que le droit européen dispose d'une aura plus importante que le droit international quand bien même ce dernier a pu poser les jalons d'un droit de la commande publique harmonisé.

1. Le droit international, une source oubliée de la doctrine administrative

L'influence du droit international sur la doctrine administrative éclairant le droit de la commande publique n'a qu'un effet relatif au regard de l'importance des dispositions de droit international sur cette matière. Établi comme la relation

---

communautaire des marchés publics et des concessions aux partenariats public-privé institutionnalisés du 5 février 2008, n° C/2007/661

[32] Voir pour un exemple d'évolution de la doctrine administrative eu égard à une situation particulière : Di Francesco (D.), « *Le renouveau de la doctrine administrative des contrats publics à l'épreuve du Covid-19* », Hebdo Lexbase édition publique n°611 du 14 janvier 2021

contractuelle entre une personne publique et une personne publique ou privée, les contrats de la commande publique semblent *a priori* étrangers au phénomène de globalisation ou d'internationalisation du droit. En effet, le caractère national de ce droit ressort, d'une part, d'une tradition historique qui soumet le contrat, notamment conclu par une personne publique aux règles nationales mais surtout, d'autre part, d'une raison organique, en ce sens que la personne publique ne saurait se voir imposer, dans une relation contractuelle, un autre droit que celui dont elle est le producteur et qui régit les relations contractuelles sur son territoire national. Dès lors, l'internationalisation du droit de la commande publique paraît être un questionnement saugrenu.

D'ailleurs, les textes de droit international sont les grands absents du site internet de la direction des affaires juridiques des ministères économiques et financiers. En effet, quand bien la République française serait signataire de conventions internationales, accords bilatéraux ou multilatéraux, la direction des affaires juridiques ne les répertorie pas, si ce n'est une brève référence à l'accord sur les marchés publics adopté et signé sous les auspices de l'organisation mondiale du commerce (OMC). Par ailleurs, l'ensemble des actes de la doctrine administrative ne semble pas mentionner les actes de droit international ayant une incidence sur le droit de la commande publique en France. En effet, le guide des bonnes pratiques en matière de marchés publics[33] fait mention de l'accord sur les marchés publics pour renvoyer directement à son intégration dans l'ordre juridique de l'Union européenne. Dès lors, la direction des affaires juridiques indique nécessairement sa soumission au droit international au travers de son intégration dans le droit européen mais ne se prononce pas en faveur d'un respect univoque à propos d'un acte de droit international. Cette incise dans le guide des bonnes pratiques reste la seule référence à un acte de droit international et cette référence n'est qu'indirecte au regard de l'intégration de ces dispositions dans le droit de l'Union européenne.

Dès lors, une interrogation fait jour, celle de savoir pourquoi les actes de doctrine administrative ne se réfèrent pas au droit international dans l'explication faite du droit de la commande publique.

D'une part, ainsi qu'il vient d'être précisé, les dispositions de droit international peuvent faire l'objet d'une reprise *in extenso* dans des normes européennes. Cette intégration dans le droit européen présente un avantage majeur, celui d'imposer à des États non signataires d'une convention internationale, des règles inspirées par le droit international[34]. Par ailleurs, la référence au droit de l'Union européenne semble plus pertinente au regard du niveau d'intégration mis en œuvre par le droit européen, qui dispose d'organes de

---

[33] Direction des affaires juridiques des ministères économiques et financiers, *Guide de bonnes pratiques en matière de marchés publics*, 26 septembre 2014.

[34] Pour exemple, les principes retenus dans l'accord sur les marchés publics signés en avril 1994 à Marrakech (entrée en vigueur en janvier 1996 ; révisé en mars 2012 et entré en vigueur en avril 2014) se retrouvent dans le cadre du droit de l'Union européenne, notamment des directives relatives aux marchés publics et dans le code des marchés publics français.

contrôle de l'application du droit et d'organes juridictionnels à même de faire respecter les dispositions européennes. En effet, l'aspect coutumier, de droit souple du droit international ne permet pas à la doctrine administrative d'un État membre de se référer à ces normes, notamment lorsqu'un droit plus intégré garantit à tout le moins le même niveau de protection voire opère une protection renforcée. Dès lors, l'éloignement de la source de droit international peut être un vecteur de l'absence d'influence de ces normes sur la doctrine administrative interprétant le droit de la commande publique.

D'autre part, l'influence du droit international se fait ressentir surtout sur les contrats internationaux conclus par une personne publique. En l'espèce, la primauté du droit international ne fait aucun doute au motif que les règles de droit international ont pour objet ou pour effet de contraindre les États à mettre en œuvre des procédures de passation et d'exécution des contrats conformes aux prescriptions émises par les organisations internationales. En effet, afin de garantir la sécurité juridique et la loyauté des relations contractuelles entre les États cocontractants, l'application du droit international est essentielle et la doctrine administrative ne pourrait se défaire des règles édictées. Pour autant, au regard de l'importance quant à la conclusion de tels contrats, la sollicitation de la direction des affaires juridiques des ministères économiques et financiers doit se faire en toutes hypothèses et il ne semble pas nécessaire pour cette dernière de produire des actes de doctrine administrative en ce sens. Toutefois, à l'aune de l'intelligibilité du droit et de la sécurité juridique, la rédaction d'un guide des bonnes pratiques en matière de contrats internationaux conclus par les personnes publiques pourrait être nécessaire aux différents acteurs de la commande publique.

Par contre, l'influence du droit international sur les contrats de la commande publique conclus sous l'égide du droit national semble plus ténue et n'implique pas nécessairement l'adoption d'actes de doctrine spécifique. En effet, la protection créée par le droit international peut se retrouver dans de nombreux textes – européens, législatifs ou réglementaires – et disposent ainsi d'une protection accrue par les dispositifs infra-internationaux. Dès lors, la référence pour les actes de doctrine administrative au droit international ne semble pas opportune à l'aune de la protection développée par les mécanismes européens et nationaux.

**
*

Le droit international est donc le parent pauvre de la doctrine administrative de la commande publique, en ce sens qu'il n'y ait fait que rarement référence et que son analyse n'est pas reprise dans les prises de position de l'administration. Pour autant, ce rôle de parent pauvre ne revêt pas une incidence majeure au motif que de nombreuses dispositions ont été reprises dans d'autres sources du droit, notamment en droit de l'Union européenne, ce qui démontre une forte intégration de ces dispositions.

2. *Droit européen et jurisprudence de la Cour de justice, des sources d'évolution de la doctrine administrative*

Fruit de l'internationalisation du droit, le mouvement de reconnaissance du droit européen et d'intégration de celui- ci participe à une prise en considération de ce droit supranational pour les prises de position et les interprétations formulées par la doctrine administrative.

Le droit positif de la commande publique se caractérise par une externalisation du droit tendant à se développer au niveau international, plus particulièrement, au niveau régional. D'ailleurs, l'essor du droit communautaire puis européen et conventionnel[35] a renforcé le mouvement d'externalisation. En effet, la mondialisation et l'européanisation[36] de nos sociétés et de notre droit auront pour conséquences d'obliger les juridictions – internationales, européennes et nationales – à mettre en commun leurs jurisprudences afin d'harmoniser les ordres juridiques, au niveau mondial ou régional et d'obliger les autorités administratives à prendre en considération de manière croissante ce droit extérieur.

Dans ce contexte juridique où la primauté du droit européen et du droit de la convention de sauvegarde des droits de l'homme et des libertés fondamentales est un principe essentiel, la doctrine administrative de la commande publique ne saurait faire fi de l'implication de ce droit dans sa réflexion interprétative.

Le dialogue des interprètes exclusifs du droit de la commande publique – La prégnance du droit européen sur la doctrine administrative de la commande publique trouve son fondement historique dans les actes adoptés par les institutions européennes dans le cadre de leurs compétences. En effet, depuis les années 1970, l'Union européenne a été une productrice abondante d'actes juridiques, notamment des directives ayant pour finalité de créer un régime commun et uniformisé en matière de contrats de la commande publique. C'est en ce sens que la directive n° 2004/18/CE du Parlement européen et du Conseil du 31 mars 2004 relative à la coordination des procédures de passation des marchés publics de travaux, de fournitures et de services[37] et la directive n° 2014/24/UE du Parlement européen et du Conseil du 26 février 2014 sur la passation des

---

[35] Par le terme conventionnel, nous nous référons à la Convention de sauvegarde des droits de l'homme et des libertés fondamentales (CESDH).

[36] Cette tendance peut être résumée par l'expression de globalisation du droit selon le professeur Jean-Bernard Auby in Auby (J-B), *La globalisation, le droit et l'État,* LGDJ, Coll. Systèmes Droit, 2e édition, 22 juin 2010, 264 pages.

[37] Directive 2004/18/CE du 31 mars 2004 du Parlement européen et du Conseil *relative à la coordination des procédures de passation des marchés publics de travaux, de fournitures et de services.*

marchés publics[1] ont été adoptées. Ces directives avaient pour objet de créer un « programme de modernisation de la commande publique »[2].

Dès lors, la doctrine administrative de la commande publique a l'obligation de s'inspirer des principes régissant ces directives afin de proposer son interprétation. D'ailleurs, dans cette hypothèse, au regard de la production doctrinale de la Commission européenne, la direction des affaires juridiques des ministères économiques et financiers pourrait reprendre à son compte des interprétations développées par la Commission européenne en tant que créateur de doctrine administrative[3]. C'est ainsi que dans la fiche technique relative à l'intérêt transfrontalier certain[4], la direction des affaires juridiques des ministères ministères économiques et financiers s'est appuyée sur la communication interprétative de la Commission européenne[5] qui clarifiait la position de l'institution européenne pour déterminer si l'attribution d'un contrat de la commande publique revêt le caractère d'un intérêt transfrontalier certain pour des opérateurs économiques situés dans d'autres États membres. Ainsi, à l'instar du dialogue des juges qui s'est établie entre les juges nationaux, juge de droit commun du droit européen, et les juridictions européennes, les autorités françaises ont instauré un dialogue des interprètes exclusifs au motif que les autorités compétentes pour interpréter les dispositions du droit européen en matière de commande publique peuvent le faire au regard de l'interprétation formulée par la Commission européenne. Par ailleurs, cette prise en compte régulière des actes adoptés par les institutions européennes se retrouvent également dans les mises à jour des guides de bonnes pratiques mais aussi dans les lettres de la direction des affaires juridiques par lesquelles elle opère une veille des textes adoptés dont une transposition pourrait être nécessaire. Dès lors, au regard des actes adoptés par les institutions européennes, la direction des

---

[1] Directive 2014/24/UE du Parlement européen et du Conseil du 26 février 2014 *sur la passation des marchés publics et abrogeant la directive 2004/18/CE, JOUE L. 94/65 du 28 mars 2014.*

[2] Hoepffner (H.), *Droit des contrats administratifs*, Dalloz, Coll. Cours, novembre 2016, p. 31.

[3] Dès lors, se pose la question d'un droit souple européen lié aux interprétations faites par la Commission européenne du droit de la commande publique. Pour autant, l'objet de la présente étude ne saurait répondre à une telle question au regard de l'étendu des écrits de la Commission sur ce sujet. En effet, la Commission européenne se prononce par des actes de doctrine administrative, sous la forme de communication (communication interprétative sur les concessions en droit communautaire du 8 février 2000 ; communication interprétative concernant l'application du droit communautaire des marchés publics et des concessions aux partenariats public-privé institutionnalisés du 5 février 2008, n° C/2007/661), de livre vert (livre vert sur les partenariats public-privé, Com. 2004/03 27 final du 30 avril 2004) qui mériteraient une étude à part entière.

[4] Direction des affaires juridiques des ministères économiques et financiers, *Fiche technique relative à l'intérêt transfrontalier certain*, 14 février 2017, p. 2.

[5] Communication interprétative de la Commission *relative au droit communautaire applicable aux passations de marchés non soumises ou partiellement soumises aux directives « marchés publics »*, n° 2006/C 179/02, JOUE du 1er août 2006, C 179/2.

affaires juridiques effectue un fort travail de veille et participe à un dialogue constructif entre les interprètes exclusifs afin de garantir la sécurité juridique des entreprises soumissionnaires et des personnes publiques ayant à appliquer le droit de la commande publique.

L'irradiation de la doctrine administrative par le dialogue des juges - Le dialogue constructif entre les interprètes exclusifs trouve des ramifications dans le dialogue des juges entre eux. De ce dialogue des juges institutionnalisé par la pratique juridictionnelle, la doctrine administrative a été irradiée. En effet, la direction des affaires juridiques des ministères économiques et financiers opère une veille relative tant aux décisions de la Cour de justice de l'Union européenne que du Conseil d'État pour l'applicabilité du droit de la commande publique. L'interprétation du droit de la commande publique par son interprète exclusif revêt une touche nappée de ce dialogue des juges. Ainsi, la direction des affaires juridiques des ministères économiques et financiers propose une interprétation des décisions rendues par les juridictions nationales en application des dispositions du droit de l'Union européenne. Dès lors, le dialogue des juges, qu'ils passent par des procédures institutionnalisées ou par des renvois jurisprudentiels, influence la position de la doctrine administrative dès lors qu'elle propose une interprétation de la jurisprudence nationale appliquant le droit européen de la commande publique. Topique de cette situation est la fiche technique relative à l'intérêt transfrontalier certain[1], en ce sens qu'elle permet l'interprétation de dispositions européennes à l'aune de décisions de la Cour de justice de l'Union européenne et de décisions du Conseil d'État. Dès lors, la direction des affaires juridiques procède à l'interprétation de décisions du Conseil d'État[2] ayant pour objet de préciser les conditions de publicité à respecter pour les contrats présentant un intérêt transfrontalier certain[3]. Ainsi, la direction des affaires juridiques des ministères économiques et financiers se trouve chargée d' « ordonner le pluralisme »[4].

Dans la vie du droit de la commande publique et de l'interprétation qui en est faite, l'interprète exclusif doit opérer une actualisation régulière des actes de la doctrine administrative afin d'inclure l'interprétation formulée dans un état de la jurisprudence sans cesse renouvelé. En ce sens, la direction des affaires juridiques des ministères économiques et financiers procède régulièrement à l'actualisation des fiches techniques ou des guides relatifs au droit de la

---

[1] Direction des affaires juridiques des ministères économiques et financiers, *Fiche technique relative à l'intérêt transfrontalier certain*, 14 février 2017, p. 2.

[2] CE Ass., 1er avril 2009, *Communauté urbaine de Bordeaux et Société Kéolis,* n° 323585 et 323593, publié au recueil Lebon, concl. Dacosta (B.), AJDA 2009. 1889, note F. Train.

[3] Direction des affaires juridiques des ministères économiques et financiers, *Fiche technique relative à l'intérêt transfrontalier certain*, 14 février 2017, p. 2.

[4] Delmas-Marty (M.), *Les forces imaginantes du droit (II). Le pluralisme ordonné*, Seuil, 2006.

commande publique[1]. De même, afin de garantir une connaissance actualisée du droit de la commande publique, la lettre de la direction des affaires juridiques propose une interprétation des décisions rendues par les juridictions nationales ou européennes[2].

**
*

Le droit européen dispose d'une large influence sur le droit de la commande publique et partant sur l'interprétation formulée par les autorités françaises en application de ce droit. Participant au mouvement d'internationalisation et d'européanisation du droit de la commande publique par la reprise d'une interprétation supranationale, la direction des affaires juridiques des ministères économiques et financiers se pose en tant qu'interprète national d'un droit supranational éclairé tant par la doctrine administrative européenne que par les juridictions nationales et européennes. Dès lors l'interprétation formulée par l'interprète exclusif est empreinte de ces considérations supranationales sans pour autant s'y confondre.

B. Une évolution induite par des textes nationaux et la jurisprudence

Au-delà de la perspective internationaliste et régionale, les sources de droit interne sont au centre de l'activité interprétative de la doctrine administrative. En effet, la vie de la commande publique est régie et régulée par l'adoption de législation successives, d'actes réglementaires – constituant le fondement de ce droit mais aussi permettant la sécurisation des contrats – ainsi que de revirements de jurisprudence dans le sens d'une meilleure protection de tous les intérêts liés aux contrats publics.

1. Une nouvelle législation, source d'interprétation par la doctrine administrative

L'adoption d'une législation nouvelle peut avoir une influence sur le droit de la commande publique et ainsi nécessiter que l'interprète exclusif de ce droit s'interroge sur les implications concrètes de cette loi sur les règles relatives aux contrats publics.

---

[1] Voir pour exemple, l'actualisation de la fiche technique relative à l'offre anormalement basse : Direction des affaires juridiques des ministères économiques et financiers, *Fiche technique relative à l'offre anormalement basse*, 21 novembre 2016, p. 2.

[2] A titre d'exemple, voir : Direction des affaires juridiques des ministères économiques et financiers, *Lettre d'actualité juridique du ministère de l'économie et des finances*, n° 224 du 26 janvier 2016. Dans la partie relative à la commande publique, la direction des affaires juridiques a rédigé deux commentaires en précisant la portée des décisions suivantes : *CJUE, 21 décembre 2016, Remondis GmbH & Co, C-51/15 et CJUE, 14 décembre 2016, Connexxion Taxi Service BV, C-171/15.*

L'effet direct de la législation sur la doctrine administrative de la commande publique – L'adoption d'une nouvelle législation peut avoir un effet direct sur les règles applicables en matière de commande publique. En effet, la promulgation d'une loi peut contraindre les acheteurs publics, dans la passation ou l'exécution des contrats de la commande publique, voire peut créer des obligations nouvelles pour les entreprises soumissionnaires aux contrats. Topique de cet état de fait et de droit, sont l'adoption de la loi relative à la maîtrise d'ouvrage public dite loi MOP[1] et des lois du 31 juillet 2014 relative à l'économie sociale et solidaire[2] et du 17 août 2015 relative à la transition énergétique pour une croissance verte[3].

D'une part, la loi relative à la maîtrise d'ouvrage public a pour objet de fixer le cadre juridique de ce domaine technique. Cette loi a donc une grande influence sur les personnes publiques qui y sont soumises mais aussi pour l'ensemble des soumissionnaires aux contrats liés à des travaux publics. Au regard de son importance dans l'action publique et dans la vie des entreprises, la doctrine administrative a dû se prononcer sur les implications précises de ces dispositions législatives pour l'ensemble des acteurs publics.

D'un côté, la direction des affaires juridiques des ministères économiques et financiers, dans le cadre de ces guides ou fiches techniques, va proposer son analyse de la loi MOP et des implications qu'elle peut avoir sur les contrats de la commande publique en général. C'est ainsi que dans son guide des bonnes pratiques en matière de marchés publics, l'interprète exclusif va systématiser les impacts de la loi MOP sur les contrats publics, tout en affinant son analyse au regard de contrats spécifiques et du public auquel ces indications sont fournies. Par ailleurs, à la suite de l'adoption de la loi et de son décret d'application, le ministre chargé de l'équipement édicta une circulaire[4], à destination des services déconcentrés, afin de préciser les conditions d'application de la législation nouvelle, d'uniformiser son application sur le territoire de la République et de permettre aux préfets d'effectuer de manière efficiente le contrôle de légalité sur les marchés relevant de la procédure définie par la loi MOP.

De l'autre côté, une mission interministérielle pour la qualité des constructions publiques (MIQCP) a été instituée, par un décret du

[1] Loi n° 85-704 du 12 juillet 1985 *relative à la maîtrise d'ouvrage publique et à ses rapports avec la maîtrise d'œuvre privée,* JORF du 13 juillet 1985, p. 7914. Cette loi a fait l'objet d'une intégration au sein des articles L. 2410-1 et suivants du code de la commande publique.

[2] Loi n° 2014-856 du 31 juillet 2014 *relative à l'économie sociale et solidaire*, JORF n° 0176 du 1er août 2014, p. 12666, texte n° 2.

[3] Loi n° 2015-992 du 17 août 2015 *relative à la transition énergétique pour la croissance verte*, JORF n° 0189 du 18 août 2015, p. 14263, texte n° 1.

[4] Circulaire n° 95-58 du Ministre chargé de l'équipement en date du 9 août 1995 *relative à l'application du décret n° 93-1270 du 29 novembre 1993 portant application du I de l'article 18 de la loi n° 85-704 du 12 juillet 1985 modifiée relative à la maîtrise d'ouvrage publique et à ses rapports avec la maîtrise d'œuvre privée.*

20 octobre 1977[1] et est chargée « de favoriser l'amélioration de la qualité de l'architecture des bâtiments édifiés pour le compte des collectivités publiques ». Dès lors, cette mission interministérielle semble être la plus à même à se prononcer sur les impacts de la loi MOP, notamment pour les acteurs publics ; son rattachement au ministère chargé de l'architecture ayant cette finalité. Dans son rôle de conseil auprès des administrations, la mission interministérielle a publié un guide à l'attention des maîtres d'ouvrages publics pour la négociation des rémunérations de maîtrise d'œuvre[2]. Ce guide a pour objet de proposer aux maîtres d'ouvrages publics, des éléments nécessaires pour la négociation des rémunérations avec les maîtres d'œuvre et de proposer des indices de référence pour une telle fixation. Dès lors, la mission interministérielle fait œuvre créatrice lors de l'application de la loi MOP, en ce sens qu'elle propose un contenu chiffré servant de référence à la fixation de la rémunération des maîtres d'œuvre. Cette pluralité d'interprètes de la loi MOP ne remet pas en cause une cohérence nécessaire pour l'application d'un tel dispositif en permettant une interprétation raisonnée de ce texte.

D'autre part, au regard des impératifs liés à la transition énergétique et aux questions écologiques, le droit de la commande ne pouvait être exclu de telles implications. Le législateur a donc encouragé les acteurs publics à adopter un schéma de promotion des achats publics socialement responsables[3] puis a ajouté l'adverbe « écologiquement »[4] dans le cadre de ce schéma. Dès lors, les acteurs publics doivent adopter des schémas de promotion des achats publics socialement et écologiquement responsables. Afin d'aider les acheteurs publics dans ce mouvement de verdissement et de socialisation du droit de la commande publique, la direction des affaires juridiques des ministères économiques et financiers a proposé une fiche technique[5] permettant la mise en place de ces nouveaux objectifs de l'action administrative. Par cette fiche technique, l'interprète exclusif a fixé le cadre et le régime juridiques que les acteurs publics doivent mettre en œuvre afin d'établir ce schéma de promotion des achats publics. Cette application agit donc sur l'aval de la procédure d'achat public mais elle impose surtout une réflexion prescriptive afin de savoir si le montant total des marchés en valeur est supérieur à 100 millions d'euros par an. Dès lors, les acheteurs publics se voient contraints *a priori* d'établir une vision prospective de leurs besoins dans le cadre des marchés publics sur une période annuelle. Par

---

[1] Décret n° 77-1167 du 20 octobre 1977 *portant création d'une mission interministérielle pour la qualité des constructions publiques*, JORF du 21 octobre 1977, p. 5091.

[2] Mission interministérielle pour la qualité des constructions publiques, *Guide à l'intention des maîtres d'ouvrage publics pour la négociation des rémunérations de maîtrise d'œuvre – Loi MOP-*, La documentation française, 28 janvier 2011, 104 pages.

[3] Loi n° 2014-856 du 31 juillet 2014 *relative à l'économie sociale et solidaire*, JORF n° 0176 du 1er août 2014, p. 12666, texte n° 2.

[4] Loi n° 2015-992 du 17 août 2015 *relative à la transition énergétique pour la croissance verte*, JORF n° 0189 du 18 août 2015, p. 14263, texte n° 1.

[5] Direction des affaires juridiques des ministères économiques et financiers, *Le schéma de promotion des achats publics socialement et écologiquement responsables*, 26 août 2016.

ailleurs, cette fiche technique se veut être pédagogique au regard des prescriptions fournies. En effet, la direction des affaires juridiques des ministères économiques et financiers apporte une explication sur le montant de 100 millions d'euros retenus. L'application d'un tel schéma en dessous de ce montant ne saurait être efficiente au motif que les contraintes liées à sa mise en place seraient trop lourdes par rapport aux moyens dont disposent les acheteurs en cause et l'exclusion de ce schéma permet sa mise en œuvre selon la volonté des collectivités publiques dont les achats sont inférieurs à ce seuil[1]. Dès lors, l'interprète exclusif du droit de la commande publique apporte des précisions sur l'application de ce nouveau dispositif et des implications concrètes que celui-ci va avoir sur les acheteurs publics. Par ailleurs, par le biais de la doctrine administrative interprétant une législation, l'administration peut clarifier le droit des marchés publics au regard de nouvelles dispositions législatives[2].

Les effets indirects et par ricochet d'une nouvelle législation sur la doctrine administrative de la commande publique – La commande publique peut connaître des modifications du droit qui lui est applicable au travers de législations n'ayant aucun lien avec la commande publique. En effet, au regard de la plénitude de compétence du Parlement et du Gouvernement dans le cadre des missions dévolues par l'article 34 de la Constitution, le législateur a la possibilité, dans tout texte, d'adopter des dispositions qui pourraient avoir une influence indirecte sur le droit de la commande publique. La seule limite pouvant être mise à la compétence plénière du législateur est relative à l'adjonction, dès la première lecture, à un projet ou à une proposition de loi de dispositions n'ayant pas de lien, même indirect, avec le texte initial[3].

Dès lors, le législateur a pu adopter des textes ayant eu un impact par ricochet sur le droit de la commande publique quand bien même il ne s'agissait pas de l'objet principal de ce texte. Deux textes peuvent être signalés à titre d'exemple : la loi n°2014-873 du 4 août 2014 pour l'égalité réelle entre les femmes et les hommes[4] et la loi n°2014-790 du 10 juillet 2014 visant à lutter contre la concurrence sociale déloyale[5]. En l'espèce, la direction des affaires juridiques des ministères économiques et financiers a inclus ces deux lois dans

---

[1] Direction des affaires juridiques des ministères économiques et financiers, *Le schéma de promotion des achats publics socialement et écologiquement responsables*, 26 août 2016, p. 2.

[2] En ce sens, circulaire du 19 décembre 2008 *relative au plan de relance de l'économie française – augmentation des avances sur les marchés publics de l'État en 2009*, NOR : PRMX0830787C, JORF n°0296 du 20 décembre 2008, p. 19542 ou Instruction n°106027-MO du 2 novembre 2010 *relative à la sous-traitance*, NOR : BCR Z 10 00081J.

[3] Voir en ce sens, Conseil constitutionnel, décision n° 2016-741 DC du 8 décembre 2016, *Loi relative à la transparence, à la lutte contre la corruption et à la modernisation de la vie économique dite Loi Sapin II*, JORF n° 0287 du 10 décembre 2016, texte n° 4, considérant n° 121 et suivants.

[4] Loi n° 2014-873 du 4 août 2014 *pour l'égalité réelle entre les femmes et les hommes*, JORF n°0179 du 5 août 2014, p. 12949, texte n° 4.

[5] Loi n° 2014-790 du 10 juillet 2014 *visant à lutter contre la concurrence sociale déloyale*, JORF n°0159 du 11 juillet 2014, p.11496, texte n° 3.

le guide des bonnes pratiques en matière de marchés publics lors de sa réédition du 26 septembre 2014[1]. D'ailleurs, dans cette réédition, l'interprète exclusif marque bien sa volonté de garantir une interprétation actualisée en indiquant à titre liminaire l'ensemble des nouvelles dispositions adoptées pour lesquelles il se propose de donner son interprétation. Ainsi, du fait d'un travail de veille sur l'ensemble des textes en adoption au Parlement, la direction des affaires juridiques des ministères économiques et financiers inclut son interprétation dans un cadre juridique renouvelé.

Les ordonnances ayant valeur législative et leur incidence sur la doctrine administrative de la commande publique – L'interprétation, donnée par la doctrine administrative sur le droit de la commande publique, ne saurait oublier les actes ayant valeur législative à compter de leur ratification par le Parlement, à savoir les ordonnances de l'article 38 de la Constitution. En effet, le droit de la commande publique a été très fortement renouvelé par l'adoption de deux ordonnances ayant trait d'une part, aux marchés publics[2] et d'autre part aux contrats de concession[3]. L'intégration dans l'ordonnancement juridique de ces deux ordonnances est venue bouleverser le droit de la commande publique, ce qui a permis à la direction des affaires juridiques des ministères économiques et financiers d'opérer le renouvellement de l'ensemble de ces fiches techniques afin de proposer une actualisation nécessaire pour l'application des règles de la commande publique, notamment celle relative aux « Marchés publics et autres contrats »[4]. Pour autant, l'interprète exclusif n'a toujours pas procédé à une réédition du guide des bonnes pratiques en matière de marchés publics prenant en considération ces évolutions, ni son *Vade-mecum* des marchés publics dont la dernière édition date du 30 avril 2015. Cette absence de réédition de ces deux guides au profit des acheteurs publics peut s'expliquer par l'absence de recul sur l'application des textes de la commande publique pour lesquels il est nécessaire de laisser du temps pour créer une réelle expérience dans l'application mais surtout à la volonté des ministères économiques et financiers d'adopter un code de la commande publique regroupant l'ensemble des règles de ce droit et articuler autour des dispositions des deux ordonnances précitées. Dès lors, dans l'interprétation des deux ordonnances relatives à la commande publique, la direction des affaires juridiques procède à une actualisation régulière des fiches techniques sans procéder à une œuvre systématisante, ce qui peut en affaiblir la portée.

---

[1] Direction des affaires juridiques des ministères économiques et financiers, *Guide de bonnes pratiques en matière de marchés publics*, 26 septembre 2014.

[2] Ordonnance n° 2015-899 du 23 juillet 2015 *relative aux marchés publics*, JORF n° 0169 du 24 juillet 2015.

[3] Ordonnance n° 2016-65 du 29 janvier 2016 *relative aux contrats de concession*, JORF n° 0025 du 30 janvier 2016.

[4] Direction des affaires juridiques des ministères économiques et financiers, *Fiche technique relative aux Marchés publics et autres contrats*, 22 août 2016.

2. *Un acte réglementaire, le renouvellement de l'interprétation par la doctrine administrative*

L'adoption d'actes réglementaires peut avoir également une influence sur l'application du droit de la commande publique. L'interprète exclusif se doit donc d'opérer son action interprétative à l'aune des actes réglementaires, notamment au regard des dispositions d'application des lois. Pour autant, cette interprétation doit également prendre en compte toutes les dispositions infra-décrétales qui permettent une sécurisation des contrats de la commande publique.

Les décrets et la doctrine administrative de la commande publique – A la suite de l'adoption d'une nouvelle législation, le législateur peut renvoyer à des actes réglementaires les modalités d'application de ces nouvelles règles. Le pouvoir réglementaire doit donc se saisir de cette compétence afin d'édicter des décrets d'application de ces dispositions. Dès lors, la doctrine administrative ayant à interpréter la législation nouvelle doit aussi prendre en considération les décrets d'application qui peuvent apporter des précisions nécessaires pour l'application de la loi. Topiques de cette situation sont, d'une part, le décret adopté à la suite de la promulgation de la loi relative à la maîtrise d'ouvrage publique et à ses rapports avec la maîtrise d'œuvre privée et, d'autre part, les décrets adoptés à la suite de l'édiction des deux ordonnances portant réforme de la commande publique.

D'une part, l'adoption de la loi relative à la maîtrise d'ouvrage publique et à ses rapports avec la maîtrise d'œuvre privée fut l'objet d'un décret d'application du 29 novembre 1993 pour l'application du I de l'article 18 de la loi MOP[1]. Dès lors, le pouvoir réglementaire est venu préciser les conditions d'application de cette disposition législative dans le cadre des contrats de conception-réalisation. Pour autant, le dispositif réglementaire ne semblait pas suffire pour mettre les services déconcentrés des administrations en mesure d'appliquer cette législation et les actes réglementaires adjoints. Le ministre chargé de l'aménagement du territoire, de l'équipement et des transports a donc édicté une circulaire afin de préciser les modalités de mise en œuvre, d'une part, de la loi et, d'autre part, du décret relatif aux contrats de conception-réalisation. D'ailleurs, cette intention du ministre n'est pas masquée, en ce sens qu'il précise que « La présente circulaire a pour objet d'apporter les éléments d'information nécessaires pour appliquer les textes sus-évoqués », à savoir la loi MOP et son décret d'application. Ainsi, par le biais de la doctrine administrative, les personnes publiques vont orienter l'action des services dont ils ont la charge en clarifiant les règles juridiques applicables dans un sens favorable aux intérêts de la personne publique. Dès lors, les agents publics se retrouvent face à une cascade d'informations qui peuvent empêcher la clarification voulue par les services – auteurs de la doctrine administrative.

---

[1] Cette loi a fait l'objet d'une intégration au sein des articles L. 2410-1 et suivants du code de la commande publique.

D'autre part, les ordonnances relatives aux marchés publics[1] et aux contrats de concession[2] ont nécessité de la part du pouvoir réglementaire, l'adoption de décret d'application afin de clarifier les grands principes posés par les ordonnances. Pour ce faire, furent adoptés le décret n° 2016-360 du 25 mars 2016 relatif aux marchés publics[3] et le décret n° 2016-86 du 1er février 2016 relatif aux contrats de concession[4]. La direction des affaires juridiques des ministères économiques et financiers a ainsi pu proposer une actualisation des fiches techniques au regard des dispositions contenues dans ces deux décrets. D'ailleurs, l'interprète exclusif a pu le faire dans sa fiche technique permettant de clarifier la notion de marchés publics[5]. En effet, l'adoption des nouvelles ordonnances et de ses décrets d'application sont venues modifier les conditions essentielles du droit de la commande publique, notamment quant à la définition des contrats publics. Dès lors, la direction des affaires juridiques des ministères économiques et financiers était dans l'obligation de s'interroger sur la pertinence de l'établissement d'une nouvelle fiche technique afin de permettre aux acteurs de la commande publique de prendre en considération les nombreuses évolutions, notamment de définition des contrats. De plus, une actualisation a également été nécessaire sur l'ensemble de la vie du contrat public, de la procédure de formation des contrats de la commande publique[6] à leur exécution[7]. La direction des affaires juridiques des ministères économiques et financiers se prononce, par le biais d'une interprétation, sur la mise en œuvre de l'ordonnance éclairée de son décret d'application. D'ailleurs, en tant qu'auteur de ces deux textes, l'interprète exclusif n'a aucune difficulté à proposer une interprétation conforme à l'esprit du texte afin de garantir une stabilité de l'interprétation, sous couvert de l'office du juge administratif.

Les actes infra-décrétaux et la doctrine administrative de la commande publique – Dans cette matière, les ministères économiques et financiers peuvent édicter des arrêtés ayant pour objet notamment de fixer les cahiers des clauses administratives et techniques générales (CCAG- CCTG). Ainsi, en fonction du

---

[1] Ordonnance n° 2015-899 du 23 juillet 2015 *relative aux marchés publics*, JORF n° 0169 du 24 juillet 2015.

[2] Ordonnance n° 2016-65 du 29 janvier 2016 *relative aux contrats de concession,* JORF n° 0025 du 30 janvier 2016.

[3] Décret n° 2016-360 du 25 mars 2016 *relatif aux marchés publics*, JORF n° 0074 du 27 mars 2016, texte n° 28.

[4] Décret n° 2016-86 du 1er février 2016 *relatif aux contrats de concession*, JORF n° 0027 du 2 février 2016, texte n° 20.

[5] Direction des affaires juridiques des ministères économiques et financiers, *Fiche technique relative aux Marchés publics et autres contrats*, 22 août 2016.

[6] Voir en ce sens notamment, Direction des affaires juridiques des ministères économiques et financiers, *Fiche technique relative à l'examen des offres*, 9 décembre 2016 ou Direction des affaires juridiques des ministères économiques et financiers, *Fiche technique relative à l'allotissement et contrats globaux*, 21 novembre 2016.

[7] Voir en ce sens, Direction des affaires juridiques des ministères économiques et financiers, *Fiche technique relative aux modalités de modification des contrats en cours d'exécution*, 21 février 2017.

contrat de marchés publics à passer par l'acheteur, ce dernier peut se référer aux différents cahiers des clauses administratives générales. À l'ensemble de ces actes de nature réglementaire, est annexée une fiche explicative permettant, à la direction des affaires juridiques des ministères économiques et financiers, de proposer son interprétation et ses modalités d'application et d'utilisation du CCAG fixé par arrêté ministériel. De même, en matière de cahier des clauses techniques générales, l'autorité administrative procède à une interprétation des textes qu'elle propose comme référence aux différents acteurs publics appliquant le droit de la commande publique. Par ces actes de doctrine administrative, l'interprète exclusif explicite les raisons d'adoption d'un nouveau cahier des charges et fixe les conditions de référence et de reprise à son compte par un acheteur.

Dès lors, la direction des affaires juridiques des ministères économiques et financiers procède à une sécurisation des contrats de la commande publique au travers de deux verrous : l'édiction par arrêté de cahiers des clauses administratives et techniques générales et la rédaction d'actes de doctrine administrative, sous forme de fiches techniques, pour une application uniforme et raisonnée des dispositions de la procédure de passation et des conditions d'exécution des contrats publics.

Par ailleurs, au regard de la spécificité des dispositions relatives à la propriété intellectuelle, la direction des affaires juridiques des ministères économiques et financiers renvoie les acteurs en direction de l'Agence du patrimoine immatériel de l'État pour la rédaction des clauses de propriété intellectuelle, quand bien même de nombreux guides, cahiers pratiques sont mis à la disposition sur le site internet de la direction des affaires juridiques. Ainsi, l'Agence du patrimoine immatériel de l'État devient l'interprète exclusif des dispositions relatives à la propriété intellectuelle en matière de marchés publics, en appui de la direction des affaires juridiques des ministères économiques et financiers.

**
*

L'édiction d'actes de nature réglementaire pour l'application du droit de la commande publique ou pour l'instauration de dispositifs spécifiques (CCAG, CCTG) implique nécessairement une interprétation de la part de la direction des affaires juridiques des ministères économiques et financiers afin de garantir la sécurité juridique et la stabilité des relations contractuelles. D'ailleurs, cet effort de sécurisation des contrats publics est le fruit notamment en amont d'une clarification du droit applicable et d'une actualisation régulière des fiches techniques au regard du renouvellement des normes de nature réglementaire.

3. Les revirements de jurisprudence, une source de renouveau de l'interprétation de la doctrine administrative

La doctrine administrative de la commande publique inscrit son interprétation tant dans les actes législatifs et réglementaires que dans la jurisprudence, presque exclusivement administrative. En effet, au-delà de l'interprétation donnée des jurisprudences européennes, que ce soit de la Cour de justice de l'Union européenne ou de la Cour européenne des droits de l'homme, la doctrine administrative joue son rôle d'interprète de la jurisprudence nationale. La position de l'interprète authentique se traduit dans tous les vecteurs de la doctrine administrative, au même titre que les interprétations des dispositions législatives ou réglementaires mais peut aussi prendre des formes plus inédites.

L'actualisation régulière de la doctrine administrative de la commande publique à l'aune de la jurisprudence – La direction des affaires juridiques des ministères économiques et financiers se trouve dans l'obligation de procéder à une actualisation régulière des interprétations formulées par des actes de doctrine administrative au regard de la jurisprudence du Conseil d'État en la matière. Pour ce faire, les guides établis par la direction des affaires juridiques des ministères économiques et financiers ont pu faire l'objet de révisions en profondeur lors de l'adoption de jurisprudences essentielles de la part du juge administratif qui peuvent modifier les us et coutumes des acheteurs publics et de leurs cocontractants. Pour exemple, dans son édition du 26 septembre 2014, le guide des bonnes pratiques en matière de marchés publics avait été actualisé au regard de la jurisprudence Département de Tarn-et-Garonne du Conseil d'État en date du 4 avril 2014[1]. De plus, la direction des affaires juridiques des ministères économiques et financiers procède à l'actualisation des fiches techniques portant conseils aux acheteurs en fonction des jurisprudences adoptées par la haute juridiction administrative et reprend les décisions les plus topiques des cours administratives d'appel dès lors que le Conseil d'État ne s'est pas prononcé sur cette question ou qu'il s'agit d'une question relevant de l'interprétation souveraine des juges du fond. Cette actualisation régulière permet ainsi à l'ensemble des acteurs du droit de la commande publique de disposer d'une information étendue sur le droit de la commande publique, ses interprétations contentieuses et administratives. Dès lors, la personne publique, les soumissionnaires aux contrats de la commande publique et les cocontractants de l'administration disposent d'une information étendue sur les modalités d'application du droit de la commande publique et d'une veille nécessaire pour une mise en œuvre efficiente de ce droit complexe. De plus, dans le cadre de la lettre de la direction des affaires juridiques, cette dernière fournit à l'ensemble des acteurs du droit de la commande publique une veille des décisions du Conseil d'État à retenir et en propose une interprétation succincte. En ce sens, la direction des affaires juridiques est l'autorité administrative de transmission de l'information juridictionnelle en matière de commande publique.

La doctrine administrative de la commande publique à l'aune d'une jurisprudence à l'importance majeure – L'interprète exclusif du droit de la

---

[1] CE, Ass., 4 avril 2014, *Département de Tarn-et-Garonne*, n°358994, Lebon, Concl. Dacosta ; AJCA 2014. 80, obs. J-D Dreyfus ; au Lebon ; AJDA 2014. 764 ; ibid 1035, Tribune S. Braconnier, chron. A. Bretonneau et J. Lessi ; D.2014. 1179, obs. M-C de Montecler, note M. Gaudemet et Angélique Dizier ; RDI 2014. 244, obs. S. Braconnier.

commande publique peut procéder à l'édiction d'un acte de doctrine administrative spécifique pour l'analyse d'une jurisprudence particulière. Faisant suite à l'arrêt Société Tropic Travaux Signalisation[1], le ministre de l'intérieur a édicté une circulaire[2] à l'attention des préfets afin d'intégrer cette nouvelle jurisprudence. Par cette circulaire, le directeur général des collectivités locales va procéder à une analyse de la décision du Conseil d'État en replaçant l'office du juge du contrat dans son contexte. Par la suite, il va proposer une étude des conséquences pratiques de la décision pour inviter les services préfectoraux à suivre une grille de lecture quant aux modalités de publicité permettant de faire courir le délai de recours contentieux. Ainsi, le directeur général des collectivités locales appelle l'attention des préfets « dans le cadre de (leur) mission de conseil des collectivités locales ». En l'espèce, il est précisé que pour limiter les possibilités de contestation de la part des concurrents évincés, voire de certains tiers, les services préfectoraux peuvent être amenés à conseiller les collectivités territoriales sur les modalités de publicité à mettre en œuvre pour éviter que la stabilité des relations contractuelles ne soit remise en cause. Dès lors, cette circulaire est à la fois une interprétation de la décision du Conseil d'État mais également un acte de prescription aux services préfectoraux afin d'appliquer, de manière uniforme, cette jurisprudence et de pallier aux effets négatifs que cette décision pourrait avoir sur l'action des collectivités locales. Dès lors, dans le champ ministériel, le ministre de l'intérieur avertit ses services en leur proposant une interprétation de la décision et en les intimant de mettre en œuvre les modalités précitées afin d'éviter tout risque contentieux ultérieur. De plus, le contexte jurisprudentiel – tant financier[3] qu'administratif[4] – impose aux administrations d'adopter de nouveaux actes de doctrine administrative traduisant en langage administratif ces jurisprudences.

---

[1] CE, Ass, 16 juillet 2007, *Société Tropic Travaux Signalisation*, n°291545, Lebon, Concl. Casas ; AJDA 2007, p.1577, chron. Lenica et Boucher ; ibid, p.1497, tribune Braconnier ; ibid, p.1777, tribune Woehrling ; D. 2007, p.2500, note Capitant ; GAJA, 17ème édition, 2009 n°117 ; GACA, 2ème édition 2009, n°69 ; Mélanges Genevois 2008, p.977, étude Seiller ; RDI 2007, p.429, obs. Dreyfus ; ibid 2008, p.42, obs. Noguellou ; ibid 2009, p.246, obs. Noguellou ; RFDA 2007, p.696, concl. Casas ; ibid. 917, étude Moderne ; ibid. 923, note Pouyaud ; ibid. 935, étude Canedo-Paris ; RTD civ. 2007, p.531, obs. Deumier ; RTD eur. 2008, p.835, chron. Ritleng, Bouveresse et Kovar.

[2] Ministre de l'intérieur, de l'outre-mer et des collectivités territoriales, circulaire du 5 octobre 2007 INTB07090098C, *relative à l'ouverture d'un recours direct des tiers contre les contrats publics.*

[3] En ce sens, circulaire n°4662/SG du 30 décembre 1998 *relative à la procédure de passation des marchés publics : durée de conservation des dossiers présentés par les entreprises soumissionnaires qui n'ont pas été retenues* ; circulaire n°DH/AF3/99/212 du 9 avril 1999 *relative à la passation des marchés publics : durée de conservation des dossiers par les établissements publics de santé.*

[4] Circulaire du 10 juin 2004 *relative aux incidences de l'arrêt de la Cour administrative d'appel de Lyon du 5 décembre 2002 sur les modalités d'autorisation de l'exécutif local à signer un marché public*, NOR : LBL/B/04/10051/C.

La doctrine administrative de la commande publique, un outil interprétatif de prévention du contentieux – La circulaire peut être le vecteur d'un mouvement de prévention du contentieux en matière de marchés publics[1]. En effet, la doctrine administrative doit permettre d'informer les acheteurs publics des bonnes pratiques à mettre en œuvre afin de garantir la légalité de l'ensemble de la procédure de passation et d'exécution du contrat de la commande publique et ainsi éviter tout risque contentieux postérieur. Cette prévention des contentieux agit comme un élément central pour le respect du principe de sécurité juridique et de stabilité des relations contractuelles. Que ce soit par l'actualisation de la doctrine administrative existante ou par l'édiction de nouveaux actes, l'interprète du droit de la commande publique se doit de se prononcer à l'aune de l'évolution jurisprudentielle que celle-ci soit substantielle ou plus casuistique. L'interprétation à l'aune de la jurisprudence doit permettre aux différentes personnes publiques et leurs cocontractants d'éviter les recours contentieux contre leurs contrats. En effet, l'ouverture du recours contre le contrat au profit de tiers respectant une double clé d'entrée devrait permettre un alourdissement des contentieux contractuels et ainsi enfermer le contrat dans une certaine insécurité juridique[2]. Pour autant, les actes de doctrine administrative ont pour objet de sécuriser ces contrats en proposant une interprétation circonstanciée du droit de la commande publique. Ainsi, les acteurs de la commande publique, en se référant aux dispositions de la doctrine administrative, doivent pouvoir limiter le risque contentieux et ainsi garantir une stabilité des relations contractuelles. Par ailleurs, l'explication apportée aux différentes règles contentieuses et de procédure juridictionnelle quant aux contrats doit permettre aux concurrents évincés ou aux tiers respectant la clé d'entrée du recours Département de Tarn-et-Garonne de se saisir des outils nécessaires pour une contestation efficiente du contrat de la commande publique. De plus, la mise en exergue de la compétence contentieuse, que le juge administratif se propose d'étendre par ses jurisprudences successives, doit permettre aux acteurs de la commande publique de se saisir de l'information et de l'interprétation formulée par les interprètes de ce droit, notamment de l'interprétation formulée par la direction des affaires juridiques des ministères économiques et financiers. Cette connaissance étendue de la jurisprudence administrative relative aux contrats de la commande publique participe donc à la sécurisation des contrats publics, à la stabilité des relations contractuelles et à garantir une exécution efficiente du droit de la commande publique à l'aune de l'interprétation jurisprudentielle.

---

[1] Circulaire du 7 septembre 2009 *relative au recours à la transaction pour la prévention et le règlement des litiges portant sur l'exécution des contrats de la commande publique*, NOR : ECEM0917498C, JORF n°0216 du 18 septembre 2009, p. 15230, texte n°27.

[2] CE, Ass., 4 avril 2014, *Département de Tarn-et-Garonne*, n°358994, Lebon, Concl. Dacosta ; AJCA 2014. 80, obs. J-D Dreyfus ; au Lebon ; AJDA 2014. 764 ; ibid 1035, Tribune S. Braconnier, chron. A. Bretonneau et J. Lessi ; D.2014. 1179, obs. M-C de Montecler, note M. Gaudemet et Angélique Dizier ; RDI 2014. 244, obs. S. Braconnier.

La doctrine administrative de la commande publique à l'aune d'évolutions sociétales et administratives – La doctrine administrative doit permettre la prise en compte de telles évolutions. En effet, l'avènement de la loi organique relative aux lois de finances[1] a renouvelé la vie des administrations en instaurant une logique poussée de performance. Dès lors, cette volonté de gestion par la performance a une influence sur la doctrine administrative. De plus, les évolutions de la décentralisation marquent un renouveau de la position de l'administration. En effet, le droit des marchés publics a dû s'adapter aux événements de la décentralisation, notamment ceux marquant le droit public des affaires. La création des sociétés publiques locales ou des sociétés d'économie mixte a modifié la commande publique et le droit afférant[2]. De plus, le mouvement de contractualisation, ouvert aux collectivités territoriales, a obligé la doctrine administrative à s'en saisir[3].

Par ailleurs, le développement des nouvelles technologies de l'information et de la communication a obligé les ministères à s'interroger sur ces problématiques. Ainsi, c'est en ce sens que la doctrine administrative a proposé un guide de la dématérialisation de la procédure[4] et l'adoption de la charte de l'internet de l'État[5]. Par ailleurs, l'édiction d'un guide de bonnes pratiques en matière de marchés publics traduit cette volonté d'adaptabilité. En effet, ce guide, depuis l'édiction du code de 2006, a connu plusieurs révisions[6].

Dès lors, la doctrine administrative entend, d'une part, clarifier le droit des marchés publics, le simplifier mais surtout le maintenir à jour quant aux évolutions effectives. D'ailleurs, cette tendance à l'adaptabilité du droit, par le recours au droit souple, est la voie prônée par le Conseil d'État[7].

---

[1] Loi organique n° 2001-692 du 1er août 2001 *relative aux lois de finances*, JORF n° 177 du 2 août 2001, p. 12480

[2] En ce sens, Instruction n°05-003-MO du 24 janvier 2005 *relatif au paiement à la commande pour les collectivités locales et leurs établissements publics*, NOR : BUD R 05 00003J.

[3] Circulaire NOR/MCT/B/05/10018C du 30 septembre 2005 *relative à l'ordonnance n°2005-645 du 6 juin 2005 relative aux procédures de passation des marchés publics des collectivités territoriales* ; Circulaire du 29 novembre 2005 *relative aux contrats de partenariat à l'attention des collectivités territoriales*, NOR : ECOZ0500081C, JORF n°291 du 15 décembre 2005, p. 1927, texte n°16 ; Circulaire du 30 mars 2007 *relative aux modalités de passation des accords-cadres par les collectivités territoriales*, NOR : MCT/B/07/00041/C ; Circulaire du 8 février 2008 *relative aux conventions de mandat passés par des collectivités et établissements publics locaux*, NOR : INT/B/08/00027/C.

[4] Direction des affaires juridiques des ministères économiques et financiers, *Guide pratique : dématérialisation des marchés publics*, Version 2.0, décembre 2012.

[5] Circulaire n°5574/SG du Premier Ministre du 16 février *relative à la Charte de l'Internet de l'État*.

[6] Circulaire du 3 août 2006 *portant manuel d'application du code des marchés publics*, NOR : ECOMO620004C ; Circulaire du 29 décembre 2009 *relative au Guide de bonnes pratiques en matière de marchés publics*, NOR : ECEM0928770C ; Circulaire du 14 février 2012 *relative au Guide de bonnes pratiques en matière de marchés publics*, NOR : EFIM1201512C, JORF n°0039 du 15 février 2012, texte n°16 et sa révision évoquée précédemment.

[7] Conseil d'État, *Étude annuelle 2013 – Le droit souple*, La documentation française, Études et documents du Conseil d'État, mai 2013.

Section 2 : La doctrine administrative sur demande de la commande publique

Au-delà de la position adoptée par la direction des affaires juridiques à la suite de l'édiction de nouvelles dispositions, les acteurs de la commande publique peuvent interpeller l'administration quant à l'application de dispositions spécifiques.

D'une part, indirectement, les acteurs privés de la commande publique peuvent solliciter un parlementaire afin que ce dernier interroge le Gouvernement et provoque ainsi une réponse de l'administration quant à l'application de la disposition au cas d'espèce proposé (I).

D'autre part, au surplus de cette interprétation donnée dans des hypothèses et sous des contraintes spécifiques, certains acteurs institutionnels peuvent provoquer une prise de position de l'administration au travers d'une décision unilatérale. Ce mécanisme se rapproche du rescrit tel qu'il est institué dans de nombreux domaines du droit public. Pour autant, il apparait nécessaire de le faire évoluer dans le droit de la commande publique afin de permettre une interprétation par l'administration au profit de l'ensemble des acteurs du droit de la commande publique (II).

I. Les réponses ministérielles, un instrument provoquant une interprétation officielle du Gouvernement

En tant que mécanisme de sollicitation d'une prise de position de l'administration, la réponse ministérielle a connu une histoire l'ayant détourné de son objet d'origine à savoir le contrôle de l'activité gouvernementale. Pour autant, les dispositions régulant cette interprétation permettent une légitimation du contenu développé par l'administration (A).

Cependant, l'absence de normativité juridictionnelle de ces réponses constitue une limite majeure au rayonnement de cette source de la doctrine administrative dans le droit de la commande publique (C) alors que cette dernière est foisonnante (B).

A. Les réponses ministérielles, un mécanisme historiquement détourné à la légitimité renforcée

La réponse ministérielle avait été instituée comme un mécanisme de contrôle parlementaire. Pour autant, cette procédure historique[1] a rapidement été détournée de son objet en permettant aux parlementaires de disposer de l'avis du Gouvernement sur des points de droit précis, notamment au regard de l'application postérieure de normes législatives.

---

[1] Graux (G.), Projet de résolution n° 103 du 23 juin 1898, déposé sur le bureau de la Chambre des députés, 7ème législature, session ordinaire de 1898, 11ème séance du 23 juin 1898, Journal officiel du 24 juin 1898, p. 1823.

La réponse ministérielle, une procédure détournée au profit des parlementaires et de leurs électeurs – A titre liminaire, il apparaît nécessaire de revenir sur la définition de la réponse ministérielle. Cette dernière répond à une définition précise que le professeur Ameller a systématisée dans sa thèse[1]. Ce dernier définit la réponse ministérielle comme la réponse à une question d'un membre du Parlement ; question se définissant elle-même « comme l'acte par lequel un membre d'une assemblée demande à un ministre des explications sur un point déterminé ». Il ajoute que « cet acte est dépourvu de sanction politique immédiate et, dans cette mesure, il se distingue nettement d'autres procédures de contrôle du régime parlementaire, telles que la motion de censure ou l'interpellation, qui visent également à provoquer des explications ». Ainsi, organiquement, la question provient d'un parlementaire qui sollicite l'avis, en réponse d'un membre du Gouvernement sur l'interprétation à donner d'une disposition à caractère législatif ou d'explicitation au regard d'une situation juridique donnée. Institué comme un mode de contrôle parlementaire du Gouvernement, « les questions écrites constituent un bel exemple d'institution détournée de son objet primitif »[2], en ce sens que ce mécanisme ne permet plus aujourd'hui que l'obtention d'une information au profit d'un électeur et non du parlementaire lui-même[3]. Les membres des chambres parlementaires ont détourné ce mécanisme de contrôle[4] en un mécanisme de consultations juridique clientéliste ou de « service public de consultations gratuites »[5]. Cette tendance

[1] Ameller (M.), « *Les questions, instrument du contrôle parlementaire* », 1964, LGDJ.

[2] Vedel (G.), *Manuel élémentaire de droit constitutionnel,* Sirey 1949, p.455.

[3] Pour le professeur Oppetit, « *elles sont apparues comme le moyen pour un parlementaire, à la requête des électeurs, d'obtenir de l'administration une information intéressant un cas précis et touchant de près l'instigateur de l'interrogation* » in *Oppetit (B.), « Les réponses ministérielles aux questions écrites des parlementaires et l'interprétation des lois »,* D. 1974, Chron. p. 107 et suivantes.

[4] Les questions écrites aux ministres peuvent tout de même conserver leur vocation originelle, à savoir le contrôle parlementaire du Gouvernement. D'ailleurs, un exemple récent se doit d'être cité pour appuyer ce propos. En effet, le député René Dosière a utilisé ce mécanisme du contrôle parlementaire afin d'obtenir des éléments sur le budget de la présidence de la République (en ce sens, Dosière (R.), « *Le contrôle ordinaire* », Pouvoirs 2010/3 (n°134), p.37-46.). Pour ce faire, le député a multiplié les questions écrites afin d'obtenir les renseignements escomptés et ainsi obtenir le budget exact de la présidence de la République.
D'ailleurs, à la suite de ce contrôle parlementaire, le président de la République Nicolas Sarkozy a décidé de soumettre les comptes de la présidence de la République au contrôle de la Cour des comptes. Cette dernière examine ainsi depuis 2009, les « *comptes et la gestion des services de la présidence de la République* ». Pour ce faire, la Cour procède à ce contrôle sur le fondement de l'article L. 111-3 du code des juridictions financières.
Ce mécanisme de contrôle parlementaire tend à se renouveler et « *progressivement, d'autres députés s'inspirent de cette démarche qui exige que la question elle-même et son suivi soient le fait du député lui-même* » (en ce sens, Dosière (R.), « *Le contrôle ordinaire* », Pouvoirs 2010/3 (n°134), p. 42).

[5] Barthélémy (J.) et Duez (P.), *Traité de droit constitutionnel*, Dalloz, 1933 p. 699.

au développement de l'interprétation administrative marque « l'emprise croissante de l'administration dans l'élaboration de la règle de droit »[1].

La légitimité renforcée des réponses apportées aux « honorables parlementaires » – Ces interprétations ministérielles agissent comme des compléments à la législation adoptée par le Parlement. En effet, « le processus d'élaboration de la règle de droit ne connaît son plein achèvement qu'au stade de l'application ; or une telle voie, outre le danger d'arbitraire administratif, comporte le risque de déformation de la volonté du législateur »[2].

Cette précision apportée par le Gouvernement impose de s'interroger sur l'adéquation de cette mission au regard de l'activité gouvernementale. De la rédaction à l'interprétation du texte adopté par le Parlement, le Gouvernement et son administration sont des acteurs centraux. Cette tendance à l'arbitraire administratif mettrait à l'écart le Parlement de la procédure législative. Pour autant, la déformation de la volonté du législateur peut être écartée. En effet, quand bien même le Conseil d'État ne contrôle pas les réponses ministérielles, ce dernier peut contrôler tous les actes pris en application de cette loi et se référer à l'esprit de la loi afin de juger le cas d'espèce qui lui est soumis. De même, les juridictions administratives, par leur mise à l'écart du contrôle de la légalité des réponses ministérielles, ne jugent que sur le fondement de la loi, de son esprit et des textes d'application de cette dernière. Dès lors, la réponse ministérielle constituant un complément de la législation a une légitimité renforcée au sein des administrations et des entreprises ayant à appliquer ce droit mais ne préjuge pas de l'interprétation donnée par le juge administratif. D'ailleurs, le Premier ministre, dans une réponse du 3 novembre 1980[3], précisait qu'une réponse « ne peut fixer une norme, ni donner une interprétation qui s'imposerait à tous de la loi ou du règlement, pouvoir qui n'appartient qu'aux tribunaux » ; il ajoute que les réponses ministérielles ne constituent que « des actes indicatifs ».

Cette légitimité tend à se développer au regard de l'interprétation donnée par le Gouvernement. D'ailleurs, quand bien même sa normativité semble à écarter, l'interprétation formulée par le Gouvernement, sur un point précis, tend à influencer, en cas de contentieux, l'office du juge. Ainsi que l'a précisé le professeur Oppetit, « les magistrats [judiciaires], quoique se prononçant en toute indépendance, ne sauraient ignorer une doctrine ministérielle, surtout lorsqu'elle émane de la chancellerie, et plusieurs décisions récentes témoignent de l'influence intellectuelle exercée par les réponses ministérielles sur les juges »[4].

---

[1] Oppetit (B.), *« Les réponses ministérielles aux questions écrites des parlementaires et l'interprétation des lois »,* D. 1974, Chron. p. 107 et suivantes.

[2] Oppetit (B.), *« Les réponses ministérielles aux questions écrites des parlementaires et l'interprétation des lois »,* D. 1974, Chron. p. 107 et suivantes.

[3] Premier ministre, réponse du 3 novembre 1980, JOAN, Questions, 3 novembre 1980, p. 4620, n° 3614.

[4] Oppetit (B.), *« Les réponses ministérielles aux questions écrites des parlementaires et l'interprétation des lois »,* D. 1974, Chron. p. 109

Cette influence se traduit donc par une reprise à son compte de cette interprétation ou par une mise à l'écart de cette dernière.

D'ailleurs, la lecture des conclusions des rapporteurs publics est topique. En effet, les rapporteurs publics peuvent proposer de suivre ou non la conception retenue par le ministre dans le cadre de sa réponse. Ainsi, le rapporteur peut influencer la formation de jugement sur le sens à donner à l'interprétation d'un texte en reprenant lui-même à son compte, les orientations données par le ministre pour l'application de ce texte. Que ce soit devant le juge administratif ou le juge judiciaire, les réponses ministérielles offrent une interprétation des textes législatifs et réglementaires au regard d'une situation individuelle et dans un cadre spécifiquement énuméré dans la question.

Cette légitimité semble également acquise par le fait que le Parlement, via le retrait des amendements, peut se voir garantir une interprétation. D'ailleurs, le professeur Oppetit a constaté cela. Il estime que « le Parlement tend ainsi à orienter l'action de l'administration chargée d'appliquer la loi, voire à peser sur elle en obtenant des assurances du pouvoir exécutif et de l'administration qui relève de lui »[1]. Ainsi, la réponse ministérielle à une question écrite d'un parlementaire peut servir de fondement à des accords conclus entre les parlementaires, notamment de la majorité, sur l'orientation donnée dans l'application d'un texte. Le Gouvernement – plutôt que de courir le risque d'un rejet du projet de loi déposé ou de l'adoption d'amendement contraire à l'esprit qu'il entend donner à la législation – peut volontairement garantir une interprétation des dispositions législatives afin de conforter les parlementaires sur la position qui sera la sienne dans l'application du texte.

Par ailleurs, du fait des mécanismes de contrôle parlementaire de l'application des lois, le Gouvernement, s'il venait à contredire la position qu'il s'est engagé à tenir, pourrait être décrédibilisé et ainsi faire échouer l'adoption future de législations. En effet, si les parlementaires constatent un changement dans la doctrine administrative interprétant une disposition législative, à la suite d'un retrait d'un amendement, ceux-ci pourraient être réticents à un retrait futur d'amendement sur d'autres projets de loi. En l'espèce, se joue un équilibre des pouvoirs établis entre le Gouvernement et les parlementaires ; ces derniers marquant leur soutien au Gouvernement pour l'adoption de ce texte s'ils obtiennent du ministre concerné, des garanties sur l'action de l'administration en charge de l'application du texte.

Les réponses ministérielles peuvent aussi asseoir leur légitimité sur la souplesse de mise en œuvre de l'action administrative. En effet, dans un domaine où la célérité est importante, la doctrine administrative de la commande publique se doit de pouvoir être produite rapidement et de provoquer une interprétation spécifique de la législation à un cas particulier. Dès lors, la réponse ministérielle peut être un vecteur de célérité, en ce sens que les délais

---

[1] Oppetit (B.), *« Les réponses ministérielles aux questions écrites des parlementaires et l'interprétation des lois »*, D. 1974, Chron. p. 107 et suivantes.

contraints pour leur adoption et les procédures attenantes permettent à la personne ayant saisi le parlementaire de disposer de l'interprétation formulée par l'interprète exclusif du droit de la commande publique. Ainsi, la réponse ministérielle permet au ministre de donner une interprétation de la législation en proposant cette dernière à l'ensemble des acteurs ; ce qui permet de contrer la faiblesse des questions –réponses à la direction des affaires juridiques des ministères économiques et financiers. Ainsi, la souplesse offerte par les réponses ministérielles permet de répondre à tous les objectifs de l'action administrative en matière de droit de la commande publique. De plus, la modification d'une réponse ministérielle, sur l'interprétation d'une législation, est plus aisée que l'adoption d'une nouvelle loi contrant les effets néfastes de la législation applicable et surtout permet de rétablir un ordre juridique cohérent durant la préparation de ce nouveau dispositif.

Ainsi, en droit de la commande publique, les réponses ministérielles disposent d'une légitimité renforcée et tendent à se multiplier dans ce domaine.

B. La multiplication de ces actes d'interprétation

Cette interprétation officielle du Gouvernement participe au développement d'une doctrine administrative des marchés publics et de la commande publique en général.

Une publication au Journal officiel de la République française – Les réponses ministérielles, ainsi qu'il a été précisé ci-avant, font l'objet d'une publication au Journal officiel de la République française mais aussi dans les journaux particuliers des deux chambres du Parlement. Dès lors, l'accès à cette information est simplifié au regard, d'une part, de la publication en version dématérialisée du journal officiel mais aussi, d'autre part, des nombreux moyens de recherche mis à la disposition du citoyen afin de permettre une transparence administrative. Dans le cadre de cette étude, il convient de préciser quantitativement ce que représentent les réponses ministérielles dans le cadre du droit de la commande publique.

Sur le site internet du Sénat, dans le cadre d'une recherche globale avec comme occurrence « marchés publics », 2145 questions avec réponses peuvent être trouvées et 281 questions sans réponses depuis 1978. Afin d'affiner cette recherche, grâce à la rubrique « marchés publics », 1057 questions avec réponses et 22 questions sans réponses peuvent être recensées. Enfin, si l'on limite la recherche aux réponses écrites, depuis 1978, les différentes administrations ont répondu à 1028 questions et ont laissé sans réponse 214 d'entre elles.

Sur le site internet de l'Assemblée nationale, la recherche peut être plus fine. En effet, l'Assemblée propose une recherche multicritères permettant de proposer une approche quantitative et qualitative des réponses apportées.

Tableau recensant les réponses ministérielles relatives aux marchés publics en fonction des rubriques offertes par la ressource numérique (site de l'Assemblée nationale)

Législature	Rubrique « marchés publics »	Analyse par les mots-clés « marchés publics »
14ème	1402	23
13ème	424	9
12ème	521	51
11ème	Sans objet	16
10ème	Sans objet	20
9ème	Sans objet	10
8ème	Sans objet	19
7ème	Sans objet	27

Ainsi, sur les sites internet des chambres, une consultation rapide des réponses ministérielles permet de constater la multiplication de ces actes de doctrine administrative et de voir leur large publicité.

En terme quantitatif, cette multiplication des réponses ministérielles relatives au droit de la commande publique impose de s'interroger sur les motifs de cette recrudescence. De prime abord, cette multiplication pourrait être la mise en œuvre du détournement de ce mécanisme historique du contrôle parlementaire. En effet, la possibilité – pour un électeur de solliciter son parlementaire afin d'obtenir une consultation juridique relative à une question précise et à un cas particulier en matière de droit de la commande publique – semble être la raison première de cette multiplication.

Pour autant, quand bien même cette raison semble séduisante, celle-ci ne saurait être retenue de manière exclusive.

D'une part, la technicité du droit de la commande publique est au fondement des demandes d'interprétations formulées par les parlementaires, notamment en cas de pluralité de dispositions applicables à une situation donnée. Ainsi, les parlementaires vont se faire la voix des personnes agissant dans un secteur spécifique afin d'obtenir la clarification des règles applicables et de permettre une mise en œuvre efficiente du droit de la commande publique. Cette volonté de clarification aura pour finalité de garantir la sécurité juridique des contrats conclus sur le fondement de cette réponse ministérielle. Pour exemple, dans le cadre de la fusion des établissements publics de coopération intercommunale (EPCI), Monsieur Le Déaut a interrogé le ministre de l'aménagement du territoire, de la ruralité et des collectivités territoriales, « sur les règles encadrant les procédures de passation des contrats publics »[1]. Proposant une analyse circonstanciée des hypothèses envisageables, le député interroge donc le ministre qui doit apporter sa vision sur ces différentes hypothèses. Ce dernier va se prononcer au travers d'une interprétation « par analogie avec les principes posés par les modifications des marchés en cours d'exécution, tels qu'ils résultent notamment de l'article 139 du décret n° 2016-360 du 25 mars 2016 relatif aux marchés publics[2] ». Ainsi, le ministre, par ce biais, va proposer une interprétation du droit de la commande publique permettant une clarification de ce droit et garantissant aux établissements publics de coopération intercommunale une sécurisation des contrats conclus dans cette période charnière de leur création.

D'autre part, au regard de la nature réglementaire du droit de la commande publique, le développement de ce mécanisme a pour finalité de le faire revenir vers son objectif originaire, à savoir le contrôle parlementaire de l'action du Gouvernement. En effet, en provoquant l'interprétation administrative, le parlementaire contrôle l'action gouvernementale en garantissant une interprétation des dispositions relatives au droit de la commande publique. D'ailleurs, la possibilité de transformation d'une question écrite en question orale avec débat contraint les ministres à proposer une réponse rapide aux parlementaires et permet ainsi à ces derniers d'opérer un contrôle efficient de l'action gouvernementale dans le cadre de la commande publique. Pour autant, cette multiplication de ces actes de doctrine administrative marque « l'emprise croissante de l'administration dans l'élaboration de la règle de droit »[3]. L'utilisation de ce mécanisme marque donc une ligne de partage extrêmement poreuse entre le contrôle de l'action du Gouvernement et l'emprise croissante de l'administration. L'équilibre mis en place tend à faire pencher cette ligne de partage en faveur du contrôle parlementaire au regard du développement des sollicitations des membres du Gouvernement.

Une publication dans des revues spécialisées – Parallèlement à la publication des réponses ministérielles au Journal officiel, la doctrine administrative de la commande publique dispose d'un second vecteur de transmission, à savoir la revue Contrats et marchés publics. Au sein de cette revue spécialisée sur les contrats publics, une partie est relative à la doctrine administrative et reprend quasi-exclusivement les réponses ministérielles. Cette revue, outre la publication de la réponse, en propose des commentaires afin de replacer cette réponse dans le cadre plus large du droit de la commande publique. Depuis sa création en novembre 2000, cette revue a publié pas moins de 858 réponses ministérielles

---

[1] Le Déaut (J-Y.), Question écrite n°101698 du 27 décembre 2016 au ministre de l'aménagement du territoire, de la ruralité et des collectivités territoriales ; Réponse du ministre du 7 février 2017.

[2] Ces dispositions ont été reprises aux articles R. 2194-1 et suivants du code de la commande publique.

[3] Oppetit (B.), « *Les réponses ministérielles aux questions écrites des parlementaires et l'interprétation des lois* », D. 1974, Chron. p. 107 et suivantes.

avec des commentaires précis. Sur ces 858 réponses, en moyenne annuelle, 50 réponses en moyenne se trouvent publiées dont 12 pour l'année la plus basse et 98 pour l'année à plus large publication. Par mois, la revue Contrats et marchés publics publient entre 0 et 15 réponses ministérielles. Dès lors, ce vecteur de la doctrine administrative dispose d'une large publicité et garantit un accès étendu au droit de la commande publique. D'ailleurs, la publication, accompagnée d'un commentaire, permet aux professionnels de disposer de cette information et du replacement de cette dernière dans le cadre plus large du droit de la commande publique, voire du droit administratif en général.

Les critères de caractérisation des réponses ministérielles dans le droit de la commande publique – La multiplication de ces actes d'interprétation permet de dégager quelques critères de caractérisation des réponses ministérielles dans le domaine du droit de la commande publique.

Tout d'abord, les questions peuvent être posées à l'ensemble des ministres ayant à appliquer les dispositions du droit de la commande publique. En d'autres termes, l'ensemble des ministres peut être destinataire d'une question relative à l'application de ce droit. Pour exemple, le député Huet a interrogé le ministre de l'agriculture, de l'agroalimentaire et de la forêt « sur le prix des denrées alimentaires dans les marchés publics »[4]. Ainsi au regard d'une compétence ministérielle, le parlementaire peut saisir le ministre qu'il souhaite afin d'obtenir une réponse sur l'application du droit de la commande publique à une situation précise.

Ensuite, les parlementaires peuvent interroger les ministres qu'ils souhaitent sur l'ensemble des contrats composant le droit de la commande publique. En effet, des questions peuvent être posées sur les contrats de marchés publics, des concessions, des délégations de service public, voire des conventions domaniales. Par ailleurs, ces interrogations peuvent porter sur l'ensemble de la procédure allant de la passation à la fin des contrats, en passant par leur exécution.

De plus, une question au ministre peut être l'objet d'une demande de clarification, non pas au regard du droit de la commande publique au sens strict mais à l'aune d'interrogations plus générales. C'est ainsi que peut être envisagée une question portant sur le calcul du montant de la redevance d'occupation dans le cadre de conventions domaniales[5]. Dès lors, ces réponses ministérielles sont l'occasion pour les parlementaires de demander une interprétation aux ministres, en l'interrogeant sur une application de la législation donnée à un cas précis.

Enfin, les parlementaires peuvent inclure leurs questionnements dans un cadre plus large que la seule application du droit de la commande publique. En

[4] Huet (G.), Question écrite n° 97625 du 12 juillet 2016, au ministre de l'agriculture, de l'agroalimentaire et de la forêt, porte-parole du Gouvernement ; Réponse du ministre du 18 octobre 2016.

[5] En ce sens, Rép. min. n° 12925 : JO Sénat Q 19 févr. 2015, p. 397 (Q. 21 août 2014, M. Jean-Louis Masson), Roman-Séquense (B.), *Tarifs d'occupation du domaine public liés à la résidence des personnes*, Contrats et marchés publics n° 4, avril 2015, comm. 108.

effet, ces derniers peuvent interroger les ministres sur les pratiques qui sont les leurs dans le cadre de l'application de ce droit mais peuvent aussi les interroger afin de connaître leur position pour une application à des établissements publics ou à des collectivités locales. Pour exemple, un parlementaire peut interroger le ministre de l'intérieur sur l'application de certaines dispositions relatives au droit de la commande publique par rapport au code général des collectivités territoriales. De plus, un parlementaire pourrait saisir le ministère de l'agriculture ou celui en charge de l'environnement, de toutes questions relatives à l'application du droit de la commande publique à des conventions domaniales en matière de forêt au motif que ces deux ministères disposent de la tutelle sur l'Office national des forêts (ONF).

Ainsi, ce vecteur de la doctrine administrative provoquée dispose d'une large publicité et garantit un accès étendu aux acteurs du droit de la commande publique.

C. Une position unanime sur l'absence de normativité juridictionnelle

Dans l'ordre juridique français, la principale limite aux effets des réponses ministérielles repose exclusivement sur leur absence de normativité juridictionnelle, ce que le pouvoir exécutif a confirmé par le biais d'une réponse ministérielle.

La jurisprudence de l'absence de normativité des réponses ministérielles – La jurisprudence constante du Conseil d'État réfute la possibilité de recours contentieux à l'encontre de ces actes. Par un arrêt du 12 juin 1936, la Haute juridiction administrative a jugé qu' « en ce qui concerne la réponse du ministre des Travaux publics à une question écrite d'un membre du Parlement : - Cons. que cette réponse n'est pas de nature à faire l'objet d'un recours par la voie contentieuse devant le Conseil d'État »[6]. Par cet arrêt, le Conseil d'État ferme son prétoire aux recours intentés à l'encontre de ces actes.

Au-delà de l'absence de possibilité de recours contentieux, le juge administratif a estimé que ces actes ne s'imposent pas à la juridiction administrative. En effet, les interprétations contenues dans les réponses ministérielles n'ont qu'une nature « informative » pour le parlementaire sollicitant la réponse ainsi que pour les administrés souhaitant s'en prévaloir. Ainsi, les juges du Palais royal ont jugé que « le requérant ne peut utilement se prévaloir devant le juge administratif d'une réponse à une question écrite posée par un député pour prétendre que l'administration a pris certains engagements, une réponse de cette nature ne pouvant produire par elle-même aucun effet juridique »[7]. Cette jurisprudence sera confirmée à plusieurs reprises, notamment

---

[6] CE, Sect., 12 juin 1936, *Sieur Hitzel et autres,* n° 46562, 46701, 47011, 47664 et 47830, Lebon p.641.

[7] CE, 2 novembre 1955, *Casanovas et Société Casanovas,* Revue pratique de droit administratif, 1955, n°420.

par l'arrêt Duflocq[8] dans lequel le Conseil d'État réitère sa position de principe selon la formule suivante : « les interprétations données par les ministres dans des réponses à des parlementaires ne s'imposent pas aux juridictions administratives ». D'ailleurs, ces arrêts marquent une certaine extension du champ d'application de la jurisprudence Hitzel, en ce sens qu'ils ne permettent pas aux justiciables de s'en prévaloir et cela devant toutes les juridictions administratives, de droit commun ou spécialisées. Ainsi, devant la Cour des comptes ou la Cour de discipline budgétaire et financière ou devant tout autre juridiction spécialisée, les justiciables ne peuvent se prévaloir de ces interprétations. De plus, cette jurisprudence a une valeur globale en ce que ces interprétations ne peuvent jamais servir de fondement ou de moyen à un recours contentieux devant le juge administratif.

Cette position est partagée par le juge judiciaire qui a eu à se prononcer sur cette question de l'opposabilité des réponses ministérielles et de leur invocabilité devant les juridictions judiciaires. Par un arrêt du 29 janvier 1981, la Chambre sociale de la Cour de cassation a considéré que « la réponse ministérielle du 30 mai 1978 [qui], de toutes façons, serait dépourvue de toute force obligatoire pour le juge judiciaire (...) »[9]. Ainsi, la réponse ministérielle ne dispose d'aucune normativité et dès lors, « reste affectée de la précarité »[10].

Par ailleurs, le Conseil d'État écarte la normativité juridictionnelle des réponses ministérielles dès lors que le ministre rejette une demande d'abrogation de décisions incluses dans les réponses ministérielles. En effet, par un arrêt du 22 octobre 1999, le Conseil d'État rappelle sa position classique sur la question, en ce que « les réponses faites par les ministres aux questions écrites des parlementaires ne sont pas susceptibles de faire l'objet d'un recours contentieux » 11 et en tire les conséquences suivantes en déclarant les conclusions irrecevables. Ainsi, le Conseil d'État a tiré toutes les conséquences de l'impossibilité d'exercer un recours contentieux à l'encontre de ces réponses ministérielles mais aussi de l'absence de normativité de ces dernières au regard de la loi ou du texte réglementaire qu'elles interprètent, quand bien même cette solution est adoptée dans le domaine spécifique du droit fiscal[12].

Comme le dit le commissaire du Gouvernement Laurent Olléon, dans ses conclusions sur l'arrêt Friadent, « étant donné la constance de cette jurisprudence, la messe pourrait vous sembler dite »[13]. Pourtant, l'évolution

---

8 CE, 26 février 1969, Sieur Duflocq, n° 72426, recueil Lebon.

9 Cass, Soc, 29 janvier 1981, n° 79-41406, Bulletin des arrêts Cour de cassation chambre sociale, n° 84.

10 Oppetit (B.), « *Les réponses ministérielles aux questions écrites des parlementaires et l'interprétation des lois* », D. 1974, Chron. p. 107 et suivantes.

11 CE, 22 octobre 1999, *Office public d'HLM de la ville d'Avignon,* n° 192127, inédit au recueil Lebon, concl. Bachelier.

12 En ce sens, voir l'article L. 80 B du livre des procédures fiscales qui fixe le régime d'opposabilité de ces actes de doctrine administrative.

13 Conclusions du commissaire du Gouvernement Laurent Olléon, *« Les réponses ministérielles aux questions écrites des* parlementaires *sont-elles susceptibles de recours pour*

jurisprudentielle provoquée par l'arrêt Duvignères[14] a obligé le Conseil d'État à se prononcer, à nouveau, sur la question de la susceptibilité de recours pour excès de pouvoir à l'encontre des réponses ministérielles. Comme souvent en matière de doctrine administrative, la Haute juridiction administrative s'est prononcée sur cette possibilité de contrôle juridictionnel en matière fiscale dans l'arrêt Friadent du 16 décembre 2005[15] sur lequel nous reviendrons ultérieurement afin d'envisager sa possible extension au droit public en général.

Pouvoir exécutif et valeur juridique des réponses ministérielles – Le pouvoir exécutif a déjà pu se prononcer sur la valeur juridique des interprétations véhiculées par les réponses ministérielles. Faisant suite à une question de Monsieur le député Pascal Clément, le Premier ministre a proposé la réponse suivante : la réponse ministérielle « ne peut ni fixer une norme ni donner une interprétation qui s'imposerait à tous de la loi ou du règlement, pouvoir qui n'appartient qu'aux tribunaux. Ni l'administration ni le pouvoir exécutif ne pourraient se substituer à eux. Les réponses ministérielles dont la raison d'être, qui ne saurait être oubliée, est de permettre le contrôle de l'activité gouvernementale, ne sont que des actes indicatifs, au même titre que les lettres qui permettent de faire connaître l'opinion du ministre, parfois ses objectifs, sans pour autant constituer une décision »[16].

En l'espèce, le Gouvernement prend acte de la position de principe du Conseil d'État quant à l'absence de contrôle juridictionnel à l'encontre de ces décisions au motif qu'elles ne font pas griefs et en tire les conséquences sur les conditions d'application de ce principe à l'action administrative. Le Premier ministre rappelle, en effet, qu'il ne dispose pas d'un pouvoir d'interprétation pouvant s'imposer aux juridictions et cela notamment au regard du principe de séparation des pouvoirs. Sur ce fondement, le Gouvernement et son administration ne peuvent choisir une interprétation et lui donner le caractère immuable de la décision juridictionnelle. De même, ces actes ne peuvent être considérés comme des interprétations ayant un caractère impératif. Cette absence de caractère impératif est nécessaire afin de ne pas aller à l'encontre de l'esprit du texte interprété et ainsi agir dans le champ de compétence du législateur ou du pouvoir réglementaire en vertu de l'article 37 de la Constitution.

---

excès de pouvoir ?, conclusions sur l'arrêt CE, Sect., 16 décembre 2005, n°272618, Société *Friadent France,* Lebon, BDCF 2006, 36.

[14] CE, Sect, 18 décembre 2002, *Madame Duvignères*, n°233618, Lebon, Concl. Fombeur ; RFDA 2003, p.274, concl. Fombeur et 510, note Petit ; AJ 2003, p.487, chron. Donnat et Casas ; JCP Adm 2003, n°5, p.94, comm. J. Moreau ; LPA 23 juin 2003, note Combeau ; Mélanges Moderne, P.357, art. Prétot.

[15] CE, Sect., 16 décembre 2005, *Société Friadent France*, n°272618, Lebon, Concl. Olléon ; RKF 2006, n°294 ; BDCF 2006, n°36, Concl. Olléon ; RJF 2006, p185, chron. Bénard ; AJDA 2006, p.721, note. Collet.

[16] Premier ministre, réponse n° 36214 du 6 octobre 1980, JOAN, Questions, 3 novembre 1980, p. 4620.

II. Le rescrit « commande publique », une interprétation provoquée à envisager

L'interprétation donnée par l'administration peut dépasser le cadre de la séparation des pouvoirs. En effet, au-delà de la réponse ministérielle donnée par le Gouvernement aux « honorables parlementaires », l'administration peut se prononcer par le biais de décisions individuelles[17]. La décision unilatérale est adoptée par le pouvoir exécutif sur demande de l'administré et participe à l'élaboration d'une doctrine administrative. Pour autant, cette doctrine ne dispose pas d'une large publicité et revêt un effet *inter partes*. L'action unilatérale de l'administration publique traduit ainsi une interprétation de cette dernière au profit des administrés. Pour autant, le développement du rescrit en droit administratif devrait permettre une interprétation par l'administration du droit de la commande publique.

Le renouveau de la conception de l'État au travers de la notion de régulation impose de nous interroger sur l'extension du rescrit au domaine de la commande publique, en ce sens que l'adoption d'un tel mécanisme permettrait de sécuriser les différents contrats, que ce soit au regard de la procédure, des obligations contractuelles, voire même d'éviter tout contentieux ultérieur. Dès lors, au regard de l'ébauche de rescrit que peuvent constituer les questions posées à la direction des affaires juridiques des ministères économiques et financiers, le législateur doit envisager l'extension de cette procédure à l'ensemble des acteurs participant au droit de la commande publique.

A titre liminaire, il est nécessaire de définir précisément ce qu'est le rescrit. Dans le cadre de son étude sur le rescrit, le Conseil d'Etat le définit comme « une prise de position formelle de l'administration, qui lui est opposable, sur l'application d'une norme à une situation de fait décrite loyalement dans la demande présentée par une personne et qui ne requiert aucune décision administrative ultérieure »[18].

A. Les questions posées à la DAJ par les administrations, un embryon de rescrit de la commande publique

Au-delà des mécanismes traditionnels de dialogue entre l'administration et les usagers via notamment les réponses ministérielles ou les demandes informelles, la direction des affaires juridiques des ministères économiques et financiers a mis en œuvre des mécanismes permettant une prise de contact directe entre cette dernière et les acteurs publics du droit de la commande publique.

---

[17] Pour une étude approfondie de cette notion, voir : Defoort (B.), *La décision administrative,* LGDJ, Coll. Thèses, Bibliothèque de droit public, mars 2015.

[18] Conseil d'Etat, *Les études du Conseil d'Etat – Le rescrit : sécuriser les initiatives et les projets*, La documentation française, Etudes et documents du Conseil d'Etat, 2014.

1. Une mise en contact simplifiée

En matière économique, une nécessité a fait jour, celle d'un contact étroit entre tous les acteurs de la commande publique afin de sécuriser les procédures de passation, d'exécution et de contrôle des contrats de la commande publique. D'ailleurs, la direction des affaires juridiques des ministères économiques et financiers a conscience de ce besoin de sécurité juridique et de satisfaction du besoin d'informations sur le droit de la commande publique[19]. Afin de répondre à ce besoin d'informations et marquer la volonté de sécurisation des contrats de la commande publique, a été mis en place un accès numérique permanent aux services de la direction des affaires juridiques des ministères économiques et financiers. En effet, au-delà des renseignements publiés dans la rubrique « Conseil aux acheteurs – Vos questions / Nos réponses », la direction des affaires juridiques a développé un mécanisme permanent de mise en contact au profit des acteurs publics qui peuvent la saisir de toutes questions relatives au droit de la commande publique. Par ailleurs, le renouvellement de la convention avec la direction générale des finances publiques permet de « garantir aux acheteurs publics une aide efficace dans la passation et l'exécution de leurs marchés »[20]. En effet, la synergie des actions entre ces deux directions au cœur du droit de la commande publique est essentielle pour la bonne mise en œuvre de ce droit. D'une part, la direction des affaires juridiques des ministères économiques et financiers est l'auteur et l'interprète exclusif des règles de droit de la commande publique. D'autre part, la direction générale des finances publiques est l'entité centrale pour l'exécution financière des contrats de la commande publique. Dès lors, la réunion de ces deux directions est nécessaire afin de garantir une efficacité et une efficience dans l'application du droit de la commande publique.

Cette volonté de sécurisation des relations entre la direction des affaires juridiques et les acteurs publics fait suite aux recommandations du Conseil d'État en ce domaine. En effet, la Haute juridiction administrative a incité les acteurs institutionnels à favoriser ces relations entre les entreprises, les collectivités publiques et la direction des affaires juridiques des ministères économiques et financiers. Le Conseil d'État considère à cet effet que « le droit de consulter l'autorité compétente sur une situation individuelle dans le cadre du rescrit ou d'autres mécanismes inspirés par une philosophie proche facilite la

---

[19] Dans la partie du site internet de la direction des affaires juridiques relative au conseil aux acheteurs et aux autorités concédantes, il est indiqué que « *Afin de mieux satisfaire le besoin d'information sur le droit de la commande publique, et ainsi renforcer la sécurité des achats, des outils d'aide à la passation et à l'exécution des marchés publics sont proposés sur cette page : tableaux et schémas, fiches techniques, questions-réponses* ». Dès lors, la direction des affaires juridiques des ministères économiques et financiers a pris en compte le besoin des acteurs publics relatif à l'information relative aux règles de la commande publique.

[20] *http://www.economie.gouv.fr/daj/question-sur-marches-publics*

mise en œuvre du dispositif et mérite d'être élargi »[21] et ajoute qu'« il en est de même du maintien au profit des entreprises d'un accès permanent et ouvert aux administrations pour échanger sur les difficultés qu'elles rencontrent dans l'application des textes. Le recours à des forums, physiques ou électroniques, permet notamment d'assurer un dialogue continu entre les personnes publiques et les opérateurs économiques »[22].

Dès lors, cette mise en contact simplifiée des entreprises avec la direction des affaires juridiques n'a pas encore pris corps même s'il nous paraît nécessaire qu'une réflexion dans ce domaine soit effectuée selon les modalités que nous exposerons ci-après. Pour autant, l'embryon de rescrit de la commande publique doit faire l'objet d'une première étude afin de pouvoir envisager un rapprochement de la procédure existante avec les modalités du rescrit.

2. *Une volonté d'accompagnement des personnes publiques*

Afin de mettre en œuvre cette volonté d'accompagnement des acheteurs publics, la direction des affaires juridiques des ministères économiques et financiers propose une prise de contact facilitée avec ses services via son site internet[23]. La direction des affaires juridiques a souhaité que ce mécanisme soit le plus simple possible afin d'éviter qu'une personne publique ne renonce à la saisir du fait d'un formalisme trop important. En effet, au vu de la technicité des questions posées à la direction des affaires juridiques, le mécanisme de saisine doit être simple pour éviter toute mise à l'écart d'un questionnement majeur et pour garantir la sécurité juridique des procédures et des contrats de la commande publique. Pour ce faire, au regard de la spécificité des questionnements pouvant lui être soumis, la direction des affaires juridiques a instauré une pluralité de possibilités pour la contacter. En effet, dans un souci d'efficacité et d'efficience de l'action administrative, les ministères économiques et financiers ventilent les demandes en fonction de l'institution l'interrogeant. Ainsi, selon cette répartition, la direction des affaires juridiques a instauré deux adresses mail.

D'une part, pour les services centraux et les établissements publics nationaux de l'État, le service « marchés publics » de la direction des affaires juridiques peut être contacté à l'adresse suivante : daj-marches-publics@finances.gouv.fr et son délai de réponses est exclusivement de moins de 8 jours[24]. Ainsi, les administrations centrales et les établissements publics nationaux répondant à une logique propre et à des règles de la commande publique qui leurs sont spécifiques ont la nécessité de saisir un bureau de la direction des affaires

---

[21] Conseil d'État, *Étude annuelle 2015 – L'action économique des personnes publiques,* La documentation françaises, Études et documents du Conseil d'État, septembre 2015, p. 186.

[22] Conseil d'État, *Étude annuelle 2015 – L'action économique des personnes publiques,* La documentation françaises, Études et documents du Conseil d'État, septembre 2015, p. 186.

[23] http://www.economie.gouv.fr/daj/question-sur-marches-publics

[24] Selon les chiffres de la direction des affaires juridiques, « *en 2014, le bureau du conseil aux acheteurs a répondu à 1 564 questions, dont plus de 99% ont été traitées en moins de 8 jours* ».

juridiques à même de traiter leurs questionnements au regard de leur place institutionnelle. Par ailleurs, la réponse obtenue par les services centraux et les établissements publics nationaux prend la forme d'un courrier électronique, ce qui favorise l'effet *inter partes* de l'interprétation formulée par la direction des affaires juridiques et ne permet pas une opposabilité de cette position, voire une invocabilité devant le juge du contrat.

D'autre part, une cellule d'information juridique aux acheteurs publics a été créée pour les collectivités territoriales, les établissements publics locaux, les établissements publics d'État à compétence locale ou les services déconcentrés de l'État[25]. La mise en place d'une telle cellule fut nécessaire au regard de la complexité des mécanismes de décentralisation et de déconcentration et du jeu de compétences entre les différentes strates de l'action locale. D'ailleurs, cette ventilation fut nécessaire afin de répondre spécifiquement aux collectivités locales, notamment au regard des dernières évolutions législatives dans ce domaine[26]. De plus, la cellule d'information répond instantanément par le biais de rendez-vous téléphonique ; d'où une réponse à 100% sur les 20 239 questions posées[27]. Ainsi, dans le cadre d'une étude d'efficience de l'action administrative, l'obtention d'une réponse instantanée a pour objet de permettre aux acteurs locaux de disposer d'une réponse adéquate à leur situation dans un temps répondant aux exigences des contrats de la commande publique. Pour autant, l'absence de réponse, par le biais d'un courrier ou d'un courriel, impose à la plus grande prudence sur la portée de la position et de l'interprétation données par la direction des affaires juridiques. En effet, les réponses étant obtenues oralement, l'opposabilité de ces dernières semble impossible à mettre en œuvre et l'invocabilité devant le juge du contrat hors de portée. Par ailleurs, par la mise en place d'une procédure de contact direct au profit des collectivités territoriales, la direction des affaires juridiques des ministères économiques et financiers se veut donc être un interlocuteur privilégié des collectivités locales en matière de droit de la commande publique.

Cette ventilation entre les institutions de niveau national et celles à compétence locale répond à une volonté de la direction des affaires juridiques des ministères économiques et financiers d'apporter la réponse la plus opportune à la situation de l'institution saisissante. En effet, au regard de la différenciation des seuils en matière de marchés publics, des règles en vigueur, notamment au droit de la concurrence, du corpus normatif applicable à ces entités, la direction des affaires juridiques a opéré une ventilation pertinente lui permettant à l'aune

---

[25] http://www.collectivites-locales.gouv.fr/coordonnees-cijap

[26] Voir notamment en ce sens, loi n° 2015-991 du 7 août 2015 *portant nouvelle organisation territoriale de la République*, JORF n° 0182 du 8 août 2015, p. 13705 ainsi que tous les développements doctrinaux autour de cette question de l'intégration de la loi NOTRE dans notre droit positif : voir notamment RFDA, *Dossier : la loi NOTRe*, 2016, n° 4, p. 645.

[27] Chiffres proposées par la direction des affaires juridiques des ministères économiques et financiers et regroupant les demandes formulées pour l'année 2014.

de son organisation interne de répondre efficacement et rapidement à l'ensemble des acteurs la saisissant.

De même, les relations entre services centraux et la direction des affaires juridiques des ministères économiques et financiers ne sont pas les mêmes que celles qu'entretiennent les collectivités locales et les services déconcentrés avec la direction des affaires juridiques. En effet, l'organisation administrative française implique une uniformité des directions ou services des affaires juridiques des ministères. Ainsi, des membres du Conseil d'État se trouvent à la tête de l'ensemble des services ou directions des affaires juridiques, ce qui facilite le lien entre les services centraux et la direction des affaires juridiques des ministères économiques et financiers. De plus, l'application du droit de la commande publique faite par les ministères économiques et financiers répond aux mêmes exigences que celle faite par les autres ministères.

Par ailleurs, la création d'une cellule d'information juridique aux acheteurs publics au profit des collectivités locales et des services déconcentrés de l'État marque une volonté de la direction des affaires juridiques des ministères économiques et financiers, de favoriser une uniformisation du droit de la commande publique sur l'ensemble du territoire. De plus, cette singularité permet à la direction des affaires juridiques de devenir l'unique interlocuteur des collectivités locales. En effet, traditionnellement, les collectivités locales, pour l'interprétation du droit qu'elles doivent appliquer, sollicitent la direction générale des collectivités locales (DGCL) du ministère de l'intérieur. Cette direction spécialisée dans le droit des collectivités locales est la plus à même de leur répondre au regard des spécificités du niveau local. Dès lors, la mise en œuvre d'une cellule spécifique aux acheteurs publics locaux les incite à solliciter un avis ou une consultation de la direction des affaires juridiques des ministères économiques et financiers pour l'application et l'interprétation du droit de la commande publique au niveau local. C'est ainsi qu'au regard de sa connaissance étendue du droit de la commande publique, la direction des affaires juridiques se pose comme un interprète exclusif de ce droit, même au profit de la spécificité des collectivités locales et cela afin de soulager la direction générale des collectivités locales de l'application du droit de la commande publique.

Parallèlement à cette procédure d'interrogation de la direction des affaires juridiques par les administrations *lato sensu*, les autres acteurs de la commande publique peuvent saisir la direction des affaires juridiques de questions dont cette dernière peut choisir d'en faire une certaine publicité. C'est ainsi que sur le site internet de la direction des affaires juridiques, dans la rubrique relative au conseil aux acheteurs, a été mis en place une page intitulé « Vos questions / Nos réponses ».

Dans ce cadre, la direction des affaires juridiques, saisie de questions relatives au droit de la commande publique, peut décider, du fait de la récurrence de la question ou de l'intérêt de cette dernière, de publier sur son site internet la réponse après anonymisation. Les questions peuvent être relatives à toutes les étapes liées au droit de la commande publique, à savoir le champ d'application, la préparation de la procédure, sa mise en œuvre et l'exécution des marchés.

Par ce biais, la direction des affaires juridiques entend orienter le choix des acteurs publics en faveur d'une position ou d'une interprétation du droit de la commande publique. De plus, dans cette rubrique, la direction des affaires juridiques entend offrir une interprétation générale du droit de la commande publique en ne favorisant pas la distinction entre les services centraux et les services à compétence locale. Par ce vecteur, l'interprétation formulée ne répond pas exactement à une demande précise mais plus à une interprétation des textes relatifs au droit de la commande publique sur le fondement d'une question générale incluse dans un cadre plus large. Il en fut ainsi quant aux modalités de composition de la Commission d'appel d'offres (CAO) pour les offices publics de l'habitat (OPH) ; la question formulée étant la suivante : « la composition des CAO pour les OPH est-elle soumise aux dispositions du CGCT ? »[28]. Dès lors, les demandeurs interrogent la direction des affaires juridiques sur l'application du droit de la commande publique dans le cadre plus général du droit des collectivités territoriales ou du droit public général.

D'ailleurs, ces questions – réponses peuvent servir à connaître l'application du code des marchés publics ou du droit de la commande publique au regard d'évolutions législatives ou réglementaires. En ce sens, la question relative aux « règles applicables aux contrats de fournitures d'électricité et de gaz naturel depuis la loi NOME » a permis d'interroger la direction sur l'incidence de la loi n° 2010-1488 du 7 décembre 2010[29] et de la loi n° 2014-344 du 17 mars 2014[30] sur les contrats de fournitures d'électricité et de gaz naturel, notamment au regard de la mise en concurrence et de nouvelles dispositions applicables à ces contrats spécifiques[31]. Pour répondre à cette question précise, la direction des affaires juridiques va reprendre la cadre juridique applicable à ces contrats, en distinguant les contrats d'électricité et les contrats de gaz naturel afin de pouvoir clarifier l'application des nouvelles dispositions législatives à ces contrats particuliers.

---

[28] Direction des affaires juridiques des ministères économiques et financiers, *Fiche sur le thème « Les modalités de composition de la CAO pour les OPH »*, 28 avril 2016, http://www.economie.gouv.fr/files/files/directions_services/daj/marches_publics/conseil_acheteurs/questions- reponses/preparation-procedure/qr-2-15-modalites-composition-de-cao-pour-oph.pdf

[29] Loi n° 2010-1488 du 7 décembre 2010 *portant nouvelle organisation du marché de l'électricité,* JORF n° 0284 du 8 décembre 2010, p. 21467.

[30] Loi n° 2014-344 du 17 mars 2014 *relative à la consommation*, JORF n° 0065 du 18 mars 2014, p. 5400.

[31] Direction des affaires juridiques des ministères économiques et financiers, Fiche sur le thème « *Règles applicables aux contrats de fournitures d'électricité et de gaz naturel depuis la loi NOME* », 21 octobre 2015, http://www.economie.gouv.fr/files/files/directions_services/daj/marches_publics/conseil_acheteurs/questions- réponses/champs-application/qr-1-6-fourniture-energie.pdf

Dès lors, par cette procédure, la direction des affaires juridiques apporte une réponse précise à une question tout aussi précise dans le but de sécuriser les procédures de la commande publique et de garantir les contrats conclus en respectant ces interprétations.

3. *L'absence de publicité, une limite aux questions posées et à la postérité de leurs réponses*

D'une part, dans le cadre de la procédure instituée au profit des acteurs publics, la direction des affaires juridiques des ministères économiques et financiers, par les modalités de réponse, ne souhaite pas mettre en place une procédure de publicité de ces dernières. Cette solution peut sembler pertinente afin de ne pas affaiblir la position prise par une administration *lato sensu* sur l'application d'une règle au regard uniquement de la doctrine administrative développée par les ministères économiques et financiers. La publicité de ces courriers électroniques ou des échanges avec les collectivités peut sembler contre-productif à l'aune de la sécurisation de la procédure. En effet, si ces actes venaient à être publiés lors de la mise en œuvre de la procédure de passation ou de l'exécution du contrat de la commande publique, cette publication de la réponse pourrait permettre un affaiblissement de la position adoptée par la personne publique mais aussi donnerait à toute personne souhaitant contester le contrat, des arguments juridiques afin de procéder à cette contestation. D'ailleurs, quand bien même l'interprétation de la direction des affaires juridiques ne pourrait faire l'objet d'une contestation contentieuse, la publicité de cette réponse aurait comme conséquence de permettre à la personne contestant l'attribution ou l'exécution du marché de trouver des arguments de contestation, notamment leur fondement juridique.

Par contre, la publicité de ces réponses pourrait avoir des effets bénéfiques pour l'administration et pour l'ensemble des acteurs publics souhaitant s'engager dans la même voie que la collectivité interrogatrice.

Tout d'abord, cette publication aurait comme effet de responsabiliser les agents publics les rédigeant. En effet, dans le cadre de la responsabilisation des agents publics voulue par les dernières législations en la matière, il est nécessaire que tout agent public ayant la compétence pour répondre à de telles questions puisse le faire en conservant la célérité nécessaire afin de garantir les impératifs des marchés. Dès lors, par le biais de la solennité offerte par la publication, l'agent se trouvera au cœur du processus normatif en matière de droit de la commande publique. De plus, une nécessité fait jour, à savoir de pouvoir garantir une réponse adéquate aux demandes formulées par les collectivités, le tout enserré dans un temps relativement court.

Ensuite, la publicité pourrait éviter à l'administration de se prononcer de manière récurrente sur une même question. En effet, les collectivités souhaitant connaître l'application de telles dispositions nouvelles au regard du droit de la commande publique doivent être nombreuses et une réponse unique sur ces questions pourrait accroître l'efficience de ces services et ainsi, ne permettre une saisine qu'en cas d'absence totale de réponse à l'aune d'une question très spécifique. La réponse à cette dernière, après anonymisation, pourrait permettre aux autres collectivités de s'inspirer de cette solution afin de sécuriser leurs différents contrats publics et n'interroger la direction des affaires juridiques que sur des questionnements précis n'entrant pas dans le champ exact de la réponse.

Enfin, la publication de cette réponse pourrait avoir pour effet une uniformisation du droit de la commande publique sur l'ensemble du territoire, notamment quant aux règles de procédure et de champ d'application de telles dispositions. En effet, l'harmonisation sur le territoire national de l'application du droit de la commande publique est un élément de sécurisation des marchés, en ce sens qu'une direction juridique d'une entreprise connaîtra l'application uniforme des règles relatives aux marchés publics et ne sera pas déstabilisée par des interprétations différentes selon le territoire, voire selon la collectivité adjudicatrice.

D'autre part, dans le cadre des questions – réponses faisant suite à une demande au conseil aux acheteurs, la publicité existe déjà. Dès lors, les acheteurs publics, les entreprises concourant aux marchés publics ainsi que les tiers – pouvant aujourd'hui contester les contrats de la commande publique[32] – verront leur procédure harmonisée, ce qui conduira à un renforcement de la sécurité juridique ; les effets bénéfiques décrits ci-avant pouvant être transposés dans le cadre de ces questions.

Dès lors, il est nécessaire de s'interroger sur les différentes évolutions à mettre en œuvre pour transformer cet embryon de rescrit « commande publique » en un véritable rescrit avec toutes les conséquences de droit qu'emporte cet *instrumentum*[33].

B. L'extension de ces questions à l'ensemble des acteurs de la commande publique, une solution à envisager

Afin de promouvoir la mise en œuvre d'un rescrit « commande publique », il convient de revenir sur les trois critères essentiels à la systématisation de ce mécanisme.

1. Un instrumentum à inclure dans une conception classique du rescrit

Tout d'abord, le rescrit est un outil de production de la doctrine administrative provoqué par une demande d'un administré à une administration.

Dès lors, une demande de la part de l'usager est nécessaire afin que l'administration lui réponde par le biais d'un rescrit. Sur le fondement des deux mécanismes évoqués ci-avant, cette condition apparaît remplie quand bien

[32] CE, Ass., 4 avril 2014, *Département de Tarn-et-Garonne*, n°358994, publié au recueil Lebon, Concl. Dacosta ; AJCA 2014. 80, obs. J-D Dreyfus ; au Lebon ; AJDA 2014. 764 ; ibid 1035, Tribune S. Braconnier, chron. A. Bretonneau et J. Lessi ; D.2014. 1179, obs. M-C de Montecler, note M. Gaudemet et Angélique Dizier ; RDI 2014. 244, obs. S. Braconnier.

[33] Concernant les recours à l'encontre des rescrits, cette question sera traitée dans le dernier chapitre de la présente étude.

même il s'avère nécessaire d'étendre la possibilité de saisine de la direction des affaires juridiques des ministères économiques et financiers à l'ensemble des acteurs de la commande publique, c'est-à-dire à la fois toutes les collectivités publiques (services centraux, déconcentrés, collectivités locales, établissements publics tant nationaux que locaux) et toutes les personnes physiques et morales de droit privé (entreprises, cabinets d'avocats, personnes physiques ayant un intérêt dans la contestation d'un contrat de la commande publique). Cette extension des personnes aptes à saisir la direction des affaires juridiques pourrait permettre une prise de position la plus large possible sur des questions marquées du sceau de la précision.

Par ailleurs, cette demande doit retenir le formalisme nécessaire à tout rescrit. En l'état, aucun des deux mécanismes ne prévoit un formalisme pour poser la question à la direction des affaires juridiques. En effet, la saisine, concernant les administrations – tant centrales que locales – ne doit répondre à aucun formalisme, en ce sens que l'administration est saisie soit par voie électronique, soit par voie téléphonique ; le demandeur ayant en quelque sorte l'obligation d'être succinct dans sa demande. De plus, dans le cadre des « conseils aux acheteurs et aux autorités concédantes », les questions posées sont précises et courtes. Pour exemple, une demande a été formulée comme suit : « Les associations sont-elles soumises aux règles de la commande publique pour la réalisation de travaux, leurs achats de services ou de fournitures ? »[34]. Ainsi, quand bien même la question serait précise, elle ne répond pas à la logique de dossier qui doit permettre à l'administration de se prononcer au regard d'une situation particulière. En effet, les deux mécanismes sont des procédures de demande d'interprétation *in abstracto* des règles applicables à la commande publique.

Dès lors, afin de mettre en œuvre la procédure de rescrit, il est nécessaire que l'administration puisse répondre à une question précise sur la base d'un dossier « pré-formaté ». Ainsi, dans le but de répondre à cette condition, la direction des affaires juridiques sera dans l'obligation de proposer un modèle-type de dossier ayant fait l'objet d'une demande et répondant à tous les critères d'exhaustivité. De plus, la demande doit être initiée par l'usager. Ainsi, ce dernier se trouve être l'acteur central de la procédure de rescrit « commande publique ». Pour ce faire, l'usager doit créer une relation de confiance entre lui et l'administration afin que cette dernière puisse se prononcer aisément sur ses demandes.

Au-delà de l'usager – instigateur de la demande, cette dernière doit être adressée à une administration *lato sensu*. Cette condition est remplie au regard du destinataire de ces demandes, à savoir la direction des affaires juridiques des ministères économiques et financiers.

---

[34] Direction des affaires juridiques des ministères économiques et financiers, *Fiche sur le thème « Association et commande publique »*, 13 septembre 2012, http://www.economie.gouv.fr/files/directions_services/daj/marches_publics/conseil_acheteurs/questions- réponses/champs-application/qr-1-1-associations-et-cp.pdf

Ensuite, le rescrit porte sur une « interprétation d'une norme à une situation de fait décrite loyalement dans la demande présentée par une personne »[35].

À titre liminaire, à l'aune de ce formalisme et comme pour tout rescrit, le bénéficiaire du rescrit doit pouvoir renoncer à son bénéfice s'il estime que cette interprétation ne lui convient pas et qu'une autre interprétation est envisageable, à charge pour ce dernier d'obtenir l'assentiment de son cocontractant, voire de l'interprète authentique.

De plus, sans revenir sur les conditions exactes du formalisme nécessaire pour déposer une demande de rescrit, notamment quant aux différents éléments du dossier, une nécessité fera jour dans l'hypothèse de la création d'un mécanisme de rescrit « commande publique ». En effet, l'adoption d'un tel instrument en droit de la commande publique nécessitera la mise en place d'un mécanisme de sanction en cas de non-respect de cette condition *sine qua non*. Dans le cadre du rescrit, la sanction, en cas de dépôt d'un dossier incomplet, est le rejet de la demande, que ce rejet soit explicite ou implicite. De plus, le caractère de bonne foi de la demande et des informations fournies entraîne deux types de sanction, à savoir le rejet explicite de la demande ou le retrait du rescrit si celui-ci a été formulé ainsi que sa non-opposabilité.

En l'espèce, l'absence de dossier exhaustif, dans les deux hypothèses existantes, implique que si le rescrit « commande publique » veut être mis en œuvre, un mécanisme de sanction sera à développer. Ainsi, d'une part, pour le demandeur de mauvaise foi, deux types de sanction devront être institués. D'un côté, concernant le rescrit en lui-même, les sanctions envisageables sont le rejet explicite de la demande ou le retrait en cas d'adoption du rescrit et une inopposabilité de l'interprétation proposée. D'un autre côté, afin de prévenir tout comportement abusif de la part de demandeurs et de prévenir l'engorgement de la direction des affaires juridiques, le législateur devra fixer une amende administrative dont le montant sera susceptible d'éviter tout détournement de la procédure. D'autre part, pour la demande qui ne ferait pas l'objet de l'exhaustivité nécessaire, deux possibilités sont ouvertes. D'un côté, soit le demandeur n'avait pas inféré de l'importance de cet élément dans l'étude de son dossier, dans ce cas, l'administration peut lui demander de produire de tels documents dans un certain délai ; une fois le délai passé, l'administration prononcera le rejet de la demande. D'un autre côté, en cas de demande non exhaustive et de mauvaise foi du demandeur, l'administration ne pourra prononcer que le rejet de la demande, voire l'assortir d'une amende administrative.

Du fait du caractère formaliste de cette procédure, le rescrit propose une interprétation d'une disposition législative ou réglementaire à une situation particulière. Dès lors que la demande sera formalisée selon le modèle promu par la direction des affaires juridiques des ministères économiques et financiers, la

---

[35] Conseil d'État, *Les études du Conseil d'État – Le rescrit : sécuriser les initiatives et les projets*, La documentation française, Études et documents du Conseil d'État, 2014.

réponse sera nécessairement applicable au dossier et opposable à l'administration.

De plus, cela emporte une autre conséquence, à savoir que l'interprétation proposée devra faire l'objet d'une motivation des plus précises. C'est ainsi que le législateur devra se fonder sur le modèle du mécanisme « Vos Questions / Nos Réponses » de la rubrique du « conseil aux acheteurs et aux autorités concédantes ». En effet, dans le cadre de ces réponses, la direction des affaires juridiques propose une analyse juridique précise, quant aux fondements mais aussi au regard de la pratique. Par ailleurs, les réponses font couramment état de la jurisprudence du Conseil d'État sur ce sujet. De plus, la direction des affaires juridiques procède même à certains égards à des renvois vers d'autres fiches techniques[36] ; ce qui démontre l'unité de la production de la doctrine administrative de la commande publique, qu'elle soit provoquée ou spontanée. Dans le cadre de la mise en œuvre d'une procédure de rescrit « commande publique », la motivation de ces réponses doit être la plus exhaustive afin que l'autorité publique ou la personne privée ne soient pas réfractaires à l'utilisation de ce mode de production d'interprétations.

Pour autant, l'effet *inter partes* dans la relation entre l'administration et l'usager doit être tempéré par la procédure de publication des rescrits. Actuellement, cet effet relatif de l'interprétation proposée par la direction des affaires juridiques se retrouve dans le mécanisme mis en œuvre pour les collectivités publiques du fait de l'absence de publication des réponses. Par contre, la procédure mise en œuvre par le conseil aux acheteurs et aux autorités concédantes ne répond pas à la même finalité et souhaite proposer une interprétation plus générale des textes réglementaires et législatifs à l'aune d'un questionnement précis. Dès lors, à l'instar de ce qui se fait dans le domaine fiscal et pour le conseil aux acheteurs et aux autorités concédantes, le législateur devrait se prononcer en faveur d'une publication de l'ensemble des rescrits « commande publique » après anonymisation du dossier, de la question posée et de sa réponse. Ainsi, les demandeurs, dans une situation factuelle exclusivement identique, pourront se saisir de cette réponse et l'appliquer. Dès lors, cette faculté de mise en œuvre immédiate pourra répondre aux impératifs de célérité du marché et des opérations économiques ; l'efficience et l'efficacité du rescrit ne pouvant être discutées dans cette hypothèse. Par ailleurs, le maintien d'un délai court pour répondre incitera les acteurs économiques à se tourner vers la direction des affaires juridiques, ce qui pourrait avoir comme effet la mise en œuvre d'un contrôle neutralisant d'une politique publique à caractère économique. En effet, la direction des affaires juridiques pourra promouvoir, par ce biais, des interprétations strictes mais efficientes pour les administrations au

---

[36] Direction des affaires juridiques des ministères économiques et financiers, Fiche sur le thème « *Association et commande publique* », 13 septembre 2012,
http://www.economie.gouv.fr/files/directions_services/daj/marches_publics/conseil_acheteurs/questions- réponses/champs-application/qr-1-1-associations-et-cp.pdf
Cette fiche cite la fiche technique sur « *les pouvoirs adjudicateurs* ».

regard notamment du principe de bonne utilisation des deniers publics et des principes de la commande publique.

Enfin, du fait de la participation de l'administré à la production normative, ce dernier peut se prévaloir de cette position à l'encontre de l'administration. Ainsi, le rescrit se veut être un mécanisme de garantie au profit des usagers demandeurs ; cette garantie se traduisant par l'opposabilité de l'interprétation fournie et de ses conséquences en droit. En effet, l'opposabilité de l'interprétation permet à l'usager de se voir garantir contre un changement de veste doctrinale[37] de la part de l'administration. Ce mécanisme correspond à une vision de l'action administrative dans laquelle l'administration auprès de laquelle est sollicité le rescrit est celle qui va appliquer l'interprétation de la disposition en cause ou celle qui peut contrôler ou sanctionner l'opérateur économique demandeur. Dès lors, il semble logique que cette dernière se prononce sur l'application des textes qu'elle aura à mettre en œuvre.

En l'espèce, dans le cadre d'un rescrit « commande publique », le demandeur et la direction des affaires juridiques des ministères économiques et financiers ne participent que par une relation indirecte, c'est-à-dire que ce ne sont pas les ministères économiques et financiers qui appliquent cette interprétation. Dès lors, un mécanisme de transposition de la responsabilité de la direction des affaires juridiques à la personne utilisant cette interprétation devra être mise en œuvre avec une garantie offerte par la direction des affaires juridiques. En effet, si une entreprise suit la prescription de la direction des affaires juridiques adoptée par rescrit, cette dernière ne pourrait se voir opposer une interprétation différente de la part de la collectivité publique avec laquelle elle veut contracter.

Dans cette hypothèse, le mécanisme serait le suivant : la collectivité publique serait dans l'obligation de suivre la position émise par la direction des affaires juridiques en tant qu'interprète exclusif et en cas de contentieux contractuel, elle pourra engager une action en garantie à l'encontre du ministère de l'économie et des finances. Ainsi, ce mécanisme de sanction *a posteriori* aurait comme conséquence de responsabiliser les agents de la direction des affaires juridiques quant à leur prise de position et ne doit pas permettre aux demandeurs de se voir opposer une autre interprétation dès lors que l'interprète exclusif s'est prononcé en ce sens.

Ainsi, l'opposabilité de la doctrine administrative adoptée par la direction des affaires juridiques des ministères économiques et financiers serait totale pour les demandeurs, personnes privées, mais serait indirecte pour les personnes publiques qui devront appliquer l'interprétation proposée, à charge pour ces dernières d'appeler ce ministère en garantie en cas d'action contentieuse. Par ailleurs, en cas d'appréciation manifestement erronée, la collectivité publique ayant l'obligation de faire appliquer ce rescrit pourrait engager la responsabilité de l'État pour faute. Ce mécanisme devrait être créé de toute part car aucun des

---

[37] Turot (J.), « *La vraie nature de la garantie contre les changements de doctrine* », RFJ 5/92, p.375.

deux systèmes effectivement mis en œuvre par la direction des affaires juridiques ne répond à ce critère de l'opposabilité de la réponse à l'administration.

2. Avantages et inconvénients de cette mise en œuvre

A titre liminaire, il convient de préciser que le régime contentieux des rescrits, notamment à l'aune des conséquences des arrêts du 21 mars 2016[38], sera étudié dans la dernière partie de cette étude[39].

Au regard du développement de la logique régulatrice de l'État, par le biais notamment des autorités administratives indépendantes, la mise en place d'un rescrit « commande publique » apparaît comme une nécessité. En effet, au travers de sa définition, ce mécanisme permettrait de développer une logique de sécurisation du droit de la commande publique et de ses procédures par une interprétation uniforme de ce droit.

D'ailleurs, le mécanisme évoqué précédemment d'opposabilité de la réponse donnée par la direction des affaires juridiques des ministères économiques et financiers permettrait de renforcer la sécurisation des contrats de la commande publique et ainsi de participer à une meilleure régulation de ce droit. Pourtant, une interrogation doit être soulevée, à savoir celle d'un possible conflit d'intérêts de la direction des affaires juridiques des ministères économiques et financiers qui renseigne à la fois l'usager et l'administration. D'ailleurs, ce conflit d'intérêt peut se présenter à l'extrême dans le cas où la direction des affaires juridiques est saisie par les deux acteurs, futurs cocontractants. Dès lors, un possible conflit d'intérêts pourrait naître pour cette administration centrale.

Pourtant, ce conflit d'intérêts doit être écarté. En effet, pour un motif de sécurité juridique, la direction des affaires juridiques peut être amenée à se prononcer sur une question précise relative à un contrat de la commande publique. D'une part, la direction des affaires juridiques, en toute logique, devrait apporter une réponse identique aux deux acteurs dans le cadre d'une procédure unique. D'autre part, afin de garantir la sécurité juridique de la

---

[38] CE, Ass, 21 mars 2016, *Société NC Numéricable*, n°390023, Lebon, Concl. Daumas ; GAJA n° 117, AJ 2016.717, chr. L. Dutheillet de Lamothe et Odinet ; DA 2016. comm. 10, Von Coester et Daumas ; D. 2016.715, obs. Montecler ; Gaz. Pal. 2016 n ° 22, p. 31, note Seiller ; JCP 2016.623, note Perroud et 671, note Aguila et Froger ; LPA 2016 n ° 185, p. 11, note Chaltiel ; RFDA 2016.679, art. Melleray ; RTD Civ. 2016.571, note Deumier ; RTD Com. 2016.298, obs. Rontchevsky, et 711, obs. Lombard ; RD Publ. 2017.482, comm. Pauliat ; CE, Ass, 21 mars 2016, *Sociétés Fairvesta International GmbH, Fairvesta Europe AG, Fairvesta Europe AG II et Fairvesta Vermögensverwaltung International AG*, n°368082, Concl. Von Coester ; GAJA n° 117, AJ 2016.717, chr. Dutheillet de Lamothe et Odinet ; DA 2016. comm. 10, Von Coester et Daumas ; D. 2016.715, obs. Montecler ; Gaz. Pal. 2016 n ° 22, p. 31, note Seiller ; JCP 2016.623, note Perroud et 671, note Aguila et Froger ; LPA 2016 n ° 185, p. 11, note Chaltiel ; RFDA 2016.679, art. Melleray ; RTD Civ. 2016.571, note Deumier ; RTD Com. 2016.298, obs. Rontchevsky, et 711, obs. Lombard ; RD Publ. 2017.482, comm. Pauliat.

[39] La problématique de l'opposabilité et de l'invocabilité des rescrits fera l'objet du paragraphe 2 de la section 2 du chapitre 2 de la partie 2 de la présente étude.

passation d'un contrat de la commande publique, la direction des affaires juridique se prononçant, dans un délai raccourci, fera échapper ce conflit d'intérêts par une étude précise et exhaustive du même dossier. D'ailleurs, dans l'hypothèse où un des cocontractants serait de mauvaise foi, cette procédure pourrait permettre au bénéficiaire de bonne foi d'un rescrit de se voir garantir la procédure.

Ainsi, la mise en place du rescrit contraindrait les futurs cocontractants à être de bonne foi afin d'obtenir la même réponse pour les deux et ainsi éviter le possible conflit d'intérêts de la direction des affaires juridiques des ministères économiques et financiers.

Par ailleurs, afin de garantir la sécurité juridique des procédures des contrats de la commande publique et de développer son rescrit, une sensibilisation des acteurs de la commande publique est nécessaire. Le rescrit ne connaîtra une réelle postérité que si les acteurs du monde économique s'en prévalent pour provoquer une interprétation de la part de l'administration.

Dès lors, dans le cadre d'une consultation publique, la direction des affaires juridiques des ministères économiques et financiers informera l'ensemble des parties en lien avec le droit de la commande publique, de l'ouverture d'une telle consultation. Dans le cadre de cette consultation publique, les acteurs seront invités à se prononcer sur le mécanisme à mettre en œuvre mais aussi à proposer de nouvelles évolutions du texte soumis. Dès lors, *a priori*, les acteurs de la commande publique seront à même de connaître ce nouveau mécanisme ainsi que de participer à l'édiction des modalités de sa mise en œuvre.

Ensuite, une fois le texte adopté, le ministre chargé de l'économie et des finances soutiendra ce projet dans le cadre du conseil des ministres. Dès lors, soit un projet de loi sera déposé devant les chambres parlementaires, débattu puis peut être adopté, soit un projet d'ordonnance sur le fondement de l'article 38 de la Constitution peut être adopté à la suite d’une habilitation du Parlement. Ainsi, par ce biais, les acteurs tant publics que privés de la commande publique seront sensibilisés à la mise en œuvre du rescrit « commande publique ».

Dans son application, l’efficacité et l'efficience de cette procédure ne pourra être garantie que dans la mesure où la direction des affaires juridiques des ministères économiques et financiers s’engage dans un traitement rapide des dossiers et dans une réponse donnée dans un délai court. Afin de garantir une réponse adaptée à la vie économique, cette dernière devrait pouvoir se prononcer dans un délai d'une semaine. Cette exigence de célérité de la réponse est le pendant décisif à l'adoption de cette procédure dans le domaine de la commande publique.

Ainsi, dans ces hypothèses, le rescrit connaîtra une réelle postérité du fait, d'une part, de l'action des personnes publiques et privées saisissantes et, d'autre part, de la direction des affaires juridiques des ministères économiques et financiers par une vitesse de réponse et par une consultation efficace des futurs usagers.

De plus, du côté de l'administration, la direction des affaires juridiques des ministères économiques et financiers doit être un interlocuteur principal et exclusif de ces entreprises. À l'instar de son rôle de conseil en marchés publics pour les autres administrations, les opérateurs de l'État et les collectivités territoriales, la direction des affaires juridiques doit se positionner comme interprète « exclusif »[40] de la législation et de la réglementation en matière de la commande publique pour l'ensemble des acteurs appliquant ce droit. Cette possibilité ne semble pas poser de difficultés dans le domaine du droit de la commande publique, en ce sens que la direction des affaires juridiques est déjà l'interprète exclusif de ce droit. Pour autant, le renforcement de ce rôle sera nécessaire afin d'empêcher toute concurrence entre les différents ministères, notamment pour les collectivités territoriales, la doctrine issue de la direction générale des collectivités locales du ministère de l'intérieur. L'efficience du rescrit ne pourra se faire en cas d'éclatement de la compétence d'interprétation du droit de la commande publique.

Par ailleurs, ainsi que nous l'avons précisé ci-avant, la mise en œuvre de mesures de publicité adéquates doit être instaurée afin d'éviter un engorgement de la direction des affaires juridiques sur des affaires ayant déjà fait l'objet d'un traitement antérieur. Ainsi, reprenant le système développé par l'administration fiscale, la direction des affaires juridiques devrait communiquer la réponse au demandeur et reproduire la question et la réponse – après anonymisation – à l'ensemble des acteurs de la commande publique, à savoir par des publications dans un bulletin officiel de la commande publique[41] ou directement sur le site internet de la direction des affaires juridiques dans une rubrique spécifique.

Dans un domaine où le cadre juridique permet une mise en concurrence tendant à éviter la corruption, la mise en place d'un rescrit « commande publique » permettrait de sécuriser la procédure et garantirait les deniers publics. Ainsi, à l'aune de cette doctrine sur demande, les acteurs de la commande publique doivent prôner pour le développement d'une procédure concertée au travers du rescrit « commande publique » ; ce développement devant permettre une meilleure effectivité de la procédure relative aux contrats de la commande publique. Que ce soit par le biais du Parlement ou de leur propre chef, les entreprises soumissionnaires doivent travailler à la sécurisation de leurs procédures contractuelles et à la garantie des deniers publics. Cette possibilité de rescrit participerait à mettre sur un pied d'égalité les entreprises et les administrations contractantes.

---

[40] La notion d'interprète « *exclusif* » est utilisée en contradiction avec celle d'interprète « *authentique* » qui est réservée aux juridictions.

[41] A créer sur le modèle du BoFip en matière fiscale.

Conclusion du chapitre 2

A l'instar d'une pluralité d'auteurs, la doctrine administrative de la commande publique connaît également une multiplicité d'actes juridiques vecteurs de l'interprétation. En effet, l'administration dispose d'une palette étendue d'instrumentum contenant l'interprétation administrative de ce droit.

Pour autant, ce foisonnement d'actes juridiques constitue une limite à l'utilisation efficiente de cette source du droit de la commande publique. En effet, au regard de la complexité de la matière et de sa complexification dans le temps, de son intérêt économique, notamment pour les ressources de l'Etat et des collectivités territoriales, de la nécessaire sécurité juridique des contrats de la commande publique, cette multiplicité d'actes interprétatifs rend difficile d'accès le droit de la commande publique.

D'ailleurs, cette profusion d'actes juridiques peut conduire à des interprétations divergentes à l'aune d'une méconnaissance des différentes interprétations formulées sur une question, ce qui constitue une réelle difficulté quant à la sécurité juridique des interprétations et partant des contrats de la commande publique.

De plus, la différenciation d'accès à l'information en matière de commande publique apparaît comme problématique, notamment au regard du principe d'égal accès aux contrats publics. En effet, le mécanisme institué par la direction des affaires juridiques des ministères économiques et financiers au profit des autres administrations (centrales et collectivités territoriales) constitue en quelque sorte les prémisses d'une concurrence déloyale caractérisée par le non-respect du principe d'égal accès aux contrats publics. En effet, dès lors qu'une collectivité publique se porterait soumissionnaire à un contrat de la commande publique, cette dernière pourrait saisir la direction des affaires juridiques afin de connaître la position interprétative d'une disposition de ce droit et ainsi disposer d'une interprétation favorable. Du côté du cocontractant de l'administration, en l'absence de publicité de cette position, les candidats soumissionnaires se trouvent dans une position désavantageuse. Dès lors, cette différenciation d'accès à l'information doit être dépassée et conduire à ce que tous les candidats aux contrats de la commande publique disposent de la même information dans le but de garantir la sécurité juridique de ces contrats.

CONCLUSION DE LA PREMIÈRE PARTIE

La multiplication des auteurs de la doctrine administrative couplée à une multiplicité des formes d'interprétation conduisent à une difficulté de compréhension de l'interprétation de ce droit dont les dispositions ne présentent pas toujours les exigences essentielles de clarté. En effet, au regard de ce double éclatement du contexte juridique du droit de la commande publique, une nécessité fait jour, celle de procéder à une unification de la doctrine administrative et partant à sa centralisation.

L'unification de la doctrine administrative de la commande publique doit conduire à retenir comme interprète « exclusif », la direction des affaires juridiques des ministères économiques et financiers, sous le contrôle de l'interprète authentique. Cette unité conduirait au respect des règles essentielles relatives aux contrats de la commande publique et permettrait ainsi de participer à un achat public raisonné et efficient.

De plus, l'unification passe par le recours à un unique vecteur d'interprétation du droit de la commande publique. En effet, le foisonnement entre les circulaires, les notes techniques, les guides, les fiches thématiques, les réponses ministérielles, les rescrits, etc. conduisent à un développement anarchique des interprétations, ce qui a comme conséquence une mauvaise compréhension de ce droit par les acteurs ayant à l'appliquer. D'ailleurs, au regard de l'ensemble des actes de doctrine administrative existant et du développement des outils numériques, la direction des affaires juridiques des ministères économiques et financiers doit centraliser tous ces actes sur une base de données unique ayant vocation à reprendre les différentes interprétations et à abroger celles dont la pertinence peut être contestée. De plus, l'ouverture du rescrit commande publique à l'ensemble des candidats aux contrats de la commande publique et leur publication participeraient à ce mouvement d'ouverture de la compréhension de ce droit.

SECONDE PARTIE : L'UTILISATION DE LA DOCTRINE ADMINISTRATIVE DE LA COMMANDE PUBLIQUE

Après avoir procédé à la qualification juridique de la doctrine administrative de la commande publique, c'est-à-dire en avoir exposé les origines et les instruments, le caractère juridique de cette étude nous invite à nous prononcer sur le régime juridique de ces actes.

Au regard du caractère de droit souple retenu pour cet *instrumentum* juridique, la doctrine administrative de la commande publique se caractérise par sa non-invocabilité par les tiers à l'administration et sa non-opposabilité par l'administration à ces derniers. Pour autant, afin d'offrir de nouvelles garanties aux administrés, un rééquilibrage à leur profit apparaît nécessaire (chapitre 2).

Par ailleurs, l'utilisation de la doctrine administrative de la commande publique permet de constater que celle-ci est un instrument au service de l'administration (chapitre 1). En effet, cette doctrine entend servir les intérêts de l'administration entendue au sens large au motif d'une part, qu'elle s'intègre dans le cadre plus abstrait de la réforme de l'Etat et d'autre part, qu'elle constitue une interprétation produite par l'administration au profit d'autres administrations.

Chapitre 1 : Un instrument prioritairement au service de l'administration

> « On peut prévoir que notre droit administratif deviendra graduellement celui du monde civilisé ; il étendra sans cesse son empire, moins encore à cause de son excellence, que grâce à sa conformité avec la condition des hommes de notre temps »
> De Tocqueville (A.), Rapport fait à l'Académie des sciences morales et politiques sur le livre de Macarel intitulé **Cours de droit administratif**, in Études économiques, politiques et littéraires, Paris, Michel Lévy, 1866, p.71.

Ainsi que l'écrivait Tocqueville au 19ème siècle, le droit administratif étendra son emprise sur le monde civilisé. Par analogie, la doctrine administrative de la commande publique répond au même mouvement d'emprise croissante sur la société. D'ailleurs, cette emprise est d'autant plus marquée « par la condition des hommes de notre temps » que par les vagues successives de réforme de l'Etat ayant conduit à donner à cette interprétation, une place au centre de cette réforme (section 1).

Pour autant, l'interprétation formulée par l'interprète exclusif reste une source au positionnement ambivalent (section 2). En effet, d'une part, elle connaît une réception différenciée selon qu'elle s'adresse aux administrations ou aux entreprises concourant aux contrats de la commande publique. D'autre part, la doctrine administrative de la commande publique peut avoir comme conséquence directe de neutraliser une politique publique à caractère économique.

Section 1 : La doctrine administrative de la commande publique, une source au cœur de la réforme de l'Etat

La doctrine administrative de la commande publique, en tant que vecteur de communication de la position de la direction des affaires juridiques des ministères économiques et financiers, se place comme une source essentielle de la réforme de l'Etat.

D'une part, la doctrine administrative se trouve au centre du mouvement de nouvelle gouvernance publique. En effet, le développement d'une nouvelle vision de l'Etat et de sa gestion a modifié l'exercice de l'action publique. Cette modification a conduit à une adaptation de la doctrine administrative en tant qu'outil interprétatif du droit de la commande publique (I).

D'autre part, en tant qu'outil de communication au sens premier du terme, c'est-à-dire un vecteur de transmission de l'information administrative, l'avènement des nouvelles technologies de l'information et de la communication a conduit l'interprète exclusif à renouveler son action interprétative et à profiter de ces vecteurs pour faire rayonner sa doctrine administrative (II).

I. Un pouvoir d'interprétation du droit de la commande publique inscrit dans une nouvelle gouvernance publique

A l'aune de l'évolution moderne et post-moderne de l'Etat, ce dernier a vu le fonctionnement de son administration se modifier. D'une part, au travers de la théorie de la nouvelle gestion publique ou « new public management », la direction des affaires juridiques des ministères économiques et financiers a interprété le droit de la commande publique afin de mettre en œuvre des obligations d'achat public raisonné et performant (B). Ce mouvement est marqué d'autre part, par la mise en exergue des principes de transparence et de démocratie administratives qui conduit à une modification des pratiques ; modification mise en œuvre par la doctrine administrative de la commande publique (A.).

A. Transparence et démocratie administratives, une modification des pratiques permettant une évolution de la doctrine administrative

Le mouvement de contractualisation de l'action publique[42] ouvre la voie à un renouvellement de la légitimité de l'exercice du pouvoir marqué par l'avènement

---

[42] Voir notamment, Denoix de Saint Marc (R.), « *La question de l'administration contractuelle* », AJDA 2003, p. 970 ; Richer (L.) « *La contractualisation comme technique de gestion des affaires publiques* », AJDA 2003, p. 973 ; Laroque (M.), « *La contractualisation comme technique de tutelle : l'exemple du secteur social* », AJDA 2003, p. 976 ; Pochard (M.), « *La place donnée au contrat dans l'organisation de la fonction publique* », AJDA 2003, p. 991 ; Rapp (L.), « *Contrats publics et politiques économiques, la porte étroite : relance et encouragements sectoriels* », RFDA 2014, p. 623 ; Guézou (O.), « *Contrats publics et politique de la concurrence* », RFDA 2014p. 632 ; Ricci (J-C.), « *Le contrat au service des politiques publiques – Rapport de synthèse* », RFDA 2014, p. 652 ; Delacour (E.), « *Vers un droit simplifié et unifié de la commande publique* », Contrats et marchés publics n° 1, janvier 2005, comm. 1 ; de Brux (J.) et Marty (F.), « *Les partenariats public-privé institutionnalisés : intérêts, limites et risques d'une structure hybride public-privé* », Revue française d'administration publique 2016/1 (n° 157), p. 223-238 ; Brouant (J-P.), « *Les contrats d'agglomération : l'intercommunalité de projet à l'épreuve du principe de spécialité* », AJDA 2004, p. 905 ; Bernard (P.), « *Les relations contractuelles entre collectivités publiques : les affaires mixtes ou l'œuvre commune* », AJDA 1990, p. 131 ; Stirn (B.), « *Le juge administratif et les contrats entre collectivités publiques* », AJDA 1990, p. 139 ; Fatôme (E.) et Moreau (J.), « *L'analyse juridique dans le contexte de la décentralisation* », AJDA 1990, p. 142 ; Marbach (C.), « *Les relations contractuelles entre collectivités publiques : le domaine des interventions économiques* », AJDA 1990, p. 149 ; Hecquard-Théron (M.), « *La contractualisation des actions et des moyens publics d'intervention* », AJDA 1993, p. 451 ; Poulet-Gibot Leclerc (N.), « *La contractualisation des relations entre les personnes publiques* », RFDA 1999, p. 551 ; Mescheriakoff (A- S.),

de la démocratie administrative[43] et de son pendant, la transparence[44]. En effet, le contrat apparaît comme un moyen de légitimer, à nouveau, le pouvoir administratif. Le renouvellement de la conception de l'État et son rôle dans l'économie appelle à s'interroger sur le rôle de l'administration, et partant sur sa production normative et informative : sa doctrine.

La doctrine administrative de la commande publique, en tant que vecteur de communication de la position de la direction des affaires juridiques des ministères économiques et financiers, s'inscrit dans le mouvement de démocratie administrative. En effet, la direction des affaires juridiques propose une interprétation des textes relatifs à la commande publique d'une manière plus pédagogique et circonstanciée. Loin des circulaires non publiées et donc à diffusion restreinte, les ministères économiques et financiers ont, ces dernières années, procédé à une mise à disposition régulière de l'information liée aux contrats de la commande publique. D'ailleurs, pour ce faire, le vecteur classique qu'est la circulaire a été complété par des documents administratifs moins

---

« *Ordre intérieur administratif et contrat* », RFDA 1997, p. 1129 ; Chevallier (J.), « *Loi et contrat dans l'action publique* », Cahiers du Conseil constitutionnel n° 17 (Dossier : Loi et contrat), mars 2005 ; Gohin (O.), « *Loi et contrat dans les rapports entre collectivités publique* », Cahiers du Conseil constitutionnel n° 17 (Dossier : Loi et contrat), mars 2005 ; Gaudin (J-P.), « *La contractualisation des rapports entre l'État et les collectivités territoriales* », in Annuaire des collectivités locales, tome n° 24, 2004, *Réforme de la décentralisation, réforme de l'État. Régions et villes en Europe*, p. 215-234 ; Heddi (P.), « *Le recours à la coopération conventionnelle entre personnes publiques dans la gestion des services publics locaux* », Mémoire de recherche sous la direction du professeur Broyelle, 2014.

[43] Mestres (A.), « *La démocratie administrative* », in Mélanges Paul Couzinet, Université des sciences sociales de Toulouse, 1974, p.561 ; *Auby (J-B), « Remarques préliminaires sur la démocratie administrative »*, Revue française d'administration publique, 2011/1 (n°137-138), p.14 ; Chevallier (J.), « *De l'administration démocratique à la démocratie administrative* », Revue française d'administration publique, 2011/1 (n°137-138), p.217-227 ; Flauss (J-F.), « *L'apport de la jurisprudence de la Cour européenne des droits de l'Homme en matière de démocratie administrative* », Revue française d'administration publique, 2011/1, n° 137-138, p. 49-58.

La consultation du public, dans le cadre de l'adoption de décisions ou de normes, constitue le second volet de la démocratie administrative sur lequel nous ne reviendrons pas dans cette partie. Nous renvoyons le lecteur sur ce sujet et aux articles suivants : Kurek (A.), « *L'application de la transparence administrative aux rapports de inspections générales ministérielles* », RFDA 2003, p. 1175 ; Zetlaoui (T.), « *Les mirages technologiques de la transparence administrative* », in Quaderni, n° 52, automne 2003. *Secret et pouvoir : les faux-semblants de la transparence*, p. 67-76 ; Daugeron (B.) « *La démocratie administrative dans la théorie du droit public : retour sur la naissance d'un concept* », Revue française d'administration publique, 2011/1, n° 137-138, p. 21-37.

[44] Voir en ce sens, Divier (P.F.), « *L'administration transparente : l'accès des citoyens américains aux documents officiels* », RDP 1975, n° 1, p. 59 ; Dibout (P.), « *Pour un droit à la communication des documents administratifs* », Revue administrative, n° 173, 1976, p. 503 ; Chevallier (J.), « *Le mythe de la transparence administrative* », in *Information et transparence administratives*, PUF 1988, pp. 239-275 ; *Braibant (G.), « Droit d'accès et droit à l'information »*, in *Service public – Mélanges offerts au professeur Robert-Édouard Charlier*, Paris, édition de l'université et de l'enseignement moderne, 1981, p. 703.

formels répondant à cette logique d'information du public[45]. En effet, en proposant une vision pédagogique du droit de la commande publique, la direction des affaires juridiques entend offrir une interprétation et une explication de ce droit très complexe. Ainsi, l'objectif des ministères économiques et financiers est de garantir une accessibilité et une compréhension les plus larges possibles de ce droit. D'ailleurs, s'il n'en était pas ainsi, l'autorité publique retomberait dans les travers ayant conduit le professeur Chevallier à qualifier la transparence de mythe ou de clair-obscur[46].

Par ailleurs, afin de garantir la plus large transparence, le ministère propose une actualisation périodique de ses guides en fonction des évolutions réglementaires ou jurisprudentielles mais propose également des analyses régulières de ce droit par le biais, notamment des lettres de la DAJ dont la parution est bimensuelle. Ainsi, en matière de commande publique, les entreprises soumissionnaires, les cabinets d'avocats, les entités adjudicatrices, les pouvoirs adjudicateurs disposent d'une information largement partagée dont les ministères économiques et financiers sont l'auteur « exclusif ». De plus, le développement des mécanismes de consultations « à la demande » de la direction des affaires juridiques par les collectivités territoriales, les autres administrations et les établissements publics, couplé à la motivation de ces actes de l'administration, imposent à cette autorité administrative de proposer et de publier son interprétation de textes au regard de questionnements spécifiques. Cette obligation de motivation de sa position participe au mouvement de démocratie administrative et de transparence, en ce sens qu'il permet aux lecteurs de connaître les fondements juridiques ainsi que le raisonnement des ministères économiques et financiers sur cette question spécifique.

A contrario, la doctrine administrative de la commande publique dispose de contraintes inhérentes à l'action administrative et au caractère économique des actions projetées. En effet, contrairement aux réponses adressées par les ministères économiques et financiers et apportées sur des questions spécifiques et non publiées, l'information mise à disposition des acheteurs publics, des entités adjudicatrices ou des pouvoirs adjudicateurs ne présentent pas la même exhaustivité. En d'autres termes, les publications de la direction des affaires juridiques ne permettent pas de disposer d'une information très précise sur des sujets qui peuvent pourtant être récurrents pour les acteurs de la commande publique. C'est ainsi que bien souvent les fiches techniques répondent à une question générale mais ne proposent pas une analyse plus précise ou plus circonstanciée de la position adoptée par la direction des affaires juridiques. Par ailleurs, au titre de l'absence de publication, il est nécessaire de mentionner tous

---

[45] Guide général des marchés publics, Fiches techniques abordant des points précis ; questions-réponses entre les administrations et les soumissionnaires, etc.

[46] Chevallier (J.), *« Le mythe de la transparence administrative »*, in *Information et transparence administratives,* PUF 1988, pp. 239-275

les rapports rédigés par les inspections générales[47], notamment ceux de l'Inspection générale des finances (IGF) dans le domaine de la commande publique. Quand bien même ces inspections générales ministérielles sont rattachées directement au ministre qui dispose seul de la faculté de publication, ces rapports devraient faire l'objet d'une large diffusion afin de donner aux acteurs de la commande publique, une information qui serait la plus étendue possible. En effet, ces acteurs auront ainsi accès à l'information dans le cadre de la création du droit de la commande publique, dans le cadre de la vie des dispositions législatives ou réglementaires les appliquant et dans le cadre des missions de contrôle des inspections générales.

Ensuite, les consultations publiques ne disposent, d'une part, que d'une audience limitée (en général, aux seuls spécialistes) et, d'autre part, ne permettent à l'administration que de faire comprendre sa position et non d'entrer dans une logique de négociation. En effet, l'administration des ministères économiques et financiers sollicite les différents acteurs agissant dans le domaine de la commande publique mais ne reprend que peu, les remarques de fond faites dans le cadre des textes à adopter. Dès lors, en l'absence de prise en compte par la direction des affaires juridiques des remarques formulées, les acteurs peuvent délaisser les consultations publiques, ce qui remettrait en cause la volonté du législateur de développer la transparence et la démocratie administratives. Cette cause aurait pour conséquence, un retour au secret de l'action administrative. De plus, l'avènement des nouvelles technologies de l'information et de la communication ne peut produire pleinement ses effets si l'administration revient à une vision léthargique de son action. En effet, quand bien même les instruments existeraient pour la publicité de l'ensemble des informations, si l'autorité publique n'entend pas agir en ce sens, il semble impossible de la contraindre à s'engager dans cette voie. Dès lors, la mise en œuvre dépend du bon vouloir des autorités publiques, des directions des services centraux et déconcentrés mais aussi des agents, notamment du fait de leur formation.

Enfin, la concurrence de doctrine peut aller à l'encontre de la transparence et du droit à l'information, en ce sens qu'elle ne garantirait pas la sécurité juridique et aurait pour effet d'induire l'administré en erreur. En effet, la pluralité des auteurs de la doctrine administrative peut permettre une plus large audience, mais cela peut aussi *de facto* provoquer des difficultés de positionnement du réceptionnaire en cas de pluralité d'interprétations de la même disposition. Par ailleurs, en tant que démocratie de droit, la démocratie administrative doit être un vecteur de l'opposabilité de la doctrine. Le professeur Chevallier considère en ce sens que « la démocratie administrative suppose en tout premier lieu que les administrés puissent se prévaloir vis-à-vis de l'administration d'un ensemble de droits, véritables « droits-créances » qui leur confèrent un pouvoir d'exigibilité

[47] Voir sur ce point, Kurek (A.), *« L'application de la transparence administrative aux rapports de inspections générales ministérielles »*, RFDA 2003, p. 1175

par rapport aux services et qui tendent à un rééquilibrage de la relation administrative »[1]. Dès lors, cette exigibilité doit permettre au citoyen de se voir garantir sa situation juridique, notamment dans un domaine économique comme la commande publique.

**
*

La mise en place de la transparence et de la démocratie administratives présente de nombreux avantages et quelques inconvénients corrigeables avec le temps. Pourtant, leur intégration et leur développement n'ont pu être possibles que par le développement parallèle du new public management ou nouvelle gestion publique dans l'action administrative.

B. Nouvelle gestion publique et doctrine administrative de la commande publique, une rencontre nécessaire pour un achat public raisonné et performant

La nouvelle gestion publique[2] tend à renouveler le pouvoir d'interprétation de de l'administration. En effet, le langage administratif connaît une évolution majeure au travers du concept de nouvelle gestion publique. D'ailleurs, « la réforme du budget étant considérée comme une opportunité pour réformer l'État »[3], celle-ci instaure de nouveaux mécanismes de gestion qui se rapprochent des entreprises.

D'ailleurs, quoi de plus pertinent dans le domaine économique et partant dans le droit de la commande publique, que de se rapprocher du monde de

---

[1] Chevallier (J.), *« De l'administration démocratique à la démocratie administrative »*, Revue Revue française d'administration publique, 2011/1 (n°137-138), p.222.

[2] Sur la question, voir notamment, Abaté (B.), *La nouvelle gestion publique, ce que nous avons appris,* LGDJ, Coll. « Systèmes pratiques », 2ème édition, 2014 ; Barilari (A.), Bouvier (M.), *La LOLF et la nouvelle gouvernance financière de l'État*, LGDJ, Coll. « Systèmes », 3ème édition, 2010 ; Mordacq (F.), *La LOLF : un nouveau cadre budgétaire pour réformer l'État,* LGDJ, Coll. « Systèmes », 2006 ; Camby (J-P), La réforme du budget de l'État, LGDJ, Coll. « Systèmes », 2011 ; Osborne (D.) et Gaebler (T.), *Reiventing Government : How the Entrepreneurial Spirit is Transforming The Public Sector*, Reading (Mass.), Adison Wesley, 1993 ; Visscher de (C.) et Varone (F.), *La nouvelle gestion publique « en action »*, Revue internationale de politique comparée, 2004/2, vol. 11, p. 177-185 ; Merrien (F-X.), « *La nouvelle gestion publique : un concept mythique* » in *Lien social et Politiques*, n° 41 (1999), p. 102 ; Fabius (L.), Migaud (D.), *Rapport du groupe de travail sur l'efficacité de la dépense publique et le contrôle parlementaire*, 27 janvier 1999, Assemblée nationale ; Marcus (E.), « *Deux ans de modernisation de l'État* », RFDA 2007, p. 457.

[3] Abaté (B.), *La nouvelle gestion publique, ce que nous avons appris,* LGDJ, Coll. « Systèmes « Systèmes pratiques », 2ème édition, 2014 ; Barilari (A.), Bouvier (M.), *La LOLF et la nouvelle gouvernance financière de l'État,* LGDJ, Coll. « Systèmes », 3ème édition, 2010 ; Mordacq (F.), *La LOLF : un nouveau cadre budgétaire pour réformer l'État,* LGDJ, Coll. « Systèmes », 2006 ; Camby (J-P), La réforme du budget de l'État, LGDJ, Coll. « Systèmes », 2011.

l'entreprise. En effet, les acteurs publics doivent s'inspirer de la logique des entreprises qui sont les prestataires de service, les constructeurs pour ces derniers. Ainsi, par l'intégration de la logique entrepreneuriale et managériale, l'achat public tend à devenir plus efficace, plus raisonné et à permettre une efficience dans la gestion des moyens, ce qui conduit à ce qu'il progresse en termes de performance.

Par ailleurs, le développement du new public management promeut une gestion orientée vers la performance. Dans les faits, cette dernière se traduit par la rédaction des projets annuels de performance, des rapports annuels de performance marquant cette logique mais ce sont les indicateurs de performance qui sont les plus topiques de cette situation. D'ailleurs, l'instauration d'objectifs, au sein des administrations, renforce la volonté de cette dernière de se concentrer sur cette finalité. Partant de ce constat, la doctrine administrative tend à être le vecteur de mise en œuvre de cette volonté. En effet, les prescriptions fournies par l'administration, pour l'application des règles définies par elle, permettent à cette dernière d'indiquer le cap qu'elle souhaite suivre dans ce domaine économique marqué par la concurrence.

De plus, l'intégration de la direction des affaires juridiques – interprète « exclusif » du droit de la commande publique – au sein des ministères économiques et financiers, est un gage de cette vision de « nouvelle gestion publique » développée ces dernières années. Dès lors, cette intégration marque l'orientation d'une politique économique par le biais de la commande publique, quand bien même la politique économique gouvernementale est souvent neutralisée par l'édiction de sa doctrine administrative[1].

Le fait que la direction des affaires juridiques des ministères économiques et financiers soit l'interprète « exclusif » du droit de la commande publique s'inscrit dans la nouvelle gestion publique. En effet, qui mieux que la direction des affaires juridiques pourrait disposer de l'ensemble des éléments permettant aux acteurs publics de rationaliser leurs choix en matière de commande publique. L'organisation de la direction des affaires juridiques marque cette volonté et garantit que l'achat public soit orienté vers une plus grande efficience. Dès lors, l'édiction de la doctrine administrative participe à ce mouvement d'efficacité socio-économique pour les citoyens, tout en conservant une qualité de service pour l'usager. Ainsi, les objectifs fixés par la loi organique relative aux lois de finances[2] aux acteurs publics se trouvent appliqués par l'édiction d'une doctrine administrative qui tend à mettre en œuvre les choix de politique publique générale applicable au droit de la commande publique. Par ailleurs, en tant que créateur des indicateurs de performance et des réglementations liées à la commande publique, la direction des affaires juridiques, par son expertise,

---

[1] Cette idée sera développée ultérieurement.

[2] Loi organique n° 2001-692 *relative aux lois de finances* du 1er août 2001, JORF n° 177 du 2 août 2001, p. 12480, texte n°1.

promeut une vision de l'achat public conforme aux objectifs de performance liée à la nouvelle gestion publique.

Enfin, le liant entre le droit de la commande publique et la performance se trouve essentiellement dans les principes mêmes de ce droit. En effet, le droit de la commande publique tend à se trouver de plus en plus confronter à un objectif de performance économique[1]. Les principes matriciels du droit de la commande publique, à savoir la liberté d'accès, l'égalité de traitement et la transparence[2], participent au développement de l'efficacité et de l'efficience de la commande publique. La bonne application de ces principes garantit donc un achat public efficace et efficient. En effet, quant à la liberté d'accès des prestataires aux contrats de la commande publique, elle participe à l'efficacité de l'achat public au motif qu'elle garantit le choix du prestataire le plus à même de répondre aux besoins de la collectivité. En effet, la liberté d'accès doit se combiner avec l'obligation d'une définition précise du besoin afin de s'assurer que la collectivité fera un choix éclairé qui garantira à la fois les deniers publics et qui permettra à cette dernière de disposer d'un service efficace. D'ailleurs, par la mise en concurrence des soumissionnaires, la personne publique fera le choix le plus opportun ; il s'agira, en l'espèce, d'un point commun avec les entreprises privées. De plus, au regard du principe de transparence des procédures, la mise en œuvre d'un tel principe a pour conséquence de permettre une loyauté entre les soumissionnaires et la personne publique et garantit ainsi une équité entre les différentes entreprises ; cette procédure permet d'éviter la captation d'un marché par une entreprise unique. D'ailleurs, la doctrine administrative doit participer à la clarification de ce principe et de ses principales conséquences afin de permettre la mise en œuvre d'un achat public efficace et efficient.

Par ailleurs, afin de créer une obligation aux prestataires de délivrance d'un service adéquat, les clauses financières incitatives doivent permettre une amélioration des conditions d'exécution des marchés publics. D'ailleurs, dans son Guide des bonnes pratiques en matière de marchés publics, la direction des affaires juridiques des ministères économiques et financiers avait considéré qu'« il est recommandé aux acheteurs publics de mettre en place de telles primes, souvent plus efficaces que des pénalités de retard »[3]. En l'espèce, l'interprète « exclusif » promeut une vision de la commande publique axée sur

---

[1] Voir en ce sens, Braconnier (S.), « *Performance et procédures d'attribution des contrats publics* », in Albert (N.) (dir.), *Performance et droit administratif*, LexisNexis, Coll. Colloques et débats, 2010 ; Linditch (F.), « *Le contrat et la performance, une rencontre impossible* », RFDA 2014, p. 403.

[2] Voir en ce sens, article 1 du code des marchés publics issu du décret n° 2006-975 du 1er août 2006, *portant code des marchés publics*, JORF, n° 179 du 4 août 2006, p. 11627, texte n° 20 ; Article 1 de l'ordonnance n° 2015-899 du 23 juillet 2015 *relative aux marchés public*, JORF n° 0169 du 24 juillet 2015, p. 12602, texte n° 38 ; Article 1 de l'ordonnance n° 2016-65 du 29 janvier 2016 *relative aux contrats de concession*, JORF n° 0025 du 30 janvier 2016, texte n° 66.

[3] Article 21.6 de la circulaire du 14 février 2012 *relative au Guide de bonnes pratiques en matière de marchés publics*, JORF n°0039 du 15 février 2012, p. 2600, texte n°16.

des modalités incluses dans une nouvelle gestion publique. Cette position a pour finalité de prendre en considération l'ensemble de la politique de modernisation de l'État, qui passe notamment par la commande publique, en tant que levier économique des personnes publiques.

Ainsi, il faut repenser les modalités de mise en œuvre et d'application du droit de la commande publique afin de prendre en compte les objectifs de la nouvelle gestion publique. D'ailleurs, la direction des affaires juridiques des ministères économiques et financiers doit participer à cette mise en place d'une efficience et d'une efficacité de l'achat public par le biais de sa doctrine et les acheteurs publics doivent prendre la mesure de l'ensemble des leviers à leur disposition pour garantir le respect de tels objectifs.

**
*

Pour conclure, comme l'écrit le professeur Linditch, « le droit peut évoluer, mais cette quête de performance suppose surtout que soit diffusée une nouvelle culture financière et budgétaire dans tous les services, techniques, mais également juridiques »[1]. À notre sens, cette quête de performance ne peut que passer par la doctrine administrative qui doit être le marqueur d'évolution du droit de la commande publique mais aussi d'une nouvelle mise en œuvre des procédures au regard des objectifs économiques et budgétaires.

II. NTIC et open data, les vecteurs d'une doctrine administrative 2.0

L'époque contemporaine est marquée par le renouveau du domaine de la communication au travers du développement des nouvelles technologies de l'information et de la communication (NTIC). Ce renouveau participe à la mise en place d'une nouvelle gouvernance publique et s'inscrit dans le cadre de la réforme de l'État à l'œuvre ces dernières années[2]. D'ailleurs, l'avènement d'une administration numérique prend son essor dans la réforme de l'État voulue, notamment depuis l'adoption de la loi organique relative aux lois de finances[3].

---

[1] Linditch (F.), « *Le contrat et la performance, une rencontre impossible* », RFDA 2014, p. 403.

[2] Cette réforme de l'État a connu différent volets matérialisés par des dispositions textuelles éparses :
- en matière financière, la loi organique n° 2001-692 du 1er août 2001 *relative aux lois de finances*, JORF n° 177 du 2 août 2001, p. 12480, texte n°1 ;
- Loi n° 2014-58 du 27 janvier 2014 *de modernisation de l'action publique territoriale et d'affirmation des métropoles*, JORF n° 0023 du 28 janvier 2014, p. 1562, texte n° 3 ;
-Loi n° 2015- 991 du 7 août 2015 *portant nouvelle organisation territoriale de la République*, JORF n° 0182 du 8 août 2015, p. 13705, texte n° 1.

[3] Loi organique n° 2001-692 *relative aux lois de finances* du 1er août 2001, JORF n° 177 du 2 août 2001, p. 12480, texte n°1.

A. La modernisation de l'action publique au travers du prisme des NTIC

La modernisation de l'action publique au service du renouveau des lois du service public dans le domaine de la commande publique – La numérisation de l'action publique participe au renouveau des principes classiques du droit administratif, notamment des principes issus des lois de Rolland du service public et conduit à un renouvellement des mécanismes liés à la commande publique et à sa doctrine administrative.

D'une part, le développement de l'administration numérique renforce le principe de continuité du service public. En effet, l'open data et la mise en œuvre de plateformes et de sites internet permettent un accès, sans discontinuité[1], aux différents services proposés. Ainsi, le service public ne connaît plus son cadre temporel antérieur au regard des horaires d'ouverture des administrations. Il reste accessible, à tout moment, que ce soit pour la recherche d'informations, pour l'accomplissement des formalités administratives ou pour la réponse à des procédures. D'ailleurs, le Conseil d'État a une vision extensive de cette notion de continuité du service public à l'aune du développement des outils numériques. En effet, saisi d'un référé précontractuel, la haute juridiction administrative a jugé que « s'agissant d'un recours envoyé au service compétent du pouvoir adjudicateur par des moyens de communication permettant d'assurer la transmission d'un document en temps réel, la circonstance que la notification ait été faite en dehors des horaires d'ouverture de ce service est dépourvue d'incidence, le délai de suspension courant à compter non de la prise de connaissance effective du recours par le pouvoir adjudicateur mais de la réception de la notification qui lui a été faite »[2]. Dès lors, en matière de contrat de la commande publique, le juge administratif entend tirer toutes les conclusions nécessaires à l'application du principe de continuité du service public à l'aune du développement des outils numériques, notamment de l'application Télérecours en matière de contentieux. Ce renouveau du principe de continuité du service public trouve également sa place dans le droit de la commande publique, en ce sens que l'accessibilité, en temps réel et sans discontinuité, aux plateformes dématérialisées et numérisées des contrats, doit permettre aux cocontractants de l'administration de déposer une offre quand bien même les services administratifs seraient physiquement fermés. Ainsi, un candidat à un contrat de la commande publique a la possibilité de répondre à toute heure à une procédure d'appel d'offres, de remplir les formalités quand il le

[1] Cette absence de discontinuité peut être écartée en cas de pannes techniques notamment.

[2] CE, 14 février 2017, *Société des eaux de Marseille c Commune d'Auriol et Société SAUR*, n° 403614, mentionné aux tables du recueil Lebon, concl. Pellissier (G.), BJCP 2017. 189, concl. Pellissier; Contrats Marchés publ. 2017, no 106, note Pietri ; À rapprocher de CE, 17 octobre 2016, *Ministre de la défense c/ Société Tribord*, n° 400791- 400794, mentionné aux tables du recueil Lebon, concl. Pellissier (G.), BJCP 2017. 41, concl. Pellissier; Contrats Marchés publ. 2016, no 292, note Pietri; AJDA 2017. 57, note Rotoullié.

souhaite[1] et de trouver l'information qu'il désire sur une plate-forme unique[2]. L'accessibilité à la commande publique est donc favorisée par le développement du numérique au regard de la dématérialisation et de la numérisation de la procédure et des textes juridiques applicables. En effet, la connaissance effective du droit qui est applicable à ces contrats par le biais d'un service numérique unique participe au développement d'une confiance entre les cocontractants et l'administration et garantit la sécurité juridique et la stabilité des relations contractuelles.

D'autre part, au sein du service public, le principe de mutabilité agit comme un corollaire du principe de continuité. Ce principe – aussi dénommé adaptabilité – conduit à assurer la qualité du service au regard des évolutions techniques et des besoins des usagers. En l'espèce, la mutabilité se traduit par le développement de la souplesse de l'organisation du service public mais aussi par la prise en compte des évolutions techniques qui, dans ce domaine, sont nombreuses. Ainsi, la dématérialisation de la procédure – sur laquelle nous reviendrons – et la mise à disposition d'une information complète à tout moment via une plate-forme ou un site internet participent au respect de la mutabilité. D'ailleurs, les administrations s'engagent de plus en plus dans cette voie afin de faire respecter la sécurité juridique et la stabilité des relations contractuelles et sont incitées par le Conseil d'État à le faire au motif que ce dernier juge que le délai de recours contentieux court, non pas à compter de la prise de connaissance effective, mais du dépôt par le requérant de sa requête et de sa communication par le biais de Télérecours, application de télé-procédures de la juridiction administrative[3]. Dès lors, une procédure de dématérialisation et de numérisation de l'action publique devient un élément central et obligatoire pour les collectivités publiques qui ne pourraient voir les délais inapplicables à leur encontre au motif que le dépôt d'un recours serait effectué hors les heures d'ouverture. La dématérialisation et la numérisation vont donc agir comme des palliatifs permettant aux administrations de disposer de l'information en temps réel et ainsi d'éviter d'être forclos pour la production d'un mémoire en défense dans une procédure d'urgence, tel que le référé précontractuel ou contractuel.

De plus, la numérisation des formulaires de contact est un vecteur de ce mouvement. En effet, le développement d'une saisine numérique des services publics permet de garantir la mutabilité en permettant aux usagers de saisir

---

[1] Ils peuvent le faire, pour les marchés de l'État, via le site internet : www.marches-publics.gouv.fr

[2] Les informations relatives aux marchés publics peuvent être consultées sur le site de la direction des affaires juridiques du Ministère de l'économie, des finances et de l'industrie : www.economie.gouv.fr/daj

[3] CE, 14 février 2017, *Société des eaux de Marseille c Commune d'Auriol et Société SAUR*, n° 403614, mentionné aux tables du recueil Lebon, concl. Pellissier (G.), BJCP 2017. 189, concl. Pellissier; Contrats Marchés publ. 2017, no 106, note Pietri ; À rapprocher de CE, 17 octobre 2016, *Ministre de la défense c/ Société Tribord*, n° 400791- 400794, mentionné aux tables du recueil Lebon, concl. Pellissier (G.), BJCP 2017. 41, concl. Pellissier; Contrats Marchés publ. 2016, no 292, note Pietri; AJDA 2017. 57, note Rotoullié.

directement la personne publique et de transmettre une information plus rapidement qu'une saisine papier. D'ailleurs, l'instantanéité d'une réponse de la part de la personne publique est devenue un critère essentiel des relations entre les administrations et les usagers.

Par ailleurs, l'avènement de l'administration numérique participe au renforcement du principe d'égalité devant le service public, principe dégagé de la déclaration des droits de l'Homme et du Citoyen, repris par la Constitution de la cinquième République et consacré par la jurisprudence du Conseil constitutionnel[1]. Cette égalité tend à caractériser une égalité de traitement voulue entre les candidats à un contrat de la commande publique[2]. D'ailleurs, ce principe central du droit des contrats, publics comme privés, a connu un renforcement par le biais des procédures de dématérialisation et de mise à disposition universelle de l'information juridique.

Au surplus de la modification des principes classiques du service public, le développement du numérique dans l'action publique répond à des exigences nécessaires au droit de la commande publique[3]. À titre liminaire, le développement du numérique doit permettre une réduction des coûts[4]. En effet, dans une période de maîtrise des dépenses publiques, le développement de cette télécommunication permet une réduction des coûts de production qui provient essentiellement du transfert de ce coût (papier, traitement des fonctionnaires, etc.) vers l'administré.

Par ailleurs, dans un domaine économique, la modification du vocable administratif et des modalités de l'action administrative a une conséquence majeure, celle de mettre en œuvre une célérité dans la réponse proposée par l'administration. La célérité de la réponse des autorités administratives a ainsi permis un rapprochement entre, d'une part, les services centraux et déconcentrés des ministères, les collectivités territoriales et leurs établissements publics et d'autre part, la direction des affaires juridiques des ministères économiques et financiers. Cette célérité de réponse se traduit notamment par la rédaction de

---

[1] Conseil constitutionnel, décision n°71-44 DC 16 juillet 1971, *Loi complétant les dispositions des articles 5 et 7 de la loi du 1er juillet 1901 relative au contrat d'association*, Recueil, p.29, JORF du 18 juillet 1971, p.7114.

[2] En ce sens, Richer (L.), « *Constitution, contrats et commande publique* », Nouveaux cahiers du Conseil constitutionnel n°37 (*Dossier : le Conseil constitutionnel et le droit administratif)*, Octobre 2012.

[3] Voir sur cette question Ubaldi (B.), « *L'administration électronique, support de l'innovation dans les services publics* », Revue française d'administration publique 2013/2, n° 146, p. 449- 464.

[4] Voir notamment sur cette question : Cour des comptes, *Relations aux usagers et modernisation de l'État – Vers une généralisation des services publics numériques,* Enquête demandée par le Comité d'évaluation et de contrôle des politiques publiques de l'Assemblée nationale – Janvier 2016 ; Sauret (J.), « *Efficacité de l'administration et service à l'administré : les enjeux de l'administration électronique* », Revue française d'administration publique 2004/2, n° 110, p. 279- 295.

nombreux guides pratiques, par l'accès aux circulaires et instructions et participe au développement de l'information grâce à l'outil numérique.

Cette célérité de la réponse s'est surtout traduite dans une action essentiellement réalisée par la direction des affaires juridiques des ministères économiques et financiers qui a permis une prise de contact facilitée via son site internet[1]. En effet, cette direction d'administration centrale a instauré deux adresses de réception des demandes par courrier électronique afin que les personnes publiques puissent la saisir directement de questionnements relatifs au droit de la commande publique. Au regard des réponses apportées par la direction des affaires juridiques des ministères économiques et financiers relatives aux questions formulées par les acheteurs publics, le développement des nouvelles technologies de l'information et de la communication participe à la réduction des délais d'instruction, réduction permettant la diminution des coûts sus-évoqués. De plus, il participe à l'uniformisation et l'unification du droit des contrats de la commande publique sur l'ensemble du territoire national et traduit le langage administratif et les objectifs de l'administration.

Le recours aux nouvelles technologies de l'information et de la communication, une approche différenciée selon l'autorité saisissant la direction des affaires juridiques des ministères économiques et financiers – Loin de prôner l'uniformité ou l'uniformisation, la direction des affaires juridiques des ministères économiques et financiers a institué deux cellules ayant pour objet de répondre aux questions spécifiques posées en matière de commande publique à l'aune de son critère organique.

D'une part, les services centraux de l'État et les établissements publics nationaux de l'État peuvent saisir la direction des affaires juridiques des ministères économiques et financiers de questionnements relatifs au droit de la commande publique par le biais de l'adresse suivante : daj-marches-publics@finances.gouv.fr. Saisie par ce biais, elle s'engage à répondre dans un délai de moins de huit jours afin de garantir une sécurisation des contrats de la commande publique, en proposant une analyse juridique et économique de la situation qui lui est proposée. La direction des affaires juridiques, grâce à l'outil numérique, a conduit à un rapprochement efficient de l'ensemble des directions techniques et juridiques des ministères afin de tendre vers une diminution des recours contentieux, à une meilleure sécurisation des contrats et une stabilité des relations contractuelles de l'État et de ses établissements publics.

D'autre part, concernant les collectivités territoriales, les établissements publics d'État à compétence locale ou un service déconcentré, la direction générale des collectivités locales, la direction générale des finances publiques et la direction des affaires juridiques des ministères économiques et financiers ont créé une plate-forme commune[2], sous forme d'une cellule d'information juridique aux acheteurs publics, dans le but de répondre à tout questionnement

---

[1] http://www.economie.gouv.fr/daj/question-sur-marches-publics
[2] http://www.collectivites-locales.gouv.fr/coordonnees-cijap

relatif au droit de la commande publique dont la spécificité est marquée par le droit des collectivités territoriales. La saisine de cette cellule d'information juridique peut se faire par deux canaux ouverts grâce aux outils numériques. D'une part, les acteurs publics peuvent la saisir par le biais de rendez-vous téléphoniques. D'autre part, un formulaire de questions en ligne peut être rempli afin de préparer un entretien téléphonique postérieur. Dès lors, cette cellule d'information juridique garantit une sécurisation de la procédure de passation des marchés publics par une réponse adéquate à la situation et à la complexité des dispositions applicables aux collectivités locales. Par ailleurs, le renouvellement de la convention avec la direction générale des finances publiques permet de « garantir aux acheteurs publics une aide efficace dans la passation et l'exécution de leurs marchés »[1]. Cette synergie des directions des ministères économiques et financiers et de la direction générale des collectivités locales participe à la sécurisation des contrats de la commande publique et, grâce aux outils numériques, a permis une prise de contact simplifiée entre les services centraux et les entités déconcentrées ou décentralisées.

Un développement progressif de l'administration numérique au profit d'une nouvelle relation entre l'administration et les usagers – Le développement de l'administration numérique ou la modernisation de l'action publique au travers des services publics numériques doivent permettre aux usagers de passer d'une « relation de guichet à la relation de réseau »[2]. Pour ce faire, l'action administrative doit prendre en considération la réticence des administrations et des administrés quant au développement de cette nouvelle relation. D'une part, la modernisation de l'action publique ne pourra se faire que par un renforcement de l'accès au droit par les personnes qui en sont les destinataires mais aussi par les personnes – agents publics – qui ont à appliquer ces règles dans leur vie professionnelle. Ainsi, la garantie d'un égal accès aux règles de droit permettra à l'administration de développer une relation apaisée entre les usagers et les administrations au motif que les règles seront connues de tous et garantiront une unité et une harmonisation de l'application aux situations similaires.

De plus, l'extension de l'offre de services publics numériques ne pourra se faire que progressivement au regard des aspirations des usagers et des administrations à voir se développer ce nouveau lien relationnel. En l'espèce, la direction des affaires juridiques des ministères économiques et financiers, en matière de contrats de la commande publique, répond aux exigences de la Cour des comptes qui avait jugé que pour opérer ce passage, six étapes étaient essentielles (remplissage des formulaires en ligne, prise de rendez-vous via les outils numériques, suivi des dossiers et de leur avancement par le biais de télé-procédure, offre de paiement dématérialisé, boite aux lettres électronique unique et développement de la signature électronique). La direction des affaires

---

[1] *http://www.economie.gouv.fr/daj/question-sur-marches-publics*

[2] Vitalis (A.) et Duhaut (N.), « *NTIC et relation administrative : de la relation de guichet à la relation de réseau* », Revue française d'administration publique, 2004/2, n° 110, p. 315- 326.

juridiques des ministères économiques et financiers, par le biais des mécanismes de rapprochement des autres entités publiques, a déjà opéré ces évolutions de son action administrative.

Pour autant, une limite peut dès lors être constatée, à savoir que le développement vers l'usager n'a pas encore été mis en œuvre. En effet, la saisine de cette direction ne peut se faire que par les personnes publiques et non par les usagers, c'est-à-dire les entreprises participant aux contrats de la commande publique. Dès lors, afin de garantir une meilleure diffusion de l'information, les usagers doivent être mis au centre des évolutions de l'action administrative numérique de la direction des affaires juridiques des ministères économiques et financiers. Pour ce faire, elle doit proposer des procédures de dématérialisation plus développées et garantir une information adéquate des usagers de ces services publics. Ainsi que le précise la Cour des comptes, « l'appétence du public pour les procédures dématérialisées et sa confiance dans ces procédures croissent proportionnellement aux campagnes d'information sur ce sujet »[1]. Dès lors, la direction des affaires juridiques doit pouvoir proposer un accompagnement individualisé à l'application du droit de la commande publique et à ses procédures dématérialisées.

Par ailleurs, cette amélioration des liens avec les usagers passe nécessairement par la mise en œuvre de procédures permettant de garantir la sécurité des données transmises ainsi que les libertés publiques. Ainsi, une procédure d'anonymisation des données transmises est nécessaire si la diffusion d'une réponse développée par la direction des affaires juridiques venait à être envisagée par les nouveaux canaux de diffusion de l'information juridique. De plus, la protection contre les cybers attaques devrait être renforcée afin de créer une relation de confiance entre les administrations et les usagers et de permettre ainsi la modernisation de l'action administrative par le biais de l'outil numérique.

**
*

La modernisation de l'action publique, au travers du développement des nouvelles technologies de l'information et de la communication, a été envisagée par la direction des affaires juridiques des ministères économiques et financiers, qui, au travers de nombreuses actions, a développé des nouveaux canaux de relations avec les usagers. D'ailleurs, l'avènement du numérique et des outils informatiques participent au développement d'une information de plus en plus précise du droit de la commande publique, garantissant ainsi la sécurité juridique et la stabilité des relations contractuelles. Les outils mis en place par la direction des affaires juridiques des ministères économiques et financiers passent à la fois, par le recours à la dématérialisation de la commande publique mais aussi par

[1] Cour des comptes, *Relations aux usagers et modernisation de l'État – Vers une généralisation des services publics numériques,* Enquête demandée par le Comité d'évaluation et de contrôle des politiques publiques de l'Assemblée nationale – Janvier 2016, p. 107.

une numérisation des règles applicables à ces contrats et partant de la doctrine administrative interprétant ce droit.

B. Numérisation et dématérialisation de la commande publique, la digitalisation de la doctrine administrative

Les mouvements concomitants mais nécessairement parallèles de numérisation (1) et de dématérialisation (2) de la commande publique ont conduit à l'avènement de la doctrine administrative comme mode explicatif de ce droit, à une meilleure connaissance des règles applicables à ces contrats, à une sécurisation de ces derniers et à une stabilité des relations contractuelles.

1. La numérisation de l'administration, une étape vers une doctrine administrative 2.0

La numérisation de l'action publique a pour finalité un élargissement des moyens de communication numériques des règles juridiques applicables dans tous les secteurs du droit. Topique de la numérisation de l'action administrative, est la mise en ligne du site Legifrance sur lequel les administrés, usagers et citoyens ont, à leur disposition, l'ensemble des règles juridiques qui leur sont applicables qu'elles soient textuelles ou jurisprudentielles. Par ailleurs, les nombreux renvois à des sites institutionnels permettent de disposer d'une information étendue sur les règles juridiques applicables, notamment au travers du renvoi aux sites des assemblées parlementaires qui opèrent une diffusion des rapports éponymes et permettent ainsi de disposer de l'esprit de la loi. En matière de commande publique, la numérisation de l'action publique a pu passer par différents vecteurs et prend son essor au cours des trente dernières années par le développement des services publics d'accès à l'information.

Afin de rappeler brièvement cette histoire de l'avènement de la numérisation dans l'action publique, le professeur Bourcier distingue trois étapes : « accès aux documents administratifs, service public de diffusion du droit et « libération » des données publiques »[1].

Tout d'abord, la première étape de la numérisation de l'action publique se traduit par une liberté d'accès aux documents administratifs. En application de la loi du 17 juillet 1978[2], toute personne peut obtenir la communication des documents les concernant et détenus par l'administration. Cette obligation de communication de ces documents traduit une première étape de la numérisation, en ce sens qu'elle permet à toutes les personnes sollicitant l'administration de leur fournir l'ensemble des documents nécessaires à l'étude d'une situation. Dès lors, les usagers des services publics peuvent solliciter de l'administration, des documents liés à leur identité, à leur situation administrative mais cette

---

[1] Bourcier (D.), *« Télécommuns versus téléservices publics : vers des services publics collaboratifs en ligne »*, Revue française d'administration publique 2013/2 (n°146), p.274.

[2] Loi n°78-753 du 17 juillet 1978 *portant diverses mesures d'amélioration des relations entre l'administration et le public et diverses dispositions d'ordre administratif, social et fiscal,* JORF du 18 juillet 1978, p.2851.

obligation de communication peut avoir aussi pour finalité d'obtenir des données dont elles pourront tirer par la suite, un avantage dans leur relation avec l'administration. Ainsi, mis à part des restrictions liées notamment à l'intérêt public ou au secret des affaires entendu au sens large[1], les entreprises soumissionnaires aux contrats de la commande publique peuvent solliciter l'administration d'une demande de précision quant au marché, d'une demande de communication de l'ensemble des pièces du marché, des critères de notation et des coefficients retenus par la personne publique. Cette mise à disposition de l'information, dans le cadre de la procédure de passation des contrats de la commande publique, est nécessaire à l'aune du principe de transparence et d'égal accès des entreprises à la commande publique. Par ailleurs, en aval du choix de l'entreprise attributaire du contrat de la commande publique, les entreprises non retenues peuvent solliciter l'administration pour obtenir les raisons du rejet de la candidature et de l'offre[2]. D'ailleurs, le guide des bonnes pratiques en matière de marchés publics prévoit la mise à disposition de cette information administrative. En effet, l'interprète exclusif rappelle les conditions nécessaires pour la communication et fixe un cadre strict, en enserrant la réponse dans un délai de 15 jours[3] et quant au contenu de la réponse qui ne doit pas porter préjudice aux intérêts en présence, à l'intérêt public et aux secrets protégés par la loi[4]. Pour répondre à ces exigences, les personnes publiques ont pu faire preuve d'imagination afin de rationaliser cette procédure et ainsi permettre aux entreprises non retenues de disposer d'une information rapide. Pour exemple, en application de ces recommandations, le Conseil régional de l'Aquitaine a imposé le partage des résultats à des marchés publics au regard d'une licence spécifique : Créative Commons[5]. Cette période de communication de documents administratifs constitue donc la première étape de la numérisation de l'action publique.

Ensuite, la deuxième étape de la numérisation est consacrée à la diffusion et à l'accès aux textes juridiques. La mise en œuvre de cette diffusion se traduit par

---

[1] Les restrictions sont relatives à l'intérêt public, aux possibles nuisances à la concurrence loyale entre les opérateurs économiques et à la légalité, notamment au regard du secret des affaires.

[2] En ce sens article 80 du code des marchés publics ; article 56 de l'ordonnance n° 2015-899 du 23 juillet 2015 *relative aux marchés publics*, JORF n° 0169 du 24 juillet 2015, p. 12602, texte n° 38 et article 48 de l'ordonnance n° 2016- 65 du 29 janvier 2016 *relative aux contrats de conces*sion, JORF n° 0025 du 30 janvier 2016, texte n° 66. Ces dispositions ont été reprises aux articles L. 2183-1 et L. 3125-2 du code de la commande publique.

[3] Direction des affaires juridiques du Ministère de l'économie, de l'industrie et du numérique, *Guide de bonnes pratiques en matière de marchés publics*, édition du 26 septembre 2014, p.83.

[4] Direction des affaires juridiques du Ministère de l'économie, de l'industrie et du numérique, *Guide de bonnes pratiques en matière de marchés publics*, édition du 26 septembre 2014, p.83.

[5] Bourcier (D.), « *Télécommuns versus téléservices publics : vers des services publics collaboratifs en ligne* », Revue française d'administration publique 2013/2 (n°146), p.275.

le décret du 7 août 2002[1] qui met à disposition des administrés, gratuitement, toutes les informations juridiques (textes juridiques et jurisprudence) par le biais du site internet Légifrance[2]. La diffusion de cette information juridique et d'accès au droit a permis aux entreprises soumissionnaires aux contrats de la commande publique de prévoir le droit qui leur serait applicable, de l'étudier et de s'y conformer dans toutes les prises de décisions. D'ailleurs, ce mouvement fut, dans un premier temps, un élément d'appropriation des règles juridiques au travers de l'outil numérique permettant ainsi une actualisation des données de manière régulière. Dès lors, les administrations et les entreprises soumissionnaires furent dans l'obligation d'orienter leurs actions vers cette numérisation de la diffusion du droit afin de garantir la sécurité juridique.

Par ailleurs, au-delà de la communication des sources du droit dur, l'administration permit la numérisation des actes de la doctrine administrative en recourant ainsi à deux vecteurs distincts. D'une part, les circulaires font l'objet d'une diffusion numérique par le biais du site « www.circulaires.legifrance.gouv.fr »[3]. Cette mise en ligne des circulaires a permis aux entreprises soumissionnaires de préciser leurs offres, de réfléchir à la stratégie optimale afin de répondre le plus précisément aux dossiers de candidature aux marchés publics. En effet, de par la connaissance des orientations et des demandes spécifiques faites par les services centraux aux services déconcentrés ou par la direction générale des collectivités locales aux collectivités territoriales, les entreprises soumissionnaires disposent d'une information essentielle à l'établissement d'une réelle stratégie afin d'optimiser, économiquement et juridiquement, la candidature aux contrats de la commande publique. Par ce nouveau vecteur de recherche, toutes les personnes intéressées par la procédure relative à la passation des contrats de la commande publique, trouveront, d'une part, les textes applicables et d'autre part, avec exhaustivité, les circulaires et instructions interprétant ce droit à la lisière du monde économique[4].

D'autre part, la direction des affaires juridiques des ministères économiques et financiers participe à une large diffusion des informations relatives aux contrats de la commande publique par le biais de son site internet. En effet, il se veut *a minima* être une source centralisatrice de l'ensemble des dispositions applicables au droit de la commande publique. Cette volonté se retrouve par la ventilation en différentes sections et sous-sections retraçant toutes les étapes du droit de la commande publique – des autorités habilitées à passer de tels contrats

[1] Décret n°2002-1064 du 7 août 2002 *relatif au service public de la diffusion du droit par l'internet,* JORF du 9 août 2002, p. 13655.

[2] www.legifrance.gouv.fr

[3] Article 1 du décret n°2008-1281 du 8 décembre 2008 *relatif aux conditions de publication des instructions et circulaires*, JORF n°0287 du 10 décembre 2008, p.18777.

[4] Une limite à cette exhaustivité : Cette publication n'est valable que pour l'État. *Contra* : Perroud (T.), « *Droits des administrés internautes et téléservices publics* », Revue française d'administration publique 2013/2 (n°146), p.419-431.

à la procédure à mettre en œuvre pour la passation et à l'exécution de ces contrats. Pour ce faire, la direction des affaires juridiques des ministères économiques et financiers met à disposition de tous – notamment, les administrations et soumissionnaires aux contrats – tous les actes relatifs aux marchés publics, dont les circulaires et instructions principales[1] mais aussi tous les documents rédigés et publiés par cette direction[2]. Par ailleurs, hormis son site internet, la direction des affaires juridiques des ministères économiques et financiers participent à la diffusion de l'information juridique au travers des lettres qu'elle rédige à l'attention de toutes les personnes intéressées par ces questions. Ainsi, elle se propose de fournir une information, certes partielle, mais reprenant les éléments topiques sur une base bimensuelle. D'ailleurs, l'objectif de cette lettre est d'offrir « un panorama de l'actualité juridique touchant différents domaines du droit »[3].

Dès lors, la communication des actes de droit dur mais aussi de doctrine administrative interprétant le droit de la commande publique par la direction des affaires juridiques des ministères économiques et financiers permet aux acheteurs publics et aux entreprises soumissionnaires de disposer d'une information exhaustive sur l'application du droit de la commande publique. D'ailleurs, cette volonté de diffusion de l'information juridique se retrouve également sur le site institutionnel du Conseil d'État qui, suivant l'exemple de la direction des affaires juridiques des ministères économiques et financiers, propose mensuellement un recueil des décisions à publier et à mentionner aux tables du recueil Lebon, notamment, en ce qui nous concerne, pour les contrats administratifs.

Enfin, la troisième étape du raisonnement du professeur Bourcier est relative à la réutilisation des données publiques qui peuvent être reprises par le secteur public ou revendues. En d'autres termes, pour le professeur Bourcier, « l'idée fondamentale reste que les données publiques cessent d'être la « propriété » (patrimonialité ou droit d'auteur ?) du seul secteur public et que tout

---

[1] Ces textes se retrouvent à l'adresse suivante : http://www.economie.gouv.fr/daj/textes-divers#circulaires-et-instructions.
Les principaux textes sont les suivants :
- Circulaire du 25 août 2006 *relative aux délégations de compétence pour la signature des marchés publics de l'État*, JORF n°199 du 29 août 2006, p. 12761.
- Circulaire du 24 décembre 2007 *relative à la passation des marchés publics d'assurance*, JORF n°0085 du 10 avril 2008, p.6036.
- Instruction du 25 janvier 2005 *relative à la prise en compte des évolutions des coûts dans la fixation des prix des marchés publics de bâtiment et de génie civil,* JORF n°29 du 4 février 2005, p.1871.
[2] En ce sens, on trouve notamment Direction des affaires juridiques du Ministère de l'économie, de l'industrie et du numérique, *Guide de bonnes pratiques en matière de marchés publics*, édition du 26 septembre 2014.
[3] *http://www.economie.gouv.fr/daj/lettre-direction-des-affaires-juridiques*

contribuable a vocation à réutiliser pour son usage propre ou pour les revendre les données du secteur public »[1].

Pendant longtemps, le secteur public s'est tenu à l'écart de cette dernière étape de la numérisation. Cependant, il ressort de dispositions récentes et de la mise en œuvre de la technologie de la blockchain[2] que la réutilisation des données semble aujourd'hui être au cœur de l'action publique[3]. En effet, tant les données de référence au sens de l'article L. 321-4 du code des relations entre le public et l'administration que les données d'intérêt général[4] sont les marqueurs d'une évolution de l'action publique au profit de la possible réutilisation des données publiques. Ainsi, pour l'objet de la présente étude, les données d'intérêt général sont topiques de ce mouvement. Dans le cadre d'un service public délégué par le biais d'un contrat de concession, le concessionnaire a l'obligation de fournir tous les éléments nécessaires à la bonne exécution de la mission qui lui a été confiée. Ainsi, au-delà de la situation classique des biens matériels, cette obligation de restitution s'étend aux données et aux bases de données produites ou collectées dans l'exécution des missions de service public. L'ordonnance portant réforme des contrats de concession[5] permet donc à l'autorité administrative de disposer des informations essentielles à l'exercice de sa mission de service public ; informations obtenues dans un but d'intérêt général.

Par ailleurs, une autre notion peut être évoquée, à savoir celle de données essentielles. Ces données sont évoquées à la fois dans l'article 107 du décret du 25 mars 2016[6] et à l'article 34 du décret du 1er février 2016[7]. Dans le cadre de la procédure de dématérialisation sur laquelle nous reviendrons ultérieurement, l'acheteur doit proposer, sur son profil acheteur, de fournir les données essentielles afin qu'elles soient accessibles « sous un format ouvert et librement réutilisables ». Ainsi, pour l'ensemble des données de la consultation, ces

---

[1] Bourcier (D.), *« Télécommuns versus téléservices publics : vers des services publics collaboratifs en ligne »*, Revue française d'administration publique 2013/2 (n°146), p.275.

[2] La blockchain peut être définie comme « *une technologie de stockage et de transmission d'informations, transparente, sécurisée, et fonctionnant sans organe central de contrôle* » *in* https://blockchainfrance.net/decouvrir-la-blockchain/c-est-quoi-la-blockchain/

[3] Sur ce sujet, voir notamment Braconnier (S.), Varet (E.), Pons (Y.), *La propriété des données produites ou reçues par les cocontractants de l'administration,* Contrats et marchés publics n° 10, octobre 2015, 9.

[4] Articles 53-1 et 78 de l'ordonnance n° 2016- 65 du 29 janvier 2016 *relative aux contrats de concession,* JORF n° 0025 du 30 janvier 2016, texte n° 66. Cette disposition a été reprise à l'article L. 3131-2 du code de la commande publique.

[5] Ordonnance n° 2016- 65 du 29 janvier 2016 *relative aux contrats de concession,* JORF n° 0025 du 30 janvier 2016, texte n° 66.

[6] Décret n° 2016-360 du 25 mars 2016 *relatif aux marchés publics,* JORF n° 0074 du 27 mars 2016, texte n° 28 – Cette disposition est reprise à l'article L.2196-2 du code de la commande publique.

[7] Décret n° 2016-86 du 1er février 2016 *relatif aux contrats de concession,* JORF n° 0027 du 2 février 2016, texte n° 20 – Cette disposition se retrouve aux articles L. 3131-1 et suivants du code de la commande publique.

dernières sont accessibles numériquement et les données envoyées dans le cadre de ces procédures peuvent être réutilisées par l'autorité administrative.

Ces mécanismes de réutilisation des données collectées ou produites par l'autorité administrative permettent une mutation de l'action publique et conduisent à un rapprochement entre les utilisateurs et les personnes publiques. Cependant, une limite fait immédiatement jour et ne permet pas une prise en compte étendue de cette réutilisation des données. En effet, le manque de garantie quant à l'intégrité des données constitue la principale limite à leur développement. En effet, une fois la donnée implémentée, il apparait nécessaire qu'un contrôle soit opéré sur les personnes habilitées à modifier ces lignes de codes et de données. Dès lors, la blockchain pourrait constituer l'horizon de création de cette garantie au profit des acteurs privés. « La garantie de l'intégrité de ces données apportée par la blockchain serait, notamment pour la personne publique, un élément de valorisation important en cas de mise à disposition à des fins de réutilisation à titre onéreux »[1]. Au regard de l'absence de doctrine administrative rédigée par la direction des affaires juridiques des ministères économiques et financiers, la perception et le recul quant à ces dispositions ne sauraient être étudiés de manière exhaustive dans la présente étude.

Au regard de ces trois étapes, la numérisation de l'action publique, au travers du prisme des nouvelles technologies de l'information et de la communication, a permis une conciliation entre les différents acteurs du droit de la commande publique. En effet, au-delà de la proximité évoquée précédemment et liée à la saisine de la direction des affaires juridiques des ministères économiques et financiers sur des questionnements précis, la numérisation de la doctrine administrative de la commande publique a opéré ce rapprochement entre les acteurs sans mise en contact. En effet, en tant qu'interprète exclusif du droit de la commande publique, la direction des affaires juridiques participe à ce mouvement de diffusion de ce droit et permet ainsi aux entreprises soumissionnaires mais aussi aux acheteurs publics de s'imprégner des règles applicables, des conseils donnés par la direction, de ses interprétations, parfois restrictives, et garantit une meilleure efficience dans les questionnements ultérieurs des entités ayant la faculté de la consulter. Ainsi, la mise à disposition, par les outils numériques, de l'ensemble des règles applicables à la commande publique, qu'elles soient de droit dur ou de doctrine administrative, participe à la numérisation de l'action publique. D'ailleurs, cette large diffusion permet aux différentes entreprises soumissionnant aux contrats de la commande publique de disposer d'une information égale, ce qui permet de mettre en œuvre les grands principes applicables aux contrats publics à savoir, la liberté d'accès à la

---

[1] Moiroux (J.), « *Commande publique et technologie blockchain : un avenir, mais quel avenir ?* », La semaine juridique Administrations et collectivités territoriales, n° 28, 17 juillet 2017, 2180. Voir également sur ce sujet, Fabrizi-Racine (N.), *La blockchain : (R)évolution d'Etat ?* La semaine juridique Administrations et Collectivités territoriales, n°49, 11 décembre 2017, 2306.

commande publique, l'égalité de traitement des candidats et la transparence des procédures[1].

Le développement de la numérisation des règles relatives aux contrats de la commande publique permet de disposer d'une information et de son interprétation. Pour autant, une limite à cette large diffusion est que ce droit souple ne revêt pas de caractère réglementaire. En effet, la doctrine administrative interprétant des dispositions de droit dur ne revêt pas de valeur réglementaire et une nécessité fait jour : celle de ne pas sur-interpréter les positions de la doctrine administrative et de ne pas suivre entièrement l'ensemble de ces dispositions[2]. Dès lors, la mise à disposition d'une information juridique étendue – allant des textes (législatifs, réglementaires), de leurs interprétations à la jurisprudence (judiciaire et administrative) – ne doivent pas faire perdre de vue la valeur juridique des différents actes et de maintenir un degré d'expertise nécessaire pour ne pas s'appuyer sur des interprétations de doctrine administrative contraires à l'esprit du texte, quand bien même cette position serait celle de l'interprète exclusif. Ainsi, l'efficacité de l'application des règles relatives au droit de la commande publique sera garantie par une expertise développée et un mécanisme d'accès permettant à l'ensemble des acteurs de disposer d'une information égale.

**
*

La numérisation de l'action publique a conduit à développer une doctrine administrative 2.0 qui permet une interprétation des textes réglementaires et une large diffusion de l'ensemble de ces actes. Dès lors, les acteurs de la commande publique disposent de l'information la plus précise ; ce qui garantit une égalité entre les candidats et les acheteurs publics, notamment quant à l'expression du besoin en matière de marchés publics. Pour autant, la numérisation de la commande publique n'est qu'une étape dont la dématérialisation reste la réalisation concrète, en ce sens qu'elle s'applique concrètement à la procédure de passation et d'exécution des contrats publics.

---

[1] Articles 1er de l'ordonnance n° 2015-899 du 23 juillet 2015 *relative aux marchés publics*, JORF n° 0169 du 24 juillet 2015, p. 12602, texte n° 38 et de l'ordonnance n° 2016- 65 du 29 janvier 2016 *relative aux contrats de concession*, JORF n° 0025 du 30 janvier 2016, texte n° 66. Ces dispositions sont reprises dans l'article L. 3 du code de la commande publique

[2] CE, 18 septembre 2015, *Société Axcess*, n° 380821, mentionné dans les tables du recueil Lebon, concl. Pelissier (G.), JCPG Semaine juridique (édition générale), 5 octobre 2015, n° 41, p. 1814, chron. Erstein (L.) ; Le moniteur- contrats publics, 1er novembre 2015, n° 159, p. 10, note Jouguelet (J-P.) ; Contrats et Marchés publics, 1er novembre 2015, n° 11, p. 20, note Devillers (P.) ; Le moniteur- contrats publics, 1er janvier 2016, n° 161, p. 58, chron. Serr (F.) ; JCP A (Administrations et collectivités territoriales), 29 février 2016, n° 8, p 27, comm. Deligiannis (S.) ; RJDA, 1er mai 2016, n° 5, p. 366, note ; Contrats et marchés publics, 1er juillet 2016, n° 7, p. 7, chron. Olivier (F.) et Liet-Veaux (C.).

2. *La dématérialisation de la commande publique, un nouveau vecteur de la doctrine administrative*

Après la procédure de numérisation de l'action publique, un deuxième mouvement de fond doit être envisagé du fait de l'avènement des nouvelles technologies de l'information et de la communication. En effet, la numérisation de l'action administrative permet à tous les acteurs de disposer de l'ensemble des informations nécessaires pour l'application efficiente du droit de la commande publique. Pour autant, pour une mise en œuvre efficace de l'ensemble des procédures, une nécessité vient à l'esprit : celle de dématérialiser la commande publique[1].

D'ailleurs, la dématérialisation des contrats de la commande publique est un élément essentiel de la communication de la doctrine administrative. Elle passe pour l'essentiel par l'abandon du recours à une procédure de publicité par voie d'affichage au profit d'une diffusion sous la forme numérique et par la mise à disposition des acteurs de la commande publique d'une plate-forme numérique pour le dépôt des offres et des candidatures aux contrats de la commande publique[2].

La dématérialisation en marche de la commande publique et de sa doctrine administrative – La dématérialisation des contrats de la commande publique a

---

[1] Voir notamment sur le sujet, Bodin (L.), « *La dématérialisation des procédures dans le code des marchés publics 2006* », AJDA 2006, p. 1777 ; Molès (P.), Noël (M.), « *La dématérialisation des marchés publics et l'expérience d'une plate-forme régionale* », AJCT 2011, p.117 ; Tchen (V.), « *Les ambiguïtés de la dématérialisation des procédures en droit des étrangers* », Revue française d'administration publique, 2013/2, n°146, p.393-403 ; Vincent-Legoux (M-C.), « *Dématérialisation des offres et liberté d'accès à la commande publique* », AJDA 2006, p. 1787 ; Amilhat (M.), « *Les enjeux de la dématérialisation des marchés publics* », Contrats et marchés publics, 1er juin 2014, n° 6, p. 60-62 ; Noguellou (R.), « *Dématérialisation des marchés publics* », Revue de droit immobilier, 1er décembre 2011, n°12, p. 592-594 ; Jouanneau (F.) et Pottier (I.), « *Achats publics : un guide pour accélérer la montée en puissance de la dématérialisation* », La gazette du Palais, 23 juillet 2010, n° 204-205, p. 22-24 ; Grand d'Esnon (J.) et Bodin (L.), « *Dématérialisation des marchés publics : les incitations du nouveau Code des marchés publics*, Revue Lamy des collectivités territoriales, 1er février 2007 n° 21, p. 48-52 ; Caprioli (E.) et Cantéro (A.), « *L'entreprise face à la dématérialisation des marchés publics* », JCPE Semaine juridique (édition entreprise), 3 novembre 2005, n° 44-45, p. 1887-1891 ; Cabanes (A.) et Gaudillère (P.), « *La dématérialisation des marchés publics : une réforme prometteuse, mais inachevée* », Les petites affiches, 28 mai 2003, n° 106, p. 4-10 ; Michon (J.), « *Refonte complète du droit de la commande publique* », Les petites affiches, 26 mars 2014, n° 61, p. 5-9 ; Hoepffner (H.), « *La nouvelle directive Marchés publics : simple consolidation des acquis ou véritable modernisation ?* », Europe, 1er mai 2014, n° 5, p. 5-13 ; Revue Lamy droit de la concurrence, « *Recours en référé et dématérialisions : les acheteurs appelés à la vigilance sur les délais « Télérecours »* », 1er décembre 2016, n° 5-, p. 11-12 ; Laboudier (F.) et Ramos (A.), « *La dématérialisation à l'aune de la réforme de la commande publique* », Le moniteur – Contrats publics, 1er juillet 2016, n° 167, p. 20-24 ; Moiroux (J.), « *Commande publique et technologie blockchain : un avenir mais quel avenir ?* », JCP A (administrations et collectivités territoriales), 17 juillet 2017, n° 28, p. 20-25.

[2] Molès (P.), Noël (M.), « *La dématérialisation des marchés publics et l'expérience d'une plate-forme régionale* », AJCT 2011, p.117.

connu ses premières évolutions au travers du code des marchés publics dans sa version issue du décret du 7 mars 2001[1]. L'article 56 de ce code disposait, à cet effet, dans une section relative à la dématérialisation des procédures, que « les échanges d'informations intervenant en application du présent code peuvent faire l'objet d'une transmission par voie électronique ».

Les procédures de la commande publique entrent dans une nouvelle ère dans laquelle la dématérialisation est une faculté offerte aux pouvoirs adjudicateurs et aux entités adjudicatrices. Par la suite, la directive 2004/18/CE du 31 mars 2004 réformant les procédures de passation des marchés publics de travaux, de fourniture et de service va mettre au centre la dématérialisation en définissant ses avantages qui sont « d'élargir la concurrence et d'améliorer l'efficacité de la commande publique, notamment par les gains de temps et les économies que l'utilisation de telles techniques comporte »[2]. Par une lecture combinée des articles 48 de la directive n° 2004/17/CE[3] et 42 de la directive n° 2004/18/CE du 31 mars 2004, la dématérialisation devient un élément central de la procédure des marchés publics dès lors que « les outils utilisés permettent de garantir l'intégrité des données et la confidentialité des offres, ne présentent pas un caractère discriminatoire, et sont généralement disponibles et interopérables »[4].

Afin de combiner les exigences de la numérisation et de la dématérialisation de la commande publique, la direction des affaires juridiques des ministères économiques et financiers ont rédigé deux guides complémentaires : le guide pratique de dématérialisation des marchés publics et le guide d'aide à la passation des marchés dématérialisés[5]. Dans ces guides, la direction des affaires juridiques fait acte de pédagogie en explicitant l'ensemble des règles applicables pour ces marchés. D'ailleurs, de par son titre, le guide pratique de dématérialisation des marchés publics se veut être un guide explicatif de la procédure à mettre en œuvre pour les acheteurs publics et les entreprises soumissionnaires tandis que le guide d'aide à la passation des marchés publics dématérialisés traduit plutôt une volonté d'accompagnement des acteurs lors de ce moment spécifique qu'est la passation. Le premier guide traite ainsi de

---

[1] Décret n° 2001-210 du 7 mars 2001 *portant code des marchés publics*, JORF n° 57 du 8 mars 2001, p. 37003, texte n° 6.

[2] Directive 2004/18/CE du 31 mars 2004 du Parlement européen et du Conseil *relative à la coordination des procédures de passation des marchés publics de travaux, de fournitures et de services.*

[3] Directive 2004/17/CE du Parlement européen et du Conseil du 31 mars 2004 *portant coordination des procédures de passation des marchés dans les secteurs de l'eau, de l'énergie, des transports et des services postaux.*

[4] Molès (P.) et Noël (M.), *« La dématérialisation des marchés publics et l'expérience d'une plate-forme régionale »*, AJCT 2011, p. 117.

[5] Direction des affaires juridiques, Ministère de l'économie et des finances, *Guide pratique de dématérialisation des marchés publics*, version 2.0, décembre 2012 ; Groupe d'étude des marchés – Dématérialisation des marchés publics, Ministère de l'économie, de l'industrie et du numérique, *Guide d'aide à la passation des marchés publics dématérialisés,* version 1.0, décembre 2015.

l'ensemble de la procédure de dématérialisation d'un marché public, c'est-à-dire en amont et en aval du choix de recourir à cette dématérialisation tandis que le second guide se veut être un accompagnement des acteurs en restreignant son champ d'application à la passation. Dès lors, la direction des affaires juridiques entend préciser l'incidence de la dématérialisation sur les contrats de la commande publique, notamment lors de leur passation.

Pour autant, et ainsi que le montre le guide d'aide à la passation des marchés publics dématérialisés, cette dématérialisation ne vaut que pour la procédure de passation alors que la dématérialisation devrait embrasser les différents éléments de la vie du contrat, notamment son exécution. Pour autant, la direction des affaires juridiques des ministères économiques et financiers n'opère de ventilation dans ces guides qu'en fonction des différentes étapes de la passation des marchés publics. L'impact de la dématérialisation a donc eu une influence essentielle sur la modernisation de l'État, ou à tout le moins sur le droit de la commande publique et son application. Cependant, une limite peut dès à présent être mentionnée au regard de la prise en compte de la dématérialisation uniquement pour les marchés publics et non pour l'ensemble des contrats constituant la commande publique.

En l'absence d'avancées notables pour la dématérialisation du droit de la commande publique, les textes réformant les marchés publics et les concessions ont instauré un calendrier contraint pour sa mise en œuvre[1]. L'article 31 du décret du 25 mars 2016[2] et l'article 5 de celui du 1er février 2016[3] prévoient la constitution du profil acheteur qui se définit comme « la plateforme de dématérialisation permettant notamment aux acheteurs / autorités concédantes de mettre les documents de la consultation à disposition des opérateurs économiques par voie électronique et de réceptionner par voie électronique les documents transmis par les candidats et les soumissionnaires ». Ces textes ont rendu la dématérialisation des marchés publics obligatoire depuis le 1er avril 2017 pour les centrales d'achat et prévoit une extension de cette

[1] Voir sur cette question, Noël (M.) et Abboub (S.), *Les « nouvelles » obligations de dématérialisation de l'administration - panorama 2015-2016,* AJCT 2017, p. 192 ; X. Delpech, *La loi pour une République numérique, aspects de droit des contrats*, AJCA 2016. 456 ; S. Dyens et J. Rotivel, *Données personnelles numériques et collectivités territoriales : quelles procédures ? Quelles sanctions encourues ?*, AJCT 2017. 23 ; L. Cluzel-Métayer, *La loi pour une République numérique : l'écosystème de la donnée saisi par le droit,* AJDA 2017. 340 ; S. Dyens, *Communication des données publiques, Open data, accessibilité aux réseaux : dispositions de la loi pour une République numérique intéressant les collectivités*, AJCT 2017. 180 ; Poupeau (D.), *Dématérialisation des marchés publics : objectif 2018*, AJDA 2017, p. 1252.

[2] Décret n° 2016-360 du 25 mars 2016 *relatif aux marchés publics*, JORF n° 0074 du 27 mars 2016, texte n° 28 – Cette disposition est reprise à l'article R.2132-3 du code de la commande publique.

[3] Décret n° 2016-86 du 1er février 2016 *relatif aux contrats de concession*, JORF n° 0027 du 2 février 2016, texte n° 20- Cette disposition est reprise à l'article R. 3122-10 du code de la commande publique.

obligation au 31 octobre 2018 pour les autres acheteurs[1]. Cependant, cette obligation reste restreinte aux marchés publics classiques. En effet, elle ne touche ni les marchés de défense ou de sécurité ni les contrats de concession ; pour ces derniers, il s'agit d'une faculté offerte aux acheteurs. Ainsi, cette mise en œuvre d'une plateforme de dématérialisation renforce la logique d'open data pour les données fournies par les acheteurs mais aussi pour celles apportées par les soumissionnaires et les candidats aux contrats. Ce profil acheteur couplé aux obligations susmentionnées quant aux données essentielles conduisent à rendre efficiente la dématérialisation des contrats de la commande publique. D'ailleurs, la direction des affaires juridiques des ministères économiques et financiers, considérant l'utilisation du profil acheteur comme « incontournable »[2], a pris acte de cette évolution des nouvelles technologies de l'information et de la communication et de leur prise en compte dans la vie des contrats de la commande publique.

Blockchain[3], smart contracts et plateforme numérique, l'ubérisation[4] en marche de la doctrine administrative de la commande publique – Participant à l'accélération de la dématérialisation de la commande publique, la direction des affaires juridiques des ministères économiques et financiers a établi le plan de « Transformation numérique de la commande publique 2017-2022 ». Ce plan a pour objectif du tout-dématérialisé à l'horizon 2022 et fixe des objectifs à atteindre au fur et à mesure de sa mise en œuvre. Marquée par l'ubérisation de la société, la direction des affaires juridiques des ministères économiques et financiers a essayé de mettre en œuvre de nouveaux mécanismes de dématérialisation au sein de la commande publique.

Par de brèves incises dans le décret relatif aux marchés publics, elle a souhaité montrer une volonté de progression dans ce domaine. Ainsi, l'article 42 du décret précité[5] a pour objet de permettre une application limitée et timide dans le domaine des marchés publics d'un outil collaboratif appelé le Building Information Modeling (BIM). Cet outil, qui permet la modélisation de bâtiments

---

[1] Le code de la commande publique reprend cette obligation aux articles L. 2132-2 pour les marchés publics et L. 2232-2 pour les marchés de défense ou de sécurité.

[2] Direction des affaires juridiques des ministères économiques et financiers, *Fiche relative au profil acheteur,* Espaces Marchés publics, Rubrique Dématérialisation/ Questions pratiques, 18 avril 2017.

[3] Moiroux (J.), « *Commande publique et technologie blockchain : un avenir mais quel avenir ? »*, JCP A (administrations et collectivités territoriales), 17 juillet 2017, n° 28, p. 20-25.

[4] Conseil d'Etat, Etude annuelle 2017 – *Puissance publique et plateformes numériques : accompagner l'« ubérisation »,* La documentation française, 13 juillet 2017 ; Moiroux (J.), *Plateformes numériques et puissance publique : « être ou ne pas être ? »... - à propos de l'étude annuelle 2017 du Conseil d'Etat Puissance publique et plateformes numériques : accompagner l'« ubérisation »,* La semaine juridique Administrations et Collectivités territoriales, n° 41, 16 octobre 2017, 2239.

[5] Décret n° 2016-360 du 25 mars 2016 *relatif aux marchés publics*, JORF n° 0074 du 27 mars 2016, texte n° 28 – Cette disposition a été reprise aux articles R.2132-10 et R. 2332-17 du code de la commande publique

en passant du tréfonds au domaine aérien, garantit le placement de cet immeuble dans son espace matériel et a pour objet de conserver l'ensemble des évolutions du bien de son état initial à sa destruction. Ainsi, une application étendue de cet outil conduirait à sécuriser la structure du bien et la blockchain garantirait la traçabilité des acteurs ayant eu une incidence sur le bien. En effet, juridiquement, cette solution opérerait une claire répartition de responsabilité d'une part entre les constructeurs et les maîtres d'œuvre et d'autre part, entre le constructeur et le maître d'ouvrage. D'ailleurs, cela pourrait avoir comme conséquence une modification du régime de présomption issu des principes inspirés des articles 1792 et suivants du code civil.

Pourtant, l'application de cet outil collaboratif aux marchés publics ne bénéficie que d'une audience limitée. Seul l'article 42 du décret précité le mentionne tout en le considérant comme « non communément disponible ». En effet, cette maquette ne connait pas encore une reconnaissance et une utilisation développées tant par les entreprises que par les administrations. De plus, une montée en puissance de cet outil pourrait se heurter à une inadaptation du cadre juridique des marchés publics et des missions y afférant. Pour exemple, cette mise en œuvre conduirait nécessairement à un renouveau des CCAG et de la loi relative à la maîtrise d'ouvrage publique[1]. En effet, le cadre d'établissement de ces textes n'avait pas pris en considération l'avènement de ces nouvelles technologies. Pour ce faire, le plan national de dématérialisation prône une mise en place d'une réglementation souple en France qui se traduirait notamment par la rédaction d'un CCAG électronique unique pour lequel il serait possible d'instaurer des modules spécifiques en fonction du besoin de l'acheteur. Ainsi, la direction des affaires juridiques des ministères économiques et financiers, par le biais d'actes de doctrine administrative, entend proposer les évolutions de la dématérialisation et enserrer son action future dans des précautions établies par ses soins. Ainsi, en l'espèce, la doctrine administrative peut être le vecteur d'une doctrine postérieure, voire de textes de droit dur.

Au titre de l'objectif de dématérialisation de la procédure au 31 octobre 2018 au travers du profil acheteur, une seconde évolution technique se doit d'être évoquée. En effet, dans le cadre des contrats de la commande publique, la notion de *smart contracts* doit être envisagée afin de garantir l'évolution vers le tout-dématérialisé. Le *smart contract* peut se définir comme un logiciel ayant pour objet de contrôler l'exécution des obligations contractuelles conclues entre deux personnes ou plus au travers de l'utilisation de la blockchain. Cette notion pourrait permettre une exécution automatique des clauses contractuelles, simplifiant ainsi l'action des agents en charge de l'exécution des contrats, diminuant le coût de cette phase du contrat ainsi que les délais de paiement. Cependant, une erreur humaine dans la programmation de l'outil conduit à une réaction en chaîne au motif de l'absence de réversibilité de la blockchain. Dès

[1] Loi n° 85-704 du 12 juillet 1985 *relative à la maîtrise d'ouvrage publique et à ses rapports avec la maîtrise d'œuvre privée*, JORF du 13 juillet 1985, p. 7914.

lors, son application, dans le cadre des marchés publics, ne pourrait être envisagée qu'en limitant l'accès en écriture aux seuls acheteurs et en permettant une accessibilité limitée aux personnes parties aux marchés publics. A l'aune de la difficulté de programmation de cet outil et des lignes de code, la question du vice du consentement se pose. En effet, dans l'hypothèse où la personne rédigeant le code commet une erreur, cette dernière conduit par réaction en chaîne, à une application contraire aux obligations contractuelles souhaitées par les parties. Ainsi, en matière de marchés publics, le vice du consentement conduit à une application de la jurisprudence Béziers I[1] et amène le juge administratif à se prononcer sur le fondement de la responsabilité quasi-délictuelle. Ces questions empêchent une pleine efficience de ces solutions nouvelles. Cependant, la direction des affaires juridiques des ministères économiques et financiers semble s'engager dans cette voie au travers de l'action n° 13 de son plan de « Transformation numérique de la commande publique 2017-2022 ». Dès lors, à nouveau, elle entend proposer des évolutions en faveur d'une totale dématérialisation de la commande publique au travers d'actes prospectifs de doctrine administrative. Profitant de l'outil numérique et de la dématérialisation, la direction des affaires juridiques des ministères économiques et financiers entend insuffler un mouvement devant permettre une numérisation et une dématérialisation accrues du droit de la commande publique. Dans un monde caractérisé par l'ubérisation de la société, la direction des affaires juridiques des ministères économiques et financiers a dû conduire les réformes à mettre en œuvre pour accélérer la dématérialisation de la chaîne de la commande publique.

Conséquences de la dématérialisation de la commande publique sur la doctrine administrative – La procédure de dématérialisation participe donc au développement de l'e-administration et est vecteur de communication de la doctrine administrative. Ainsi qu'il a été précisé ci-avant, la direction des affaires juridiques des ministères économiques et financiers a rédigé deux guides pratiques relatifs à la dématérialisation dans la procédure de passation des marchés publics. Dès lors, par ces vecteurs, l'interprète exclusif entend avoir une incidence sur la mise en œuvre de cette procédure et l'inclure dans un cadre juridique strict mais d'applicabilité aisée. Ces guides ont pour destinataires les acheteurs publics afin de les informer des problèmes de sécurité liés à la dématérialisation et de proposer une aide technique et des solutions. Ils participent de la volonté souhaitée de contrôle interne et d'audit au sein des

---

[1] CE, Ass, 28 déc. 2009, *Commune de Béziers*, n° 304802, Lebon, Concl. Glaser, AJDA 2010.142, chron. S.-J. Liéber et D. Botteghi ; D. 2011. 472, obs. S. Amrani Mekki et B. Fauvarque-Cosson ; RDI 2010. 265, obs. R. Noguellou ; AJCT 2010, p114, Pratique O. Didriche ; RFDA 2010, p.506, concl. E. Glaser ; ibid p.519, note D. Pouyaud ; RTD com. 2010 p.548, obs. G. Orsoni, AJDA 2011.665, chr. Lallet et Domino ; CMP mars 2010.38, note Rees ; Gaz. Pal. 16 mars 2010, p. 13, note Seiller ; JCP Adm. 2010.2072, note Linditch ; RD publ. 2010.553, note Pauliat ; RJEP juin 2010.19, note Gourdou et Terneyre ; GACA n ° 8 ; Mélanges Richer 2013.641, art. Glaser.

administrations lors de la mise en œuvre de la loi organique relative aux lois de finances[1], notamment dans le domaine économique.

De plus, au-delà de la simple dématérialisation de la procédure de passation des marchés publics, la direction des affaires juridiques des ministères économiques et financiers, au travers de l'Agence du patrimoine immatériel de l'État, a admis sa volonté de recourir à des régimes juridiques spéciaux pour les clauses de propriété intellectuelle. D'ailleurs, la relation entre la dématérialisation et la propriété intellectuelle est essentielle au regard des possibilités de cession à titre onéreux des données publiques. En ce domaine, afin de sécuriser la propriété intellectuelle des personnes publiques, la direction des affaires juridiques a encadré cette mise en œuvre au travers de nombreux cahiers pratiques dont le but est *in fine* de participer à la rédaction des cahiers des clauses administratives et techniques générales (CCAG -CCTG). Dès lors, la volonté de dématérialisation de l'action publique se traduit par une communication étendue de la part de l'interprète exclusif mais aussi par une sécurisation de la procédure de passation des marchés publics.

Dans le cadre d'une rationalisation de l'action publique, la mise en œuvre de la dématérialisation présente de nombreux avantages. En effet, la possibilité de dépôt en ligne des offres par les soumissionnaires aux contrats de la commande publique, la mise en œuvre d'une publicité numérique des marchés dématérialisés, le recours à une plate-forme spécifique pour ces marchés publics permettent de limiter les coûts, notamment par l'absence d'utilisation du support papier par l'administration et son cocontractant. Ainsi, dans le cadre d'une politique de maîtrise des finances publiques et de verdissement des achats publics, la dématérialisation participe d'une logique d'optimisation de la ressource publique au travers d'économies de coûts. D'ailleurs, ces économies se traduisent aussi en une réduction, pour les entreprises, du temps nécessaire pour proposer une offre à un contrat de la commande publique. Dans un domaine marqué par la célérité des affaires, la dématérialisation entend permettre d'atteindre cet objectif.

Par ailleurs, les mécanismes de sécurisation et de confidentialité des informations transmises par les entreprises soumissionnaires doivent permettre de lever les difficultés liées au recours à la forme dématérialisée d'une telle procédure. En effet, la mise en place de procédure de confidentialité et d'intégrité des échanges, par le biais de mécanismes d'authentification et de signature électronique, doivent permettre aux usagers de participer à ces procédures à l'aune d'un renforcement de la relation de confiance avec les administrations. Par ailleurs, le développement de la direction des affaires juridiques 2.0 des ministères économiques et financiers permet de communiquer l'interprétation faite par l'administration de cette procédure. Ainsi, la dématérialisation des contrats de la commande publique participe au

[1] Loi organique n° 2001-692 *relative aux lois de finances* du 1er août 2001, JORF n° 177 du 2 août 2001, p. 12480, texte n°1.

développement de l'administration électronique par l'interprétation de la direction des affaires juridiques. La doctrine administrative est donc un élément central de cette procédure nouvellement mise en œuvre. D'ailleurs, les guides pratiques rédigés par la direction des affaires juridiques des ministères économiques et financiers orientent l'ensemble de la procédure de dématérialisation en partant de son cadre juridique à l'archivage des données, en passant par les grands principes juridiques à mettre en œuvre et la mise en pratique de la procédure. De plus, cette définition précise de l'ensemble des étapes par ces différents guides encourage les entreprises soumissionnaires à développer ce moyen de répondre aux sollicitations des administrations au regard de la connaissance étendue de la procédure, de ses tenants et aboutissants ; ce qui garantit une sécurité juridique et une stabilité des relations contractuelles nécessaires dans un domaine dominé par son caractère économique. Dès lors, la dématérialisation des marchés publics participe à la tendance communicative de la doctrine administrative par le biais des nouvelles technologies de l'information et de la communication. D'ailleurs, le développement des « télé-procédures représente pour l'État des enjeux importants de modernisation »[1] de l'action publique. La doctrine administrative dispose d'un vecteur de communication renouvelé par le biais de la dématérialisation.

**
*

L'avènement de la dématérialisation du droit de la commande publique a conduit la direction des affaires juridiques des ministères économiques et financiers à renouveler son approche de la commande publique, en l'incluant dans une hypothèse inconnue à l'époque, celle du numérique. Dès lors, le développement des nouvelles technologies de l'information et de la communication a permis à la doctrine administrative de développer son « emprise » au travers d'une meilleure connaissance par les différents acteurs de ce droit souterrain permettant une utilisation optimale pour les personnes publiques, des règles édictées par la direction des affaires juridiques.

Après ce mouvement de numérisation de l'action administrative, a été mise en œuvre une procédure de dématérialisation de la commande publique ayant pour finalité de permettre à la doctrine administrative de connaître un nouvel essor, en précisant les conditions d'application de la procédure de passation, qui reste le moment essentiel des contrats de la commande publique. Dès lors, ce double mouvement fut bénéfique pour la reconnaissance de la doctrine administrative, pour la connaissance de ce droit souterrain et par la prise de position, parfois stricte, de la direction des affaires juridiques des ministères économiques et financiers pour une utilisation, selon son souhait, des règles relatives à la commande publique.

---

[1] Schnäbele (P.); Beauvais (F.), « *Réforme de l'État et téléprocédures* », AJDA, 2001 p.608.

Section 2 : La doctrine administrative de la commande publique, une source au positionnement ambivalent

En matière de commande publique, la doctrine administrative se trouve au carrefour d'un domaine juridique et du champ économique. Cette source différenciée conduit l'interprète authentique à se positionner quant à l'interprétation à formuler de ces dispositions. Ainsi, dans ce domaine, la doctrine administrative constitue un outil neutralisant la mise en œuvre d'une politique à caractère économique (II).

Pour autant, cet outil de communication de la part de l'administration ne connait pas une réception uniforme. En effet, alors que l'administration réceptionne entièrement cette interprétation et en fait un guide quant à son action, la doctrine administrative de la commande publique n'a pas la même audience chez les entreprises concourant aux contrats de la commande publique ou leurs conseils (I).

I. La doctrine administrative, l'expression de l'action publique à l'audience différenciée

La doctrine administrative se veut être un outil de transmission d'informations de la part de l'administration au profit des administrés quant à son action. Cette œuvre de communication, en phase avec le développement des nouvelles technologies d'information et de la communication, est un gage de l'accessibilité et de l'intelligibilité du droit tel que prôné par le Conseil constitutionnel.

Dans le domaine des contrats de la commande publique, le développement de la communication participe de la volonté de l'administration de clarifier ce droit complexe à la croisée des chemins entre la vie économique et le monde juridique, entre les règles nationales et le droit supranational (A).

Pour autant, la doctrine administrative ne saurait avoir une portée équivalente selon les personnes à qui elle s'adresse. En effet, elle constitue pour l'administration un guide essentiel tandis que pour les entreprises concourant aux contrats de la commande publique, elle connaît une réception différenciée (B).

A. La doctrine administrative, un langage administratif unique pour l'interprétation de la commande publique

En droit de la commande publique, comme dans tous les pans du droit public, la doctrine administrative se veut être une interprétation proposée par les administrations dans le but de clarifier l'application des règles. Pour autant, la doctrine administrative traduit une vision propre à l'administration auteur de l'acte de doctrine mais aussi ressort de la formation des fonctionnaires ayant à les rédiger (1).

L'interprétation formulée dans le cadre de la doctrine administrative par les interprètes de la commande publique traduit d'une part, une application d'un style administratif mais permet également d'asseoir la légitimité de l'administration sur la mise en œuvre de ce droit à caractère économique (2).

1. La DAJ, des agents au service du langage administratif de la commande publique

En droit de la commande publique, la doctrine administrative édictée constitue la pierre angulaire de l'interprétation faite de ce droit. Pour autant, cette doctrine doit être envisagée d'une part, comme un langage propre à la direction des affaires juridiques des ministères économiques et financiers et d'autre part, comme un style administratif traduisant les qualités intrinsèques de ses auteurs.

Le style administratif, source d'un langage propre à la direction des affaires juridiques des ministères économiques et financiers – En tant qu'instrument de traduction de la subordination au pouvoir politique, la doctrine administrative rédigée par les autorités administratives ne devrait être que la traduction des aspirations politiques développées par les membres du Gouvernement. Pour autant, le langage administratif mis en œuvre au travers de ces actes de doctrine administrative marque plus une autonomisation du pouvoir administratif au motif que l'interprétation formulée répond aux impératifs de l'action administrative en pouvant omettre l'esprit dégagé par l'autorité ayant adopté l'acte interprété.

Le style administratif développé par les agents publics au sens large (fonctionnaires et contractuels de droit public) traduit une vision de l'administration marquée d'une part, par la fonctionnarisation de la sphère politique et d'autre part, par l'emprise croissante de l'administration dans la prise de décisions politiques. En effet, « l'influence officieuse »[1] du pouvoir administratif sur les décideurs politiques peut trouver sa finalité dans les actes juridiques à adopter – législations, règlements, négociations au niveau européen – mais peut aussi avoir pour effet d'orienter les choix à mettre en œuvre et leur traduction concrète dans les actes de doctrine administrative. En effet, l'influence administrative peut avoir pour effet l'adoption d'une législation ou l'édiction d'un acte réglementaire et quand bien même la solution retenue ne serait pas exactement ou exclusivement celle du pouvoir administratif, ce dernier pourrait, par son interprétation, offrir une position en conformité avec les principes ayant conduit à l'édiction de la norme à interpréter.

Traitant en tant que précurseur du langage administratif, Tocqueville écrivait ceci « il n'y a pas jusqu'à la langue administrative des deux époques qui ne se ressemble d'une manière frappante. Des deux parts le style est également décoloré, coulant, vague et mou ; la physionomie particulière de chaque écrivain

---

[1] Chevallier (J.), *Science administrative,* PUF, coll. Thémis Droit, 5ème édition, septembre 2013, p. 251.

s'y efface et va se perdant dans une médiocrité commune. Qui lit un préfet lit un intendant » Il poursuit en indiquant que « Seulement, vers la fin du siècle, quand le langage particulier de Diderot et de Rousseau a eu le temps de se répandre et de se délayer dans la langue vulgaire, la fausse sensibilité qui remplit les livres de ces écrivains gagne les administrateurs et pénètre même jusqu'aux gens des finances. Le style administratif, dont le tissu est ordinairement fort sec, devient alors parfois onctueux et presque tendre »[2]. Ainsi, le style administratif est le vecteur d'un mouvement de réappropriation de la langue française au travers des normes édictées par les administrations[3]. Il est donc un vecteur d'émancipation de la subordination du fonctionnaire au pouvoir politique, en ce sens que le développement d'un style et d'un langage propre à l'administration traduit une volonté de disposer d'une assise forte permettant de renforcer la position des organes administratifs face au pouvoir politique. D'ailleurs, le professeur Chevallier a développé cette idée selon les propos suivants : « la professionnalisation assure aussi aux fonctionnaires la possession d'un savoir sur lequel ils s'appuient pour renforcer leur position face aux élus : à la légitimité politique qui entoure les élus, les fonctionnaires opposent, encore timidement, la légitimité qu'ils tirent de leur compétence technique, de leurs connaissances spécialisées »[4].

Dès lors, la prise en considération d'un langage et d'un style administratifs, dans l'édiction des actes de la doctrine administrative, marque une volonté de l'administration d'émancipation du pouvoir politique mais aussi propose la vision administrative, pas nécessairement conforme à la position adoptée par le Parlement ou le Gouvernement. D'ailleurs, ce style administratif ressort de la formation des fonctionnaires, participant ainsi à leur professionnalisation. Le professeur Tamzini a exprimé clairement cette idée en précisant que « les agents de la fonction publique ont reçu des formations comportant le plus souvent l'apprentissage de corpus juridique mais également le vocabulaire administratif »[5]. De cet apprentissage du corpus juridique et du vocabulaire administratif, les fonctionnaires sont au service de la doctrine administrative et au rayonnement de la vision administrative.

Les agents de la direction des affaires juridiques des ministères économiques et financiers, les auteurs à l'origine du style administratif de la doctrine – Au-delà des mouvements de professionnalisation du pouvoir politique, de

[2] Tocqueville (A. de), *L'Ancien régime et la Révolution,* Paris Gallimard, 1967, p. 127.

[3] Voir en cens, la création d'un comité d'orientation pour la simplification du langage administratif dont la première réunion eut lieu en juillet 2001 sous la présidence du Ministre chargé de la fonction publique et de celui chargé de la culture. Le haut patronage de cette réunion marque bien la volonté de placer au centre du style administratif et du langage qui lui est propre, la langue française.

[4] Chevallier (J.), *« L'idéologie des fonctionnaires (permanence et/ou changement) »*, dans CURAPP, *Discours et idéologie*, PUF, 1980, p.7.

[5] Tamzini (W.), *Recherches sur la doctrine de l'administration*, L'harmattan, Coll. « *Logiques juridiques* », mars 2015, p.135.

l'intégration des fonctionnaires dans le domaine politique et du développement d'un style administratif pour l'ensemble des départements ministériels, la doctrine administrative peut traduire une vision des fonctionnaires composant la direction des affaires juridiques des ministères économiques et financiers qui doivent être au service de ce langage administratif et de son rayonnement. Dès lors, le droit de la fonction publique, notamment par les formations suivies par ces acteurs, marque de son empreinte la doctrine administrative, en inspirant son langage et la traduction de ses objectifs. En effet, la formation suivie par les fonctionnaires et les voies les amenant dans cette carrière permettent de donner au langage administratif, une uniformité qui lui est propre, comme à tout corps de métiers.

D'une part, les modalités de recrutement dans la fonction publique constituent un moyen de garantir cette tendance au développement des agents au service du langage administratif. En effet, le recours au concours, voulu comme le moyen de garantir l'égalité des citoyens dans l'accès aux emplois publics, est un marqueur essentiel de la volonté de l'administration de proposer un langage administratif uniforme et lié aux contraintes de l'exercice interprétatif. Le recrutement par concours obéit à cette volonté de reconnaissance du langage administratif au motif que la majorité des concours de la fonction publique et plus particulièrement de la haute fonction publique comprend *a minima* une épreuve de droit public pour laquelle les fondements de la science administrative, de l'État et de l'application du droit administratif doivent être connus. En effet, au regard des programmes de cette épreuve, les candidats aux postes de fonctionnaires se doivent de connaître l'organisation générale de l'État, au travers du prisme du droit constitutionnel et de la science administrative, mais aussi l'action administrative et ses modalités de mise en œuvre à l'aune du droit administratif. Dès lors, l'ensemble des fonctionnaires doivent être, au regard des épreuves des concours d'accès à la fonction publique, en mesure de produire des écrits normatifs juridiquement solides.

Par ailleurs, concernant spécifiquement les agents publics de la direction des affaires juridiques des ministères économiques et financiers, principale productrice de la doctrine administrative, le recrutement peut également se faire par le biais de contrats de droit public. Dans le cadre de ce recrutement, les candidats sont sélectionnés en fonction de leur connaissance étendue en matière de droit public au sens large et *a minima* sur des pans spécifiques du droit public. À titre d'exemple, le recrutement d'un agent public contractuel au sein du bureau du droit public général et constitutionnel doit disposer de connaissances étendues en droit public, notamment en droit administratif des biens, en droit public économique et des secteurs régulés. Par ailleurs, au sein du bureau du conseil aux acheteurs, le recrutement sera plutôt orienté sur un candidat ayant de solides connaissances en matière de droit de la commande publique et une expérience en matière d'achats publics. Dès lors, ce recrutement, par la voie des contrats de droit public, s'oriente vers des spécialistes des règles juridiques et de leur application concrète. En cas d'interprétation du droit de la commande publique, ces agents publics seront à même de proposer une interprétation répondant aux canons de l'exercice.

D'autre part, concernant les fonctionnaires, la formation aux différentes règles de droit se retrouve dans le cadre des cursus au sein des écoles d'administration. C'est ainsi que les formations de la haute fonction publique[6] imposent aux futurs agents publics, de maîtriser le langage juridique et partant le langage administratif qu'il prenne la forme jurisprudentielle[7] ou organique[8]. En effet, lors de la formation au sein des écoles de l'administration, les fonctionnaires stagiaires se voient dans l'obligation, d'une part, de suivre des enseignements approfondis de droit public et d'autre part, d'effectuer des stages au sein des administrations actives. Dès lors, la pratique des fonctionnaires stagiaires, durant leur formation, implique nécessairement une prise en considération des tenants et aboutissants de l'interprétation juridique des dispositions législatives, réglementaires ou jurisprudentielles.

Par ailleurs, l'organisation bureaucratique de l'administration en France participe à cette uniformité du langage administratif. En effet, l'instauration d'échelons hiérarchiques marque d'une certaine empreinte l'interprétation juridique du droit de la commande publique dans le sens d'une plus grande uniformité de l'interprétation et des syntaxes de cette dernière. D'ailleurs, la présence d'un conseiller d'État à la tête de la direction des affaires juridiques des ministères économiques et financiers est un marqueur de l'uniformisation par le haut de ce langage administratif. En effet, de par son rôle d'autorité hiérarchique, le directeur des affaires juridiques des ministères économiques et financiers participe à l'instauration d'un certain style administratif ayant pour finalité d'uniformiser et d'harmoniser le phrasé des interprétations formulées par ses services quant au droit de la commande publique. Par ailleurs, le lourd poids de la tradition, au sein de l'administration centrale des interprètes du droit de la commande publique, peut entraîner une certaine litanie quant à la modification des interprétations formulées. En effet, le langage administratif est certes un outil de transmission de la position des administrations pour une application efficiente du droit de la commande publique ; il n'en reste pas moins qu'il est un instrument de confirmation de la puissance de l'administration, de son pouvoir créateur et d'interprétation.

---

[6] En ce sens, on trouve dans les matières de concours et dans les formations, l'étude des règles juridiques ; ce qui est notamment le cas à l'école nationale d'administration, à l'école nationale des finances publiques, à l'institut national des études territoriales, etc.

[7] En ce sens, le langage des décisions des juridictions, notamment du Conseil d'État, du Tribunal des conflits ou de la Cour des comptes.

[8] En ce sens, le phrasé des décrets, circulaires, lignes directrices, arrêtés, etc. Voir en ce sens, le guide de légistique disponible sur le site *Legifrance*.

2. *La juridicisation de la doctrine administrative, source de légitimation de l'action administrative*

Par sa doctrine administrative de la commande publique, l'interprète exclusif souhaite asseoir sa légitimité sur la mise en œuvre de ce droit à caractère économique en traduisant son interprétation au travers d'un style administratif, gage d'une amélioration de la relation entre l'administration et les usagers.

Le langage administratif de la commande publique au centre de la légitimité de la doctrine administrative – La formation des fonctionnaires et plus largement des agents publics conduit à une juridicisation du droit de la commande publique et de l'interprétation formulée par les autorités publiques. En effet, de cette formation juridique et de l'appropriation d'un style administratif, les membres de l'administration en tirent un vocabulaire et une syntaxe qui leurs sont propres. D'ailleurs, la direction des affaires juridiques des ministères économiques et financiers met en œuvre cette pratique du style administratif dans un domaine où plusieurs vocabulaires spécifiques pourraient s'entrecroiser : juridique, économique, concurrentiel, etc. Dès lors, le mouvement d'uniformisation du langage administratif permet à l'administration de légitimer son action dans le domaine du droit de la commande publique.

D'une part, la sphère administrative, par l'utilisation d'un langage spécifique se pare d'une légitimité à l'égard du pouvoir politique. Face à la légitimité démocratique du politique, l'administration fonde sa légitimité sur sa compétence technique et ses connaissances spécialisées[9]. Dès lors, le pouvoir administratif se veut être l'égal du pouvoir politique au motif qu'il dispose d'une connaissance étendue sur laquelle ce dernier est obligé de se fonder pour adopter des décisions à même de rendre efficient le droit de la commande publique. Cette légitimation du pouvoir administratif passe d'ailleurs par l'édiction d'actes de doctrine administrative au motif que de tels actes marquent une prise de pouvoir de l'administration sur le politique en mettant à l'écart le pouvoir politique. Cette tendance est notamment marquée par l'édiction de circulaires de la part de l'ensemble des départements ministériels. En effet, les circulaires commentant ou interprétant les règles en matière de commande publique sont rarement signées par les ministres, en tant que pouvoir politique mais le sont généralement par des directeurs d'administration centrale. Topiques de cette situation sont les circulaires édictées par le secrétariat général du Gouvernement pour lesquels le secrétaire général du gouvernement est un haut fonctionnaire[10]. De plus, les actes de doctrine administrative adoptés par la direction des affaires juridiques des ministères économiques et financiers sont signés par le directeur des affaires juridiques, en tant que pouvoir administratif et hiérarchique. Dès

---

[9] Chevallier (J.), « *L'idéologie des fonctionnaires (permanence et/ou changement)* », dans CURAPP, *Discours et idéologie*, PUF, 1980, p.33-34.

[10] Circulaire du Secrétaire général du Gouvernement en date du 25 août 2006 *relative aux délégations de compétence pour la signature des marchés publics de l'État*, n° NORPRMX0609538C.

lors, dans le cadre de l'édiction des actes de doctrine administrative, l'administration procède à un mouvement de légitimation par rapport au pouvoir politique à l'encontre duquel elle devrait pourtant être subordonnée.

D'autre part, de ce langage administratif et des interprétations formulées par ce biais dans la doctrine administrative de la commande publique découle un pan de la légitimité de l'administration vis-à-vis des citoyens. Le professeur Chevallier considère sur ce point que « l'administration tend à déployer un discours spécifique, visant à garantir sa légitimité et à affermir son identité. Ce discours est dirigé à la fois vis-à-vis des agents, afin de susciter un *habitus*, qui assure l'autoproduction de l'institution, et des clients ou ressortissants, afin d'améliorer son efficacité sociale »[11]. Dès lors, cette efficacité sociale du discours administratif a pour finalité de faire accepter l'édiction de nouvelles règles par les acteurs de la commande publique, d'instaurer un climat de confiance entre les acteurs et de garantir la sécurisation des règles de droit et leur application efficiente. Ce vecteur de transmission interprétative de la doctrine administrative marque une volonté de meilleure compréhension de son action mais surtout une recherche d'une qualité de service public.

Ainsi qu'il a été précisé pour les consultations par lesquelles la direction des affaires juridiques des ministères économiques et financiers entend proposer les textes afin de provoquer une adhésion des acteurs qui auront à les appliquer, la doctrine administrative édictée – soit lors de l'édiction de nouvelles dispositions, soit au regard d'évolutions législatives, réglementaires ou jurisprudentielles – doit permettre de garantir ce climat de confiance dans le temps afin, notamment de développer une adhésion des acteurs au modèle formulé par le pouvoir administratif. D'une part, l'adhésion des acteurs ayant à appliquer de telles dispositions a pour effet de garantir une application efficiente de ces dernières, de stabiliser les relations contractuelles en assurant les cocontractants de l'interprétation des dispositions. D'autre part, la recherche d'adhésion de la part des personnes publiques doit aboutir à une meilleure qualité du service public au motif qu'un cocontractant qui se sait assuré d'une application efficiente des règles de la commande publique sera moins à même de contester les dispositions qu'il doit appliquer et ainsi pourra garantir à la personne publique une exécution efficiente et efficace du contrat de la commande publique.

D'ailleurs, cette tendance à la prise en compte des utilisateurs du droit marque une évolution dans le paradigme mis en œuvre par l'État. En effet, la conception traditionnelle de l'État fondait ses missions sur une vision directive traduite par l'encadrement des activités de service[12]. Dans cette vision de l'État, ce dernier – par le biais des lois et règlements ou de la doctrine administrative – instaure des procédures encadrant, point par point, l'action des services ayant à appliquer cette

[11] Chevallier (J.), « *L'idéologie des fonctionnaires (permanence et/ou changement)* », dans CURAPP, *Discours et idéologie*, PUF, 1980, p.7.

[12] Abate (B.), *La nouvelle gestion publique – Ce que nous avons appris*, LGDJ, Coll. « Systèmes », 2ème édition, mai 2014, p. 17 et suivantes.

réglementation. Cette conception de l'État pourrait être rapprochée de l'analyse retenue par le Conseil d'État dans sa jurisprudence Crédit foncier de France[13] rendue à propos des directives. En effet, les directives ont pour objet, sous couvert d'une marge d'appréciation très limitée donnée à l'administration, d'instaurer des procédures à mettre en œuvre pour les services hiérarchiquement inférieurs à l'auteur de l'acte. Cet encadrement des compétences des administrations ayant à appliquer ces actes de doctrine administrative a pour conséquence de les priver d'une marge d'appréciation nécessaire pour garantir une efficience de l'application des règles juridiques et une qualité de service public. Dès lors, face à cette conception de l'État traditionnel, un nouveau paradigme fut mis en œuvre afin de garantir une certaine qualité du service public, notamment par le biais de la doctrine administrative qui est un vecteur de modification de l'action administrative sans pour autant que cela ne constitue des modifications trop importantes pour l'organisation de l'État. D'ailleurs, en France, la mise en œuvre de ce nouveau paradigme a conduit les autorités publiques à l'adoption de législations et de textes réglementaires tendant à renforcer la qualité du service public par le biais de l'amélioration des relations entre l'administration et les administrés[14].

L'amélioration des relations entre l'administration et les usagers au cœur de ce mouvement de légitimation – Le mouvement de légitimation de l'action administrative par rapport au pouvoir public mais aussi aux administrés passe nécessairement par la simplification du langage administratif. Dès lors, quand bien même Tocqueville eut prôné un langage administratif moins sec et plus en rapport avec les évolutions de la langue liées à son temps, la doctrine administrative et le langage qui s'y applique ne doivent pas basculer dans une inutile complexité, sans pour autant marquer un appauvrissement de la langue française[15].

L'amélioration des relations entre les administrations et les administrés ne pouvait se faire que « par la qualité de ses communications et de ses écrits »[16]. En effet, l'édiction par l'administration d'actes interprétatifs dont la compréhension est aisée par les acteurs du secteur en question permet à ces acteurs de mettre en place ces dispositions avec efficience et garantit l'efficacité de la parole administrative. La clarté de cette parole doit permettre à tous les acteurs et même aux « profanes »

---

[13] CE, Sect, 11 décembre 1970, *Crédit Foncier de France contre Demoiselle Gaupillat et Dame Ader,* n°78880, Lebon, Concl. Bertrand, AJ 1971.196, chr. H.T.C ; D. 1971.674, note Loschak ; JCP 1972.II.17232, note Fromont ; RD publ. 1971.1224, note M. Waline.

[14] En ce sens, loi n°2013-1005 du 12 novembre 2013 *habilitant le Gouvernement à simplifier les relations entre l'administration et les citoyens*, JORF n°0263 du 13 novembre 2013, p.18407, texte n°1.

[15] Voir, notamment en ce sens, Silvera (V.), *« Le fond et la forme : de la réforme administrative à la réforme du langage administratif »*, Revue Administrative, n° 147, mai-juin 1972, p. 256 ainsi que la lettre de George Pompidou publiée en 1967 dans le premier numéro du Bulletin de l'Association pour le bon usage du français dans l'administration dans laquelle le Président de la République concluait qu'il *« faut conserver et peut-être rendre à l'administration le goût est la fierté de bien écrire »*.

[16] Catherine (R.), *Le style administratif*, Paris, Albin Michel, 1996, p.12.

de disposer des connaissances nécessaires à l'application de ce droit et permet de garantir une relation apaisée entre la personne publique et les administrés, en évitant toute interprétation de l'interprétation donnée par la personne publique. Cette clarté du propos permet d'éviter la « sur- interprétation » des textes législatifs ou réglementaires ou des jurisprudences en provoquant une impossibilité d'interpréter l'interprétation.

Par ailleurs, l'amélioration contrastée de la relation entre l'administration et les administrés a connu de nombreuses évolutions récentes dans le sens d'une simplification des procédures, notamment au travers de lois d'habilitation permettant au Gouvernement de simplifier les relations entre ces deux acteurs[1], en en instaurant que le silence de l'administration à la suite d'une demande vaut réponse positive. Le marqueur topique de cette volonté de simplification des relations entre ces deux entités ressort de qu'il convient de qualifier le Petit décodeur qui fut l'occasion de « rendre parole humaine à notre État en rendant les formulaires plus clairs, le langage plus simple, moins technique, moins blessant aussi parfois » et d'être « une étape dans la fin des malentendus entre l'administration et l'usager »[2]. Dès lors, les administrations font œuvre de pédagogie afin de renforcer le lien qui les unit avec les citoyens mais aussi afin de garantir une application efficiente des textes qu'elles ont préparés et dont elles souhaitent une mise en œuvre harmonisée.

Cette volonté de simplification du langage administratif est nécessaire en matière de contrats de la commande publique. En effet, dans ce domaine marqué par la mise en concurrence des entreprises, l'administration doit être la plus claire possible, quant à l'interprétation de ces textes mais aussi quant à la qualification de ses besoins. La doctrine administrative participe à la clarté du droit de la commande publique par le biais de ses interprétations. A titre d'exemple, la circulaire du 3 août 2006[3] adoptée par le ministre de l'économie, des finances et de de l'industrie est venue clarifier sa position quant aux dispositions du code des marchés publics. Par ailleurs, au-delà des circulaires ponctuelles clarifiant des dispositions codifiées, le développement des guides de bonnes pratiques[4] traduit cette volonté de simplification – non de simplisme – du droit de la commande publique. D'une part, ces guides entendent traduire la position de la direction des affaires juridiques des ministères économiques et financiers quant à l'interprétation à retenir des dispositions ayant trait au droit de la commande publique. D'autre part, l'intégration des apports de la jurisprudence – tant

---

[1] Loi n°2013-1005 du 12 novembre 2013 *habilitant le gouvernement à simplifier les relations relations entre l'administration et les citoyens*, JORF n°0263 du 13 novembre 2013, p. 18407, texte n°1.

[2] Woerth (E.), Discours prononcé le 1er mars 2005 par le ministre de la fonction publique.

[3] Circulaire du 3 août 2006 *portant manuel d'application du code des marchés publics*, du ministre de l'économie, des finances et de l'industrie et du ministre délégué au budget et à la réforme budgétaire, JORF n°179 du 4 août 2006, p. 11665, texte n°23.

[4] Circulaire du 14 février 2012 *relative au Guide de bonnes pratiques en matière de marchés publics*, JORF n°0039 du 15 février 2012, p.2600, texte n°16.

nationale qu'européenne – imprègnent ces guides d'une interprétation administrative confirmée ou soutenue par les positions juridictionnelles. Ainsi, ces guides ont pour objet de permettre aux entreprises soumissionnaires de disposer d'une information claire et exhaustive de ce droit.

**
*

Le droit de la commande publique tend à se clarifier par le biais de la doctrine administrative qui souhaite opérer une simplification de ces règles juridiques par leur interprétation. Cette tendance se trouve marquée de plusieurs sceaux : l'évolution des rapports entre l'administration et les acteurs qu'elle côtoie (pouvoir politique, administrés), la professionnalisation de la fonction publique et l'avènement d'un État régulateur. De plus, le développement des nouvelles technologies de l'information et de la communication est un outil puissant pour la transmission de cette doctrine interprétative.

B. La doctrine administrative, une appropriation divergente selon les réceptionnaires

Contrairement à l'approche de l'administration selon laquelle la position de la direction des affaires juridiques des ministères économiques et financiers constitue un élément central d'appréciation et d'explication du droit de la commande publique, les acteurs du secteur privé ont une approche dogmatique de la doctrine administrative. De plus, selon la forme de l'entité et de ses missions, le recours et la réception de cette source du droit connaissent une appréciation différenciée.

1. Une intégration de la position de la DAJ par les entreprises privées

À titre liminaire, les acteurs privés évoqués ci-après correspondent à toutes entreprises concourant à l'obtention de contrats de la commande publique. Cette précision est nécessaire au motif que des entreprises ayant un statut privé[1] peuvent agir en tant qu'entité adjudicatrice. Dans ce cas, ces dernières se rapprochent des autorités publiques dans leur utilisation et réception de la doctrine administrative de la commande publique.

Les entreprises du secteur privé font action intégrative de la doctrine administrative de la commande publique. Pour ces dernières, la position développée par l'interprète exclusif de ce droit constitue une source de droit essentiel et des documents explicatifs fondamentaux pour une application effective et efficiente de ce droit.

Tout d'abord, les entreprises privées peuvent exercer une influence sur la position qu'adopteront les ministères économiques et financiers dans leurs actes de doctrine administrative. Ainsi, lors de l'adoption de nouvelles normes ayant

---

[1] En ce sens, les entreprises liées au secteur régulé de l'énergie tel que Enedis qui dispose d'un statut de société anonyme.

trait au droit de la commande publique, la direction des affaires juridiques des ministères économiques et financiers, par le biais de son directeur des affaires juridiques, peut consulter l'ensemble des acteurs qui appliquent ce droit. Dans le cadre de cette procédure consultative, les acteurs privés peuvent donner leur point de vue sur les réformes, faire acte de lobbying afin d'influencer la position de la direction des affaires juridiques sur l'application de ce droit, voire essayer de contraindre l'autorité administrative à revenir sur son projet. D'ailleurs, ainsi que le fait le Gouvernement dans le cadre de ses réponses ministérielles afin de provoquer le retrait d'un amendement, les acteurs privés peuvent exercer une « pression » sur la direction des affaires juridiques des ministères économiques et financiers afin que dans ses actes de doctrine administrative, cette dernière se prononce dans le sens voulu par les acteurs du secteur privé.

Pour exemple, lors de la réforme du cahier des clauses administratives générales en matière de marchés publics de travaux[1], la directrice des affaires juridiques, Madame Catherine Bergeal, avait invité l'ensemble des acteurs privés afin que ces derniers aident l'autorité administrative à adopter un acte qui serait opérationnel pour les cocontractants de la commande publique. En effet, les agents de la direction des affaires juridiques des ministères économiques et financiers en charge de la rédaction de tels actes ne sont pas des praticiens de la commande publique. Dès lors, leur vision pourrait être celle de théoricien du droit ayant comme finalité une meilleure sécurisation des contrats de la commande publique *in abstracto* mais créant *in concreto* des difficultés pratiques d'application. Ainsi, se crée une relation partenariale entre les entreprises du secteur privé et la direction des affaires juridiques des ministères économiques et financiers. Dans le cadre de la réforme du cahier des clauses administratives générales sus-évoquée, la directrice des affaires juridiques avait interrogé les opérateurs privés. Ces derniers, notamment sur la question des pénalités de retard en matière d'ingénierie publique (article 20 de l'arrêté) avaient estimé qu'il s'agissait d'un moyen coercitif à l'encontre des entreprises au profit des administrations dont le plafonnement aurait créé un hermétisme. En effet, que ce soit le cahier des clauses administratives générales de 1976[2] ou de 2009[3], les pénalités de retard et les primes ne sont pas plafonnées. Les acteurs privés ont, lors d'échanges avec la direction des affaires juridiques, démontré les inconvénients du système de pénalité proposé par les ministères économiques et

[1] Arrêté du 3 mars 2014 modifiant l'arrêté du 8 septembre 2009 *portant approbation du cahier des clauses administratives générales applicables aux marchés publics de travaux*, JORF n° 0227 du 1er octobre 2009, p. 15907, texte n° 16.

[2] Décret n° 76-87 du 21 janvier 1976 *approuvant le cahier des clauses administratives générales applicables aux marchés publics de travaux,* JORF du 30 janvier 1976, p. 758 et Circulaire interministérielle du 21 janvier 1976 *relative au nouveau cahier des clauses administratives générales applicables aux marchés publics de travaux passés par les collectivités locales et leurs établissements publics.*

[3] Arrêté du 8 septembre 2009 *portant approbation du cahier des clauses administratives générales applicables aux marchés publics de travaux*, JORF n° 0227 du 1er octobre 2009, p. 15907, texte n° 16.

financiers, provoquant ainsi une prise de conscience des inconvénients dont ils ont eu connaissance afin de faire infléchir la position de la direction des affaires juridiques. Pour autant, dans ce cas précis, le pouvoir d'influence des sociétés privées n'a pu porter ses fruits en provoquant un infléchissement de la position du pouvoir administratif.

Ensuite, les sociétés privées peuvent se regrouper au sein d'associations, de fondations ou de syndicats afin de disposer d'un pouvoir d'influence plus important vis-à-vis de la direction des affaires juridiques des ministères économiques et financiers. En effet, afin de rendre plus effective l'influence des acteurs privés sur la direction des affaires juridiques, les entreprises du secteur privé peuvent décider de constituer, sous différentes formes juridiques, des interlocuteurs privilégiés avec la direction des affaires juridiques. Ainsi, afin d'intégrer la position de cet acteur institutionnel bien en amont de la prise de décision publique, de connaître les orientations de travail de l'autorité administrative, ces groupements disposent d'une assise de compétence précise, en ce sens qu'ils abordent les contrats publics en les segmentant selon leur finalité. En d'autres termes, les acteurs privés se regroupent d'une part, afin d'harmoniser les pratiques sur le territoire et d'autre part, en se circonscrivant à un domaine spécifique (travaux publics, prestations intellectuelles, services, etc.). C'est ainsi que la fédération nationale des travaux publics regroupe de nombreux acteurs dans le secteur des travaux publics et dispose d'une assise étendue territorialement. Cette fédération constitue donc un acteur-clé en cas de réforme du droit de la commande publique relative aux travaux publics et doit être un interlocuteur important de la direction des affaires juridiques des ministères économiques et financiers. Ainsi, lors de la réforme du cahier des clauses administratives générales relatif aux marchés publics de travaux en 2009[1], afin de disposer d'informations sur les évolutions à mettre en œuvre, la directrice des affaires juridiques, Madame Catherine Bergeal, avait consulté cet acteur central des contrats publics en matière de travaux publics.

Enfin, dans les relations avec les cocontractants publics, les entreprises du secteur privé vont avoir une position stratégique au regard de la doctrine administrative. D'une part, l'entreprise privée peut essayer de mettre à l'écart la position adoptée par la direction des affaires juridiques des ministères économiques et financiers afin de servir ses propres intérêts. Pour ce faire, les acteurs privés ne vont pas aller frontalement, dans une position contraire à la position ministérielle mais vont négocier avec la personne publique, la mise à l'écart des règles qui seraient en leur défaveur. Ils n'ont pas de volonté de remise en cause de la doctrine. Au contraire, ils procèdent à des négociations afin de sécuriser le contrat conclu ou à conclure. Ainsi, les entreprises du secteur privé imposeront la position obtenue par consensus à la personne publique, à tous les

---

[1] Arrêté du 8 septembre 2009 *portant approbation du cahier des clauses administratives générales applicables aux marchés publics de travaux*, JORF n° 0227 du 1er octobre 2009, p. 15907, texte n° 16.

maîtres d'ouvrages publics ou privés ainsi qu'aux sous-traitants. Pour autant, la négociation ne faisant pas partie de l'ADN de la personne publique, cette dernière peut refuser d'aller dans cette voie et prôner une application stricte de la doctrine administrative. Dans cette hypothèse, suivant le moment dans la vie du contrat où ce refus est prononcé, l'entreprise du secteur privé pourra soit retirer sa candidature, soit mettre en jeu la responsabilité contractuelle sur le fondement de la loyauté des relations contractuelles, soit saisir le juge compétent pour qu'il se prononce sur l'interprétation à retenir, soit se ranger derrière la position de la personne publique.

Ainsi, les deux cocontractants disposent, dans cette hypothèse, d'arguments juridiques différents ayant pour finalité de parvenir à un accord sur les conditions de passation et d'exécution du contrat. Pour autant, la sphère privée ne doit pas créer de la défiance vis-à-vis de l'administration. En effet, la continuité de passation de contrats de la commande publique dépend de la position de la personne privée et de son absence de recours contentieux ayant pour finalité une défiance de la personne publique. Une telle attitude aurait pour conséquence une décrédibilisation de la société à l'égard de l'ensemble des acteurs publics. Dès lors, la politique de l'entreprise du secteur privé, dans ce domaine, est importante afin de conserver une position univoque et d'éviter toutes contradictions. Le caractère défavorable d'une doctrine administrative pour l'acteur privé peut être mis à l'écart par une négociation avec la personne publique ou par une mise sous silence de son existence ; la personne publique pêchant par son absence de connaissances des sources législatives, réglementaires et doctrinales de la commande publique.

D'autre part, les acteurs privés n'hésitent pas à se référer à la doctrine administrative qui leur serait favorable. Cette position semble logique de la part des entreprises du secteur privé. En effet, à partir du moment où l'interprète exclusif se prononce dans un sens, cette position peut être à la fois favorable à la personne publique et à son cocontractant. Ainsi, l'œuvre d'influence évoquée précédemment est centrale pour les acteurs privés, en ce sens que la position adoptée par la direction des affaires juridiques des ministères économiques et financiers n'est jamais remise en cause par les administrations publiques. D'ailleurs, ces dernières peuvent attendre la prise de position de cet organe institutionnel avant de s'engager dans une voie[1]. Dès lors du fait de cette influence *a priori*, les acteurs du secteur privé peuvent utiliser cette doctrine administrative qui leur sera favorable afin de garantir la stabilité du contrat et la loyauté des relations contractuelles avec la personne publique.

**
*

[1] Sur ce point, voir notamment Chapus (R.), *Droit administratif général*, t.1, Montchrestien, 15ème édition, 2001, p. 513 ; Combeau (P.), « *Réflexion sur les fonctions juridiques de l'interprétation administrative* », RFDA 2004, p. 1069 ; Deumier (P.), « *La « doctrine administrative » : une interprétation opposable* », RTD Civ. 2006, p. 69.

En conclusion, la doctrine administrative de la direction des affaires juridiques des ministères économiques et financiers est un phare dans la brume législative et réglementaire du droit de la commande publique. Dès lors, les entreprises du secteur privé participent à l'élaboration de la doctrine administrative de la commande publique, disposent d'une faculté de lobbying, intègrent cette doctrine à leur pratique, tout en essayant de l'écarter dans des hypothèses peu favorables mais marginales.

2. La doctrine administrative, un outil marginal pour les cabinets d'avocats

Au regard de leur mission d'auxiliaire de justice, les avocats ne font qu'une utilisation marginale de la doctrine administrative de la commande publique.

D'une part, dans le cadre de consultations au profit de leurs clients, les avocats préfèrent se fonder sur le droit dur. En effet, ces derniers sont invités, par leurs clients, à proposer des mécanismes de sécurisation juridique des contrats à conclure ou de définir des modalités d'exécution de ces derniers. Pour ce faire, l'auxiliaire de justice essaiera de fonder son raisonnement juridique sur des dispositions européennes, législatives ou réglementaires. Pour ces derniers, la doctrine administrative ne doit être considérée que comme une source de droit annexe et non une norme. Par ailleurs, cette dernière ne dispose que d'une valeur informative et ne traduit que la position de l'administration dans son rôle interprétatif et non créateur de normes.

De plus, la création en circuit fermé de cette doctrine pose la limite de cette dernière. En effet, les agents publics créant la norme et l'interprétant sont les mêmes personnes. La doctrine administrative serait dès lors une forme dogmatique d'imposition de règles existantes. Ainsi, la doctrine n'étant que le liant entre les textes et la pratique des personnes publiques, cette dernière ne saurait pénétrer l'activité de l'auxiliaire de justice. Par ailleurs, quand une collectivité publique ou une personne privée le consulte, l'avocat a pour objectif de servir les intérêts du client saisissant mais aussi de garantir la protection et la sécurité juridique au profit de ce dernier. Dès lors, l'autorité dont est assortie la doctrine administrative pour les personnes publiques ne saurait être « décrétée » pour les acteurs privés ; cette autorité devrait ressortir de la pratique. Par ailleurs, dans leur profession, les avocats peuvent être amenés à se prononcer dans des sens contraires au regard de la cause à défendre. Dès lors, se fonder sur de la *soft law*, facilement modifiable par les personnes publiques, ne saurait être pertinent à l'aune de la sécurisation des contrats publics de leur client.

La doctrine administrative de la commande publique peut également être empreinte d'une rigidité et d'un certain conservatisme juridique de la part de son auteur. Dès lors, quand bien même un texte pourrait permettre une interprétation différente, la doctrine pourrait aller à l'encontre de cette position. Dans cette hypothèse, l'auxiliaire de justice se fondera sur le texte législatif ou réglementaire et la personne publique pourra lui opposer la doctrine administrative restrictive de la direction des affaires juridiques des ministères économiques et financiers. Dès lors, seul le dépôt d'un recours devant le juge administratif et le contrôle de ce dernier peuvent permettre de trancher entre les deux positions, les deux interprétations, en d'autres termes, entre les deux sources du droit.

Cette situation fut l'objet d'un contentieux lié à la possibilité de négociation des contrats de la commande publique par la personne publique dès lors qu'ils sont passés selon la procédure adaptée. L'article 28 du code des marchés publics, dans sa version applicable au litige, disposait que « Lorsque leur valeur estimée est inférieure aux seuils de procédure formalisée définis à l'article 26, les marchés de fournitures, de services ou de travaux peuvent être passés selon une procédure adaptée, dont les modalités sont librement fixées par le pouvoir adjudicateur en fonction de la nature et des caractéristiques du besoin à satisfaire, du nombre ou de la localisation des opérateurs économiques susceptibles d'y répondre ainsi que des circonstances de l'achat. / Le pouvoir adjudicateur peut négocier avec les candidats ayant présenté une offre. Cette négociation peut porter sur tous les éléments de l'offre, notamment sur le prix. / (...) ». Dans le guide des bonnes pratiques en matière de marchés publics, la direction des affaires juridiques des ministères économiques et financiers avait refusé de reconnaître une vraie faculté de négociation aux personnes publiques pour les contrats passés selon la procédure adaptée. En effet, l'interprète exclusif indiquait expressément que « Le recours à la négociation doit être expressément indiqué, dès le lancement de la procédure de consultation, dans l'avis de publicité ou dans les documents de la consultation, afin de permettre aux candidats d'en tenir compte lors de l'élaboration de leur offre. Il ne peut pas « se réserver le droit de recourir à la négociation »[1]. Face à la position restrictive de la direction des affaires juridiques, le juge administratif a eu une tendance plus libérale, en ce sens que les pouvoirs adjudicateurs peuvent se réserver la faculté de recourir à la négociation dans les marchés publics à procédure adaptée[2]. Le Conseil d'État retient également une vision libérale[3] mettant la direction des affaires juridiques des ministères économiques et financiers en porte-à-faux. En l'espèce, le Conseil d'État a jugé que « si le pouvoir adjudicateur a décidé de faire usage de sa faculté de négocier dans le cadre d'une procédure adaptée, il doit en informer les candidats dès le lancement de la

[1] Direction des affaires juridiques du Ministère de l'économie, de l'industrie et du numérique, *Guide de bonnes pratiques en matière de marchés publics*, 26 septembre 2014.

[2] CAA Paris, 18 mars 2014, *Société Axcess*, n° 12PA02599, concl. Rousset ; CAA Lyon, 5 mars 2015, *Société Montluçonnaise de Travaux publics et bâtiments*, n° 14LY01532, concl. Dursapt.

[3] CE, 18 septembre 2015, *Société Axcess*, n° 380821, mentionné dans les tables du recueil Lebon, concl. Pelissier (G.), JCPG Semaine juridique (édition générale), 5 octobre 2015, n° 41, p. 1814, chron. Erstein (L.) ; Le moniteur- contrats publics, 1er novembre 2015, n° 159, p. 10, note Jouguelet (J-P.) ; Contrats et Marchés publics, 1er novembre 2015, n° 11, p. 20, note Devillers (P.) ; Le moniteur- contrats publics, 1er janvier 2016, n° 161, p. 58, chron. Serr (F.) ; JCP A (Administrations et collectivités territoriales), 29 février 2016, n° 8, p 27, comm. Deligiannis (S.) ; RJDA, 1er mai 2016, n° 5, p. 366, note ; Contrats et marchés publics, 1er juillet 2016, n° 7, p. 7, chron. Olivier (F.) et Liet-Veaux (C.).

procédure et ne peut alors renoncer à négocier en cours de procédure ; qu'il peut aussi se borner à informer les candidats, lors du lancement de la procédure, qu'il se réserve la possibilité de négocier, sans être tenu, s'il décide effectivement de négocier après la remise des offres, d'en informer l'ensemble des candidats ». Ainsi, l'auxiliaire de justice peut utiliser la doctrine administrative afin d'étayer sa position, soit pour prendre le contre-pied de celle-ci ou pour dénoncer une attitude restrictive de la part de l'interprète exclusif.

Ainsi, au regard de son office d'auxiliaire de justice, l'avocat se doit de fonder sa position sur le droit dur et peut engager des recours contentieux dans les hypothèses où le client souhaite s'engager dans la voie d'une contradiction avec la position retenue par la personne publique. En effet, contrairement aux entreprises du secteur privé dont la situation financière et les relations d'affaires dépendent de ces contrats, l'avocat adoptera la position souhaitée par son client. D'ailleurs, dans le cadre contentieux, l'avocat pourra, en cas de contrariété de la doctrine administrative avec le texte interprété, saisir la juridiction administrative afin qu'elle se prononce sur l'interprétation à retenir dans le cadre d'un contentieux relatif au contrat en cause. Dès lors, l'avocat peut être le médiateur entre la juridiction administrative – interprète authentique – et la direction des affaires juridiques des ministères économiques et financiers, interprète exclusif du droit de la commande publique.

D'autre part, *a contrario*, l'avocat peut se saisir d'un vecteur important de la doctrine administrative, à savoir les conclusions des rapporteurs publics. En effet, les conclusions prononcées par les rapporteurs publics – en tant qu'organe créateur de doctrine administrative – peuvent être un point d'entrée dans la logique cognitive de la juridiction administrative. Ces conclusions créent une doctrine administrative en adéquation avec le mode de pensée collectif de la juridiction administrative, quand bien même cette pensée n'est pas uniforme sur l'ensemble du territoire. En effet, dans le contentieux évoqué précédemment, les juridictions du fond avaient des positions plus ou moins libérales mais se prononçaient en rejetant la requête de la société Axcess. Le Conseil d'État va adopter une position libérale, le tout en annulant l'arrêt de la Cour administrative d'appel de Paris, quand bien même il rejette la requête pour d'autres motifs. Dès lors, les conclusions des rapporteurs publics sont des sources fondamentales et essentielles pour la recherche juridique et le positionnement de l'auxiliaire de justice. Par ailleurs, cela doit permettre de proposer à la juridiction de jugement des mémoires en adéquation avec la position de la juridiction saisie si cette dernière a eu l'occasion de se prononcer sur un cas similaire.

**
*

Dès lors, contrairement aux entreprises du secteur privé, les avocats, en tant qu'auxiliaire de justice au service d'une cause, ne se saisiront de la doctrine administrative édictée par l'interprète exclusif que de manière marginale, à défaut d'autres sources de droit dur mais rechercheront la doctrine des rapporteurs publics afin de défendre au mieux les intérêts de leur client.

II. La doctrine administrative, une interprétation neutralisant la finalité économique de la commande publique

La doctrine administrative de la commande publique est le vecteur de transmission de la position interprétative de l'administration, de ses objectifs, qu'ils soient juridiques ou plus encore économiques. Par ailleurs, elle est le fruit du pouvoir d'interprétation et du pouvoir hiérarchique dont dispose l'administration et qui est un révélateur de sa puissance.

Pour autant, la doctrine administrative connaît une limite inhérente à l'action administrative et sur laquelle il convient de revenir brièvement. En effet, le principe de légalité et la hiérarchie des normes entendent offrir une limite au pouvoir interprétatif des autorités administratives, en ce sens que ces dernières se trouvent enserrées dans différentes sources qui contraignent son interprétation. Le pouvoir d'interprétation de l'administration repose sur un fondement textuel ayant une portée supranationale ou interne. En effet, la direction des affaires juridiques des ministères économiques et financiers, en matière de commande publique, va créer ses actes de doctrine au regard de dispositions ayant un caractère international ou européen mais aussi en fonction du droit interne qu'il soit législatif, réglementaire ou jurisprudentiel.

D'ailleurs, lors de l'édiction du texte, des réunions interministérielles ou de l'avis du Conseil d'État lorsque celui-ci est nécessaire, la direction des affaires juridiques des ministères économiques et financiers peut s'engager, quand bien même elle ne reprendrait pas cette position dans le texte, à adopter une circulaire ou tout autre acte de doctrine administrative afin d'interpréter le texte dans le sens voulu. Dès lors, l'autorité interprétant le droit de la commande publique va intégrer son interprétation dans le texte à interpréter. Ainsi, en tant qu'acte réglementaire à caractère non décisoire, les actes de doctrine administrative, afin de garantir la légalité de l'action administrative[4], se doivent de respecter les normes législatives, réglementaires et la jurisprudence, notamment du Conseil d'État à l'aune de l'article R. 311-1 du code de justice administrative qui prévoit la compétence du Conseil d'État, en premier et dernier ressort, pour connaître de contestations relatives à une circulaire ou instruction de portée générale.

Au-delà de principes inhérents à l'action administrative et se trouvant au fondement même de cette dernière, la doctrine administrative se trouve soumise à un principe majeur du droit des contrats, qu'ils soient privés ou publics, à savoir la libre concurrence. Dès lors, l'application de ce principe ne limite-t-il pas la puissance de l'administration véhiculée par sa doctrine administrative ?

[4] Seiller (B.), *Droit administratif,* Flammarion, t.2 2011, p. 129.

A. Le droit de la concurrence, une limite inhérente à l'interprétation

La hiérarchie des normes, telle que la développe Kelsen[5], impliquerait la soumission de la doctrine aux règles de concurrence. D'ailleurs, cette soumission semble logique au regard de la valeur de la doctrine. Cependant, en l'inscrivant au frontispice du droit de la commande publique, la mise en concurrence participe à l'application des principes structurant la commande publique et à une préoccupation d'efficacité économique.

En ce sens, le guide des bonnes pratiques en matière de marchés publics précise les conditions de mise en concurrence des entreprises soumissionnaires et indique la double utilité de cette procédure. Outre la garantie du libre accès aux contrats de la commande publique, « elle suscite une plus grande diversité des offres, elle permet d'accroître les chances d'obtenir l'offre économiquement la plus avantageuse et de garantir un bon usage des deniers publics »[6]. Afin de garantir la stabilité des contrats de la commande publique ainsi que la stabilité des relations contractuelles, la direction des affaires juridiques des ministères économiques et financiers précise les conditions de mise en œuvre de cette obligation de concurrence dans la procédure de passation des marchés publics. En effet, la mise en concurrence entre différents opérateurs économiques a pour objet de permettre aux acheteurs publics de disposer de l'offre la plus pertinente au regard du besoin exprimé. L'efficacité et l'efficience des contrats de la commande publique peuvent donc être recherchées au regard de cette mise en concurrence au motif que la multiplication des offres doit permettre un achat public raisonné. C'est en ce sens que les actes de doctrine administrative de la commande publique doivent envisager et inculquer une obligation de concurrence pour ces contrats. Au titre des conditions de mise en œuvre, il est nécessaire que les personnes publiques s'imprègnent d'un raisonnement orienté en ce sens et à développer la publicité des offres sollicitant ainsi une diversité de propositions pour répondre au besoin de la personne publique. Dès lors, dans son guide de bonnes pratiques, la direction des affaires juridiques des ministères économiques et financiers présente le contexte général de la politique de mise en concurrence à mettre en œuvre par les acheteurs publics.

Pour permettre aux acheteurs publics de réaliser le meilleur achat, la direction des affaires juridiques des ministères économiques et financiers, dans son guide de bonnes pratiques, a entendu préciser les modalités de mise en œuvre de la procédure des marchés publics à l'aune des mesures de publicité et de mise en concurrence[7]. Pour ce faire, l'interprète exclusif précise les écueils que ne doivent pas commettre les acheteurs publics dans le cadre de la mise en œuvre de ces

[5] Kelsen (H.), *Théorie pure du droit*, éd. LGDJ, coll. « *La pensée juridique* », 1999.

[6] Direction des affaires juridiques du Ministère de l'économie, de l'industrie et du numérique, *Guide de bonnes pratiques en matière de marchés publics*, 26 septembre 2014, point 10.1, p. 39.

[7] Direction des affaires juridiques du Ministère de l'économie, de l'industrie et du numérique, *Guide de bonnes pratiques en matière de marchés publics*, 26 septembre 2014, point 10.1, p. 39 et suivantes.

obligations liées à la concurrence. Pour exemple, dans l'hypothèse d'une offre spontanée de la part d'une entreprise et d'une volonté de mise en concurrence de la part de l'acheteur public, ce dernier doit éviter deux écueils, à savoir « de porter atteinte à l'égalité entre les candidats en reprenant dans le cahier des charges des indications techniques directement inspirées de celles présentées par l'entreprise initiatrice » et « de diffuser des informations commerciales et techniques protégées par le secret des affaires »[8]. Dès lors, quand bien même aucune obligation n'existe pour l'acheteur public de mettre en concurrence les opérateurs, la direction des affaires juridiques des ministères économiques et financiers entend orienter la politique des acheteurs au profit de la mise en œuvre d'une telle procédure. Ainsi, par une lecture constructive du guide de bonnes pratiques émis par la direction des affaires juridiques des ministères économiques et financiers, les acheteurs publics doivent orienter leur politique d'achats en mettant en place une large mise en concurrence entre les acteurs.

Au surplus, au-delà de l'interprétation nationale du droit de la commande publique à l'aune du droit de la concurrence, la Commission européenne peut également proposer des communications interprétatives[9] ayant pour effet de proposer aux autorités nationales les conditions de mise en œuvre des règles européennes pour des marchés publics non soumis ou partiellement soumis aux directives « marchés publics »[10]. Dans cette communication, la Commission européenne impose les mêmes obligations que celles fournies par la direction des affaires juridiques des ministères économiques et financiers. En effet, la Commission estime que « les méthodes de passation ouvertes et concurrentielles permettent aux administrations publiques d'attirer des soumissionnaires potentiels d'horizons plus divers et de bénéficier d'offres de meilleure qualité ». Dès lors, la volonté de garantir le meilleur achat public possible conduit tant les autorités nationales qu'européennes à fournir un cadre juridique mettant en place une nécessaire concurrence entre les opérateurs économiques. Incluant son interprétation dans le développement du marché intérieur, la Commission européenne entend rappeler les objectifs de l'Union et ne saurait exclure les marchés non soumis aux directives marchés, de l'application des règles de la concurrence au regard du caractère essentiel de ces dernières.

Dès lors, les interprètes exclusifs du droit de la commande publique entendent sensibiliser les acheteurs publics au respect des règles de concurrence en y

---

[8] Direction des affaires juridiques du Ministère de l'économie, de l'industrie et du numérique, *Guide de bonnes pratiques en matière de marchés publics*, 26 septembre 2014, point 10.1, p. 40.

[9] Communication interprétative de la Commission *relative au droit communautaire applicable aux passations de marchés non soumises ou partiellement soumises aux directives « marchés publics »*, n° 2006/C 179/02, JOUE du 1er août 2006, C 179/2.

[10] Directive 2004/17/CE du Parlement européen et du Conseil du 31 mars 2004 *portant coordination des procédures de passation des marchés dans les secteurs de l'eau, de l'énergie, des transports et des services postaux* et Directive 2004/18/CE du 31 mars 2004 du Parlement européen et du Conseil *relative à la coordination des procédures de passation des marchés publics de travaux, de fournitures et de services.*

impliquant le respect de l'ensemble des principes de la commande publique comme prémisse mais aussi au regard de l'objectif, à savoir les modalités d'un achat public réussi. Pour autant, les contrats de la commande publique peuvent sembler être une matière économique donc constituer un levier de l'action gouvernementale au profit des entreprises françaises.

B. Doctrine administrative et concurrence, deux aspirations contraires

Quand bien même la concurrence européenne fut instaurée afin de renforcer les deux objectifs de la Commission, à savoir l'ouverture des marchés publics nationaux à tous les États membres de l'Union européenne et la maîtrise des dépenses budgétaires, les gouvernements peuvent vouloir influer sur les marchés publics afin de prôner ce qui pourrait être qualifiée de « préférence nationale ».

Une limite d'ordre pratique à cette restriction à la concurrence doit être citée, à titre liminaire, celle de la publicité des circulaires. En effet, la compilation, faite via l'Open Data et la publication au Journal officiel de la République française, pourrait permettre un contrôle de la part de la Commission européenne. Dès lors, cette obligation de publicité *a priori* des interprétations formulées par les différentes administrations, au sein d'une seule et même base de données, entend permettre une mise en œuvre accrue et unifiée des règles de la commande publique et l'application de la concurrence à ces dernières. Pour autant, cette large communication contraint les interprètes, en ce sens qu'elle permet aux soumissionnaires et aux acheteurs publics de connaître les modalités de mise en œuvre de la concurrence mais permet également, en cas de soutien à une filière, aux instances européennes ou aux juges nationaux de constater une inadéquation entre la pratique souhaitée et les règles de concurrence. Dès lors, sur ce fondement, un concurrent évincé pourrait saisir la juridiction administrative en contestation des modalités de passation du contrat au motif que ce dernier aurait méconnu, en appliquant un acte de doctrine administrative, les règles de concurrence. Cette obligation de publication a donc conduit les interprètes du droit de la commande publique à limiter les interprétations données en contrariété des principes concurrentiels.

Par ailleurs, au regard de cette situation de tension entre le respect du droit de la concurrence et la volonté économique des autorités françaises de mettre en place des règles dérogatoires par le biais de sa doctrine, la présence d'un commissaire européen aux affaires économiques – de nationalité française dont la carrière politique nationale se concrétisa par un passage au sein des ministères économiques et financiers – impose de s'interroger sur une possible remise en question de cette pratique par les services de la Commission européenne.

Ce mouvement de « préférence nationale » se retrouve dans deux exemples topiques.

D'une part, la communication politique de Monsieur Montebourg, alors ministre du redressement productif, était organisée autour de cette idée. En effet, valorisant le « Made in France », l'ancien Ministre du redressement productif souhaitait activer le levier économique des entreprises françaises à destination de la population d'une part, mais aussi des administrations d'autre part. Cet effet « Made in France » incitait les administrations à préférer une candidature d'une entreprise française vis-à-vis d'une autre entreprise dont le domicile ne serait pas sur le territoire français. Ainsi, la doctrine administrative des ministères économiques et financiers doit être au service de cet objectif de politique publique voulue par le ministre. Pour autant, l'adéquation de la doctrine administrative au droit de la concurrence peut se trouver mise à l'écart pour des raisons purement politiques et pourrait entraîner des risques contentieux importants. La doctrine administrative devient ainsi un outil de politique publique au détriment du respect des règles de la concurrence. Dès lors, le pouvoir hiérarchique du ministre sur ses services commande à ces derniers de respecter les volontés du supérieur hiérarchique quand bien même cette orientation pourrait aller à l'encontre du respect de règles juridiques hiérarchiquement supérieures. La doctrine administrative relève donc ici de la responsabilité de l'administration ayant pris ces actes en contrariété des règles de concurrence.

D'autre part, antérieurement à cette politique, une circulaire avait déjà prôné la mise en œuvre d'une « préférence nationale ». En effet, par une circulaire du 19 octobre 2010, le ministre de l'intérieur estimait que « s'il n'est juridiquement pas possible, au regard de la réglementation européenne et des règles de transparence des marchés publics, de leur réserver tout ou partie des marchés publics, différentes dispositions ont toutefois été intégrées au sein du code des marchés publics pour faciliter leur accès à la commande publique »[11]. Pleins de lucidité quant aux règles européennes et de transparence des marchés publics, les ministres signataires ont institué des dispositifs dans le code des marchés publics pour favoriser le soutien aux petites et moyennes entreprises. Dès lors, quand bien une expertise juridique a étayé les illégalités de cette pratique au regard de règles de la concurrence, l'autorité politique, en tant que supérieur hiérarchique de son administration, peut proposer une interprétation des textes *contra legem* et va même jusqu'à préciser la présence d'une illégalité aux services ayant à appliquer cette circulaire et ses textes, comme une mise en garde contre les risques certains de contentieux.

Dès lors, la doctrine administrative, traduisant la volonté politique et ses objectifs, se trouve face à un dilemme, à savoir favoriser les entreprises nationales ou le respect du droit européen. Du fait de son inopposabilité et de sa non-invocabilité, la doctrine administrative peut être un vecteur de la volonté politique sans pour autant remettre en question les principes de libre concurrence. En effet, le régime contentieux ne plaide pas réellement en défaveur d'une parole politique libre en la matière. En effet, en tant que source du droit, la doctrine administrative

---

[11] Ministère de l'intérieur, de l'outre-mer et des collectivités territoriales, Circulaire du 19 octobre 2010 *concernant l'accès des PME à la commande publique dans les départements d'outre-mer, à Mayotte, à Saint-Barthélemy, à Saint-Martin et à Saint-Pierre et Miquelon,* NOR : OMEO1027019C.

n'a pas de valeur réglementaire et il s'agit simplement d'une disposition d'orientation d'une politique publique. Dès lors, les acheteurs publics peuvent s'en départir sans risque contentieux. Pour autant, au regard de la logique administrative de soumission au supérieur hiérarchique, les acheteurs entendent plutôt appliquer une doctrine illégale que d'aller à l'encontre de la position de l'interprète exclusif du texte.

Par contre, le suivi de cette doctrine, par les collectivités territoriales, devrait permettre à ces dernières de favoriser les entreprises nationales, voire plus particulièrement celles de leur localité. En effet, les collectivités locales sont pourvoyeuses de cette interprétation de la doctrine administrative, en ce sens qu'elle permet d'orienter les choix des acheteurs publics et de garantir ainsi, une sécurité juridique et une stabilité des relations contractuelles nécessaires à la bonne exécution des missions dévolues aux collectivités locales. Ainsi, la contrariété aux règles de concurrence prônée par la doctrine administrative, au regard de la forte importance de cette interprétation par les collectivités, devrait conduire ces dernières à orienter leur achat vers une production locale. D'ailleurs, quand bien même la contrariété pourrait être démontrée par un concurrent évincé, la collectivité territoriale soutiendra que seule l'entreprise sélectionnée pouvait répondre au cahier des charges et que son offre était la plus économiquement avantageuse. En effet, la mise à l'écart de règles de la concurrence peut se faire par la définition de critères restrictifs dans les différents cahiers des clauses administratives et techniques.

Ainsi, la « schizophrénie administrative », traduite entre les deux obligations, celle du respect de la légalité – donc du respect du droit de la concurrence – et du respect du pouvoir politique hiérarchique – dans son interprétation formulée par voie d'actes de doctrine administrative – ne permet pas de garantir des conditions essentielles pour les contrats de la commande publique, à savoir la sécurité juridique de ces derniers et la stabilité des relations contractuelles. Dès lors, un nécessaire arbitrage doit être fait entre d'une part, le respect de la légalité et de la concurrence et d'autre part, la mise en œuvre de la doctrine administrative de la commande publique.

**
*

De cette position contradictoire de la doctrine administrative – qui oscille entre le droit européen et la « préférence nationale » – cette dernière ne permet pas une large transparence des contrats de la commande publique et se trouve ainsi à la croisée des chemins entre le pouvoir politique décisionnaire et le cadre juridique. Ainsi, les interprétations données ou le droit créé par la doctrine administrative traduisent une vision biaisée de la réalité et ne permet pas d'utiliser ce levier économique essentiel des politiques publiques.

Conclusion du chapitre 1

1.

La doctrine administrative de la commande publique constitue un instrument au service de l'administration du fait de son emprise croissante sur l'action administrative. Cependant, cette source du droit trouve une place différenciée selon les réceptionnaires.

D'une part, la doctrine administrative se caractérise, pour l'administration elle-même, comme un outil essentiel de son action. En effet, elle participe au mouvement de mise en œuvre d'une nouvelle gouvernance publique au travers notamment des réformes de l'Etat mais aussi de la numérisation de l'administration. Par ailleurs, la doctrine administrative peut neutraliser une politique publique à caractère économique. Dès lors, cet *instrumentum* dispose d'une grande écoute de la part de l'administration qui voit son action modifiée dans le cadre de la commande publique. La doctrine administrative de la commande publique constitue ainsi un facteur endogène pour l'administration qui voit son comportement modifié de l'intérieur.

D'autre part, le caractère exogène de la doctrine administrative reste plus limité. En effet, sa réception par des acteurs externes se trouve différenciée au motif que les différents acteurs du droit de la commande publique ne sauraient prétendre à la reprise d'une telle interprétation sans connaître la position de l'interprète authentique. Pour les acteurs externes à l'administration, la doctrine administrative ne saurait constituer pour eux en tant que telle une source de droit au regard d'une interprétation erronée de la part de la direction des affaires juridiques des ministères économiques et financiers. D'ailleurs, cette réception différenciée provient essentiellement du régime contentieux de ces interprétations qu'il reste à construire

Chapitre 2 : Un rééquilibrage possible au profit des administrés

La position de l'administré face à l'administration et ses interprétations administratives démontre une faiblesse du premier à l'encontre du second. En effet, il s'agit d'une relation asymétrique fondée sur la puissance de l'un, l'administration, à l'encontre de l'autre, l'administré, quand bien même ce dernier peut obtenir d'éparses victoires, notamment dans la position du juge face aux interprétations administratives. Ce chapitre entend donc éclairer cette soumission à l'aune d'une jurisprudence marquée par l'absence de garanties offertes à l'administré avant de proposer des mécanismes – inspirés de la pratique juridictionnelle – tendant à accroitre ces garanties.

D'une part, l'interprétation formulée par l'administration dite « active » et ayant trait au droit de la commande publique ne connait à ce jour aucune possibilité de recours contentieux à son encontre. En effet, la non-invocabilité et la non-opposabilité de la doctrine administrative de la commande publique sont aujourd'hui les principes centraux au cœur de cette relation entre l'administration et l'administré. Cependant, des mécanismes existent dans d'autres secteurs du droit public et pourraient constituer une base de réflexions au développement d'un système de garantie au profit de l'administré (section 1).

D'autre part, des évolutions jurisprudentielles récentes marquent une volonté du Conseil d'Etat d'instaurer une relation plus équilibrée entre l'administration et l'administré. Partant de ce constat, une uniformisation de l'invocabilité et de l'opposabilité de la doctrine administrative, quelle que soit la forme prise, doit être mise en œuvre au profit de l'administré (section 2).

Section 1 : L'absence de garanties offertes aux administrés à l'encontre de la doctrine administrative

La position de soumission précédemment évoquée passe notamment par l'absence d'opposabilité par l'administration et d'invocabilité par l'administré de l'interprétation fournie par l'administration des textes relatifs à la commande publique (I). Cette position de force de l'administration se traduit par un certain vide juridique autour des seules interprétations des dispositions réglementaires fixant les règles en matière de commande publique. D'ailleurs, l'absence de garanties offerte à l'administré est le fondement d'une relation asymétrique entre les parties aux futurs contrats de la commande publique.

Pour autant, cette soumission à l'administration pourrait être remise en cause en s'inspirant notamment du mécanisme éprouvé de protection du contribuable (II). En effet, en application de l'article L. 80 A du livre de procédures fiscales tel qu'interprété par la jurisprudence administrative, le mécanisme mis en œuvre constitue un système de garantie qui pourrait servir d'inspiration au développement d'un outil de protection des administrés à l'encontre de positions adoptées par les autorités publiques dans le cadre du droit de la commande publique .

I. La non-invocabilité et la non-opposabilité de la doctrine administrative

À titre liminaire, le sens retenu pour l'invocabilité et l'opposabilité de la doctrine administrative en droit public doit être précisé.

D'une part, l'invocabilité s'entend de la possibilité de faire valoir en justice des interprétations contenues dans des actes de la doctrine administrative. En effet, l'invocabilité est la possibilité de se prévaloir de la doctrine administrative dans le cadre d'un recours exercé devant le juge, tant administratif que judiciaire.

D'autre part, l'opposabilité se définit comme « l'aptitude d'un droit, d'un acte (...), d'une situation de droit ou de fait à faire sentir ses effets à l'égard des tiers non en soumettant ces tiers (...) aux obligations directement nées de ces éléments (…) mais en les forçant à reconnaître l'existence des faits, droits et actes dits opposables (…), à les respecter comme des éléments de l'ordre juridique et à en subir les effets, sous réserve de leur opposition lorsque la loi leur en ouvre le droit »[12].

Au sein de notre système juridique, les autorités publiques ont procédé à des tentatives afin de permettre l'invocabilité et l'opposabilité de la doctrine administrative. Cependant, ces tentatives n'ont pu aboutir pour des raisons à la fois politique et juridique (A) mais également par des interprétations jurisprudentielles neutralisantes (B).

A. Une tentative inaboutie de mise en œuvre par les autorités publiques

La relation existante entre l'administré et l'administration doit être, ainsi qu'il a été précisé ci-avant, envisagée comme asymétrique. En effet, l'administré, quand bien même il peut obtenir quelques victoires, notamment dans la position du juge face à ces interprétations administratives, se trouve dans une position de soumission face à la puissance de l'administration.

Depuis l'origine, le statut des interprétations ministérielles et leur régime juridique n'ont connu que peu de développements et restent précaires. Cette précarité de la doctrine administrative joue en défaveur de l'administré qui se trouve dans la situation évoquée précédemment. En effet, dans le cadre d'un recours déposé devant la juridiction administrative, l'administration disposait d'une jurisprudence très restrictive sur l'invocabilité et l'opposabilité de sa propre doctrine administrative.

En matière de plein contentieux, le juge administratif a toujours écarté la possibilité de mettre en jeu la responsabilité administrative sur le fondement

---

[12] Cornu (G.), *Vocabulaire juridique*, PUF, 9ème édition, 2011, p. 707.

d'une circulaire qui se veut être une mesure d'organisation des services de l'administration[1]. Par contre, un agent peut se prévaloir d'une instruction ayant pour finalité de créer des obligations nécessaires à la bonne administration du service. Ainsi, sur le fondement de cette instruction, ce dernier peut obtenir réparation en cas de faute de service[2]. Cette position initiale de la jurisprudence jurisprudence pouvait se comprendre au regard de la nature des circulaires et instructions. En effet, ces actes de doctrine administrative avaient pour finalité d'orienter le comportement des agents des services des administrations.

En matière de contentieux de l'annulation, la position du juge administratif sera étudiée dans la partie suivante de la présente étude. Pour autant, il convient de préciser, dès à présent, que le juge administratif a eu une conception restrictive de l'invocabilité des actes de la doctrine administrative, en ce sens que celle-ci n'était envisageable que dans la mesure où ces actes étaient de nature réglementaire. D'ailleurs, cette conception, qui ressort de deux arrêts de 1907[3] et et 1909[4], semblait consacrer pour les auteurs de l'époque, une invocabilité des circulaires et instructions par les agents au motif que ces actes revêtaient la nature de mesure d'ordre intérieur[5].

D'ailleurs, cette position restrictive de l'invocabilité des actes de la doctrine administrative est reprise par le juge judiciaire. D'une part, le juge pénal ne peut fonder sa décision sur une circulaire pour engager des poursuites à l'encontre d'un prévenu ou de définir les incriminations. En effet, en vertu de l'adage Nullum crimen nulla poena sine lege, la compétence législative ne pourrait être mise à l'écart par le recours à la circulaire[6]. D'autre part, en matière civile, quand quand bien même la Cour de cassation rejette les pourvois au motif que « la violation d'une circulaire ne saurait donner ouverture à cassation »[7], le

[1] *Contra* : CE Sect., 9 juin 1978, *Spire*, n° 08397, publié au recueil Lebon, concl. Genevois ; AJDA 1979, p. 92, note Truchet (D.) ; Rev.adm. 1978, p. 631, concl. Genevois ; Rev. Adm. 1979, p. 79, note Plouvin (J-Y.).

[2] CE Sect., 10 juillet 1964, *Ministre de la construction c/ Duffaut*, n° 61054, publié au recueil Lebon, concl. Rigaud, D. 1964, p. 722, concl. Rigaud ; CE, 16 janvier 1976, *Secrétaire d'État aux Postes et Télécommunications c/ Khémiri*, n° 98394, mentionné aux tables du recueil Lebon, concl. Gentot, RDP 1976, p. 925.

[3] CE, 2 août 1907, *Morand-Monteil*, S. 1910, III, p. 4.

[4] CE, 6 août 1909, *Rageot*, S. 1912, III, p. 47.

[5] Voir notamment sur cette question, Hauriou (M.), note sous CE, 22 février 1918, *Cochet d'Hattecourt*, S. 1921, III, p. 9 ou Chevallier (J-J), *L'instruction de service et le recours pour excès de pouvoir*, thèse Nancy, 1924, p. 247 et suivantes.

[6] CA Paris, 30 octobre 1968, *Copigry, Société Ufima*, Gaz. Pal. 1969, 2, p. 242, note Fourgoux.

Contra : Cass, crim, 16 janvier 1976, *Gryson*, bull. Crim n° 18, p. 40 ; Cass, crim. 24 novembre 1980, *Knoun*, Bull. Crim, n° 311, p. 794. Dans ces deux arrêts, la Cour de cassation va pouvoir se fonder sur les règles édictées par voie de circulaire au motif que les textes qui définissent les infractions aux réglementations en matière de changes le précisent expressément.

[7] Cass, Civ 2ème, 18 mai 1967, Bull. Cass. II, n° 282, p. 127.

professeur Blumann[1] a pu démontrer que, dans deux domaines, les juridictions civiles pouvaient prendre en compte les actes de doctrine administrative. Ces deux domaines sont celui du droit de grève dans les services publics[2] et les plans de financement de constructions immobilières[3]. Ainsi, prenant en compte la vision administrativiste de la doctrine administrative qui se définit comme une mesure d'ordre intérieur, le juge judiciaire a considéré devoir mettre en œuvre un principe « d'autonomie des matières »[4].

Afin de faire face à ces carences de prise en compte des actes de la doctrine administrative par les juridictions, le législateur a eu pour volonté de remettre en cause la précarité du régime juridique de ces actes, notamment depuis la fin des années 1970. En effet, par deux lois successives, le législateur a prévu des dispositifs permettant une meilleure connaissance par l'administré des documents qui pourraient lui être opposés.

Par une loi du 17 juillet 1978 portant diverses mesures d'amélioration des relations entre l'administration et le public et diverses dispositions d'ordre administratif, social et fiscal[5], le législateur a souhaité développer la communicabilité de tous les documents administratifs à la suite d'une demande d'un administré. Pour ce faire, il avait retenu une conception extensive de la notion de documents administratifs et des débiteurs de cette obligation de communication. En effet, d'une part, le législateur précisait de manière non équivoque et exhaustive les actes pouvant faire l'objet d'une communication. Pour l'objet de la présente étude, il s'agit des « directives, instructions, circulaires, notes et réponses ministérielles qui comportent une interprétation du droit positif ou une description des procédures administratives (…) »[6]. D'autre part, la loi prévoyait une définition large des débiteurs de cette obligation. Ainsi, les administrations de l'Etat, les collectivités territoriales, les établissements publics et les organismes chargés de la gestion d'un service public, quelle que soit leur forme juridique, sont tenus par cette obligation de communication.

Cette loi prévoyait un mécanisme de large communicabilité des documents administratifs. Participant à l'émergence d'une nouvelle réforme de l'État et à l'amélioration des relations entre les administrations et les administrés, cette communicabilité des documents administratifs permet à ces derniers de

---

[1] Blumann (C.), « *L'application des circulaires administratives par le juge judiciaire* », AJDA, 1972, p. 263 et suivantes.

[2] Cass, Civ, 27 janvier 1956, *Blanc c/ SNCF*, D. 1956, jur. p. 481, note Gervais.

[3] Cass, Civ, 13 novembre 1967, *Société civile immobilière Lambert c/ Bonin,* D. 1968, jur. p. 337.

[4] Combeau (P.), *Un oubli de la réforme : l'invocabilité des circulaires et instructions administratives (1)*, AJDA 2000, p. 495.

[5] Loi n° 78- 753 du 17 juillet 1978 *portant diverses mesures d'amélioration des relations entre l'administration et le public et diverses dispositions d'ordre administratif, social et fiscal*, JORF du 18 juillet 1978, p. 2851.

[6] Article 1er de la loi n° 78- 753 du 17 juillet 1978 *portant diverses mesures d'amélioration des relations entre l'administration et le public et diverses dispositions d'ordre administratif, social et fiscal*, JORF du 18 juillet 1978, p. 2851.

connaître le droit en vigueur, celui qui leur est applicable au regard de leur situation propre et les interprétations des textes faites par l'administration dans le cadre de son pouvoir d'interprète « exclusif ». En droit de la commande publique, cette disposition aurait pu être utilisée dès l'origine afin de solliciter les ministères économiques et financiers pour qu'ils proposent aux entreprises soumissionnaires, les actes de doctrine administrative nécessaires à la compréhension du code des marchés publics de 1964[1].

Cette vision extensive adoptée par cette loi est confirmée par la loi du 11 juillet 1979 relative à la motivation des actes administratifs et à l'amélioration des relations entre l'administration et le public[2]. Par une lecture combinée de ces deux lois, l'administré voit ses droits à la communication et la publicité des documents administratifs se développer. Pourtant, ce développement est resté à sa partie congrue car les administrations ne se sont pas saisies de cette possibilité. D'ailleurs, le professeur Combeau estime que « ces dispositions qui donnent un habillage de « paradécisions » restent limitées[3] et ne changent rien malheureusement à leur traitement contentieux »[4].

Pour autant, ces textes, quand bien même ils prévoient les mécanismes pouvant permettre d'ouvrir le recours à l'encontre des circulaires, n'en tirent pas toutes les conséquences. En effet, le développement de la communicabilité, de la publicité des actes de la doctrine administrative et la motivation des décisions administratives auraient dû permettre au législateur de consacrer la faculté pour les administrés de contester, dans le cadre contentieux au principal ou par voie d'exception, les actes de la doctrine administrative. Pourtant, cette voie ne sera pas suivie par le législateur au regard d'une motivation guidée par des considérations politiques[5]. En effet, le président de la République a estimé à l'époque que l'adoption d'une loi ne représentait pas une nécessité et qu'une

---

[1] Dans l'hypothèse où une doctrine administrative a été édictée à la suite de l'adoption du code des marchés publics de 1964 (Décret n° 64-729 du 17 juillet 1964 *portant codification des textes réglementaires relatifs aux marchés publics*, JORF du 21 juillet 1964, p.6438), les entreprises soumissionnaires auraient pu solliciter la direction des affaires juridiques des ministères économiques et financiers pour qu'elle se prononce, par un acte de doctrine, en interprétant le code des marchés publics.

[2] Loi n° 79-587 du 11 juillet 1979 *relative à la motivation des actes administratifs et à l'amélioration des relations entre l'administration et le public*, JORF du 12 juillet 1979, p. 1711.

[3] *« M. Even soulignait à propos de la publication des instructions par les ministres : « leur rythme de parution – en général trimestriel – est lent ; leur présentation, l'absence de tables des matières ou analytiques claires et bien faites les rendent peu maniables ; leur diffusion – notamment dans les régions – reste confidentielle » Six ans après le vote de la loi du 17 juillet 1978 : une administration plus transparente ? »*, EDCE 1983-1984, p. 102.

[4] Combeau (P.), *« Un oubli de la réforme : l'invocabilité des circulaires et instructions administratives (1) »*, AJDA 2000, p. 495.

[5] Le Pors (A.) et Formery (S.), *Du nouveau dans les relations administration-citoyens? Le décret du 28 novembre 1983 : suites et fin*, AJDA 2007, p. 626.

réforme consistait uniquement « à développer des pratiques concrètes de nature à changer des habitudes et des mentalités »[1].

Pour mettre en œuvre cette vision du président de la République, le décret du 28 novembre 1983 concernant les relations entre l'administration et les usagers[2] fut adopté dont l'article premier dispose que « Tout intéressé est fondé à se prévaloir, à l'encontre de l'administration, des instructions, directives et circulaires publiées dans les conditions prévues par l'article 9 de la loi susvisée du 17 juillet 1978, lorsqu'elles ne sont pas contraires aux lois et règlements ». Cet article fut considéré comme « la disposition la plus importante du décret »[3], même si certains auteurs ont pu percevoir la limitation qu'en ferait par la suite le juge administratif[4].

Tout administré semble, en l'espèce, pouvoir se prévaloir des interprétations données par l'administration par les vecteurs juridiques utiles à son interprétation. Pour autant, la lecture combinée de l'ensemble de ces dispositions conduit à dégager trois critères restrictifs pour la mise en œuvre de l'opposabilité et de l'invocabilité de la doctrine administrative.

Tout d'abord, quant à la publication des actes d'interprétation du droit positif, le décret vient s'inscrire dans la continuité des législations évoquées précédemment. En effet, les lois du 17 juillet 1978 et du 11 juillet 1979 précitées précisent les conditions de communicabilité des documents administratifs et les règles de publication de ces derniers. Dès lors, la condition de publication des normes devait être systématisée pour l'ensemble des administrations. Pour autant, l'absence d'effectivité de l'application de ces dispositions amène à s'interroger sur le possible respect de cette première exigence.

Ensuite, le texte pose une condition relative aux documents pouvant faire l'objet d'une invocabilité par les administrés. Le décret du 28 novembre 1983 retient une conception restrictive des textes pouvant être invoqués, en précisant qu'il ne peut s'agir que des circulaires, directives et instructions. Pourtant, cette position du pouvoir réglementaire doit être remise dans le contexte jurisprudentiel de l'époque ; ces dispositions réglementaires n'auraient eu d'incidence que sur les seules circulaires et instructions.

En effet, le Conseil d'État avait précisé le régime juridique des directives par un arrêt Crédit Foncier de France du 11 décembre 1970[5]. Par cet arrêt, la haute

---

[1] Le Pors (A.) et Formery (S.), *Du nouveau dans les relations administration-citoyens? Le décret du 28 novembre 1983 : suites et fin*, AJDA 2007, p. 626.

[2] Décret n° 83- 1025 du 28 novembre 1983 *concernant les relations entre l'administration et les usagers*, JORF du 3 décembre 1983, p. 3492.

[3] Maisl (H.), Wiener (C.), Woehrling (J.-M.), « *Un décret ne fait pas le printemps* », AJDA, 20 mars 1984, p. 142.

[4] Des auteurs ont pu estimer que le champ d'application de l'article premier du décret du 28 novembre 1982 serait étendu « *à condition que la jurisprudence ne cherche pas trop à en réduire la portée* » in Maisl (H.), Wiener (C.), Woehrling (J.-M.), « *Un décret ne fait pas le printemps* », AJDA, 20 mars 1984, p. 142.

[5] CE Sect., 11 décembre 1970, *Crédit foncier de France c/ Mlle Gaupillat et Mme Ader*, n° 78880, publié au recueil Lebon, concl. Bertrand, GAJA n° 83, AJ 1971, p. 196, Chr.

juridiction administrative a jugé que les directives – lignes directrices aujourd'hui – sont opposables à l'administration en cas de recours d'un administré contre une décision individuelle faisant référence à ces directives. Par ailleurs, la jurisprudence refuse que la ligne directrice vienne ajouter des conditions que le texte législatif ou réglementaire auquel elle se réfère ne prévoit pas1. Dès lors, le Conseil d'État considère que pour être applicable à une situation de fait, la ligne directrice doit se limiter à reprendre et expliciter les conditions prévues par la loi ou le règlement mais ne doit rien ajouter à celui-ci sous peine d'annulation. De plus, la haute juridiction a récemment reconnu l'invocabilité des directives par les administrés à l'encontre de l'administration2. Dès lors, quand bien même le texte réglementaire aurait survécu, ce dernier n'aurait pas trouvé à s'appliquer aux directives.

Hormis la non-invocabilité et la non-opposabilité des réponses ministérielles en vertu d'une jurisprudence constante, le décret du 28 novembre 1983 semblait ouvrir la voie de la contestation généralisée des actes de la doctrine administrative revêtant la nature d'une circulaire ou d'une instruction.

Enfin, le décret du 28 novembre 1983 pose une condition de légalité de l'interprétation fournie par le pouvoir réglementaire, condition considérée par le professeur Petit comme « étant rarement réalisée, faute pour l'auteur de la circulaire de détenir un pouvoir réglementaire »3. En effet, l'article premier du décret prévoit que les actes de doctrine administrative peuvent être invocables par les administrés dès lors qu'ils ne sont pas contraires aux lois et règlements. Cette condition, qui peut paraître stricte, est nécessaire dans un État de droit. En effet, la légalité d'une interprétation fournie par un acte de doctrine administrative est nécessaire à son inclusion au sein de la hiérarchie des normes et dans le cadre du contrôle opéré par le juge administratif.

Pour autant, cette précision semble superfétatoire. En effet, il ressort du principe même de la hiérarchie des normes que l'administré ne pourrait se prévaloir d'une instruction ou circulaire administrative qui serait contraire à une norme supérieure. Une telle acceptation aurait pour effet de remettre en cause la

---

H.T.C; D. 1971.674, note Loschak; JCP 1972.II.17232, note Fromont; RD publ. 1971.1224, note M. Waline.

[1] Pour une application dans le domaine des marchés publics, voir CE, 11 avril 2014, *Ministre de la défense c/ Société Legrand Bâtisseurs*, n° 375245, mentionné aux tables du recueil Lebon, concl. Dacosta ; AJDA 2014, p. 827 ; Le Moniteur – Contrats publics, 1er mai 2014, n° 143, p. 10-11, note. Jouguelet (J-P.) ; Revue Lamy des collectivités territoriales, 1er juin 2014, n° 102, p. 36, Glaser (E.) ; Contrats et marchés publics, 1er juin 2014, n° 6, p. 78-79, Zimmer (W.) ; Droit administratif, 1er juillet 2014, n° 7, p. 31-34, Brenet (F.) ; BJCP, 1er septembre 2014, n° 96, p. 348-354, concl. Dacosta (B.) ; Le moniteur- Contrats publics, 1er novembre 2014, n° 148, p. 62-65, obs. Faucher (S.).

[2] CE Sect., 4 février 2015, *Ministre de l'intérieur c/ M. Cortes Ortiz,* n°383267 - 383268, publié au recueil Lebon, concl. Bourgeois-Machureau, RFDA 2015, p. 471, concl. Bourgeois-Machureau ; AJDA 2015, p. 443, note Lessi (J.) et Dutheillet de Lamothe (L.), AJDA 2015, p. 191, note Poupeau (D.).

[3] Petit (J.), *« Les circulaires administratives sont des actes faisant grief (suite) »*, RFDA 2003, p.510.

hiérarchie des normes et de placer ainsi l'acte de doctrine administrative à un niveau supérieur à la norme interprétée. En d'autres termes, si cette position venait à être suivie par le juge administratif, cela impliquerait qu'une circulaire interprétant une loi dans un sens contraire à la portée de cette dernière, aurait une valeur supérieure à la loi au motif que l'administré pourrait se prévaloir de cette dernière. Cette position ne semble pas tenable juridiquement au motif que tout acte contraire à une norme supérieure doit faire l'objet d'une annulation par le juge administratif ou d'une abrogation par l'administration[1]. C'est en ce sens que le Conseil d'État s'est prononcé dans différents types de contentieux, qu'ils soient relatifs au droit de la fonction publique[2] ou en contentieux fiscal[3].

Ainsi, dans un arrêt Boude du 27 septembre 1991[4], le Conseil d'État a jugé, sur le fondement de l'article premier du décret du 28 novembre 1983, qu'un administré « ne saurait se prévaloir utilement d'une circulaire administrative qui donnerait des dispositions précitées du décret du 23 novembre 1962 une interprétation non conforme à ce qui est dit ci-dessus ». Par cet arrêt, la haute juridiction administrative estime que les administrés ne peuvent se prévaloir d'une circulaire qui formulerait une interprétation non conforme des dispositions d'un décret. En l'espèce, l'administré se prévalait d'une interprétation, fournie par voie de circulaire, contraire aux dispositions du décret du 23 novembre 1962 relatif à l'octroi d'une indemnité différentielle à certains techniciens d'études et de fabrications du ministère des armées[5], au motif que l'indemnité en cause ne serait pas calculée par référence au salaire de chef d'équipe 8ème échelon.

De plus, un administré ne saurait échapper à la mise en jeu de sa responsabilité au motif qu'il aurait appliqué en toute bonne foi, une circulaire qui

---

[1] CE Ass., 3 février 1989, *Compagnie Alitalia*, n° 74052, publié au recueil Lebon, concl. Chahid-Nourai ; RFDA 1989, p. 391, concl, notes Beaud (O.) et Dubouis (L.) ; AJ 1989, p. 387, note Fouquet (O.) ; RTDE 1989, p. 509, note Vergès.

[2] CE, 25 janvier 1989, *Drexler*, n° 65577, inédit au recueil Lebon, concl. Fornacciari ; CE Sect., 23 décembre 1994 commune de Clairvaux-d'Aveyron, n° 97449, publié au recueil Lebon, concl. Frydman, RFDA 1995. 214; AJDA 1995. 351; Dr. adm. 1995, no 229; Quot. jur. 1995, no42, p. 3 ; CE, 19 mai 1995, *M. Dominique,* n° 120181 et 120585, inédit au recueil Lebon, concl. Scanvic.

[3] CE, 4 novembre 1988, *Benes*, n° 61185, inédit au recueil Lebon, concl. Martin-Laprade, RJF 1989, n° 106 ; CE, 20 novembre 1995, *Ministre délégué auprès du ministre de l'économie, des finances et du budget, chargé du budget c/ Mme Anne X,* n° 127836, inédit au recueil Lebon, concl. Loloum ; CE Sect., 30 septembre 1996, *M. Gaston Murray,* n° 139861, mentionné aux tables du recueil Lebon, concl. Bachelier, Dr. fisc. 1997, comm. 236, concl. Bachelier ; CE Sect., 12 mai 1997, *Mme Christiane Besnard,* n° 140910, mentionné aux tables du recueil Lebon, concl. Loloum, RJF 1997, n° 713; Dr. fisc. 1997, comm. 1099, concl. Loloum.

[4] CE, 27 septembre 1991, *M. Boude,* n° 86540, inédit au recueil Lebon, concl. Stirn ; CE, 24 mars 1995, *Commune de Ludres,* n° 135440, inédit au recueil Lebon, concl. Martin.

[5] Décret n° 62-1389 du 23 novembre 1962 *relatif à l'octroi d'une indemnité différentielle à certains techniciens d'études et de fabrication du ministère des armées,* JORF du 28 novembre 1962, p. 11543.

serait contraire aux lois et règlements[1]. En effet, l'administré ne saurait se prévaloir de l'inexacte interprétation faite par le pouvoir réglementaire pour échapper à la mise en jeu de sa propre responsabilité.

Dès lors, par une interprétation constructive de l'article premier du décret du 28 novembre 1983, la haute juridiction administrative a décidé sa mise à l'écart au motif que le principe de légalité doit primer sur la possibilité par l'administré d'invoquer une doctrine administrative sur le fondement d'un décret. Cette interprétation constructive se comprend aisément au regard de la contestation de la légalité de ce décret. En effet, au regard de la théorie de la hiérarchie des normes, admettre l'invocabilité des actes de la doctrine administrative, contraires aux lois et règlements, entraînerait une primauté de ce droit souterrain par rapport aux dispositions « éclairées » que pourraient être la loi ou le règlement. Dès lors, le Conseil d'État n'a pas souhaité s'engager a priori dans une invocabilité généralisée des circulaires et instructions afin d'une part, de ne pas engorger son prétoire et d'autre part, de garantir l'effectivité de la loi et du règlement en ne permettant pas à un acte de rang inférieur de se placer artificiellement au-dessus. D'ailleurs, cette position semble conforme au principe selon lequel une norme inférieure ne peut déroger à une norme de rang supérieur. Il s'agit d'une consécration explicite de la primauté de la loi et du règlement sur les circulaires et les instructions. Pour autant, nous y reviendrons dans la suite de la présente étude, les impératifs de sécurité juridique, d'intelligibilité des normes, d'égalité devant la loi et les règlements doivent nous permettre de nous interroger sur la cohérence de cette jurisprudence constructive au regard de l'État de droit et des contraintes supranationales.

Ainsi, le décret du 28 novembre 1983 fut l'objet d'une interprétation jurisprudentielle neutralisante de ses effets et d'une réception timide de la part des administrations chargées de l'appliquer. Ce décret, quand bien même son interprétation littérale aurait pu laisser croire à une réelle opposabilité et invocabilité de la doctrine administrative, peut être considéré comme un premier pas en arrière au regard de lois précédemment évoquées.

La loi du 12 avril 2000 relative aux droits des citoyens dans leurs relations avec les administrations[2], en reprenant le décret du 28 novembre 1983, aurait pu redonner une nouvelle vie – voire lui donner vie tout simplement – à l'article premier de ce décret. Pourtant, l'approche constructive et neutralisante du Conseil d'État n'aura pas permis ce renouveau. D'ailleurs, la position contentieuse de la haute juridiction administrative semble contredite par la section des rapports et des études. Le Conseil d'État a estimé que « les administrations centrales multiplient (...) les circulaires et instructions, qui constituent la référence essentielle. Celles-ci, pour la plupart, échappent à

[1] CE, 20 janvier 1989, *Via France*, n° 86368, inédit au recueil Lebon, concl. Verpillière (de la.).

[2] Loi n° 2000-321 du 12 avril 2000 *relative aux droits des citoyens dans leurs relations avec les administrations*, JORF n° 0088 du 13 avril 2000, p. 5646, texte n° 1.

l'information du législateur comme du citoyen, et au contrôle du juge de l'excès de pouvoir. Se développe ainsi un droit souterrain, clandestin, inaccessible, asymétrique » 1 pour lequel un « nouveau statut »2 doit être créé. De plus, cette position était aussi celle de Madame Fombeur, dans ses conclusions sur l'arrêt Duvignères, lorsqu'elle estimait que « dans la pratique administrative, les circulaires revêtent une grande importance, à tel point que les services s'y réfèrent parfois plus qu'aux lois et aux décrets qu'elles entendent interpréter »3. Cette position prise par les rapporteurs publics et la section des rapports et des études du Conseil d'Etat doit être comprise comme une invitation faite au pouvoir législatif ou réglementaire de procéder à la clarification de l'invocabilité et de l'opposabilité de la doctrine administrative. D'ailleurs, par le biais de cette préconisation, le Conseil d'Etat souhaite qu'une clarification soit effectuée entre les compétences du ministre en tant que supérieur hiérarchique – qui permet à son administration de placer au centre de son action, ce droit souterrain –et le pouvoir politique qui se doit d'adopter des dispositions réglementaires conformes au droit mais également à la pratique administrative.

Cette invitation faite par le Conseil d'Etat ne sera pas suivie d'effet, pire, elle conduira à l'abrogation du décret du 28 novembre 1983 par le décret n° 2006-672 du 8 juin 2006 relatif à la création, à la composition et au fonctionnement des commissions administratives à caractère consultatif4. Cette abrogation considérée, comme « un formidable retour en arrière »5, ne permet cependant pas de clarifier le régime d'invocabilité et d'opposabilité de la doctrine administrative6.

La dernière tentative de la part du pouvoir réglementaire de mettre en œuvre un régime d'invocabilité et d'opposabilité de la doctrine administrative se traduit par l'adoption du décret du 8 décembre 2008 relatif aux conditions de publication des instructions et circulaires7. Afin d'« améliorer l'accessibilité, sa

---

[1] Conseil d'État, *Rapport public 2006 : jurisprudence et avis de 2005 – Sécurité juridique et complexité du droit*, La documentation française, Études et documents du Conseil d'État, novembre 2005, p. 276.

[2] Conseil d'État, Rapport public 2006 : *jurisprudence et avis de 2005 – Sécurité juridique et complexité du droit*, La documentation française, Études et documents du Conseil d'État, novembre 2005, p. 330 et suivantes.

[3] Fombeur (P.), conclusions sur CE, Sect, 18 décembre 2002, *Madame Duvignères*, n°233618, Lebon, Concl. Fombeur ; RFDA 2003, p.274, concl. Fombeur et 510, note Petit ; AJ 2003, p.487, chron. Donnat et Casas ; JCP Adm 2003, n°5, p.94, comm. J. Moreau ; LPA 23 juin 2003, note Combeau ; Mélanges Moderne, P.357, art. Prétot.

[4] Décret n° 2006-672 du 8 juin 2006 *relatif à la création, à la composition et au fonctionnement des commissions administratives à caractère consultatif*, JORF n° 132 du 9 juin 200-, p. 8706, texte n° 11.

[5] Combeau (P.), *Un oubli de la réforme : l'invocabilité des circulaires et instructions administratives (1)*, AJDA 2000, p. 495.

[6] Le Pors (A.) et Formery (S.), *Du nouveau dans les relations administration-citoyens? Le décret du 28 novembre 1983 : suites et fin*, AJDA 2007, p. 626.

[7] Décret n° 2008-1281 du 8 décembre 2008 *relatif aux conditions de publication des instructions et circulaires*, JORF n° 0287 du 10 décembre 2008, p. 18777, texte n° 2. Ce

lisibilité, et à clarifier les conditions dans lesquelles les usagers peuvent s'en prévaloir »1, ce décret, adopté sur le fondement de l'article 37 de la Constitution pour des raisons d'opportunité2, va fixer les conditions de publication des circulaires et instructions relevant de l'État ou de ses établissements publics.

Pour autant, le champ d'application de ce décret semble restreint sur deux points. D'une part, quant aux personnes publiques soumises à l'obligation de publicité, le décret établit qu'il s'agit uniquement de l'État et de ses établissements publics. Ainsi, le décret ne se trouve pas appliqué par les collectivités locales, les autorités administratives et publiques indépendantes et les établissements publics de santé. D'ailleurs, dans son rapport au Premier ministre, Jean-Luc Warsmann avait estimé qu'une publication des actes administratifs des collectivités territoriales et des services déconcentrés de l'État devait être effectuée3. Cette position du président de la commission des lois de l'Assemblée nationale est en cohérence avec l'article premier de la loi du 12 avril 2000 et l'article L. 100-3 du code des relations entre le public et l'administration. Pour autant, cette position éclairée ne sera pas suivie. D'autre part, le décret du 8 décembre 2008 ne clarifie que la publication des circulaires et des instructions. Cependant, la doctrine administrative semble recouvrir des réalités bien différentes. Quant aux directives ou lignes directrices, le pouvoir réglementaire n'a pas souhaité modifier la position que le Conseil d'État avait retenue, en ce sens qu'elle est protectrice pour les administrés4.

Par ailleurs, une nécessité fait jour à savoir celle de la réelle application de ce décret par les administrations. En effet, l'absence de sanction pour les administrations, qui décident par elles-mêmes de ne pas opérer la publication des circulaires et des instructions, ne garantit pas l'effectivité de cette obligation.

---

décret fut adopté en parallèle de travaux du président de la commission des lois de l'Assemblée nationale : Warsmann (J-L.) *Rapport au Premier ministre sur la qualité et la simplification du droit*, La documentation française, décembre 2008.

[1] Warsmann (J-L.) *Rapport au Premier ministre sur la qualité et la simplification du droit*, La documentation française, décembre 2008, p. 112.

[2] En effet, la base légale de ce décret aurait dû être la loi du 17 juillet 1978, loi qui prévoit l'adoption d'un décret en Conseil d'État, pris après avis de la commission administrative d'accès aux documents, afin de préciser les modalités d'application de cette loi. Sur cette question, Pascal Combeau et Simon Formery considèrent que « *ces conditions d'élaboration s'expliquent certainement par des raisons d'opportunité ; elles traduisent aussi, ce qui est nouveau, une soudaine prise de conscience de la réalité de l'instrument interprétatif dans la vie administrative* ». Combeau (P.), Formery (S.), *Le décret du 8 décembre 2008 : un nouvel éclairage sur le « droit souterrain » ? Décret n° 2008-1281 du 8 décembre 2008 relatif aux conditions de publication des instructions et circulaires.JO 10 décembre 2008, textes n° 1 et 2,* AJDA 2009, p. 809.

[3] Warsmann (J-L.) *Rapport au Premier ministre sur la qualité et la simplification du droit*, La documentation française, décembre 2008, proposition n° 46 – p. 117 à 120.

[4] CE Sect., 11 décembre 1970, *Crédit foncier de France c/ Mlle Gaupillat et Mme Ader*, n° 78880, publié au recueil Lebon, concl. Bertrand, GAJA n° 83, AJ 1971, p. 196, Chr. H.T.C ; D. 1971.674, note Loschak ; JCP 1972.II.17232, note Fromont ; RD publ. 1971.1224, note M. Waline

Cette absence de publication conduit à l'inopposabilité de l'interprétation formulée par les services de l'État et donc à la difficulté pour l'administré de se prévaloir de cette interprétation en cas de contentieux. D'ailleurs, en cas d'application d'une interprétation non publiée, l'administré sera dans l'obligation de demander la circulaire à l'administration et par la suite, de demander au juge la mise à l'écart de celle-ci. Cette procédure tend à alourdir les relations entre l'administration et le public alors que ces dispositions auraient dû en permettre un assouplissement.

Afin de faire face à ces contraintes inhérentes au texte réglementaire et en cohérence avec la volonté de réglementer l'opposabilité et l'invocabilité de la doctrine administrative, le rapport Warsmann a formulé plusieurs propositions en ce sens. Tout d'abord, le rapport précise que la signature des circulaires interprétant des textes normatifs présentant une importance pour ce département ministériel ne pourrait se faire que par le ministre, sans délégation[1]. Cette absence de délégation aurait pour conséquence pratique de réduire le volume des circulaires et instructions, à en limiter le nombre sur les mêmes questionnements, à rationaliser l'activité doctrinale des ministères et à garantir une publication adéquate sur le site internet hébergé par les services du Premier ministre. Ensuite, le président de la commission des lois de l'Assemblée nationale a proposé que soit confirmée la tendance à la motivation des actes de doctrine administrative afin de garantir une efficience dans l'interprétation proposée par l'administration. D'ailleurs, des conditions formelles comme l'adoption de numéro pour les circulaires et la mise en œuvre de visas devraient permettre de limiter le développement de la méthode interprétative des textes normatifs[2] ; le respect de ces conditions formelles ressortant d'une équipe chargée d'assurer la maintenance du code. Enfin, le rapport Warsmann a proposé la mise en œuvre d'une invocabilité et d'une opposabilité de la doctrine administrative afin d'offrir une garantie aux administrés et propose ainsi de « clarifier les conditions dans lesquelles les usagers peuvent s'en prévaloir »[3]. De plus, cette garantie serait d'autant plus effective que les agents publics ne pourraient appliquer une circulaire qui serait en contrariété avec les procédures et règles évoquées précédemment[4].

Le pouvoir politique semble avoir pris la mesure de ce questionnement. Cependant, ce pouvoir doit faire face à la politique jurisprudentielle du Conseil d'État, neutralisant ces tentatives réglementaires.

---

[1] Warsmann (J-L.) *Rapport au Premier ministre sur la qualité et la simplification du droit*, La documentation française, décembre 2008, proposition n° 43 - p. 114-115.

[2] Warsmann (J-L.) *Rapport au Premier ministre sur la qualité et la simplification du droit*, La documentation française, décembre 2008, proposition n° 37 - p. 102-103.

[3] Warsmann (J-L.) *Rapport au Premier ministre sur la qualité et la simplification du droit*, La documentation française, décembre 2008, p. 112.

[4] Warsmann (J-L.) *Rapport au Premier ministre sur la qualité et la simplification du droit*, La documentation française, décembre 2008, proposition n° 43 – p. 114-115.

B. D'« Institution Notre-Dame de Kreisker » à « Madame Duvignères », une politique jurisprudentielle défavorable

Les tentatives réglementaires de mise en œuvre de l'invocabilité et de l'opposabilité de la doctrine administrative ont été neutralisées par l'œuvre jurisprudentielle du Conseil d'État qui a restreint la possibilité de recours pour excès de pouvoir à l'encontre des circulaires et instructions. En effet, au-delà de l'interprétation authentique de dispositions précitées, le juge administratif a toujours été contraint de reconnaître l'inopposabilité de la doctrine administrative au motif que cette dernière n'entre pas dans la théorie générale des actes administratifs qui peuvent faire l'objet de recours pour excès de pouvoir[1].

Cette position de politique jurisprudentielle pouvait se comprendre à l'aune des décisions relatives au caractère de mesure d'ordre intérieur, uniquement applicable et invocable par les fonctionnaires. Sur ce point, le juge administratif a toujours eu une conception restrictive de l'invocabilité des circulaires et instructions à l'aune de l'absence de caractère réglementaire de ces dernières. Cette conception du Conseil d'État ressort de deux arrêts[2] qui permettent aux fonctionnaires de contester la légalité d'une circulaire ou d'une instruction au motif qu'il s'agit de mesure d'ordre intérieur. De ce dernier caractère découle le régime d'invocabilité des circulaires et instructions qui doivent être considérées comme des guides de l'action des agents. D'ailleurs, cette position du Conseil d'État reprend celles développées par Maurice Hauriou[3] ou par Jean-Jacques Chevallier[4].

Pour autant, au regard de la déconnexion de cette jurisprudence avec la réalité administrative qui veut que la circulaire soit appliquée par les agents publics dans les relations qu'ils ont avec les administrés et de son placement pour ce dernier dans la hiérarchie des normes, le Conseil d'État va faire évoluer sa jurisprudence afin de clarifier les possibilités de recours pour excès de pouvoir à l'encontre des circulaires et instructions. En effet, la vie administrative est rythmée par l'adoption de nouvelles dispositions, qu'elles soient législatives ou réglementaires, et le pouvoir réglementaire doit interpréter les textes en vigueur en fonction de ses aspirations propres. Dès lors, l'action administrative, qui propose par voie de circulaires une interprétation du droit en vigueur, contraint l'administré dans ses relations avec l'administration. Ainsi, en droit de la commande publique, l'interprétation formulée par voie de circulaire dispose d'une force normative aussi importante que le droit en vigueur, au motif que

---

[1] Douence (J-C.), *Recherches sur le pouvoir réglementaire de l'administration*, LGDJ, 1968, p. 309 et suivantes.

[2] CE, 2 août 1907, *Morand-Monteil*, S. 1910, III, p. 4 ; CE, 6 août 1909, *Rageot*, S. 1912, III, p. 47.

[3] Voir notamment sur cette question, Hauriou (M.), note sous CE, 22 février 1918, *Cochet d'Hattecourt,* S. 1921, III, p. 9.

[4] Chevallier (J-J), *L'instruction de service et le recours pour excès de pouvoir,* thèse Nancy, 1924, p. 247 et suivantes.

cette interprétation a une portée générale et fonde la position des administrations en tant que pouvoir adjudicateur ou entités adjudicatrices. Dès lors, il semblerait impromptu pour un soumissionnaire à un contrat de la commande publique d'aller à l'encontre de cette position quand bien même elle n'aurait qu'un caractère de mesure d'ordre intérieur. Cette application de la position du juge administratif au droit de la commande publique montre l'incohérence de cette jurisprudence qui a conduit le Conseil d'État à affiner sa position.

Par un arrêt Institution Notre-Dame de Kreisker du 29 janvier 1954[1], le Conseil d'État a imposé une distinction entre le caractère réglementaire ou non de la circulaire ou de l'instruction afin d'en préciser son régime contentieux. Ainsi, au regard de cette jurisprudence, font griefs les circulaires réglementaires, c'est-à-dire celles qui énoncent des règles de droit nouvelles. Cette notion de circulaire réglementaire a clairement été définie par le professeur Chapus pour qui ces circulaires ajoutent « à l'ordonnancement juridique, en accordant aux administrés des droits ou des garanties ou en leur imposant des obligations supplémentaires par rapport à la législation ou la réglementation en cause »[2] et de ce fait peuvent être qualifiées de « circulaires innovatoires »[3].

A contrario, les circulaires interprétatives ne peuvent pas faire l'objet d'un recours contentieux au motif qu'elles ne sont que des interprétations du texte en vigueur, sans proposer de mesures nouvelles. Ainsi, les dispositions contenues dans une circulaire interprétative n'ont pour effet que de préciser l'interprétation du texte et de formuler pour les agents publics, un guide d'application de ce texte. Cette absence de modification de l'ordonnancement juridique contraint à les exclure du contentieux de l'excès de pouvoir. Cette position semble contraire à l'essence même de l'interprétation qui si elle ne faisait que reprendre le texte initial perdrait son objet même. Retenir la conception contraire revient à « admettre la conception selon laquelle une règle aurait un seul sens, déjà présent en elle, et que l'interprétation se bornerait à révéler »[4] ; ce que le professeur Bienvenu qualifie « de pure spéculation »[5]. En conclusion de cela, « l'application complète de la théorie générale des actes administratifs [aurait dû] logiquement conduire la jurisprudence à reconnaître aux circulaires

---

[1] CE, Ass, 29 janvier 1954, *Institution Notre-Dame de Kreisker*, n°07134, Lebon, Concl. Tricot, RPDA 1954, p.50, concl. Tricot ; AJ 1954. II bis.5, chron. Gazier et Long ; RD Publ. 1955.175, note M. Waline.

[2] Chapus (R.), *Droit administratif général,* Montchrestien, 15ème édition, septembre 2005 tome I, n° 686.

[3] Chapus (R.), *Droit administratif général,* Montchrestien, 15ème édition, septembre 2005 tome I, n° 686.

[4] Petit (J.), *« Les circulaires administratives sont des actes faisant grief (suite) »*, RFDA 2003, p.510.

[5] Bienvenu (J-J.), *L'interprétation juridictionnelle des actes administratifs et des lois : sa nature et sa fonction dans l'élaboration du droit administratif,* Thèse Paris 2, 1979, p. 142 in Petit (J.), *« Les circulaires administratives sont des actes faisant grief (suite) »*, RFDA 2003, p.510.

interprétatives une nature et un régime comparable à ceux d'un règlement d'application »[1].

Pourtant, le juge administratif n'ira pas en ce sens et retiendra comme critère centrale de sa jurisprudence Institution Notre-Dame de Kreisker, la modification de l'ordonnancement juridique par un acte doctrinal qui a pour objet de renforcer les droits des administrés en leur offrant de nouveaux droits ou garanties ou en leur imposant de nouvelles obligations. Quand bien même ce critère peut paraître aisé à manier, le juge administratif a semblé avoir des difficultés dans l'utilisation de ce critère jurisprudentiel.

Tout d'abord, le Conseil d'État a retenu une conception restrictive du caractère réglementaire des circulaires et instructions. En effet, une limitation du caractère réglementaire des circulaires peut être constatée pour les seules circulaires créant des droits et obligations aux administrations, mettant ainsi à l'écart le maintien de l'ordonnancement juridique. Dès lors, la circulaire ne saurait entrer dans la théorie des actes administratifs au motif qu'elle « jouit d'une spécificité dans la mesure où le caractère décisoire n'est reconnu à une circulaire que dans le cas où elle modifie le droit en vigueur »[2]. Cette position reprend celle du professeur Delvolvé qui considère qu'un « acte peut affecter l'ordonnancement juridique de deux manières : en le modifiant (...) par la création de droits et obligations supplémentaires ; (...) par une prise de position sur l'ordonnancement existant (...) sans pour autant y ajouter ou y retrancher »[3]. En effet, une circulaire basculerait dans les circulaires interprétatives au seul motif qu'elle reprendrait les dispositions du droit en vigueur[4].

Ensuite, il convient de préciser que cette stricte application du caractère réglementaire de la circulaire conduit à s'interroger sur l'état de la jurisprudence ayant cours à l'époque pour les actes n'ajoutant aucune disposition au droit en vigueur. Cette position permettait au juge administratif de disposer d'un large pouvoir d'appréciation au motif qu'il était en dernier ressort le seul à même de se prononcer sur le caractère additionnel ou non d'un critère ou d'une disposition au sein d'un texte réglementaire. Le Conseil d'Etat a ainsi été amené à se prononcer sur le caractère additionnel d'une disposition prévoyant de nouveaux critères dans les appels d'offres et dans les marchés publics. En l'espèce, par une circulaire interministérielle du 29 décembre 1993, des critères relatifs à l'emploi ont été ajoutés aux dispositions applicables aux marchés publics, cet ajout constituant des règles supplémentaires à mettre en œuvre par les entreprises

---

[1] Douence (J-C.), *Recherches sur le pouvoir réglementaire de l'administration*, LGDJ, 1968, p. 320.

[2] Seiller (B.), note sous CE, 27 mars 1996, *M. Lome,* RFDA 1997, p. 1221.

[3] Delvolvé (P.), *L'acte administratif*, Sirey, 1982, n° 29.

[4] CE, 9 février 1994, *Association des avocats Elena X,* n° 131958, inédit au recueil Lebon, concl. Abraham, JCP 1994.II.22368, concl. Abraham : « *et bien qu'elle revienne sur les termes d'une précédente circulaire, la circulaire du 26 septembre 1991 est dépourvue de caractère réglementaire et n'est, par suite, pas susceptible d'être déférée au juge de l'excès de pouvoir* ».

concourant aux contrats de la commande publique. Dans son arrêt du 10 mai 1996, Fédération nationale des Travaux publics, le Conseil d'Etat juge que ces critères constituent « une simple déclaration d'intention » qui ne saurait constituer « un critère de choix qui se substituerait aux critères réglementaires » du code des marchés publics[1]. Dès lors, quand bien même un critère serait ajouté pour la soumission à un marché public, le Conseil d'État déclare son caractère non réglementaire. Cette faculté auto-attribuée par la haute juridiction administrative conduit à considérer ce nouveau critère comme compatible avec le code des marchés publics et au regard de la réception de la doctrine administrative par les personnes publiques comme un nouveau critère à mettre en œuvre dans le cadre des appels d'offres à venir.

De plus, le Conseil d'Etat a pu se prononcer sur la légalité d'actes types au motif non pas qu'ils disposent d'une valeur juridique mais qu'ils « manifestent une forme de préjugé de l'administration, qui approuvera plus facilement les contrats conformes à leurs dispositions »[2]. Dans ce cadre, la haute juridiction administrative a notamment pu se prononcer sur le cahier des charges type applicable aux concessions de distribution de gaz[3] ou sur le cahier des clauses administratives générales relatives aux marchés publics de prestations intellectuelles[4]. Par une lecture combinée de ces jurisprudences, le Conseil d'Etat autorise l'administration à proposer de nouvelles dispositions au code des marché publics afin d'approuver par la suite, plus facilement les contrats conformes à ces dispositions.

L'interprète authentique intervient donc au soutien de l'interprète exclusif du droit de la commande publique. Ainsi, la haute juridiction administrative dispose d'un rôle prépondérant dans la vie des administrations au regard de l'interprétation des lois et règlements. D'ailleurs, ce contrôle de la légalité de ces actes-types en matière de commande publique est d'autant plus important que ces actes conditionnent les modalités de soumission des opérateurs privés aux contrats de la commande publique. En effet, le soumissionnaire au contrat de la commande publique peut saisir le Conseil d'État d'une requête tendant à la validation de l'interprétation fournie par l'acte doctrinal. Cette possibilité va garantir la sécurité juridique des contrats conclus sur ce fondement et ainsi

---

[1] CE, 10 mai 1996, *Fédération nationale des travaux publics*, n°159979, Lebon, Concl. Fratacci, Lebon; LQJ 1996, no 66, p. 5, note D. Moreno; JCP 1996. IV. 1912; Dr. adm. 1996, no 419; CJEG 1996. 427, concl. Fratacci ; RFDA 1997. 73, concl. Fratacci ; AJDA 1997. 196, note S. Maljean-Dubois ; D. 1997. Somm. 110, obs. Ph. Terneyre ; RDI 1996. 369, obs. F. Llorens et Ph. Terneyre.

[2] Fombeur (P.), Conclusions sur CE, Sect, 18 décembre 2002, *Madame Duvignères*, n°233618, Lebon, Concl. Fombeur ; RFDA 2003, p.274, concl. Fombeur et 510, note Petit ; AJ 2003, p.487, chron. Donnat et Casas ; JCP Adm 2003, n°5, p.94, comm. J. Moreau ; LPA 23 juin 2003, note Combeau ; Mélanges Moderne, P.357, art. Prétot.

[3] CE, Ass., 5 mai 1961, *Ville de Lyon,* n° 12111, publié au recueil Lebon p. 294, concl. Braibant (G) ; CJEG 1961, p. 175, concl. Braibant (G.), note Teste et Chaudouard.

[4] CE, 2 juillet 1982, *Conseil national de l'ordre des architectes*, n° 16692, publié au recueil Lebon p. 255 ; AJDA 1983, p. 30, concl. J.-M. Pauti ; CJEG 1983, p. 381, étude F. Moderne

participer à la stabilité des relations contractuelles. Ainsi, dans un domaine où l'économie reste un facteur essentiel, la sécurité juridique et la stabilité des relations contractuelles peuvent passer par l'invocabilité de la doctrine administrative, son opposabilité à l'administration au motif qu'un contrôle du juge pourra être opéré en cas de doute sur la légalité de l'interprétation.

Enfin, en application de cette interprétation restrictive de la modification de l'ordonnancement juridique, le Conseil d'État semble déduire la recevabilité de la requête tendant à l'annulation d'une circulaire au regard du bien-fondé de cette dernière. D'ailleurs, les auteurs des Grands Arrêts de la Jurisprudence Administrative l'ont constatés en considérant que « le Conseil d'État ne commence pas par examiner la nature de la circulaire, mais sa légalité ; de sa légalité, il déduit sa nature. C'est la légalité de la circulaire qui révèle son caractère interprétatif »[1].

D'ailleurs, cette modification de la logique contentieuse du Conseil d'État a, d'une part, conduit à une opposition entre les commissaires du Gouvernement et la formation de jugement sur la qualification à retenir mais surtout à effriter l'examen par le juge des circulaires. En effet, au regard de la diversité des dispositions contenues dans une circulaire ou une instruction, le caractère réglementaire pourrait n'être reconnu que pour certaines d'entre elles. Dès lors, à l'aune du raisonnement du juge administratif, l'administré peut hésiter à soumettre une circulaire à la censure du juge au motif d'une diversité dans les dispositions retenues dans la circulaire. Cette position de la jurisprudence administrative ressort notamment de l'arrêt Da Silva du 13 janvier 1975[2] par lequel le Conseil d'État va diviser les dispositions d'une circulaire, en fonction du caractère réglementaire ou non, et ainsi se prononcer d'une part, sur l'illégalité de certaines dispositions et d'autre part, sur le rejet de la requête pour irrecevabilité. Dès lors, en l'espèce, le Conseil d'État opère une confusion entre les règles contentieuses relatives à la recevabilité de la requête et les règles conditionnant le bien-fondé de cette dernière. Cette jurisprudence heurte la logique contentieuse au motif que l'étude du bien-fondé de la requête ne saurait avoir pour conséquence de mettre à l'écart une requête pour irrecevabilité.

Ainsi, dès les prémisses d'application de la jurisprudence Institution Notre-Dame de Kreisker, le juge administratif se trouve face à la difficulté de mettre en œuvre ce critère du caractère réglementaire ou non des circulaires. Cependant, cette difficulté dans l'application de ce critère permet au juge administratif de disposer d'une large marge d'appréciation dans le cadre de son office.

---

[1] Braibant (G.), Long (M), Weil (P.), Delvolvé (P.), Genevois (B.), *Les grands arrêts de la jurisprudence administrative,* Dalloz, Coll « *Grands arrêts* », 13ème édition, 2001, n° 76.

[2] CE, 13 janvier 1975, *Da Silva et confédération française démocratique du travail CFDT c/ ministre de l'intérieur et ministre du travail, de l'emploi et de la population*, n° 90193, 90194, 91288, publié au recueil Lebon, concl. Dondoux ; AJDA 1975, p. 258, note André ; Dr. Soc. 1975, p. 275, concl. Dondoux ; JCP 1976.II.18235, note Pellet ; JDI 1976, p. 668, note Lyon-Caen ; D. 1975, p. 784, note Julian-Laferrière ; AFDI 1976, p. 890, note Lachaume.

La confusion dans les règles contentieuses, issue de la jurisprudence Institution Notre-Dame de Kreisker, a continué à trouver sa place dans les décisions du Conseil d'État, en ce sens que la haute juridiction administrative a jugé que son contrôle doit s'opérer sur les règles qui peuvent avoir été ajoutées au texte objet de l'interprétation. Ainsi, par un arrêt du 15 mai 1987, Ordre des avocats à la Cour de Paris[1], le Conseil d'État va, après avoir étudié la légalité de la circulaire – par un contrôle de l'absence d'ajout à la loi et à une absence de méconnaissance du droit en vigueur – se prononcer sur le caractère interprétatif de la circulaire. Afin de se prononcer sur ce caractère, le Conseil d'Etat va se fonder sur un triptyque composé du droit national en vigueur, des travaux préparatoires des textes législatifs et des textes de nature supranationale[2]. Une fois constaté le caractère interprétatif de la circulaire, c'est-à-dire après avoir procédé à l'étude du bien-fondé de la circulaire, le Conseil d'Etat déclare le recours irrecevable. Cette position de la haute juridiction administrative renverse les règles classiques du contentieux administratif.

Par la suite, la jurisprudence du Conseil d'État a évolué dans le sens d'une plus grande prise en considération des actes faisant grief. En effet, la haute juridiction administrative a jugé qu'une circulaire fait grief dès lors qu'elle oblige son destinataire à appliquer des textes qui seraient illégaux ou contraires à la hiérarchie des normes. Par son arrêt Institut français d'opinion (IFOP) en date du 18 juin 1993[3], le Conseil d'État ne se borne plus à opérer un contrôle du caractère interprétatif de la circulaire mais va plus loin en jugeant de l'exactitude de cette interprétation au regard du droit en vigueur[4]. D'ailleurs, le juge administratif va considérer comme réglementaire des dispositions d'une circulaire qui ajoutent au droit en vigueur au motif qu'elles prescrivent des obligations nouvelles non prévues par les textes. Ainsi, au regard du contrôle opéré, le juge administratif peut dégager le caractère réglementaire au regard de

---

[1] CE, 15 mai 1987, *Ordre des avocats à la Cour de Paris et autres*, n° 76867, publié au recueil Lebon, concl. Marimbert ; RFDA 1988, p. 145 concl. Marimbert.

[2] Voir aussi sur le contrôle de l'interprétation par une circulaire d'un accord international : CE Ass., 29 juin 1990, *Groupement d'information et de soutien des travailleurs immigrés (GISTI)*, n° 78519, publié au recueil Lebon, concl. Abraham ; *Grands arrêts de la jurisprudence administrative*, 19ème édition, n° 92 ; AJ 1990. 621, RGDIP 1990.879 et Rev. crit. DIP 1991.61 ; AJ 1990.631 note Teboul ; RFDA 1990.923, note Lachaume ; RD publ. 1990.1579, note Sabiani ; D. 1990.560, note Sabourin ; JCP 1990.II.21.579, note Tercinet ; JDI 1990.965, note Julien-Lafferière ; RJF 1990.626, note ; LPA, 19 septembre 1990, note Flauss ; Rev. crit. DIP 1991.79, note Lagarde ; RGDIP 1991.109, comm. Buffet-Tchakaloff ; RGDIP 1991.753, note Rousseau ; Revue de recherche juridique et de droit prospectif, 1991.441, comm. Ghevontian.

[3] CE, 18 juin 1993, *Institut français d'opinion*, n° 137317, 137369, 137553, publié au recueil Lebon, concl. Scanvic, RFDA 1993, p. 322, concl. Scanvic.

[4] CE, 14 janvier 1998, *Confédération française démocratique du travail (CFDT)*, n° 183894, publié au recueil Lebon, concl. Bonichot ; CE, 30 septembre 1998, *Groupement d'information et de soutien des travailleurs immigrés (GISTI)*, n° 164287, mentionné aux tables du recueil Lebon, concl. Abraham.

l'addition de nouvelles obligations issues du pouvoir d'interprétation de l'administration.

Cependant, la jurisprudence constante du Conseil d'Etat rappelle que le juge administratif n'opère aucun contrôle de l'illégalité du texte interprété qui n'a aucune incidence sur l'interprétation proposée par l'administration[1]. Pour autant, à cette jurisprudence constante de la haute juridiction administrative et participant à ce que Madame Fombeur appelle « la querelle des anciens et des modernes »[2], des décisions du Conseil d'État jugent quant à elles « que le juge doit tenir compte de l'ensemble du droit applicable pour vérifier que la circulaire en donne une correcte interprétation, eu égard aux exigences inhérentes à la hiérarchie des normes ; le juge peut ainsi être amené à vérifier que la règle qu'exprime le texte commenté et que réitère la circulaire n'est pas, le cas échéant, contraire à un texte de niveau supérieur »[3]. Cette position du Conseil d'État semble logique au regard de l'obligation d'applicabilité de l'ensemble du droit en vigueur et participe à une plus grande sécurisation du droit. En effet, l'ouverture du recours pour excès de pouvoir à l'encontre de l'interprétation doit permettre au juge administratif de contrôler les dispositions commentées, notamment au regard de normes supérieures à cette dernière. Ainsi, pour exemple, une circulaire interprétant une loi doit permettre au juge administratif de contrôler la conventionnalité de la loi.

D'ailleurs, la jurisprudence IFOP du Conseil d'État sera reprise avec plus de solennité par un arrêt d'assemblée. En effet, par une décision du 28 juin 2002, le Conseil d'État va préciser sa jurisprudence IFOP en ajoutant que la doctrine administrative objet d'un recours pour excès de pouvoir ne peut être que celle que l'administration peut édicter en application « des lois et règlements qu'elle a pour mission de mettre en œuvre »[4]. Cette modification du considérant de principe a pour conséquence de clore le débat initié entre les différents courants au sein du Conseil d'Etat et opère « une utile clarification d'une jurisprudence

---

[1] CE, 15 avril 1996, *Union des industries chimiques,* n° 136488, mentionné dans les tables du recueil Lebon, concl. Piveteau ; CE, 6 mai 1996, *Entreprise à responsabilité limitée du domaine d'Albareto,* n° 133859, mentionné aux tables du recueil Lebon, concl. Martin ; CE, 27 mai 1998, *Groupement d'information et de soutien des travailleurs immigrés (GISTI),* n° 170175, mentionné aux tables du recueil Lebon, concl. Hubert ; CE, 8 juillet 1998, *Fédération français des spiritueux*, n° 186184, publié au recueil Lebon, concl. Bachelier ; CE, 28 juillet 2000, *Confédération française de la boucherie, boucherie-charcuterie, traiteurs,* n° 206594, mentionné aux tables du recueil Lebon, concl. Goulard.

[2] Fombeur (P.), Conclusions sur CE, Sect, 18 décembre 2002, *Madame Duvignères,* n°233618, Lebon, Concl. Fombeur ; RFDA 2003, p.274, concl. Fombeur et 510, note Petit ; AJ 2003, p.487, chron. Donnat et Casas ; JCP Adm 2003, n°5, p.94, comm. J. Moreau ; LPA 23 juin 2003, note Combeau ; Mélanges Moderne, P.357, art. Prétot.

[3] Voir en ce sens, CE, 14 janvier 1998, *Confédération française démocratique du travail (CFDT),* n° 183894, publié au recueil Lebon, concl. Bonichot ; CE Sect., 2 juin 1999, *Meyet,* n° 207752, publié au recueil Lebon, concl. Bonichot.

[4] CE Ass., 28 juin 2002, *Villemain,* n° 220361, publié au recueil Lebon, concl. Boissard ; RFDA 2002, p. 723, concl. Boissard ; AJDA, 2002, p. 586, chron. Donnat (F.) et Casas (D.).

qui avait pu apparaître traversée de deux courants divergents »[1] selon les commentateurs autorisés de la jurisprudence administrative.

Pour autant, face à la complexité et aux motifs d'opportunité nés de l'arrêt Institution Notre-Dame de Kreisker et de la jurisprudence postérieure, le Conseil d'État opéra un revirement de jurisprudence au travers de l'arrêt Madame Duvignères[2]. Par cet arrêt, le Conseil d'Etat a abandonné la distinction entre circulaires réglementaires et interprétatives au profit d'une distinction entre circulaires impératives et non impératives. Cependant, quand bien même cette jurisprudence aurait dû permettre de clarifier la situation, le critère d'impérativité du contenu de la circulaire reste difficile à évaluer *a priori*. En effet, comme le dit le professeur Collet, « l'abandon, au stade de l'examen de la recevabilité du recours, de la distinction entre interprétative et réglementaire au profit de la référence au caractère impératif a-t-il vraiment simplifié les choses ? »[3]. Cette nouvelle distinction garantit au juge administratif, un large et réel pouvoir d'appréciation émanant du caractère subjectif de ce critère de l'impérativité au motif « notamment, qu'il faut être sensible, au moins autant qu'au vocabulaire employé, au ton général du document et au contexte dans lequel il se situe »[4].

Cette évolution jurisprudentielle n'aura donc pas permis la reconnaissance de la possibilité d'invoquer la doctrine administrative, ce qui confirme que le juge administratif ne semble pas accorder de garanties au profit de l'administré. Pour autant, le juge administratif n'ayant jamais eu à se prononcer sur l'invocabilité et l'opposabilité de la doctrine administrative du droit de la commande publique spécifiquement, quand bien même il a eu à se prononcer sur la légalité de l'ajout de documents et renseignements en surplus de ceux limitativement énumérés dans l'arrêté du 28 août 2006[5], la jurisprudence Madame Duvignères semble donc s'appliquer en l'espèce. Pour autant, la position du juge administratif concernant la doctrine administrative de la commande publique semble s'opposer à la vision renouvelée de l'Etat, aux garanties offertes au citoyen administratif et à l'application de principes nés ou mis en exergue par le droit de

---

[1] Donnat (F.) et Casas (D.), *Chronique sur CE Ass., 28 juin 2002, Villemain,* n° 220361, publié au recueil Lebon, concl. Boissard, AJDA, 2002, p. 586.

[2] CE, Sect, 18 décembre 2002, *Madame Duvignères,* n°233618, Lebon, Concl. Fombeur ; RFDA 2003, p.274, concl. Fombeur et 510, note Petit ; AJ 2003, p.487, chron. Donnat et Casas ; JCP Adm 2003, n°5, p.94, comm. J. Moreau ; LPA 23 juin 2003, note Combeau ; Mélanges Moderne, P.357, art. Prétot.

[3] Collet (M.), *« La recevabilité du recours en annulation contre les instructions fiscales »*, DF, n°25 du 23 juin 2005, p. 1073.

[4] Chapus (R.), *Droit du contentieux administratif*, Montchrestien, 11ème édition, 2004, p.524.

[5] CE, 11 avril 2014, *Ministre de la défense c/ Société Legrand Bâtisseurs*, n° 375245, mentionné aux tables du recueil Lebon, concl. Dacosta ; AJDA 2014, p. 827 ; Le Moniteur – Contrats publics, 1er mai 2014, n° 143, p. 10-11, note. Jouguelet (J-P.) ; Revue Lamy des collectivités territoriales, 1er juin 2014, n° 102, p. 36, Glaser (E.) ; Contrats et marchés publics, 1er juin 2014, n° 6, p. 78-79, Zimmer (W.) ; Droit administratif, 1er juillet 2014, n° 7, p. 31-34, Brenet (F.) ; BJCP, 1er septembre 2014, n° 96, p. 348-354, concl. Dacosta (B.) ; Le moniteur- Contrats publics, 1er novembre 2014, n° 148, p. 62-65, obs. Faucher (S.).

l'Union européenne (sécurité juridique, intelligibilité du droit, confiance légitime)[1]. La jurisprudence Madame Duvignères n'a donc pas permis la clarification tant attendue du régime juridique de la doctrine administrative, en ce sens que le critère de l'impérativité n'étant pas simple à manier, les administrés peuvent se trouver dépourvus de moyens de contestation de la légalité dès lors qu'une disposition n'aurait pas selon le juge, le caractère impératif. Pour autant, cette jurisprudence a marqué un pas en avant vers la reconnaissance de l'opposabilité et de l'invocabilité de la doctrine administrative.

**
*

L'évolution contentieuse et doctrinale sur le régime juridique de la doctrine administrative doit s'orienter dans le sens d'une plus grande reconnaissance de celle-ci au motif que les administrations l'utilisent comme élément central de leur action et que les administrés se fondent sur ces positions pour prendre leurs décisions. En effet, ainsi qu'il a été évoqué précédemment, les entreprises soumissionnaires aux contrats de la commande publique utilisent la doctrine administrative afin d'organiser leur vie, notamment avant de déposer une offre. Dès lors, pour une plus grande sécurité juridique et une stabilité des relations contractuelles, l'opposabilité et l'invocabilité de la doctrine administrative devient une nécessité pour laquelle l'on pourrait chercher une inspiration dans le droit fiscal.

II. L'opposabilité de la doctrine fiscale, un système de garantie exemplaire

La non-invocabilité et la non-opposabilité de la doctrine administrative paraît être une règle insurmontable au regard du droit administratif général[2]. Pourtant, un pan du droit public admet l'opposabilité de la doctrine administrative adoptée par les services de l'administration fiscale.

En effet, dans ce domaine aux fortes contraintes économiques, le pouvoir réglementaire suivi par le législateur ont très tôt consacré un mécanisme de protection du contribuable afin de garantir le principe de sécurité fiscale. Ce mécanisme se traduit par l'article L. 80 A du livre des procédures fiscales (A). Pour autant, cet outil offrant une large protection aux contribuables serait privé d'effet si la jurisprudence administrative ne l'avait pas consacré comme un système de garanties du contribuable (B).

---

[1] Tamzini (W.), *Recherches sur la doctrine de l'administration*, L'harmattan, Coll. « *Logiques juridiques* », mars 2015, p.273.

[2] E. Coulon, *L'opposabilité de la doctrine administrative après la loi ESSOC*, RDP, septembre 2021, p. 1185

A. L'article L. 80 A du LPF, un mécanisme de protection du contribuable

Une brève histoire de l'article L. 80 A du livre des procédures fiscales (LPF) – La position d'admission de l'opposabilité de la doctrine administrative fiscale est le fruit d'une histoire ancienne[1] dont le principe intervient lors d'une séance à la Chambre des députés dans le contexte de la lecture de l'article 2 quater de la loi de finances pour 1928. Ainsi, par deux déclarations des commissaires du Gouvernement, le premier jalon de la reconnaissance de l'opposabilité et de l'invocabilité de la doctrine fiscale fut posé ; jalon garantissant le contribuable quant à la position adoptée par l'administration fiscale et infirmant la rétroactivité des changements de position. Cependant, ces déclarations n'ont aucune valeur juridique mais constituent uniquement une orientation de l'action administrative. Afin de confirmer la position adoptée par les commissaires du Gouvernement, deux instructions fiscales des 31 janvier 1928 et 23 mars de la même année[2] vont être rédigées et leur objet est de préciser la limitation de l'exercice du droit de prise de l'administration fiscale. Quand bien même l'administration se serait prononcée en faveur du principe de l'opposabilité de la doctrine administrative fiscale, le Conseil d'État contestera la portée de cette opposabilité[3].

Cette contradiction entre la volonté de l'administration fiscale et la jurisprudence du Conseil d'État a conduit le législateur à se prononcer par l'article 100 de la loi du 28 décembre 1959[4]. Par cette disposition, le législateur consacre l'opposabilité de la doctrine administrative fiscale mais ne reprend pas les conditions fixées en 1928. Ce principe posé par le législateur fera l'objet d'un commentaire de la part de l'interprète autorisé par une note de service de l'administration générale, de la législation et du contentieux en date du 1er août 1961 ; note ayant pour objet de contrer la volonté du législateur de restreindre les pouvoirs dévolus à l'administration dans le domaine du contrôle fiscal. En effet, le législateur a permis à l'ensemble des contribuables de se prévaloir de l'interprétation formulée par l'administration à son encontre. Ainsi, le législateur a entendu encadrer les pouvoirs de l'administration, en matière fiscale, par la production de sa doctrine administrative. Pour autant, la volonté du législateur présente deux grandes limites. D'une part, ainsi que l'expose le professeur Ricci, l'objet de cette disposition « n'est pas d'empêcher les

---

[1] Sur ce point, voir notamment, Chambre des députés, 19ème législature – Session extraordinaire de 1927 – Compte rendu *in extenso*, 47ème séance, 1ère séance du Dimanche 11 décembre 1927, JORF – Débats parlementaires, p. 3826 ; Delage-Eymard (M.), *L'opposabilité de la doctrine administrative fiscale*, Thèse, Paris X, 1997, p. 12 et suivantes.

[2] Ces notes précisaient notamment qu' « *il est des cas où la bonne foi du contribuable est tellement évidente qu'il apparaît injuste de réclamer l'impôt rétroactivement* ».

[3] CE, 20 novembre 1931, *Société anonyme X*, Gazette du Palais, 1932, n° 1, p. 148 : « *le changement de doctrine administrative ne peut être invoqué pour contester le bien-fondé des impositions* »

[4] Loi n° 59-1472 du 28 décembre 1959 *portant réforme du contentieux fiscal et divers aménagements fiscaux*, JORF du 29 décembre 1959, p. 12460.

revirements de doctrine, ce qui serait d'ailleurs absurde, mais d'interdire à l'administration de donner un caractère rétroactif à ses changements de doctrine »[1]. D'autre part, la notion d' « interprétation formellement admise par l'administration » implique nécessairement que cette doctrine administrative soit adoptée par des agents publics ayant un rang tel qu'ils puissent engager leur administration. L'article 21 de la loi du 9 juillet 1970[2] va confirmer définitivement, par le biais de la codification à l'article L. 80 A du livre des procédures fiscales, la possibilité d'opposer à l'administration, la doctrine issue de ses prises de position.

Ce mécanisme participe à la prévisibilité d'un droit aussi technique que le droit fiscal. Dans un but de sécurité juridique, l'opposabilité de la doctrine administrative « repose sur une idée simple : le contribuable doit pouvoir se fier aux indications contenues dans la doctrine fiscale en vigueur au moment de l'imposition, sans que l'administration puisse ensuite le lui reprocher, quand bien même elle déciderait de changer de doctrine ou encore si ladite doctrine se révélait illégale »[3]. Ce mécanisme agit donc comme un élément central du droit fiscal français, en ce sens qu'il met en place un système de garanties au profit du contribuable. D'ailleurs, l'article L. 80 A du livre des procédures fiscales est interprété par la doctrine universitaire comme un mécanisme de garanties de la sécurité fiscale[4] quand bien même il a pu être qualifié d' « anomalie juridique »[5].

Pour autant, ainsi que le précisait le président Richer, l'article L. 80 A du livre des procédures fiscales met « entre parenthèses la règle de droit normalement applicable en permettant d'obtenir un régime plus favorable que celui organisé par la loi »[6] et répond ainsi à la conception subjective de la sécurité juridique. La possibilité de mise à l'écart d'une disposition législative par une source de droit bien inférieure va toutefois à l'encontre de la théorie de la hiérarchie des normes, notamment au regard de ce droit souterrain que constitue la doctrine fiscale. Pour autant, la disposition édictée au profit de l'administration par le législateur fiscal apparaît comme une nécessité au regard du mode d'interprétation de la règle que constitue la doctrine administrative et de la protection du contribuable.

L'ouverture du recours pour excès de pouvoir à l'encontre de la doctrine fiscale – Afin de mettre en œuvre la conception subjective de la sécurité

---

[1] Ricci (J-C), *Le pouvoir discrétionnaire de l'administration fiscale,* Thèse, Aix-Marseille, PUF, 1977, p. 353.

[2] Loi n° 70-601 du 9 juillet 1970 *portant diverses dispositions d'ordre économique et financier,* JORF du 10 juillet 1970, p. 6466.

[3] Collet (M.), *Droit fiscal,* PUF, Coll. « *Thémis* », 5ème édition, décembre 2014, p.107.

[4] Bouvier (M.), *« La doctrine administrative en droit fiscal : entre droit et politique »*, RFFP n°75, septembre 2001, p.85-86.

[5] Richer (D.), *Les droits du contribuable dans le contentieux fiscal,* Paris, LGDJ, Coll. Systèmes, 1997, p. 328.

[6] Richer (D.), *Les droits du contribuable dans le contentieux fiscal,* Paris, LGDJ, Coll. Systèmes, 1997, p. 328.

juridique, le recours pour excès de pouvoir à l'encontre des dispositions de la doctrine fiscale a été ouvert. En effet, cette ouverture consacre la possibilité pour tout administré de contester la prise de position de l'administration adoptée, par voie de circulaire ou d'instruction, ou de tout acte de droit souple[1]. Cette faculté offerte à l'administré a connu un plein succès dans le champ du droit fiscal. En effet, le contribuable dispose, du fait de la jurisprudence constante du Conseil d'État, de la faculté de contester toutes instructions à caractère fiscal et cela lui est plus aisé en ce sens que l'administration fiscale commente l'ensemble des dispositions fiscales nouvelles ou anciennes. D'ailleurs, cette administration procède à une mise à jour régulière de l'ensemble de ses commentaires relatifs aux dispositions fiscales[2].

La doctrine fiscale est marquée par son importance quantitative « mais aussi par ses conséquences pratiques, car elle constitue l'outil de référence de l'administration fiscale, et par voie de conséquence, des praticiens de la fiscalité, d'autant plus que, dans le domaine fiscal, cette doctrine est opposable à l'administration en vertu d'une disposition spéciale du Livre des procédures fiscales »[3]. Dès lors, au regard de la compétence des juges du Palais royal pour connaître des litiges relatifs à la légalité de cette doctrine fiscale, les contribuables, contestant la légalité de cette interprétation, trouvent un avantage à cette voie de droit afin de disposer de la position définitive de l'interprète authentique.

Le recours pour excès de pouvoir exercé par les contribuables à l'encontre des actes de la doctrine administrative de l'administration fiscale permet ainsi de clarifier les positions relatives aux impositions et à l'interprétation des dispositions législatives. Ce recours agit donc comme un mécanisme garantissant la sécurité juridique au profit du contribuable. Il convient donc de s'interroger sur le régime juridique de cette voie de droit offerte au contribuable. L'article L. 80 A du livre des procédures fiscales constitue un mécanisme de garanties au profit du contribuable du fait d'un intérêt à agir largement entendu

---

[1] En ce sens, voir CE, Ass, 29 janvier 1954, *Institution Notre-Dame de Kreisker*, n°07134, Lebon, Concl. Tricot, RPDA 1954, p.50, concl. Tricot ; AJ 1954. II bis.5, chron. Gazier et Long ; RD Publ. 1955.175, note M. Waline.

[2] Afin de constater cette prégnance de l'évolution des commentaires, il est nécessaire de se référer à la version en ligne du BoFip qui fait l'objet d'une mise à jour régulière de ces dispositions au regard des évolutions législatives, réglementaires ou jurisprudentielles.

D'ailleurs, l'avènement des nouvelles technologies de l'information et de la communication a permis de développer une base de données de commentaires et d'instructions fiscales au travers du BoFip. La doctrine fiscale fait aujourd'hui l'objet d'une publication uniquement dans une version dématérialisée dite « *BoFip-Impôts* ». Cette base de données a été mise en place par un arrêté du ministre chargé des finances en date du 7 septembre 2012, *pris en application du décret du 8 décembre 2008 relatif aux conditions de publication des instructions et circulaires*. De plus, ce décret prévoit que la publication d'une circulaire ou d'une instruction fiscale sur cette base de données dématérialisée produit les mêmes effets juridiques que s'il avait été publié sur le site du Premier ministre.

[3] Austry (S.), *« Le recours pour excès de pouvoir contre les instructions fiscales »*, RFFP, 1er avril 2015, n° 130, p. 71.

et de l'ensemble des actes pouvant faire l'objet de cette contestation. En effet, au visa de cette disposition du livre des procédures fiscales, les réponses ministérielles peuvent faire l'objet d'un recours pour excès de pouvoir alors que le Conseil d'État a toujours refusé une extension de ce principe dans les autres contentieux relevant de sa juridiction[1].

Tout d'abord, l'intérêt à agir des contribuables semble être largement admis par la haute juridiction administrative. En effet, de par l'origine du recours pour excès de pouvoir et de ses conséquences contentieuses, le Conseil d'État a toujours admis la souplesse des conditions nécessaires pour exercer ce recours, notamment au regard de l'intérêt à agir au motif qu'il refuse la théorie de l'exception de recours parallèle[2]. Dans l'hypothèse la plus classique, le contribuable – ayant fait l'objet d'un rehaussement de son imposition alors qu'il a suivi la doctrine fiscale – dispose nécessairement d'un intérêt à agir pour contester l'interprétation faite de la loi fiscale si cette interprétation lui est défavorable. Le Conseil d'État ouvre ainsi son prétoire aux contribuables ayant subi les conséquences négatives d'une interprétation proposée par l'administration fiscale.

Pour autant, l'intérêt à agir à l'encontre des instructions fiscales dispose d'un champ plus large que les seuls contribuables. En effet, la haute juridiction a jugé que les contribuables, n'ayant subi qu'une hypothétique incidence sur leur situation fiscale, peuvent contester la légalité de l'interprétation prononcée par les services du ministère de l'économie et des finances[3]. De plus, le Conseil d'État admet l'intérêt à agir par ricochet de certains contribuables[4]. La haute juridiction apprécie donc la situation fiscale du contribuable et son intérêt à agir à l'aune de sa situation globale, notamment au regard de ses liens commerciaux et de marché. De même, l'intérêt à agir des groupements et des associations est reconnu dès lors qu'ils interviennent pour le compte des contribuables appartenant au groupement ou à l'association[5]. Dès lors, à l'aune de cette jurisprudence du Conseil d'État, l'intérêt à agir doit être entendu dans toutes les hypothèses où un intérêt serait lésé et que la doctrine fiscale serait défavorable au contribuable.

---

[1] En ce sens, CE, Sect., 16 décembre 2005, *Société Friadent France*, n°272618, Lebon, Concl. Olléon ; RKF 2006, n°294 ; BDCF 2006, n°36, Concl. Olléon ; RJF 2006, p185, chron. Bénard ; AJDA 2006, p.721, note. Collet.

[2] CE, 25 novembre 2009, *Lachmann*, n° 323334, mentionné dans les tables du recueil Lebon, RJF 2/10, n° 122, concl. Escaut (N.), BDCF 2/10, n° 19.

[3] CE, 21 novembre 2011, *de Beaumont*, n° 329439, mentionné aux tables du recueil Lebon RJF 2/12, n° 128, concl. L. Olléon, BDCF, 2/12, n° 21.

[4] En ce sens, voir CE, 29 juin 2005, *SA Ets Louis Mazet et a*, n° 268681, publié au recueil Lebon, RJF 10/05, n° 1016, concl. L. Olléon, BDCF 10/05, n° 114 ou CE, 20 décembre 2013, *SA Axa France vie*, n°S 371157, 372625 et 372675, Inédit au recueil Lebon.

[5] En ce sens, voir CE, 28 novembre 2003, *Fédération des entreprises de transport et logistique de France*, n° 246501, mentionné aux tables du recueil Lebon ou CE, 27 mai 2002, *Syndicat de l'industrie des technologies de l'information*, n° 229133, inédit au recueil Lebon, RJF 8-9 février, n° 925, Chron. L Olléon, concl. G. Goulard, BDCF 8-9, février, n° 109.

Pourtant, le Conseil d'État va également accepter le recours pour excès de pouvoir à l'encontre d'une interprétation favorable de l'administration fiscale au profit du contribuable. En effet, une interprétation peut être favorable pour certains contribuables tandis que d'autres connaîtront un impact négatif sur leur imposition du fait de cette doctrine. Dès lors, ces derniers seront admis à en contester la légalité. Par un arrêt Association Freudienne et Robinet[1], le Conseil d'État a considéré que le recours pour excès de pouvoir à l'encontre d'une instruction fiscale favorable à une catégorie de contribuable est ouvert aux contribuables – appartenant au même « cercle d'intérêt »[2] – subissant du fait de cette instruction, une distorsion de concurrence. Par contre, une limite à l'intérêt à agir des contribuables doit être dégagée à l'aune de l'arrêt du Conseil d'État du 23 mars 2005 par lequel la haute juridiction va refuser d'admettre un recours pour excès de pouvoir contre une instruction fiscale dès lors que le recours n'a pour unique objet que l'intérêt de la loi[3].

Ensuite, dans une approche protectrice du contribuable et de ses intérêts, la haute juridiction administrative considère, depuis l'arrêt Association Freudienne et Robinet du 4 mai 1990 précité, que les modalités de publication ne sont pas « de nature à faire courir le délai de recours contentieux »[4]. Cette position a été confortée par la jurisprudence constante du Conseil d'État qui estime que « son insertion au Bulletin officiel de la direction générale des impôts n'a pas constitué une publication suffisante pour en rendre les dispositions obligatoires à l'égard des contribuables ; que, dans ces conditions, lesdites dispositions ne sont pas opposables aux contribuables et ne peuvent pas non plus être invoquées par eux »[5]. Cette solution semble contestable sur deux points.

D'une part, dans le domaine fiscal, le Conseil d'Etat s'est écarté de sa jurisprudence Million[6] qui avait admis la recevabilité d'un recours dès lors que l'acte est publié dans un recueil en application d'une disposition législative ou réglementaire. Au regard de la publication des instructions fiscales dans le BoFip, ces dernières font l'objet d'une publicité équivalente à celle faite au Journal officiel de la République française et ainsi, le délai de droit commun pour la contestation doit s'appliquer. Pourtant, le Conseil d'État a estimé devoir

---

[1] CE, Sect., 4 mai 1990, *Association freudienne et Robinet,* n°s55124 – 55137, publié au recueil Lebon, concl. M. Racine, RJF 6/90, n° 674, Dr. Fisc. 25-26/90, c. 1272, GAJF 4ème édition, n° 8.

[2] Austry (S.), *« Le recours pour excès de pouvoir contre les instructions fiscales »*, RFFP, 1er avril 2015, n° 130, p. 71.

[3] CE, 23 mars 2005, *Institut des avocats conseils fiscaux*, n° 264997, publié au recueil Lebon, Concl. L. Vallée.

[4] CE, Sect., 4 mai 1990, *Association freudienne et Robinet*, n°s55124 – 55137, publié au recueil Lebon, concl. M. Racine, RJF 6/90, n° 674, Dr. Fisc. 25-26/90, c. 1272, GAJF 4ème édition, n° 8.

[5] CE, 29 juillet 1983, n° 31761, publié au recueil Lebon, concl. M. Rivière, RJF 10/83, n° 1179, chron. Racine, p. 493.

[6] CE Sect., 27 juillet 2005, *Millon c/ Tête,* n° 259004, publié au recueil Lebon, concl. Glaser (E.), AJDA 2005, p. 2462, note Janicot (L.).

s'écarter de cette position pour les instructions fiscales. Cette interprétation contestable de la jurisprudence du Conseil d'État a pour autant été réitéré de manière tant implicite qu'explicite dans des décisions postérieures[1] et cette exception relative au domaine fiscal ne fait plus aucun doute au sein de la juridiction administrative[2]. De plus, la publication, sur le site « www.circulaires.legifrance.gouv.fr » ou au BoFip serait sans incidence sur le délai de recours contentieux à l'encontre de cette instruction fiscale.

D'autre part, la jurisprudence récente du Conseil d'État nous impose de nous interroger sur la pérennité de cette solution jurisprudentielle. En effet, le Conseil d'État, par un arrêt du 13 juillet 2016[3], a jugé qu'en l'absence des voies et délais de recours contre les actes administratifs individuels, l'administré, en application du principe de sécurité juridique, ne peut contester cette décision que dans un délai raisonnable d'un an à compter de la date de la décision ou de la date à compter de laquelle il aurait dû la connaître. Quand bien même la jurisprudence M. Czabaj ne s'applique qu'aux décisions administratives individuelles, la tendance du Conseil d'État serait plutôt à la création d'un délai raisonnable de recours dans toutes les hypothèses où un délai de recours contentieux ne serait pas fixé. Ainsi, si le Conseil d'État venait à étendre cette position jurisprudentielle aux actes réglementaires, et par voie de conséquence à la doctrine fiscale, les contribuables ne pourraient plus contester la prise de position de l'administration que dans un délai raisonnable que le Conseil d'État a fixé à un an, à compter soit de la publication, soit de la décision individuelle de rehaussement.

Enfin, tirant toutes les conséquences de la jurisprudence Madame Duvignères[4] mais faisant fi de la position classique des formations fiscales[1], le

---

[1] Le Conseil d'État a jugé qu' « *en outre, au seul regard de la condition de délai de recours contentieux, le recours pour excès de pouvoir formé contre une instruction fiscale est recevable sans condition de délai, dès lors que celle-ci n'a fait l'objet que d'une publication au bulletin officiel des impôts, insuffisante pour faire courir ce délai » :* CE, 13 janvier 2010, *Nemo*, n° 321416, mentionné aux tables du recueil Lebon, Concl. N. Escaut, Revue générale du droit des assurances, janv. 2010, n° 1, p. 193, note Douet (F.) ; Les nouvelles fiscales, fev. 2010, n° 1040, p. 4, note Lassus (S.) ; Gaz. Pal. 26 fev. 2010, n° 57-58, Zapf (H.) et Toulemont (B.) ; Droit et patrimoine, 1er mars 2010, n° 190, Zapf (H.) et Le Tacon (M.) ; Revu de droit bancaire et financier, 1er mars 2010, n° 2, note Sauvage (F.) ; Dr. Fisc., 11 mars 2010, n° 10, p. 19 ; Les petites affiches, 5 avr. 2010, n° 67, p. 4, Rouault (M-C.) ; Gaz. Pal. 30 juil. 2010, n° 211-212, Hublot (G.) ; JCP N Semaine juridique, 5 juil. 2013, n° 27, p. 53, Jacquin (S.).

[2] Voir en ce sens, concl. V. Daumas sous CE, 16 juillet 2014, *Communauté de communes du Val-de-Sèvre,* n° 369736, inédit au recueil Lebon, Concl. V. Daumas.

[3] CE, Ass, 13 juillet 2016, *M. Czabaj*, n° 387763, publié au recueil Lebon, concl. Henrard, AJDA 2016, p. 1479, AJDA 2016, p. 1629, note Dutheillet de Lamothe (L.) et Odinet (G.).

[4] CE, Sect, 18 décembre 2002, *Madame Duvignères*, n°233618, Lebon, Concl. Fombeur ; RFDA 2003, p.274, concl. Fombeur et 510, note Petit ; AJ 2003, p.487, chron. Donnat et Casas ; JCP Adm 2003, n°5, p.94, comm. J. Moreau ; LPA 23 juin 2003, note Combeau ; Mélanges Moderne, P.357, art. Prétot.

Conseil d'État a admis que les circulaires, se bornant à résumer ou à reprendre des dispositions législatives, présentent un caractère impératif et que dès lors elles peuvent faire l'objet d'un recours pour excès de pouvoir[2]. Cette position jurisprudentielle participe donc à l'application du principe de sécurité juridique et partant de sécurité fiscale.

Dès lors, ces circulaires permettent au contribuable par ricochet d'opérer le contrôle de la loi aux normes supérieures. Ainsi, peut être soulevée par voie d'exception, la contrariété de la loi aux normes supérieures, telle que les directives européennes[3], les stipulations du traité[4], les règles issues de la Convention européenne de sauvegarde des droits de l'homme et des libertés fondamentales[5]. De même, depuis un arrêt Mathieu[6], le Conseil d'État a accepté la recevabilité d'une question prioritaire de constitutionnalité à l'appui d'un recours pour excès de pouvoir contre une instruction fiscale « alors même que l'instruction en cause se borne à prescrire à l'administration fiscale d'appliquer les dispositions législatives contestées et que leur inconstitutionnalité alléguée est l'unique moyen invoqué par les requérants au soutien de ce recours ». Cette position jurisprudentielle conduit *in fine* à « ouvrir aux contribuables une voie de recours quasi directe contre la loi »[7]. Dès lors, le contribuable – contestant une interprétation fiscale contenue dans un acte de la doctrine administrative – peut saisir le juge de l'excès de pouvoir d'une demande tendant, par ricochet, au contrôle de la loi ; contrôle opéré sur le fondement conventionnel ou constitutionnel.

Pour autant, la haute juridiction administrative a posé le refus de ce contrôle à l'aune de conventions fiscales bilatérales ainsi que dès lors que l'instruction ne procède pas à l'extension de cet avantage à des situations européennes[8].

---

[1] En ce sens, voir notamment CE, 4 février 2004, *OPHLM de Seine-et-Marne*, n° 248647, mentionné aux tables du recueil Lebon, Concl. G. Bachelier, RJF 4/04 n° 405, Chron. L. Olléon, p. 271 ; BDCF 4/04, n° 53.

[2] CE, 6 mars 2006, *Syndicat national des enseignants et des* artistes, n° 262982, publié au recueil Lebon, Concl. S. Verclytte, RJF 5/06, n° 573, BDCF 5/06, n° 66. Solution confirmée par CE, 2 juin 2006, *Chauderlot*, n° 275416, publié au recueil Lebon, Concl. E. Glaser, RJF 8-9/06, n° 1035.

[3] CE, 19 février 2003, *Société Auberge Ferme des Genêts*, n° 235697, mentionné aux tables du recueil Lebon, Concl. P. Collin, Dr. Fisc. 38/03, c. 646 ; JCP adm. 2003.26.858, note Tabaka (B.) ou CE, 29 juin 2005, *SA Ets Louis Mazet et a*, n° 268681, publié au recueil Lebon, RJF 10/05, n° 1016, concl. L. Olléon, BDCF 10/05, n° 114.

[4] CE, 2 juin 2006, *Chauderlot*, n° 275416, publié au recueil Lebon, Concl. E. Glaser, RJF 8-9/06, n° 1035.

[5] CE, 2 juin 2010, *Fondation de France*, n° 318014, publié au recueil Lebon, Concl. N. Escaut, RJF 8-9/10, n° 872, BDCF 8-9/10, n° 97.

[6] CE, 9 juillet 2010, *Mathieu*, n° 339081, mentionné aux tables du recueil Lebon, Concl. L. Olléon, RJF 11/10, n° 1079.

[7] Austry (S.), *« Le recours pour excès de pouvoir contre les instructions fiscales »*, RFFP, 1er avril 2015, n° 130, p. 71 et suivantes.

[8] CE, Ass., 28 juin 2002, *Société Schneider Electric*, n° 232276, publié au recueil Lebon, Concl. S. Austry, RJF 11/10, Chron. L. Olléon, p. 755 ; CE, 9 juillet 2010, *Société Jas Hennesy et Compagnie*, n° 314406, publié au recueil Lebon, Concl. G. Edouard, RJF 11/10,

Au regard de la souplesse du recours pour excès de pouvoir en matière fiscale, notamment quant aux interprétations de la loi fiscale, l'article L. 80 A du livre des procédures fiscales constitue un mécanisme de garanties nécessaire au contribuable dans ses opérations fiscales. En effet, quoi de plus dangereux pour le contribuable que l'insécurité fiscale et l'absence de mécanisme de garantie à son profit. D'ailleurs, ce système de garantie se présente sous quatre formes qui confirment son absence de normativité.

B. La jurisprudence du Conseil d'Etat, un système de garantie au profit du contribuable

Le Conseil d'État a toujours posé le principe selon lequel l'article L. 80 A du livre des procédures fiscales constitue un système de garantie au profit du contribuable et de ce fait, n'a aucune nature normative. Cette absence de normativité permet de mettre à l'écart toute incompatibilité entre la doctrine fiscale et son insertion dans la hiérarchie des normes. D'ailleurs, cette position est soutenue par le président Fouquet qui présente cette absence de normativité comme « une évidence juridique fondamentale »[1]. Pour autant, le Conseil d'État n'a pas toujours adopté cette position qui est le fruit de nombreux avis et arrêts dont il est nécessaire de mettre en exergue la portée (1).

Bouclant la boucle sur l'ensemble des questions sur lesquels la haute juridiction administrative a été amenée à se prononcer, le Conseil d'État, par l'avis « Madame Monzani »[2], va marquer le dernier temps de la reconnaissance de la non-normativité de la doctrine administrative en matière fiscale et confirmer sa position en tant que système de garantie au profit des contribuables (2).

1. L'absence de nature normative, le cœur du système de garantie

Ainsi qu'il vient d'être exposé, le Conseil d'Etat a toujours considéré que le mécanisme que l'article L. 80 A du livre des procédures fiscales constitue un système de garantie au profit du contribuable qui n'a aucune nature normative. Cette position juridictionnelle a été posée dans de nombreux avis et décisions dont il convient d'exposer les traits saillants.

Tout d'abord, la doctrine fiscale dispose d'une invocabilité asymétrique. En effet, face à l'interprétation formulée par l'administration fiscale, le contribuable se retrouve dans une position ambivalente, à la fois renforcée et affaiblie.

N° 1103 ; CE, 12 juillet 2013, *Gibier* n° 359314, mentionné aux tables du recueil Lebon, Concl. B. Bohnert, RJF 11/13, n° 1028, BDCF 11/13, n° 113 ; CE, 12 juillet 2013, *Aube Martin*, n° 359994, inédit au recueil Lebon, Concl. B. Bohnert, RJF 11/13, n° 1028, BDCF 11/13, n° 113.

[1] Fouquet (O.), *« La discrimination résultant d'une doctrine administrative est-elle sanctionnable ? »*, Dr. Fisc, n° 7-8, 14 février 2013, comm. 163 ; Commentaire sous CE, 29 octobre 2012, *Société Crédit Agricole SA*, n° 337253, mentionné aux tables du recueil Lebon, Concl. C. Legras.

[2] CE, Avis, 8 mars 2013, *Mme Monzani*, n°353782, publié au recueil Lebon, Concl. Crepey, AJDA 2013, p.552 ; RJF 2013, n°518.

D'une part le contribuable se trouve renforcé dès lors que les actes de la doctrine fiscale ne peuvent être le fondement de l'imposition[1]. Le Conseil d'État considère, en effet, qu'une instruction ministérielle ne saurait être le fondement d'une imposition légalement établie. Cette solution semble logique au regard de la hiérarchie des normes et de la non normativité de l'article L. 80 A du livre des procédures fiscales. D'ailleurs, la jurisprudence constante du Conseil d'État marque la volonté des juges du Palais royal de maintenir le principe de légalité de l'impôt en protégeant la possibilité offerte par le législateur de contester les interprétations fiscales.

D'autre part, la haute juridiction administrative considère que « l'administration ne peut utilement se prévaloir d'une interprétation contraire exprimée dans une instruction ministérielle »[2]. L'administration fiscale ne peut se prévaloir de la position qu'elle a elle-même adoptée afin de justifier d'une imposition. Ainsi, au-delà de l'impossibilité d'établir l'imposition sur un acte de la doctrine administrative, l'administration ne peut se prévaloir de ses propres instructions pour fonder une imposition, notamment si cette doctrine est contraire à la loi. Cette position du Conseil d'État permet de rappeler que le mécanisme de l'article L. 80 A du livre des procédures fiscales a pour objet de protéger le contribuable contre une utilisation, par l'administration fiscale, de ces vecteurs d'interprétation et de sa position dominante. Ainsi, le juge administratif entend garantir la légalité et ne permet pas l'opposabilité de l'ensemble des positions et interprétations proposées par l'administration fiscale.

Par ailleurs, la jurisprudence administrative promeut la garantie au profit du contribuable, en ce sens que ce dernier ne peut faire l'objet d'un rehaussement dès lors que dans l'application d'une instruction, il n'aurait pas appliqué une condition déclarée illégale par le juge[3]. De même, si le contribuable n'applique pas l'entièreté des conditions évoquées par la voie d'un acte de la doctrine fiscale, ce dernier ne saurait se prévaloir de cette doctrine pour faire obstacle à l'application de la loi[4]. Dès lors, le contribuable ne peut se prévaloir de la

---

[1] CE, plén., 26 juill. 1985, *Société Lefebure Isolants Réunis*, no 45149, publié au recueil Lebon, Concl. Bissara, Dr. fisc. 1986, comm. 581, concl. Bissara, RJF 1985. 688 ; CE, 27 févr. 1989, *SCI « La Résidence du Bocage »*, n° 57066, mentionné aux tables du recueil Lebon, Concl. Chahid-Nouraï, RJF 1989. 221 ; CE, 8 oct. 1990, *Ministre d'État, Ministre de l'économie, des finances et de la privatisation c/ M. X*, no 92165, inédit au recueil Lebon, Concl. J. Arrihghi de Casanova, Dr. fisc. 1990, comm. 2204, concl. Arrighi de Casanova; RJF 1990, no 1482.

[2] CE, plén. 26 juill. 1985, *Société Lefebure Isolants Réunis,* n° 45149, publié au recueil Lebon, Concl. Bissara, Dr. fisc. 1986, comm. 581, concl. Bissara, RJF 1985. 688 ; CE, 26 oct. 1994, n° 116175, publié au recueil Lebon, concl. Bachelier, RJF 1994, n° 1349; Dr. fisc. 1995, comm. 100, concl. Bachelier

[3] CE, 25 févr. 2004, *Société française de Réassurances,* n° 222904, publié au recueil Lebon, Concl. L. Vallée, RJF 2004, n° 499; BDCF 2004, n° 63, concl. Vallée; Dr. fisc. 2005, n° 3, comm. 84, concl. Vallée, note Gagneur.

[4] CE, 15 octobre 2014, *Société GDF Suez Energie*, n° 361861, inédit au recueil Lebon, Concl. E. Crépey, RJF 2015, n° 41; Dr. fisc. 2015, n° 6, comm. 134, concl. E. Crépey.

position de la doctrine administrative fixant des conditions que dans la mesure où il respecte les conditions dégagées par cette interprétation ou qu'il l'écarte du fait de son illégalité.

De plus, le Conseil d'Etat a toujours considéré que l'interprétation contenue dans une instruction fiscale ne peut faire l'objet d'une nouvelle interprétation, qu'elle soit *a contrario* ou téléologique, mais doit être appliquée littéralement[1]. Par un arrêt du 31 mars 1993[2], le juge administratif a estimé que, lorsque l'administration énonce son interprétation d'un texte fiscal en vertu de l'article L. 80 A du livre des procédures fiscales, elle ne peut se soustraire aux effets de cette disposition en prévoyant que les mesures corrélatives devront être prises dans le cadre de la juridiction gracieuse. Ainsi, l'administration ne saurait aller jusqu'à mettre à l'écart les dispositions fiscales de nature législative.

Par la suite, le Conseil d'État a entendu préciser la nature du mécanisme institué par l'article L. 80 A du livre des procédures fiscales. L'invocabilité de la doctrine fiscale, sur le fondement de cette disposition du livre des procédures fiscales, a permis, du fait de l'absence de caractère normatif, de poser le principe selon lequel il est impossible de détourner l'esprit de l'interprétation proposée par l'administration fiscale. Dès lors, afin de se prévaloir de cette interprétation, le contribuable doit vérifier à tout le moins qu'il entre dans les prévisions de ces instructions fiscales. Ce principe ressort de la jurisprudence du Conseil d'État dans l'affaire dite des Fonds-turbo[3]. Dans cette affaire, les redevables ont appliqué à la lettre une instruction, tout en sachant que cette dernière leur était très favorable. En effet, au regard d'une mauvaise rédaction de cette instruction, les redevables ont bénéficié d'une situation très favorable qualifiée par le professeur Cozian de « casse fiscal du siècle »[4]. En l'espèce, le Conseil d'État avait été saisi d'un avis contentieux par le tribunal administratif d'Orléans pour l'examen de la question suivante : « l'administration est-elle en droit de faire usage de la procédure de répression des abus de droit à l'encontre d'un contribuable qui a appliqué à la lettre une doctrine contenue dans une instruction publiée et non rapportée à la date des opérations en cause ? »[5]. Sur le fondement

---

[1] CE, 24 mai 1989, *Société Massy-Mastic*, n° 63659, mentionné aux tables du recueil Lebon, Concl. P. Martin, RJF 1989, 435, Dr.fisc, 1989, comm. 1968.

[2] CE, 31 mars 1993, *Ministre délégué auprès du ministre d'État, ministre de l'économie, des finances et du budget, chargé du budget c/ Société Sofither*, n° 115926, mentionné aux tables du recueil Lebon, Concl. Gaeremynck, RJF 1993, n° 844.

[3] CE, Avis Ass, 8 avril 1998, *Société de distribution de chaleur de Meudon et d'Orléans*, n°192539, publié au recueil Lebon, Concl. Goulard, RJF 1998 n° 593, concl., chron. Verclytte ; Dr. Fisc 1998, comm. 398.

[4] Cozian (M.), *« Fonds-turbo, abus de droit et opposabilité de la doctrine administrative »*, in *Les grands principes de la fiscalité des entreprises*, Litec, 4ème édition, 1999, p.81. Cette décision a été confirmée récemment : CE, 28 octobre 2020, n° 428048, publié au recueil Lebon

[5] TA d'Orléans, 9 décembre 1997, *Société de distribution de chaleur de Meudon et d'Orléans*, n° 95-1535, RJF 1998, n° 86 ; BDCF 1998, n° 22, concl. Ledamoisel ; Dr. Frisc 1998, comm. 106.

des articles L. 64 et L. 80 A du livre des procédures fiscales, le Conseil d'État va se prononcer comme suit.

La haute juridiction administrative précise qu'il résulte des dispositions de l'article L. 80 A du livre des procédures fiscales « qu'elles instituent un mécanisme de garantie au profit du contribuable qui, s'il l'invoque, est fondé à se prévaloir de l'interprétation contraire à la loi que l'administration a donné de celle-ci dans ses instructions ou circulaires dont il a respecté les termes ». Le Conseil d'Etat tire les conséquences de ce principe en indiquant qu'en présence d'un contribuable ayant appliqué la doctrine fiscale, l'administration ne saurait faire échec au mécanisme précédemment évoqué et mettre en œuvre une procédure de répression des abus de droit[1]. Contrairement au principe posé par l'article L. 64 du livre des procédures fiscales[2], dès lors que le contribuable entre dans les prescriptions de la doctrine administrative, l'administration fiscale ne peut aller à l'encontre du mécanisme de garantie issu de l'article L. 80 A du livre des procédures fiscales. Ainsi, le Conseil d'État opère une conciliation entre l'opposabilité de la doctrine administrative en matière fiscale et la notion d'abus de droit.

Dès lors, la doctrine administrative est un système de garantie et de protection du contribuable et non une norme, en ce sens que personne ne peut en détourner l'esprit[3]. En effet, dans cet avis, le Conseil d'État s'est opposé au détournement de l'esprit d'une instruction au motif que les redevables l'avaient appliquée à la lettre. Dès lors, l'administration est tenue par les dispositions qu'elle a édictées et elle ne saurait changer sa veste doctrinale afin de faire échec à l'application de cette garantie[4]. De ce principe découle que, contrairement à l'approche téléologique qui veut que le juge administratif se réfère à l'esprit du texte, la doctrine administrative ne peut être interprétée en fonction de la volonté de l'administration fiscale mais doit connaître une interprétation littérale. D'ailleurs, le professeur Pellas précise que les décisions du Conseil d'État « ont

---

[1] Sur cette notion, voir Lamy (V.), *L'équilibre de l'abus de droit en matière fiscale : entre insécurité juridique objective et recherche de confiance légitime*, RDP, septembre 2021, p. 1211

[2] L'article L. 64 du livre des procédures fiscales précise la procédure de répression des abus de droit en matière fiscale. De cet article, le Conseil d'État a considéré qu'il « *résulte de ces dispositions que lorsque l'administration use des pouvoirs que lui confère ce texte dans des conditions telles que la charge de la preuve lui incombe, elle est fondée à écarter comme ne lui étant pas opposables certains actes passés par le contribuable dès lors qu'elle établit que ces actes, même s'ils n'ont pas un caractère fictif, n'ont pu être inspirés par aucun motif autre que celui d'éluder ou d'atténuer les charges fiscales que l'intéressé, s'il n'avait pas passé ces actes, aurait normalement supportées eu égard à sa situation et à ses activités réelles* » (CE, Avis Ass, 8 avril 1998, *Société de distribution de chaleur de Meudon et d'Orléans*, n°192539, publié au recueil Lebon, Concl. Goulard, RJF 1998 n° 593, concl., chron. Verclytte ; Dr. Fisc 1998, comm. 398).

[3] Turot (J.), « *La vraie nature de la garantie contre les changements de doctrine* », RFJ 5/92, p.375.

[4] Turot (J.), « *La vraie nature de la garantie contre les changements de doctrine* », RFJ 5/92, p.375.

été adoptées eu égard à une interprétation téléologique de la garantie instituée à l'article L. 80 A du LPF. Celle-ci dérive de la nature de la garantie, exclusivement processuelle et non-normative »[1]. Ainsi, le juge administratif doit appliquer une interprétation téléologique quant au mécanisme institué par l'article L. 80 A du livre des procédures fiscales mais ne peut le faire quant à l'application de ce mécanisme aux actes de la doctrine fiscale. En l'espèce, le Conseil d'État a écarté, de manière classique, l'abus de droit prévu à l'article L. 64 du livre des procédures fiscales pour privilégier la garantie prévue à l'article L. 80 A du même livre et a précisé que les textes de la doctrine fiscale ne sauraient connaître une interprétation quelle qu'elle soit.

Ensuite, l'article L. 80 A du livre des procédures fiscales est un mécanisme de garantie du fait de la non-normativité de la doctrine fiscale entendue comme un « non-événement ». En effet, ainsi que le précise Monsieur Crepey, dont le raisonnement se fonde sur un arrêt du 30 décembre 2013[2], « plus récente et plus subtile encore, mais très illustrative du caractère non normatif de la doctrine administrative, est l'idée que l'édiction d'une instruction, circulaire ou réponse ministérielle, ou encore l'invalidation par une décision juridictionnelle de l'interprétation de la loi fiscale qui y est exprimée sont des non-évènements »[3]. De plus, ne constitue pas un évènement la décision ou l'avis juridictionnels interprétant une disposition législative dans un sens différent de celui retenu par l'administration fiscale[4].

Dès lors, la doctrine administrative fiscale ne saurait être une règle de droit et ne saurait constituer un événement permettant la réouverture du délai de réclamation offert aux contribuables sur le fondement de l'article L. 190 du livre des procédures fiscales. En l'espèce, le Conseil d'État avait adopté sa décision en application du droit de l'Union européenne. Dès lors, la portée de cette décision pouvait être discutée, en ce sens qu'elle aurait pu se limiter à l'application du droit européen. Pour autant, la jurisprudence postérieure du Conseil d'État a admis le caractère général de cette jurisprudence, en ce sens que la solution juridictionnelle interprétant une loi nationale différemment de la position adoptée par l'administration fiscale ne saurait constituer un événement permettant la réouverture des délais de recours institués par l'article L. 190 du livre des procédures fiscales.

---

[1] Pellas (J-R.), *« La sécurité fiscale : quels enjeux juridiques ? »*, RFFP du 1er avril 2015, n° 130, p. 7.

[2] CE, Sect, 30 décembre 2013, *Société Rallye*, n°350100, Lebon, Concl Escaut, Lebon ; RFDA 2014, p.335, chron. C. Mayeur-Carpentier, L. Clément-Wilz et F. Martucci ; RJF, 2014, n°290 ; RJF 3/14, n° 290, concl., BDCF 3/14, n° 36, note O. Fouquet, Dr. Fisc, 14/14, comm. 256.

[3] Crepey (E.), « *La nature non normative de la doctrine administrative* », RFFP du 1er avril 2015, n°130, avril 2015, p. 47

[4] Crepey (E.), « *La nature non normative de la doctrine administrative* », RFFP du 1er avril 2015, n°130, avril 2015, p. 47 ; Escaut (N.), Conclusions sur CE, Sect, 30 décembre 2013, *Société Rallye*, n°350100, publié au recueil Lebon.

Ainsi, au regard de l'ensemble de ces jurisprudences du Conseil d'État, la nature non-normative de la doctrine fiscale ne fait plus aucun doute. Pour autant, les juges du Palais royal vont être amenés à se prononcer sur les conséquences dans le temps d'une annulation contentieuse d'un acte de la doctrine administrative et ils réitéreront leur position classique de non-normativité de la doctrine administrative.

2. L'avis « Madame Monzani », une solution en clair-obscur

Marquant le dernier temps de son raisonnement quant à la reconnaissance de la non-normativité de la doctrine fiscale, le Conseil d'Etat va confirmer que l'article L. 80 A du livre des procédures fiscales constitue uniquement un système de garanties au profit des contribuables. L'avis « Madame Monzani » du Conseil d'État présentant un caractère fondamental, il est dès lors nécessaire de replacer la question juridique dans son environnement normatif.

Dans le cadre de l'avis « Madame Monzani », le Conseil d'Etat a été saisi par la cour administrative d'appel de Bordeaux sur le fondement de l'article L. 113-1 du code de justice administrative. La juridiction d'appel s'interrogeait sur les suites d'une annulation pour excès de pouvoir, effectuée par un arrêt du Conseil d'Etat en date du 5 mars 2006[1], d'une instruction fiscale ayant retenu une conception plus restrictive que l'interprétation précédente de l'administration fiscale. En d'autres termes, la Cour administrative d'appel s'interroge sur la possibilité de renaissance tel un phénix de la doctrine fiscale antérieure à celle qui a fait l'objet d'une annulation contentieuse et qui retenait une conception plus libérale concernant la déduction forfaitaire des artistes musiciens.

Dans son avis contentieux, le Conseil d'État va apporter des précisions quant aux conséquences de l'annulation d'un acte de doctrine fiscale[2]. D'une part, le contribuable peut se prévaloir de l'interprétation de la loi fiscale faite par la doctrine administrative quand bien même l'acte qui en serait le support serait annulé par le juge de l'excès de pouvoir. Pour ce faire, il faut que le fait générateur de l'imposition lui soit antérieur. D'autre part, en cas de doctrines administratives successives adoptées par l'administration fiscale, l'annulation de la dernière ne fait pas renaître, tel un phénix de ses cendres, la doctrine l'ayant précédé car la renonciation de l'interprétation par l'administration est irréversible ; la loi fiscale étant la seule applicable en l'espèce. Par contre, si l'administration est constante dans son interprétation par le biais de l'adoption successive de plusieurs actes de doctrine, le contribuable est fondé à se prévaloir de l'interprétation admise de manière constante par l'administration fiscale alors même que le dernier acte de doctrine est contestée par la voie du recours pour

---

[1] CE, 6 mars 2006, *Syndicat national des enseignants et artistes*, n° 262982, publié au recueil Lebon, Concl. S. Verclytte, RJF 5/06 n° 573, concl. BDCF 5/06 n° 66, Dr. Fisc 42/06, comm. 666.

[2] CE, Avis, 8 mars 2013, *Mme Monzani,* n°353782, publié au recueil Lebon, Concl. Crepey, AJDA 2013, p.552 ; RJF 2013, n°518.

excès de pouvoir. D'ailleurs, cette jurisprudence est en cohérence avec la position du Conseil d'État sur les annulations d'actes pour vice de forme[1].

Ainsi que le précise Monsieur Crepey, l'avis Mme Monzani « assoit définitivement l'idée selon laquelle l'article L. 80 A, sans organiser une quelconque délégation du pouvoir normatif, institue au profit du contribuable un pur mécanisme de garantie lui assurant de manière original un certain degré de sécurité juridique ; c'est à la date des opérations en cause qu'il faut se situer pour apprécier l'existence de la garantie, quelles que soient ensuite les péripéties contentieuses qui affectent le support normatif de la doctrine »[2].

Pourtant, l'ensemble des questionnements autour de la normativité du mécanisme mis en œuvre par l'article L. 80 A du livre des procédures fiscales ne semble pas avoir été envisagé, notamment au regard du droit de l'Union européenne. En effet, l'avis « Mme Monzani » a permis la clarification du mécanisme de l'article L. 80 A, en tant que mécanisme de garantie au profit des contribuables au regard du droit national. Pour autant, cet avis ne tranche pas l'ensemble des interrogations relatives à ce mécanisme à l'aune notamment du droit européen. En effet, la haute juridiction administrative n'a pas encore eu l'occasion de se prononcer sur l'opposabilité de la doctrine fiscale dans l'hypothèse où cette dernière serait en contrariété avec le droit de l'Union européenne. Faute d'une décision de principe du Conseil d'État, seules les jurisprudences des cours administratives d'appel et des tribunaux administratifs peuvent nous renseigner sur le positionnement du juge administratif sur cette question. Pourtant, les juridictions de premier et seconde degrés ne disposent pas d'une réponse uniforme à cette interrogation.

D'une part, la cour administrative d'appel de Paris a répondu que la garantie contre les changements de doctrine fiscale joue quand bien même cette interprétation serait contraire aux dispositions issues du droit de l'Union européenne[3]. Cette position sera reprise par le tribunal administratif de Strasbourg[4], puis reprise à nouveau par la Cour administrative d'appel de Paris[5]. Par cette décision, la juridiction d'appel a jugé que la garantie mise en œuvre par l'article L. 80 A du livre de procédures fiscales constitue une application en droit interne du principe de confiance légitime et permet au contribuable de se prévaloir de la position adoptée par l'administration fiscale quand bien même

---

[1] Voir en ce sens, CE, 8 juin 2011, *Commune de Divonne-les-Bains*, n° 327515, publié au recueil Lebon, concl. Dacosta (B.) ; CE, 10 avril 2015, *M. A c/ Commune de Levallois-Perret*, n° 370223, mentionné dans les tables du recueil Lebon, concl. Bohnert.

[2] Crepey (E.), « *La nature non normative de la doctrine administrative* », RFFP du 1er avril 2015, n°130, avril 2015, p. 47

[3] CAA Paris, plén. 17 décembre 1991, *SARL Restauration Gestion Service*, n° 90PA00357, concl. F. Bernault, RJF 2/92, n° 232, chron. J. Turot, p. 371, concl., Dr. Fisc 18/92, c. 944.

[4] TA Strasbourg, 5 février 1998, *Ville de Mulhouse*, n° 95128, RJF 1998, n° 1105, BDCF 1998, n° 103, concl. Miet.

[5] CAA Paris, Plén., 25 mars 2010, *SARL à la Frégate*, n° 08PA03658, Dr. Fisc. 2010, n° 36, comm. 465, concl. S. Gouès, note M. Guichard et R. Grau, RJF 7/2010, n° 709, BDCF 7/2010, n° 81, concl. S. Gouès.

cette interprétation serait contraire à une norme européenne. Dès lors, la contrariété au droit de l'Union européenne par la doctrine fiscale ne saurait avoir pour effet de rendre impossible, pour le contribuable, la faculté de se prévaloir de cette interprétation. La cour a donc estimé que le mécanisme de l'article L. 80 A du livre des procédures fiscales ne saurait être mis en échec par la volonté de l'administration de retourner sa veste doctrinale[1] au contentieux.

Pour comprendre la position de la Cour, un retour aux conclusions du rapporteur public est nécessaire. En effet, le rapporteur public Gouès a convaincu la Cour de se placer sur le fondement de la sécurité juridique et de son pendant en droit européen, la confiance légitime. « Ce déplacement du curseur, du principe de légalité au principe de confiance légitime, constitue le point-clé de la thèse favorable à l'opposabilité d'une doctrine fiscale contraire au droit de l'Union européenne »[2]. D'ailleurs, cette position est en conformité avec la position de la haute juridiction administrative qui admet le recours au principe de confiance légitime dès lors que l'on se place sur le terrain du droit européen[3]. Le recours à ce principe peut se faire tant sur le fondement du droit de l'Union européenne que du droit issu de la Convention européenne de sauvegarde des droits de l'homme et des libertés fondamentales. Dès lors, la jurisprudence de la cour administrative d'appel de Paris semble adéquate à la tendance actuelle et à la pensée du Conseil d'État, en prévoyant le recours aux exigences des principes de sécurité juridique et de confiance légitime.

Pourtant, d'autre part, des juridictions administratives ont pu retenir une conception opposée, en ce sens qu'une interprétation fiscale contraire au droit de l'Union européenne ne pourrait être opposée à l'administration sur le fondement de l'article L. 80 A du livre des procédures fiscales. Cette position fut adoptée que ce soit par des tribunaux administratifs[4] ou par des cours administratives d'appel[5] et dont le rapporteur public Hagelsteen avait constaté les difficultés d'appréciation[6]. Cette position fut adoptée sur le fondement de la nature normative de la doctrine fiscale, ce qui a depuis été démenti par le Conseil d'État[7]. Par ailleurs, au-delà des considérations relatives à la confiance légitime

---

[1] Selon l'expression de Monsieur Turot : Turot (J.), « *La vraie nature de la garantie contre les changements de doctrine* », RFJ 5/92, p.375.

[2] Pellas (J-R.), « *La sécurité fiscale : quels enjeux juridiques ?* », RFFP du 1er avril 2015, n° 130, p. 7.

[3] CE, 9 mai 2001, *Société mosellane de tractions*, n° 211162, mentionné aux tables du recueil Lebon, Concl. Seban.

[4] TA Versailles, 4 janvier 1994, *Centre français de la restauration*, n° 86-6350, RJF 4/94, n° 447, Concl. V. Haïm, BDCF, 11/94, p. 117.

[5] CAA Douai, Plén., 26 avril 2005, *Société Segafredo Zanetti France*, n° 02DA00736, RJF 11/05, n° 1175, Concl. J. Michel, BDCF 11/05, n° 137, Dr. Fisc. 2005, n° 36, comm. 581.

[6] Hagelsteen (M-D.), conclusions sur CE, Ass., 22 décembre 1989, n° 86113, publié au recueil Lebon, RJF 2/90, n° 130.

[7] CE, Avis, 8 mars 2013, *Mme Monzani*, n°353782, publié au recueil Lebon, Concl. Crepey., AJDA 2013, p.552 ; RJF 2013, n°518.

des contribuables, il est nécessaire de constater que le principe de primauté du droit de l'Union européenne[1] prévaut en l'espèce. En effet, le juge national doit faire application du droit de l'Union européenne et le faire prévaloir sur l'ensemble des actes de droit interne, et donc a fortiori sur les actes de la doctrine administrative. Dès lors, la cour administrative d'appel a jugé à bon droit à notre sens que le contribuable ne saurait opposer à l'administration fiscale, une interprétation contraire au droit de l'Union européenne.

Pour autant, seule une jurisprudence du Conseil d'État pourrait mettre fin à cette incertitude juridique, allant à l'encontre des principes de sécurité juridique et de confiance légitime au profit des acteurs économiques.

**

*

De cette vision de la doctrine administrative, en matière fiscale, et de ses conséquences pratiques quant à son opposabilité, cette dernière devrait être reconnue en droit public économique dans son ensemble afin de créer une opposabilité générale à toutes les opérations publiques économiques.

Section 2 : Vers un accroissement des garanties offertes aux administrés ?[2]

La fin de la position de soumission de l'administré à l'administration peut s'envisager par un accroissement des garanties offertes aux administrés au travers du développement de l'opposabilité et de l'invocabilité de la doctrine administrative. Cette position pourrait être l'occasion de dupliquer l'article L. 80 A du livre des procédures fiscales.

Cependant, cette position ne nous semble pas pertinente au regard des évolutions jurisprudentielles récentes opérées par le Conseil d'Etat en faveur d'une protection accrue des administrés (I). Pour autant, l'exemple de la doctrine fiscale peut être une source d'inspiration dans le cadre d'un nouveau mécanisme d'uniformisation des garanties offertes aux administrés (II).

Voir également Pellas (J-R.), « *La sécurité fiscale : quels enjeux juridiques* ? », RFFP du 1er avril 2015, n° 130, p. 7 : reprenant les conclusions du commissaire Michel sur l'affaire *Société Segafredo Zanetti France* du 26 avril 2005, ce dernier « *soulignait que le juge aurait pu ne pas écarter l'application de l'article L. 80 A du LPF si cet article avait pu être interprété comme assurant l'application, en droit interne, d'un principe européen, le principe de confiance légitime. A contrario, le dispositif de l'article L. 80 A du LPF, ne recouvre pas, aux yeux du commissaire du gouvernement, le champ d'application du principe de confiance légitime* ».

[1] CJCE, 15 juillet 1964, *Flaminio Costa c/ ENEL*, Affaire n° 6-64.

[2] Voir notamment Di Francesco (D.), « *Le contentieux de la doctrine administrative de la commande publique, un système de garantie inachevé* », La Semaine Juridique Administrations et Collectivités territoriales n° 27, 6 juillet 2020, 2190.

I. Une évolution jurisprudentielle favorable

Introduction : prélude à l'étude contentieuse

Dans le cadre du développement des garanties offertes aux administrés en matière de contrats publics[1], l'invocabilité et l'opposabilité de la doctrine administrative, dans ce domaine, doivent être instaurées. En effet, dans cette période marquée par la contractualisation de l'action publique[2], la doctrine

---

[1] La jurisprudence récente tend à ouvrir les possibilités de recours contentieux relatifs aux contrats administratifs à un public de plus en plus élargi. Voir notamment CE, Ass., 4 avril 2014, *Département de Tarn-et-Garonne*, n°358994, Lebon, Concl. Dacosta ; AJCA 2014. 80, obs. J-D Dreyfus ; au Lebon ; AJDA 2014. 764 ; ibid 1035, Tribune S. Braconnier, chron. A. Bretonneau et J. Lessi ; D.2014. 1179, obs. M-C de Montecler, note M. Gaudemet et Angélique Dizier ; RDI 2014. 244, obs. S. Braconnier.

[2] Le phénomène de contractualisation de l'action publique touche l'ensemble des secteurs ayant un lien entre les opérateurs économiques et les autorités publiques mais aussi des domaines où ces dernières réglementent les contrats de droit privé. Pour exemple, dans le domaine agricole, l'article L. 631-24 du code rural et de la pêche maritime prévoit que la cession de produits agricoles doit faire l'objet de contrats de vente conclus entre les producteurs et les acheteurs. Ainsi, la personne publique s'immisce dans les relations contractuelles des particuliers afin de leur imposer un cadre général et favoriser la sécurité juridique. Pour autant, cette contractualisation de l'action des personnes privées par la personne publique ne peut faire l'objet de la présente étude et sera donc écartée.
Voir sur cette question de la contractualisation de l'action publique, Denoix de Saint Marc (R.), « *La question de l'administration contractuelle* », AJDA 2003, p. 970 ; Richer (L.), « *La contractualisation comme technique de gestion des affaires publiques* », AJDA 2003, p. 973 ; Laroque (M.), « *La contractualisation comme technique de tutelle : l'exemple du secteur social* », AJDA 2003, p. 976 ; Pochard (M.), « *La place donnée au contrat dans l'organisation de la fonction publique* », AJDA 2003, p. 991 ; Rapp (L.), « *Contrats publics et politiques économiques, la porte étroite : relance et encouragements sectoriels* », RFDA 2014, p. 623 ; Guézou (O.), « *Contrats publics et politique de la concurrence* », RFDA 2014p. 632 ; Ricci (J-C.), « *Le contrat au service des politiques publiques – Rapport de synthèse* », RFDA 2014, p. 652 ; Delacour (E.), « *Vers un droit simplifié et unifié de la commande publique* », Contrats et marchés publics n° 1, janvier 2005, comm. 1 ; de Brux (J.) et Marty (F.), « *Les partenariats public-privé institutionnalisés : intérêts, limites et risques d'une structure hybride public-privé* », Revue française d'administration publique 2016/1 (n° 157), p. 223-238 ; Brouant (J-P.), « *Les contrats d'agglomération : l'intercommunalité de projet à l'épreuve du principe de spécialité* », AJDA 2004, p. 905 ; Bernard (P.), « *Les relations contractuelles entre collectivités publiques : les affaires mixtes ou l'œuvre commune* », AJDA 1990, p. 131 ; Stirn (B.), « *Le juge administratif et les contrats entre collectivités publiques* », AJDA 1990, p. 139 ; Fatôme (E.) et Moreau (J.), « *L'analyse juridique dans le contexte de la décentralisation* », AJDA 1990, p. 142 ; Marbach (C.), « *Les relations contractuelles entre collectivités publiques : le domaine des interventions économiques* », AJDA 1990, p. 149 ; Hecquard-Théron (M.), « *La contractualisation des actions et des moyens publics d'intervention* », AJDA 1993, p. 451 ; Poulet-Gibot Leclerc (N.), « *La contractualisation des relations entre les personnes publiques* », RFDA 1999, p. 551 ; Mescheriakoff (A- S.), « *Ordre intérieur administratif et contrat* », RFDA 1997, p. 1129 ; Chevallier (J.), « *Loi et contrat dans l'action publique* », Cahiers du Conseil constitutionnel n° 17 (Dossier : Loi et contrat), mars 2005 ; Gohin (O.), « *Loi et contrat dans les rapports entre collectivités publique* », Cahiers du Conseil constitutionnel n° 17 (Dossier : Loi et contrat), mars 2005 ; Gaudin (J-P.), « *La contractualisation des rapports entre l'État et*

administrative de la commande publique doit se voir reconnaître une garantie au profit de l'administré dont nous développerons les modalités de mise en place ultérieurement.

Cette garantie se fonde notamment sur deux principes matriciels de notre ordre juridique. D'une part, le principe de sécurité juridique[1] et celui de confiance légitime[2] – quand bien même il n'est pas reconnu pour les situations juridiques nées en application du droit interne[3] – doivent permettre de garantir

---

les collectivités territoriales », in Annuaire des collectivités locales, tome n° 24, 2004, *Réforme de la décentralisation, réforme de l'État. Régions et villes en Europe*, p. 215-234 ; Heddi (P.), « *Le recours à la coopération conventionnelle entre personnes publiques dans la gestion des services publics locaux* », Mémoire de recherche sous la direction du professeur Broyelle, 2014.

[1] Voir entre autres, Pacteau (B.), « *La sécurité juridique, un principe qui nous manque ?* », AJDA 1995, p. 151 ; Bonnet (B.), « *L'analyse des rapports entre administration et administrés au travers du prisme des principes de sécurité juridique et de confiance légitime* », RFDA 2013, p. 718 ; Delvolvé (P.), « *Contrats publics et sécurité juridique* », in Conseil d'État, *Rapport public 2008 : jurisprudence et avis de 2007 – Le contrat, mode d'action publique et de production des normes,* La documentation française, juin 2008, p. 329 ; Eveillard (G.), « *Sécurité juridique et dispositions transitoires – Huit ans d'application de la jurisprudence KPMG* », AJDA, 2014, p.492 ; Grech (F.), « *Le principe de sécurité juridique dans l'ordre constitutionnel français* », http://www.droitconstitutionnel.org/congresLyon/CommLC/C-grech_T2.pdf; Luchaire (F.), « *La sécurité juridique en droit constitutionnel français* », http://www.conseil-constitutionnel.fr/conseil-constitutionnel/root/bank_mm/pdf/Conseil/secjur.pdf; Tesoka (L.), « *Principe de légalité et principe de sécurité juridique en droit administratif français* », AJDA, 2006, p.2214 ; Valembois (A-L), « *La sécurité juridique : une constitutionnalisation en marche mais non aboutie (Bilan de la jurisprudence constitutionnelle de 2005)* » Petites Affiches, 13 juin 2006, n°117, p.7 ; Valembois (A-L), « *La constitutionnalisation de l'exigence de sécurité juridique en droit français* », Cahier du Conseil constitutionnel, mars 2005 ; Delamarre (M.), « *La sécurité juridique et le juge administratif français* », AJDA 2004, p. 186 ; Fromont (M.), « *Le principe de sécurité juridique* », AJDA 1996, p. 178 ; Eveillard (G.), « *Sécurité juridique et droit transitoire* », Revue de droit public, 1er mai 2016, n° 3, p.741 ; Ubaud-Bergeron (M.), « *Sécurité juridique et contrats administratifs* », Revue de droit public, 1er mai 2016, n° 3, p. 779 ; Seiller (B.), « *Sécurité juridique et office du juge administratif* », Revue de droit public, 1er mai 2016, n° 3, p. 765.

[2] Voir notamment, Plessix (B.) « *Sécurité juridique et confiance légitime* », Revue de droit public, 1er mai 2016, n°3, p. 799 ; Calmes (S.), « *Du principe de la protection de la confiance légitime en droit allemand, communautaire et français* », Dalloz, 2001 in Bonnet (B.), « *L'analyse des rapports entre administration et administrés au travers du prisme des principes de sécurité juridique et de confiance légitime* », RFDA 2013, p. 718 ; Fouquet (O.), « *Garantie contre les changements de doctrine et confiance légitime* », Droit fiscal n° 24, 13 juin 2013, 326 ; Tartour (L.), « *Le principe de protection de la confiance légitime en droit public français* », Revue du droit public et de la science politique en France et à l'étranger, 1er mars 2013, n°2, p.307 ; Heers (M.), « *La sécurité juridique en droit administratif français : vers une consécration du principe de confiance légitime* », RFDA 1995, p. 963.

[3] Voir notamment,

Concernant le juge constitutionnel : Conseil constitutionnel, décision n° 96-373 DC du 9 avril 1996, *Loi portant statut d'autonomie de la Polynésie française,* JORF du 13 avril 1996, page 5724, Rec. p. 43 ; Conseil constitutionnel, décision n° 96-385 DC du 30 décembre 1996, *Loi de finances pour 1997*, cons. 14 et 18, JORF du 31 décembre 1996, page 19557, Rec. p. 145 ; Conseil constitutionnel, décision n° 97-391 DC du 7 novembre 1997, *Loi portant mesures*

une protection accrue de l'administré dans ses relations avec les administrations. En effet, le développement du principe de sécurité juridique et de confiance légitime doit avoir une incidence sur le pan de la doctrine administrative. En effet, au regard des fonctions de l'interprétation administrative – clarification du droit, unification de la règle de droit, garantie de l'effectivité du droit et de l'action publique, renforcement de la légitimité de l'administration – le Conseil d'Etat se doit de se prononcer en faveur de l'opposabilité et de l'invocabilité de la doctrine administrative. En effet, le principe de sécurité juridique trouvant à s'appliquer aux dispositions nouvelles sur les contrats en cours, aux mesures transitoires, à la modulation dans le temps des décisions contentieuses, ce principe doit trouver sa consécration ultime dans la possibilité d'invoquer devant les juridictions et d'opposer devant l'administration, la doctrine administrative de la commande publique.

D'autre part, au regard du principe de clarté[1] et de l'objectif de valeur constitutionnelle d'accessibilité et d'intelligibilité du droit[2], l'invocabilité et

---

urgentes à caractère fiscal et financier, cons. 6, JORF du 11 novembre 1997, page 16390, Rec. p. 232 ; Conseil constitutionnel, décision n° 2005-530 DC du 29 décembre 2005, *Loi de finances pour 2006,* cons. 45 et 46, JORF du 31 décembre 2005, page 20705, texte n° 3, Rec. p. 168 ; Conseil constitutionnel, décision n° 2010-2 QPC du 11 juin 2010, *Mme Vivianne L. [Loi dite « anti-Perruche »],* cons. 21 à 23, JORF du 12 juin 2010, page 10847, texte n° 69, Rec. p. 105 ; Conseil constitutionnel, décision n° 2010-53 QPC du 14 octobre 2010, *Société Plombinoise de Casino,* cons. 4, JORF du 15 octobre 2010, page 18541, texte n° 63, Rec. p. 286.

Concernant le juge administratif : CE, 30 décembre 1996, *Brockly,* n° 145174, publié au recueil Lebon, p. 526 ; CE, 9 mai 2001, *Société mosellane de tractions*, n° 211162, mentionné aux tables du recueil Lebon, Concl. Seban ; CE, 16 mars 1998, n° 190768, publié au recueil Lebon.

[1] Voir notamment, *CE, 8 juillet 2005, Fédération des syndicats généraux de l'éducation nationale et de la recherche publique SGEN CFDT,* n° 266900, mentionné aux tables du recueil Lebon, Concl. Keller (R.) ; CE, 24 mars 2006, *Société KPMG, Société Ernst & Young Audit,* n°288460, Lebon, Concl. Aguila ; AJDA 2006. 1028, chron. C. Landais et F. Lenica ; ibid. 841, tribune B. Mathieu ; ibid. 897, tribune F. Melleray ; D. 2006. 1224; ibid. 1190, chron. P. Cassia; RFDA 2006. 463, concl. Y. Aguila; ibid. 483, note F. Moderne; RTD civ. 2006. 527, obs. R. Encinas de Munagorri.

[2] Voir notamment,

Concernant la jurisprudence constitutionnelle, Conseil constitutionnel, décision n° 84-183 DC du 18 janvier 1985, *Loi relative au redressement et à la liquidation judiciaire des entreprises*, JORF du 20 janvier 1985, p. 820 ; Conseil constitutionnel, décision n° 93-322 DC, *Loi relative aux établissements publics à caractère scientifique, culturel et professionnel, JORF du 30 juillet 1993, p. 10750 ;* Conseil constitutionnel, décision n° 98-401 DC du 10 juin 1998, *Loi d'orientation et d'incitation relative à la réduction du temps de travail*, JORF du 14 juin 1998, p. 9033 ; Conseil constitutionnel, décision n° 98-407 DC du 14 janvier 1999, *Loi relative au mode d'élection des conseillers régionaux et des conseillers à l'Assemblée de Corse et au fonctionnement des Conseils régionaux*, JORF du 20 janvier 1999, p. 1028 ; Conseil constitutionnel, décision n° 99-421 DC du 16 décembre 1999, *Loi portant habilitation du Gouvernement à procéder, par ordonnances, à l'adoption de la partie législative de certains codes*, JORF du 22 décembre 1999, p. 19041.

Concernant la jurisprudence administrative, CE, 18 octobre 2002, *M X c/ Ministre de l'éducation nationale*, n° 242896, inédit au recueil Lebon, concl. Schwartz ; CE,

l'opposabilité de la doctrine administrative doivent être encouragées. En effet, la clarification des textes par leur interprétation est nécessaire au regard de la complexité du droit de la commande publique et de son intégration dans le droit public en général.

Instauré en tant que garantie de l'État de droit et du droit au recours effectif, l'objectif de valeur constitutionnelle a vocation à permettre une large accessibilité au droit de la commande publique. Quant à l'accessibilité matérielle, c'est-à-dire la mise à disposition de l'information juridique, celle-ci ne fait aucun doute au motif que, d'une part, les circulaires et lignes directrices font l'objet d'une publication sur le site « http://circulaires.legifrance.gouv.fr », et d'autre part, que la direction des affaires juridiques des ministères économiques et financiers propose de nombreuses publications sur son site internet propre. Dès lors, tout citoyen, et *a fortiori* tout acteur concourant aux contrats de la commande publique, peut avoir accès à cette manne d'informations permettant une clarification ou une mise en perspective de ce droit.

Par ailleurs, l'objectif de valeur constitutionnelle implique la prévisibilité de la norme, c'est-à-dire la possibilité de connaître *a priori* les conséquences juridiques en cas d'application de cette norme. Ainsi, à partir du moment où la doctrine administrative entend poser des conditions supplémentaires, du fait d'une interprétation restrictive ou ouverte du droit de la commande publique, cette doctrine se doit de respecter cet objectif de valeur constitutionnelle ainsi que le principe de clarté du droit de la commande publique. De plus, au regard de l'attitude de l'administration – qui implique que la doctrine fasse corps avec le texte qu'elle interprète – cette dernière se doit de répondre à cet objectif en garantissant la prévisibilité de la norme et partant la sécurité juridique sus-évoquée.

Ainsi, du fait de l'unité entre la doctrine administrative et le texte interprété, les juridictions administratives doivent se prononcer en faveur de l'opposabilité et de l'invocabilité de la doctrine administrative au regard de cet objectif. En effet, à l'aune de la globalité du contrôle opéré par le juge administratif, que ce soit sur l'acte au fond mais aussi de dispositions plus secondaires, les juges du Palais royal devraient s'engager dans la voie du contrôle de la doctrine

---

21 janvier 2008, *Chambre de commerce et d'industrie de Bordeaux*, n° 296162, inédit au recueil Lebon, concl. Glaser ; CE, 30 juin 2010, *Association Greenpeace France*, n° 315980, publié au recueil Lebon, concl. Guyomar ; CE, 21 mai 2014, *Conseil national des barreaux et autres*, n° 358357, inédit au recueil Lebon, concl. De Lesquen ; CE Ref., 25 août 2016, *Fédération des fabricants de cigares et société Coprova*, n° 401538, inédit au recueil Lebon ; CE, 19 février 2010, *M. Molliné, Commune de Pontivy et autres*, n° 322407, publié au recueil Lebon, concl. Guyomar, AJDA 2010. 357, note Montecler (M-C.) ; Nouv. Cah. Cons. const. 2010, n° 29, p. 261, obs. Vidal-Naquet, RFDA 2010. 627, chron. Roblot-Troizier (A.) ; Gaz. Pal. 24-25 févr. 2010, p. 15, concl. Guyomar, D. 2010. 1376, obs. Céré (J.-P), Herzog-Evans (M.) et Péchillon (E.) ; Constitutions 2010, p. 423, note Le Bot (O.) ; CE, 7 octobre 2015, *Syndicat national des enseignements du second degré,* n° 386436, mentionné dans les tables du recueil Lebon, concl. Vialettes ; CE, 31 mars 2017, *M. T et autres*, n° 393921, inédit au recueil Lebon, concl. Lessi.

administrative. Ces actes, participant à la mise en œuvre de ce droit, en en étant le prolongement, doivent subir le contrôle du Conseil d'État afin de sécuriser les contrats, de garantir l'État de droit, en provoquant si nécessaire la censure de dispositions non claires. D'ailleurs, si l'interprétation du texte n'est pas claire, il est loisible de penser que le texte interprété ne l'est pas non plus. De plus, le Conseil constitutionnel n'acceptant pas de question prioritaire de constitutionnalité sur le fondement de l'objectif de valeur constitutionnelle d'accessibilité et d'intelligibilité, le recours par ricochet à l'encontre d'actes d'interprétation pourrait permettre au Conseil d'État de « vider le venin » de ce texte. Ainsi, le Conseil d'État, en censurant l'interprétation du texte, pourrait, par ricochet, juger de l'intelligibilité et de l'accessibilité de cette loi ou de cette disposition réglementaire. Cette position des juges du Palais royal pourrait avoir pour effet de contraindre le Conseil constitutionnel à revenir sur sa jurisprudence précédemment évoquée en matière de question prioritaire de constitutionnalité pour les législations applicables à la commande publique.

A l'aune de ces principes matriciels, le juge administratif a commencé à poser les jalons d'une reconnaissance étendue de garanties offertes aux administrés quant à la doctrine administrative de la commande publique. En effet, par son arrêt Madame Duvignères[1], le Conseil d'Etat a ouvert une première porte à la reconnaissance de cette garantie (A). Par cette porte d'entrée, le juge administratif a souhaité faire entrer le droit souple intervenu dans le domaine économique (B). Ce contexte jurisprudentiel constitue donc un terreau fertile à la reconnaissance de l'invocabilité et de l'opposabilité de la doctrine administrative de la commande publique.

A. L'arrêt « Madame Duvignères », un point d'entrée favorable à l'accroissement

Par la jurisprudence Madame Duvignères[2], le Conseil d'État a entendu abandonner la distinction entre les circulaires réglementaires et interprétatives au profit d'une distinction entre circulaires impératives et non impératives. Cet abandon de la distinction, pour des motifs de clarification des règles contentieuses pour les circulaires, aurait dû conduire à une simplification du régime juridique de la doctrine administrative. Pour autant, la difficulté de maniement du critère de l'impérativité a contraint les requérants à s'interroger sur la possibilité de recours effectif à l'encontre de telles décisions. Du fait du

[1] CE, Sect, 18 décembre 2002, *Madame Duvignères*, n°233618, Lebon, Concl. Fombeur ; RFDA 2003, p.274, concl. Fombeur et 510, note Petit ; AJ 2003, p.487, chron. Donnat et Casas ; JCP Adm 2003, n°5, p.94, comm. J. Moreau ; LPA 23 juin 2003, note Combeau ; Mélanges Moderne, P.357, art. Prétot.

[2] CE, Sect, 18 décembre 2002, *Madame Duvignères*, n°233618, Lebon, Concl. Fombeur ; RFDA 2003, p.274, concl. Fombeur et 510, note Petit ; AJ 2003, p.487, chron. Donnat et Casas ; JCP Adm 2003, n°5, p.94, comm. J. Moreau ; LPA 23 juin 2003, note Combeau ; Mélanges Moderne, P.357, art. Prétot.

caractère subjectif de la notion d'impérativité[1], ce critère semble difficile à manier et pour reprendre les mots du professeur Collet, « l'abandon, au stade de l'examen de la recevabilité du recours, de la distinction entre interprétative et réglementaire au profit de la référence au caractère impératif a-t-il vraiment simplifié les choses ? »[2].

En effet, la notion d'impératif, comme celle auparavant de caractère réglementaire de la circulaire, ne semble pas satisfaisante pour déduire le régime juridique de la circulaire, notamment quant à son sort contentieux. D'ailleurs, la notion d'impératif fait l'objet de controverses doctrinales au regard de l'étendu de la définition retenue. L'impératif, en droit, ne fait pas l'objet d'une définition univoque, ce qui conduit à brouiller la ligne de démarcation entre la possibilité et l'absence de recours contentieux à l'encontre de la circulaire. La notion d'impérativité de notre droit peut à tout le moins recouvrir la force obligatoire du droit en tant que règle s'imposant de manière unilatérale et obligatoire à l'ensemble des sujets de droit ayant à en connaître. En l'espèce, l'impératif se veut être la notion centrale de la règle de droit.

Pour autant, la vision extensive de cette notion semble aller à l'encontre de l'effet des circulaires qui peuvent se présenter comme des actes ayant pour finalité d'indiquer aux administrés et aux agents de l'administration la conduite à tenir pour l'application de dispositions législatives ou réglementaires ou dans le cadre de l'instruction de dossiers. Dès lors, la notion d'impérativité, en tant qu'elle prévoit uniquement le critère de l'obligatoriété, ne semble pas pertinente pour l'étude des circulaires et de leur règle contentieuses[3]. Le brouillage doctrinal des auteurs de la théorie générale de l'État impose de s'interroger sur la notion d'impératif dans l'esprit de la jurisprudence Madame Duvignères.

D'une part, une première distinction doit être posée entre les circulaires impératives au sens de cette jurisprudence et les simples circulaires indicatives.

Les circulaires indicatives ont pour objet de donner des indications aux fonctionnaires chargés d'appliquer les règles, sans pour autant les contraindre dans leur application. D'ailleurs, concernant ces circulaires, le Conseil d'État estime qu'elle se borne à donner des indications sur le contenu des normes législatives ou réglementaires sans pour autant caractériser une intention de la personne publique rédactrice[4]. Ces circulaires caractérisées par une volonté de

---

[1] Chapus (R.), *Droit du contentieux administratif*, Montchrestien, 11ème édition, 2004, p.524.

[2] Collet (M.), *« La recevabilité du recours en annulation contre les instructions fiscales »*, DF, n°25 du 23 juin 2005, p. 1073 ; Voir également, Casas (D.) et Donnat (F.), « *Les dispositions impératives à caractère général d'une circulaire ou d'une instruction font grief* », AJDA 2003, p. 487.

[3] Sur ce point et la confusion créée par Kelsen sur la notion d'obligatoriété, voir Amselek (P.), *Le rôle de la volonté dans l'édiction des normes juridiques selon Hans Kelsen,* RJP 1999, Presse universitaire d'Aix-Marseille, p. 51.

[4] CE, 19 février 2003, *Société auberge ferme des Genêts*, n° 235697, mentionné dans les tables du recueil Lebon, concl. Collin, JCP adm. 2003.26.858, note Tabaka (B.) ; CE, 9 juillet 2003, *Syndicat national de l'administration scolaire et universitaire et des bibliothèques (SNASUB)*, n° 237021, mentionné dans les tables du recueil Lebon,

proposer des indications aux services ne peuvent être qualifiées d'impératives, en ce sens qu'elles ne contraignent pas l'exercice par les services de leurs missions et n'imposent aucune règle à ces derniers, ni aux administrés. Dès lors, ces circulaires se rapprochent des directives au sens de la jurisprudence Crédit foncier de France[1], aujourd'hui lignes directrices. Ainsi, sans contraindre strictement parlant l'action des autorités administratives, les circulaires ont pour finalité d'orienter le curseur des actions à mettre en œuvre et leurs modalités de mise en place dans le sens voulu par le rédacteur du texte ou par ceux y avant participé indirectement.

Les circulaires impératives semblent donc recouvrir les circulaires ayant pour finalité de prescrire un comportement aux agents ou aux administrés et les contraignant dans l'exercice de leurs missions. Ces circulaires ont pour objet de prescrire, d'adopter une interprétation de la norme de droit et cette production a un effet contraignant, en ce sens qu'elle oblige les personnes soumises à ces dispositions à s'y conformer. Ainsi, le Conseil d'État juge qu'une circulaire ministérielle revêt un caractère impératif dès lors qu'elle prescrit un comportement à tenir par les services déconcentrés pour la mise en œuvre de dispositions législatives ou réglementaires[2]. De même, la circulaire ministérielle peut avoir pour effet de contraindre les services à retenir une interprétation d'un texte législatif ou réglementaire ; la règle est donc édictée par le biais de la prescription contenue dans la circulaire[3]. Au-delà de l'interprétation littérale faite par le juge de la notion d'impératif, le Conseil d'État peut retenir deux autres critères pour qualifier une circulaire d'impérative, à savoir l'intention de l'auteur de l'acte[4] et les effets produits par la circulaire lors de son application[5]. Ce

---

concl. Bachelier ; CE, 6 avril 2006, *M. Frédéric A.*, n° 280303, mentionné dans les tables du recueil Lebon, concl. Aguila (Y.) ; CE, 14 décembre 2005, *Groupe d'information et de soutien des immigrés (GISTI)*, n° 254934, inédit au recueil Lebon, concl. Prada Bordenave.

[1] CE Sect., 11 décembre 1970, *Crédit foncier de France c/ Mlle Gaupillat et Mme Ader*, n° 78880, publié au recueil Lebon, concl. Bertrand, GAJA n° 83, AJ 1971, p. 196, Chr. H.T.C ; D. 1971.674, note Loschak ; JCP 1972.II.17232, note Fromont ; RD publ. 1971.1224, note M. Waline

[2] CE, 3 février 2003, *Syndicat national de défense pour l'exercice libéral de la médecine à l'hôpital et autres*, n° 235066, mentionné aux tables du recueil Lebon, concl. Roul (A.) concernant des prescriptions faites aux services déconcentrés et aux directeurs d'administration hospitalière pour l'application des nouvelles dispositions relatives à l'exercice de l'activité libérale à l'hôpital ; CE, 12 février 2003, *Syndicat Lutte pénitentiaire,* n° 219869, inédit au recueil Lebon, concl. Guyomar (M.), concernant les prescriptions du garde des sceaux à l'attention des directeurs régionaux des services pénitentiaires pour la mise en œuvre de la procédure de sanction à l'encontre d'un agent.

[3] En ce sens, voir notamment CE, 7 août 2007, *Société France Telecom*, n° 298646, inédit au recueil Lebon, concl. De Silva.

[4] CE, 26 septembre 2005, *Conseil national de l'ordre des médecins*, n° 270234, publié au recueil Lebon, concl. Devys, AJDA 2005, p. 1873, note Aubert (F.) ; CE, 13 juillet 2007, *Société Editions Tissot*, n° 294195, publié au recueil Lebon, AJDA 2007.2146, concl. Derepas (L.).

[5] CE, 6 septembre 2006, *Syndicat national des professionnels de la santé au travail*, n° 287527, inédit au recueil Lebon, concl. Stahl (J-H.).

double critère garantit au juge administratif un large et réel pouvoir d'appréciation en matière de contentieux de la circulaire. La prise en considération des effets de la circulaire implique nécessairement que « les circulaires impératives, dotées d'un caractère prescriptif, expriment un devoir être (*Sollen*) s'imposant à leurs destinataires, qui doivent considérer leurs dispositions comme obligatoires »[1]. Dès lors, les destinataires, à savoir les agents publics principalement, trouvent leur subordination dans le lien hiérarchique né de la décision Jamart[2]. Cependant, à l'aune de la jurisprudence du Conseil d'État et de la théorie de l'économie des moyens, la haute juridiction administrative ne semble pas s'orienter sur la méthode du faisceau d'indices pour déterminer le caractère impératif[3] au motif qu'un seul élément caractérisant l'impérativité est nécessaire pour qualifier la circulaire comme telle et ainsi, aucune mise en balance des dispositions impératives et non impératives n'est réalisée. Par contre, la mise en œuvre du critère de l'impérativité de la circulaire a conduit à retenir une conception extensive de la circulaire dont le contrôle ne revêt plus une simple forme d'examen de conformité à la norme supérieure mais se caractérise aujourd'hui par un contrôle de l'intégration de cet acte dans le droit positif.

D'autre part, le Conseil d'État, dans le cadre de son contrôle des circulaires et interprétations administratives, applique à ces dernières les critères positivistes de la norme juridique, à savoir « un critère matériel ; la coloration normative de l'énoncé impératif » et « un critère formel, l'examen de leur légalité : les dispositions de la circulaire ou de l'instruction ne doivent pas contrevenir à la pyramide normative »[4].

Dès lors, la jurisprudence Madame Duvignères opère un basculement de la position du juge administratif qui ne contrôle plus uniquement l'interprétation formulée par la circulaire ou l'instruction au regard des normes supérieures mais se prononce sur la légalité des dispositions et par voie de conséquence, sur le texte qui serait interprété. Cette position du juge administratif se traduit par un « contrôle indirect de la norme réitérée »[5], c'est-à-dire qu'il permet un contrôle par le juge administratif de la norme dont la circulaire ne serait que la reprise. Par ce biais, le Conseil d'État a pu constater l'inconventionnalité de dispositions législatives au regard du droit européen[6], a transmis une question préjudicielle à

---

[1] Groulier (C.), *« L'impératif dans la jurisprudence Duvignères : réflexion sur un « sésame contentieux » »*, RFDA 2008, p. 941.

[2] CE, Sect, 7 février 1936, *Jamart,* n°43321, Lebon, Concl. Josse ; S. 1937.3.113, note Rivero, GAJA n° 45.

[3] Iliopoulou (A.), *« Quatre ans d'application de la jurisprudence Duvignères »*, RFDA 2007, p. 477.

[4] Guez (J.), *« La « normalisation » du recours pour excès de pouvoir contre les circulaires et instructions administratives »*, AJDA 2005, p. 2445.

[5] Bretonneau (A.), Domino (X.), *« Les joies de la modernité : une décennie de contentieux des circulaires »*, AJDA 2012, p. 691.

[6] CE, 2 juin 2006, *Chauderlot*, n° 275416, publié au recueil Lebon, concl. Glaser (E.), AJDA 2006, p. 1139 ; RJF 8-9/06, n° 1035.

la Cour de justice de l'Union européenne sur la conformité d'une loi aux dispositions d'une directive[1] et a transmis des questions prioritaires de constitutionnalité au Conseil constitutionnel[2], se montrant libéral dans les conditions du contrôle du juge suprême sur ce dernier cas[3].

De plus, en tant que contrôle ayant pour objet de purger l'ordonnancement juridique des vices dont il pourrait être affecté, le Conseil d'État a prononcé la caducité d'une circulaire réitérative au motif que le texte qu'elle reprend a été annulé par l'autorité compétente ou par le juge administratif. Reprenant ainsi, la position développée sous l'empire de la jurisprudence Institution Notre-Dame de Kreisker[4], le Conseil d'État a été conduit à prononcer un non-lieu à statuer sur les conclusions tendant à l'annulation d'une circulaire au motif que le texte réglementaire qu'elle explicitait, avait disparu de l'ordonnancement juridique[5]. Cette position du juge administratif appelle cependant une réserve au motif qu'il contraint la haute juridiction administrative à opérer un contrôle de la circulaire et de la norme interprétée afin de se prononcer sur la recevabilité de la requête. Dès lors, un des objectifs de la jurisprudence Madame Duvignères n'a pas été atteint. D'ailleurs, les commentateurs autorisés ont estimé que « ce faisant, elle met au jour ce qui constitue sans doute une limite intrinsèque à la fiction (assumée) sur laquelle repose la solution Duvignères, qui entraîne dans un régime contentieux unique différents types de circulaires dont certaines seulement produisent des effets de droit »[6].

Par ailleurs, la jurisprudence Madame Duvignères a connu des tempéraments réduisant la portée de cette jurisprudence novatrice. Hormis la procédure

---

[1] CE, 17 janvier 2007, *Banque fédérative du Crédit mutuel*, n° 262967, publié au recueil Lebon, concl. Verot ; CE, 7 avril 2011, *La CIMADE GISTI*, n° 335924, publié au recueil Lebon, concl. Vialettes (M.), AJDA 2011. 759 ; RFDA 2011. 1225, chron. Clément-Wilz (L.), Martucci (F.) et Mayeur-Carpentier (C.).

[2] CE, 9 février 2011, *Epoux Mathieu*, n° 339081, mentionné aux tables du recueil Lebon, concl. Escaut (N.) ; CE, 24 novembre 2010, *Comité Harkis et Vérité*, n° 342957, inédit au recueil Lebon, concl. Liéber (S-J.), AJDA, 2010, p. 2284 ; CE, 4 mai 2011, *M. Bruno A.*, n° 346648, mentionné aux tables du recueil Lebon, concl. Vialettes (M.), AJDA 2011, p. 927 ; CE, 13 juillet 2011, *M. Ourgaud et autre*, n° 349383, inédit au recueil Lebon, concl. Vialettes (M.) ; CE, 23 août 2011, *M. Etrillard et autres*, n° 349752, inédit au recueil Lebon, concl. Roger-Lacan (C.) ; CE, 19 mars 2012, *Société Cryo-Save France*, n° 348764, mentionné aux tables du recueil Lebon, concl. Vialettes (M.).

[3] Le Conseil d'État renvoie la question au Conseil constitutionnel quand bien même le litige soulevé relève par principe de l'autre ordre de juridiction et que l'unique moyen à l'appui de la demande d'annulation d'une circulaire repose sur l'inconstitutionnalité de la loi dont la circulaire est l'interprétation.

[4] CE, 24 novembre 1989, *Ville de Montpellier*, n° 93162, 93241, 93249, 93254, 93284, publié au recueil Lebon.

[5] CE, 18 octobre 2006, *Section française de l'Observatoire international des prisons*, n° 28086, mentionné aux tables du recueil Lebon, concl. Guyomar (M.).

[6] Bretonneau (A.), Domino (X.), « *Les joies de la modernité : une décennie de contentieux des circulaires* », AJDA 2012, p. 691.

spécifique du référé-suspension[1], le Conseil d'État a jugé qu'il était impossible d'invoquer une illégalité externe d'un texte législatif ou réglementaire par le biais de la contestation de la légalité de la circulaire interprétative[2]. En l'espèce, le syndicat requérant demandait l'annulation d'une circulaire en invoquant l'inconventionnalité d'une loi dont la circulaire donnait une interprétation. Pour ce faire, il soutenait que l'adoption de cette loi n'avait pas été précédée des mesures de consultation des organisations représentatives d'employeurs et de salariés. Le Conseil d'État va écarter ce moyen en le déclarant irrecevable. Ainsi, la haute juridiction administrative considère que les vices externes dont serait entachée une loi ne saurait être excipée par un requérant lors du contrôle de l'acte interprétatif.

De plus, le juge administratif a été amené à se prononcer sur la légalité d'une circulaire ayant pour objet de commenter la jurisprudence constitutionnelle et judiciaire relative à la garde à vue et prescrivant des comportements à tenir par les magistrats du ministère public mettant en œuvre ces dispositions. Le Conseil d'État va limiter son office en retenant qu'il n'opère pas de contrôle du bien-fondé de la décision de justice, en application du principe de séparation des pouvoirs[3]. Par contre, il étend son office en retenant qu'il peut contrôler l'interprétation faite par une autorité administrative d'une décision juridictionnelle. La position du Conseil d'État, dans cette affaire, peut prêter à contestation au motif qu'il se prononce, non pas sur la décision elle-même, mais sur l'interprétation donnée.

Dès lors, on peut s'interroger sur la possibilité dont dispose le Conseil d'État de confirmer la légalité d'une interprétation administrative alors que la jurisprudence judiciaire n'aurait pas l'exacte portée retenue par la haute juridiction administrative. D'ailleurs, l'absence de contrôle *a posteriori* de la décision du Conseil d'État permet de s'interroger sur l'opportunité d'une telle jurisprudence, à moins qu'en cas de doute sérieux, le juge administratif ne sursoit à statuer et renvoit la question de l'interprétation à la Cour de cassation avant de se prononcer sur le fond.

---

[1] Le Conseil d'État a jugé qu'en matière de référé-suspension à l'encontre d'une circulaire interprétative, la condition d'urgence n'était pas remplie au motif que ce texte n'a pour objet que d'appliquer une norme en vigueur et que la circonstance selon laquelle l'administration pourrait faire une application illégale des dispositions légales ne saurait être regardée comme caractérisant une situation d'urgence (CE Ref., 24 juin 2011, *Association CIMADE*, n° 350190, inédit au recueil Lebon). La haute juridiction administrative restreint donc la jurisprudence *Duvignères* qui précisait qu'une circulaire interprétative devrait être annulée dans les plus brefs délais au motif qu'elle peut conduire les destinataires de la norme à une mauvaise application de cette dernière du fait d'une interprétation erronée produite par l'administration.

[2] CE, 2 décembre 2011, *Confédération française des travailleurs chrétiens (CFTC)*, n° 333472, publié au recueil Lebon, concl. Landais (C.), AJDA. 2011, p. 2380.

[3] CE, 24 avril 2012, *M. Jeremy A.*, n° 345301, mentionné aux tables du recueil Lebon, concl. de Lesquen (X.), Gaz. Pal. 2012, no 172-173, p. 18, note Guyomar ; AJDA 2012. 915, obs. Grand.

**
*

Les commentateurs autorisés de la jurisprudence du Conseil d'État ont une belle formule pour traiter des difficultés contentieuses liées aux circulaires : « à force de servir de tremplin pour se saisir de règles de droit auxquelles on ne saurait accéder directement que par elles, la justiciabilité des circulaires interprétatives oblige parfois à des numéros de haute voltige contentieuse particulièrement acrobatiques, et assurément vertigineux »[1]. Ces acrobaties et cette haute voltige contentieuse se posent d'autant plus que le recours contre les actes de droit souple trouve un nouveau souffle au regard de la jurisprudence du Conseil d'État en date du 21 mars 2016.

B. Le droit souple en matière économique, une nouvelle pierre à l'édifice

Les évolutions de la jurisprudence Madame Duvignères trouvent un écho particulier pour la présente étude au motif que le Conseil d'État a fait évoluer sa jurisprudence relative aux actes du droit souple. Faisant suite au rapport du Conseil d'État de 2013 sur le droit souple[2], la section du contentieux de la haute juridiction administrative a repris à son compte les aspirations développées dans le cadre de ce rapport. Les sections administrative et contentieuse du Conseil d'État se sont rejointes afin de mettre en œuvre un recours contentieux à l'encontre des actes constituant la catégorie des actes de droit souple. Madame Von Coester, dans ses conclusions sur l'arrêt Société Fairvesta International GmbH et autres[3], considère que le droit souple « ce sont des instruments qui s'apparentent aux règles, en ce qu'ils ont pour objet de modifier ou d'orienter les comportements de leurs destinataires, mais sans créer par eux même de droits ou d'obligations »[4]. Cette ouverture du recours contentieux à l'encontre de tels actes

[1] Bretonneau (A.), Domino (X.), « *Les joies de la modernité : une décennie de contentieux des circulaires* », AJDA 2012, p. 691

[2] Conseil d'État, *Étude annuelle 2013 – Le droit souple*, La documentation française, Études et documents du Conseil d'État, mai 2013.

[3] CE, Ass, 21 mars 2016, *Sociétés Fairvesta International GmbH, Fairvesta Europe AG, Fairvesta Europe AG II et Fairvesta Vermögensverwaltung International AG,* n°368082, Lebon, Concl. Von Coester (S.) ; GAJA n° 117, AJ 2016.717, chr. L. Dutheillet de Lamothe et Odinet ; DA 2016. comm. 10, Von Coester et Daumas ; D. 2016.715, obs. Montecler ; Gaz. Pal. 2016 n ° 22, p. 31, note Seiller ; JCP 2016.623, note Perroud et 671, note Aguila et Froger ; LPA 2016 n ° 185, p. 11, note Chaltiel ; RFDA 2016.679, art. Melleray ; RTD Civ. 2016.571, note Deumier ; RTD Com. 2016.298, obs. Rontchevsky, et 711, obs. Lombard ; RD Publ. 2017.482, comm. Pauliat.

[4] Von Coester, *« les communiqués »*, RFDA 2016, p. 497, concl. sur CE, Ass, 21 mars 2016, *Sociétés Fairvesta International GmbH, Fairvesta Europe AG, Fairvesta Europe AG II et Fairvesta Vermögensverwaltung International AG*, n°368082, Concl. Von Coester ; GAJA n° 117, AJ 2016.717, chr. Dutheillet de Lamothe et Odinet ; DA 2016. comm. 10, Von Coester et Daumas ; D. 2016.715, obs. Montecler ; Gaz. Pal. 2016 n ° 22, p. 31, note Seiller ; JCP 2016.623, note Perroud et 671, note Aguila et Froger ; LPA 2016 n ° 185, p. 11, note

ne va pas de soi et le Conseil d'État a souhaité mettre en œuvre, une procédure raisonnée et rationalisée afin de ne pas ouvrir son prétoire à l'ensemble des contestations émises à l'encontre de ces actes de la doctrine administrative.

Avant d'en venir à la position de principe retenue par la haute juridiction administrative, un bref retour sur le contexte de ces décisions est nécessaire.

A titre liminaire, le Conseil d'État, en retenant une approche finaliste, avait ouvert le recours pour excès de pouvoir à l'encontre de décisions présentant des effets juridiques indirects. Ainsi, en l'absence de droits et obligations créés par la décision, cette dernière peut faire l'objet d'un recours pour excès de pouvoir. La position de principe retenue par le Conseil d'État ressort de deux décisions du 11 octobre 2012, Société ITM Entreprises[1] et Société Casino Guichard-Perrachon[2] par lesquelles la haute juridiction a jugé que les prises de position de l'Autorité de la concurrence présentent le caractère de décisions faisant grief dans deux hypothèses, à savoir lorsqu'elles revêtent le caractère de dispositions générales et impératives ou s'il s'agit de prescriptions individuelles dont l'Autorité pourrait ultérieurement censurer la méconnaissance. Dès lors, hormis ces deux hypothèses, le Conseil d'État ne reconnaît pas la compétence au juge administratif pour se prononcer sur un recours dirigé contre de telles prises de position.

Pour autant, au regard de cette politique jurisprudentielle, la doctrine administrativiste s'est prononcée en faveur d'un grand soir du contentieux des actes de droit souple au motif que dans le domaine des autorités de régulation, ces deux décisions avaient créé « un angle mort » regrettable[3]. « Pour remédier à cet angle mort, il fallait admettre de tenir compte des effets pourtant non juridiques d'un acte pour apprécier la recevabilité d'un recours à son encontre »[4]. C'est dans ce cadre juridique établi que le Conseil d'État va se prononcer par ses deux décisions du 21 mars 2016.

D'une part, concernant la décision Société Fairvesta International GmbH et autres, le Conseil d'État est saisi d'une requête tendant à l'annulation de trois communiqués par lesquels l'Autorité des marchés financiers s'est prononcée sur

---

Chaltiel ; RFDA 2016.679, art. Melleray ; RTD Civ. 2016.571, note Deumier ; RTD Com. 2016.298, obs. Rontchevsky, et 711, obs. Lombard ; RD Publ. 2017.482, comm. Pauliat.

[1] CE, 11 octobre 2012, *Société ITM Entreprises*, n° 346378, publié au recueil Lebon, concl. Legras (C.) ; D. 2013.732, obs. Ferrier (D.).

[2] CE, 11 octobre 2012, *Société casino Guichard-Perrachon*, n° 357193, publié au recueil Lebon, concl. Legras (C.) ; AJDA 2012.1925 ; AJDA 2012. 2373, chron. Domino (X.) et Bretonneau (A.) ; D. 2013.732, obs. Ferrier (D.) ; RTD Com. 2012. 747, obs. Claudel (E.); RTD Com. 2013. 237, obs. Orsoni (G.); RJEP 2013, comm. 13, note Idoux (P.); RD Publ. 2013. 771, note Calandri (L.) ; Dr. Adm. 2013, comm. 2, note Bazex (M.).

[3] Voir en ce sens, Idoux (P.), « *L'absence de justiciabilité des avis et recommandations de l'Autorité de la concurrence* », RJEP, n° 708, mai 2013 ; Calendri (L.), « *La nature juridique et le régime contentieux des avis de l'Autorité de la concurrence, apport d'une jurisprudence récente* », RDP, juillet 2013, n° 4, p. 771 ; Bretonneau (A.) et Domino (X.), « *Miscellanées contentieuses* », AJDA 2012, p. 2373.

[4] Von Coester (S.) et Daumas (V.), « *Le Conseil d'État accepte de se saisir d'actes de « droit souple* », Droit administratif n° 4, Avril 2016, comm. 20.

les risques encourus en cas de recours aux placements financiers vendus pas les sociétés Fairvesta. En effet, participant à sa mission légale de protection de l'épargne des investisseurs, l'Autorité des marchés financiers a mis en garde les épargnants, par trois communiqués publiés sur son site internet, en précisant notamment « ces placements sont souvent commercialisés en France de manière très active par des personnes tenant des discours parfois déséquilibrés au regard des risques en capital encouru ». Ainsi, l'Autorité des marchés financiers essaie de prévenir les risques encourus par les épargnants s'ils venaient à recourir à ces produits financiers. Dans les deux autres communiqués, l'autorité administrative indépendante a réitéré les propos tenus dans son premier communiqué afin de garantir une continuité dans son attitude préventive. Les sociétés requérantes ont donc saisi l'Autorité des marchés financiers d'une demande d'indemnisation du préjudice subi par la publication des trois communiqués et de communication rectificative des propos tenus dans ces communiqués. L'autorité de régulation a décidé de ne pas faire droit aux demandes des sociétés Fairvesta et autres. Ces dernières ont donc saisi le Conseil d'État d'une demande d'annulation des trois communiqués et des décisions ayant refusé de les rectifier ainsi que de la condamnation de l'Autorité des marchés financiers.

D'autre part, dans la seconde espèce, la haute juridiction administrative est amenée à se prononcer sur une prise de position de l'Autorité de la concurrence interprétant une décision précédemment rendue par la même autorité. En l'espèce, lors de la prise de contrôle exclusif de TPS et de CanalSatellite par Vivendi Universal et le groupe Canal Plus, l'Autorité de la concurrence avait autorisé cette prise de contrôle par une décision du 23 juillet 2012 mais l'avait assortie d'injonctions dont la n° 5(a) a pour objet de contraindre le groupe Canal Plus à formuler des offres distinctes en fonction des plateformes de diffusion et de donner aux éditeurs la faculté de choix entre une distribution exclusive sur CanalSat ou une distribution au sein d'offres des opérateurs concurrents. Au motif que la société Numéricable a fait le choix de ne pas proposer CanalSat à ses usagers en autodistribution, l'Autorité de la concurrence a été dans l'obligation de proposer une interprétation de l'injonction n° 5(a) afin d'éviter toutes pratiques anticoncurrentielles de la part du groupe Canal Plus. Pour ce faire, l'autorité de régulation a interprété cette injonction comme « interdisant à GCP (Groupe Canal Plus) d'obtenir des droits de distribution exclusive sur la plate-forme de tout opérateur qui refuserait de transporter l'offre CanalSat ». A la suite de l'offre de prise de contrôle exclusif de SFR par Numéricable, le groupe Canal Plus a saisi l'autorité de la concurrence d'une demande de constat de cette fusion et de précision quant aux conséquences de celle-ci sur l'interprétation retenue pour l'injonction n° 5(a). L'Autorité de la concurrence, par une délibération de la commission permanente explicitée par un courrier de son président, a déclaré sans objet l'injonction n° 5(a) du fait de cette fusion. La société Numéricâble demande au Conseil d'État l'annulation de la position de l'Autorité de la concurrence exprimée par la délibération, conjointement au courrier du Président de l'Autorité.

Dans ces deux affaires, le Conseil d'État est amené à se prononcer sur la possibilité de recours contentieux à l'encontre d'actes de droit souple. En effet, tant les décisions rendues par l'Autorité de la concurrence que les communiqués de l'Autorité des marchés financiers relèvent de la catégorie des actes de droit souple pour lesquels le Conseil d'État ne reconnaissait pas la possibilité de recours contentieux. Afin d'écarter la fin de non-recevoir soulevée par les deux autorités de régulation, la haute juridiction administrative doit opérer un revirement de jurisprudence ayant pour finalité de permettre les recours déposés à l'encontre d'actes de droit souple.

Par deux arrêts en date du 21 mars 2016[12], le Conseil d'État, en sa formation la plus solennelle, a ouvert la possibilité de contestation de tels actes par un considérant de principe. La haute juridiction administrative juge que le recours pour excès de pouvoir est ouvert à l'encontre des « avis, recommandations, mises en garde et prises de position adoptés par les autorités de régulation dans l'exercice des missions dont elles sont investies » lorsqu'ils revêtent soit le caractère de dispositions générales et impératives, soit lorsqu'ils énoncent des prescriptions individuelles susceptibles de censure ultérieure par ces autorités. Afin de garantir la sécurité juridique et la légalité de ces décisions, le Conseil d'Etat va également ouvrir le recours pour excès de pouvoir dans l'hypothèse où ces actes « sont de nature à produire des effets notables, notamment de nature économique, ou ont pour objet d'influer de manière significative sur les comportements des personnes auxquelles ils s'adressent ». En l'espèce, la haute juridiction tient compte des conséquences de ces actes afin de rendre recevables ces recours. Le Conseil d'Etat va ensuite formuler un guide à l'attention du juge administratif qui serait confronté à cette dernière hypothèse. En effet, celui-ci doit examiner les vices affectant la légalité de l'acte en prenant en considération d'une part la nature et les caractéristiques de cet acte et d'autre part, le pouvoir d'appréciation offert à l'autorité de régulation. Pour autant, quand bien même ces décisions ouvrent le prétoire de la haute juridiction administrative, le Conseil d'État pose plusieurs limites à l'ouverture pleine et entière du recours à l'encontre des actes de droit souple.

---

[1] CE, Ass, 21 mars 2016, *Sociétés Fairvesta International GmbH, Fairvesta Europe AG, Fairvesta Europe AG II et Fairvesta Vermögensverwaltung International AG,* n°368082, Lebon, Concl. Von Coester (S.) ; GAJA n° 117, AJ 2016.717, chr. L. Dutheillet de Lamothe et Odinet ; DA 2016. comm. 10, Von Coester et Daumas ; D. 2016.715, obs. Montecler ; Gaz. Pal. 2016 n ° 22, p. 31, note Seiller ; JCP 2016.623, note Perroud et 671, note Aguila et Froger ; LPA 2016 n ° 185, p. 11, note Chaltiel ; RFDA 2016.679, art. Melleray ; RTD Civ. 2016.571, note Deumier ; RTD Com. 2016.298, obs. Rontchevsky, et 711, obs. Lombard ; RD Publ. 2017.482, comm. Pauliat.

[2] CE, Ass, 21 mars 2016, *Société NC Numéricable*, n°390023, Lebon, Concl. Daumas ; GAJA n° 117, AJ 2016.717, chr. L. Dutheillet de Lamothe et Odinet ; DA 2016. comm. 10, Von Coester et Daumas ; D. 2016.715, obs. Montecler ; Gaz. Pal. 2016 n ° 22, p. 31, note Seiller ; JCP 2016.623, note Perroud et 671, note Aguila et Froger ; LPA 2016 n ° 185, p. 11, note Chaltiel ; RFDA 2016.679, art. Melleray ; RTD Civ. 2016.571, note Deumier ; RTD Com. 2016.298, obs. Rontchevsky, et 711, obs. Lombard ; RD Publ. 2017.482, comm. Pauliat.

Tout d'abord, le Conseil d'État s'est prononcé en faveur d'un recours pour excès de pouvoir à l'encontre de tels actes de droit souple. Les rapporteurs publics des deux affaires ont dépeint les différentes possibilités offertes à la haute juridiction pour le contrôle de tels actes. Ces derniers ont pu proposer soit le recours pour excès de pouvoir, soit le recours de plein contentieux ou de créer de toutes pièces une troisième voie de recours pour ces actes spécifiques[3]. Le recours à cette troisième voie aurait pu permettre au Conseil d'État de faire une nouvelle fois œuvre créatrice. Pourtant, cette voie semblait impossible à mettre en application au regard d'une contrainte pratique, à savoir celle du caractère obligatoire de recours à un conseil pour déposer le recours devant la juridiction administrative. La haute juridiction a donc estimé pertinent de confirmer la distinction classique entre recours pour excès de pouvoir et recours de plein contentieux et y a attaché les causes et conséquences liées. « Dès lors que les autorités chargées de missions de régulation exercent, au travers des actes de droit souple qu'elles adoptent, un magistère de persuasion, l'auteur du recours se satisfera, bien souvent, du désaveu que constitue l'annulation juridictionnelle »[4]. De ces considérations, une première limite fait jour : celle de la distinction entre le rôle du juge administratif et celui de l'autorité de régulation. En effet, le recours pour excès de pouvoir permet de garantir que le juge administratif ne devienne pas un juge régulateur, ce qui aurait pour conséquence de vider de leurs raisons d'être ces autorités de régulation.

De plus, se pose la question du contrôle que va opérer le Conseil d'État sur les décisions prises par ces autorités de régulation. En l'espèce, la haute juridiction, en matière de recours pour excès de pouvoir, dispose d'une palette assez restrictive, en ce sens que le juge administratif peut exercer un contrôle

---

[3] CE, Ass, 21 mars 2016, *Société NC Numéricable*, n°390023, Lebon, Concl. Daumas ; GAJA n° 117, AJ 2016.717, chr. L. Dutheillet de Lamothe et Odinet ; DA 2016. comm. 10, Von Coester et Daumas ; D. 2016.715, obs. Montecler ; Gaz. Pal. 2016 n ° 22, p. 31, note Seiller ; JCP 2016.623, note Perroud et 671, note Aguila et Froger ; LPA 2016 n ° 185, p. 11, note Chaltiel ; RFDA 2016.679, art. Melleray ; RTD Civ. 2016.571, note Deumier ; RTD Com. 2016.298, obs. Rontchevsky, et 711, obs. Lombard ; RD Publ. 2017.482, comm. Pauliat ; CE, Ass, 21 mars 2016, *Sociétés Fairvesta International GmbH, Fairvesta Europe AG, Fairvesta Europe AG II et Fairvesta Vermögensverwaltung International AG,* n°368082, Lebon, Concl. Von Coester (S.) ; GAJA n° 117, AJ 2016.717, chr. L. Dutheillet de Lamothe et Odinet ; DA 2016. comm. 10, Von Coester et Daumas ; D. 2016.715, obs. Montecler ; Gaz. Pal. 2016 n ° 22, p. 31, note Seiller ; JCP 2016.623, note Perroud et 671, note Aguila et Froger ; LPA 2016 n ° 185, p. 11, note Chaltiel ; RFDA 2016.679, art. Melleray ; RTD Civ. 2016.571, note Deumier ; RTD Com. 2016.298, obs. Rontchevsky, et 711, obs. Lombard ; RD Publ. 2017.482, comm. Pauliat.

[4] Daumas (V.), *« Les prises de position »*, RFDA 2016, p. 506, concl. Sur CE, Ass, 21 mars 2016, *Société NC Numéricable*, n°390023, Lebon, Concl. Daumas ; GAJA n° 117, AJ 2016.717, chr. Dutheillet de Lamothe et Odinet ; DA 2016. comm. 10, Von Coester et Daumas ; D. 2016.715, obs. Montecler ; Gaz. Pal. 2016 n ° 22, p. 31, note Seiller ; JCP 2016.623, note Perroud et 671, note Aguila et Froger ; LPA 2016 n ° 185, p. 11, note Chaltiel ; RFDA 2016.679, art. Melleray ; RTD Civ. 2016.571, note Deumier ; RTD Com. 2016.298, obs. Rontchevsky, et 711, obs. Lombard ; RD Publ. 2017.482, comm. Pauliat.

restreint ou un plein contrôle de l'acte. Cette position n'est pas, en l'état de la jurisprudence, tranchée de manière définitive ; le Conseil d'État ayant pu retenir l'une et l'autre des conceptions dans les deux arrêts en date du 21 mars 2016.

Par contre, le Conseil d'État a eu à se prononcer sur une condition essentielle de tout recours contentieux à savoir celle du délai[5]. La décision du 13 juillet 2016 du Conseil d'État implique qu'il existe un délai de recours contentieux de 2 mois à compter de la publication d'un acte de droit souple pour les professionnels du secteur sur lequel l'autorité de régulation exerce son contrôle. Cette position se comprend aisément au regard des obligations des entreprises quant à la veille des décisions de l'autorité de régulation dont elles dépendent. D'ailleurs, par cette décision, allant à l'encontre des conclusions de Madame Von Coester dans l'affaire Fairvesta[6] et de celles du rapporteur public en l'espèce[7], le Conseil d'État entend rapprocher le régime juridique contentieux des actes de droit souple de celui développé pour les actes réglementaires[8]. Par ailleurs, cette décision, rappelant les jurisprudences Despujol[9] et Compagnie Alitalia[10] codifiés à l'article L. 243-2 du code des relations entre le public et l'administration, précise que tout justiciable peut exciper de l'illégalité de l'acte de droit souple par le biais d'un recours à l'encontre d'une décision de refus d'abrogation prise par l'autorité de régulation. Cependant, se pose la question de l'intérêt à agir du requérant contestant un tel acte par le biais de l'exception

---

[5] CE Sect., 13 juillet 2016, *Société GDF Suez,* n° 388150, publié au recueil Lebon, concl. Victor (R.) ; Droit Administratif n° 8-9, Août 2016, alerte 103 ; AJDA 2016, p. 2119, Melleray (F.) ; JCP G Semaine juridique, 25 juillet 2016, n° 30, p. 1517, Erstein (L.) ; Droit administratif, 1er août 2016, n° 8, p. 49-50, Idoux (P.) ; Revue Lamy de la concurrence, 1er août 2016, n° 53, p. 15, Necib (D.) ; Procédures 1er octobre 2016, n° 10, p. 30-31, Chifflot (N.) ; JCP A, 10 octobre 2016, n° 40, p. 18-22, Le Bot (O.) ; Revue de droit bancaire et financier ; 1er novembre 2016, n° 6, p. 54-55, note. Boucard (F.) ; Concurrences, 1er décembre 2016, n° 4, p. 175-176, Guillaume (E.).

[6] Von Coester, « *les communiqués* », RFDA 2016, p. 497, concl. sur CE, Ass, 21 mars 2016, *Sociétés Fairvesta International GmbH, Fairvesta Europe AG, Fairvesta Europe AG II et Fairvesta Vermögensverwaltung International AG*, n°368082, Concl. Von Coester ; GAJA n° 117, AJ 2016.717, chr. Dutheillet de Lamothe et Odinet ; DA 2016. comm. 10, Von Coester et Daumas ; D. 2016.715, obs. Montecler ; Gaz. Pal. 2016 n ° 22, p. 31, note Seiller ; JCP 2016.623, note Perroud et 671, note Aguila et Froger ; LPA 2016 n ° 185, p. 11, note Chaltiel ; RFDA 2016.679, art. Melleray ; RTD Civ. 2016.571, note Deumier ; RTD Com. 2016.298, obs. Rontchevsky, et 711, obs. Lombard ; RD Publ. 2017.482, comm. Pauliat.

[7] Propos repris de Melleray (F.), « *Précisions sur les modalités de contestation d'un acte de droit souple* », AJDA 2016, p. 2119

[8] Voir en ce sens, CE, 24 avril 2012, *Voies navigables de France,* n° 339669, publié au recueil Lebon concl. Olléon (L.), AJDA 2013, p. 998, note Joubert (S.) ; CE, 25 novembre 2015, *Société Gibmedia*, n° 383482, publié au recueil Lebon, concl. Bourgeois-Machureau (B.), AJDA 2015, p. 22987 ; CE Sect., 27 juillet 2005, *Millon c/ Tête*, n° 259004, publié au recueil Lebon, concl. Glaser (E.), AJDA 2005, p. 2462, note Janicot (L.).

[9] CE Sect., 10 janvier 1930, *Despujol*, n° 97263, 05822, publié au recueil Lebon, concl. Andrieux, D. 1930.3.16, note P.L.J ; S. 1930.3.41, note Alibert.

[10] CE Ass., 3 février 1989, *Compagnie Alitalia,* n° 74052, publié au recueil Lebon, concl. Chahid-Nourai ; RFDA 1989, p. 391, concl, notes Beaud (O.) et Dubouis (L.) ; AJ 1989, p. 387, note Fouquet (O.) ; RTDE 1989, p. 509, note Vergès.

d'illégalité. Le requérant sera dans l'obligation de répondre aux conditions énoncées dans les arrêts du 21 mars 2016, à savoir qu'il justifie d'un intérêt direct et certain à l'annulation de l'acte de droit souple. Dès lors, une fois cette première question résolue, il convient de s'interroger sur la mise en œuvre de cette faculté par les requérants non professionnels du secteur régulé. Seule l'évolution et l'application des arrêts du 21 mars 2016 nous permettront de conclure de manière certaine.

Ensuite, la haute juridiction administrative va créer une double clé d'entrée pour les requérants souhaitant contester un acte de doctrine administrative dans le cadre du nouveau recours pour excès de pouvoir, tout en rappelant sa jurisprudence classique sur l'intérêt direct et certain du requérant pour demander l'annulation de la prise de position en cause.

D'une part, le Conseil d'État retient une vision limitative des actes pouvant faire l'objet d'un recours en annulation. En effet, le Conseil d'État retient une liste comprenant « les avis, recommandations, mises en garde et prises de position ». Dès lors, il semblerait que seuls ces actes puissent faire l'objet d'un recours fondé sur ces jurisprudences. Pour autant, les commentateurs autorisés de la décision ont précisé qu'il ne faut pas voir dans cette énumération, une liste limitative d'actes pouvant faire l'objet d'un tel recours ; « c'est la prise en compte des effets et de l'objet des actes non décisoires qui est seule déterminante pour cette nouvelle voie de recours, en complément des hypothèses déjà dégagées par la jurisprudence, qui sont consacrées par l'assemblée du contentieux »[11]. Dès lors, la finalité de l'acte est recherchée afin de savoir si celle-ci peut conduire à déclarer recevable une requête demandant son annulation.

Cet acte doit répondre à des critères alternatifs. Il peut tout d'abord revêtir le caractère de dispositions générales et impératives. Cet acte de droit souple peut ensuite énoncer des prescriptions individuelles dont les autorités de régulation auront à connaître ultérieurement en cas de méconnaissance de ces dispositions de droit souple par le requérant. Enfin, le recours pour excès de pouvoir est ouvert pour les actes de nature à produire des effets notables, notamment de nature économique, ou ayant pour objet d'influer de manière significative sur les comportements des personnes auxquelles ils s'adressent. Dans cette dernière hypothèse, les requérants devront nécessairement passer le verrou de l'intérêt à agir qui doit être direct et certain. Dès lors, en fonction de la finalité de l'acte de droit souple, le recours pour excès de pouvoir pourra être ouvert. En l'espèce, dans les deux affaires, le Conseil d'État va constater la présence d'un intérêt économique, qui a entraîné un préjudice pour les sociétés du fait de l'adoption de la décision de l'Autorité de la concurrence d'une part, et de la décision de l'Autorité des marchés financiers d'autre part, pour juger que les prises de position et communiqués peuvent faire l'objet d'un recours pour excès de

---

[11] Von Coester (S.) et Daumas (V.), « *Le Conseil d'État accepte de se saisir d'actes de « droit souple »*, Droit administratif n° 4, Avril2016, comm. 20

pouvoir. Dès lors, le Conseil d'État instaure une première clé d'entrée pour les requérants afin de demander l'annulation d'un acte de la doctrine administrative.

D'autre part, la haute juridiction administrative va limiter l'ouverture de son prétoire aux seules décisions adoptées par les autorités de régulation. Par une lecture combinée de cette limitation avec le critère relatif à l'acte, le Conseil d'État a souhaité restreindre les contestations des actes de la doctrine administrative. Ainsi que le précise les commentateurs autorisés de la décision, la haute juridiction a souhaité retenir un critère fonctionnel de l'autorité de régulation et non un critère organique[12], répondant en quelque sorte au professeur Collet qui s'interrogeait sur la naissance d'une nouvelle catégorie pour les autorités de régulation économique[13]. Pour autant, la notion d'autorité de régulation, en tant que catégorie juridique, revêt un caractère novateur dans la jurisprudence du Conseil d'État[14].

Dès lors, se pose la question de savoir ce que la haute juridiction souhaite faire entrer dans cette nouvelle catégorie. En d'autres termes, le fait pour une autorité administrative de disposer d'une compétence de régulation lui permet-elle de s'inscrire dans cette nouvelle catégorie ou l'activité régulatrice doit-elle être l'unique fonction de cette autorité ? En effet, la qualification d'autorité de régulation peut recouvrir la fonction « administrative prise en charge par une autorité administrative indépendante ou une autorité publique indépendante ayant pour objet la mise en œuvre normative et contentieuse d'un ordre public économique visant à instaurer un équilibre entre la recherche de l'efficacité économique et l'exécution des politiques publiques »[15] mais aussi une fonction plus large à savoir celle recouvrant la régulation économique et la protection des droits et libertés fondamentaux[16]. Quand bien même l'état de la jurisprudence – qui s'est prononcée sur l'Autorité de la concurrence, l'Autorité des marchés financiers et le Conseil supérieur de l'audiovisuel[17] – ne permet pas de disposer d'une position tranchée, le Conseil d'État, au regard des indications fournies par les commentateurs autorisés, semble s'orienter vers une position fonctionnelle de la notion d'autorité de régulation. Cette orientation dans la pensée juridictionnelle devrait avoir comme finalité de permettre au Conseil d'État de contrôler les actes des autorités administratives indépendantes et des autorités

---

[12] Von Coester (S.) et Daumas (V.), « *Le Conseil d'État accepte de se saisir d'actes de « droit souple* », Droit administratif n° 4, Avril2016, comm. 20.

[13] Collet (M.), « *Autorité de régulation économique : l'émergence d'une catégorie nouvelle ?* », RJEP mars 2008, p. 11.

[14] Dutheillet de Lamothe (L.), Odinet (G.), « *Un recours souple pour le droit souple* », AJDA 2016, p. 719.

[15] Rambaud (R.), *L'institution juridique de régulation. Recherches sur les rapports entre droit administratif et théorie économique*, L'harmattan, 2012, p. 87.

[16] Gélard (P.), *Office d'évaluation de la législation, Rapport sur les autorités administratives indépendantes*, 2006, tome n° 1, p. 42

[17] CE, 10 novembre 2016, *Marcilhacy et autres*, n° 384691, publié au recueil Lebon, concl. Marion ; AJDA 2017, p. 121, concl. Marion ; Droit Administratif n° 1, Janvier 2017, alerte 7 ; Droit Administratif n° 2, Février 2017, comm. 9, Lanneau et Sée.

publiques indépendantes mais aussi de l'ensemble des autres personnes publiques, à savoir les administrations centrales, les collectivités territoriales, les établissements publics. D'ailleurs, cette position est en accord avec le principe de sécurité juridique que le Conseil d'État entend développer dans sa jurisprudence récente.

**
*

Parlant d'« effets de contagion »[18], les commentateurs autorisés se sont interrogés sur le champ d'application de ces jurisprudences et du maintien du cantonnement établi par le Conseil d'État. Cette restriction du champ de ces décisions ne semble plus pertinent au regard de l'évolution globale du droit, notamment au regard du principe de sécurité juridique et d'intelligibilité du droit. Dès lors, il est nécessaire de s'interroger sur la reconnaissance d'une invocabilité et d'une opposabilité de la doctrine administrative dans tous les pans du droit, notamment dans le domaine du droit de la commande publique et des modalités de mise en œuvre d'une telle reconnaissance.

« L'effet de contagion » prédit par les commentateurs autorisés s'est produit par la suite au sein de la jurisprudence du Conseil d'état. Par un arrêt en date du 19 juillet 2019[19], l'Assemblée du contentieux du Conseil d'Etat est venue étendre la portée des décisions *Fairvesta et Numéricâble*. En effet, cette décision n'entend plus se limiter à l'œuvre de droit souple des autorités de régulation dans le secteur économique mais s'étend aux autorités de régulation, notamment politique comme la haute autorité pour la transparence de la vie publique (HATVP). Par cette décision, la haute juridiction a marqué une volonté d'extension de la contestabilité des actes de doctrine administrative. Toutefois, cette décision laissait perdurer les limites des décisions précitées au travers de la limitation des actes objets de la contestation mais aussi quant aux moyens d'ouverture du recours pour excès de pouvoir.

Pour autant, à l'aune de ces critiques, le Conseil d'Etat a opéré un renouvellement de sa définition du droit souple et des moyens invocables pour leur contestation. Par un arrêt en date du 12 juin 2020, *GISTI*[20], le Conseil d'Etat juge que le droit souple doit s'entendre comme « Les documents de portée générale émanant d'autorités publiques, matérialisés ou non, tels que les circulaires, instructions, recommandations, notes, présentations ou

[18] Von Coester (S.) et Daumas (V.), « *Le Conseil d'État accepte de se saisir d'actes de « droit souple »*, Droit administratif n° 4, Avril2016, comm. 20.
[19] CE Ass., 19 juillet 2019, *Mme Le Pen*, n° 426389, Rec.
[20] CE Sect., 12 juin 2020, *GISTI*, n° 418142, Lebon p. 192 ; AJDA 2020. 1196 ; ibid. 1407, chron. C. Malverti et C. Beaufils ; AJ fam. 2020. 426, obs. C. Bruggiamosca ; AJCT 2020. 523, Arrêt du mois S. Renard et E. Pechillon ; RFDA 2020. 785, concl. G. Odinet ; ibid. 801, note F. Melleray

interprétations du droit positif (…) lorsqu'ils sont susceptibles d'avoir des effets notables sur les droits ou la situation d'autres personnes que les agents chargés, le cas échéant, de les mettre en œuvre. Ont notamment de tels effets ceux de ces documents qui ont un caractère impératif ou présentent le caractère de lignes directrices ». Peu importe l'*instrumentum*, seul le *negotium* doit permettre la contestabilité de l'acte. En d'autres termes, le Conseil d'Etat fait fi de la forme de l'acte pour se concentrer sur son contenu et ses effets. D'ailleurs, pour être recevable devant le juge de l'excès de pouvoir, le Conseil d'Etat rappelle que des effets notables doivent toucher les destinataires de l'acte en cause. Le principal critère de recevabilité du recours se retrouve dès lors dans cette notion. A l'instar de la jurisprudence Duvignères, le Conseil d'Etat envisage la recevabilité du recours en se fondant sur l'acte en lui-même, son contenu et ses effets. L'étude du bien-fondé de l'acte a une incidence sur sa recevabilité, ce qui est contraire à la logique contentieuse. De plus, le Conseil d'Etat n'entend pas fixer une liste exhaustive des actes de droit souple, ce qui lui permet de disposer d'une large marge de manœuvre dans son contrôle et l'étendu de celui-ci. De cette définition de l'acte de droit souple, le Conseil d'Etat a apporté une vision la plus large possible.

Pour autant, cette ouverture du recours pour excès de pouvoir va immédiatement se refermer au regard des moyens invocables. En effet, la haute juridiction administrative juge que : « Il appartient au juge d'examiner les vices susceptibles d'affecter la légalité du document en tenant compte de la nature et des caractéristiques de celui-ci ainsi que du pouvoir d'appréciation dont dispose l'autorité dont il émane ». Elle poursuit en précisant que « Le recours formé à son encontre doit être accueilli notamment s'il fixe une règle nouvelle entachée d'incompétence, si l'interprétation du droit positif qu'il comporte en méconnaît le sens et la portée ou s'il est pris en vue de la mise en œuvre d'une règle contraire à une norme juridique supérieure ». Cette « fermouverture »[21] du recours pour excès de pouvoir, selon les propos du professeur Mamoudy, marque une ambivalence du Conseil d'Etat dans le contrôle de ces actes. D'ailleurs, même si la haute juridiction administrative accepte, de manière renforcée, la contestation de ces actes, leur annulation manque cependant d'être prononcée. Par ailleurs, en l'état de la jurisprudence, le juge administratif ne prend pas en compte les conséquences de l'annulation de tels actes quand bien même ils pourraient avoir des effets notables sur la situation de leurs destinataires[22]. Un recours indemnitaire devrait être créé afin de permettre au requérant, ayant subi un préjudice, de se voir indemnisé.

Ainsi qu'il a été démontré dans l'introduction de la présente étude, la doctrine administrative constitue un acte de droit souple, ce qui implique qu'il

[21] O. Mamoudy, *La « fermouverture » du recours pour excès de pouvoir* : conférence, 24 nov. 2020.

[22] Allezard (L.), *La responsabilité du fait des actes de droit souple : impasse ou angle-mort du contentieux administratif ?* RFDA 2022, p. 259.

puisse être déféré au juge de l'excès de pouvoir, peu importe la forme prise. D'ailleurs, cette invocabilité de la doctrine administrative de la commande publique s'inscrit dans le recours proposé ci-après.

II. *Pour une uniformisation de l'invocabilité et de l'opposabilité de la doctrine administrative de la commande publique*

La jurisprudence du Conseil d'Etat et les principes matriciels adjoints paraissent mettre en œuvre une révolution dans notre ordre juridique. En effet, loin du caractère insurmontable de la non-invocabilité et de la non-opposabilité de la doctrine administrative, le Conseil d'Etat a posé des pierres à l'édifice du recours à l'encontre des actes de la doctrine administrative.

Ces décisions doivent ainsi nous permettre de dépeindre d'une part, les règles d'un recours contentieux à l'encontre de tout acte de la doctrine administrative (A) avant d'envisager la situation particulière des rescrits et des réponses ministérielles ayant trait au droit de la commande publique (B).

A. *Les mécanismes généraux de mise en œuvre de l'uniformisation*

Par ses arrêts du 21 mars 2016, le Conseil d'État a créé une brèche à l'ouverture d'un recours généralisé à l'encontre des dispositions contenues dans un acte de droit souple. Au regard de la complexité du droit de la commande publique et de la nécessité pour sa mise en œuvre efficiente d'une explication proposée par la direction des affaires juridiques des ministères économiques et financiers, une nécessité fait jour : celle de sécuriser les contrats conclus entre les personnes publiques et leurs cocontractants, notamment au motif d'une interprétation des textes par des actes de droit souple. La mise en place d'un recours ouvert aux soumissionnaires doit donc être imaginée en s'inspirant de la solution apportée par la haute juridiction administrative dans ses arrêts du 21 mars 2016.

1. *Un mécanisme de contrôle juridictionnel à créer*

La reconnaissance d'une invocabilité et de l'opposabilité de la doctrine administrative de la commande publique impose de nous interroger sur le mécanisme de contrôle juridictionnel à mettre en œuvre. En l'espèce, se pose la question de savoir s'il convient de retenir l'un des recours contentieux classiques (recours en excès de pouvoir et recours de plein contentieux) ou si une voie originale pourrait être envisagée pour le contrôle de tels actes. En effet, la limite mise en exergue pas les rapporteurs publics dans leurs conclusions sur les arrêts du 21 mars 2016, à savoir l'obligation de recourir ou non au ministère d'avocats, ne saurait nous contraindre dans le choix de notre solution. Le passage par les deux étapes successives dans le raisonnement du juge administratif implique, au regard des dispositions actuelles du code de justice administrative relatives au ministère d'avocats, une problématique qui peut être écartée au motif qu'une disposition législative prévoyant la mise en œuvre d'une reconnaissance de l'invocabilité et de l'opposabilité de la doctrine administrative peut prévoir le recours ou non au ministère d'avocats. À notre sens, du fait des conséquences indemnitaires qui peuvent être majeures, le ministère d'avocats semble nécessaire afin de permettre au juge administratif de disposer de requêtes fondées et connaissant les us et coutumes de la juridiction administrative sur ce point.

D'une part, l'office du juge, dans le cadre de ce recours contentieux doit s'attarder sur l'acte attaqué et sur la situation qui a pu naître de l'interprétation formulée par cet acte ou si le contrôle venait à se faire *a priori*, c'est-à-dire avant toute application de cette règle, sur les effets prévisibles de cette interprétation. Ainsi, le recours qui est proposé mêlerait le contentieux objectif et subjectif en empruntant à l'excès de pouvoir et au recours de plein contentieux. Dès lors, la question qui serait posée au juge serait à la fois celle de la légalité de l'acte de droit souple mais aussi le règlement de la situation de fait, qui a pu naître au regard de l'application d'un tel acte. L'office du juge administratif dans le cadre de la contestation d'un acte de droit souple s'organiserait donc en deux temps.

D'une part, le juge contrôlerait, reprenant son office de l'excès de pouvoir, l'acte de doctrine administrative. Pour ce faire, il aura l'obligation d'opérer un plein contrôle de l'acte en question et devra se prononcer sur les moyens de légalité externe et interne. En effet, l'office du juge ne pourrait se limiter à un simple contrôle de la légalité interne, en ne permettant pas aux justiciables de contrôler la compétence de l'autorité en question. Dès lors, ce contrôle peut aboutir à deux situations. Soit le vecteur de la doctrine administrative peut être considéré comme légal et ainsi trouver sa place au sein de l'ordonnancement juridique. Soit l'acte doctrinal est illégal et le juge doit en prononcer l'annulation, totale ou partielle.

D'autre part, une fois ce premier cliquet passé, le juge administratif « changera de casquette » et deviendra un juge du plein contentieux. Dans cette hypothèse, le juge aura à statuer sur les conséquences du maintien de l'acte ou de son annulation.

En cas de maintien de l'acte de doctrine administrative, le juge devra envisager la situation selon laquelle une entreprise soumissionnaire a pu se refuser de candidater à un contrat de la commande publique au motif qu'elle estimait que l'adjonction d'une règle serait contraire à la légalité ; le juge sera donc saisi de recours indemnitaire pour perte de chance. Dans cette hypothèse, le juge administratif se trouvera dans l'obligation de faire évoluer sa jurisprudence classique sur la notion de perte de chance pour prendre en considération de telles situations[23].

Dans l'hypothèse où le juge administratif annule totalement ou partiellement un acte de doctrine administrative, les conséquences peuvent se répartir en deux situations selon les personnes concernées par cette annulation contentieuse.

---

[23] Sur cette question, voir Minet (A.), *La perte de chance en droit administratif*, LGDJ, coll. Thèse, Bibliothèque de droit public, mars 2014.

D'une part, le requérant contestant la légalité de cet acte dispose de trois moyens dont le juge administratif aura à apprécier le bien-fondé. Tout d'abord, l'adjonction d'un critère ou d'une règle dans un acte de doctrine administrative l'a empêché d'emporter la passation et l'exécution du contrat de la commande publique alors que l'illégalité de cet acte a conduit à son annulation. Le concurrent va donc saisir le juge administratif d'une requête tendant à l'indemnisation de son préjudice subi, qu'il soit passé (la non-conclusion du contrat et le montant certain fixé dans le marché) mais aussi futur au motif de la perte de chance. Ensuite, le requérant sera fondé à demander l'annulation du contrat conclu pour lequel il a été illégalement évincé au motif que les critères retenus ou l'interprétation du code de la commande publique sont contraires à la légalité. L'annulation du contrat pose ainsi la question de l'indemnisation du cocontractant de l'administration sur laquelle nous reviendrons ci-après. Enfin, le requérant peut demander à la juridiction de purger la procédure viciée, soit en le substituant au cocontractant illégalement attributaire du marché, soit en enjoignant l'administration à mettre en œuvre une nouvelle procédure de la commande publique.

D'autre part, l'annulation de l'acte de doctrine administrative peut avoir des effets sur le cocontractant. Ce dernier se trouve dans une situation d'insécurité juridique, en ce sens que le contrat conclu avec la personne publique est susceptible d'être annulé au motif que la procédure de la commande publique n'a pas été respectée. Dès lors, ce dernier a la possibilité de demander à la juridiction, le maintien de la situation contractuelle au regard de la loyauté des relations contractuelles. Cependant, en cas d'annulation par le juge administratif du contrat, le cocontractant évincé sera fondé à demander l'indemnisation du préjudice subi sur le fondement de l'enrichissement sans cause. En effet, en application de la jurisprudence Société Decaux du 10 avril 2008, le cocontractant de l'administration « dont le contrat est entaché de nullité peut prétendre, sur le terrain quasi-contractuel, au remboursement de celle de ses dépenses qui ont été utiles à la collectivité envers laquelle il s'était engagée »[24].

---

[24] CE Sect., 10 avril 2008, *Société Decaux et Département des Alpes-Maritimes*, n° 244950, 284439, 284607, publié au recueil Lebon, concl. Dacosta (B.) ; JCPA (Administrations et collectivités territoriales), 5 mai 2008, n° 19, p. 24-32, concl. Dacosta (B) ; Contrats et marchés publics, 1er juin 2008, n° 6, p. 27-29 Pietri (J-P.) ; Droit administratif, 1er juin 2008, n° 6, p. 26-27, Melleray (F.) ; Contrats Concurrence Consommation, 1er juin 2008, n° 6, p. 33-35, note. Prebissy-Schnall (C.) ; Revue Lamy des collectivités territoriales, 1er juin 2008, n° 36, p. 17-22, Foulquier (N.) ; RJEP, 1er juin 2008, n° 654, p. 17-25, concl. Dacosta (B.) ; JCPG Semaine juridique (édition générale), 4 juin 2008, n° 23, p. 22-26, chron. Plessix (B.) ; AJDA, 9 juin 2008, n° 20, p. 1092- 1099, chron. Boucher (J.) et Bourgeois-Machureau (B.) ; BJCP 1er juillet 2008, n° 59, p. 280-293, concl. Dacosta (B.) ; Revue de droit immobilier, 1er septembre 2008, n° 8, p. 385, Noguellou (R.); Revue trimestrielle de droit commercial, 1er octobre 2008, n° 4, p. 695-697, note. Orsoni (G.).

2. *Une limitation des conditions d'ouverture du recours pour une utilisation efficiente*

L'ouverture d'un recours à l'encontre des actes de doctrine administrative doit cependant être limitée quant aux actes et quant à ses clés d'ouverture. En effet, afin de ne pas engorger inutilement le prétoire de la juridiction administrative, une approche raisonnée du mécanisme évoqué précédemment est nécessaire. L'ouverture large d'un recours pour excès de pouvoir pourrait avoir comme conséquence le développement d'une nouvelle voie contentieuse pour laquelle la juridiction ne saurait *a priori* pas mesurer l'impact qualitatif et quantitatif sur les affaires pendantes.

D'une part, concernant les actes pouvant faire l'objet d'un recours pour excès de pouvoir, le juge administratif devrait avoir à connaître de l'ensemble des actes de droit souple édictés par les personnes publiques entendues au sens large. Par ses arrêts du 21 mars 2016 précités, le Conseil d'État a prévu l'invocabilité des actes de droit souple dès lors qu'ils prennent l'une des formes suivantes, à savoir les avis, recommandations, mises en garde et prises de position. Pour autant, ainsi que l'ont précisé les commentateurs autorisés de ces décisions[25], cette liste ne saurait être limitative. Dès lors, le recours pour excès de pouvoir créé dans le cadre de la présente étude aura pour objet le contrôle par le juge administratif de l'ensemble des actes par lequel le droit de la commande publique est éclairé. Ainsi, les requérants pourront demander l'annulation de l'ensemble de la doctrine administrative produite par la direction des affaires juridiques des ministères économiques et financiers, sous quelques formes que ce soient (circulaires, instructions techniques, réponses ministérielles, fiches techniques, avis, recommandations, guides, notices, spécifications) mais aussi tous les actes de doctrine administrative éclairant le droit de la commande publique édictés par un autre ministère, un établissement public ou une collectivité territoriale.

Dès lors, la seule limite à l'invocabilité de cette doctrine administrative relèvera du fait que l'interprétation contestée soit directement applicable à la situation du requérant. Ainsi, un requérant susceptible d'être lésé dans ses intérêts de façon suffisamment directe et certaine est recevable à former devant le juge de l'excès de pouvoir un recours contestant la validité d'un acte de droit souple prenant la forme, notamment, de circulaires, instructions techniques, réponses ministérielles, fiches techniques, avis, recommandations, guides, notices ou spécifications, d'en demander l'annulation et d'y inclure une demande indemnitaire ou en cessation des relations contractuelles devant le juge du plein contentieux. Ce nouveau recours aurait donc pour mérite de purger l'ordonnancement juridique de l'ensemble des vices dont les actes seraient atteints. Au surplus, le requérant aura la possibilité d'exciper de l'illégalité de l'acte de droit souple pour contester la légalité du texte interprété, qu'il soit national ou supranational.

---

[25] Von Coester (S.) et Daumas (V.), « *Le Conseil d'État accepte de se saisir d'actes de « droit souple* », Droit administratif n° 4, Avril 2016, comm. 20.

D'autre part, au regard de l'étendue du contrôle opéré par le juge administratif, une clé d'ouverture du recours est nécessaire pour limiter les effets précédemment évoqués, notamment l'engorgement de la juridiction administrative.

Le premier verrou à mettre en œuvre est celui du requérant recevable pour contester l'acte de droit souple. Plusieurs solutions peuvent être envisagées : le cocontractant de l'administration, les entreprises concurrentes, les tiers, tout requérant. En reprenant la philosophie du recours pour excès de pouvoir et dans une approche finaliste, tout requérant est susceptible d'introduire un tel recours qui a pour finalité de purger l'ordonnancement juridique. Pour autant, cette vision extensive du requérant ne nous semble pas pertinente au motif que l'encadrement des débats contentieux et des impératifs de bonne administration de la justice impliquent nécessairement une limitation des requérants aux seules personnes ayant à appliquer le droit de la commande publique. De plus, pour les soumissionnaires aux contrats de la commande publique et les cocontractants de l'administration, l'interprétation fournie par l'acte de doctrine administrative doit avoir pour effet de léser leurs intérêts de façon suffisamment directe et certaine. Ainsi, ce premier verrou a pour effet de limiter la nouvelle voie de recours aux seules personnes appliquant le droit de la commande publique et dont les intérêts sont lésés de manière suffisamment directe et certaine. Cette clé d'entrée est donc constituée par un double verrou. Cette formulation a pour objectif de résoudre la nécessaire conciliation entre l'intérêt à agir dans le cadre d'un recours pour excès de pouvoir et dans un recours de plein contentieux.

Le deuxième verrou se trouve dans l'office du juge administratif dans le cadre de l'examen des moyens soulevés devant lui. Dans le cadre de cette nouvelle voie de recours contre les actes de la doctrine administrative, le requérant peut soulever l'ensemble des moyens nécessaires à l'appui de son recours, c'est-à-dire tant des moyens de légalité externe que de légalité interne. Sur ce point, nous ne souscrivons pas au propos de Vincent Daumas qui, dans ses conclusions sur l'arrêt du 21 mars 2016, Société NC Numéricable, estimait que les moyens de légalité externe devaient être écartés du contrôle du juge administratif[26]. En effet, le requérant doit pouvoir se prévaloir du moyen tiré de l'incompétence de l'autorité ayant adopté l'interprétation à l'appui d'un recours contre le vecteur contenant une telle doctrine. Par contre, et nous le rejoignons sur ce point, cette nouvelle voie de recours ne peut être ouverte pour la contestation de la procédure ayant conduit à l'adoption d'un tel acte. En effet, le contrôle par le juge de la procédure d'adoption des actes de doctrine

---

[26] Daumas (V.), « *Les prises de position* », RFDA 2016, p. 506, concl. sur CE, Ass, 21 mars 2016, *Société NC Numéricable*, n°390023, Lebon, Concl. Daumas ; GAJA n° 117, AJ 2016.717, chr. Dutheillet de Lamothe et Odinet ; DA 2016. comm. 10, Von Coester et Daumas ; D. 2016.715, obs. Montecler ; Gaz. Pal. 2016 n ° 22, p. 31, note Seiller ; JCP 2016.623, note Perroud et 671, note Aguila et Froger ; LPA 2016 n ° 185, p. 11, note Chaltiel ; RFDA 2016.679, art. Melleray ; RTD Civ. 2016.571, note Deumier ; RTD Com. 2016.298, obs. Rontchevsky, et 711, obs. Lombard ; RD Publ. 2017.482, comm. Pauliat.

administrative aurait pour conséquence de rigidifier l'édiction de tels actes et ainsi de faire perdre en souplesse l'action administrative des personnes publiques.

**
*

La voie de recours, à créer selon le modèle qui vient d'être exposé, devrait permettre une invocabilité et une opposabilité de la doctrine administrative avec pour conséquence un respect des principes de sécurité juridique et d'intelligibilité du droit. L'ouverture d'un tel recours ne pourra se faire de manière extensive et doit se faire par l'intermédiaire des verrous successifs ayant pour objet de garantir une bonne administration de la justice et un encadrement des débats contentieux. La mise en œuvre de ce mécanisme ne pourra se faire que par l'adoption d'une disposition législative ayant pour finalité de clarifier l'invocabilité et l'opposabilité des actes de droit souple en général.

B. Les mécanismes particuliers de mise en œuvre d'une uniformisation

Au regard des difficultés précédemment évoquées et en cas d'échec de mise en œuvre d'une nouvelle voie de droit globalisée pour les actes de droit souple, l'invocabilité et l'opposabilité de la doctrine administrative pourront se faire par les voies tracées par le Conseil d'État pour les rescrits et les réponses ministérielles.

D'une part, à l'aune de sa jurisprudence récente, le Conseil d'Etat a commencé à ouvrir le recours pour excès de pouvoir à l'encontre des rescrits. Ainsi, une nouvelle évolution jurisprudentielle dans le sens présenté ci-après pourrait clore le débat de l'invocabilité et de l'opposabilité d'un futur rescrit « commande publique » (1).

D'autre part, les réponses ministérielles doivent aussi connaître leur grand soir contentieux afin de ne plus laisser ces actes dans l'ombre de la vie administrative et dans la lumière de la vie parlementaire mais d'en éclairer le régime contentieux pour en garantir une justiciabilité la plus étendue (2).

1. Le recours contentieux contre les rescrits « commande publique »

Après avoir refusé pendant de nombreuses années le recours pour excès de pouvoir à l'encontre des rescrits, le Conseil d'État a ouvert une brèche récemment en faveur d'un recours juridictionnel contre ces derniers. En effet, par un arrêt du 2 décembre 2016[27], la haute juridiction administrative a précisé

[27] CE Sect., 2 décembre 2016, *Ministre des finances et des comptes publics c/ Société Export Press*, n° 387613, publié au recueil Lebon, concl. Cortot-Boucher (E.) ; JCP G Semaine juridique (édition générale), 23 janvier 2017, n° 4, p. 145-148, comm. Collet (M.) ; Lexbase Hebdo – Édition fiscale, 26 janvier 2017 ; pt. 685, Ramond (O.) ; La Gazette du Palais, 30 janvier 2017, n° 5, p. 23, Seiller (B.) ; Revue de droit fiscal, 23 février 2017, n° 8, p. 77-92

les modalités de mise en œuvre d'un recours contestant une prise de position de l'administration fiscale par le biais d'un rescrit. Cette position novatrice du Conseil d'État, en l'espèce, s'explique d'une part, par le champ restrictif de la décision du 2 décembre 2016 et d'autre part, par le mouvement de fond qui anime la haute juridiction en faveur d'un meilleur contrôle de l'action administrative. Pour autant, le juge administratif instaure des limites successives à la mise en œuvre d'un tel recours.

A titre liminaire, il convient de revenir rapidement sur la position adoptée par le Conseil d'État dans son arrêt du 2 décembre 2016 qui permet une évolution de la jurisprudence classique sur la question. Sur ce point, le rapporteur public estima qu' « il est nécessaire de faire évoluer la jurisprudence, non pas pour ouvrir la voie à un contentieux généralisé des rescrits délivrés par l'administration, mais pour remédier à l'absence de recours dans les cas où elle est pénalisante en raison des effets propres que produit le rescrit en cause et sur lesquels il ne sera pas possible de revenir dans le cadre d'une action en décharge ou en restitution devant le juge de l'impôt »[28].

Dans un premier temps, le Conseil d'Etat juge que la prise de position formelle de l'administration, au travers d'un rescrit pris sur le fondement du livre des procédures fiscales, revêt le caractère d'une décision eu égard aux effets sur le contribuable ou sur les tiers. Le Conseil d'État va, pour la première fois, retenir la qualification de décision administrative pour l'ensemble des prises de positions adoptées par l'administration fiscale en vertu des articles L. 80 A ; L. 80 B et L. 80 CB du livre des procédures fiscales. De ce caractère de décision administrative, la haute juridiction fait découler le régime contentieux en opérant une scission entre les rescrits généraux et les rescrits spéciaux. Pour ce faire, le Conseil d'État va opérer une levée partielle de l'exception de recours parallèle, en ce sens qu'il va admettre la recevabilité d'un recours contre une prise de position formelle de l'administration lorsque le contentieux devant le juge de l'impôt ne permet pas au contribuable d'obtenir un résultat équivalent à un recours direct contre le rescrit négatif. Par ailleurs, le juge administratif dégage une présomption de recevabilité en faveur des rescrits dits spéciaux tandis que les rescrits généraux auront l'obligation de passer le filtre du contrôle évoqué précédemment.

De plus, le Conseil d'État a ouvert la voie du recours pour excès de pouvoir « lorsque le fait de se conformer à la prise de position de l'administration aurait pour effet, en pratique, de faire peser sur le contribuable de lourdes sujétions, de le pénaliser significativement sur le plan économique ou encore de le faire renoncer à un projet important pour lui ou de l'amener à modifier substantiellement un tel projet ». Cette dernière partie du considérant n'est pas

---

Ménard (C.) et Lieb (J-P) ; ibid, concl. Cortot-Boucher (E.) ; Droit administratif n° 3, mars 2017, comm. 11, Rigaudeau (P-O.).

[28] Ménard (C.) et Lieb (J-P), « *Le recours juridictionnel contre les rescrits : la porte s'ouvre mais ne bée pas* », Revue de droit fiscal, 23 février 2017, n° 8, p. 77-92 avec les conclusions de Madame Cortot-Boucher.

sans rappeler la position de principe retenue par le Conseil d'État dans ses décisions du 21 mars 2016, Sociétés Fairvesta et autres et Société NC Numéricâble. Ainsi, la haute juridiction administrative ouvre son prétoire pour des recours en excès de pouvoir exercés contre des prises de position formelles de l'administration par le biais du rescrit fiscal.

Pour autant, cette jurisprudence administrative présente certaines limites sur lesquelles il convient de s'attarder.

Tout d'abord, la position développée par le Conseil d'État, dans son arrêt du 2 décembre 2016, dispose d'un champ restrictif, en ce sens qu'elle ne concerne que le contentieux des rescrits fiscaux. En effet, dans sa décision, le Conseil d'État ne vise que le code général des impôts et le livre des procédures fiscales. Dès lors, la haute juridiction n'a pas souhaité étendre cette solution à l'ensemble des prises de position de l'administration. Au regard de l'espèce proposée au Conseil d'État, cette position nous permet de conclure que la haute juridiction n'a pas souhaité s'engager dans la voie d'une reconnaissance uniforme de la possibilité de recours pour excès de pouvoir à l'encontre des prises de position de l'administration.

Pour autant, se pose la question de savoir comment doivent s'articuler les jurisprudences du 21 mars 2016 avec cet arrêt et quelles conséquences tirer de la décision de décembre 2016 au regard des rescrits non fiscaux.

D'une part, concernant l'articulation des différentes décisions du Conseil d'État, le rapporteur public a clairement exposé les raisons pour lesquelles les arrêts du 21 mars 2016 ne pourraient être transposés aux rescrits fiscaux. En effet, Madame Cortot-Boucher considère que « la jurisprudence relative au droit souple s'accommode mal d'actes qui sont émis dans le cadre d'un article législatif précis, selon une procédure encadrée et dont nous vous avons proposé, au surplus, qu'elle soit complétée par un recours administratif préalable obligatoire »[29]. Dès lors, dans son arrêt du 2 décembre 2016, le Conseil d'État a écarté le recours à la notion d'acte de droit souple pour les rescrits au motif que le régime juridique applicable est celui d'une décision administrative.

D'autre part, au regard des visas de la décision du 2 décembre 2016, l'extension de cette jurisprudence à l'ensemble des rescrits nous semble aller au-delà de la lettre de l'arrêt et de son esprit. En effet, la haute juridiction n'a semble-t-il pas voulu régler les conséquences contentieuses liées à l'adoption récente de nouveaux rescrits, dans des domaines étrangers à la matière fiscale. Pourtant, si l'on retient le raisonnement du rapporteur public, un parallèle pourra être fait entre les rescrits fiscaux et les rescrits adoptés dans d'autres domaines (droit rural, droit social, régulation économique, etc.).

Ensuite, par cet arrêt du 2 décembre 2016, le Conseil d'État a instauré des limites au recours pour excès de pouvoir à l'encontre des rescrits fiscaux. En

---

[29] Ménard (C.) et Lieb (J-P), « *Le recours juridictionnel contre les rescrits : la porte s'ouvre mais ne bée pas* », Revue de droit fiscal, 23 février 2017, n° 8, p. 77-92 avec les conclusions de Madame Cortot-Boucher.

effet, la haute juridiction va créer une distinction au sein des rescrits fiscaux, en les séparant entre rescrits généraux et rescrits spéciaux. Ce dédoublement a une incidence contentieuse au motif qu'elle a une incidence directe sur la présomption de recevabilité du recours. Concernant les rescrits spéciaux, la présomption de recevabilité repose sur un triptyque : une volonté législative de les détacher de la procédure d'imposition, un régime juridique circonscrit par la procédure et le maintien dans la lignée d'une veine jurisprudentielle en matière de refus d'agrément[30]. D'ailleurs, cette solution est confirmée par la transformation de la procédure de second examen en un recours administratif préalable obligatoire (RAPO). Concernant les rescrits généraux, le Conseil d'État n'a pas souhaité s'engager dans la voie d'une extension du recours pour excès de pouvoir. En effet, l'ouverture d'un tel recours ne peut se faire qu'à l'encontre des prises de position défavorables qui entraîneraient « des effets notables autres que fiscaux ». Reprenant une rédaction, proche dans l'esprit, des décisions du 21 mars 2016, le juge administratif va procéder à l'édiction d'une liste non limitative d'effets qui pourraient permettre à un contribuable de saisir le juge de l'excès de pouvoir d'une demande tendant à l'annulation du rescrit.

Dès lors, le Conseil d'État semble avoir balisé une route vers le recours pour excès de pouvoir à l'encontre des rescrits.

Cependant, cette position pourrait prêter à s'interroger sur une possible généralisation du recours pour excès de pouvoir à l'encontre de l'ensemble des rescrits, notamment celui proposé dans la présente étude et relatif au droit de la commande publique. En l'espèce, le Conseil d'État va devoir renouveler son office afin de garantir qu'un pan entier du droit public ne reste pas sans contrôle. Contrairement à la position soutenue par le professeur Collet concernant les rescrits fiscaux[31], la généralisation du recours pour excès de pouvoir à l'encontre des rescrits doit être instituée dans notre droit public par le biais d'une disposition législative, avec des clés d'entrée.

Tout d'abord, la généralisation du recours pour excès de pouvoir à l'encontre des rescrits ne pourra se faire que dans l'hypothèse où le Conseil d'État serait juge de premier et dernier ressort. En effet, afin de garantir une uniformité du droit sur l'ensemble du territoire français, une juridiction unique doit se prononcer sur l'interprétation contenue dans un rescrit afin d'éviter toute interprétation divergente d'un texte, notamment lorsque plusieurs interprétations pourraient s'opposer entre personnes publiques. Pour autant, si le système

---

[30] Voir notamment, CE Sect., 10 mars 1967, *Société Samat*, n° 64509, publié au recueil Lebon ; AJDA 1967, p. 280, concl. Galmot (Y.)

[31] Collet (M.), « « *Droit souple » et droit public financier : quel contrôle pour les rescrits ?* », RFDA 2016, p. 1044 ; Collet (M.), « Contrôle *juridictionnel des rescrits fiscaux : les bons sentiments font-ils les bonnes décisions ?* », La semaine juridique Édition générale, n° 4, 23 janvier 2017, 88. Dans ce second article, il considère que « *la généralisation de cette voie de recours aurait non seulement déséquilibré l'office du juge de l'impôt mais, surtout, menacé la procédure de rescrit qui, comme on l'a rappelé, vise avant tout à ouvrir un espace de dialogue entre le contribuable et l'administration et non à produire du contentieux* ».

évoqué précédemment dans cette étude venait à être mis en œuvre, un interlocuteur unique serait à même de recevoir les rescrits, à savoir la direction des affaires juridiques des ministères économiques et financiers. De plus, la compétence de premier et dernier ressort du Conseil d'État, sur le fondement de l'article R. 311-1 du code de justice administrative, s'impose au regard des impératifs de sécurité juridique, d'intelligibilité du droit et de la stabilité des relations contractuelles qui ne pourraient être remises en cause par des interprétations successives des différents degrés de juridiction. Dès lors, la juridiction du fond, saisie d'un recours à l'encontre d'une situation contractuelle pour lequel le requérant se fonde sur des moyens contestant la légalité d'un rescrit, doit surseoir à statuer et renvoyer la question au Conseil d'État qui aura l'obligation de se prononcer dans un délai fixé par décret en Conseil d'État.

Ensuite, concernant les requérants, la disposition législative à prendre devra limiter le recours pour excès de pouvoir aux destinataires du rescrit si celui-ci lui est favorable ou défavorable et aux tiers qui pourraient être lésés de manière suffisamment directe et certaine par la position prise par l'administration, que cette interprétation soit en faveur ou en défaveur du demandeur. L'ouverture d'un tel recours à la seconde catégorie de requérant ne pourra se faire qu'en cas de publicité élargie des réponses données par l'administration après anonymisation de la demande et de la réponse et après retiré les informations relevant du secret des affaires.

Enfin, quant à l'acte, à notre sens, tout rescrit peut faire l'objet d'un recours pour excès de pouvoir, qu'il soit favorable ou en défaveur du demandeur. Ainsi, la prise de position de l'administration sur une situation donnée pourra permettre au juge administratif de contrôler les motifs d'adoption d'une telle décision et de vérifier si celle-ci est fondée en droit. L'ouverture du recours pour excès de pouvoir aux rescrits favorables et défavorable doit avoir comme conséquence de justifier l'adoption d'une interprétation et ainsi de garantir la sécurité juridique de la situation relative à la commande publique. A compter de la décision juridictionnelle, les cocontractants ou les concurrents évincés verront la situation définitivement figée, ce qui garantira la sécurité contractuelle. Dès lors, une généralisation du rescrit en droit public, notamment dans les matières relevant du droit public économique, doit être accompagnée par la généralisation d'un recours contentieux à l'encontre des prises de position de l'administration prenant cette forme au motif que l'effectivité de ces décisions administratives ne pourra être pleine qu'au regard du contrôle que pourra effectuer le juge. Ces actes passeront ainsi d'une logique d'un droit souterrain à un droit adopté à la lumière d'une situation de fait et contrôlé par le juge administratif.

2. *Le revirement de jurisprudence nécessaire pour les réponses ministérielles*

Au-delà du mécanisme général à mettre en œuvre pour l'invocabilité et l'opposabilité de la doctrine administrative et au régime contentieux du rescrit, les réponses ministérielles doivent voir leur contentieux éclairé afin de garantir une justiciabilité des plus étendues.

Il ressort tant de la jurisprudence du Conseil d'État et de la Cour de cassation que de la position du Gouvernement que les réponses ministérielles ne peuvent faire l'objet d'un recours contentieux et ne sont que des interprétations des textes législatifs ou réglementaires. Pourtant, cette position classique pourrait être remise en cause au regard de l'affaire Friadent[32] qui pourrait connaître une extension dans le domaine du droit administratif général et par ricochet dans le domaine du droit public des affaires. Cette extension de cette jurisprudence favoriserait la stabilité des relations contractuelles quant à l'interprétation à donner des textes relatifs à la commande publique.

De ce contexte n'admettant pas les recours en contentieux de l'excès de pouvoir et une quelconque normativité aux réponses ministérielles, la jurisprudence Madame Duvignères[33] a provoqué de nouvelles interrogations sur le caractère insusceptible de recours de ces réponses.

Au regard de cet arrêt de section, la problématique de l'affaire Friadent entend s'interroger sur le caractère impératif et général des réponses ministérielles dans le domaine fiscal et sur la susceptibilité de recours contentieux devant la juridiction administrative. Il convient de revenir sur les faits ayant poussé le Conseil d'État à se prononcer sur l'adéquation de sa jurisprudence Madame Duvignères avec les fait de l'affaire Friadent.

A la suite d'un contrôle de comptabilité par les services fiscaux, la société Friadent a fait l'objet d'une notification de compléments de TVA. Cette notification trouve son fondement dans l'assujettissement des opérations relatives aux implants dentaires au taux normal et non au taux réduit sur lequel s'était fondée la société. Le requérant, après le refus de sa demande de décharge de ces redressements auprès de l'autorité administrative compétente, a saisi le tribunal administratif de Melun qui a rejeté sa demande. La cour administrative d'appel de Paris a, quant à elle, accueilli les moyens développés par le requérant et cette solution fut confirmée par le Conseil d'État dans un arrêt du 28 novembre 2003[34]. Par cet arrêt, le Conseil d'État a jugé que « les implants dentaires sont constitués de pièces métalliques implantées dans les tissus osseux de la mandibule ou du maxillaire pour servir de fondation à une prothèse dentaire fixe ou amovible par l'intermédiaire d'un élément de couplage » et en a déduit que la cour administrative d'appel s'est livrée à une appréciation

[32] CE, Sect., 16 décembre 2005, *Société Friadent France*, n°272618, Lebon, Concl. Olléon ; RKF 2006, n°294 ; BDCF 2006, n°36, Concl. Olléon ; RJF 2006, p185, chron. Bénard ; AJDA 2006, p.721, note. Collet.

[33] CE, Sect, 18 décembre 2002, *Madame Duvignères*, n°233618, Lebon, Concl. Fombeur ; RFDA 2003, p.274, concl. Fombeur et 510, note Petit ; AJ 2003, p.487, chron. Donnat et Casas ; JCP Adm 2003, n°5, p.94, comm. J. Moreau ; LPA 23 juin 2003, note Combeau ; Mélanges Moderne, P.357, art. Prétot.

[34] CE, 28 novembre 2003, *Ministre de l'économie, des finances et de l'industrie contre SARL Friatec Medical France*, n° 245279, inédit au recueil Lebon, concl. Collin.

souveraine des faits qui lui étaient soumis en déduisant que les implants dentaires relevaient du taux réduit en matière de TVA.

Faisant fi de la position du Conseil d'État, le ministre de l'économie, des finances et de l'industrie a confirmé l'analyse selon laquelle les opérations relatives aux implants dentaires relèvent du taux normal et non du taux réduit. A la suite de question de Monsieur le député Hillmeyer interrogeant le ministre chargé de la santé sur le taux de TVA applicable aux implants dentaires, le ministre de l'économie, des finances et de l'industrie a réitéré sa volonté de soumettre les implants au taux normal en se fondant sur le fait qu'il ressort de l'esprit de la loi que « le législateur a entendu réserver l'application du taux de 5,5 % de la TVA aux dispositifs dont l'inscription sur cette liste a été validée, en vue de leur remboursement par la sécurité sociale, par le ministère chargé de la santé, seule autorité compétente en la matière » et que l'absence de mention de ces implants dans la liste soumet ces dernières au taux normal de TVA[1]. La société Friadent a déposé une requête tendant à l'annulation pour excès de pouvoir de la réponse ministérielle précédemment citée.

Dans ses conclusions sur l'arrêt, le commissaire du Gouvernement Laurent Olléon invitait la formation de jugement à se prononcer sur la recevabilité de ce recours au regard de la jurisprudence Madame Duvignères. Son raisonnement était le suivant. A l'aune de l'arrêt Madame Duvignères et de la jurisprudence postérieure[2], « les prises de position de l'administration fiscale opposable en vertu de l'article L. 80 A du livre des procédures fiscales revêtent un caractère impératif et général »[3]. Il ressort d'une jurisprudence constante que les réponses ministérielles sont incluses dans le champ d'application de cette disposition du livre des procédures fiscale sous réserve qu'elles aient un rapport avec la détermination de la base imposable ou de l'assiette de l'impôt et qu'elles émanent de l'autorité compétente[4]. Dès lors, il propose de se prononcer sur la recevabilité recevabilité du recours contentieux au regard de la jurisprudence Madame Duvignères et ainsi admettre la recevabilité du recours en excès de pouvoir « lorsqu'elles contiennent une interprétation formelle de la loi fiscale »[5]. Ainsi, la

[1] Rep. Min. à la QE n° 26361 du 13 octobre 2003, JOAN du 27 juillet 2004, p. 5786.

[2] En ce sens, CE Sect, 1 mars 2004, *Syndicat national des professions du tourisme CGC,* n° 254081, Publié au recueil Lebon, concl. Goulard.

[3] Conclusions du commissaire du Gouvernement Laurent Olléon, « *Les réponses ministérielles aux questions écrites des parlementaires sont-elles susceptibles de recours pour excès de pouvoir ?,* conclusions sur l'arrêt CE, Sect., 16 décembre 2005, Société Friadent France, n°272618, Lebon, Concl. Olléon ; RKF 2006, n°294 ; BDCF 2006, n°36, Concl. Olléon ; RJF 2006, p185, chron. Bénard ; AJDA 2006, p.721, note. Collet.

[4] CE, 25 novembre 2005, *Société Comptoir agricole du Languedoc*, n°265489, mentionné dans les tables du recueil Lebon, concl. Olléon.

[5] Conclusions du commissaire du Gouvernement Laurent Olléon, « *Les réponses ministérielles aux questions écrites des parlementaires sont-elles susceptibles de recours pour excès de pouvoir ?,* conclusions sur l'arrêt CE, Sect., 16 décembre 2005, *Société Friadent France*, n°272618, Lebon, Concl. Olléon ; RKF 2006, n°294 ; BDCF 2006, n°36, Concl. Olléon ; RJF 2006, p185, chron. Bénard ; AJDA 2006, p.721, note. Collet.

la haute juridiction administrative est amenée à se prononcer sur la recevabilité d'un recours pour excès de pouvoir à l'encontre d'une réponse ministérielle. « L'affaire Friadent représentait à coup sûr une occasion rare de préciser le régime de ces réponses qui suscitent un contentieux bien peu abondant, et qu'une décision de section de 1936 avait rangé sans plus de précisions et quelque soit le contenu parmi les actes insusceptibles de recours contentieux »[1].

Dans cet arrêt Friadent[2], le Conseil d'État a admis la recevabilité du recours à l'encontre d'une réponse ministérielle. Ainsi, la haute juridiction administrative a admis le contrôle de la légalité de l'interprétation incluse dans la réponse ministerielle en se fondant sur le dispositif dérogatoire de l'article L. 80 A du livre des procédures fiscales. La haute juridiction va, par la suite, reprendre l'interprétation faite par la réponse ministérielle en cause en estimant que la non-inscription des implants dentaires dans les listes des produits ou prestations bénéficiant du taux réduit implique que ces derniers ne peuvent bénéficier de ce taux et que la réponse ministérielle attaquée « ne méconnaît ni le sens ni la portée des dispositions législatives et réglementaires qu'elle entend expliciter ».

D'une part, le visa de l'article L. 80 A du livre des procédures fiscales circonscrit l'applicabilité de cette jurisprudence au domaine du droit fiscal. En effet, le Conseil d'État ne s'est pas engagé dans le sens d'une ouverture du recours à l'encontre des réponses ministérielles à l'ensemble du droit public mais a souhaité circonscrire son champ d'application à la matière fiscale.

De plus, le Conseil d'État rappelle sa jurisprudence constante en la matière, quand bien même il offre une ouverture pour les réponses ministérielles en droit fiscal qui doivent faire corps avec la législation. La réponse ministérielle ne pourra être invocable que dans l'hypothèse où cette réponse porte sur la détermination de la base imposable ou de l'assiette de l'impôt et a été adoptée par l'autorité compétente. Par ailleurs, le caractère singulier de cette décision ressort du fait que le Conseil d'État s'est départi de sa jurisprudence Madame Duvignères, notamment au regard de la difficile application des critères subjectifs[3] posés par celle-ci. En effet, prenant ses distances avec la notion d'impérativité, « le Conseil d'État ne va peut-être pas jusqu'au bout de cette démarche et des évolutions positives qu'elle pourrait susciter par rapport à la jurisprudence Duvignères »[4].

---

[1] Collet (M.), *« Régime des interprétations administratives : la simplification viendra-t-elle du droit fiscal ? »*, AJDA 2006, p.721.

[2] CE, Sect., 16 décembre 2005, *Société Friadent France*, n°272618, Lebon, Concl. Olléon ; RKF 2006, n°294 ; BDCF 2006, n°36, Concl. Olléon ; RJF 2006, p185, chron. Bénard ; AJDA 2006, p.721, note. Collet.

[3] Sur ce point, le professeur René Chapus avait considéré que « *l'appréciation du caractère impératif d'une circulaire ou d'une directive fait sans doute davantage appel à la subjectivité, compte tenu, notamment, qu'il faut être sensible, au moins autant qu'au vocabulaire employé, au ton général du document et au contexte dans lequel il se situe* », in Chapus (R.), *Droit du contentieux administratif*, Montchrestien, 2004, 11ème édition, p. 524.

[4] Collet (M.), *Régime des interprétations administratives : la simplification viendra-t-elle du droit fiscal ?*, AJDA 2006, p.721.

Cette jurisprudence devrait, à notre sens, être étendue si ce n'est à l'ensemble du droit administratif, au moins au droit de la commande publique. En effet, au regard du besoin de sécurisation des contrats de la commande publique et des interprétations faites de ce droit, l'admissibilité des recours pour excès de pouvoir à l'encontre des réponses ministérielles – qui sont comme nous l'avons démontré des vecteurs importants de l'interprétation administrative – doit devenir une nécessité. Ainsi, le Conseil d'État devrait revenir sur sa jurisprudence classique quant aux réponses ministérielles et proposer une admission des recours contentieux à leur encontre. Le législateur pourrait inciter la juridiction administrative à se prononcer en ce sens en prévoyant un mécanisme inspiré de l'article L. 80 A du livre des procédures fiscales.

D'ailleurs, l'extension de cette jurisprudence pourrait voir le jour au regard des décisions récentes du Conseil d'État[1] mais aussi du rapport de la haute juridiction sur le droit souple[2]. De plus, au regard de l'importance quantitative et qualitative des réponses ministérielles, il sera nécessaire de s'interroger sur la mise en œuvre de ce contrôle juridictionnel, notamment dans l'hypothèse où la réponse ministérielle, en invoquant l'esprit de la loi, ajoute une condition à l'application d'un régime, contraint les acteurs de la commande publique à de nouvelles procédures ou restreint l'application d'une procédure plus souple pour certains contrats. En effet, sous couvert de l'interprétation dans l'esprit de la loi, les ministres pourraient ajouter des conditions non prévues dans les dispositions législatives et ainsi, l'inopposabilité et la non-invocabilité des réponses ministérielles entraînent une insécurité juridique, en ce sens que les acteurs de la commande publique, appliquant *stricto sensu* le droit issu de dispositions législatives, pourraient faire l'objet d'un contentieux dont l'issue pourrait ne pas leur être favorable au regard d'une interprétation dans l'esprit de la loi et fixée par une réponse ministérielle.

---

[1] CE, Ass, 21 mars 2016, *Société NC Numéricable*, n°390023, Lebon, Concl. Daumas ; GAJA n° 117, AJ 2016.717, chr. L. Dutheillet de Lamothe et Odinet ; DA 2016. comm. 10, Von Coester et Daumas ; D. 2016.715, obs. Montecler ; Gaz. Pal. 2016 n ° 22, p. 31, note Seiller ; JCP 2016.623, note Perroud et 671, note Aguila et Froger ; LPA 2016 n ° 185, p. 11, note Chaltiel ; RFDA 2016.679, art. Melleray ; RTD Civ. 2016.571, note Deumier ; RTD Com. 2016.298, obs. Rontchevsky, et 711, obs. Lombard ; RD Publ. 2017.482, comm. Pauliat ; CE, Ass, 21 mars 2016, *Sociétés Fairvesta International GmbH, Fairvesta Europe AG, Fairvesta Europe AG II et Fairvesta Vermögensverwaltung International AG,* n°368082, Lebon, Concl. Von Coester (S.) ; GAJA n° 117, AJ 2016.717, chr. L. Dutheillet de Lamothe et Odinet ; DA 2016. comm. 10, Von Coester et Daumas ; D. 2016.715, obs. Montecler ; Gaz. Pal. 2016 n ° 22, p. 31, note Seiller ; JCP 2016.623, note Perroud et 671, note Aguila et Froger ; LPA 2016 n ° 185, p. 11, note Chaltiel ; RFDA 2016.679, art. Melleray ; RTD Civ. 2016.571, note Deumier ; RTD Com. 2016.298, obs. Rontchevsky, et 711, obs. Lombard ; RD Publ. 2017.482, comm. Pauliat.

[2] Conseil d'État, *Étude annuelle 2013 – Le droit souple*, La documentation française, Études et documents du Conseil d'État, mai 2013.

Conclusion du chapitre 2

En tant qu'instrument du droit souple, la doctrine administrative de la commande publique doit connaître un renouvellement de son régime contentieux. En effet, la position de soumission totale de l'administré à l'administration ne saurait perdurer, notamment à l'aune des réformes récentes tendant à une modification de cette relation. Ainsi, un rééquilibrage de cette relation asymétrique est nécessaire et devra se faire soit progressivement, soit de manière abrupte.

Le caractère progressif de cette modification de paradigme ne peut être envisagé que par une action conjointe du législateur et de la juridiction administrative. En effet, la progressivité se traduirait par le développement des recours contentieux à l'encontre successivement des différents actes de doctrine administrative. L'avancée du régime contentieux conduirait à unifier leur régime juridique et *in fine* à garantir une protection importante de l'administré. Cette solution a vocation à l'unification du régime contentieux de ces interprétations dans le temps.

Pour autant, le législateur pourrait être cavalier et opérer une modification législative ayant pour objectif d'accroître les garanties offertes aux administrés participant aux contrats de la commande publique. Ainsi, à l'instar de l'article L. 80 A du livre des procédures fiscales, le législateur se saisirait de sa compétence et créerait *ex nihilo* un mécanisme de protection des administrés. Cependant, ce nouvel état du droit pourrait avoir des conséquences dommageables s'il ne connaît pas une mise en place progressive afin de familiariser les agents sur cette nouvelle compétence mise à leur disposition.

CONCLUSION DE LA SECONDE PARTIE

Le régime juridique des actes de la doctrine administrative de la commande publique constitue le point névralgique de l'action administrative dans ce domaine. En effet, cette doctrine sert les intérêts d'une administration qui se parle à elle-même au travers d'actes interprétant le droit de la commande publique.

Pour autant, la multiplication de ces actes ainsi que la multiplicité des auteurs démontrent une difficulté de compréhension de ce droit technique, ce qui conduit à une utilisation différenciée de cet *instrumentum.*

Dès lors, l'unification et la centralisation de la doctrine administrative de la commande publique doivent permettre la mise en œuvre d'un régime juridique renouvelé de ces actes, marquée par une ouverture au profit de tous les acteurs de la commande publique et par un régime contentieux à créer.

A l'aune du caractère de droit souple de ces actes, la doctrine administrative de la commande publique se doit d'être invocable et opposable afin de garantir les administrés contre les changements de doctrine, ce qui renforcera la sécurité juridique de l'ensemble des contrats conclus par les personnes publiques. D'ailleurs, ce régime contentieux impliquera nécessairement une modification de la position retenue par l'administration sur cet outil de l'action administrative.

Ainsi, au regard des principes gouvernant le droit de la commande publique et de son caractère économique, la sécurisation de ces interprétations, et partant des contrats conclus sur leur fondement, doit être mise en œuvre afin de protéger les deniers publics ainsi que les éléments constituant l'économie du contrat.

CONCLUSION GÉNÉRALE

En 1848, Macarel avait assimilé la portée des actes législatifs et les positions adoptées par l'administration[1]. Pour ce juriste, la loi et les actes adoptés par l'administration revêtent la même portée au motif qu'ils portent en eux l'autorité publique. La doctrine administrative de la commande publique disposerait ainsi de la même valeur juridique que le texte qu'elle interprète.

Pour autant, ainsi que l'a démontré la présente étude, cette position ancienne ne saurait se vérifier à l'aune du droit positif.

Tout d'abord, cette unité de portée entre la loi et les actes adoptées par l'administration ne peut se comprendre qu'au regard d'une unicité d'auteur. En effet, afin que l'autorité publique pose son empreinte sur un acte pris par l'administration, il est nécessaire que cet acte soit unique. Ainsi, une interprétation administrative d'une disposition législative ne pourrait revêtir l'autorité publique que si elle existe sous une forme unique.

Or, le droit positif français ne peut répondre à cette première exigence. En effet, la multiplicité des auteurs conduit à ce que le droit de la commande publique puisse connaître, pour une même disposition, des interprétations divergentes. Pour exemple, il convient de revenir brièvement sur la concurrence d'interprétations ministérielles concernant l'application de la durée de conservation des dossiers présentés par les entreprises soumissionnaires à un marché et qui n'ont pas été retenues. Sur ce point, une circulaire du 11 août 1993[2] avait été adoptée par les ministres de la culture et de l'intérieur, qui contredisait une réponse ministérielle du ministre de la justice du 14 juin 1993[3]. Cette divergence d'interprétations, due à une pluralité d'auteurs, confirme que l'autorité publique ne saurait être découverte dans ces deux actes. D'ailleurs, de cette multiplicité d'auteurs découle l'impossibilité de mise en œuvre de l'obligation d'obéissance à ces actes. En l'espèce, il apparaît impossible d'obéir à deux interprétations divergentes d'une unique disposition. La divergence d'interprétation conduirait à ce que plusieurs actes de doctrine administrative ne proposant pas la même interprétation aient la même valeur que l'acte interprété et soient ainsi opposables.

---

[1] Macarel (L-M-A.), *Cours de droit administratif (1842-1846)*, Paris, Thorel, 1848, t.1, p.13.

[2] Ministres de l'intérieur et de la culture, Circulaire du 11 août 1993 *relative aux documents produits par les mairies,* NOR : INTB9300190C.

[3] Réponse ministérielle du ministre de la justice à la question de M. Michel Noir du 14 juin 1993, question n°2149, JO AN, 9 août 1993, p. 2475.

Ensuite, la multiplication du contenant de l'interprétation consacre une impossibilité d'unité de valeur juridique entre la disposition interprétée et l'acte l'interprétant. En effet, en reprenant le même exemple relatif à la durée de conservation des documents liés aux marchés publics, le recours à deux contenants différents (la réponse ministérielle d'une part, et la circulaire d'autre part) démontre la difficulté de retenir une interprétation unique et unifiée pour le droit de la commande publique. Le foisonnement des actes juridiques vecteurs de l'interprétation formulée par l'administration conduit nécessairement à une pluralité d'interprétations qui ne peut dès lors revêtir l'autorité publique et ne peut commander leur obéissance.

Enfin, le régime juridique pluriel applicable à l'ensemble des actes de la doctrine administrative constitue une limite à leur portée. En effet, d'une part, le recours contentieux n'étant ouvert qu'à l'encontre des dispositions législatives et réglementaires du droit de la commande publique, conférer la même autorité aux actes de doctrine administrative devrait conduire à une unité de régime contentieux, ce qui n'est pas le cas. Pour exemple, le juge administratif peut être saisi d'un recours pour excès de pouvoir à l'encontre du décret portant code des marchés publics mais ne saurait être saisi d'un recours quant à l'interprétation formulée par l'administration de ces dispositions. L'absence de reconnaissance d'un régime contentieux propre aux actes de la doctrine administrative conduit ainsi à nier toute portée juridique à ces actes.

D'autre part, le défaut de garanties offertes aux administrés conduit à refuser l'assimilation de la portée des actes de doctrine administrative aux dispositions interprétées. En effet, la situation dans laquelle se trouve l'administré est une relation déséquilibrée au profit de l'administration qui dispose à la fois de la connaissance extensive du droit qu'elle édicte mais aussi des fondements de son interprétation qui ne peut faire l'objet de contestation. Dès lors, le régime juridique des actes de la doctrine administrative conduit à leur refuser une portée juridique renforcée.

Cependant, une rationalisation de la doctrine administrative de la commande publique, que ce soit dans sa nature et dans son régime juridique, peut permettre d'en renforcer la portée.

La présente étude a comme volonté de proposer un guide de rationalisation de la doctrine administrative de la commande publique au travers notamment de trois points essentiels.

Tout d'abord, l'avènement d'un interprète unique permettrait de garantir une même portée à l'ensemble des actes de la doctrine administrative. La direction des affaires juridiques des ministères économiques et financiers doit devenir l'interprète « exclusif » du droit de la commande publique sous le regard bienveillant de l'interprète authentique. Cette unité d'interprète a pour objectif d'instaurer une unité d'autorité publique pour les actes législatifs, réglementaires et de doctrine administrative. De cette unité d'auteur de la doctrine administrative de la commande publique ressortirait l'empreinte de l'autorité publique qu'a toujours revêtue cette doctrine, ce qui conduirait nécessairement à son obéissance.

Ensuite, l'unification de l'*instrumentum* permettra de limiter le nombre d'actes de doctrine administrative, ce qui aura pour effet de garantir que l'interprétation fasse corps avec la disposition interprétée. En effet, le cumul de l'unité d'interprète et de l'unification du contenant garantira une interprétation unique, ou à tout le moins unifiée, de la disposition, ce qui lui conférera la même autorité publique que la disposition interprétée.

Dans l'hypothèse où une unité de contenant ne saurait être envisagée, la centralisation, via une base de données unique, pourrait conduire aux mêmes conséquences que celles précédemment évoquées au motif que les divergences seraient éliminées lors de l'entrée dans cette base de données. En effet, un contrôle, lors de l'implémentation dans cette base de données, conduira à rejeter toute interprétation qui ne serait pas conforme ou à procéder à une réunion interministérielle proposant l'évolution de l'interprétation de la disposition en question.

Enfin, le régime contentieux des actes de doctrine administrative doit faire l'objet d'une refonte en profondeur. Au regard de l'unité d'auteur et de contenant de l'interprétation administrative, le régime contentieux devra être unifié afin de procéder à un rééquilibrage des relations entre l'administration et l'administré et de garantir une uniformité d'interprétation des textes au travers d'une saisine facilitée du juge et de l'obligation pour ce dernier de se prononcer sur l'interprétation à retenir d'une disposition.

D'ailleurs, afin de garantir l'unité d'interprétation, l'interprète authentique aura l'obligation lui aussi d'être unique. En l'espèce, il pourra s'agir du Conseil d'Etat.

Cependant, cette unification du régime contentieux ne saurait être mise en œuvre de manière abrupte. Dès lors, une refonte du régime contentieux va se faire par touches successives en s'inspirant du modèle proposé concernant le droit souple en matière économique[4]. Ainsi, l'administré souhaitant contester la validité d'une interprétation du droit de la commande publique devant le juge

---

[4] CE, Ass, 21 mars 2016, *Société NC Numéricable*, n°390023, Lebon, Concl. Daumas ; GAJA n° 117, AJ 2016.717, chr. Dutheillet de Lamothe et Odinet ; DA 2016. comm. 10, Von Coester et Daumas ; D. 2016.715, obs. Montecler ; Gaz. Pal. 2016 n ° 22, p. 31, note Seiller ; JCP 2016.623, note Perroud et 671, note Aguila et Froger ; LPA 2016 n ° 185, p. 11, note Chaltiel ; RFDA 2016.679, art. Melleray ; RTD Civ. 2016.571, note Deumier ; RTD Com. 2016.298, obs. Rontchevsky, et 711, obs. Lombard ; RD Publ. 2017.482, comm. Pauliat ; CE, Ass, 21 mars 2016, *Sociétés Fairvesta International GmbH, Fairvesta Europe AG, Fairvesta Europe AG II et Fairvesta Vermögensverwaltung International AG*, n°368082, Concl. Von Coester ; GAJA n° 117, AJ 2016.717, chr. Dutheillet de Lamothe et Odinet ; DA 2016. comm. 10, Von Coester et Daumas ; D. 2016.715, obs. Montecler ; Gaz. Pal. 2016 n ° 22, p. 31, note Seiller ; JCP 2016.623, note Perroud et 671, note Aguila et Froger ; LPA 2016 n ° 185, p. 11, note Chaltiel ; RFDA 2016.679, art. Melleray ; RTD Civ. 2016.571, note Deumier ; RTD Com. 2016.298, obs. Rontchevsky, et 711, obs. Lombard ; RD Publ. 2017.482, comm. Pauliat.

administratif pourra le faire au travers d'un recours pour excès de pouvoir dont les conditions seront unifiées pour tous les actes de doctrine administrative (circulaire, guide, réponses ministérielles, etc.).

La modification de ces éléments permettra ainsi de donner une réelle valeur et une portée juridique à la doctrine administrative en droit positif. En effet, le changement de paradigme proposé aura pour effet de donner la même valeur juridique à l'acte de doctrine administrative et à la disposition interprétée. Cette unité de valeur juridique permettra à la doctrine administrative de revêtir l'autorité publique, ce qui commandera son obéissance.

De plus, ce changement de paradigme a une conséquence plus large sur l'action publique. Le renouveau de la valeur juridique de la doctrine administrative de la commande publique aura *in fine* une conséquence positive sur la gestion des deniers publics. En effet, l'unité d'interprétation d'une disposition du droit de la commande publique permettra aux parties aux contrats de la commande publique de disposer de la même information et garantira ainsi le respect des règles relatives à ces contrats avec pour objectif un recul des contestations de ces derniers, notamment quant à leur exécution.

Par ailleurs, l'unification de la doctrine administrative, pour les mêmes raisons, garantira l'efficacité de la commande publique ainsi que le respect des principes classiques de ces contrats (égalité de traitement, liberté d'accès et transparence) et de sécurité juridique.

La mise en œuvre des réformes proposées dans le cadre de la présente étude pourrait ainsi avoir pour objet de confirmer la place de la doctrine administrative de la commande publique dans la vie des administrations et dans celle des autres acteurs de ce droit et sera l'occasion de garantir le rôle essentiel du contrat de la commande publique au sein d'un nouvel Etat régulateur.

BIBLIOGRAPHIE

I. Ouvrages classiques

Bodin (J.), Les six livres de la République, http://gallica.bnf.fr/ark:/12148/bpt6k536293.

Burdeau (G.), L'État, éd. du Seuil, coll. « Points », 1970.

Hauriou (M.), Principes de droit public, 2e éd., Sirey, 1916

Hobbes (T.), Léviathan, Folio, 2000.

Jèze (G.), Cours élémentaire de science des finances et de législation financière française, Éditions La mémoire du droit, Collection de la faculté Jean Monnet, Paris, 2013.

Jèze (G.), Cours de science des finances et de législation financière française, Giard, 1922.

Jèze (G.), Les principes généraux du droit administratif, 3ème éd., 1934

Kelsen (H.), Théorie pure du droit, éd. LGDJ, coll. « La pensée juridique », 1999.

La Boétie (E.), Discours de la servitude volontaire, Flammarion, Coll. « Garnier Flammarion / Philosophie », 2015.

Locke (J.), Traité du gouvernement civil, Flammarion, coll. « Garnier Flammarion / Philosophie », 1999.

Macarel (L-M-A.), Cours de droit administratif (1842-1846), Paris, Thorel, 1848, t.1, p.13.

Machiavel (N.), Le Prince, Folio, coll. « Folio Classique », 2007.

Montesquieu, De l'esprit des lois, Flammarion, Coll. « Garnier Flammarion / Philosophie », 2013.

Platon, La République, Flammarion, Coll. « Garnier Flammarion / Philosophie », 2002.

Rousseau (J-J), Du Contrat social, Flammarion, Coll. « Garnier Flammarion / Philosophie », 2011.

Spinoza (B.), Traité théologico-politique, Flammarion, Coll. « Garnier Flammarion / Philosophie », 1997.

Spinoza (B.), Traité politique, Le livre de poche, Coll. « Classiques de la philosophie », 2002.

Tocqueville (A.), L'ancien régime et la Révolution, http://gallica.bnf.fr/ark:/12148/btv1b8622134v.

Tocqueville (A.), De la démocratie en Amérique, Flammarion, Coll. « Garnier Flammarion / Philosophie », 2010.

II. Ouvrages généraux

Aubert (J-L), Savaux (E.), Introduction au droit et thèmes fondamentaux du droit civil, Dalloz-Sirey, Coll. « Sirey Université », 12ème édition, 2008.

Avril (P.) et Gicquel (J.), Droit parlementaire, Montchrestien, 4ème édition, février 2010.

Barthélémy (J.) et Duez (P.), Traité de droit constitutionnel, Dalloz, 1933.

Bennetti (J.), Carcassonne (G.), Chevallier (J-J.), Duhamel (O.), Histoire de la cinquième République, 15ème édition, 2015.

Bouvier (M.), Esclassan (M-C) et Lassale (J-P.), Finances publiques, LGDJ, Coll. « manuel », 13ème édition, septembre 2014.

Bouvier (M.), Les finances locales, LGDJ, Coll. « Systèmes », 15ème édition, 2013

Braibant (G.), Long (M), Weil (P.), Delvolvé (P.), Genevois (B.), Les grands arrêts de la jurisprudence administrative, Dalloz, Coll « Grands arrêts », 19ème édition, août 2013.

Broyelle (C.), Contentieux administratif, LGDJ, Coll. « Manuel », 3ème édition, 2015.

Cartier (E.) (dir.), La QPC, le procès et ses juges – L'impact sur le procès et l'architecture juridictionnelle, Dalloz, Coll. « Méthodes du droit », 2013.

Castaldo (A.), Introduction historique au droit, Dalloz, Coll. « Précis », 3ème édition, 2011.

Chabanol (D.), Bonnet (B.), La pratique du contentieux administratif, LexisNexis, Coll. « Procédures », 11ème édition, 2015.

Chantebout (B.), Droit constitutionnel, Sirey, Coll. « Université », 32ème édition, 2015.

Chapus (R.), Droit du contentieux administratif, Montchrestien, 13ème édition, mars 2008.

Chapus (R.), Droit administratif général, Montchrestien, 15ème édition, septembre 2005.

Châtelet (F.), Duhamel (O.), Muhlmann (G.), Pisier (E.), Histoire des idées politiques, PUF, Coll. « Quadrige », 2012.

Chevallier (J-J.), Histoire des institutions et des régimes politiques de la France de 1789 à 1958, Dalloz, Coll. « Classic », 9ème édition, 2009.

Chevallier (J.), Science administrative, PUF, Coll. « Thémis », 5ème édition, septembre 2013.

Cornu (G.), Vocabulaire juridique, PUF, 9ème ed., 2011.

Courrèges (A.), Daël (S.), Contentieux administratif, PUF, Coll. « Thémis », 4ème édition, 2013.

Delmas-Marty (M.), Résister, Responsabiliser, Anticiper, Seuil, Coll. « Débats », 2013.

Drago (G.), Contentieux constitutionnel français, PUF, Coll. « Thémis », 4ème édition, 2016.
Dumont (G.), Lombard (M.), Sirinelli (J.), Droit administratif, Dalloz, Coll. « Hypercours », 11ème édition, 2015.
Frier (P-L), Petit (J.), Droit administratif, LGDJ, Précis Domat Public, 9ème édition, septembre 2014.
Fouquet (O.), Guyomar (M.), Massot (J.), Stahl (J-H.), Le Conseil d'Etat, juge de cassation, Berget-Levraut, coll. « L'administration nouvelle », 2001, 353 p.
Gaudemet (Y.), Stirn (B.), Dal Farra (T.), Rolin (F.), Les grands avis du Conseil d'État, Dalloz, 2002.
Gaudemet (Y.), Droit administratif, LGDJ, Coll. « Manuel », 21ème édition, 2015.
Gaudemet (Y.), Droit administratif des biens, tome 1, 2014.
Gérard (P.), L'administration de l'État, éd. LexisNexis, Coll. « Manuel » 2ème édition, novembre 2016.
Gicquel (J.), Gicquel (J-E.), Droit constitutionnel et institutions politiques, Montchrestien, Coll. « Domat droit public », 26ème édition, 2012.
Gohin (O.), Contentieux administratif, LexisNexis, Coll. « Manuel », 8ème édition, 2014.
Gros (M.), Droit administratif : l'angle jurisprudentiel, L'harmattan, Coll. « Logiques juridiques », 3ème édition, 2011.
Gugliemi (G.), Droit du service public, 4e éd., 2015, Montchrestien
Gugliemi (G.) et Koubi (G.), Droit du service public, Montchrestien, 4ème éd., 2016
Guyomar (M.), Seiller (B.), Contentieux administratif, Dalloz, Coll. « Hypercours », 3ème édition, juillet 2014.
Hamon (F.), Troper (M.), Droit constitutionnel, LGDJ, Coll. « Manuel », 36ème édition, 2015
Labbée (X.), Introduction générale au droit – Pour une approche éthique, Presses universitaires du Septentrion, Coll. « Droit-manuels », 5ème édition, 2011.
Lachaume (J-F.), Pauliat (H.), Boiteau (C.), Deffigier (C.), Droit des services publics, LexisNexis, 2e éd., 2015
Lachaume (J-F.), Pauliat (H.), Braconnier (S.), Deffigier (C.), Droit administratif. Les grandes décisions de la jurisprudence, coll. Thémis droit PUF, 16e éd., 2014.
Latour (B.), La fabrique du droit, Une ethnographie du Conseil d'État, La découverte, 2004.
Laubadère (A.), Traité de droit administratif, 3ème éd., 1977.
Mélin-Soucramnien (F.), Pactet (P.), Droit constitutionnel, Sirey, Coll. « Université », 34ème édition, 2015.

Morand-Deviller (J.), Droit administratif, LGDJ, Coll. « Cours », 14ème édition, 2015.
Portelli (H.), Droit constitutionnel, Dalloz, Coll. « Hypercours », 11ème édition, 2015.
Puigserver (F.), Le droit de l'administration, LGDJ, Coll. « Les grands concours », 2ème édition, 2013.
Rousseau (D.), Droit du contentieux constitutionnel, LGDJ, Coll. « Domat Droit public », 10ème édition, 2013.
Seiller (B.), Droit administratif, Flammarion, 5ème édition, Tome 1, septembre 2013.
Stirn (B.), Aguila (Y.), Droit public français et européen, Dalloz, Coll. « Amphi – Presses de sciences po », 2014.
Truchet (D.), Droit administratif, PUF, coll. « Thémis », 6ème édition, 2015.
Vedel (G.), Manuel élémentaire de droit constitutionnel, Sirey 1949, p.455.
Vedel (G.), Stirn (B.), Les sources constitutionnelles du droit administratif, LGDJ, Coll. « Systèmes », 8ème édition, 2014.

III. Ouvrages spécialisés

AFDA, La doctrine en droit administratif, LexisNexis, Coll. « Colloques et débats », janvier 2010, 242p.
Abate (B.), La nouvelle gestion publique – Ce que nous avons appris, LGDJ, Coll. « Systèmes », 2ème édition, mai 2014.
Albert (J-L.), Finances publiques, Dalloz, Coll. « Cours », 9ème édition, 2015.
Auby (J-B.), La globalisation, le droit et l'État, LGDJ, Coll. « Systèmes. Droit », 2ème édition, 22 juin 2010.
Ayrault (L.), Lamarque (J.) et Negrin (O.), Droit fiscal général, LexisNexis, coll. « Manuel », 4ème édition, 5 décembre 2016.
Barilari (A.), Bouvier (M.), La LOLF et la nouvelle gouvernance financière de l'État, LGDJ, Coll. « Systèmes », 3ème édition, 2010.
Baudu (A.), Droit des finances publiques, Dalloz, Coll. « Hypercours », 2015.
Beaud (O.), La puissance de l'État, PUF, Coll. « Léviathan », Paris 1994.
Bezançon (X.) et Cossalter (P.), Le guide de la commande publique : marchés publics – concessions, Le moniteur, coll. « Pratique du droit », 4ème édition, 5 juillet 2017.
Bonnet (B.), Repenser les rapports entre ordres juridiques, Lextenso éditions, Gazette du Palais, Coll. Forum, 5 mars 2013, 208 pages.
Bouvier (M.), Introduction au droit fiscal général et à la théorie de l'impôt, LGDJ, Coll. « Systèmes », 12ème édition, 2014.
Bouvier (L-A.), Le Conseil d'État et la confection de la loi, LGDJ, coll. « Systèmes », 2015.
Boyer (A.) et Schmitt (S.) (dir.), La sécurité juridique et le contribuable, Presses universitaires d'Aix-Marseille, 1er trimestre 2016.

Braconnier (S.), Précis du droit des marchés publics, Le Moniteur, Coll. « Essentiels Experts/ Contrats publics locaux », 4ème édition, 8 août 2012.

Braconnier (S.), Droit public de l'économie, PUF, Coll. « Thémis », 2015.

Braconnier (S.), Droit public de l'économie, PUF, Coll. « Thémis », Septembre 2017.

Braconnier (S.), Précis du droit de la commande publique : Marchés publics – concessions, Le Moniteur, coll. « Guides juridiques », 5ème édition, 12 avril 2017.

Brisson (J-F), les fondements juridiques du droit des marchés publics, éd. Le Moniteur, Coll. « Essentiels experts », août 2005.

Cabanes (C.) et Neveu (B.), Droit de la concurrence dans les contrats publics, Le moniteur, 2008.

Camby (J-P), La réforme du budget de l'État, LGDJ, Coll. « Systèmes », 2011.

Charrel (N.), CCAG – Travaux commenté, Le moniteur, 4ème édition, 5 juillet 2017.

Chérot (J-Y.), Droit public économique, Economica, 2ème éd., 2007.

Chevallier (J.), L'État post-moderne, LGDJ, Coll. « Droit et société », 4ème édition septembre 2014.

Christophle (A.) et Auger (P.), Traité théorique et pratique des travaux publics, 1889-1890, n°329

Collet (M.), Droit fiscal, PUF, Coll. « Thémis », 6ème édition, janvier 2017.

Colson (J-P.) et Idoux (P.), Droit public économique, LGDJ, coll. « Manuels », 8ème édition, 4 octobre 2016.

Decocq (A.) et Decocq (G.), Droit de la concurrence. Droit interne et droit de l'Union européenne, LGDJ, 6ème édition, 2014.

Delaunay (B.), Droit public de la concurrence, LGDJ, Coll. « Manuel », 2015.

Delmas-Marty (M.), Les forces imaginantes du droit (II). Le pluralisme ordonné, Seuil, 2006.

Delvolvé (P.), L'acte administratif, Sirey, 1982, n° 29.

Delvolvé (P.), Droit public de l'économie, Précis Dalloz, coll. « Droit public Science politiques », 1998

Degoffe (M.), Godfrin (P.), Droit administratif des biens, Sirey, Coll. « Université », 11ème édition, 2015.

Descheemaeker (C.), La Cour des comptes, La documentation française, 3e éd., 2005, 205p

Douence (J-C.), Recherches sur le pouvoir réglementaire de l'administration, LGDJ, 1968

Foulquier (N.), Droit administratif des biens, LexisNexis, Coll. « Manuel », 4ème édition, 2018.

Habermas, La Constitution de l'Europe, Collection NRF Essais, Gallimard, 2012.

Hadas-Lebel (R.), Les 101 mots de la démocratie française, éd. Odile Jacob, Coll. « Histoire et Document », 2002.

Hoepffner (H.), Droit des contrats administratifs, Dalloz, Coll. Cours, novembre 2016.

Laubadère (A.), Moderne (F.), Delvolvé (P.), Traité des contrats administratifs, LGDJ, 1983.

Lichere (F.), Droit des contrats publics, Mémentos Dalloz, 2005

Linditch (F.), Le droit des marchés publics, Dalloz, coll. « Connaissance du droit », 7ème édition, 12 octobre 2016.

du Marais (B.), Droit public de la régulation économique, Dalloz coll. « Presse de Science po », 2004.

Ménéménis (A.), Jouguelet (J-P.), Noguellou (R.) et Tessier (A.), Code des marchés publics et autres contrats, commenté, Dalloz, 3e éd., 2010.

Morand-Deviller (J.), Droit administratif des biens, LGDJ, Coll. « Cours », 8ème édition, 2014.

Mordacq (F.), La LOLF : un nouveau cadre budgétaire pour réformer l'État, LGDJ, Coll. « Systèmes », 2006.

Nicinski (S.), Droit public de la concurrence, LGDJ, Coll. « Systèmes », 2006.

Nicinski (S.), Droit public des affaires, Montchrestien, 2012.

Ost (F.) et Van de Kerchove (M.), De la pyramide au réseau ? Pour une théorie dialectique du droit, PFUSL, 2002.

Rainaud (J-M.) et Christini (R.) (dir.), Droit public de la concurrence, Economica, 1987.

Rambaud (R.), L'institution juridique de régulation. Recherches sur les rapports entre droit administratif et théorie économique, L'harmattan, 2012.

Mélanges en l'honneur du professeur Richer, LGDJ, Coll. « Mélanges », novembre 2013.

Richer (D.), Les droits du contribuable dans le contentieux fiscal, Paris, LGDJ, Coll. Systèmes, 1997.

Richer (L.), Droit des contrats administratifs, LGDJ, Coll. « Manuel », 8ème édition, août 2012.

De la Rosa (S.), Droit européen de la commande publique, édition Bruylant, mars 2017.

Rosenvallon (P.), La crise de l'Etat-providence, Points, Coll. « Essais », février 1992.

Schnapper (D.), Une sociologue au Conseil constitutionnel, Gallimard, Coll. « NRF Essais », 2010.

Schnapper (D.), L'esprit démocratique des lois, Gallimard, Coll. « NRF Essais », 2014.

Schmitt (C.), Théorie de la Constitution, PUF, Coll. Quadrige, 2ème édition, 2013.

Sur (S.), Relations internationales, Montchrestien, 5ème édition, 2009.

Ubaud-Bergeron (M.), Droit des contrats administratifs, Lexisnexis, coll. « Manuel », 2ème édition, 29 juin 2017.

Zucman (G.), La richesse cachée des Nations. Enquête sur les paradis fiscaux, Seuil, Coll. La république des idées, 2013, p. 93-94.

Thèses et mémoires

Ameller (M.), « Les questions, instrument du contrôle parlementaire », 1964, LGDJ.

Apsokardou (E.), Le domaine de la loi et du règlement dans le droit des contrats administratifs, Thèse, Université Paris II Panthéon-Assas, février 2012.

Bévillon (C.), La fonction consultative du Conseil d'État et la Constitution, Mémoire de recherche, Master 2 Droit public approfondi, Université Paris II Panthéon-Assas, 2014.

Bezançon (X.), Essai sur les contrats de travaux et de services publics – Contribution à l'histoire administrative de la délégation de mission publique, Thèse, LGDJ, Coll. « Bibliothèque de droit public, Tome 206 », 1999.

Bienvenu (J-J), L'interprétation juridictionnelle des actes administratifs et des lois : sa nature et sa fonction dans l'élaboration du droit administratif, Thèse Paris II, 1979.

Bouvier (L-A), Le conseil d'État et la confection de la loi, Thèse, Université Paris II Panthéon-Assas, Décembre 2013.

Cartier-Bresson (A.), L'État actionnaire, Thèse Université Paris II Panthéon-Assas, LGDJ, Coll. « Bibliothèque de droit public, Tome 264 », 2010.

Chevallier (J-J), L'instruction de service et le recours pour excès de pouvoir, thèse Nancy, 1924.

Collin (M.) L'appréciation de la légalité des actes administratifs par le juge financier, Mémoire de recherche Master Droit, gestion et gouvernance des systèmes financiers publics, Université Paris I Panthéon-Sorbonne et Paris II Panthéon-Assas, 2011.

Delage-Eymard (M.), L'opposabilité de la doctrine administrative fiscale, Thèse, Paris X, 1997.

Defoort (B.), La décision administrative, Thèse, Université Paris II Panthéon-Assas, novembre 2012.

Heddi (P.), « Le recours à la coopération conventionnelle entre personnes publiques dans la gestion des services publics locaux », Mémoire de recherche sous la direction du professeur Broyelle, 2014.

Minet (A.), La perte de chance en droit administratif, LGDJ, coll. Thèse, Bibliothèque de droit public, mars 2014.

Olivier (J-M.), Les sources administratives du droit privé, Thèse Paris, 1981.

Prebissy-Schnall (C.), La pénalisation du droit des marchés publics, Thèse Université Paris X Nanterre, LGDJ, Coll. « Bibliothèque de droit public, Tome 223 », 2002.

Ricci (J-C), Le pouvoir discrétionnaire de l'administration fiscale, Thèse, Aix-Marseille, PUF, 1977, p. 353.

Rouyère (A.), Recherche sur la dérogation en droit public, thèse Bordeaux I.

Tamzini (W.), Recherches sur la doctrine de l'administration, L'harmattan, Coll. « Logiques juridiques », mars 2015.

Vapaille (L.), La doctrine administrative fiscale, Thèse, Paris L'harmattan, Coll. « Finances publiques », 1999.
Ziani (S.), Du service public à l'obligation de service public, Thèse Université de Strasbourg, LGDJ, Coll. « Bibliothèque de droit public, Tome 285 », 2015.

IV.Rapports

Rapport du Conseil d'État sur l'avenir du droit de la propriété des personnes publiques, EDCE, 31 octobre 1986.
Fabius (L.), Migaud (D.), Rapport du groupe de travail sur l'efficacité de la dépense publique et le contrôle parlementaire, 27 janvier 1999, Assemblée nationale.
Conseil d'État, Rapport public 2006 : jurisprudence et avis de 2005 – Sécurité juridique et complexité du droit, La documentation française, Études et documents du Conseil d'État, novembre 2005.
Conseil d'État, Rapport public 2008 : jurisprudence et avis de 2007 – Le contrat, mode d'action publique et de production des normes, La documentation française, Études et documents du Conseil d'État, juin 2008.
Conseil d'État, Consulter autrement, participer effectivement, La documentation française, Études et documents du Conseil d'État, 2011.
Conseil d'État, Le rescrit : sécuriser les initiatives et les projets, La documentation française, coll. « Les études du Conseil d'État », 14 novembre 2013.
Conseil d'État, Etude annuelle 2013 – Le droit souple, La documentation française, Études et documents du Conseil d'État, mai 2013.
Conseil d'État, Etude annuelle 2015 – L'action économique des personnes publiques, La documentation française, Études et documents du Conseil d'État, septembre 2015.
Conseil d'État, Etude annuelle 2016 – Simplification et qualité du droit, La documentation française, Études et documents du Conseil d'État, septembre 2016.
Conseil d'Etat, Etude annuelle 2017 – Puissance publique et plateformes numériques : accompagner l'« ubérisation », La documentation française, 13 juillet 2017.
Rapport de Thomas Thévenoud, Un taxi pour l'avenir, des emplois pour la France, Bibliothèque des rapports publics – La Documentation française.fr.
Cour des comptes, Relations aux usagers et modernisation de l'État – Vers une généralisation des services publics numériques, Enquête demandée par le Comité d'évaluation et de contrôle des politiques publiques de l'Assemblée nationale – Janvier 2016.
Gélard (P.), Office d'évaluation de la législation, Rapport sur les autorités administratives indépendantes, 2006, tome n° 1.
Warsmann (J-L.) Rapport au Premier ministre sur la qualité et la simplification du droit, La documentation française, décembre 2008.

V. Articles

Abate (B.), « La réforme budgétaire : un modèle de rechange pour la gestion de l'État ? », in RFFP, n°82, juin 2003, p.45-46.

Agnus (O.), « Pour un grand soir du contentieux de la passation des contrats publics », AJDA, 2014, p.2044.

AJDA, Dossier spécial, 2006, p. 1754 et suivantes.

AJDA, Dossier spécial, Simplification des relations entre administration et citoyens, n°7, 2014, p.388 et suivantes.

Albert (J-C), « Le cas du rescrit douanier », Dr. Fisc n° 27, 2 juillet 2015, 450.

Alcaud (D.), Lakel (A.), « Les nouveaux « visages » de l'administration sur internet : pour une évaluation des sites publics de l'État », Revue française d'administration publique, 2004/2, n°110, p.297-313.

Amilhat (M.), « Les enjeux de la dématérialisation des marchés publics », Contrats et marchés publics, 1er juin 2014, n° 6, p. 60-62.

Amselek (P.), « L'interprétation dans la Théorie pure du droit de Hans Kelsen », in Interpretatio non cessat, Mélanges en l'honneur du professeur Côté, éd. Yvon Blais, 2011, p.39-56.

Amselek (P.), « Le rôle de la volonté dans l'édiction des normes juridiques selon Hans Kelsen », RJP 1999, Presse universitaire d'Aix-Marseille

André-Marguerite (C.), Estrabaud (P.), Gachet (M.), Sueur (J.), Tauveron (H-L), « La définition du rescrit en matière fiscale », Dr. Fisc n° 27, 2 juillet 2015, 442.

Andriantsimbazovina (J.), « La prise en compte de la Convention européenne des droits de l'homme par le Conseil constitutionnel, continuité ou évolution ? », Cahiers du Conseil constitutionnel n° 18 (Dossier : Constitution et Europe) - juillet 2005.

Annunziata (F.), « Interpréter ou légiférer ? Un nouvel enjeu pour les autorités de contrôle des marchés financiers », Rev. Sociétés, 1995, p. 675.

Aschworth (E.) et Bouchard (J-C), « La pratique du rescrit en matière de TVA », Dr. Fisc n° 27, 2 juillet 2015, 445.

Auby (J-B), « Remarques préliminaires sur la démocratie administrative », Revue française d'administration publique, 2011/1 (n°137-138), p.14.

Auby (J-B.), « Les spécificités de la doctrine administrativiste française », in AFDA, La doctrine en droit administratif, LexisNexis, Coll. « Colloques et débats », janvier 2010, p. 33.

Auby (J-B.), « Le royaume de l'« infra-acte administratif », JCA, n°3 mars 2015.

Auby (J-B.), « L'internationalisation du droit des contrats publics », Droit administratif n° 8-9, août 2003, chron. 14.

Auby (J-M.), « Le décret du 28 novembre 1983 », AJDA 1984, p. 124.

Autry (S.), « QPC fiscale et effets de la décision dans le temps », Nouveaux cahiers du Conseil constitutionnel n°33 (Dossier : le Conseil constitutionnel et l'impôt), octobre 2011.

Austry (S.), « Le recours pour excès de pouvoir contre les instructions fiscales », RFFP, 1er avril 2015, n° 130, p. 71.
Avril (P.), « l'intégration des pratiques budgétaires dans la loi organique du 1er août 2001 », RFFP n°86, avril 2004, p. 183-191
Aynes (L.), « Le contrat, loi des parties », Cahiers du Conseil constitutionnel n°17 (Dossier : Loi et contrats), mars 2005.
Bacache-Beauvallet (M.), Bounie (D.), François (A.), « Existe-t-il une fracture numérique dans l'usage de l'administration en ligne ? », Revue économique 2011/2, vol.62, p.215-235.
Bachelier (G.), « Le rescrit fiscal », Revue française de finances publiques, 1er avril 2015, n°130, p.57.
Bachelier (G.), « Spécial, indispensable, global, virtuel : trop d'adjectifs pour le domaine public immobilier ? », AJDA 2013, p. 960
Barçon-Maurin (J-L.), « L'action de l'administration fiscale en matière de rescrits », Dr. Fisc n° 27, 2 juillet 2015, 443.
Barilari (A.), « Réflexions sur la « qualité des services publics », Revue française des finances publiques n°85-2004 Le contrôle externe des chambres régionales et territoriales des comptes : actualité et perspectives.
Barilari (A.), « La doctrine administrative : interprétation ou réorchestration ? », in RFFP n°75 – La doctrine administrative en droit fiscal, LGDJ, septembre 2001, p.43.
Barque (F.), « La doctrine fiscale, la sécurité juridique et le principe de légalité – Réflexions sur un équilibre inédit et pragmatique – A propos d'un avis du Conseil d'État (CE, Sect, 8 mars 2013, requête n° 353782, Mme Monzani) »RDLF 2013, chron. N°20.
Bazex (M.), « Le droit public de la concurrence », RFDA 1998, p.795 et suivantes.
Bazy-Malaurie (C.), « Constitution et confiance légitime », RFFP, 1er avril 2015, n° 130, p. 33.
Beauchesne (B.), « La téléadministration : un rouage économique et démocratique pour l'Union européenne ? », Revue française d'administration publique, 2013/2, n°146, p.285-297.
Belloubet-Frier (N.), « Conseiller l'État », in Le Conseil d'État, Pouvoirs, n°123, p.33-50.
Bernard (P.), « Les relations contractuelles entre collectivités publiques : les affaires mixtes ou l'œuvre commune », AJDA 1990, p. 131.
Bertrand (B.), « L'interprétation des actes administratifs unilatéraux », Droit administratif n°12, décembre 2010, étude 23.
Besson (E.), « Principe de clarté et objectif de valeur constitutionnelle d'accessibilité et d'intelligibilité de la loi »,
http://www.droitconstitutionnel.org/congresmtp/textes5/BESSON.pdf
Bezinna (A-C), « Marcel Waline et la théorie du domaine public : les prémonitions des notes d'arrêts », RFDA 2014, p. 151.

Bienvenu (J-J), « Remarques sur quelques tendances de la doctrine contemporaine en droit administratif », Droits, 1985, p.153.

Bienvenu (J-J), « Naissance de la doctrine administrative », in RFFP n°75 – La doctrine administrative en droit fiscal, LGDJ, septembre 2001, p.11.

Blanc (J.), « L'exercice du pouvoir réglementaire en fiscalité locale », in RFFP n°75 – La doctrine administrative en droit fiscal, LGDJ, septembre 2001 p.75.

Blumann (C.), « L'application des circulaires administratives par le juge judiciaire », AJDA, 1972, p. 263 et suivantes.

Boda (J-S.), « L'évolution des pouvoirs d'injonction du juge pour faire exécuter les contrats administratifs », RFDA, 2014, p.1061.

Bodin (L.), « La dématérialisation des procédures dans le code des marchés publics 2006 », AJDA 2006, p. 1777.

Boissard (S.), « Comment garantir la stabilité des situations juridiques individuelles sans priver l'autorité administrative de tous moyens d'action et sans transiger sur le respect du principe de légalité ? Le difficile dilemme du juge administratif », Cahiers du Conseil constitutionnel, n° 11 (Dossier : le principe de sécurité juridique) – Décembre 2001.

Bon (P.), « L'association du public aux décisions prises par l'administration », RFDA 2016, p. 27.

Bonnet (B.), « L'analyse des rapports entre administration et administrés au travers du prisme des principes de sécurité juridique et de confiance légitime », RFDA 2013, p. 718.

Bosgiraud (C.) et Pisani (C.), « Premières réflexions de la pratique sur le code général des propriétés publiques », AJDA 2006, p. 1098.

Boudet (J-F.), « Nouvelles technologies et fiscalité vers un « e-contrôle fiscal » Revue française d'administration publique, 2013/2, n°146, p.367-379.

Boulouis (N.), « L’article 30 du code des marchés publics de 2004 est-il légal en tant qu’il concerne les marchés de services juridiques ? », Bulletin juridique des contrats publics, 1er novembre 2006, n° 48, p. 372-378.

Boulouis (N.), « Conditions de légalité de la création d’un droit exclusif », Revue juridique de l’économie publique, 1er juillet 2007, n° 644, p. 265-270.

Boulouis (N.), « Le code des marchés publics de 2006 comporte-t-il des illégalités ? », Bulletin juridique des contrats publics, 1er novembre 2007, n° 54, p. 366-386.

Boulouis (N.), « Le juge examine-t-il d’office la divisibilité de clauses entachées de nullité ? », Bulletin juridique des contrats publics, 1er avril 2008, n° 57, p. 118-122.

Boulouis (N.), « Le juge des référés précontractuels est-il compétent pour connaître d’un marché passé hors l’Union européenne ? », Bulletin juridique des contrats publics, 1er octobre 2008, n° 60, p. 355-360.

Boulouis (N.), « Quel contrôle exerce le juge de cassation sur la notion d’avenant ? », Bulletin juridique des contrats publics, 1er octobre 2008, n° 60, p. 361-369.

Boulouis (N.), « Quand le recours à la loi ne permet pas d'échapper au droit communautaire ! », Revue juridique de l'économie publique, 1er août 2009, n° 667, p. 16-25.

Boulouis (N.), « Quel régime du sursis à exécution pour un jugement prononçant l'annulation d'un contrat ? », Bulletin juridique des contrats publics, 1er août 2009, n° 65, p. 333-337.

Boulouis (N.), « Interprétation restrictive de la notion de recette publique », Revue juridique de l'économie publique n°671, janvier 2010, comm.1.

Boulouis (N.), « Peut-on déléguer par contrat la perception de recettes publiques ? », Bulletin juridique des contrats publics, 1er février 2010, n° 68, p. 28-38.

Boulouis (N.), « Quelles sont les conditions de mise en œuvre du recours « Tropic » ? », Bulletin juridique des contrats publics, 1er février 2010, n° 68, p. 49-59.

Boulouis (N.), « La méconnaissance de l'obligation d'inclure une clause de révision de prix constitue-t-elle un manquement susceptible d'être sanctionné par le juge du référé précontractuel ? », Bulletin juridique des contrats publics, 1er avril 2010, n° 69, p. 78-82.

Boulouis (N.), « Un juge peut-il connaître d'un litige en référé-suspension après un référé précontractuel ? », Bulletin juridique des contrats publics, 1er juin 2010, n° 70, p. 217-222.

Boulouis (N.), « Vers une simplification du contentieux des contrats publics ? », Le Moniteur – Contrats publics, 1er juin 2010, n° 100, p. 80-82.

Boulouis (N.), « Quelle conséquence le juge de l'exécution doit-il tirer d'un jugement ayant annulé un acte détachable et décidé que cette égalité impliquait soit la résiliation du contrat, soit sa résolution ? », Bulletin juridique des contrats publics, 1er septembre 2010, n° 71, p. 274-279.

Boulouis (N.), « Une illustration de la jurisprudence « Commune de Béziers » : toute irrégularité du contrat n'entraîne pas sa nullité », Revue juridique de l'économie publique, 1er octobre 2010, n° 679, p. 26-29.

Boulouis (N.), « Nature du contrôle de cassation sur l'interprétation des stipulations d'un cahier des charges type », Revue juridique de l'économie publique, 1er janvier 2011, n° 682, p. 12-14.

Boulouis (N.), « Quelle est la portée de la garantie technique prévue au CCAG Marchés publics industriels ? », Bulletin juridique des contrats publics, 1 janvier 2011, n° 74, p. 18-21.

Boulouis (N.), « L'action d'un candidat d'une délégation contre un acte détachable est-elle recevable ? Que prendre en compte pour apprécier l'aptitude d'un candidat ? », Bulletin juridique des contrats publics, 1er janvier 2011, n° 74, p. 26-35.

Boulouis (N.), « Une partie peut-elle invoquer devant le juge du contrat la méconnaissance des règles de passation du contrat ? », Bulletin juridique des contrats publics, 1er mars 2011, n° 75, p. 121-124.

Boulouis (N.), « Dans quelles circonstances et pour quels manquements peut-on saisir le juge du référé contractuel, en particulier en cas de MAPA ? », Bulletin juridique des contrats publics, 1er mars 2011, n° 75, p. 125-132.

Boulouis (N.), « Quel sort est réservé aux conclusions indemnitaires dans un recours Tropic ? », Bulletin juridique des contrats publics, 1er mai 2011, n° 76, p. 226-230.

Boulouis (N.), « Office du juge du contrat saisi par les parties d'un litige relatif à son exécution : confirmation de la jurisprudence Commune de Béziers », Revue juridique de l'économie publique, 1er juillet 2011, n° 688, p. 15-17.

Boulouis (N.), « Les tiers à un contrat administratif ne peuvent en principe se prévaloir des stipulations de celui-ci », Revue juridique de l'économie publique, 1er janvier 2012, n° 693, p. 40-47.

Boulouis (N.), « Quel est le juge compétent pour connaître de l'exécution d'un marché publics français passé au nom de l'Union européenne ? », Bulletin juridique des contrats publics, 1er janvier 2012, n° 80, p. 57-62.

Boulouis (N.), « Dans le cadre d'une procédure adaptée, le pouvoir adjudicateur peut-il négocier avec les candidats ayant remis une offre inappropriée, irrégulière ou inacceptable ? La remise d'un acte d'engagement incomplet constitue-t-elle une offre irrégulière ? », Bulletin juridique des contrats publics, 1er mars 2012, n°81, p. 86-92.

Boulouis (N.), « Quelle sanction choisir pour le juge du référé contractuel en cas de signature du contrat pendant le délai de suspension ? », Bulletin juridique des contrats publics, 1er mars 2012, n° 81, p. 104-112.

Boulouis (N.), « Quel contrôle sur le rejet d'une candidature ? », Bulletin juridique des contrats publics, 1er mai 2012, n° 82, p. 200-203.

Boulouis (N.), « Une autorisation d'occuper le domaine public peut-elle méconnaître la liberté de commerce et de l'industrie ? », Bulletin juridique des contrats publics, 1er juillet 2012, n° 83, p. 291-298.

Boulouis (N.), « Les principes constitutionnels de la commande publique s'appliquent-ils à un contrat administratif conclu à l'étranger ? », Bulletin juridique des contrats publics, 1er septembre 2012, n° 84, p. 336-342.

Boulouis (N.), « Quels sont les candidats évincés recevables à former un recours Tropic ? Quels moyens peuvent être invoqués ? », Bulletin juridique des contrats publics, 1er septembre 2012, n° 84, p. 387-390.

Boulouis (N.), « A quelles conditions le référé contractuel est-il ouvert contre un marché à procédure adaptée suite à un accord-cadre ? », Bulletin juridique des contrats publics, 1er octobre 2012, n° 85, p. 449-455.

Boulouis (N.), « Extension des principes de la commande publique aux contrats signés et exécutés à l'étranger », Revue juridique de l'économie publique, 1er décembre 2012, n° 703, p. 13-17.

Boulouis (N.), « Contrats administratifs entre personnes privées : quid novi sub sole ? » in in Mélanges en l'honneur du professeur Richer, LGDJ, Coll. « Mélanges », novembre 2013, p. 27-36.

Boulouis (N.), « Opinion partiellement concordante », AJDA, 26 février 2018, n° 7, p. 387-390.
Bouthinon-Dumas (H.), « Les contrats relationnels et la théorie de l'imprévision », Revue internationale de droit économique, 2001/3 t. XV, 3, p. 339-373. DOI : 10.3917/ride.153.0339
Bourcier (D.), « Télécommuns versus téléservices publics : vers des services publics collaboratifs en ligne », Revue française d'administration publique 2013/2 (n°146), p.274.
Bouvard (M.), « La sécurité fiscale vue du Parlement », RFFP, 1er février 2016, n° 133, p. 157.
Bouvier (M.), « Inventer une nouvelle gouvernance financière publique : fonder l'État du XXIe siècle », RFFP n°100, Nouvelle gouvernance financière publique : Grands enjeux de demain, Novembre 2007.
Bouvier (M.), « La doctrine administrative en droit fiscal : entre droit et politique », in RFFP n°75 – La doctrine administrative en droit fiscal, LGDJ, septembre 2001, p.83.
Bouvier (M.), « les « accords fiscaux préventifs », RFFP n° 127, août 2014, p. 19.
Bouvier (M.), « Sécurité fiscale et « accords fiscaux préventifs » », Dr. Fisc n° 27, 2 juillet 2015, 441.
Braconnier (S.), « Droit des marchés publics : l'âge de la maturité », Contrats et Marchés publics, 2009, étude n°2.
Braconnier (S.), « Performance et procédures d'attribution des contrats publics », in Albert (N.) (dir.), Performance et droit administratif, LexisNexis, Coll. « Colloques et débats », 2010.
Braconnier (S.), « Les libertés économiques jusqu'à la crise de 1929 », RDP 2012, p. 13.
Braconnier (.), « Les avenants aux contrats de délégations de service public à l'épreuve de la directive concession du 26 février 2014 », Mélanges Didier Truchet, Dalloz, 2015, p. 25
Braconnier (S.), « Les règles d'attribution des contrats », RFDA 2016, p. 252.
Braconnier (S.), « L'accès aux marchés publics dans le nouveau Code des marchés publics », Contrats et Marchés publics, 1er avril 2001, n° 4, p. 30-31.
Braconnier (S.), « Le nouveau Code des marchés publics entre reponsabilisation et libéralisation », JCP E Semaine juridique (édition entreprise), 29 avril 2004, n° 18, p. 704-715.
Braconnier (S.), « Ordonnace n° 2004-559 du 17 juin 2004 sur les contrats de partenariat », JCP G Semaine juridique (édition générale), 7 juillet 2004, n° 28, p. 1258-1261.
Braconnier (S.), « L'apparition des contrats de partenariat dans le champ de la commande publique », JCP G Semaine juridique (édition générale), 24 novembre 2004, n° 48, p. 2134-2142.

Braconnier (S.), « Le nouveau Code des marchés publics. Achèvement d'un cycle ou amorce de futures évolutions ? », JCP G Semaine juridique (édition générale), 7 février 2007, n° 6, p. 11-23.
Braconnier (S.), « Brèves observations sur l'impact de l'arrêt Société Tropic Travaux Signalisation sur le droit et le contentieux de la commande publique », Revue des contrats, 1er avril 2008, p. 599-610.
Braconnier (S.), « Référé précontractuel : brutal coup d'arrêt », Revue de droti immobilier, 1er novembre 2008, n° 10, p. 499-500.
Braconnier (S.), « Réforme du droit des marchés publics : vive la crise ! », Revue de droit immobilier, 1er février 2009, n° 2, p. 73.
Braconnier (S.), « Précisions utiles sur l'étendue des pouvoirs du juge des référés précontractuels », Revue de droit immobilier, 1er février 2009, n° 2, p. 108-110.
Braconnier (S.), « Réforme du droit des marchés publics : clarifications et libéralisation », Revue de droit immobilier, 1er novembre 2009, n° 2, p. 110-114.
Braconnier (S.), « Nouveau CCAG-Travaux : un vert un peu pâle », Revue de droit immobilier, 1er décembre 2009, n° 12, p. 609.
Braconnier (S.), « Retour sur le droit du contentieux des marchés publics », Revue de droit immobilier, 1er mars 2010, n° 3, p. 147-149.
Braconnier (S.), « L'autonomie contrastée du contentieux des contrats publics d'affaires. Réflexion sur l'ordonnance n° 2009-515 du 7 mai 2009 relative aux procédures de recours applicables aux contrats de la commande publique, Revue du droit public, 1er mars 2010, n° 2, p. 327-348.
Braconnier (S.), « L'office du juge des contrats, juge de l'exécution », Revue de droit immobilier, 1er juillet 2010, n° 7, p. 382-383.
Braconnier (S.), « Les recours ouverts aux tiers », AJDA, 21 février 2011, n° 6, p. 314-319.
Braconnier (S.), « Contentieux des marchés publics : de « Béziers I » à « Béziers II », l'office du juge du contrat en mouvement, Revue de droit immobilier, 1er mai 2011, n° 5, p. 270-274.
Braconnier (S.), « Elargissement du recours « Tropic » », Revue de droit immobilier, 1er juillet 2012, n° 7, p. 398-400.
Braconnier (S.), « Contentieux de l'annulation du contrat administratif et divisibilité des stipulations contractuelles », Actes pratiques et ingénierie immobilière LexisNexis, 1er janvier 2013, n° 1, p. 39-44.
Braconnier (S.), « Regards sur les nouvelles directives marchés publics et concessions. Première partie : un cadre général renouvelé », JCP G Semaine juridique (édition générale), 12 mai 2014, n° 19, p. 959-967.
Braconnier (S.), « Regards sur les nouvelles directives marchés publics et concessions ; Deuxième partie : passation et exécution des marchés et concessions », JCP G Semaine juridique (édition générale), 19 mai 2014, n° 20, p. 1011-1018.

Braconnier (S.), « Le nouveau visage du contentieux des contrats administratifs », Revue de droit immobilier, 1er juin 2014, n° 6, p. 344-350.

Braconnier (S.), « Les nouveaux marchés publics globaux et marchés de partenariat », AJDA, 5 octobre 2015, n° 32, p. 1795-1804.

Braconnier (S.), « Elargissement des moyens invocables en référé précontractuel », Revue de droit immobilier, 1er décembre 2015, n° 12, p.581-583.

Braconnier (S.), « Le clair-obscur du nouveau droit des concessions », Le moniteur – Contrats publics, 1er avril 2016, n° 164, p. 3.

Braconnier (S.), « Regards sur le nouveau droit des concessions », JCP G Semaine juridique (édition générale), 4 avril 2016, n° 14, p. 698-706.

Braconnier (S.) et Noguellou (R.), « L'influence de la crise sur les marchés publics et contrats de partenariat public-privé », Revue de droit immobilier, 1er janvier 2010, n° 1, p. 24-30.

Braconnier (S.) et Marchand (F.), « L'achèvement de la transposition de la directive « Recours » : le décret n°2009-1456 du 27 novembre 2009 », Contrats et marchés publics, 1er janvier 2010, n° 1, p. 51-52.

Braconnier (S.) et Fernandez (E.), « Du formalisme pour la procédure adaptée ! L'avis ex ante et l'avis d'attribution », Contrats et marchés publics, 1er octobre 2010, n° 10, p. 54-55.

Braconnier (S.) et Delelis (P.), « Partenariat public-privé : le guide des mauvaises pratiques », Contrats et marchés publics, 1er novembre 2010, n° 12, p. 46-48.

Braconnier (S.) et Le Coq (M.), « Le référé suspension de la jurisprudence Béziers II », Contrats et marchés publics, 1er février 2012, n° 2, p. 59-60.

Braconnier (S.), Peyret (P.) et Levain (L.), « Panorama des recours ouverts à l'encontre des contrats privés de la commande publique », Contrats et marchés publics, 1er août 2013, n° 8-9, p. 26-27.

Braconnier (S.) et Kalnins (E.), « L'ordonnance du 23 juillet 2015 sur les marchés publics. Simplification et ambitions contrariés », JCP G Semaine juridique (édition générale), 28 septembre 2015, n° 40, p. 1747-1756.

Braconnier (S.), Varet (E.), Pons (Y.), « La propriété des données produites ou reçues par les cocontractants de l'administration », Contrats et marchés publics n° 10, octobre 2015, 9.

Braconnier (S.), Dourlens (N.) et Lavabre (C.), « La contestation des décisions de résiliation des contrats administratifs », Contrats et marchés publics, 1er novembre 2015, n° 11, p. 35-36.

Braconnier (S.), Olivier (F.) et Halter (J.), « Le délit d'octroi d'avantage injustifié ou délit de favoritisme prend de l'embonpoint », Contrats et marchés publics, 1er octobre 2016, n° 10, p. 41-43.

Bradier (A.), « La gouvernance électronique : une priorité européenne », Revue française d'administration publique, 2004/2, n°110, p.337-347.

Braibant (G.), « Le rôle du Conseil d'État dans l'élaboration du droit », in Mélanges en l'honneur du professeur Chapus : Droit administratif, LGDJ, Montchrestien, 1992, p.91.
Braibant (G.), « Droit d'accès et droit à l'information », in Service public – Mélanges offerts au professeur Robert-Édouard Charlier, Paris, édition de l'université et de l'enseignement moderne, 1981, p. 703.
Brenet (F.), « Application pour l'avenir de la jurisprudence Département de Tarn-et-Garonne », Droit administratif, n° 4, Avril 2016, comm. 21.
Brenet (F.), « Le contrat domanial », AJDA 2016, p.1803
Bretonneau (A.) et Domino (X.), « Les joies de la modernité : une décennie de contentieux des circulaires », AJDA 2012, p. 691.
Bretonneau (A.) et Domino (X.), « Miscellanées contentieuses », AJDA 2012, p. 2373.
Brouant (J-P.), « Les contrats d'agglomération : l'intercommunalité de projet à l'épreuve du principe de spécialité », AJDA 2004, p. 905.
Brunet (F.), « La délégation unilatérale de service public », AJDA 2013, p. 1435.
Brunet (P.), « L'articulation des normes, analyse critique du pluralisme ordonné », in Auby (J-B) (dir.), L'influence du droit européen sur les catégories du droit public », Dalloz, Coll. Thèmes et commentaires, Paris, septembre 2010, p.196.
de Brux (J.) et Marty (F.), « Les partenariats public-privé institutionnalisés : intérêts, limites et risques d'une structure hybride public-privé », Revue française d'administration publique 2016/1 (n° 157), p. 223-238
Bucher (C-E), « Le Conseil d'État, Rapport public 2008, Le contrat, mode d'action publique et de production de normes », Revue des contrats, 1er janvier 2009, n°1, p.259.
Burdeau (F.), « Interventionnisme et droit commun. Esquisse d'une histoire » in Conseil d'État, Rapport public 2012. Collectivités publiques et concurrence, La documentation française, 2012, p. 391.
Cabannes (X.), « Le rescrit fiscal : propos introductifs », Dr. Fisc n° 27, 2 juillet 2015, 440.
Cabanes (A.) et Gaudillère (P.), « La dématérialisation des marchés publics : une réforme prometteuse, mais inachevée », Les petites affiches, 28 mai 2003, n° 106, p. 4-10
Caillosse (J.), « Personnes publiques et concurrence : quels enjeux théoriques ? », AJDA 2016, p. 761.
Calendri (L.), « La nature juridique et le régime contentieux des avis de l'Autorité de la concurrence, apport d'une jurisprudence récente », RDP, juillet 2013, n° 4, p. 771
Calmes (S.), « Du principe de la protection de la confiance légitime en droit allemand, communautaire et français », Dalloz, 2001 in Bonnet (B.), « L'analyse des rapports entre administration et administrés au travers du

prisme des principes de sécurité juridique et de confiance légitime », RFDA 2013, p. 718.
Cammilleri-Subrenat (A.), « Téléservices et confidentialités en matière de défense », Revue française d'administration publique, 2013/2, n°146, p.325-337.
Canivet (G.), « L'objectif de valeur constitutionnelle d'accessibilité et d'intelligibilité de la loi. Contribution du Conseil constitutionnel à la simplification du droit » in Conseil d'État, étude annuelle 2016 – Simplification et qualité du droit, La documentation française, Études et documents du Conseil d'État, septembre 2016.
Caprioli (E.) et Cantéro (A.), « L'entreprise face à la dématérialisation des marchés publics », JCPE Semaine juridique (édition entreprise), 3 novembre 2005, n° 44-45, p. 1887-1891
de Carratier Dubois (L.), « Le Conseil d'État, l'économie et le service public : concessions et services publics industriels et commerciaux (années 1880-1950) », Revue d'histoire moderne et contemporaine, 2005/3 no 52-3, p. 51-74.
Carrez (G.), « La sécurité fiscale, un volet essentiel de la sécurité juridique », RFFP, 1er février 2016, n° 133, p. 153.
Casas (D.) et Donnat (F.), « Les dispositions impératives à caractère général d'une circulaire ou d'une instruction font grief », AJDA 2003, p. 487.
Casas (D.), « Assistance des services de l'Etat et concurrence : le rôle de la Mission d'appui à la réalisation des contrats de partenariats », RFDA, 1er septembre 2006, n° 5, 1048-1055
Catherine (R.), « Le style administratif », Paris, Albin Michel, 1996.
Chamard-Heim (C.), « Le projet de code de la propriété publique en Polynésie française », AJDA, 2013, p. 979
Chamard-Heim (C.), « L'État et le CGPPP outre-mer : une politique de gribouille », AJDA 2016, p. 1810.
Chevallier (J.), « La gouvernance et le droit », Mélanges Amselek, Bruylant, 2005.
Chevallier (J.), « Changement politique et droit administratif », in CURRAP, Les usages sociaux du droit, PUF, 1989, p.293.
Chevallier (J.), « Le mythe de la transparence administrative », in Information et transparence administratives, PUF 1988, pp. 239-275
Chevallier (J.), « L'idéologie des fonctionnaires (permanence et/ou changement) », dans CURAPP, Discours et idéologie, PUF, 1980, p.7.
Chevallier (J.), « De l'administration démocratique à la démocratie administrative », Revue française d'administration publique, 2011/1 (n°137-138), p.217-227.
Chevallier (J.), « Le Conseil d'État, au cœur de l'État », in Le Conseil d'État, Pouvoirs, n°123, p.5.
Chevallier (J.) et Rouban (L.), « Introduction », Revue française d'administration publique, 2003/1 no105-106, p. 7-10. DOI : 10.3917/rfap.105.0007

Chevallier (J.), « La place de l'administration dans la production des normes », Droit et société, 2011/3, n°79, p. 623-636.

Chevallier (J.), « Loi et contrat dans l'action publique », Cahiers du Conseil constitutionnel n°17 (Dossier : Loi et contrats), mars 2005.

Clamour (G.), « La MAPPP devient la Mission d'appui au financement des infrastructures », Contrats et marchés publics n° 6, juin 2016, comm. 144.

Clamour (G.), « Le sort des contrats domaniaux », RFDA 2016, p. 270.

Club des juristes, « Sécurité juridique et initiative économique », Dr. Fisc n° 25, 18 juin 2015, 410.

Cluzel-Métayer (L.), « Les téléservices publics face au droit à la confidentialité des données », Revue française d'administration publique, 2013/2, n°146, p.405-418.

Cluzel-Métayer (L.), « La loi pour une République numérique : l'écosystème de la donnée saisi par le droit », AJDA 2017. 340.

Cocheteux (P.), « Le rescrit fiscal et la sécurité juridique », Gazette du Palais, 18 août 2009, n°130, p.2.

Colin (F.), « De l'indulgence en droit administratif », AJDA, 2012, p.794.

Collet (M.), « Régime des interprétations administratives : la simplification viendra-t-elle du droit fiscal ? », AJDA 2006, p.721.

Collet (M.), « La recevabilité du recours en annulation contre les instructions fiscales », DF, n°25 du 23 juin 2005, p. 1073.

Collet (M.), « Sécurité juridique et rétroactivité de la loi fiscale », RFFP, 1er avril 2015, n° 130, p. 107.

Collet (M.), « Autorité de régulation économique : l'émergence d'une catégorie nouvelle ? », RJEP mars 2008, p. 11.

Collet (M.), « Contrôle juridictionnel des rescrits fiscaux : les bons sentiments font-ils les bonnes décisions ? », La semaine juridique Édition générale, n° 4, 23 janvier 2017, 88

Collet (M.), Eckert (G.), « Chronique de droit public financier », RFDA 2015, p.1041.

Collet (M.), Ayrault (L.), « » Droit souple » et droit public financier : quel contrôle pour les rescrits ? », RFDA 2016, p. 1044

Collin (P.) « Le Conseil constitutionnel, juge de l'impôt en 61 et en 61.1 : différences et ressemblances », Nouveaux cahiers du Conseil constitutionnel n°33 (Dossier : le Conseil constitutionnel et l'impôt), octobre 2011.

Colombet (H.), « Le rescrit et la participation des usagers à la production de la doctrine administrative », La semaine juridique Édition générale n°5, 1er février 2016, doctr.133.

Combaceau (J.) « Légiférer par voie de traité ? Remarques sur le mode conventionnel de production des règles internationales », Cahiers du Conseil constitutionnel n°17 (Dossier : Loi et contrats), mars 2005.

Combeau (P.), « Un oubli dans la réforme : l'invocabilité des circulaires et instructions administratives », AJDA, 20 juin 2000, p.505.

Combeau (P.), « Réflexion sur les fonctions juridiques de l'interprétation administrative », RFDA 2004, p. 1069.
Combeau (P.), « Doctrine fiscale, doctrine sociale … et après ? », AJDA 2005, p.1809 ;
Combeau (P.), « Du nouveau en matière d'invocabilité de l'interprétation administrative », JCP G 2005, n°28, p.1331.
Combeau (P.), Formery (S.), « Le décret du 8 décembre 2008 : un nouvel éclairage sur le « droit souterrain » ? Décret n° 2008-1281 du 8 décembre 2008 relatif aux conditions de publication des instructions et circulaires.JO 10 décembre 2008, textes n° 1 et 2 », AJDA 2009, p. 809.
Contrats et marchés publics, « Guide d'aide à la passation des marchés publics dématérialisés », n° 4, avril 2016, alerte 16.
Cossalter (P.), « Les concessions à durée endogène », Dr. adm. Mai 2006, étude 9.
Costa (D.), « Des directives aux lignes directrice : une variation en clairs-obscurs », AJDA 2015, p.806.
Cottin (S.), « Extraqual : l'extranet de la qualité et de la simplification du droit », Revue française d'administration publique, 2013/2, n°146, p.313-323.
Cozian (M.), « Fonds-turbo, abus de droit et opposabilité de la doctrine administrative », in Les grands principes de la fiscalité des entreprises, Litec, 4ème édition, 1999, p.81
Cozian (M.), « La doctrine administrative après l'affaire des fonds-turbo », in RFFP n°75 – La doctrine administrative en droit fiscal, LGDJ, septembre 2001 p.51.
Crepey (E.), « La nature non normative de la doctrine administrative », in RFFP, n°130, avril 2015, p. 47.
de Crouy-Chanel (E.) « Le Conseil constitutionnel mobilise-t-il d'autres principes constitutionnels que l'égalité en matière fiscale », Nouveaux cahiers du Conseil constitutionnel n°33 (Dossier : le Conseil constitutionnel et l'impôt), octobre 2011.
Cytermann (L.), « Le droit souple, un nouveau regard sur la jurisprudence Crédit foncier de France », RFDA 2013, p.1119.
Dacosta (B.), « De Martin à Bonhomme, le nouveau recours des tiers contre le contrat administratif, Conclusions sur Conseil d'État, Assemblée, 4 avril 2014, Département de Tarn-et-Garonne, n°358994, AJCA 2014. 80, obs. J-D Dreyfus ; au Lebon ; AJDA 2014. 764 ; ibid 1035, Tribune S. Braconnier, chron. A. Bretonneau et J. Lessi ; D.2014. 1179, obs. M-C de Montecler, note M. Gaudemet et Angélique Dizier ; RDI 2014. 244, obs. S. Braconnier », RFDA 2014, p425.
Dagiral (E.), Flichy (P.), « L'administration électronique : une difficile mise en cohérence des acteurs », Revue française d'administration publique 2004/2, n°110, p.245-255.

Dana-Demaert (S.), « L'Etat et les distorsions de concurrence ou quand l'État fausse la concurrence par le jeu de ses incitations financières », Mélanges André Decocq, Litec, 2004, p. 159.
Darcy (G.), « Le théoricien et le rêveur (réflexions sur les revirements de jurisprudence) » in L'architecture du droit, Mélanges en l'honneur de Michel Troper, Paris Economica, 2006, p. 334.
Darrieutort (J-P.), « Le juge et la doctrine administrative », in RFFP n°75 – La doctrine administrative en droit fiscal, LGDJ, septembre 2001, p.21.
Daumas (V.), « Les prises de position », RFDA 2016, p. 506, concl. Sur CE, Ass, 21 mars 2016, requête n°390023, Société NC Numéricable, Lebon.
Daugeron (B.), « La démocratie administrative dans la théorie du droit public : retour sur la naissance d'un concept », Revue française d'administration publique, 2011/1 n° 137-138, p. 21-37.
Delacour (E.), « Vers un droit simplifié et unifié de la commande publique », Contrats et marchés publics, n°1, janvier 2005, comm.1.
Delacour (E.), « Les fondements et les orientations de la réforme de la commande publique : du marché public à l'achat public », Contrats et marchés publics, 2005, étude 6.
Delamarre (M.), « La sécurité juridique et le juge administratif français », AJDA 2004, p. 186.
Delaunay (B.) et Stahl (J-H.), « Qualification du contrat et changement de qualité d'un cocontractant », RFDA, 1er mars 2007, n° 2, p. 284-297.
Delaunay (B.), « L'impartialité du juge financier », RFDA, 1er mars 2008, n° 2, p. 381-389.
Delaunay (B.), « L'autorité de la concurrence est compétente pour connaitre des litiges relatifs aux pratiques anticoncurrentielles dans l'exécution d'un marché public », Revue juridique de l'économie publique, 1er mars 2010, n° 673, p. 18-21.
Delaunay (B.), « Autorités de régulation et responsabilité de la puissance publique », Revue du droit public, 1er mars 2014, n° 2, p. 276-289.
Delaunay (B.), Martin (P.) et Vallée (L.), « Sécurité juridique, rétroactivité et garantie des droits », Revue de droit fiscal, 24 septembre 2015, n° 39, p. 14-21.
Delaunay (B.), « Le contentieux de la réparation des pratiques anticoncurrentielles », AJDA 2016, p. 781.
Delelis (Ph.), « Les marchés publics de télécommunication », Contrats et marchés publics n°11, novembre 2001, p.10.
Delion (A.), « De l'État tuteur à l'État actionnaire », Revue française d'administration publique 2007/4, n° 124, p.172 et suivantes.
Delmas (R.), « L'internet, gouvernance d'un monde incertain », Revue française d'administration publique 2004/2, n°110, p.217-224.
De la Mardière (C.), « L'interprétation de la doctrine administrative », in RFFP n°75 – La doctrine administrative en droit fiscal, LGDJ, septembre 2001, p.31.

Delpech (X.), « La loi pour une République numérique, aspects de droit des contrats », AJCA 2016. 456

Delvolvé (P.), « Constitution et contrats publics » in Mouvement du droit public, Mélanges en l'honneur du professeur Moderne, Dalloz, 2004, p.499.

Delvolvé (P.), « Contrats publics et sécurité juridique », in Conseil d'État, Rapport public 2008 : jurisprudence et avis de 2007 – Le contrat, mode d'action publique et de production des normes, La documentation française, juin 2008, p. 329.

Delvolvé (P.), « De Martin à Bonhomme, le nouveau recours des tiers contre le contrat administratif, Note sous Conseil d'État, Assemblée, 4 avril 2014, Département de Tarn-et-Garonne, n°358994, AJCA 2014. 80, obs. J-D Dreyfus ; au Lebon ; AJDA 2014. 764 ; ibid 1035, Tribune S. Braconnier, chron. A. Bretonneau et J. Lessi ; D.2014. 1179, obs. M-C de Montecler, note M. Gaudemet et Angélique Dizier ; RDI 2014. 244, obs. S. Braconnier », RFDA 2014, p.438.

Delvolvé (P.), « Les contrats de la commande publique », in Les nouvelles dispositions sur les contrats de la commande publique, RFDA 2016, p. 200.

Delvolvé (P.), « Les nouvelles dispositions du code civil et le droit administratif », RFDA 2016, p. 613.

Deguergue (M.), « Les commissaires du Gouvernement et la doctrine », Droits n°20, 1994, p.126-127.

Deguergue (M.), « Doctrine universitaire et doctrine organique », in AFDA, La doctrine en droit administratif, LexisNexis, Coll. « Colloques et débats », janvier 2010, p.41.

Denoix de Saint Marc (R.), « La question de l'administration contractuelle », AJDA 2003, p. 970.

Desportes (F.), « Critères du contrat administratif : de la clause exorbitante du droit commun à la cause impliquant un régime exorbitant, Conclusions sur Tribunal des conflits, 13 octobre 2014, Société Axa France IARD, n°3963, Lebon, AJDA 2014 2031 ; ibid 2180 ; chron J. Lessi et L. Dutheillet de Lamothe ; D. 2014. 2115, obs. M-C de Montecler », RFDA 2014, p.1068.

Deumier (P.), « La « doctrine administrative » : une interprétation opposable (Ord. n° 2005-651 du 6 juin 2005 relative à la garantie des droits des cotisants dans leurs relations avec les organismes de recouvrement des cotisations et contributions sociales, JO 7 juin 2005, p. 10027 ; P. Combeau, Doctrine fiscale, doctrine sociale... et après ?, AJDA 2005.1809 ; F. Taquet, Vers une sécurité juridique renforcée des cotisants, JCP E 2005, n° 49, 1809 ; G. Vachet, Droit de la sécurité sociale, JCP E 2005, n° 49, chron.1810. Ord. n° 2005-1512 du 7 déc. 2005 relative à des mesures de simplification en matière fiscale et à l'harmonisation et à l'aménagement du régime des pénalités, JO 8 déc. 2005, p. 18912) », RTD Civ. 2006, p.69.

Dibout (P.), « Pour un droit à la communication des documents administratifs », Revue administrative, n° 173, 1976, p. 503.

Divier (P.F.), « L'administration transparente : l'accès des citoyens américains aux documents officiels », RDP 1975, n° 1, p. 59.

Domino (X.), « Droit au recours et équité du procès devant la justice administrative aujourd'hui », Les nouveaux cahiers du Conseil constitutionnel, 2014/2, n°44, p.35-47.

Dosière (R.), « Le contrôle ordinaire », Pouvoirs 2010/3 (n°134), p.37-46.

Drago (G.), « Fonction consultative du Conseil d'État et fonction de Gouvernement : de la consultation à la codécision », AJDA, 2003, p. 948.

Drago (G.) « La loi et l'étendue du contrôle du Conseil constitutionnel », RFDA, 2013, p.936.

Dreyfus (J-D.), « Une réforme axée sur la responsabilité de l'acheteur », AJDA, 2004, p.362.

Dreyfus (J-D.), « Aucune des attributions confiées à la mission d'appui à la réalisation des contrats de partenariat n'emporte intervention sur le marché », Revue de droit immobilier, 1er novembre 2006, n° 6, P. 480-482.

Duhaut (N.), Vitalis (A.), « NTIC et relation administrative : de la relation de guichet à la relation de réseau », Revue française d'administration publique, 2004/2, n°110, p.315-326.

Dutheillet de Lamothe (O.), « La sécurité juridique – Le point de vue du juge constitutionnel », exposé fait à l'occasion de l'accueil de hauts magistrats brésiliens au Conseil constitutionnel le 20 septembre 2005.

Dutheillet de Lamothe (L.), Odinet (G.), « Un recours souple pour le droit souple », AJDA 2016, p. 717.

Dyens (S.) et Rotivel (J.), « Données personnelles numériques et collectivités territoriales : quelles procédures ? Quelles sanctions encourues ? », AJCT 2017. 23.

Dyens (S.), « Communication des données publiques, Open data, accessibilité aux réseaux : dispositions de la loi pour une République numérique intéressant les collectivités », AJCT 2017. 180.

Eckert (G.) « Contrôle juridictionnel des offres anormalement basse », Contrats et marchés publics n°10, octobre 2006, comm. 251.

Eckert (G.), « Mission d'appui à la réalisation des contrats de partenariat et libertés économiques », Contrats et marchés publics, 1er juillet 2006, n° 7, p. 12-14

Eveillard (G.), « Sécurité juridique et dispositions transitoires – Huit ans d'application de la jurisprudence KPMG », AJDA, 2014, p.492.

Eveillard (G.), « Sécurité juridique et droit transitoire », Revue de droit public, 1er mai 2016, n° 3, p.741.

Eveillard (G.), « Intelligibilité et simplification du droit », RFDA, 2013, p.713.

Exbrayat (A-J.), « Validant les attributions d'assistance et de conseil aux personnes publiques reconnues par le décret du 19 octobre 2004 à la mission d'appui à la réalisation des contrats de partenariat, le Conseil d'État précise le champ des activités de l'État "qui n'emportent pas intervention sur un marché » », Courrier juridique des finances et de l'industrie (CJFI), 1er septembre 2006, n° 41, p. 6-14.

Fabrizi-Racine (N.), « La blockchain : (R)évolution d'Etat ? » La semaine juridique Administrations et Collectivités territoriales, n°49, 11 décembre 2017, 2306.

Falque-Pierrotin (I.), « La Constitution et l'internet », Les nouveaux cahiers du Conseil constitutionnel, 2012/3, n°36, p.31-44.

Fatôme (E.) et Moreau (J.), « L'analyse juridique dans le contexte de la décentralisation », AJDA 1990, p. 142.

Fatôme (E.), « La consistance du domaine public immobilier : évolution et questions ? », AJDA 2006, p. 1087.

Fatôme (E.), « La consistance du domaine public immobilier général sept ans après le CGPPP (1) », AJDA 2013, p. 965.

Faure (B.) « Les deux conceptions de la démocratie administrative », RFDA 2013, p.709.

Flauss (J-F.), « L'apport de la jurisprudence de la Cour européenne des droits de l'Homme en matière de démocratie administrative », Revue française d'administration publique, 2011/1, n° 137-138, p. 49-58.

Flückiger (A.), « Le principe de clarté de la loi ou l'ambiguïté d'un idéal », Cahiers du Conseils constitutionnel, n°21, Dossier : la Normativité, janvier 2007.

Fonds monétaire international, Hemming (R.), « Les partenariats public-privé », propos tenus lors d'un séminaire organisé en coopération avec l'Institut multilatéral d'Afrique à Tunis du 28 février au 1er mars 2006.

Fouquet (O.), « Rapport introductif », in Colloque sur la sécurité fiscale, Paris, 13 avril 2015.

Fouquet (O.), « Garantie contre les changements de doctrine et confiance légitime », Droit fiscal n° 24, 13 juin 2013, 326.

Fouquet (O.), « La sécurité fiscale en question », RFFP, 1er février 2016, n° 133, p.137.

Fouquet (O.), « La discrimination résultant d'une doctrine administrative est-elle sanctionnable ? », Dr. Fisc, n° 7-8, 14 février 2013, comm. 163 ; Commentaire sous CE, 29 octobre 2012, Société Crédit Agricole SA, n° 337253, mentionné aux tables du recueil Lebon, Concl. C. Legras.

Franko (C.), « La conduite du changement par les TIC – L'exemple de l'administration des impôts », Revue française d'administration publique, 2004/2, n°110, p.327-336.

Fromont (M.), « Le principe de sécurité juridique », AJDA 1996, p. 178.

Gaudemet (Y.), « Le contrat administratif, un contrat hors la loi », Cahiers du Conseil constitutionnel n°17 (Dossier : Loi et contrats), mars 2005.

Gaudemet (Y.), « La loi administrative », RDP n°1, 2006, p.66.

Gaudemet (Y.), « Préface », Code général de la propriété des personnes publiques, commenté par Philippe Yolka, Corinne Chamard-Heim, François Brenet, Jean-Gabriel Sorbara, Editions Litec, 1ère éd.2010.

Gaudemet (Y.) « Les droits réels sur le domaine public », AJDA 2006, p. 1094.

Gaudin (J-P.), « La contractualisation des rapports entre l'État et les collectivités territoriales », in Annuaire des collectivités locales, tome n° 24, 2004, Réforme de la décentralisation, réforme de l'État. Régions et villes en Europe, p. 215-234.

Gest (G.), « Les évolutions du rescrit », Revue française de finances publiques, 1er novembre 2010, n°112, p.91.

Le Goffic (C.) et Plaidy (C.), « Internationalisation des règles de concurrence », J.- Cl. Concurrence Consommation, fasc. 52.

Gohin (O.), « Loi et contrat dans les rapports entre collectivités publiques, Cahiers du Conseil constitutionnel n°17 (Dossier : Loi et contrats), mars 2005.

Gonod (P.), « Le redéploiement de la participation à l'élaboration des normes », RFDA 2015, p.249.

Grand d'Esnon (J.) et Bodin (L.), « Dématérialisation des marchés publics : les incitations du nouveau Code des marchés publics, Revue Lamy des collectivités territoriales, 1er février 2007 n° 21, p. 48-52.

Grech (F.), « Le principe de sécurité juridique dans l'ordre constitutionnel français », http://www.droitconstitutionnel.org/congresLyon/CommLC/C-grech_T2.pdf

Groulier (C.), « L'impératif dans la jurisprudence Duvignères : réflexion sur un « sésame contentieux » », RFDA 2008, p. 941.

Guéou (O.), « Contrats publics et politique de la concurrence », RFDA 2014, p.632.

Guez (J.), « La « normalisation » du recours pour excès de pouvoir contre les circulaires et instructions administratives », AJDA 2005, p. 2445.

Guglielmi (G.), « Des réseaux, du service public et de la révolution de leurs usages », Revue française d'administration publique, 2013/2, n°146, p.433-436.

Hamel (M-P.), Marguerit (D.), « Quelles possibilités offertes par l'analyse des big data pour améliorer les téléservices publics ? », Revue française d'administration publique, 2013/2, n°146, p.437-448.

Hatoux (B.), « La Cour de cassation et la sécurité juridique », RFFP, 1er avril 2015, n° 130, p. 125.

Hauriou (M.), note sous CE, 22 février 1918, Cochet d'Hattecourt, S. 1921, III, p. 9

Hecquard-Théron (M.), « La contractualisation des actions et des moyens publics d'intervention », AJDA 1993, p. 451.

Heers (M.), « La sécurité juridique en droit administratif français : vers une consécration du principe de confiance légitime », RFDA 1995, p. 963.

Henemann (A.), « La nécessité d'un droit mondial de la concurrence », RIDE, 2004, p. 293

Hoepffner (H.), « Les avis du Conseil d'État. Essai de synthèse », RFDA, n°5, 2009, p.895.

Hoepffner (H.), « L'avenir compromis des partenariats public-privé institutionnalisés – A propos de l'avis de la section de l'administration du Conseil d'État n° 383264 du 1er décembre 2009 », Contrats et marchés publics n°12, décembre 2010, étude 11.

Hoepffner (H.), « La modification de contrats de la commande publique à l'épreuve du droit communautaire », RFDA 2011, p. 98.

Hoepffner (H.), « Le référé précontractuel à l'épreuve du droit au recours juridictionnel effectif », Les nouveaux cahiers du Conseil constitutionnel, 1er juin 2013, n° 40, p. 207-210.

Hoepffner (H.), « Précisions sur la procédure de jugement des comptes », Droit administratif, 1er juillet 2013, n° 7, p. 38-42.

Hoepffner (H.), « La délégation de service public : une notion condamnée ? », Revue Lamy des collectivités territoriales, 1er février 2014, n° 98, p. 45-50.

Hoepffner (H.), « La nouvelle directive Marchés publics : simple consolidation des acquis ou véritable modernisation ? », Europe, 1er mai 2014, n° 5, p. 5-13.

Hoepffner (H.), « L'exécution des marchés publics et des concessions saisie par la concurrence : requiem pour la mutabilité des contrats administratifs de la commande publique », CMP juin 2014, p. 67.

Hoepffner (H.), « La nouvelle directive Concessions – Sécuriser le cadre juridique des concessions et préserver la liberté des concédants : une conciliation impossible ? », Europe, 1er juin 2014, n° 6, p. 9-16.

Hoepffner (H.), « La modification des contrats », RFDA 2016, p. 280.

Hoepffner (H.), « Le référé contractuel contre un marché à procédure adaptée : une voie de droit subsidiaire », 27 avril 2017, n° 15, p. 888-894.

Hoepffner (H.), « Respect du principe de continuité du service public par le concessionnaire », AJDA, 26 juin 2017, n° 22, p. 1286-1290.

Hoepffner (H.), « L'action en rupture des relations contractuelles ouverte aux tiers », Bulletin juridique des contrats publics, 1er novembre 2017, n° 115, p. 339-350.

Hubrecht (H-G.) et Melleray (F.), « Le code général de la propriété des personnes publiques », Droit administratif (Lexis), n° 8-9 d'août 2006, étude n° 15.

Humbert (S.), « Une nouvelle ère pour les relations entre le public et l'Administration », Droit administratif, n° 2, février 2016, alerte 13.

Idot (L.), « Réflexions sur la convergence des droits de la concurrence. Vers un droit comparé de la concurrence ? », Mélanges Camille Jauffret- Spinosi, Dalloz, 2013, p. 627.

Idoux (P.), « Les considérations sociales et environnementales », RFDA 2016, p. 260.

Idoux (P.), « L'évolution de l'Autorité chargée de la concurrence », AJDA 2016, p. 769.

Idoux (P.), « L'absence de justiciabilité des avis et recommandations de l'Autorité de la concurrence », RJEP, n° 708, mai 2013

Iliopoulou (A.), « Quatre ans d'application de la jurisprudence Duvignères », RFDA 2007, p. 477.
Jennequin (A.), « L'intelligibilité de la norme dans les jurisprudences du Conseil constitutionnel et du Conseil d'État – Plaidoyer pour une déjuridicisation de l'intelligibilité de la norme », RFDA 2009, p. 913.
Jégouzo (Y.), « A propos de la fonction consultative du Conseil d'État », in Mélanges en l'honneur de Daniel Labetoulle. Juger l'administration, administrer la justice, Dalloz, 2007, p.505.
Jestaz (P.), « Genèse et structure du champ doctrinal », Dalloz, 2005, chronique n°19.
Jousse (D.), « Traité de la juridiction des Trésoriers de France », Paris, 1777, vol.1, p.214-215.
Jouanneau (F.) et Pottier (I.), « Achats publics : un guide pour accélérer la montée en puissance de la dématérialisation », La gazette du Palais, 23 juillet 2010, n° 204-205, p. 22-24.
Karpenschif (M.), « Que reste-t-il du Colbertisme ? À propos de l'étude annuelle 2015 du Conseil d'État sur L'action économique des personnes publiques », JCP A, 12 octobre 2015, p. 49-54
Koubi (G.), « Les circulaires administratives », Paris, Economica, Corpus Essai, 2003, p.44.
Koubi (G.), « Circulaires administratives et jurisprudence administrative », Petites affiches, 24 janvier 1996.
Koubi (G.), « Introduction », Revue française d'administration publique, 2013/2, n°146, p.267-270.
Koubi (G.), « Les mots de la modernisation des relations administratives », Revue française d'administration publique, 2013/2, n°146, p.339-350.
Kurek (A.), « L'application de la transparence administrative aux rapports de inspections générales ministérielles », RFDA 2003, p. 1175.
Laboudier (F.) et Ramos (A.), « La dématérialisation à l'aune de la réforme de la commande publique », Le moniteur – Contrats publics, 1er juillet 2016, n° 167, p. 20-24.
Lally (A.), « Le pouvoir normatif du Conseil d'État sous l'éclairage de Marcel Waline », RFDA, 2014, p.161.
Lambert (T.), « Conclusion : le rescrit, une idée à cultiver », Dr. Fisc n° 27, 2 juillet 2015, 451.
Laroque (M.), « La contractualisation comme technique de tutelle : l'exemple du secteur social », AJDA 2003, p. 976.
Larralde (J -M.), « Intelligibilité de la loi et accès au droit », Petites affiches, 19 novembre 2002, n° 231, p. 11.
Lasserre (B.), Robineau-Israël (A.), « Administration électronique et accès à l'information administrative », AJDA 2003, p.1325.
Lasserre (B.), « Pour une meilleure qualité du droit », Doc. Fr 2004.

Lasvignes (S.), « Sécurité juridique et qualité de la réglementation : quelques considérations pratiques », Cahiers du Conseil constitutionnel n° 11 – Dossier : le principe de sécurité juridique – Décembre 2001.

Lau (E.), « Principaux enjeux e l'administration électronique dans les pays membres de l'OCDE », Revue française d'administration publique 2004/2, n°110, p.225-243.

Le Cannu (P.), « Le rescrit de la COB : un nouvel instrument d'interprétation du droit boursier », Bull. Joly Sociétés 1990, p. 927.

Lecourt (A.), « Intelligibilité et accessibilité du droit : mythe ou réalité ? », Bulletin Joly Sociétés, 1er juin 2008, n° -, p. 467.

Legrand (J.), « Analyse du rôle opératoire des téléservices en tant qu'instrument d'explication », Revue française d'administration publique, 2013/2, n°146, p.351-365.

Lekkou (E.), « L'exécution transparence des contrats de concession », CP-Monit. Mars 2014, p. 74.

Libchaber (R.), « Réponses ministérielles, pratiques administratives et sources du droit », RTD Civ. 1998, p.216.

Lieb (J-P.) « La sécurité juridique à travers les prises de position et la documentation de l'administration », RFFP, 1er novembre 2010, n° 112, p. 57.

Lignières (P) et Lazar (R.), « Propriété des personnes publiques : faire vivre le nouveau code », Droit administratif (Lexis), n° 8-9 d'août 2006, pratique n° 7.

Linditch (F.), « Le guide EPEC des PPP, manuel de bonnes pratiques », Contrats et marchés publics n°7, juillet 2012, alerte 40.

Linditch (F.), « Rapport public du Conseil d'État : les pages consacrées à la commande publique », Contrats et marchés publics 2010, alerte 49

Linditch (F.), « Le contrat et la performance, une rencontre impossible », RFDA 2014, p. 403.

Llorens (F.) et Soler-Couteaux (P.), « Pour un code de la commande publique », Contrats et marchés publics, n° 2, février 2006, repère n° 2.

Llorens (F.) et Soler-Couteaux (P.), « Les nouvelles perspectives du partenariat public-privé institutionnalisé. À propos de la communication de la Commission européenne du 5 février 2008 », Contrats et marchés publics, 2008, repère n° 3.

Llorens (F.) et Soler-Couteaux (P.), « Partenariat public-privé institutionnel et économie mixte locale : à propos d'une proposition de loi », Contrats et marchés publics, 2009, repère 8.

Llorens (F.) et Soler-Couteaux (P.), « La longue marche vers le PPPI. À propos de l'avis du Conseil d'État du 1er décembre 2009 », Contrats et marchés publics 2010, repère 9.

Llorens (F.) et Soler-Couteaux (P.), « Les contrats de la commande publique à l'épreuve de la distinction entre contrats administratifs et contrats de droit privé », Contrats et marchés publics, n° 2, février 2018, repère n° 2.

Lochak (D.), « Le Conseil d'État en politique », Pouvoirs, n° 2007/4, n° 123, p. 19-32.

Long (M.), « Le Conseil d'État et la fonction consultative : de la consultation à la décision », RFDA, 1992, p.787.

Luchaire (F.), « La sécurité juridique en droit constitutionnel français », http://www.conseil-constitutionnel.fr/conseil-constitutionnel/root/bank_mm/pdf/Conseil/secjur.pdf

Maïa (J.), « Les nouvelles dispositions sur les contrats de la commande publique, Avant-propos », RFDA 2016, p. 197.

Maisl (H.), Marais (B.), « L'administration électronique », Revue française d'administration publique 2004/2, n°110, p.211-216.

Maisl (H.), Wiener (C.), Woehrling (J.-M.), « Un décret ne fait pas le printemps », **L'Actualité juridique. Droit administratif**, 20 mars 1984, p. 142.

Malaret (E.), « La modernisation administrative en Espagne : entre l'élan de la réforme de l'État et la discontinuité de la réforme de l'administration », RFDA 2009, p.597.

Mannori (L.), « Une histoire de la doctrine en droit administratif », in AFDA, La doctrine en droit administratif, LexisNexis, Coll. « Colloques et débats », janvier 2010, p.13.

Du Marais (B.), « Le service public du nommage, consécration et limites, Revue française d'administration publique, 2013/2, n°146, p.299-312.

Marbach (C.), « Les relations contractuelles entre collectivités publiques : le domaine des interventions économiques », AJDA 1990, p. 149.

Marceau Long : Long (M.), « Le Conseil d'État et la fonction consultative : de la consultation à la décision », RFDA, 1992, p.787.

Marcovici (E.), « La simplification de l'administration territoriale de l'État par la modernisation de l'action publique : entre hésitations et complexité », RFDA 2016, p. 971.

Marcus (E.), « Deux ans de modernisation de l'État », RFDA 2007, p. 457.

Masson (A.), « La force juridique de la doctrine des autorités de régulation », Bull. Joly Bourse 2006, p. 292.

Massot (J.), « La fonction consultative du Conseil d'État », La revue administrative, 53ème année, n°3, numéro spéciale : L'élaboration du droit : le contrôle de l'administration, 2000, p.21.

Mathieu (B.), « Réflexions en guise de conclusion sur le principe de sécurité juridique », Cahiers du Conseil constitutionnel n° 11 – Dossier : le principe de sécurité juridique – Décembre 2001.

Mathieu (B.), « La normativité de la loi : une exigence démocratique », Cahiers du Conseil constitutionnel n° 21 – Dossier : la normativité – Janvier 2007.

Maugüé (C.), « La portée de l'obligation de transparence dans les contrats publics », Mélanges Franck Moderne, Dalloz, 2004, p. 609.

Maugüé (C.) et Bachelier (G.), « Genèse et présentation du code général de la propriété des personnes publiques », AJDA 2006, p. 1073.

Maugüé (C.) et Bachelier (G.), « La ratification du code général de la propriété des personnes publiques, enfin ! », AJDA 2009, p. 1177.
Maugüé (C.) et Bachelier (G.), « Le CGPPP : bilan d'étape avant de nouvelles évolutions », AJDA 2016, p. 1785.
Mekhantar (J.), « Fonction publique et e-administration : un mariage d'amour ou de raison ? », AJFP 2004, p.281.
Melleray (F.), « Le contrôle juridictionnel des actes de droit souple », RFDA 2016, p. 679.
Melleray (F.), « L'utilisation privative du domaine public », AJDA 2013, p. 992.
Melleray (F.), « Précisions sur les modalités de contestation d'un acte de droit souple », AJDA 2016, p. 2119.
Menard (C.), « le rescrit : l'année 2008 restera-t-elle dans les mémoires ? », Dr. Fisc n° 7, 12 février 2009, 183.
Menard (C.) « Rescrits et fiscalité directe », Dr. Fisc n° 27, 2 juillet 2015, 444.
Ménard (C.) et Lieb (J-P), « Le recours juridictionnel contre les rescrits : la porte s'ouvre mais ne bée pas », Revue de droit fiscal, 23 février 2017, n° 8, p. 77-92 avec les conclusions de Madame Cortot-Boucher.
Ménéménis (A.), « Code des marchés publics 2006 : quelques points forts », AJDA 2006, p. 1754.
Merrien (F-X.), « La nouvelle gestion publique : un concept mythique » in Lien social et Politiques, n° 41 (1999), p. 102.
Mescheriakoff (A- S.), « Ordre intérieur administratif et contrat », RFDA 1997, p. 1129.
Messner (F.), « Laïcité imaginée et laïcité juridique -Les évolutions du régime des cultes en France », Le Débat, 1993/5, n°77, p.77-83.
Mestres (A.), « La démocratie administrative », in Mélanges Paul Couzinet, Université des sciences sociales de Toulouse, 1974, p.561.
Michon (J.), « Refonte complète du droit de la commande publique », Les petites affiches, 26 mars 2014, n° 61, p. 5-9.
Milano (L.), « Contrôle de constitutionnalité et qualité de la loi », Revue du droit public, 1er mai 2006, n° 3, p. 637.
Millard (E.), « Ce que « doctrine veut dire », in AFDA, La doctrine en droit administratif, LexisNexis, Coll. « Colloques et débats », janvier 2010, p.3.
Mockle (D.), « La réglementation intelligente : réglementer mieux ou réglementer moins ? », RFDA 2015, p. 1225.
Moiroux (J.), « Commande publique et technologie blockchain : un avenir, mais quel avenir ? », La semaine juridique Administrations et collectivités territoriales, n° 28, 17 juillet 2017, 2180.
Moiroux (J.), « Plateformes numériques et puissance publique : « être ou ne pas être ? »… - à propos de l'étude annuelle 2017 du Conseil d'Etat Puissance publique et plateformes numériques : accompagner l'« ubérisation » », La semaine juridique Administrations et Collectivités territoriales, n° 41, 16 octobre 2017, 2239.

Molès (P.), Noël (M.), « La dématérialisation des marchés publics et l'expérience d'une plate-forme régionale », AJCT 2011, p.117.

Monnier (J-M.), « Vers une approche économique de la sécurité fiscale », RFFP, 1er février 2016, n° 133, p. 187.

de Montalivet (P.), « La dégradation de la qualité de la norme constitutionnelle sous la Ve République », Revue du droit public, 1er juillet 2012, n° 4, p. 925.

de Montecler (M-C), « Vers une refonte de l'architecture de la commande publique », AJDA, 2014, p.1300.

Morin (D.), « Bienvenue à la Cour ? », Revue internationale des sciences administratives, I/2010 (vol.76), p. 27-50

Moysan (H.), « L'accessibilité et l'intelligibilité de la loi – Des objectif à l'épreuve de la pratique normative », AJDA 2001, p. 428.

Ngo Ky (T.) et Sanchez (L.), « Le rescrit social, une fausse nouveauté pour une vraie complexité », Semaine sociale Lamy, 13 février 2006, p. 6.

Nicinski (S.), « La délégation de service public et le temps », AJDA 2013, p. 1441.

Nicinski (S.), « Les groupes publics et le droit de la concurrence », AJDA 2016, p. 776.

Noël (M.) et Abboub (S.), « Les « nouvelles » obligations de dématérialisation de l'administration - panorama 2015-2016 », AJCT 2017, p. 192

Noguellou (R.), « La décision administrative et son destinataire », RFDA, 2013, p.732 et suivantes.

Noguellou (R.), « Le droit des propriétés publiques, aspects constitutionnels récents », AJDA 2013, p. 986.

Noguellou (R.), « Le nouvelles directive et l'exécution des contrats », AJDA 2014, p. 853.

Noguellou (R.), « L'avis de la section de l'administration du Conseil d'État sur les PPPI », Dr. Adm. 2010, alerte 54 ; Concurrences 2010, n° 3, p. 179, Brèves de du Marais (B.).

Noguellou (R.), « Dématérialisation des marchés publics », Revue de droit immobilier, 1er décembre 2011, n°12, p. 592-594.

Normand (N.), « Application du code des marchés publics à un contrat conclu à l'étranger », AJDA 2016, p. 863.

Oppetit (B.), « La résurgence du rescrit », Recueil Dalloz, 1991, p.105.

Oppetit (B.), « Les réponses ministérielles aux questions écrites des parlementaires et l'interprétation des lois », D, 1974, Chron., p.107.

Osborne (D.) et Gaebler (T.), « Reiventing Government : How the Entrepreneurial Spirit is Transforming The Public Sector », Reading (Mass.), Adison Wesley, 1993.

Pacteau (B.), « La sécurité juridique, un principe qui nous manque ? », AJDA 1995, p. 151.

Parent (B.), « Propos informels sur la sécurité juridique et fiscale », RFFP, 1er février 2016, n° 133, p. 203.

Pastor (J-M.), « La mission d'appui aux partenariats public-privé a muté », AJDA, 2016, p. 877.
Pastor (J-M.), « Le Conseil d'État plébiscite le rescrit », Dalloz Actualité, 4 avril 2014.
Pauliat (H.), « L'action économique des personnes publiques. Une capacité d'agir sous-estimée et mal connue », Dr. Adm. 1Er novembre 2015, étude 13 p. 9-13.
Pellas (J-R.), « La sécurité fiscale : quels enjeux juridiques ? » in RFFP, n°130, avril 2015, p. 7.
Pérès (C.), « Du contrat public en général et du « rescrit contractuel » en particulier », Revue des contrats, 1er janvier 2009, n°1, p.17.
Perroud (T.), « Droits des administrés internautes et téléservices publics », Revue française d'administration publique 2013/2 (n°146), p.419-431
Petit (J.), « Les circulaires administratives sont des actes faisant grief (suite) », RFDA 2003, p.510.
Pez (T.), « Le risques, les concessions et les marchés », RFDA 2016, p. 237.
Picod (F.), « Le statut du droit de la concurrence dans le marché intérieur en vertu des nouveaux traités », Mélanges Paolo Mengozzi, Bruylant 2013, p. 407.
Pignon (S.) et Bandet (D.), « le nouveau code des marchés publics : quelques éclairages pratiques », AJDA, 2001, p. 367.
Plessix (B.), « Le rescrit en matière administrative », Revue juridique de l'économie publique n°657, octobre 2008, étude 8.
Plessix (B.), « Sécurité juridique et confiance légitime », Revue de droit public, 1er mai 2016, n° 3, p. 799.
Pochard (M.), « La place donnée au contrat dans l'organisation de la fonction publique », AJDA 2003, p. 991.
Poirmeur (Y.), Fayet (E.), « La doctrine administrative et le juge administratif – la crise d'un modèle de production du droit », in CURAPP, Le droit administratif en mutation, PUF, 1993.
Le Pors (A.) et Formery (S.), « Du nouveau dans les relations administration-citoyens? Le décret du 28 novembre 1983 : suites et fin », AJDA 2007, p. 626.
Poulet-Gibot Leclerc (N.), « La contractualisation des relations entre les personnes publiques », RFDA 1999, p. 551.
Poupeau (D.), « Dématérialisation des marchés publics : objectif 2018 », AJDA 2017, p. 1252.
Prieto (C.), « Politique européenne de la concurrence », J.- Cl. Europe, Fasc. 1390.
Rabault (H.), « Théorie des systèmes : vers une théorie fonctionnaliste du droit », Droit et société, 2014/1 n° 86, p. 209-226.
Rangeon (F.), « L'accès à l'information administrative » in Information et transparence administrative, PUF-CURAPP, 1988, p. 79.

Rapp (L.), « Contrats publics et politiques économiques, la porte étroite : relance et encouragements sectoriels », RFDA 2014, p.623.

Renaudie (O.), « Télémédecine et téléservice public », Revue française d'administration publique, 2013/2, n°146, p.381-391.

Revue Lamy droit de la concurrence, « Recours en référé et dématérialisions : les acheteurs appelés à la vigilance sur les délais « Télérecours » », 1er décembre 2016, n° 5-, p. 11-12.

RFDA, « Dossier : la loi NOTRe », 2016, n° 4, p. 645.

Rials (S.), « Entre artificialisme et idolâtrie – sur l'hésitation du constitutionnalisme », Le débat, 1991/2 n°64, p.159-175.

Ricci (J-C), « Le contrat au service des politiques publiques – Rapport de synthèse », RFDA 2014, p.652.

Richer (L.), Viandier (L.), « Le rescrit financier », JCP E 1991, I, 10.

Richer (L.), « La contractualisation comme technique de gestion des affaires publiques », AJDA n°19, 2003, p.973.

Richer (L.), « Une tradition : le caractère réglementaire du droit des marchés publics », in Mélanges en l'honneur du professeur Fantôme, Dalloz, 2011, p.411.

Richer (L.), « Constitution, contrats et commande publique », Nouveaux cahiers du Conseil constitutionnel n°37 (Dossier : le Conseil constitutionnel et le droit administratif), Octobre 2012.

Richer (L.), « La fin des contrats », RFDA 2016, p. 294.

Rigaudeau (P-O.), « La généralisation du rescrit en droit administratif ? Pas pour tout de suite », Droit administratif n° 4, avril 2016, alerte 35.

Rivero (J.), « Jurisprudence et doctrine dans l'élaboration du droit administratif » EDCE, 1955, p.30.

Rivero (J.), « État de droit, état du droit », Mélanges Braibant, Dalloz, 1996, p. 609.

Rolin (F.), « Le rôle de la pratique dans la construction du droit des contrats administratifs », in Mélanges en l'honneur du professeur Richer, LGDJ, Coll. « Mélanges », novembre 2013.

Rolin (F.), « Doctrine et pratique », in AFDA, La doctrine en droit administratif, LexisNexis, Coll. « Colloques et débats », janvier 2010, p.69.

Roman-Séquense (B.), « Tarifs d'occupation du domaine public liés à la résidence des personnes », Contrats et marchés publics n° 4, avril 2015, comm. 108.

de la Rosa (S.), « Les exclusions », RFDA 2016, p. 227.

Roux (M.), « La fonction consultative du Conseil d'État », La revue administrative, n°6, 1999, p.20.

Roux (L.), « L'administration électronique : un vecteur de qualité de service pour les usagers ? », Informations sociales 2010/2 (n°158), p.20-29.

Roux (C.), « La personne publique, candidate à la commande publique », AJDA 2013, p. 853.

de Saint-Pulgent (N.), « La mission d'appui à la réalisation des contrats de partenariat : une institution au service de l'innovation », BJCP, 1er septembre 2006, n° 47, p. 234-235.
Sargos (P.), « L'intelligence du droit – A propos des 80 ans de l'arrêt Mercier », Recueil Dalloz, 2016, p. 1024.
Sartorio (F.), « Contrats de partenariats : un premier décret qui suscite des interrogations », La Gazette du Palais, 27 octobre 2004, n° 301, p. 2-6
Sauret (J.), « Efficacité de l'administration et service à l'administré : les enjeux de l'administration électronique », Revue française d'administration publique, 2004/2, n°110, p.279-295.
Savoye (J.), « De la répression du délit de favoritisme et autres infractions en matière de marchés publics », Recueil Dalloz, 1999, p. 169.
Schnäbele (P.); Beauvais (F.), « Réforme de l'État et téléprocédures », AJDA, 2001 p.608.
Schwartz (R.), concl. sur CE, 30 juillet 2003, Société Caen Distribution, AJDA, 2003, p. 2036.
Séguin (P.), « La Cour, vigie des finances publiques », RFFP, n°100, 2007, p.223 et suivantes.
Seiller (B.), « Le refus de la circulaire-rescrit », Petites affiches 5 novembre 2003, n°221, p.7.
Seiller (B.), « Sécurité juridique et office du juge administratif », Revue du droit public, 1er mai 2016, n° 3, p. 765.
Seiller (B.), « Circulaire et légalité, Note sous Conseil d'État, 27 mars 1996, M. Lome », RFDA 1997, p. 1218.
Silvera (V.), « Le fond et la forme : de la réforme administrative à la réforme du langage administratif », Revue Administrative, n° 147, mai-juin 1972, p. 256.
Sirinelli (J.), « La transposition de la directive Services, l'expression d'une nouvelle approche de l'intervention publique en matière économique », RDP, 2011, n°4.
de Sigoyer (V.), « Une pluralité de services publics dans une délégation de service public unique : est-ce possible ? », Droit administratif n°1, janvier 2015, prat.1.
Stirn (B.), « Le juge administratif et les contrats entre collectivités publiques », AJDA 1990, p. 139.
Taquet (F.), « Vers une sécurité juridique renforcée des cotisants... », JCP E 2005, 1809
Tartour (L.), « Le principe de protection de la confiance légitime en droit public français », Revue du droit public et de la science politique en France et à l'étranger, 1er mars 2013, n°2, p.307.
Tchen (V.), « Les ambiguïtés de la dématérialisation des procédures en droit des étrangers », Revue française d'administration publique, 2013/2, n°146, p.393-403.
Terneyre (P.), « Les montages contractuels complexes », AJDA, 1994, p.43.

Terneyre (P.), « La durée des contrats », RFDA 2016, p. 276.
Tessier (A.), « Les décrets d'application de l'ordonnance du 17 juin 2004 sur les contrats de partenariat : précisions et nouvelles interrogations », BJCP, 1er janvier 2005, n° 38, p. 2-4
Tesoka (L.), « Principe de légalité et principe de sécurité juridique en droit administratif français », AJDA, 2006, p.2214.
Tiberghien (F.), « Il faut un code de la commande publique pour assurer sa sécurité juridique », AJDA, 2008, p. 1128.
Touboul (C.), « Juger l'action économique, c'est encore agir sur l'économie », RFDA 2016, p.83.
Truchet (D.), « Quelques remarques sur la doctrine en droit administratif », Mélanges en l'honneur du professeur Amselek, Bruylant, 2005, p.769.
Trudel (P.), « Renforcer la protection de la vie privée dans l'État en réseau : l'aire de partage de données personnelles », Revue française d'administration publique, 2004/2, n°110, p.257-266.
Turot (J.), « La vraie nature de la garantie contre les changements de doctrine », RFJ 5/92, p.375.
Turot (J.), « Le roi et le moulin – Brèves observations sur l'avis Monzani » Dr. fisc. n° 15, 11 avril 2013, act. 203.
Ubaldi (B.), « L'administration électronique, support de l'innovation dans les services publics », Revue française d'administration publique, 2013/2, n°146, p.449-464.
Ubaud-Bergeron (M.), « Le champ d'application organique des nouvelles dispositions », RFDA 2016, p. 218.
Ubaud-Bergeron (M.), « Sécurité juridique et contrats administratifs », Revue du droit public, 1er mai 2016, n° 3, p. 779.
Untermaier-Kerléo (E.), « Le droit souple, un regard circonspect sur la jurisprudence Crédit Foncier de France », RFDA, 2014, p.1029.
Vachet (G.), « La sécurité juridique du cotisant : illusion ou réalité », JCP S 2006, 1094.
Valembois (A-L), « La sécurité juridique : une constitutionnalisation en marche mais non aboutie (Bilan de la jurisprudence constitutionnelle de 2005) » Petites Affiches, 13 juin 2006, n°117, p.7.
Valembois (A-L), « La constitutionnalisation de l'exigence de sécurité juridique en droit français », Cahier du Conseil constitutionnel, mars 2005.
Vapaille (L.), « La doctrine administrative et l'imposition sur la fortune », in RFFP n°75 – La doctrine administrative en droit fiscal, LGDJ, septembre 2001, p.61.
Vautrot-Schwarz (C.), « La publics et la mise en concurrence dans la délivrance des titres d'occupation domaniale », AJDA, 30 mars 2009, n° 11, p. 568-575.
Vautrot-Schwarz (C.), « L'avenir de la publicité et de la mise en concurrence dans la délivrance des titres d'occupation domaniale », Contrats et marchés publics, 1er décembre 2012, n° 12, p. 7-15.

Vautrot-Schwarz (C.), « La garantie des collectivités territoriales : pour l'amour du risque », AJDA, 20 octobre 2014, n° 35, p. 2008.
Vautrot-Schwarz (C.), « Légistique appliquée : le destin christique des lois des 2 juillet et 6 août 1986 », AJDA, 27 octobre 2014, n° 36, p. 2025.
Vautrot-Schwarz (C.), « Codifier et définir. L'exemple des définitions dans le Code des relations entre le public et l'administration », Droit administratif, 1er août 2016, n° 8, p. 23-28.
Vautrot-Schwarz (C.), « Référé précontractuel et Télérecours : l'insoutenable légèreté d'un accusé de réception », AJDA, 5 mars 2018, n° 8, p. 417.
Videlin (J-C.), « Le droit public économique et les crises économiques : approche historique », RFDA 2010, p. 727.
Vigouroux (dir.), « La section du rapport et des études : quel laboratoire d'idées ? », RFDA 2015, p.242.
Vincent-Legoux (M-C.), « Dématérialisation des offres et liberté d'accès à la commande publique », AJDA 2006, p. 1787.
Visscher de (C.) et Varone (F.), « La nouvelle gestion publique « en action » », Revue internationale de politique comparée, 2004/2, vol. 11, p. 177-185.
Von Coester (S.) et Daumas (V.), « Le Conseil d'État accepte de se saisir d'actes de « droit souple », Droit administratif n° 4, Avril 2016, comm. 20.
Waintrop (F.), « Écouter les usagers : de la simplification à l'innovation », Revue française d'administration publique, 2011/1 (n° 137-138), p.209-215.
Wolf (M.), « TVA et rescrits fiscaux : témoignages », Dr. Fisc n° 27, 2 juillet 2015, 446.
Yolka (P.), « Autour de l'article L. 2112-1 du CGPPP », AJDA, 2013, p. 974.
Yolka (P.), « Les droits réels sur le domaine public (survol d'une décennie) », AJDA, 2016, p. 1797.
Zetlaoui (T.), « Les mirages technologiques de la transparence administrative », in Quaderni, n° 52, automne 2003. Secret et pouvoir : les faux-semblants de la transparence, p. 67-76.

VI.Ressources numériques :

www.conseil-constitutionnel.fr ;
www.assemblee-nationale.fr ;
www.senat.fr ;
http://www.elysee.fr ;
http://www.gouvernement.fr ;
http://www.ccomptes.fr/ ;
http://www.hcfp.fr/ ;
http:/curia.europa.eu/ ;
http://www.legifrance.gouv.fr/ ;
http://www.economie.gouv.fr/daj ;
http://lesrapports.ladocumentationfrancaise.fr ;
http://www.ladocumentationfrancaise.fr ;

http://www.circulaires.gouv.fr. ;
http://www.conseil-etat.fr ;
http://www.cabinet-richer.com.
http://www.economie.gouv.fr/daj.

TABLE JURISPRUDENTIELLE

I. Cour européenne des droits de l'Homme et Cour de justice de l'Union européenne

CJCE, 5 février 1963, *Van Gend en Loos*, affaire n°26/62.

CJCE, 15 juillet 1964, *Flaminio Costa contre E.N.E.L*, affaire n°6/64.

CJCE, 5 juin 1973, *Commission contre Conseil*, affaire n°81/72 et CJCE, 3 mai 1978, *Topfer contre Commission*, affaire 112/77.

CEDH, 26 avril 1979, *Sunday Times c. Royaume -Uni*, req. n° 6538/74.

CJCE, 7 février 1985, *Procureur de la République c/ ADBHU*, aff. 240/83, Rec. p. 531.

TPICE, 10 juillet 1990, *Tetra Pak contre Commission*, aff. T- 51/89, point n°42.

CJCE, 23 avril 1991, *Höfner et Elser*, aff. C-41/90, Rec. p. I- 2010

CEDH, 9 janvier 1994, *Ostra contre Espagne*, n° 303-C.

CEDH, 19 février 1998, *Guerra et autres contre Italie Série A*, Rec. 1998-I, Rapport de la Commission européenne du 29 juin 1996, Guerra c/ Italie, n° 14967/89.

CJCE, 28 avril 1998, *Javico*, aff. C-306/96, Rec. p. I-1983.

CJCE, 12 octobre 1999, *Pharmacia & Upjohn SA c/ Paranova A/S*, n° C-379/97

CJCE, 18 novembre 1999, *Teckal Srl c/ Cne Viano*, aff. C- 107/98, Rec. I. p. 8121 ; BJCP 2000, p. 43, concl. Coma (G.), obs. Maugüé (C.) ; Europe 2000, comm. 28, obs. Kauff- Gazin (F.).

CJCE, 7 décembre 2000, *Telaustria et Telefonadress*, aff. C- 324/98, Rec. 2000, I, p. 1074 ; BJCP 2001, p. 132, concl. Fennely (N.) et obs. Maugüé ; Richer (L.), note, AJDA 2001, p. 106, Llorens (F.), CMP 2001, comm. 50, p. 24 ; Benjamin (M-Y.), Dr. adm. 2001, comm. 85.

CJCE, 11 janvier 2005, *Stadt Halle* aff. C-26/03, Rec. p. I-1 ; AJDA 2005, p. 898, note Rolin (F.) et 1108, chron. Gervasoni (S.) et Lamber (C.) ; BJCP 2005, n° 40, p. 180, note Maugüé (C.) ; CMP 2005, comm. 68, note Eckert (G.) ; Dr. adm. 2005, comm. 36, note Alonso Garcia (A.) et Mailliard ; CP- ACCP 2005, n° 42, p. 45, note Capitant (D.) ; Europe 2005, comm. 86, note Meisse (E.) ; RDUE 2005, p. 845, note Kotschy (B.)

CEDH, 14 avril 2009, *Tarsasag a Szabadsagjogokert c/ Hongrie*, n° 37374/05.

CJCE, 15 octobre 2009, aff. C-196/08, *Acoset SpA c/ Conférenza sindaci et Presidenza Prov. Reg. ATO Idrico Ragusta* : Contrats et Marchés publics, 2010, comm. 35, note Zimmer (W.) ; Europe 2009, comm. 455, note Simon (D.) ; AJDA 2009, p. 2276, chron. Aubert (M.), Broussy (E.), Donnat (F.) ; AJDA

2010, p. 105, note Dreyfus (J-D) et Peltier (M.) ; Dr. Adm. 2010, alerte 8 ; RDI 2010, p. 153, note Noguellou (R.), JCP A 2009, 2299, note Devès (C.) ; Sermier (R.), Epaud (D.), Nouvelle règle pour le in house : mettre fin au contrat en cas d'ouverture du capital de l'entreprise exécutant le marché, AJDA 2009, p. 2229.
CJUE, 14 décembre 2016, *Connexxion Taxi Service BV*, C-171/15.
CJUE, 21 décembre 2016, *Remondis GmbH & Co*, C-51/15.

II. Conseil constitutionnel

Conseil constitutionnel, décision n° 63-25 DC du 21 janvier 1964, *Résolution modifiant les articles 36, 29, 41, 50, 134, 135, 136 et 137 du règlement de l'Assemblée nationale*, JORF du 29 janvier 1964, p. 1066.
Conseil constitutionnel, décision n° 69-37 DC du 20 novembre 1969, *Résolution modifiant et complétant le règlement de l'Assemblée nationale*, JORF du 30 novembre 196ç, p. 11682.
Conseil constitutionnel, décision n°71-44DC du 16 juillet 1971, *Loi complétant les dispositions des articles 5 et 7 de la loi du 1er juillet 1901 relative au contrat d'association*, JORF, 18 juillet 1971, p.7114.
Conseil constitutionnel, décision n° 74-54 DC du 15 janvier 1975, *Loi relative à l'interruption volontaire de la grossesse*, JORF du 16 janvier 1975, p.671.
Conseil constitutionnel, décision n° 81-132 DC du 16 janvier 1982, *Loi de nationalisation*, JORF du 17 janvier 1982, p. 299.
Conseil constitutionnel, décision n° 84-183 DC du 18 janvier 1985, *Loi relative au redressement et à la liquidation judiciaire des entreprises*, JORF du 20 janvier 1985, p. 820.
Conseil constitutionnel, décision n°84-184 DC du 29 décembre 1984, *Loi de finances pour 1985*, JORF du 30 décembre 1984, p.4171
Conseil constitutionnel, décision n° 87-226 DC du 2 juin 1987, *Loi organisant la consultation des populations intéressées de la Nouvelle-Calédonie et dépendances prévue par l'alinéa premier de l'article 1er de la loi n° 86-844 du 17 juillet 1986 relative à la Nouvelle-Calédonie*, JORF du 4 juin 1987, p. 6058.
Conseil constitutionnel, décision n° 88-1082/1117 AN du 21 octobre 1988, *AN, Val-d'Oise (5ème circ.),* JORF du 25 octobre 1988, p. 13474.
Conseil constitutionnel, décision n°93-316 DC du 20 janvier 1993, *Loi relative à la prévention de la corruption et à la transparence de la vie économique et des procédures publiques*, JORF du 22 janvier 1993, p.1118.
Conseil constitutionnel, décision n° 93-322 DC, *Loi relative aux établissements publics à caractère scientifique, culturel et professionnel*, JORF du 30 juillet 1993, p. 10750.
Conseil constitutionnel, décision n° 96-373 DC du 9 avril 1996, *Loi portant statut d'autonomie de la Polynésie française*, JORF du 13 avril 1996, page 5724
Conseil constitutionnel, décision n° 96-385 DC du 30 décembre 1996, *Loi de finances pour 1997*, JORF du 31 décembre 1996, page 19557.

Conseil constitutionnel, décision n° 97-391 DC du 7 novembre 1997, *Loi portant mesures urgentes à caractère fiscal et financier*, JORF du 11 novembre 1997, page 16390.
Conseil constitutionnel, décision n° 98-401 DC du 10 juin 1998, *Loi d'orientation et d'incitation relative à la réduction du temps de travail*, JORF du 14 juin 1998, p. 9033.
Conseil constitutionnel, décision n° 98-407 DC du 14 janvier 1999, *Loi relative au mode d'élection des conseillers régionaux et des conseillers à l'Assemblée de Corse et au fonctionnement des Conseils régionaux*, JORF du 20 janvier 1999, p. 1028.
Conseil constitutionnel, décision n° 99-421 DC du 16 décembre 1999, *Loi portant habilitation du Gouvernement à procéder, par ordonnances, à l'adoption de la partie législative de certains codes*, JORF du 22 décembre 1999, p. 19041.
Conseil constitutionnel n° 2000-437 DC du 19 décembre 2000, *Loi de financement de la sécurité sociale pour 2001*, JORF du 24 décembre 2000, p. 20576.
Conseil constitutionnel, décision n° 2001-448 DC du 25 juillet 2001, *Loi organique relative aux lois de finances*, JORF du 2 août 2001, p.12490.
Conseil constitutionnel, décision n° 2001-451 DC du 21 novembre 2001, *Loi portant amélioration de la couverture des non salariés agricoles contre les accidents du travail et les maladies professionnelles*, JORF du 1er décembre 2001, p. 19112.
Conseil constitutionnel, décision n°2001-452DC du 6 décembre 2001, *Loi portant mesures urgentes de réformes à caractère économique et financier*, JORF du 12 décembre 2001, p. 18712.
Conseil constitutionnel, décision n°2002-460 du 22 août 2002, *Loi d'orientation et de programmation sur la sécurité intérieure*, JORF du 30 août 2002, p.14411.
Conseil constitutionnel, décision n°2002-461DC du 29 août 2002, *Loi d'orientation et de programmation pour la justice*, JORF du 10 septembre 2002, p.14953 ;
Conseil constitutionnel, décision n° 2003-468 DC du 3 avril 2003, *Loi relative à l'élection des conseillers régionaux et des représentants au Parlement européen ainsi qu'à l'aide publique aux partis politiques,* JORF du 12 avril 2003, p. 6493.
Conseil constitutionnel, décision n°2003-473DC du 26 juin 2003, *Loi habilitant le Gouvernement à simplifier le droit*, JORF du 03 juillet 2003, p.11205.
Conseil constitutionnel, décision n°2004-491 DC du 12 février 2004, *Loi complétant le statut d'autonomie de la Polynésie française*, JORF du 2 mars 2004, p.4220.
Conseil constitutionnel, décision n° 2004-496 DC du 10 juin 2004, *Loi pour la confiance dans l'économie numérique*, JORF du 22 juin 2004, p. 11182.
Conseil constitutionnel, décision n° 2005-530 DC du 29 décembre 2005, *Loi de finances pour 2006*, JORF du 31 décembre 2005, page 20705.

Conseil constitutionnel, décision n°2006-540 DC du 27 juillet 2007, *Loi relative au droit d'auteur et aux droits voisins dans la société de l'information*, JORF du 3 août 2006, p.11541.
Conseil constitutionnel, décision n° 2010-2 QPC du 11 juin 2010, *Mme Vivianne L. [Loi dite « anti-Perruche »]*, JORF du 12 juin 2010, page 10847.
Conseil constitutionnel, décision n° 2010-4/17 QPC du 22 juillet 2000, *M. Alain C. et autres [indemnité temporaire de retraite outre-mer]*
Conseil constitutionnel, décision n° 2010-53 QPC du 14 octobre 2010, *Société Plombinoise de Casino*, JORF du 15 octobre 2010, page 18541.
Conseil constitutionnel, décision n° 2010-230 QPC du 6 avril 2012, *M. Pierre G. [Inéligibilité au mandat de conseiller général]*
Conseil constitutionnel, décision n°2011-146 QPC du 08 juillet 2011, *Département des Landes [Aides publiques en matière d'eau potable ou d'assainissement]*, JORF du 9 juillet 2011, p.11978.
Conseil constitutionnel, décision n° 2012-280 QPC du 12 octobre 2012, *Société Groupe Canal Plus et autre [Autorité de la concurrence : organisation et pouvoir de sanction].*
Conseil constitutionnel, décision n° 2012-283 QPC du 23 novembre 2012, *M. Antoine de M [Classement et déclassement de sites].*
Conseil constitutionnel, décision n° 2012-285 QPC, *M. Christian S. [Obligation d'affiliation à une corporation d'artisans en Alsace-Moselle]*, JORF du 1er décembre 2012, p. 18908.
Conseil constitutionnel, décision n° 2016-741 DC du 8 décembre 2016, *Loi relative à la transparence, à la lutte contre la corruption et à la modernisation de la vie économique dite Loi Sapin II*, JORF n° 0287 du 10 décembre 2016, texte n° 4.

III. Tribunal des conflits

TC, 8 févr. 1873, *Blanco*, n° 00012, Lebon, 1er suppl., p. 61, concl. David ; D., 1873, 3, p. 20, concl. ; S., 1873, 3, p. 153, concl.
TC, 30 juill. 1873, *Pelletier* : Lebon, 1er suppl., p. 117, concl. David ; D., 1874, 3, p. 5, concl.
TC, 9 déc. 1899, *Cts Ducornot c/ Synd. du canal de Gignac* : Lebon, p. 731 ; S., 1900, 3, p. 49, note M. Hauriou.
TC, 22 janv. 1921, *Sté commerciale de l'ouest africain c/ Colonie de la Côte d'Ivoire,* n° 00706, Lebon, p. 91 ; D., 1921, 3, p. 1, concl. P. Matter ; S., 1924, 3, p. 34, concl. P. Matter.
TC, 6 juin 1989, *Préfet de la région Île-de-France, Préfet de Paris c/ SAEDE/ Ville de Pamiers*, n° 02578, Lebon, Concl. Stirn (B.), AJDA 1989.467, note Bazex ; RD Publ. 1989.1780, note Gaudemet ; JCP 1990.II.21395, note Terneyre
TC, 17 octobre 2011, *SCEA du Chéneau et autres c/ Interprofession nationale porcine (INAPORC) et autres, Cherel et autres c/ Centre national*

interprofessionnel de l'économie laitière (CNIEL), n° C3828-3829, Lebon, concl. Sarcelet ; RFDA 2011.122, concl., note Seiller et 1136, note Roblot-Troizier ; AJ 2012.27, chr. Guyomar et Domino ; JCP 2011.1208, note Sorbara et 1423, chr. Plessix ; JCP Adm. 2011.1423, note Pauliat ; D. 2011.3046, note Donnat ; D. 2012.244, obs. Fricero ; DA Janv. 2012.10, note Melleray ; RD. Publ. 2012.853, comm. Clamour et Coutron ; RTD civ. 2011.735, obs. Rémy-Corlay ; RJEP février 2012, repère n°2, Labetoulle ; Constitutions 2012.294, obs. Levade ; LPA 16 mars 2012, note Graulier ; RTDE 2012.135, comm. Ritleng.
TC, 9 mars 2015, *Mme Rispal contre Société Autoroutes du Sud de la France*, n°3984, Lebon, Concl. Escaut (N.) ; RFDA 2015.265, concl., note Canedo-Paris ; AJ 2015.1204, chr. Lessi et Dutheillet de Lamothe ; CMP mai 2015, n°110, Devillers ; DA mai 2015, n°34, Brenet JCP Adm. 2015.2156, note Sestier et 2157, note Hul.

IV. Juridictions administratives

A. Conseil d'Etat

CE, 19 janvier 1868, *Servat*, Rec. 327
CE, 19 février 1875, *Prince Napoléon,* n°46707, Lebon, concl. David, GAJA.
CE, 13 décembre 1889, *Cadot c/ Ville de Marseille*, n°66145, Lebon, concl. Jagerschmidt, GAJA.
CE, 21 juin 1895, *Cames*, n°82490, Lebon, p. 509, concl. Romieu; D., 1896, 3, p. 65, concl. Romieu ; S., 1897, 3, p. 33, concl. Romieu et note Hauriou.
CE, 10 janvier 1902, *Compagnie nouvelle du gaz de Deville-lès-Rouen,* n°94624, Lebon, concl. Romieu ; S. 1902. III, p.17, concl. Romieu et note Hauriou.
CE, 6 février 1903, *Terrier*, n° 07496, publié au recueil Lebon, concl. Romieu.
CE, 10 févr. 1905, *Tomaso-Grecco,* n°10365, Lebon, p. 139, concl. Romieu ; D., 1906, 3, p. 81, concl. Romieu ; S., 1905, 3, p. 113, note Hauriou.
CE, 4 août 1905, *Martin*, n° 14220, Lebon p. 749, concl. Romieu ; S, 1906.3.49, note Hauriou.
CE, 21 décembre 1906, *Syndicat des propriétaires et contribuables du quartier Croix-de-Seguey – Tivoli,* n°19167, Concl. Romieu, D. 1907.41, concl. Romieu, S. 1907.33, note Hauriou.
CE, 2 août 1907, *Morand-Monteil*, S. 1910, III, p. 4.
CE, 6 août 1909, *Rageot*, S. 1912, III, p. 47.
CE, 31 juillet 1912, *Société des granits porphyroïdes des Vosges,* n°30701, Lebon, concl. Blum, D. 1916.3.35, concl. ; S. 1917.3.15, concl. ; RD Publ. 1914.145, note Jèze ; AJ 2013.1489, comm. Gros et 2474, comm. Giacuczzo.
CE, 4 avril 1914, *Gomel,* n°55125, concl. Chardenet, S. 1917, 3, p.25 note Hauriou, GAJA.

CE, 30 mars 1916, *Compagnie générale d'éclairage de Bordeaux c/ Ville de Bordeaux,* n°59928, Rec., p. 125, concl. Chardenet ; D., 1916.3.25, concl. Chardenet ; RDP, 1916, p. 206, concl. Chardenet et note Jèze ; RDP, 1916, p. 388, note Jèze ; S., 1916.III.17, concl. Chardenet, note Hauriou.
CE, 8 août 1919, *Labonne,* n°56377, Lebon, concl. Corneille, GAJA.
CE, 30 novembre 1923, *Couitéas,* n°38284-48688, *Rec.*, p. 789 ; *D.*, 1923.3.59, concl. Rivet ; *RDP*, 1924, p. 75, concl. Rivet ; RDP, 1924, p. 208, note Jèze ; S., 1923.III.57, concl. Rivet, note Hauriou.
CE, 26 décembre 1925, *Rodière,* n°88369, Rec., p. 1065 ; *RDP*, 1926, p. 32, concl. Cahen-Salvador ; S., 1925.III.49, note Hauriou.
CE, 22 janvier 1926, *Lacoste et autres*, Rec. 74.
CE, 24 décembre 1926, *SA l'Entreprise de l'Est*, Rec. 1172.
CE Sect., 10 janvier 1930, *Despujol*, n° 97263, 05822, publié au recueil Lebon, concl. Andrieux, D. 1930.3.16, note P.L.J ; S. 1930.3.41, note Alibert.
CE, Sect, 30 mai 1930, *Chambre syndicale du commerce en détail de Nevers,* n°06781, concl. Josse ; RD publ. 1930.530, concl. Josse ; S. 1931.3.73, concl., note Alibert ; RJEP, février 2011. comm. Lombard.
CE, 20 novembre 1931, *Société anonyme X*, Gazette du Palais, 1932, n° 1, p. 148
CE Ass., 17 juin 1932, *Ville de Castelnaudary*, n° 12045, publié au recueil Lebon, concl. Josse.
CE, Sect, 7 février 1936, *Jamart,* n°43321, Lebon, Concl. Josse ; S. 1937.3.113, note Rivero, GAJA n° 45.
CE, Sect., 12 juin 1936, *Sieur Hitzel et autres,* Lebon p.641.
CE, ass., 14 janv. 1938, *SA des produits laitiers "La Fleurette",* n° 51704, Lebon, Concl. Roujou; D., 1938, 3, p. 41, concl. Roujou et note Rolland ; RDP, 1938, p. 87, concl. Roujou et note Jèze ; S., 1938, 3, p. 25, note Laroque.
CE, Ass, 13 mai 1938, *Caisse primaire « Aide et protection »,* n°57302, Lebon, concl. Latournerie, D. 1939.3.65, concl. Latournerie, note Pépy ; RD publ. 1938.830, concl.
CE, Ass, 17 février 1950, *Ministre de l'agriculture c/ Dame Lamotte,* n°86949, Lebon, concl. Delvolvé, RDP 1951.478, concl., note Waline.
CE, Ass, 30 mai 1952, *Dame Kirkwood*, n° 16690, Rec. 291, Concl. Letourneur.
CE, 23 janvier 1953, *Courajoux*, Rec. p. 31.
CE, Ass, 29 janvier 1954, *Institution Notre-Dame de Kreisker*, n°07134, Lebon, Concl. Tricot, RPDA 1954, p.50, concl. Tricot ; AJ 1954. II bis.5, chron. Gazier et Long ; RD Publ. 1955.175, note Waline.
CE, 2 novembre 1955, *Casanovas et Société Casanovas,* Revue pratique de droit administratif, 1955, n°420.
CE, 20 avril 1956, *Époux Bertin*, n°98637, Lebon 167 ; AJDA 1956. II. 272, concl. Long, chron. Fournier et Braibant.
CE, 20 avril 1956, *Ministre de l'agriculture c/ Consorts Grimouard*, n°33961 ; Lebon 168; D. 1956. 429, concl. Long, note P. L. J.; RD publ. 1956. 1058,

concl. Long, note Waline; Rev. adm. 1956. 496, note Liet-Veaux; AJDA 1956. 221, chron. Fournier et Braibant.
CE, 31 mai 1957, *Rosan Girard*, n°26188-26325.
CE, Ass., 5 mai 1961, *Ville de Lyon,* n° 12111, publié au recueil Lebon p. 294, concl. Braibant ; CJEG 1961, p. 175, concl. Braibant, note Teste et Chaudouard.
CE, Ass, 19 octobre 1962, *Canal, Robin et Godot,* n°58502, Lebon, Concl. Chardeau, AJ 1962.612, chron. de Laubadère, JCP 1963.II.13068, note C. Debbasch ; RA 1962.623, note Liet-Veaux ; Mélanges Genevois, p.617, art. Labetoulle ; Comité d'histoire du Conseil d'État et de la juridiction administrative, Conférences « *Vincent Wright* », vol.1, p.263, art. Ducamin, AJ 2014.90, note Gentot.
CE Sect., 10 juillet 1964, *Ministre de la construction c/ Duffaut*, n° 61054, publié au recueil Lebon, concl. Rigaud, D. 1964, p. 722, concl. Rigaud.
CE Sect., 10 mars 1967, *Société Samat*, n° 64509, publié au recueil Lebon ; AJDA 1967, p. 280, concl. Galmot (Y.)
CE, 26 février 1969, *Sieur Duflocq*, n° 72426, recueil Lebon.
CE, 29 avril 1970, *Société Unipain*, n° 77935, Rec. 280, AJDA 1970, p. 340, concl. Braibant (G.) ; RDP 1970, p. 423, note Waline (M.).
CE, Sect, 11 décembre 1970, *Crédit Foncier de France contre Demoiselle Gaupillat et Dame Ader,* n°78880, Lebon, Concl. Bertrand, AJ 1971.196, chr. H.T.C ; D. 1971.674, note Loschak ; JCP 1972.II.17232, note Fromont ; RD publ. 1971.1224, note Waline.
CE, Ass, 28 mai 1971, *Ministre de l'équipement et du logement c/ Fédération de défense des personnes concernées par le projet actuellement dénommé « Ville Nouvelle Est »,* n°78825, Lebon, concl. Braibant, AJ 1971.404, chr. Labetoulle et Cabanes et 463, concl. ; RA 1971.422, concl. ; CJEG 1972.J.38, note Virole ; D. 1972.194, note Lemasurier ; JCP 1971.II.16873, note Hormont ; RD Publ. 1972.454, note Waline.
CE, 13 janvier 1975, *Da Silva et confédération française démocratique du travail CFDT c/ ministre de l'intérieur et ministre du travail, de l'emploi et de la population*, n° 90193, 90194, 91288, publié au recueil Lebon, concl. Dondoux ; AJDA 1975, p. 258, note André ; Dr. Soc. 1975, p. 275, concl. Dondoux ; JCP 1976.II.18235, note Pellet ; JDI 1976, p. 668, note Lyon-Caen ; D. 1975, p. 784, note Julian-Laferrière ; AFDI 1976, p. 890, note Lachaume.
CE, 16 janvier 1976, *Secrétaire d'État aux Postes et Télécommunications c/ Khémiri*, n° 98394, mentionné aux tables du recueil Lebon, concl. Gentot, RDP 1976, p. 925.
CE Sect., 9 juin 1978, *Spire,* n° 08397, publié au recueil Lebon, concl. Genevois ; AJDA 1979, p. 92, note Truchet (D.) ; Rev.adm. 1978, p. 631, concl. Genevois ; Rev. Adm. 1979, p. 79, note Plouvin (J-Y.).
CE, Ass, 22 décembre 1978, *Ministre de l'intérieur contre Cohn-Bendit*, n° 11604, Rec.524, D. 1979.155, Concl. Genevois.
CE, Ass., 29 avril 1981, *Ordre des architectes*, n°12851, Lebon, p. 198, Concl. Théry, AJDA 1981, p. 429, note Genevois (B.).

CE, 2 juillet 1982, *Conseil national de l'ordre des architectes*, n° 16692, publié au recueil Lebon p. 255 ; AJDA 1983, p. 30, concl. J.-M. Pauti ; CJEG 1983, p. 381, étude F. Moderne.
CE, 29 juillet 1983, n° 31761, publié au recueil Lebon, concl. M. Rivière, RJF 10/83, n° 1179, chron. Racine, p. 493.
CE, Sect, 12 octobre 1984, *Chambre syndicale des agents d'assurance des Hautes-Pyrénées*, n°34671, Lebon, p. 326, Concl. Dandelot.

CE, plén., 26 juill. 1985, *Société Lefebure Isolants Réunis,* n° 45149, publié au recueil Lebon, Concl. Bissara, Dr. fisc. 1986, comm. 581, concl. Bissara, RJF 1985. 688
CE, 15 mai 1987, *Ordre des avocats à la Cour de Paris et autres*, n° 76867, publié au recueil Lebon, concl. Marimbert ; RFDA 1988, p. 145 concl. Marimbert.
CE, 9 déc. 1987, *Chambre d'agriculture des Deux-Sèvres*,n° 70836, Rec., p. 403 ; CJEG, 1988, p. 103, note F. Moderne ; D., 1988, SC, p. 252, obs. P. Terneyre ; Dr. adm., 1988, comm. 36 ; Marchés publics, janv.-févr. 1989, n° 239, p. 20, concl. S. Hubac ; RDP, 1988, p. 1421, obs. F. Llorens.
CE, 4 novembre 1988, *Benes*, n° 61185, inédit au recueil Lebon, concl. Martin-Laprade, RJF 1989, n° 106.
CE, 20 janvier 1989, *Via France*, n° 86368, inédit au recueil Lebon, concl. Verpillière (de la.).
CE, 25 janvier 1989, *Drexler*, n° 65577, inédit au recueil Lebon, concl. Fornacciari.
CE Ass., 3 février 1989, *Compagnie Alitalia*, n° 74052, publié au recueil Lebon, concl. Chahid-Nourai ; RFDA 1989, p. 391, concl, notes Beaud et Dubouis ; AJ 1989, p. 387, note Fouquet ; RTDE 1989, p. 509, note Vergès.
CE, 27 févr. 1989, *SCI « La Résidence du Bocage »*, n° 57066, mentionné aux tables du recueil Lebon, Concl. Chahid-Nourai, RJF 1989. 221
CE, 24 mai 1989, *Société Massy-Mastic,* n° 63659, mentionné aux tables du recueil Lebon, Concl. Martin, RJF 1989, 435, Dr. fisc, 1989, comm. 1968
CE, Ass, 20 octobre 1989, *Nicolo*, n° 108243, Rec.190, Concl. Frydman, GAJA n° 86, concl., JCP 1989. II. 21371, RFDA 1989.812, RTD eur. 1989.771, RGDIP 1989.1041, Rev. crit. DIP 1990.125 ; RUDH 1989.262 ; Gaz. Pal. 12-14 nov. 1989, obs. Chabanol ; RJF 1989.656, note ; AJ 1989, chr. Honorat et Baptiste, 756, et note Simon, 788 ; RFDA 1989.824, note Genevois, 993, note Favoreu, 1000, note Dubouis ; RFDA 1990.267 obs. Ruzié ; LPA 15 nov. 1989, note Gruber, 11 déc. 1989, comm. Lebreton, 7 févr. 1990, comm. Flauss ; JCP 1990. I. 3429, comm. Calvet ; Vie jud. 29 janv.- 4 févr. 1990, comm. Foyer ; RTD eur. 1989.787, note Isaac ; D. 1990, chr. Kovar, 57, et note Sabourin, J. 135 ; JDI, 1990.5. chr. Dehaussy ; RGDIP 1990.91, note J. Boulouis, Rev. crit. DIP 1990.139, note Lagarde ; Rev. Marché commun, 1990.384, note Lachaume ; RD publ. 1990.801, note Touchard ; AFDI 1989.91, comm. Rambaud ; RFDA 2014.985, art. Labetoulle ; AJ 2014.100, note Long.

CE, 24 novembre 1989, *Ville de Montpellier*, n° 93162, 93241, 93249, 93254, 93284, publié au recueil Lebon.

CE, Avis, Ass, 27 novembre 1989.

CE, Sect., 4 mai 1990, *Association freudienne et Robinet,* n° 55124 – 55137, publié au recueil Lebon, concl. Racine, RJF 6/90, n° 674, Dr. Fisc. 25-26/90, c. 1272, GAJF 4ème édition, n° 8.

CE Ass., 29 juin 1990, *Groupement d'information et de soutien des travailleurs immigrés (GISTI)*, n° 78519, publié au recueil Lebon, concl. Abraham ; *Grands arrêts de la jurisprudence administrative*, 19ème édition, n° 92 ; AJ 1990. 621, RGDIP 1990.879 et Rev. crit. DIP 1991.61 ; AJ 1990.631 note Teboul ; RFDA 1990.923, note Lachaume ; RD publ. 1990.1579, note Sabiani ; D. 1990.560, note Sabourin ; JCP 1990.II.21.579, note Tercinet ; JDI 1990.965, note Julien-Lafferière ; RJF 1990.626, note ; LPA, 19 septembre 1990, note Flauss ; Rev. crit. DIP 1991.79, note Lagarde ; RGDIP 1991.109, comm. Buffet-Tchakaloff ; RGDIP 1991.753, note Rousseau ; Revue de recherche juridique et de droit prospectif, 1991.441, comm. Ghevontian.

CE, 8 oct. 1990, *Ministre d'État, Ministre de l'économie, des finances et de la privatisation c/ M. X,* no 92165, inédit au recueil Lebon, Concl. Arrihghi de Casanova, Dr. fisc. 1990, comm. 2204, concl. Arrighi de Casanova; RJF 1990, no 1482.

CE, 27 septembre 1991, *M. Boude*, n° 86540, inédit au recueil Lebon, concl. Stirn

CE, 18 octobre 1991, *Union nationale de la propriété immobilière*, n° 75831, publié au recueil Lebon, Concl. Legal.

CE, 31 mars 1993, *Ministre délégué auprès du ministre d'État, ministre de l'économie, des finances et du budget, chargé du budget c/ Société Sofither*, n° 115926, mentionné aux tables du recueil Lebon, Concl. Gaeremynck, RJF 1993, n° 844.

CE, 18 juin 1993, *Institut français d'opinion*, n° 137317, 137369, 137553, publié au recueil Lebon, concl. Scanvic, RFDA 1993, p. 322, concl. Scanvic.

CE, 9 février 1994, *Association des avocats Elena X,* n° 131958, inédit au recueil Lebon, concl. Abraham, JCP 1994.II.22368, concl. Abraham.

CE, 26 oct. 1994, n° 116175, publié au recueil Lebon, concl. Bachelier, RJF 1994, n° 1349; Dr. fisc. 1995, comm. 100, concl. Bachelier

CE Sect., 23 décembre 1994 *commune de Clairvaux-d'Aveyron,* n° 97449, publié au recueil Lebon, concl. Frydman RFDA 1995. 214; AJDA 1995. 351; Dr. adm. 1995, no 229; Quot. jur. 1995, no42, p. 3.

CE, 24 mars 1995, *Commune de Ludres,* n° 135440, inédit au recueil Lebon, concl. Martin.

CE, 19 mai 1995, *M. Dominique,* n° 120181 et 120585, inédit au recueil Lebon, concl. Scanvic.

CE, 20 novembre 1995, *Ministre délégué auprès du ministre de l'économie, des finances et du budget, chargé du budget c/ Mme Anne X,* n° 127836, inédit au recueil Lebon, concl. Loloum.
CE, 15 avril 1996, *Union des industries chimiques,* n° 136488, mentionné dans les tables du recueil Lebon, concl. Piveteau
CE, 6 mai 1996, *Entreprise à responsabilité limitée du domaine d'Albareto,* n° 133859, mentionné aux tables du recueil Lebon, concl. Martin
CE, 10 mai 1996, *Fédération nationale des travaux publics*, n°159979, Lebon, Concl. Fratacci, Lebon ; LQJ 1996, no 66, p. 5, note D. Moreno ; JCP 1996. IV. 1912 ; Dr. adm. 1996, no 419 ; CJEG 1996. 427, concl. Fratacci ; RFDA 1997. 73, concl. Fratacci ; AJDA 1997. 196, note S. Maljean-Dubois ; D. 1997. Somm. 110, obs. Ph. Terneyre ; RDI 1996. 369, obs. F. Llorens et Ph. Terneyre.
CE, avis, 10 juin 1996, *Préfet de la Côte d'Or*, n° 176873, 176874 et 176875.
CE, Ass, 10 juillet 1996, *Cayzeele*, n° 138536, Lebon p. 274 ; AJDA 1996, p. 807 ; AJDA 1996, p. 732, chron. Chauvaux et Girardot ; RFDA 1997, p. 89, note Delvolvé.
CE Sect., 30 septembre 1996, *M. Gaston Murray*, n° 139861, mentionné aux tables du recueil Lebon, concl. Bachelier, Dr. fisc. 1997, comm. 236, concl. Bachelier
CE, Sect, 8 novembre 1996, *Fédération française des sociétés d'assurance*, n°122644, Lebon, p. 441, Concl. Bonichot, AJDA 1997. 204 ; chron. Chauvaux et Girardot, p. 142 ; D. 1997. 281, note Briard ; CJEG 1997. 232, concl. Bonichot ; JCP 1997. IV. 1060 ; RFDA 1997. 211; Rev. Trésor 1998. 59 ; RTD eur. 1997. 459, chron. Blaise et Idot
CE, 30 décembre 1996, *Brockly,* n° 145174, publié au recueil Lebon, p. 526.
CE, Section des travaux publics, avis n°359996 *sur la liberté de transaction des collectivités territoriales,* 21 janvier 1997, EDCE 1998, p.184.
CE, Sect. 23 avril 1997, *Groupe d'information et de soutien des travailleurs immigrés (GISTI),* n° 163043 Rec.142, Concl. Abraham, D. 1998. 15, concl. Abraham.
CE Sect., 12 mai 1997, *Mme Christiane Besnard*, n° 140910, mentionné aux tables du recueil Lebon, concl. Loloum, RJF 1997, n° 713; Dr. fisc. 1997, comm. 1099, concl. Loloum.
CE, Sect., 3 novembre 1997, *Société intermarbres*, n°165260, Lebon, Concl. Stahl, AJDA 1997. 945, obs. Girardot et Raynau ; RD publ. 1998. 256, note Gaudemet.
CE, Sect., 3 novembre 1997, *Millon et Marais*, n°169907, publié au recueil Lebon, Concl. Stahl ; CJEG 1997.441, concl. ; RFDA 1997.1228, concl. ; AJ 1997.945, chr. Girardot et Raynaud, 1998.247, note Guézou et 2014.110, note Lasserre ; RD Publ. 1998.256, note Y. Gaudemet ; Rev. Conc. Consom. 1997, n°100, p.46, note Maigre.
CE, 12 décembre 1997, *Office national interprofessionnel des fruits, des légumes et de l'horticulture*, n° 147007, mentionné aux tables du recueil Lebon, p. 767, concl. Stahl, Dr. adm. 1998, chron. n°4, concl. Stahl.

CE, 17 décembre 1997, *Ordre des avocats à la cour de Paris,* n°181611, Lebon, p. 491, Concl. Combrexelle, AJDA 1998. 362, concl. Combrexelle ; note Nouel ; CJEG 1998. 105, concl. Combrexelle ; D. 1998. IR 87 ; JCP 1998. IV. 1775 ; RFDA 1998. 189.
CE, 14 janvier 1998, *Confédération française démocratique du travail (CFDT),* n° 183894, publié au recueil Lebon, concl. Bonichot.
CE, Sect., 28 janvier 1998, *Société Borg Warner*, n° 138650, Lebon, p. 26, Concl. Bergeal AJDA 1998. 287 ; D. 1998. 56 ; RDI 1998. 246, obs. Llorens et Terneyre.
CE, 16 mars 1998, *Assoc. élèves, parents d'élèves et professeurs des classes préparatoires vétérinaires et Mlle Poujol,* n° 190768, publié au recueil Lebon, concl. Schwartz.
CE, 1er avril 1998, *Union hospitalière privée,* n° 188529, 188539, publié au recueil Lebon, p. 114, concl. Bonichot.
CE, Avis Ass, 8 avril 1998, *Société de distribution de chaleur de Meudon et d'Orléans*, n°192539, publié au recueil Lebon, Concl. Goulard, RJF 1998 n° 593, concl., chron. Verclytte ; Dr. Fisc 1998, comm. 398.
CE, 27 mai 1998, *Groupement d'information et de soutien des travailleurs immigrés (GISTI)*, n° 170175, mentionné aux tables du recueil Lebon, concl. Hubert.
CE, 8 juillet 1998, *Fédération français des spiritueux*, n° 186184, publié au recueil Lebon, concl. Bachelier.
CE, 30 septembre 1998, *Groupement d'information et de soutien des travailleurs immigrés (GISTI)*, n° 164287, mentionné aux tables du recueil Lebon, concl. Abraham
CE, Ass, 30 octobre 1998, *Sarran, Levacher et autres*, n°200286 – 200287, Lebon, concl. Maugüé ; RFDA 1998.1081, concl., note Alland et 1999.57, note Dubouis, Mathieu et Verpeaux, Gohin ; AJ 1998.962, chr. Raynaud et Fombeur ; Europe mars 1999, p.4, note Simon ; D. 2000.153, note Aubin ; RD Publ. 1999.919, note Flauss ; LPA 23 juillet 1999, note Aubin ; JDI 1999.675, note Dehaussy ; AJ 2014.114, note Fombeur.
CE, Ass, 5 mars 1999, *Rouquette,* n° 194658 - 196116, publié au recueil Lebon, Concl. Maugüé
CE Sect., 2 juin 1999, *Meyet,* n° 207752, publié au recueil Lebon, concl. Bonichot.
CE, 22 octobre 1999, *Office public d'HLM de la ville d'Avignon,* n° 192127, inédit au recueil Lebon, concl. Bachelier.
CE, Ass, 3 décembre 1999, *Didier*, n°207434, Lebon, concl. Seban, RFDA 2000.584, concl. ; AJ 2000.126, chr. Guyomar et Collin ; JCP 2000.II.10267, note Sudre ; RD Publ. 2000.349, note Guettier ; RA 2000.43, note Brière ; RTD com. 2000.405, note N.R.

CE, 28 juillet 2000, *Confédération française de la boucherie, boucherie-charcuterie, traiteurs*, n° 206594, mentionné aux tables du recueil Lebon, concl. Goulard.
CE, avis, 8 novembre 2000, *Sté Jean-Louis Bernard consultants*, n° 222208.
CE, 20 décembre 2000, *Conseil des industries de défense françaises,* n° 193498, mentionné aux tables du recueil Lebon, Concl. Savoie (H.).
CE, 9 mai 2001, *Société mosellane de tractions*, n° 211162, mentionné aux tables du recueil Lebon, Concl. Seban.
CE, 27 mai 2002, *Syndicat de l'industrie des technologies de l'information*, n° 229133, inédit au recueil Lebon, concl. Goulard, RJF 8-9 février, n° 925, Chron. Olléon, BDCF 8-9, février, n° 109.
CE Ass., 28 juin 2002, *Villemain, n° 220361*, publié au recueil Lebon, concl. Boissard ; RFDA 2002, p. 723, concl. Boissard ; AJDA, 2002, p. 586, chron. Donnat et Casas.
CE, Ass., 28 juin 2002, *Société Schneider Electric*, n° 232276, publié au recueil Lebon, Concl. S. Austry, RJF 11/10, Chron. Olléon, p. 755.
CE, avis, 29 juillet 2002, *Sté MAJ Blanchisserie de Pantin*, n° 246921.
CE, 18 octobre 2002, *M X c/ Ministre de l'éducation nationale*, n° 242896, inédit au recueil Lebon, concl. Schwartz
CE, Sect, 18 décembre 2002, *Madame Duvignères,* n°233618, Lebon, Concl. Fombeur ; RFDA 2003, p.274, concl. Fombeur et 510, note Petit ; AJ 2003, p.487, chron. Donnat et Casas ; JCP Adm 2003, n°5, p.94, comm. J. Moreau ; LPA 23 juin 2003, note Combeau ; Mélanges Moderne, P.357, art. Prétot.
CE, 3 février 2003, *Syndicat national de défense pour l'exercice libéral de la médecine à l'hôpital et autres*, n° 235066, mentionné aux tables du recueil Lebon, concl. Roul.
CE, 12 février 2003, *Syndicat Lutte pénitentiaire,* n° 219869, inédit au recueil Lebon, concl. Guyomar.
CE, 19 février 2003, *Société Auberge Ferme des Genêts*, n° 235697, mentionné aux tables du recueil Lebon, Concl. Collin, Dr. Fisc. 38/03, c. 646 ; JCP adm. 2003.26.858, note Tabaka)
CE, Ass, 5 mars 2003, *Union nationale des services publics industriels et commerciaux (UNSPIC)*, n°233372, Lebon, p. 107, Concl. Piveteau, JCP 2003. adm. coll. terr. 1321, note Linditch et concl. Piveteau, AJDA 2003.413, note Aubert, et 722, chron. Donnat et Casas, Europe 2003, no 130, comm. Cassia, Dr. adm. 2003, no 107, note Ménéménis, RFD adm. 2003.620.
CE, Ass, 5 mars 2003, *Ordre des avocats à la Cour de Paris*, n° 238039, Lebon, Concl. Piveteau, AJDA 2003. 718, chron. Donnat et Casas ; AJDA 2003. 697, tribune Richer ; D. 2003. 865 ; RDI 2003. 269, obs. Degoffe et Dreyfus ; RTD eur. 2003. 661, chron. Ritleng.
CE, 14 mars 2003, *M. Louis Le X.*, n° 241057, mentionné aux tables du recueil Lebon, concl. Mitjavile ; Petites affiches, 5 novembre 2003, n° 221, p. 7, note. Seiller.

CE, 28 avril 2003, *Fédération française des courtiers d'assurance, Gras Savoye, Gras Savoye Sega et Verspiren,* n° 233343, Lebon, Concl. Piveteau, RTD eur. 2003. 661, chron. Ritleng ; BJDCP 2003. 286, concl. Piveteau.
CE, 9 juillet 2003, *Syndicat national de l'administration scolaire et universitaire et des bibliothèques (SNASUB)*, n° 237021, mentionné dans les tables du recueil Lebon, concl. Bachelier.
CE, 3 octobre 2003, *M. Jean-Marc Boonen,* n° 240270, mentionné aux tables du recueil Lebon, p. 625, concl. Vallée, AJDA 2003. 1847.
CE, 28 novembre 2003, *M. Jean X,* n° 252913, inédit au recueil Lebon, Concl. Schwartz.
CE, 28 novembre 2003, *Fédération des entreprises de transport et logistique de France*, n° 246501, mentionné aux tables du recueil Lebon, concl. Collin.
CE, 28 novembre 2003, *Ministre de l'économie, des finances et de l'industrie contre SARL Friatec Medical France*, n° 245279, inédit au recueil Lebon, concl. Collin.
CE, 4 février 2004, *OPHLM de Seine-et-Marne*, n° 248647, mentionné aux tables du recueil Lebon, Concl. Bachelier, RJF 4/04 n° 405, Chron. Olléon, p. 271 ; BDCF 4/04, n° 53
CE, 18 février 2004, *Commune de Savigny-le-Temple*, n° 251016, inédit au recueil Lebon, Concl. Collin.
CE, 25 févr. 2004, *Société française de Réassurances,* n° 222904, publié au recueil Lebon, Concl. L. Vallée, RJF 2004, n° 499; BDCF 2004, n° 63, concl. Vallée; Dr. fisc. 2005, n° 3, comm. 84, concl. Vallée, note Gagneur.
CE Sect, 1 mars 2004, *Syndicat national des professions du tourisme CGC,* n° 254081, Publié au recueil Lebon, concl. Goulard.
CE, 3 mai 2004, *Comité anti-amiante Jussieu et Association nationale de défense des victimes de l'amiante*, n° 254961, publié au recueil Lebon, Concl. Stahl, JCP A 2004. 1466, note Benoit.
CE, 3 mai 2004, *Fondation assistance aux animaux*, n° 249832, mentionné dans les tables du recueil Lebon, concl. Glaser, BJCP 2004. 464, concl. Glaser, obs. Maugüé.
CE, Ass., 11 mai 2004, *Association AC !*, n° 255886, Lebon, concl. Devys ; AJDA 2004. 1183, chron. Landais et Lenica ; ibid. 1049, tribune Bonichot ; D. 2004. 1603, chron. Mathieu ; ibid. 2005. 26, obs. Frier; Just. & cass. 2007. 15, étude Arrighi de Casanova ; RFDA 2004. 438, note Stahl et Courrèges ; ibid. 454, concl. Devys ; Pelissier, Lexis Nexis 2008.
CE, 23 janvier 2005, *Association pour la transparence et la moralité des marchés publics*, n°264712, Lebon, Concl. Casas, AJDA, 2005, p.688, note Dreyfus ; RFDA 2005, p.483 Concl.
CE, avis 22 mars 2005.
CE, 23 mars 2005, *Institut des avocats conseils fiscaux*, n° 264997, publié au recueil Lebon, Concl. Vallée.
CE, 29 juin 2005, *SA Ets Louis Mazet et a*, n° 268681, publié au recueil Lebon, RJF 10/05, n° 1016, concl. Olléon, BDCF 10/05, n° 114

CE, 8 juillet 2005, *Fédération des syndicats généraux de l'éducation nationale et de la recherche publique SGEN CFDT*, n° 266900, mentionné aux tables du recueil Lebon, Concl. Keller.
CE Sect., 27 juillet 2005, *Millon c/ Tête*, n° 259004, publié au recueil Lebon, concl. Glaser, AJDA 2005, p. 2462, note Janicot.
CE, Avis 6 septembre 2005
CE, 26 septembre 2005, *Conseil national de l'ordre des médecins*, n° 270234, publié au recueil Lebon, concl. Devys, AJDA 2005, p. 1873, note Aubert.
CE, 25 novembre 2005, *Société Comptoir agricole du Languedoc*, n°265489, mentionné dans les tables du recueil Lebon, concl. Olléon.
CE, 14 décembre 2005, *Groupe d'information et de soutien des immigrés (GISTI)*, n° 254934, inédit au recueil Lebon, concl. Prada Bordenave.
CE, Sect., 16 décembre 2005, *Société Friadent France*, n°272618, Lebon, Concl. Olléon ; RKF 2006, n°294 ; BDCF 2006, n°36, Concl. Olléon ; RJF 2006, p185, chron. Bénard ; AJDA 2006, p.721, note. Collet.
CE, 6 mars 2006, *Syndicat national des enseignants et des* artistes, n° 262982, publié au recueil Lebon, Concl. Verclytte, RJF 5/06, n° 573, BDCF 5/06, n° 66
CE, 24 mars 2006, *Société KPMG, Société Ernst & Young Audit*, n°288460, Lebon, Concl. Aguila ; AJDA 2006. 1028, chron. Landais et Lenica ; ibid. 841, tribune Mathieu ; ibid. 897, tribune Melleray ; D. 2006. 1224 ; ibid. 1190, chron. Cassia ; RFDA 2006. 463, concl. Aguila ; ibid. 483, note Moderne ; RTD civ. 2006. 527, obs. Encinas de Munagorri.
CE, 6 avril 2006, *M. Frédéric A.*, n° 280303, mentionné dans les tables du recueil Lebon, concl. Aguila (Y.)
CE, Ass., 31 mai 2006, *Ordre des avocats au barreau de Paris*, n° 275531, publié au recueil Lebon, AJDA 2006. 1592, chron. Landais et Lenica ; ibid. 2008. 911, étude Israël ; RDI 2006. 480, obs. Dreyfus ; RFDA 2006. 1048, concl. Casas ; RTD com. 2006. 774, obs. Orsoni.
CE, 2 juin 2006, *M. Xavier Chauderlot*, n° 275416, publié au recueil Lebon, Concl. Glaser, RJF 8-9/06, n° 1035.
CE, 6 septembre 2006, *Syndicat national des professionnels de la santé au travail*, n° 287527, inédit au recueil Lebon, concl. Stahl.
CE, 18 octobre 2006, *Section française de l'observatoire international des prisons*, n° 281086, mentionné aux tables du recueil Lebon, Concl. Guyomar.
CE, Avis, 30 novembre 2006
CE, Sect, 13 décembre 2006, *Madame Lacroix*, n°287845, Lebon, Concl. Guyomar, AJDA 2007, p.358, chron. Lenica et Boucher ; D. 2008, p.847, note Bui-Xan ; RFDA 2007, p.6, Concl. Guyomar ; RFDA 2007, p.275, note. Eveillard.
CE, 17 janvier 2007, *Banque fédérative du Crédit mutuel*, n° 262967, publié au recueil Lebon, concl. Verot
CE, Ass, 8 février 2007, *Société Arcelor Atlantique et Lorraine et autres*, n° 287110, Rec. 55, Concl. Guyomar ; RFDA 2007.384, concl. ; RTD eur. 2007.378, concl., note Cassia ; AJ 2007.577, chr. Lenica et Boucher ; DA mai

2007, étude Gautier et F. Melleray ; Europe mars 2007, p. 5, comm. Simon ; JCP 2007. II. 10049, note Cassia ; JCP Adm. 2007.2081, note Drago ; LPA 28 févr. 2007, comm. Chaltiel ; RTD civ. 2007.80, comm. Encinas de Munagorri ; RMCUE 2007.335, comm. Chaltiel ; JCP Adm. 2007. I. 166. § 2 et RJEP 2007.298, obs. Plessix ; RFDA 2007.564, 578, 601 et 789, notes Levade, Magnon, Roblot-Troizier Canedo- Paris ; LPA 8 juill. 2007, note Chrestia ; RTD civ. 2007.299, comm. Rémy- Corlay ; D. 2007.2272, note Verpeaux ; D. 2007.2742, comm. Deumier ; RD publ. 2007.1031, note Roux ; RRJ 2008.255, note Michéa ; Mélanges Gicquel, p. 454, comm. Schrameck ; Mélanges Genevois, p. 473, comm. Glaser.

CE, 16 février 2007, *Ministre de l'économie, des finances et de l'industrie c/ Société hydraulique PB*, n° 285993, inédit au recueil Lebon, concl. Séners, AJDA 2007. 990.

CE Sect., 6 avril 2007, *Commune d'Aix-en-Provence,* n° 284736; JCP A 2007, 2111, note Karpenchif ; JCP A 2007, 2125, note Linditch, JCP A 2007, 2128, comm. Pontier ; CMP 2007, comm. 191, obs. Eckert ; BJCP 2007 p. 283, concl. Éner ; AJDA 2007 p. 1020, chron. Lenica et Boucher.

CE, Sect., 9 juillet 2007, *Syndicat Entreprises Générales de France – Bâtiment Travaux Publics*, n°297711 – 297870 – 297829 – 297919 – 297955 – 298087 – 300171 – 301238, Lebon, Concl. Boulois ; AJDA 2007, p.1593, note J-D. Dreyfus ; Contrats et Marchés publics, août 2007, comm. 240, obs. Zimmer ; JCP Adm. 2007, p.2213, comm. Linditch.

CE, 13 juillet 2007, *Société Editions Tissot*, n° 294195, publié au recueil Lebon, AJDA 2007.2146, concl. Derepas.

CE, Ass, 16 juillet 2007, *Société Tropic Travaux Signalisation,* n°291545, Lebon, Concl. Casas ; AJDA 2007, p.1577, chron. Lenica et Boucher ; ibid, p.1497, tribune Braconnier ; ibid, p.1777, tribune Woehrling ; D. 2007, p.2500, note Capitant ; GAJA, 17ème édition, 2009 n°117 ; GACA, 2ème édition 2009, n°69 ; Mélanges Genevois 2008, p.977, étude Seiller ; RDI 2007, p.429, obs. Dreyfus ; ibid 2008, p.42, obs. Noguellou ; ibid 2009, p.246, obs. Noguellou ; RFDA 2007, p.696, concl. Casas ; ibid. 917, étude Moderne ; ibid. 923, note Pouyaud ; ibid. 935, étude Canedo-Paris ; RTD civ. 2007, p.531, obs. Deumier ; RTD eur. 2008, p.835, chron. Ritleng, Bouveresse et Kovar.

CE, 7 août 2007, *Société France Telecom*, n° 298646, inédit au recueil Lebon, concl. De Silva.

CE, 21 janvier 2008, *Chambre de commerce et d'industrie de Bordeaux*, n° 296162, inédit au recueil Lebon, concl. Glaser

CE, 26 mars 2008, *Association Pro-Musica*, n°278858, publié au recueil Lebon, Concl. Séners, Dr. Fisc. 2008, n° 23, comm. 368, concl. Séners, note Fouquet.

CE, Sect, 10 avril 2008, *Conseil national des barreaux*, n° 296845 et 296907, Rec. 129, Concl. Guyomar, AJDA 2008. 730, obs. de Montecler ; AJDA 2008. 1085, chron. Boucher et Bourgeois-Machureau ; Dr. adm. 2008, no 83, note Gautier ; RFDA 2008. 711, obs. Labayle et Mehdi.

CE Sect., 10 avril 2008, *Société Decaux et Département des Alpes-Maritimes*, n° 244950, 284439, 284607, publié au recueil Lebon, concl. Dacosta ; JCPA (Administrations et collectivités territoriales), 5 mai 2008, n° 19, p. 24-32, concl. Dacosta ; Contrats et marchés publics, 1er juin 2008, n° 6, p. 27-29 Pietri ; Droit administratif, 1er juin 2008, n° 6, p. 26-27, Melleray ; Contrats Concurrence Consommation, 1er juin 2008, n° 6, p. 33-35, note. Prebissy-Schnall ; Revue Lamy des collectivités territoriales, 1er juin 2008, n° 36, p. 17-22, Foulquier ; RJEP, 1er juin 2008, n° 654, p. 17-25, concl. Dacosta ; JCPG Semaine juridique (édition générale), 4 juin 2008, n° 23, p. 22-26, chron. Plessix ; AJDA, 9 juin 2008, n° 20, p. 1092- 1099, chron. Boucher et Bourgeois-Machureau ; BJCP 1er juillet 2008, n° 59, p. 280-293, concl. Dacosta ; Revue de droit immobilier, 1er septembre 2008, n° 8, p. 385, Noguellou; Revue trimestrielle de droit commercial, 1er octobre 2008, n° 4, p. 695-697, note. Orsoni.

CE, 7 mai 2008, *Société Air France*, n° 305826, mentionné aux tables du recueil Lebon, concl. Prada Bordenave, AJDA 2008. 1129, note Nicinski

CE, Sect, 3 octobre 2008, *Syndicat mixte intercommunal de réalisation et de gestion pour l'élimination des ordures ménagères du secteur est de la Sarthe (SMIRGEOMES)*, n° 305420, Lebon p. 324 ; AJDA 2008, p. 1855 ; AJDA 2008, p. 2161, chron. Geffray et Liéber ; AJDA 2008, p. 2374, étude Cassia ; RDI 2008, p. 499, obs. Braconnier ; RFDA 2008, p. 1128, concl. Dacosta ; RFDA 2008, p. 1139, note Delvolvé.

CE, Sect, 6 octobre 2008, *Compagnie des architectes en chef des monuments historiques contre Association « Architectes du patrimoine »*, n°310146, Lebon, Concl. Vérot, AJDA, 2008, p.1919, RFDA 2009, p.132, note Iliopoulou et Jauréguiberry.

CE Ass., 1er avril 2009, *Communauté urbaine de Bordeaux et Société Kéolis* n° 323585 et 323593, publié au recueil Lebon, concl. Dacosta, AJDA 2009. 1889, note Train.

CE, Ass., 8 avril 2009, *Compagnie générale des eaux et Commune d'Olivet*, n° 271737, publié au recueil Lebon, concl. Geffray ; Dr. adm. 2009, n° 85, note Melleray; AJDA 2009. 1090, chron. Lieber et Botteghi; BJCP 2009. 287, concl. Geffray, obs. Terneyre; RFDA 2009. 449, concl. Geffray; RLCT 2009, n° 1454, note Glaser.

CE, 26 mai 2009, *Syndicat national des personnels techniques et de travaux de l'équipement de la Confédération Générale du Travail*, n° 306757, mentionné aux tables du recueil Lebon, p. 599, concl. Glaser, AJDA 2009. 1076 ; AJFP 2009. 274.

CE, Ass, 30 octobre 2009, *Mme Perreux*, n° 298348, Rec.407, Concl. Guyomar, RFDA 2009.1125, concl., note Cassia ; même revue 2010.126, note Canedo-Paris et 201, chr. Santulli ; AJ 2009.2385, chr. Liéber et Botteghi ; Europe 2009. Repère 11, Simon ; même revue mars 2010, chr. Kalflèche p. 10 ; JCP 2009.542, note Corneloup ; JCP Adm. 2009.551, § 2, chr. Plessix ; DA 2009. Étude 21, Gautier ; JCP Adm. 2010.2036, note Dubos et Katz ; Europe janv.

2010, p. 5, étude Kovar ; D. 2010.351, note Chrestia ; D. 2010.553, note Calvès ; « L'Observateur de Bruxelles » janv. 2010, p. 26, comm. Biancarelli ; RGDIP 2010.232, note Azoulai ; RTD eur. 2010.223, note Ritleng ; AJ 2010.1412, étude Coutron ; AJ 2014.120, note Raynaud.

Conseil d'État (Section de l'administration), avis n° 383264 du 1er décembre 2009, Rapport public 2010 (Rapport d'activités) ; EDCE 2010, n° 61, p. 353 et suiv ; Rapport public 2010 (Rapport d'activités) ; EDCE 2010, n° 61, p. 353 et suiv. ; Contrats et marchés publics 2010, repère 9, Llorens et Soler-Couteaux ; Contrats et marchés publics 2010, alerte 49, Linditch (F.) ; Dr. Adm. 2010, alerte 54, Noguellou (R.) ; Concurrences 2010, n° 3, p. 179, Brèves de du Marais (B.).

CE, 25 novembre 2009, *Lachmann*, n° 323334, mentionné dans les tables du recueil Lebon, RJF 2/10, n° 122, concl. Escaut, BDCF 2/10, n° 19.

CE, Sect, 4 décembre 2009, *Ministre de l'immigration, de l'identité nationale et du développement solidaire c/ M. Mohammed Hammou*, n° 324284, mentionné dans les tables du recueil Lebon, concl. Bourgeois-Machureau, AJDA 2010, p. 555, Caille.

CE, Ass, 28 déc. 2009, *Commune de* Béziers, n° 304802, Lebon, Concl. Glaser, AJDA 2010.142, chron. Liéber et Botteghi ; D. 2011. 472, obs. Amrani Mekki et Fauvarque-Cosson ; RDI 2010. 265, obs. Noguellou ; AJCT 2010, p114, Pratique Didriche ; RFDA 2010, p.506, concl. Glaser ; ibid p.519, note Pouyaud ; RTD com. 2010 p.548, obs. Orsoni, AJDA 2011.665, chr. Lallet et Domino ; CMP mars 2010.38, note Rees ; Gaz. Pal. 16 mars 2010, p. 13, note Seiller ; JCP Adm. 2010.2072, note Linditch ; RD publ. 2010.553, note Pauliat ; RJEP juin 2010.19, note Gourdou et Terneyre ; GACA n ° 8 ; Mélanges Richer 2013.641, art. Glaser.

CE, 13 janvier 2010, *Nemo*, n° 321416, mentionné aux tables du recueil Lebon, Concl. Escaut, Revue générale du droit des assurances, janv. 2010, n° 1, p. 193, note Douet ; Les nouvelles fiscales, fev. 2010, n° 1040, p. 4, note Lassus ; Gaz. Pal. 26 fev. 2010, n° 57-58, Zapf et Toulemont ; Droit et patrimoine, 1er mars 2010, n° 190, Zapf et Le Tacon ; Revue de droit bancaire et financier, 1er mars 2010, n° 2, note Sauvage ; Dr. Fisc., 11 mars 2010, n° 10, p. 19 ; Les petites affiches, 5 avr. 2010, n° 67, p. 4, Rouault ; Gaz. Pal. 30 juil. 2010, n° 211-212, Hublot ; JCP N Semaine juridique, 5 juil. 2013, n° 27, p. 53, Jacquin.

CE, 19 février 2010, *M. Molliné, Commune de Pontivy et autres*, n° 322407, publié au recueil Lebon, concl. Guyomar, AJDA 2010. 357, note Montecler ; Nouv. Cah. Cons. const. 2010, n° 29, p. 261, obs. Vidal-Naquet, RFDA 2010. 627, chron. Roblot-Troizier ; Gaz. Pal. 24-25 févr. 2010, p. 15, concl. Guyomar, D. 2010. 1376, obs. Céré, Herzog-Evans et Péchillon ; Constitutions 2010, p. 423, note Le Bot.

CE, 16 avril 2010, *Postel-Vinay*, n° 305649, publié au recueil Lebon, concl. Boucher, RFDA 2010. 650; JCP Adm. 2010, comm. 97.

CE, 16 avril 2010, *Azelvandre,* n° 279817, mentionné aux tables du recueil Lebon, concl. Boucher, D. 2010, 813, obs. S. Brondel ; AJDA 2010, 813 et 1726, Envir. 2010, no 100, note Trouilly
CE, 2 juin 2010, *Fondation de France*, n° 318014, publié au recueil Lebon, Concl. Escaut, RJF 8-9/10, n° 872, BDCF 8-9/10, n° 97.
CE, 30 juin 2010, *Association Greenpeace France*, n° 315980, publié au recueil Lebon, concl. Guyomar.
CE, 9 juillet 2010, *Mathieu*, n° 339081, mentionné aux tables du recueil Lebon, Concl. Olléon, RJF 11/10, n° 1079.
CE, 9 juillet 2010, *Société Jas Hennesy et Compagnie*, n° 314406, publié au recueil Lebon, Concl. Edouard, RJF 11/10, N° 1103
CE, 24 novembre 2010, *Comité Harkis et Vérité*, n° 342957, inédit au recueil Lebon, concl. Liéber, AJDA, 2010, p. 2284.
CE, 19 janvier 2011, *Grand Port maritime du Havre*, n° 343435, publié au recueil Lebon, concl. Boulouis, CMP, mars 2011, n° 3, p. 37, note Eckert ; Procédures, 1er mars 2011, n° 3, p. 59, note Deygas ; BJCP, 1er mars 2011, n° 75, p. 125, concl. Boulouis ; Le moniteur – contrats publics, 1er mars 2011, n° 108, p. 15, note Jouguelet ; Le moniteur – contrats publics, 1er mars 2011, n° 108, p. 76, note Renouard ; JCP A, 7 mars 2011, n° 10, p. 36, note Linditch ; Droit administratif, 1er avril 2011, n° 4, p. 39, note Bardon et Simonnet ; JCP G, 4 avril 2011, n° 14, p. 650, note Corneloup ; AJDA, 2011. 800, note Dreyfus ; RJEP. 686, p. 18, note Moreau ; RDI mai 2011, n° 5, p. 275, note Noguellou ; CMP, août 2011, n° 8-9, p. 17, note Pietri ; Lamy CT, février 2012, n° 76, p. 71, Etude Renouard ; CMP, octobre 2013, n° 10, p. 53, note Braconnier et Mouriesse ; CMP, juillet 2017, n° 7, p. 1, note Llorens et Soler-Couteaux.
CE, 9 février 2011, *Epoux Mathieu*, n° 339081, mentionné aux tables du recueil Lebon, concl. Escaut.
CE, 23 février 2011, *Association La CIMADE et Groupe d'information et de soutien aux immigrés,* n° 334022, mentionné aux tables du recueil Lebon, p. 723, concl. Vialettes, AJDA 2011. 415 ; RDSS 2011. 514, étude Koubi ; JCP Adm. 2011. 169.l.
CE, Sect., 21 mars 2011, *Commune de Béziers*, n°304806, Lebon, Concl. Cortot-Boucher ; AJDA 2011, p.670, chron. A. Lallet ; D. 2011. 954, obs. de Monteclerc ; RDI 2011. 270, obs. Braconnier ; AJCT 2011. 291, obs. Dreyfus, RFDA 2011.507, concl., 518, ACCP mai 2011, p. 64, note Le Chatelier ; CMP mai 2011, no 150, note Pietri ; DA 2011, no 46, note Brenet et Melleray ; JCP Adm. 2011.2171, note Linditch ; JCP 2011.658, note Ubaud- Bergeron ; RJEP oct. 2011.26, note Cossalter, févr. 2013.11, note Gourdou ; GACA n ° 8.
CE, 7 avril 2011, *La CIMADE GISTI*, n° 335924, publié au recueil Lebon, concl. Vialettes, AJDA 2011. 759 ; RFDA 2011. 1225, chron. Clément-Wilz, Martucci et Mayeur-Carpentier.
CE, 7 avril 2011, *Association SOS Racisme – Touche pas à mon pote*, n° 343387, publié au recueil Lebon, concl. Liéber ; AJDA 2011. 760 et 1438,

note Bailleul ; D. 2011. 1083 ; Constitutions 2011. 383, obs. Le Bot ; RTD eur. 2011. 887, obs. Ritleng
CE, 4 mai 2011, *M. Bruno A.*, n° 346648, mentionné aux tables du recueil Lebon, concl. Vialettes, AJDA 2011, p. 927
CE, 8 juin 2011, *Commune de Divonne-les-Bains*, n° 327515, publié au recueil Lebon, concl. Dacosta.
CE Ref., 24 juin 2011, *Association CIMADE*, n° 350190, inédit au recueil Lebon.
CE, 13 juillet 2011, *M. Ourgaud et autre,* n° 349383, inédit au recueil Lebon, concl. Vialettes.
CE, 23 août 2011, *M. Etrillard et autres*, n° 349752, inédit au recueil Lebon, concl. Roger-Lacan.
CE, 24 octobre 2011*, Ministre de l'intérieur, de l'outre-mer, des collectivités territoriales et de l'immigration c/ M. Shala*, n° 345514, mentionné aux tables du recueil Lebon, concl. Thiellay, AJDA 2012. 43, concl. Thiellay
CE, 21 novembre 2011, *de Beaumont*, n° 329439, mentionné aux tables du recueil Lebon RJF 2/12, n° 128, concl. Olléon, BDCF, 2/12, n° 21.
CE, 2 décembre 2011, *Confédération française des travailleurs chrétiens (CFTC)*, n° 333472, publié au recueil Lebon, concl. Landais, AJDA. 2011, p. 2380.
CE, Ass, 23 décembre 2011, *Danthony,* n° 335033, publié au recueil Lebon, RFDA 2012.284, concl. Dumortier, 296, note Cassia, et 423, étude Hostiou ; AJ 2012.195 et 2013.1733, chr. Domino et Bretonneau, 1484, étude Mialot, et 1609, trib. Seiller ; DA mars 2012.22, note F. Melleray ; JCP 2011.2089, note Broyelle ; même revue 2012.558, note Connil.
CE, 17 février 2012, *Société Chiesi SA*, n° 332509, publié au recueil Lebon, p. 43, concl. Vialettes, AJDA 2012.353 ; ibid. 2013.1733, chron. Domino et Bretonneau ; RFDA 2012.296, note Cassia ; RDSS 2012. 532, concl. Vialettes.
CE, 19 mars 2012*, Société Cryo-Save France*, n° 348764, mentionné aux tables du recueil Lebon, concl. Vialettes.
CE, 24 avril 2012, *M. Jeremy A.*, n° 345301, mentionné aux tables du recueil Lebon, concl. de Lesquen, Gaz. Pal. 2012, no 172-173, p. 18, note Guyomar ; AJDA 2012. 915, obs. Grand.
CE, 24 avril 2012, *Voies navigables de France,* n° 339669, publié au recueil Lebon concl. Olléon, AJDA 2013, p. 998, note Joubert.
CE, 26 septembre 2012, *Coordination rurale-Union nationale*, n° 347062, mentionné aux tables du recueil Lebon, concl. Daumas.
CE, 11 octobre 2012, *Société ITM Entreprises*, n° 346378, publié au recueil Lebon, concl. Legras ; D. 2013.732, obs. Ferrier.
CE, 11 octobre 2012, *Société casino Guichard-Perrachon*, n° 357193, publié au recueil Lebon, concl. Legras ; AJDA 2012.1925 ; AJDA 2012. 2373, chron. Domino et Bretonneau ; D. 2013.732, obs. Ferrier ; RTD Com. 2012. 747, obs. Claudel ; RTD Com. 2013. 237, obs. Orsoni ; RJEP 2013, comm. 13, note

Idoux ; RD Publ. 2013. 771, note Calandri ; Dr. Adm. 2013, comm. 2, note Bazex.

CE, 29 octobre 2012, *Société Crédit Agricole SA*, n° 337253, mentionné aux tables du recueil Lebon, Concl. Legras ; Dr. Fisc, n° 7-8, 14 février 2013, comm. 163, Fouquet.

CE, 26 décembre 2012, *Association « Libérez les Mademoiselles ! »*, n° 358226, publié au recueil Lebon, p. 501, Concl. Bourgeois-Machureau, AJDA 2013.4; RFDA 2013. concl. Bourgeois-Machureau; JCP Adm. 2013. 30, obs. Tollinchi; ibid. 31, obs. Pauliat.

CE, Avis, 8 mars 2013, *Mme Monzani,* n°353782, Lebon, Concl. Crepey, AJDA 2013, p.552 ; RJF 2013, n°518.

CE, 17 avril 2013, *La CIMADE et le GISTI,* n° 335924, mentionné aux tables du recueil Lebon, concl. Vialettes, Dalloz actualité, 26 avr. 2013, obs. Poupeau, AJDA 2013. 821 ; ibid. 2451, note Aubin.

CE, 12 juillet 2013, *Gibier* n° 359314, mentionné aux tables du recueil Lebon, Concl. Bohnert, RJF 11/13, n° 1028, BDCF 11/13, n° 113.

CE, 12 juillet 2013, *Aube Martin*, n° 359994, inédit au recueil Lebon, Concl. Bohnert, RJF 11/13, n° 1028, BDCF 11/13, n° 113.

CE (Section de l'intérieur), avis n° 387971 du 22 octobre 2013.

CE, 29 octobre 2013, *Association Les amis de la rade et des calanques*, n° 360085, 360152, 360353, mentionné aux tables du recueil Lebon, concl. Lesquen (de), AJDA 2013. 2184, note Poupeau; Envir. 2014, no 2, note Trouilly; Dr. Envir. 2013. 414 ; JCP Adm. 2013. 885

CE, 20 décembre 2013, *SA Axa France vie*, n°S 371157, 372625 et 372675, Inédit au recueil Lebon, concl. Escaut, RJF 2014, n° 284.

CE, Sect, 30 décembre 2013, *Société Rallye*, n°350100, Lebon, Concl Escaut, Lebon ; RFDA 2014, p.335, chron. Mayeur-Carpentier, Clément-Wilz et Martucci ; RJF, 2014, n°290 ; RJF 3/14, n° 290, concl., BDCF 3/14, n° 36, note Fouquet, Dr. Fisc, 14/14, comm. 256.

CE, Ass., 4 avril 2014, *Département de Tarn-et-Garonne,* n°358994, Lebon, Concl. Dacosta ; AJCA 2014. 80, obs. Dreyfus ; au Lebon ; AJDA 2014. 764 ; ibid 1035, Tribune Braconnier, chron. Bretonneau et Lessi ; D.2014. 1179, obs. Montecler (de), note Gaudemet et Dizier ; RDI 2014. 244, obs. Braconnier.

CE, 11 avril 2014, *Ministre de la défense c/ Société Legrand Bâtisseurs*, n° 375245, mentionné aux tables du recueil Lebon, concl. Dacosta ; AJDA 2014, p. 827 ; Le Moniteur – Contrats publics, 1er mai 2014, n° 143, p. 10-11, note. Jouguelet ; Revue Lamy des collectivités territoriales, 1er juin 2014, n° 102, p. 36, Glaser ; Contrats et marchés publics, 1er juin 2014, n° 6, p. 78-79, Zimmer ; Droit administratif, 1er juillet 2014, n° 7, p. 31-34, Brenet ; BJCP, 1er septembre 2014, n° 96, p. 348-354, concl. Dacosta ; Le moniteur- Contrats publics, 1er novembre 2014, n° 148, p. 62-65, obs. Faucher.

CE, 21 mai 2014, *Conseil national des barreaux et autres*, n° 358357, inédit au recueil Lebon, concl. Lesquen (de).

CE, 16 juillet 2014, *Communauté de communes du Val-de-Sèvre,* n° 369736, inédit au recueil Lebon, Concl. Daumas.
CE, 15 octobre 2014, *Société GDF Suez Energie*, n° 361861, inédit au recueil Lebon, Concl. Crépey, RJF 2015, n° 41; Dr. fisc. 2015, n° 6, comm. 134, concl. Crépey.
CE Sect., 4 février 2015, *Ministre de l'intérieur c/ M. Cortes Ortiz,* n°383267- 383268, publié au recueil Lebon, concl. Bourgeois-Machureau, RFDA 2015, p. 471, concl. Bourgeois-Machureau ; AJDA 2015, p. 443, note Lessi et Dutheillet de Lamothe, AJDA 2015, p. 191, note Poupeau.
CE, 10 avril 2015, *M. A c/ Commune de Levallois-Perret*, n° 370223, mentionné dans les tables du recueil Lebon, concl. Bohnert.
CE, 18 septembre 2015, *Société Axcess*, n° 380821, mentionné dans les tables du recueil Lebon, concl. Pelissier, JCPG Semaine juridique (édition générale), 5 octobre 2015, n° 41, p. 1814, chron. Erstein ; Le moniteur- contrats publics, 1er novembre 2015, n° 159, p. 10, note Jouguelet; Contrats et Marchés publics, 1er novembre 2015, n° 11, p. 20, note Devillers ; Le moniteur- contrats publics, 1er janvier 2016, n° 161, p. 58, chron. Serr ; JCP A (Administrations et collectivités territoriales), 29 février 2016, n° 8, p 27, comm. Deligiannis ; RJDA, 1er mai 2016, n° 5, p. 366, note ; Contrats et marchés publics, 1er juillet 2016, n° 7, p. 7, chron. Olivier et Liet-Veaux.
CE, 7 octobre 2015, *Syndicat national des enseignements du second degré,* n° 386436, mentionné dans les tables du recueil Lebon, concl. Vialettes.
CE, 25 novembre 2015, *Société Gibmedia,* n° 383482, publié au recueil Lebon, concl. Bourgeois-Machureau, AJDA 2015, p. 22987
CE, 11 décembre 2015, *Polynésie française*, n° 378622, inédit au recueil Lebon, concl. Daumas, AJDA, 2016, p. 1236, Pastorel.
CE, Sect, 5 février 2016, *Syndicat mixte des transports en commun « Hérault transport »,* n° 383149, Lebon, Concl. Henrard, AJDA 2016, p. 234 ; AJDA 2016, p. 479, chron. Dutheillet de Lamothe et Odinet ; RFDA 2016, p. 301, concl. Henrard.
CE, Ass, 21 mars 2016, *Société NC Numéricable*, n°390023, Lebon, Concl. Daumas ; GAJA n° 117, AJ 2016.717, chr. Dutheillet de Lamothe et Odinet ; DA 2016. comm. 10, Von Coester et Daumas ; D. 2016.715, obs. Montecler ; Gaz. Pal. 2016 n ° 22, p. 31, note Seiller ; JCP 2016.623, note Perroud et 671, note Aguila et Froger ; LPA 2016 n ° 185, p. 11, note Chaltiel ; RFDA 2016.679, art. Melleray ; RTD Civ. 2016.571, note Deumier ; RTD Com. 2016.298, obs. Rontchevsky, et 711, obs. Lombard ; RD Publ. 2017.482, comm. Pauliat.
CE, Ass, 21 mars 2016, *Sociétés Fairvesta International GmbH, Fairvesta Europe AG, Fairvesta Europe AG II et Fairvesta Vermögensverwaltung International AG,* n°368082, Concl. Von Coester ; GAJA n° 117, AJ 2016.717, chr. Dutheillet de Lamothe et Odinet ; DA 2016. comm. 10, Von Coester et Daumas ; D. 2016.715, obs. Montecler ; Gaz. Pal. 2016 n ° 22, p. 31, note Seiller ; JCP 2016.623, note Perroud et 671, note Aguila et Froger ; LPA 2016 n

° 185, p. 11, note Chaltiel ; RFDA 2016.679, art. Melleray ; RTD Civ. 2016.571, note Deumier ; RTD Com. 2016.298, obs. Rontchevsky, et 711, obs. Lombard ; RD Publ. 2017.482, comm. Pauliat.

CE, 8 juillet 2016, *Fédération des promoteurs immobiliers*, n° 389745, mentionné aux tables du recueil Lebon, concl. Decout-Paolini, AJDA 2016. 1428.

CE, Ass, 13 juillet 2016, *M. Czabaj,* n° 387763, publié au recueil Lebon, concl. Henrard, AJDA 2016, p. 1479, AJDA 2016, p. 1629, note Dutheillet de Lamothe et Odinet.

CE Sect., 13 juillet 2016, *Société GDF Suez*, n° 388150, publié au recueil Lebon, concl. Victor ; Droit Administratif n° 8-9, Août 2016, alerte 103 ; AJDA 2016, p. 2119, Melleray ; JCP G Semaine juridique, 25 juillet 2016, n° 30, p. 1517, Erstein ; Droit administratif, 1er août 2016, n° 8, p. 49-50, Idoux ; Revue Lamy de la concurrence, 1er août 2016, n° 53, p. 15, Necib ; Procédures 1er octobre 2016, n° 10, p. 30-31, Chifflot ; JCP A, 10 octobre 2016, n° 40, p. 18-22, Le Bot ; Revue de droit bancaire et financier ; 1er novembre 2016, n° 6, p. 54-55, note. Boucard ; Concurrences, 1er décembre 2016, n° 4, p. 175-176, Guillaume.

CE Ref., 25 août 2016, *Fédération des fabricants de cigares et société Coprova*, n° 401538, inédit au recueil Lebon.

CE, 17 octobre 2016, *Ministre de la défense c/ Société Tribord,* n° 400791- 400794, mentionné aux tables du recueil Lebon, concl. Pellissier, BJCP 2017. 41, concl. Pellissier; Contrats Marchés publ. 2016, no 292, note Pietri; AJDA 2017. 57, note Rotoullié.

CE, 10 novembre 2016, *Marcilhacy et autres*, n° 384691, publié au recueil Lebon, concl. Marion ; AJDA 2017, p. 121, concl. Marion ; Droit Administratif n° 1, Janvier 2017, alerte 7 ; Droit Administratif n° 2, Février 2017, comm. 9, Lanneau et Sée.

CE Sect., 2 décembre 2016, *Ministre des finances et des comptes publics c/ Société Export Press*, n° 387613, publié au recueil Lebon, concl. Cortot-Boucher ; JCP G Semaine juridique (édition générale), 23 janvier 2017, n° 4, p. 145-148, comm. Collet ; Lexbase Hebdo – Édition fiscale, 26 janvier 2017 ; pt. 685, Ramond ; La Gazette du Palais, 30 janvier 2017, n° 5, p. 23, Seiller ; Revue de droit fiscal, 23 février 2017, n° 8, p. 77-92 Ménard et Lieb ; ibid, concl. Cortot-Boucher ; Droit administratif n° 3, mars 2017, comm. 11, Rigaudeau.

CE, 14 février 2017, *Société des eaux de Marseille c Commune d'Auriol et Société SAUR*, n° 403614, mentionné aux tables du recueil Lebon, concl. Pellissier, BJCP 2017. 189, concl. Pellissier; Contrats Marchés publ. 2017, no 106, note Pietri.

CE, 31 mars 2017, *M. T et autres*, n° 393921, inédit au recueil Lebon, concl. Lessi.

CE Ass., 19 juillet 2019, *Mme Le Pen*, n° 426389 ; publié au recueil Lebon, concl. Iljic.

CE, 16 octobre 2019, *La quadrature du Net*, n° 433069, publié au recueil Lebon, concl. Lallet.
CE, 21 octobre 2019, *Association française de l'industrie pharmaceutique pour une automédication responsable*, n° 419996, 419997, publié au recueil Lebon, concl. Sirinelli.
CE, 4 décembre 2019, *Fédération des entreprises de la beauté*, n° 16798, publié au recueil Lebon, concl. Sirinelli.
CE, 31 décembre 2019, *Société BFM TV* n° 431164, 432634, mentionné aux tables du recueil Lebon, concl. Polge.
CE Sect., 12 juin 2020, *Groupe d'information et de soutien des immigré(e)s (GISTI)*, n° 418142, Lebon p. 192 ; AJDA 2020. 1196 ; ibid. 1407, chron. C. Malverti et C. Beaufils ; AJ fam. 2020. 426, obs. C. Bruggiamosca ; AJCT 2020. 523, Arrêt du mois S. Renard et E. Pechillon ; RFDA 2020. 785, concl. G. Odinet ; ibid. 801, note F. Melleray

B. Cours administratives d'appel

CAA Paris, plén. 17 décembre 1991, *SARL Restauration Gestion Service*, n° 90PA00357, concl. Bernault, RJF 2/92, n° 232, chron. Turot, p. 371, concl., Dr. Fisc 18/92, c. 944.
CAA Douai, Plén., 26 avril 2005, *Société Segafredo Zanetti France*, n° 02DA00736, RJF 11/05, n° 1175, Concl. Michel, BDCF 11/05, n° 137, Dr. Fisc. 2005, n° 36, comm. 581.
CAA Paris, Plén., *25 mars 2010, SARL à la Frégate*, n° 08PA03658, Dr. Fisc. 2010, n° 36, comm. 465, concl. Gouès, note Guichard et Grau, RJF 7/2010, n° 709, BDCF 7/2010, n° 81, concl. Gouès.
CAA Paris, 18 mars 2014, *Société Axcess,* n° 12PA02599, concl. Rousset.
CAA Lyon, 5 mars 2015, *Société Montluçonnaise de Travaux publics et bâtiments*, n° 14LY01532, concl. Dursapt.

C. Tribunaux administratifs

TA Versailles, 4 janvier 1994, *Centre français de la restauration*, n° 86-6350, RJF 4/94, n° 447, Concl. Haïm, BDCF, 11/94, p. 117.
TA d'Orléans, 9 décembre 1997, *Société de distribution de chaleur de Meudon et d'Orléans,* n° 95-1535, RJF 1998, n° 86 ; BDCF 1998, n° 22, concl. Ledamoisel ; Dr. Fisc 1998, comm. 106.
TA Strasbourg, 5 février 1998, *Ville de Mulhouse,* n° 95128, RJF 1998, n° 1105, BDCF 1998, n° 103, concl. Miet.

V. Juridictions judiciaires

Cass, Civ, 27 janvier 1956, *Blanc c/ SNCF*, D. 1956, jur. p. 481, note Gervais.
Cass, Civ 2ème, 18 mai 1967, Bull. Cass. II, n° 282, p. 127.
Cass, Civ, 13 novembre 1967, *Société civile immobilière Lambert c/ Bonin,* D. 1968, jur. p. 337.

CA Paris, 30 octobre 1968, *Copigry, Société Ufima,* Gaz. Pal. 1969, 2, p. 242, note Fourgoux.
Cass, crim, 16 janvier 1976, *Gryson*, bull. Crim n° 18, p. 40.
Cass, crim. 24 novembre 1980, *Knoun*, Bull. Crim, n° 311, p. 794.
Cass, Soc, 29 janvier 1981, n° 79-41406, Bulletin des arrêts Cour de cassation chambre sociale, n° 84.
Cass. Crim. 17 février 2016, pourvoi n° 15-85.363, *M. X et Société Bygmalion.*

TABLE DES MATIÈRES

Structures éditoriales du groupe L'Harmattan

L'Harmattan Italie
Via degli Artisti, 15
10124 Torino
harmattan.italia@gmail.com

L'Harmattan Hongrie
Kossuth l. u. 14-16.
1053 Budapest
harmattan@harmattan.hu

L'Harmattan Sénégal
10 VDN en face Mermoz
BP 45034 Dakar-Fann
senharmattan@gmail.com

L'Harmattan Cameroun
TSINGA/FECAFOOT
BP 11486 Yaoundé
inkoukam@gmail.com

L'Harmattan Burkina Faso
Achille Somé – tengnule@hotmail.fr

L'Harmattan Guinée
Almamya, rue KA 028 OKB Agency
BP 3470 Conakry
harmattanguinee@yahoo.fr

L'Harmattan RDC
185, avenue Nyangwe
Commune de Lingwala – Kinshasa
matangilamusadila@yahoo.fr

L'Harmattan Congo
67, boulevard Denis-Sassou-N'Guesso
BP 2874 Brazzaville
harmattan.congo@yahoo.fr

L'Harmattan Mali
ACI 2000 - Immeuble Mgr Jean Marie Cisse
Bureau 10
BP 145 Bamako-Mali
mali@harmattan.fr

L'Harmattan Togo
Djidjole – Lomé
Maison Amela
face EPP BATOME
ddamela@aol.com

L'Harmattan Côte d'Ivoire
Résidence Karl – Cité des Arts
Abidjan-Cocody
03 BP 1588 Abidjan
espace_harmattan.ci@hotmail.fr

Nos librairies en France

Librairie internationale
16, rue des Écoles
75005 Paris
librairie.internationale@harmattan.fr
01 40 46 79 11
www.librairieharmattan.com

Librairie des savoirs
21, rue des Écoles
75005 Paris
librairie.sh@harmattan.fr
01 46 34 13 71
www.librairieharmattansh.com

Librairie Le Lucernaire
53, rue Notre-Dame-des-Champs
75006 Paris
librairie@lucernaire.fr
01 42 22 67 13

www.ingramcontent.com/pod-product-compliance
Lightning Source LLC
LaVergne TN
LVHW011142061026
849535LV00003B/574